MERGER REMEDIES:

THE TRANSPLANTATION OF EU AND US ANTITRUST LAW AND LOCALIZATION EXPERIENCE IN CHINA

经营者集中附条件研究

——欧美反垄断法律移植和中国本土化经验

叶　军◎著

法律出版社 LAW PRESS · CHINA

——北京——

图书在版编目(CIP)数据

经营者集中附条件研究：欧美反垄断法律移植和中国本土化经验／叶军著. -- 北京：法律出版社，2022
ISBN 978 -7 -5197 -6306 -0

Ⅰ. ①经… Ⅱ. ①叶… Ⅲ. ①反垄断法－研究－中国 Ⅳ. ①D922.294.4

中国版本图书馆 CIP 数据核字（2022）第 008763 号

经营者集中附条件研究
——欧美反垄断法律移植和中国本土化经验
JINGYINGZHE JIZHONG FUTIAOJIAN YANJIU
—OUMEI FANLONGDUAN FALÜ YIZHI HE ZHONGGUO BENTUHUA JINGYAN

叶 军 著

责任编辑 张红蕊
装帧设计 汪奇峰

出版发行 法律出版社
编辑统筹 法规出版分社
责任校对 李争春
责任印制 耿润瑜
经　　销 新华书店

开本 710 毫米×1000 毫米 1/16
印张 32.75 **字数** 534 千
版本 2022 年 4 月第 1 版
印次 2022 年 4 月第 1 次印刷
印刷 固安华明印业有限公司

地址：北京市丰台区莲花池西里 7 号（100073）
网址：www.lawpress.com.cn
投稿邮箱：info@lawpress.com.cn
举报盗版邮箱：jbwq@lawpress.com.cn

销售电话：010 - 83938349
客服电话：010 - 83938350
咨询电话：010 - 63939796

书号：ISBN 978 -7 -5197 -6306 -0
定价：118.00 元

凡购买本社图书，如有印装错误，我社负责退换。电话：010 - 83938349

Foreword 前言

在我国政治经济生活中，反垄断法究竟居于何种地位，应当肩负起何种历史使命，是否像某些西方发达资本主义国家一样赋予反垄断法“经济大宪章”或者“经济宪法”的重要地位，这虽非本书主题，但在中国语境下研究反垄断的任何问题都无法回避。在西方发达资本主义国家，反垄断法在一定程度上发挥了制约垄断资本、稳固资本主义国家政治经济基础的重要作用，是资本主义国家避免被垄断资本挟持进而迅速腐朽灭亡的重要法律制度。这也是西方发达资本主义国家把反垄断法视为“经济宪法”，从“宪法”高度认识反垄断法的根本原因。我国2007年颁布的《反垄断法》移植了美欧反垄断法的基本制度构架，截至目前，已经施行十余年。此时，我们不仅有必要对移植欧美反垄断法的教训进行反思，也有必要总结施行反垄断法的经验，不仅要拿来主义，更要为我所用、用有所得、用有所益。

反垄断法在我国的地位和发挥作用的空间取决于我国的政治经济社会条件。在计划经济时代没有市场和市场竞争，也没有垄断和反垄断问题，垄断和反垄断问题因施行社会主义市场经济而产生。在中国特色社会主义市场经济下，中国共产党居于核心领导地位，国有企业主导国家经济命脉，私人资本不可能动摇国家经济政治基础，这决定了反垄断法在中国难以企及西方发达资本主义国家反垄断法“宪法”的高度。在另一层面，施行市场经济必然引入市场竞争，有效的市场竞争才能发挥市场经济自动有效配置资源的作用。然而，放任自流的市场竞争必然趋向垄断，垄断与市场竞争相伴而生，但市场机制本身难以解决垄断问题，任由垄断发展将反噬市场竞争机制本身。因此，在社会主义市场经济条件下，反垄断的主要任务将聚焦于市场经济层面，致力于确保市场竞争充分有效，确保有效的市场竞争使市场在资源配置中发挥决定性作用。同时，强化反垄断防止资本无序扩张，① 确保经济良性发展，保护广大消费者利益，防止垄断损害社会主义市场经济体制，推动经济高质量发展。

在传统的反垄断法“三大支柱”制度中，经营者集中反垄断控制的重要性位居最后。从历史上看，与禁止垄断协议和滥用市场支配地位制度相比，经营者集中反垄断控制制度出现最晚，法律规制的必要性也最低。从各国的反垄断法立法体例上看，后者也通常排在前两者之后。从对社会经济和消费者福利的影响看，施行垄断协议和滥用市场支配地位的后果通常是负面的，而经营者集中的后果通常是正面的。正因如此，反垄断法对垄断协议和滥用市场支配地位，基本采取了“原则禁止，例外允许”的态度，而对经营者集中则一律采取“控制”态度，即“原则允许，例外禁止”。这种法律定位决定了经营者集中反垄断控制发挥作用的空间相对有限，也决定了其制度设计的原则应定位于高效率、低成本的筛查机制，以及有效的补救措施。

相比西方发达市场经济国家，我国市场经济起步晚、发展不充分，总体来看，企业规模小、竞争力水平低，一些企业在国内是行业佼佼者，或在某一方面有所突破，但与全球范围内的领先者相比仍相去较远。特别是在全球化背景下，只有全球化的市场，没有全球化的利益；企业可以全球化布局，但利益仍有国界限制，企业间竞争往往成为国家间竞争的表现形式。当前我国的任务是：着力提高企业竞争水平，支持经济优化布局、结构调整、战略重组；推动企业做大、做优、做强，培育市场竞争，培育具有全球竞争力的一流企业。因此，经营者集中反垄断控制制度的主要作用在于控制某些相关市场过度集中，防止市场竞争水平被过度削弱，确保市场竞争保持必要活力，特别是在于防止巨型企业垄断市场，为中小企业发展预留时间和空间。反垄断执法本身应当依法平等适用于各类企业，反对各类排除限制市场竞争的行为，确保市场竞争充分有效，促进社会主义市场经济健康发展。

经营者集中反垄断控制制度以及反垄断法都不是我国本土产物，而是西

---

① 2020 年 12 月 11 日召开的中共中央政治局会议首次提出“强化反垄断和防止资本无序扩张”。2020 年 12 月 16 日至 18 日召开的中央经济工作会议提出 2021 年的八项重点工作任务，其中第六项要求“强化反垄断和防止资本无序扩张”，认为反垄断、反不正当竞争，是完善社会主义市场经济体制、推动高质量发展的内在要求。

方发达资本主义国家的舶来品，因此在中国施行反垄断法以至于经营者集中反垄断控制制度，需要正确处理法律移植问题。历史上，中国曾是周边国家先进法律制度的输出国。清末以来，随着国力的衰退和西方国家的崛起，无论是在产品和技术方面，还是在文化和制度方面，中国渐次由输出国转为输入国。就法律制度而言，从清末的变法图强开始，中国开始引入近现代意义上的西方法律制度。清王朝曾聘请日本东京控诉院判事松冈义正负责《大清民律草案》的总则、物权和债权三编，由有留学经历的陈录、高种和陈献文负责亲属和继承两编，中国移植西方法律制度的历程由此开始。此后，中国一直在学习、借鉴和输入国外的法律制度，来源国包括日本、法国、德国、美国等。法律移植成为中国近现代以来，追求国家独立、民族复兴和人民幸福的尝试手段之一。

20 世纪 90 年代初，对初涉法律领域的学生而言，印象特别深刻的是，诸多民商法领域的研习者“言必称罗马”，这常使我不由自主地想起毛泽东同志 1941 年在《改造我们的学习》中批判的“言必称希腊”。2006 年，因工作调整需要，我转而研习反垄断法，特别是企业并购的反垄断审查工作。彼时，反垄断法既不是学界的显学，也不是实务界的热门，但中国反垄断立法工作已经进入快车道。缺乏立法执法基础的理论研究自然门庭冷落，缺乏深厚理论研究支撑的立法执法自然单薄无援，反垄断界呈现“言必称欧盟，言必称美国”的景象。研究和借鉴国外做法甚为重要，但生搬硬套的拿来主义、不求甚解的断章取义为各界深恶痛绝。法律制度与其他上层建筑一样，都有其自身规律，纵观中国革命建设和改革道路的探索历程，以及世界各国制度创设、借鉴和选择的经验，在引进外来理论和制度时，只有与本国的具体实践相结合，才有可能探索出符合本国国情的做法，也才有可能取得真正的成功。

习近平总书记指出，当今世界面临百年未有之大变局，当代中国处于经济社会发展的特殊历史机遇期，两者同步交织、相互激荡。在 2016 年召开的哲学社会科学工作会议上习近平总书记指出：“这是一个需要理论而且一定能够产生理论的时代，这是一个需要思想而且一定能够产生思想的时代。我们不能辜负了这个时代。”[①] 着眼于到 21 世纪中叶，把我国建设成为富强民主文

---

① 2016 年 5 月 17 日，习近平总书记在哲学社会科学工作座谈会上的讲话。

明和谐美丽的社会主义现代化强国的历史重任，如何开展有效的法律移植工作，如何梳理总结我们的本土化经验和教训，迫切需要我们在世事变迁中保持战略定力，在风险挑战中把握战略机遇，从容、自信、坚定不移地做好自己的事，以习近平新时代中国特色社会主义思想指引前行道路，扎实推进国家治理体系和治理能力现代化，以伟大斗争应对百年变局。

从反垄断工作者、研习者的角度，本书试图向读者展示对经营者集中反垄断控制理论和实践的心得和感悟。本书牢记对法律初心的思考，强调对基本概念的界定，着力对历史沿革和得失的分析，重视制度架构的逻辑体系，强调纸面上的法律在实务中如何落地，努力为研究者、执法者、企业和律师践行“纸法”，提供实际操作的参考。如若这些不成熟的心得和感悟对读者有些许裨益，足矣。

Contents **目 录**

第一章

附条件批准经营者集中的历史演进

2008 年 8 月中国《反垄断法》施行，经营者集中[①]作为专章纳入《反垄断法》，成为中国反垄断法四大支柱制度之一。[②] 作为当今世界体量庞大且蓬勃发展的经济体之一，中国无法回避经营者集中反垄断控制的课题。然而，反垄断控制并非中国本土制度，对域外法律移植，我们既无法在实验室中演绎、选择和决策，也无法从现实世界中简单照搬现成的做法。因为社会科学不像绝大多数自然科学一样有研究实验室，假设、理解和判断可以在实验室进行，特别是社会科学研究在缺乏统计数据，难以进行量化分析时，历史演进和比较研究就成为重要的替代方式。[③]

幸运的是，任何法律制度都有其产生、发展和演进的历史背景，脱离历史背景单纯讨论法律制度容易误入歧途，不得真传，难取真经。事实上，先行国家的某个历史片断，也许就是后进国家今天面对的现实，我们今天提出的疑问，也许就是其他国家遭遇过的历史难题。如果你看不清当下就去读读历史，因为历史上曾经发生过。故而，移植国外法律制度，创设我们的法律规则，援引国外的理论学说，阐释我们面临的问题，寻求我们的解决方案，

---

① 中国《反垄断法》采用了经营者集中（Concentration）表述，其他国家立法执法和理论界还有并购（Merger and Acquisition，M&A）、合并（Merger）、收购（Acquisition）等诸多概念，这些概念的中文语义不完全相同，但在反垄断语境下指向基本一致，为表述方便，除非特别说明，本书未予严格区分。

② 禁止垄断协议、禁止滥用市场支配地位和经营者集中控制是当今世界公认的三大反垄断制度。少数国家的反垄断法如中国《反垄断法》还规定了滥用行政权力排除、限制竞争，即通常所说的行政垄断。

③ 刘鹤主编：《两次全球大危机的比较研究》，中国经济出版社 2013 年版，第 3 页。

极有必要深入研究欧美等先行司法辖区相关法律制度和施行情况的历史演进。

美国和欧盟既是当今位列三甲的经济体，也是经营者集中反垄断控制最发达的司法辖区。从三大反垄断法律制度在美欧的历史看，经营者集中反垄断控制迟于禁止垄断协议和禁止滥用市场支配地位。附条件批准经营者集中[①]的做法也并非随着经营者集中反垄断控制的出现而产生，前者是在后者发展过程中逐步衍生出来的解决方案。美欧英等较早运用附条件批准，制度也较完善。从现有文献看，美国最早发布资产剥离制度官方研究报告，在资产剥离立法与实践方面，欧盟似乎大量借鉴了美国经验。此外，一些国际组织的非约束性文件或研究报告中也可窥见该制度的历史脉络。

重视历史、研究历史、借鉴历史，可以给人类带来很多了解昨天、把握今天、开创明天的智慧。所以说，历史是人类最好的老师。[②] 如何诠释历史意味着我们如何看待现在及如何界定未来。本章试图主要以美欧为样本，梳理附条件批准经营者集中的历史演进，通过剖析历史进程，揭示制度的形成和演变，力争还原其社会背景及内在原因。希望在理解域外制度发展历史的基础上，正确评价和把握现在，准确预测和创新未来，为我国相关理论发展、制度建设和实务操作提供支撑和参考。

第一节　美国附条件批准经营者集中的历史演进

在美国的反垄断执法体制下，附条件批准不是特别准确的表述。[③] 欧盟的欧委会和中国的市场监管总局（2018 年前是商务部）均能以自己名义作出行

---

① 我国《反垄断法》采用了附加限制性条件的措辞，国内外还有救济措施、附条件及附负担等用语。本书视语境及行文方便使用救济措施、附加限制性条件（附条件）、结构条件（救济）和行为条件（救济）等措辞，未予严格区分。

② 《习近平致第二十二届国际历史科学大会的贺信》，载新华网，http：//www. xinhuanet. com/politics/2015 -08/23/c_ 1116344061. htm。

③ 为表述方便，本书对美国执法机制下采取救济措施的情形称为附条件批准或采取救济措施，不再精确区分。

政决定，附条件批准经营者集中。[①] 与此不同，美国司法部作为政府行政部门以原告身份与当事方达成有关救济的和解协议，和解协议向法院备案并履行公示程序后生效，救济措施的效力基于和解协议源于法院程序。联邦贸易委员会竞争局也可以与当事方达成有关救济的和解协议，经委员会会议简单多数通过，并满足公众评论期无异议等条件后，即可按照最终和解同意令执行。此外，如果委员会竞争局与当事方未能达成有关救济的和解协议，通常会在委员会会议简单多数通过后，向内部行政法官起诉，请求发布永久禁止令，同时向联邦地区法院申请临时限制令和初步禁令，以阻止交易在行政法官开庭前交割。[②] 当事人对行政法官发布的永久禁令也可以向法院提起诉讼。本节主要以美国立法为线索，结合其不同时期的不同做法进行阶段划分，以探求美国附条件批准经营者集中的演进规律。

一、美国反垄断法的渊源和发展阶段划分

通常认为美国反垄断法主要有三大类渊源。以标志性立法作为节点，美国附条件批准经营者集中的历史演进可以划分为三个阶段分析理解。

（一）美国反垄断法的三大类渊源

一是制定法，主要包括：《谢尔曼反托拉斯法》（Sherman Antitrust Act of 1890，以下简称《谢尔曼法》）、《克莱顿反托拉斯法》（Clayton Antitrust Act of 1914，以下简称《克莱顿法》）、《联邦贸易委员会法》（Federal Trade Commission Act of 1914）、《塞勒－科佛沃法》（Celler－Kefauver Act of 1950）、《哈特－斯科特－罗迪诺反托拉斯改进法》（Hart－Scott－Rodino Antitrust Improvements Act of 1976）、《反托拉斯程序改进法》（Antitrust Procedural Implements Act of 1980）等。

二是指南文件，主要包括：1984 年 6 月美国司法部发布的《合并指南》[③]，2010 年 8 月美国司法部（U. S. Department of Justice，DOJ）和联邦贸

---

① 对中欧行政执法机关作出的附条件批准决定，当事人有权向法院起诉，在中国属于行政诉讼的范畴。

② 在行政法官开庭前或庭审中，如果委员会竞争局与当事方达成和解协议，行政法官将无须发布永久禁令，不过这种情形很少发生。

③ U. S. Department of Justice, *Merger Guidelines*, June 14, 1984.

易委员会（Federal Trade Commission，FTC）联合发布的《横向合并指南》①，2003 年 4 月联邦贸易委员会竞争局发布的《合并救济商谈声明》②，2012 年 1 月联邦贸易委员会竞争局修订发布的《合并救济商谈声明》③，2004 年 10 月美国司法部反托拉斯局发布的《合并救济反垄断政策指南》④，2011 年 6 月美国司法部反托拉斯局修订后发布的《合并救济反垄断政策指南》⑤，2020 年 6 月美国司法部和联邦贸易委员会联合发布的《纵向合并指南》⑥，等等。美国执法机构的指南文件不具有法律约束力，然而，执法机构基本按照指南执法，这导致当事方必须高度重视指南文件，指南文件具有了事实上的约束力。

三是司法判例。美国作为判例法国家，法院判例自然是其重要渊源。由于美国反垄断法表述原则，而实践中垄断行为极为复杂，法院在反垄断立法和理论推进中扮演了重要角色，反垄断法律条文具体含义的解释，往往需要法院判例才能得以显现，反垄断领域判例法的作用显得尤为重要。然而，美国反垄断法源于规制托拉斯行为，其确切名称是反托拉斯法（Antitrust Act），早期的反托拉斯法事实上未涉及经营者集中规制，后期才将经营者集中纳入反托拉斯法律体系，相比其他两项反托拉斯制度，法院在经营者集中方面鲜

---

① U. S. Department of Justice and the Federal Trade Commission, *Horizontal Merger Guidelines*, August 19, 2010.

② Joseph J. Simons Director, *Negotiating Merger Remedies Statement of the Bureau of Competition of the Federal Trade Commission*, April 2, 2003.

③ Richard Feinstein Director, *Negotiating Merger Remedies Statement of the Bureau of Competition of the Federal Trade Commission*, January 2012.

④ U. S. Department of Justice Antitrust Division, *Antitrust division policy guide to merger remedies*, October 2004.

⑤ U. S. Department of Justice Antitrust Division, *Antitrust division policy guide to merger remedies*, June 2011.

⑥ U. S. Department of Justice and the Federal Trade Commission, *Vertical Merger Guidelines*, June 2020.

有表达观点，导致有关经营者集中的判例法趋弱，指南文件变得相对重要起来。①

（二）美国附条件批准集中的三个发展阶段

为便于理解和研究，我们把美国附条件批准经营者集中的历史划分为三个阶段：

第一阶段，是经营者集中控制制度的产生阶段。这个阶段立法上以《谢尔曼法》、《克莱顿法》和《塞勒－科佛沃法》为代表。在这个阶段，美国对经营者集中的反垄断规制采取事后监管模式，对存在竞争问题的经营者集中也是事后处理，因此不存在事前附条件批准经营者集中的问题。

第二阶段，是经营者集中事后监管调整为事前监管的阶段。这个阶段立法上以《哈特－斯科特－罗迪诺反托拉斯改进法》为标志。在这个阶段，美国要求经营者集中事前申报，只有在等待期届满或者执法机构批准之后才能实施。执法模式的转变为执法机构对存在竞争问题的集中交易采取救济措施创造了条件，现代意义上的经营者集中控制制度，特别是附条件批准经营者集中就此诞生。

第三阶段，是附条件批准经营者集中发展和完善的阶段。这个阶段立法上以非约束性指南为标志，集中体现为美国联邦贸易委员会竞争局分别于2003年和2012年发布的《合并救济商谈声明》，以及美国司法部反托拉斯局

---

① 具体原因在于：第一，美国对集中的反垄断规制由事后追查转为事前申报已有几十年时间，其间少有私人再对集中提起反垄断诉讼，这导致法院少有机会处理有关集中的案件。若有案外私人对拟议集中向法院寻求禁令或提出损害赔偿，则需负担如下举证责任：拟议集中可能损害市场竞争且原告可能因此遭受损害。比私人原告更专业、资源更丰富的执法机构，通过法院挑战拟议集中只需证明拟议集中可能损害市场竞争，但执法机构仍有挑战失败的情形，私人原告通过法院挑战集中的困难可想而知。第二，囿于事前申报标准制度，无论以营业额还是以资产额、交易额作为申报标准的指标，达到申报标准未必存在竞争问题。实践中，大量需要申报的集中都没有竞争问题。在美国，这些案件全部由执法机构处理，根本不需要诉至法院解决，法院因此没有机会对此发表意见。第三，极少数执法机构认为存在竞争问题的案件，执法机构和当事方倾向寻求解决竞争问题的方案并达成和解协议，以附条件方式允许当事方实施集中。联邦贸易委员会竞争局和当事方的和解协议不需要履行法院程序，司法部和当事方的和解协议需在法院备案并履行公示程序。这类案件数量较少且法院通常不会挑战和解协议，也不会对和解协议发表意见。执法机构试图禁止的无法达成和解协议的集中数量更少。对这些集中，联邦贸易委员会的行政法官有权发布永久禁令，理论上，当事方有权通过法院挑战委员会维持行政法官永久禁令的裁决，但实践中极少有当事方这么做；司法部不能自行决定禁止集中，须向法院起诉请求法院禁止，然而，绝大多数当事方不愿意到法院解决，如果无法与司法部达成和解协议，基本就放弃交易了。

分别于2004年和2011年发布的《合并救济反垄断政策指南》。在这个阶段，美国附条件批准了大量经营者集中，并通过不具有法律约束力的指南文件，固化了附条件批准经营者集中的做法，这些指南文件确立的做法不仅成为美国执法实践的遵循，也成为其他司法辖区的重要参照。

二、从反垄断制度创设到经营者集中事后监管

以《谢尔曼法》发布为标志，以《克莱顿法》《塞勒－科佛沃法》为主要内容，构成了美国经营者集中反垄断控制第一阶段的主体立法。在这个阶段，美国的经营者集中反垄断控制制度诞生，对经营者集中采取事后监管，事后监管下的救济只能是事后救济，事后救济的法律框架下不存在附条件批准经营者集中的可能。

（一）《谢尔曼法》没有规制经营者集中

1890年颁行的《谢尔曼法》是美国第一部联邦反垄断法。[①] 此前，美国的社会政治经济情况是，各地经济主要是由小商户和农场主组成，人们信奉自由经济、自由竞争与机会均等的思想。[②] 美国南北战争后的19世纪晚期，正值第二次工业革命的美国工业化和市场经济迅速发展，由此导致的资本迅速集中是《谢尔曼法》产生的社会经济基础。当时的工商业以托拉斯的形式组织起来垄断市场，严重威胁既有中小企业生存，在托拉斯抬高产品定价和自身产品价格下降的双重挤压下，为限制托拉斯、纠正经济力量的失衡，小商户和农民奔走游说推动了反托拉斯立法。经济形势变化和垄断组织的出现威胁到原经济体制下生产者的利益，由此产生的对执政者的政治压力和各界对经济权力集中的忧虑是《谢尔曼法》出台的主要原因。[③] 虽然《谢尔曼法》

---

① 加拿大1889年颁布的《预防和制止限制贸易之联合行为的法律》是世界上第一部反托拉斯法，《谢尔曼法》是美国的第一部联邦反托拉斯法，只不过后者影响更大，常被误为世界第一部反托拉斯法。此外，即便在美国，此前有些州已有反托拉斯立法，普通法上亦有维护公平竞争的规则。

② 辜海笑：《美国反托拉斯理论与政策》，中国经济出版社2005年版，第2页。

③ 美国经济学者福克讷（Faulkner）分析美国反托拉斯运动兴起的原因时说：首先，产生于人们继承了旧英国普通法的观念，对垄断有着根深蒂固的憎恶，这种憎恶无疑是由于新的合并使人们生活受到损害的那些不幸事件所激起的。其次，人们害怕国家的资源会被一些不负责任的人所控制。［美］福克讷：《美国经济史》（下卷），王锟译，商务印书馆2018年版，第102页。

是针对美国经济中察觉到的卡特尔和垄断化现象而颁布的，[①] 从根本上说，美国反托拉斯在此时出现，也是对托拉斯及其力量在美国经济中增长的回应，[②] 美国国会通过《谢尔曼法》是对当时社会经济变化的独特反应。[③] 然而，这种反应似乎不是要对经济结构进行调整，而是政府对大众反感大企业情绪的安抚。[④]

在此背景下诞生的《谢尔曼法》没有似乎也不需要明确规定对经营者集中进行反垄断规制。在《谢尔曼法》为数不多的 8 个条款中，只有第 1 条和第 2 条两个实质条款：一是禁止卡特尔行为（Cartel Behavior）；二是禁止垄断化行为（Monopolistic Behavior）。[⑤] 程序性规则主要是第 4 条，其内容是授权美国联邦地区法院以反托拉斯案件司法管辖权，各地区检察官根据州司法部长的指示提起衡平诉讼以防止和限制违法行为。《谢尔曼法》如此简单抽象模糊，以至于有观点认为该法无法直接适用于具体案件，如果没有法院的解释《谢尔曼法》将寸步难行，《谢尔曼法》本质上不过是要求司法机关发展反托拉斯普通法的一项立法命令而已，而法院解释第 1 条和第 2 条的判例才是美国反托拉斯法的主体。

事实上，出台后的相当长时间内《谢尔曼法》并未得到有效执行，对社

---

① ［美］理查德·A. 波斯纳：《反托拉斯法》（第 2 版），孙秋宁译，中国政法大学出版社 2003 年版，第 37 页。

② William H. Page, *The Ideological Origins and Evolution of U. S. Antitrust Law*, ISSUES IN COMPETITION LAW AND POLICY, Vol. 1：1（2008）.

③ F. M. Scherer & David Ross, *Industrial Market Structure And Economic Performance*, 3rd edition, Houghton Mifflin Company, 1990, p. 12.

④ 《谢尔曼法》出台正值美国第二次工业革命，生产率大幅提高，工业品价格普遍下降，产量迅速增加，受负面影响的是那些中小企业主和农场主，消费者利益反而受益，例如就公众普遍抱怨的托拉斯问题，众议院制造业委员会举行过几次听证会，重点考察了食糖、威士忌、石油和棉花包装 4 个行业，与公众情绪相反，委员会未找到这四个行业垄断和损害消费者的证据，相反，证据表明价格还有所下降。See Dudley H. Chapman, *Molting Time for Antitrust*：*Marker Realities*, *Economic Fallacies*, *and European Innovations*, Praeger Press, 1991, p. 49. 此外，有关《谢尔曼法》的立法资料表明，促成该立法的领导人物并非来自受害的中小企业主，而是来自亲商业的共和党，很难想象这样的国会会决定严厉打击托拉斯组织。更合理的解释是，国会试图采取行动主动缓和矛盾并击败当时的第三党人民党，避免出现更极端的政治反应。

⑤ 两款实质条款是：任何限制州际或国际贸易或商业的合同、托拉斯或其他形式的联合、共谋，均属非法；任何人垄断或企图垄断，或与他人联合、共谋垄断州际或国际贸易或商业，均属严重犯罪。将该两款解读为禁止卡特尔和垄断化行为，还有极少数人持不同看法。

会几乎没有产生实质影响，垄断现象仍然迅速发展，反垄断案件却很少。[①]《谢尔曼法》颁布后也没有依托该法建立和实施对经营者集中的反垄断控制制度，即便是在1895—1905年，面对美国历史上的第一次企业并购浪潮，《谢尔曼法》也没有发挥任何控制作用。从反垄断法的角度看主要原因在于：

第一，《谢尔曼法》的实质条款过于原则，通常认为该法没有明确涉及经营者集中，即使援引内容最接近的第2条处理经营者集中，也受制于美国最高法院通过该法确立的合理原则[②]。根据该原则，只有那些不合理地限制了贸易的契约才是不合法的，是否合理则要看其在合并前有无垄断的意图，这种无法测量的标准使《谢尔曼法》丧失了有效处理合并问题的能力。[③]

第二，《谢尔曼法》只适用于有损害后果的行为，经营者集中这种可能引发将来竞争损害的行为无法纳入其中。此时反垄断的任务和理念并不明确，[④]《谢尔曼法》没有明确规定何种行为应当禁止，司法部在执法时也不确定需要挑战何种行为。正如当时的评论家派特逊（Paterson）所言："反垄断法是个反常的立法，没人知道它禁止什么。"[⑤] 此外，《谢尔曼法》早期缺乏执行性还与其作为经济性法令与经济学脱离有关。[⑥]

第三，《谢尔曼法》颁布之初其执行高度依赖法院，但法院也没有先例可

---

① ［美］理查德·A. 波斯纳：《反托拉斯法》（第2版），孙秋宁译，中国政法大学出版社2003年版，第40页。

② 在1911年标准石油诉美国案中，联邦最高法院法官怀特（White）把《谢尔曼法》中的非法认定为"任何不合理的限制贸易"。合理原则（Rule of Reason）的提出引发诸多争议，许多人认为此原则会使大企业免受《谢尔曼法》制裁，实质削弱《谢尔曼法》的作用。《谢尔曼法》第1条的原文为"Every contract, combination in the form of trust or otherwise, or conspiracy, in restraint of trade or commerce among the several States, or with foreign nations, is declared to be illegal"，怀特法官将此处的"Every"解释为"任何不合理的"。

③ 战葆红：《塞勒-凯弗维尔法与美国公司的合并》，载《美国研究》1992年第4期。

④ 早期《谢尔曼法》的价值似乎重在追求政治、经济和道德等目标，例如保护经济自由、财产安全等权利，在保护竞争的过程中，使自由商品交换免于任何形式的干扰，以实现最大限度的个人商业机会、经济效率、国家繁荣、正义与社会和谐。参见郭跃：《美国反垄断法价值取向的历史演变》，载《美国研究》2005年第1期。

⑤ As freak legislation, the antitrust laws stand alone. Nobody knows what it is they forbid.

⑥ 辜海笑：《美国反托拉斯理论与政策》，中国经济出版社2005年版，第4页。司法部适用《谢尔曼法》起诉的案件多是因为被告拥有高市场份额，对公司是否以其支配地位损害市场竞争和消费者权益并无经济分析，例如司法部在美国E. C骑士公司案中，以被告与其他小公司拥有美国精炼糖业98%的市场份额为由，在没有完全证据支持下认为美国E. C骑士公司可以控制美国精炼糖产业，把控产品售价。

循，一时难以找到执行的准星，加之部分法官受自由放任主义影响甚重，例如最高法院在1920年的美国钢铁公司案中认为：《谢尔曼法》不会因为企业规模大或具有未实际使用的力量便构成违法，[①] 对反托拉斯法执行持消极态度，也导致《谢尔曼法》颁行初期执行不活跃，19世纪90年代美国的反托拉斯法执行无精打采。[②]

第四，从实际执行效果看，伯纳德·施瓦茨在《美国法律史》中指出，《谢尔曼法》颁行的最初10年，控制垄断的实际效果收效甚微，至多只有一点象征性价值，对大规模的企业联合、合并从社会舆论到立法和司法都没有表现出严厉禁止的态度，政府起诉的案件寥寥无几。[③] 根据波斯纳的统计，在《谢尔曼法》通过后的10年间，由政府起诉的反托拉斯民事、刑事诉讼案件总共只有15件。[④] 从该法产生的背景看没有针对经营者集中，从该法内容和颁行后实施情况看也没有涉及经营者集中，也就不可能有经营者集中控制下的救济措施或者附条件批准。

《谢尔曼法》颁行后，美国政府和法院采取了解散大托拉斯的措施，但却未能有效遏制托拉斯组织迅速发展的趋势。究其原因，除了《谢尔曼法》本身规定不够具体、解释伸缩性大，影响了执行效果外，更深刻的原因在于，资本集中是资本主义商品经济和社会化大生产发展的必然趋势。[⑤] 出于对法院执行《谢尔曼法》动作迟缓的失望，20世纪初，美国的政治领袖[⑥]和立法者认为需要进一步推动反垄断成文立法。1914年美国国会颁行第二部重要的反

---

① United States v. United States Steel Corp. , 251 U. S. 417 (1920): An industrial combination short of a monopoly is not objectionable under the act merely because of its size—its capital and power of production—or merely because of a power to restrain competition, if not exerted.

② 参见徐伟敏：《美国〈谢尔曼法〉研究》，山东大学2009年博士学位论文。

③ 参见［美］伯纳德·施瓦茨：《美国法律史》，王军等译，法律出版社2007年版，第142页。

④ 参见［美］理查德·A. 波斯纳：《反托拉斯法》（第2版），孙秋宁译，中国政法大学出版社2003年版，第40页。

⑤ 吴振国、张晨阳：《美国反托拉斯法律制度概述》，载尚明主编：《主要国家（地区）反垄断法律汇编》，法律出版社2004年版，第843页。

⑥ 主要是西奥多·罗斯福（共和党，任期1901—1909年）、威廉·塔夫脱（共和党，任期1909—1913年）和伍德罗·威尔逊（民主党，任期1913—1921年）有力地执行反垄断法，反垄断程序和法律框架逐步形成。

托拉斯法《克莱顿法》[①] 就是这种共识的重要产物。[②]

（二）《克莱顿法》开始规制经营者集中

作为对《谢尔曼法》的修订增补，《克莱顿法》明确规定了禁止价格歧视（第2条）、禁止附条件的销售或排他协议（第3条）、反托拉斯民事损害赔偿诉讼（第4、5条）、豁免工会和农民组织（第6条）、禁止削弱竞争的经营者集中（第7条）、[③] 禁止公司董事兼任（第8条）等内容。从《克莱顿法》开始，经营者集中被纳入反垄断法调整范围。《克莱顿法》第7条第1款明确规定，从事商业或从事影响商业活动的任何人，不能直接或间接占有其他从事商业或影响商业活动的人的全部或部分股票或其他资本份额。联邦贸易委员会管辖权下的任何人，不能占有其他从事商业或影响商业活动的人的全部或一部分资产，如果该占有实质上减少竞争或旨在形成垄断。作为经营者集中反垄断控制制度的重要组成部分，《克莱顿法》还规定了申报标准、等待期、适用除外等内容。据此，在法律层面上，美国第一次建立起了经营者集中的反垄断控制制度，该条规定不仅成为日后美国执行经营者集中反垄断控制最重要的法律依据，也成为后续经营者集中反垄断立法的渊源。

同年，美国还颁行了《联邦贸易委员会法》，[④] 该法授权创设联邦贸易委员会，作为执行反托拉斯法律的行政机构，其职责范围包括：搜集和编纂情报资料、对商业组织和商业活动进行调查、对不正当的商业活动发布命令阻止不公平竞争。同年，美国联邦贸易委员会诞生，委员会开始与1903年成立的美国司法部反托拉斯局一起承担起美国反垄断执法任务。自此，打破了针对个别垄断财团打官司式的反垄断执法方式，联邦贸易委员会可以不通过诉讼就能够阻止不公平的交易行为，以此来鼓励市场竞争。

---

① 15 U. S. C. § 12 – 27.

② William Kovacic & Carl Shapiro, *Antitrust Policy: A Century of Economic and Legal Thinking*, Journal of Economic Perspectives, Vol. 14: 1, p. 43 – 60 (2000).

③ 经过1980年的修改，《克莱顿法》第7条的适用范围从法人（corporation）间发生的经营者集中，扩展到包括合伙、自然人在内的所有人（person）间发生的经营者集中。

④ 该法此后分别在1938年、1975年修订。根据1938年修正案，委员会职权扩大到保护公众不受商业欺诈损害。委员会责任的核心在《联邦贸易委员会法》第5条，该条规定在商业贸易中或影响贸易的不公平竞争方法是非法的，据此，议会意在使委员会有能力把反竞争行为扼杀在萌芽状态，以防其成熟壮大成为有严重影响的反托拉斯行为，即所谓的早期原则（Incipiency）。参见白艳：《欧美竞争法比较研究》，中国政法大学2004年博士学位论文，第29页。

（三）《塞勒－科佛沃法》完善规制经营者集中

1950年美国国会通过《塞勒－科佛沃法》[1]，对《克莱顿法》第7条进行了修正和补充。[2] 国会在《塞勒－科佛沃法》中考量的首先是保护小工商业与维持工业发展，其次是企业高度集中对政治的损害，最后是大企业控制经济使个体丧失创造力。[3] 在具体条款和制度设计上主要体现在如下方面：

一是《塞勒－科佛沃法》增加了关于取得资产（assets acquisition）的规定，禁止任何公司购买其他公司的股票或资产，如果这种购买有可能导致竞争的大大削弱或产生垄断。该修订将《克莱顿法》第7条的适用范围从股权收购扩展到资产收购，从而弥补了《克莱顿法》存在的所谓资产收购的致命漏洞。

二是《塞勒－科佛沃法》使用了"也许"一词，比《谢尔曼法》的执法标准更为严格。根据《谢尔曼法》，必须证明合并有限制贸易的既成事实才能判决合并违法，这就削弱了该法的战斗力，使法院陷入纠缠不清的争论中。《塞勒－科佛沃法》规定，根据合并可能在未来产生的效果判断其是否合法，而非依据参与者的动机或者合并后的实际效果，这就使法院在合并之前阻止垄断产生成为可能，这也被称作初始原则（incipiency doctrine）。[4] 1949年众议院司法委员会在报告中对此进行了说明，股票和财产兼并具有积累作用，

---

① 15 U. S. C. § 18.

② 《克莱顿法》第7条规定，凡从事商业的公司不能直接或间接购买其他也从事商业的公司的全部或部分股票或其他股份资本，如果购买的结果会从根本上削弱被购公司和购买公司之间的竞争，或者在任何地区或社区限制贸易；或在任何行业趋向产生垄断。凡公司不能直接或间接购买从事商业的两个或更多的公司的全部或任何部分股票或其他股份资本。如果这样购买的结果，或利用股票的活动、或授予代理权、或其他的活动会从根本上削弱这些公司或被购股票或其他股份资本的任何公司间的竞争，或者限制了在任何地区或社区的贸易；或者在任何行业趋向产生垄断。《塞勒－科佛沃法》将此内容修改为：凡从事商业的公司将不能直接或间接购买另一也从事商业的公司的全部或部分股票或其他股份资本，并且凡受联邦贸易委员会管辖的公司将不能购买另一也从事商业的公司的全部或部分财产，如果这一购买的效果在这一国家的任何地区、任何行业也许会从根本上削弱竞争或趋向产生垄断。凡公司将不能直接或间接购买一个或多个从事商业的公司的全部或部分股票或其他股份资本，并且受联邦贸易委员会管辖的公司将不能购买一个或多个从事贸易的公司的全部或部分财产，如果购买这些股票或财产、或利用这些股票而进行的股票交易、或授予代理权等其他活动的效果，在这一国家的任何地区、任何行业也许从根本上削弱竞争或趋向产生垄断。See *Committee on Small Business, Congress and the Monopoly Problem fifty－six Years of Antitrust Development 1900－1956*, Greenwood Press, 1968, p. 464, 488－490.

③ 参见郭跃：《美国反垄断价值取向的历史演变》，载《美国研究》2005年第1期。

④ 战葆红：《塞勒－凯弗维尔法与美国公司的合并》，载《美国研究》1992年第4期。

控制市场达到违反《谢尔曼法》第2条规定的程度也许不是在一次兼并中达到，而是一系列兼并的结果，法案是要对这一积累过程加以干预。参议院司法委员会也对此进行了说明，委员会希望能明确这一点：法案不是要回到《谢尔曼法》的调查，而是像《克莱顿法》其他部分一样，目的是在事情之初和没有引起《谢尔曼法》诉讼之前处理垄断性合并。[①]

三是《塞勒－科佛沃法》规定了经营者集中的司法审查程序。执法机构认为拟议经营者集中实质上减少竞争或形成垄断，有权向法院提起诉讼，由法院作出裁决。如果法院认为拟议经营者集中违法，则由执法机构作出相应处罚决定。尽管执法机构依照《塞勒－科佛沃法》提起了很多司法诉讼，也有很多诉讼成功的案例，但对被确认为违法的经营者集中，执法机构作出的处罚决定，一般是要求参与集中的经营者把一部分资产出售给市场上的其他企业，使资产购买者成为新的竞争者，或者由政府主导直接将集中后的经营者拆分成几个经营者，这样做的目的是恢复集中前的市场竞争结构。[②]

按照上述规定和做法，在该阶段，美国对经营者集中的反垄断控制，已经类似于当前主要司法辖区正在施行的做法，即在法院认定集中交易违法的情况下，执法机构可以要求当事方出售部分资产给市场上的其他经营者。例如，在1962年的Brown Shoe Co. v. United States案[③]中，合并双方原来是主要的竞争对手，法院认为合并将导致市场集中度提高，限制鞋子零售业的竞争，可能会导致其他企业丧失公平竞争机会，实质限制竞争，法院据此禁止此项合并，要求被告返还取得的资产。

（四）小结：事后监管和事后救济

与当前做法最大的不同是，上述规定和做法属于对经营者集中的事后控制。据此，经营者不需要事先向执法机构申报，执法机构认为经营者集中涉嫌违法，应由其向法院提起诉讼。这种做法的问题是，即使执法机构胜诉并采取救济措施，也通常是在经营者集中完成几年后的事情。由于各方资产已经混合，被收购企业通常已经解体，完成这一任务几乎无望，通常只能剥离

---

① JackW. Aarts：*Antitrust Policy Versus Economic Power*，H. E. Stenfert Kroese B. V. Leiden，1975，p. 226－227.

② 马云鹤：《反垄断法资产剥离制度研究》，辽宁大学2011年博士学位论文。

③ Brown Shoe Co. v. United States，370 U. S. 294（1962）.

相对较少的一部分资产。有时执法机构会要求集中后的企业寻找各种设备和资产以组成与被收购实体集中前大致相当的实体用于剥离。[①]

应该说，在《塞勒－科佛沃法》之后，执法机构虽然有权对经营者集中可能产生的反竞争影响采取必要的措施予以纠正，如剥离部分资产，但限于当时施行的事后控制，还难以把对竞争的威胁消灭在早期状态，如同在“马被偷之后，才锁上马厩的门”，反垄断诉讼和资产剥离发生在集中实施完成之后反竞争效果早已产生，即便采取相应的剥离措施予以纠正所需的成本也很高，且因资产已经高度混合，执行的效果也差强人意。

一项名为 Elzinga's classic study 的研究表明，1960 年前实行事后救济的 39 个案件，有 35 个没有及时在市场中扶植起独立的竞争者；[②] R. Rogowsky 对 1960—1980 年 104 个案件的研究分析也得出类似结论，高达 80% 的剥离失败。上述两项研究的对象均发生在美国实行事后救济时期，事后剥离的时间平均在集中完成之后 5 年才进行。[③] 其结果是，不仅难以很好恢复市场竞争，还可能因此损害已经实施完成并整合成功的集中交易，严重妨碍经营者集中发挥正面效益。美国联邦贸易委员会曾在研究报告中称，实施事后控制措施如资产剥离，不仅执法成本很高，而且经常难以使已完成的具有反竞争效果的集中完全恢复到实施前的状态，采取资产剥离恢复竞争甚至可能产生巨大的破坏作用。[④]

2017 年 1 月，美国联邦贸易委员会官网发布《2006—2012 年联邦贸易委员会并购救济案件：竞争局和经济局联合研究报告》[⑤]，研究报告由委员会竞争局和经济局工作人员共同完成，分析研究了 2006—2012 年委员会处理的并购救济案件。该报告经委员会执行主席及两名委员投票通过后对外发布。

---

① 袁日新：《经营者集中救济研究》，辽宁大学 2010 年博士学位论文。

② Kenneth G. Elzinga, *The Antimerger Law: Pyrrhic Victories?*, 12 LAW & ECON 43 (1969).

③ William J. Baer Director, *A study of the commission's divestitures process* (*public version*), FTC (Aug., 1999), https://www.ftc.gov/reports/study－commissions－divestiture－process.

④ Ibid.

⑤ The FTC's Merger Remedies 2006－2012: A Report of the Bureaus of Competition and Economics, Federal Trade Commission (Janu., 2017), https://www.ftc.gov/reports/ftcs－merger－remedies－2006-2012－report－bureaus－competition－economics.

三、从事后监管到经营者集中事前申报和救济①

1976 年美国国会通过《哈特－斯科特－罗迪诺反托拉斯改进法》,② 对《克莱顿法》进行修订和补充并成为后者的一部分（第 7A 条）。《哈特－斯科特－罗迪诺反托拉斯改进法》创设了经营者集中事前申报制度，规定了要约收购情形，授权联邦贸易委员会在征得司法部同意后，对有关申报事项制定行政法规。③ 该法确立了美国现代意义上的经营者集中控制事前申报制度，在美国以至世界经营者集中反垄断控制制度的发展历史上都具有里程碑式的意义。

（一）《哈特－斯科特－罗迪诺反托拉斯改进法》创设事前申报

《哈特－斯科特－罗迪诺反托拉斯改进法》确立了经营者集中事前申报制度，弥补了《克莱顿法》施行以来《塞勒－科佛沃法》下经营者集中事后控制的缺陷。该法施行前，反垄断执法机构在半夜并购（Midnight Mergers）面前无能为力，所谓半夜并购描述的是对外宣布后很快就完成实施的并购，或没有提前对外宣布即完成实施的并购。在并购完成实施前，执法机构没有足够时间进行调查，难以及时判断是否存在反竞争影响。即使执法机构事后收集到足够证据，提起诉讼并在法院成功挑战并购交易，但试图通过“复原摊成蛋饼的鸡蛋（unscrambling the eggs）”的方式救济，特别是要求集中后的实体剥离重合资产非常困难。经过长时间的调查和诉讼之后，公司并购完成已经多年，这种情形下要求集中后实体资产剥离不仅在实践操作上很难成功，即便成功剥离也可能损害已经融合的并购，对公司和社会经济发展未必有利。

《哈特－斯科特－罗迪诺反托拉斯改进法》的颁行终结了这种窘况，使经营者集中反垄断控制包括救济制度发生了根本性的变革。从对经营者集中的审查方式和采取救济措施方面看主要包括：

一是达到规定规模的经营者集中，包括股份收购和资产收购的当事方必须在实施之前向反垄断执法机构申报并遵守规定的等待期，在等待期届满或

① 本标题下内容有李子灵的贡献。

② 15 U. S. C. § 18a.

③ 15 U. S. C. § 18a（d）.

者执法机构批准之前不得实施经营者集中。事前申报和等待期的规定使执法机构有足够时间和机会审查经营者集中是否存在竞争问题。如果执法机构认为存在反竞争影响的嫌疑，则有权进行进一步审查并要求当事方提交更为详尽的文件资料信息。

二是在事前申报和等待期制度下，反垄断执法机构比之前掌握了更多的主动权，不仅可以对经营者集中进行更为详尽的审查，还可以要求当事方必须解决存在的竞争问题。如果当事方不能提供令执法机构满意的解决方案，执法机构有权自行禁止拟议集中，或者向法院提起诉讼，请求法院禁止拟议集中。

三是从当事方角度看，因迫于尽快实施集中的商业压力，与此前的事后调查相比，对于集中存在的竞争问题和可能采取的解决方案，当事方更有动机积极与执法机构沟通。为尽快实施集中，当事方通常会主动提出解决竞争问题的救济措施建议。执法机构有可能拒绝当事方的建议或者提出其他解决方案。如果执法机构认为当事方提交的解决方案能够解决竞争问题，则会与当事方达成和解协议。在和解协议等相关文件履行必要备案及公示程序后，当事方即可有条件地实施经营者集中。

无论是从性质上，还是从效果上，这种事前强制申报和采取救济措施解决竞争问题的做法与此前施行的做法存在根本区别。此前的做法属于事后审查和事后救济，由于集中已经实施，当事人没有压力和动机解决竞争问题，交易完成多年后才采取救济措施，效果较差。现行做法属于事前审查和事前救济或预防救济，当事人有动机和压力积极配合，救济措施在反竞争影响出现之前就已采取，效果更好。根据美国联邦贸易委员会的研究报告，在1980—1985 年，美国执法机构采取了 37 项资产剥离救济措施，所有剥离全部得以实施，其中 11 项在规定时间内完成。[①] 只有在事前强制申报条件下采取救济措施的才可称之为附条件批准。在与执法机构达成协议采取救济措施的前提下，当事方才可以实施经营者集中。如果当事方没有按照达成的协议实施救济措施，执法机构有权撤销此前的同意令并向法院提起诉讼，要求当事

---

① William J. Baer Director, *A study of the commission's divestitures process* (*public version*), FTC (Aug., 1999), https://www.ftc.gov/reports/study-commissions-divestiture-process.

方停止实施集中，已经实施的要恢复到实施前的状态。

（二）事前申报的完善和事前救济执法

在这一阶段，为配合实施《哈特－斯科特－罗迪诺反托拉斯改进法》规定的事前申报制度，作为反垄断执法机构的美国联邦贸易委员会和司法部先后发布了相关的法规和指南文件。例如，1978 年 7 月 31 日美国联邦贸易委员会征得司法部同意后制定发布行政法规《1976 年哈特－斯科特－罗迪诺反托拉斯改进法的法规、条例、声明和解读》，[①] 1984 年 6 月 14 日，美国司法部发布《合并指南》，1992 年 4 月 2 日，美国司法部和联邦贸易委员会联合发布《横向合并指南》[②]。这些文件主要规定的是当事人需要遵守的申报规则、执法机构对申报的经营者集中进行分析的框架和标准，但不包含如何解决经营者集中竞争问题的规则。在该阶段还通过了《反托拉斯程序改进法》，该法把反垄断控制的对象从公司并购扩展到未经注册的社团，例如总销售额超过 5 亿美元的合伙或出于企业责任方面考虑没有注册登记的合营企业。

《哈特－斯科特－罗迪诺反托拉斯改进法》确立了经营者集中事前强制申报制度，从法律规定和实际操作可能性上第一次确立了事前采取救济措施附条件批准经营者集中的制度。该法颁行不久反垄断执法机构开始倾向适用救济措施，1980—1985 年，执法机构采取了 37 项资产剥离救济措施。然而，进入 20 世纪 80 年代中后期，至少在联邦贸易委员会又迅速转回诉讼而较少寻求和解，1986—1988 年联邦贸易委员会对 30 项经营者集中的 7 项在诉讼前通过剥离或者采取行为救济达成和解，其余绝大多数案件选择了诉讼。执法机构选择诉讼，当事人通常会放弃交易，因为当时联邦贸易委员会经常胜诉，经营者集中因此会遭到初步禁止，[③] 导致这种情况发生不排除如下原因，即《哈特－斯科特－罗迪诺反托拉斯改进法》虽然确立了事前申报和救济制度，但具体如何实施还缺乏明确的规则，在实践中，执法机构不得不转而寻求提起诉讼。

---

① Subchapter H—Rules, Regulations, Statements and Interpretations under the Hart－Scott－Rodino Antitrust Improvements Act of 1976，简称《并购前申报规则》或《规则》（Premerger Notification Rules 或 the Rules），该《规则》发布后已历经多次修改。

② U. S. Department of Justice and the Federal Trade Commission, Horizontal Merger Guidelines Apr. 2, 1992. 后分别于 1997 年 4 月 8 日、2010 年 8 月 19 日进行了修订。

③ 袁日新：《经营者集中救济研究》，辽宁大学 2010 年博士学位论文。

进入20世纪90年代，美国联邦贸易委员会对集中救济开始持更加灵活的观点。尽管剥离机器设备是最常见的救济措施，联邦贸易委员同时也会考虑解决竞争问题的各种替代解决方案。在诸多案件中，联邦贸易委员会愿意接受部分结构救济的安排和某些特定形式的行为救济。这些案例大都涉及高新技术市场，通过许可转让知识产权就可以促进新的竞争者进入市场，有利于促进市场竞争。这样更广泛的救济政策可以产生更多数量的和解和更少的诉讼案件。[①] 特别是在1995年罗伯特·皮特夫斯基（Robert Pitofsky）担任联邦贸易委员会主席后，反垄断局开始重新审视经营者集中救济制度，普遍认为经营者集中的救济制度此前没有发挥出预期作用。

（三）事前剥离救济的实证研究

在此背景下，美国联邦贸易委员会实证研究了此前的经营者集中剥离救济实践，并以联邦贸易委员会竞争局职员个人名义于1999年发布了著名的报告：美国联邦贸易委员会竞争局《关于剥离程序的研究报告》。[②] 报告考察了《哈特－斯科特－罗迪诺反托拉斯改进法》实施以来委员会资产剥离执法的实践，重点研究了委员会1990—1994财政年度发布的35项资产剥离案例，总结了委员会在资产剥离方面的经验和教训，为进一步完善剥离救济提出了有价值的建议意见。报告认为，受益于《哈特－斯科特－罗迪诺反托拉斯改进法》规定的事先申报制度，执法机构能够对集中事先采取救济措施，在避免或削弱反竞争影响的同时允许企业实施集中以获得集中带来的效率。报告发现，对存在竞争问题的集中，资产剥离是成功的救济措施，因为资产剥离能够恢复集中导致的竞争损失，几乎所有存在反竞争影响的集中都需要采取资产剥离。报告提出，对和解同意令、资产剥离合同、买家以及买家商业计划的评估，都应按照资产剥离是否能够恢复相关市场的竞争进行。报告总结了可能影响有效剥离的各种不利因素和障碍，并相应提出了克服这些障碍的办法：

一是从剥离义务人角度来看，剥离义务人有削弱剥离资产未来竞争力的

---

① David Balto, *Lessons from the Clinton Administration*: *The evolving approach to merger remedies*, George Washington Law Review, p. 958－959（2001）. 转引自袁日新：《经营者集中救济研究》，辽宁大学2010年博士学位论文。

② William J. Baer Director, *A study of the commission's divestitures process*（*public version*）, FTC（Aug., 1999）, https: //www. ftc. gov/reports/study－commissions－divestiture－process.

动机。可能采取的行动包括：减少剥离资产包的内容，提议更弱的剥离资产买家，甚至采取策略行为阻止买家成功运营剥离资产。研究发现，剥离义务人总是比潜在买家和执法人员知悉更多剥离资产的信息，采取剥离救济必须减少或削弱这种信息不对称，保护拟剥离资产在剥离前和剥离过程中的生存能力，采取措施激励剥离义务人有效剥离。实践中发展起来的一些做法得到报告肯定，例如对剥离义务人设施的访问权、继续雇佣员工权、买家的市场承诺义务、剥离义务人对剥离资产在过渡期内的支持义务、任命监督受托人、冠珠剥离条款、分持协议、买家前置措施等，这些都是解决信息不对称并确保顺利剥离的重要工具。

二是从潜在买家方面来看，潜在买家通常缺乏必要信息从而影响购买动机，甚至因此找不到合适购买者。信息不对称导致潜在买家在谈判中处于弱势地位，调查发现，尽管存在剥离期限和无底价销售的规定，但通常有多个感兴趣的潜在买家，且感兴趣的买家会意识到还存在其他买家，潜在买家通常自认为在商业谈判中缺乏讨价还价的能力；同时，潜在买家在与剥离义务人沟通过程中遇到困难和问题时并不经常主动与委员会执法人员交流；调查还发现，买家购买剥离资产的动机和利益诉求可能与委员会的关注不同。执法机构希望买家维持剥离业务，确保继续运营剥离业务、继续在相关市场中参与竞争以抵消集中带来的反竞争影响，但买家可能希望低价购买剥离资产用于从事不与当事方产品竞争的相邻产品上，也可能仅仅使用剥离资产的一部分，例如将剥离的设备、销售网络等服务于其现有业务以降低成本同时避免直接竞争。报告发现，最成功的买家是拥有相关知识且已在开展与剥离资产相关业务的买家，因为他们最可能知道如何运营剥离资产、在剥离资产缺失必要要素的情况下如何作出决策以及如何将零散的资产融入完整的业务。出于同样的原因，存在纵向关系的供应商或客户可能拥有关键知识，能够降低一系列错误的可能性进而提高剥离成功的机会。与此类似，临近市场的产品或服务的生产商或提供者更可能取得成功。报告建议，应当协助潜在买家获得足够准确的拟剥离资产信息，要求潜在买家制订可行的商业计划，执法机构应当评估买家及其商业计划，包括买家的知识、经验、规模、独立性以及对市场的承诺等。

三是从拟剥离资产来看，研究发现剥离整体运营业务最有效，成功率高于剥离非运营零散资产包，委员会也偏爱剥离运营中的有客户基础的业务，因为这有利于剥离资产进入市场。资产剥离的目的是建立具有生存能力和市场竞争力的竞争者，因此拟剥离资产包应包括必要的技术、供应商、分销渠道等商业元素。报告认为，剥离少量资产组成的资产包，即使附之以保障措施也存在竞争不能恢复的风险，因此接受这样的资产包之前必须仔细审查。在剥离整体业务方案中，通常会包括专利、专有技术和商业秘密等，这些因素的转移更具复杂性，面临更大困难和更严重挑战。买方经常会有技术能力不足的问题，从而不得不从较低阶段开始学习，这导致其在市场上的竞争力不足，因此找到合适买家及有效的知识产权和专有技术的剥离方法对有效剥离并发挥剥离功能至关重要。这包括：执法机构要求剥离义务人必须剥离必要的无形资产或给予相应授权；必须同意买家考察其正在运行的设备；在过渡期内必须给予买方以技术支持，包括给予专业技术人员的支持等。

四是设计和实施剥离救济方案。报告认为，拟剥离业务不能持续依赖剥离义务人，不能锁定在一个静态产品或者狭窄区域内竞争。研究发现，那些剥离后还需要持续依赖剥离义务人进入市场的买家要比那些不需要的买家更加脆弱；资产剥离后，剥离义务人和买方仍然存在供应或技术支持等关系的，买方很可能会受到剥离义务人伤害。报告研究的 19 个剥离案例中有 6 例对买方造成损害甚至不能有效运营剥离资产，有 7 例可能损害竞争，因此，设计和实施资产剥离的结果必须是买家与剥离义务人尽可能完全分离。与此同时，有些剥离业务还须得到剥离义务人支持才能提高成活率，才可能确保买方成功运营剥离资产，特别是那些不完整的资产包。因此需要创设过渡期，签署和执行供应合同、技术支持合同以及其他维持持续关系的合同以在设计和执行时实现平衡。报告发现，剥离救济实施过程中，剥离资产和竞争可能受到损害，因此，必须采取措施包括激励剥离义务人确保剥离顺利实施，这些措施包括：确保关键员工继续留在剥离业务中直到剥离完成，确保消除合同方面的障碍以便关键员工转而能够与剥离资产的新所有者建立雇佣关系，设计资产剥离方案不应当限制拟剥离业务创新的权利，不能将拟剥离资产锁定在继续生产合并发生时生产的产品。委员会的报告青睐通过实施买家前置措施消除剥离期间的损害，适用买家前置规则必须在找到买家并经委员会批准之后才能实施集中，如果拖延实施会增加剥离义务人成本，从而促使剥离义务人尽快实施。报告认为，拟剥离业务是收购方实体的一部分时买家前置能够避免资产混同，忠实地执行《哈特－斯科特－罗迪诺反托拉斯改进法》预防竞争损害而不是救济竞争损害的目标。

美国联邦贸易委员会的研究表明，资产剥离已成为救济措施首选，但就个案而言，报告没有提供如何设计救济措施的具体指南，只调查和研究了资产剥离的个案用以帮助执法人员理解买家面临的问题，以及何种情况下和解同意令和资产剥离合同的具体条款可能有利于剥离资产买家或者损害剥离资产买家的利益等。报告认为，对每一个存在反竞争影响的案件，影响设计实施救济措施的因素各不相同，难以形成固定模式的救济措施方案，但设计实施救济措施的目标相同，即必须能够维持被集中损害的市场竞争。案例研究表明，剥离能否有效维持买家的竞争力决定了救济措施能否达到消除反竞争影响的目标。在回顾此前救济措施实践的基础上，报告正面肯定了救济措施的作用，认为：在事先强制申报制度下，执法机构得以对存在反竞争影响的个案有针对性地采取救济措施；在允许经营者通过集中寻求合作和其他效率的前提下，尽最大可能避免或削弱反竞争影响。尽管报告未以官方名义而是以职员名义发布，但报告中的建议甚至在报告还没有发布就已经为委员会执法实践确认并不断吸收到执法实践中，[①] 例如更多采取买家前置、更短的剥离期限、采用监督受托人、限制剥离义务人和买方在剥离后关系的范围和期限、要求潜在买方提交商业计划、要求确保拟剥离资产的生存能力、要求剥离义务人协助员工转移和雇佣等等。业界通常认为，正是该报告促使委员会竞争局于2003年4月发布《合并救济商谈声明》，美国司法部反托拉斯局于2004年10月发布《合并救济反垄断政策指南》，开启了美国经营者集中救济制度的新篇章。

四、指南文件为标志的现代经营者集中救济制度

（一）联邦贸易委员会竞争局首次发布《合并救济商谈声明》

2003年4月2日，联邦贸易委员会竞争局首次发布《合并救济商谈声明》

---

① David Balto, *Lessons from the Clinton Administration: The evolving approach to merger remedies*, George Washington Law Review, p. 960－961 (2001). 转引自袁日新：《经营者集中救济研究》，辽宁大学2010年博士学位论文。

（以下简称2003年声明）。声明旨在为合并救济商谈提供指引，但没有法律约束力，既不是对救济制度现状的阐述，也不是一份法律声明。声明由执法官编写，反映执法官的观点而不是委员会或者委员的看法。声明强调，执法官和委员以案件事实为依据评估，历史上接受过某特定条款无先例效力。执法官是否建议采用某条款可能受以往类似案件经验影响，但如执法官意识到此前条款存在问题，此后就不会建议接受类似条款。声明涉及七个方面：

1. 关于剥离资产

剥离资产有以下三种情形：一是独立业务资产；二是非独立业务资产；三是知识产权。委员会要求大多数存在竞争问题的横向并购实施资产剥离并附加其他义务。执法人员最可能支持剥离独立业务资产，即构成一方在相关市场上的独立业务且处于自主经营状态的资产。当事方应证明建议剥离的资产具备自主经营的所有要素，包括自主经营状态、与母公司分离的可能性、将来买方保持或恢复竞争的能力等；经营该资产的商业人士应提供财务和业务文件解释独立经营状况。

拟剥离非独立业务资产包，当事方需证明资产包已包括自主经营业务单位的全部构成要素，或某些要素可在执法官建议委员会采纳前以其他方式取得。要素一般包括：生产设施、研发能力、技术和其他知识产权、人事权、营销和分销能力、供货关系、服务关系、客户关系、资金来源及有效竞争所必备的其他条件。如排除上述某要素应解释原因，包括：买方将如何填补要素排除造成的缺陷，买方如何将剥离资产要素融入自身经营以建立有竞争力的运营方式。当事方组合此前未组合的资产以集齐必备要素，如各取双方的某些资产组合起来，则须证明这种组合能确保买方可维持或恢复市场竞争。竞争局根据个案分析剥离方案，这种"混搭"方案一般需深入磋商和费时评估进而迟滞案件进程。

如果知识产权是市场进入的关键因素，委员会也接受剥离标的主要是知识产权或为方便市场进入所需的其他资产。前提是当事方须证明有合格买方能够实现救济目标，包括愿意收购知识产权，且能够通过收购进入市场，有动机在市场上从事竞争。当事方须证明买方将收购必需的全部知识产权并获得所有相关权利。剥离知识产权可能需要当事方与买家签订供货协议，在过渡期内向买方供应相关产品；可能还需要当事方向买方提供技术支持，确保关键员工受雇于买方，以使买方能够在市场上进行有效竞争。如果当事方试图限制知识产权的使用，则应证明限制不会对买家有效参与竞争的能力造成不良影响。

2. 关于合格买方

合格买方须具有必要的竞争力和财务能力，能够利用剥离资产维持或恢复竞争。当事方有责任推荐买方，证明推荐的买方合格应当弄清买方是否需要融资及是否有能力获得融资，是否具备实现救济目标必需的经验、执着性和动机。执法官会独立评估推荐的买方，以确认是否符合如下条件：收购和经营剥离资产的财力和动机，维持或恢复市场竞争的竞争力和财务能力。执法官评估买方可能会约见买方代表、客户、供应商或竞争者，其他可能的买方及可能提供相关信息的其他人。执法官不关注当事人选择推荐买方的方法，当事人推荐的买方不符合条件会拖延审查进程。买家有前置买家和后置买家，剥离非独立自主经营的业务单位通常采取买家前置措施，以最大限度地降低找不到合格买方风险。

3. 关于资产剥离协议

资产剥离协议是剥离义务人和买家间的资产买卖合同，协议及附件、附录和附表等均需经执法官审查同意。执法官主要审查如下内容：确认转让了全部剥离资产；是否按照要求包含过渡期服务及附加义务的内容；是否包含与委员会命令或救济目的冲突的约定；剥离义务人是否获得出售资产必须的第三方许可和批准。①

执法官主要依赖买方提供的信息进行评估，然而，协议双方在交易后将成为竞争对手，且买方动机可能与委员会目标不同，委员会试图救济反竞争效果，维持恢复竞争；买方则追求投资回报，其希望的条款可能扭曲竞争而不是维持恢复竞争。执法官可能就协议内容向当事方提问，也会向各有关方索取信息并与买方法律和业务代表讨论，并且即便是双方同意的条款执法官也可能对某些条款提出异议甚至建议修改。

---

① 这些许可和批准通常指剥离资产转让涉及第三人利益而需得到第三人同意，包括转让租赁合同需业主批准，转让供货合同或客户委托合同需供应商或客户同意，转让知识产权使用权需原许可人同意，剥离资产上设有优先购买权的需提交解决权利负担的计划等。

4. 关于附加命令条款

附加命令条款包括过渡服务和指定监督受托人。

过渡服务主要发生在需要当事方提供过渡服务弥补买方欠缺要素的情形。过渡服务主要有两种情况：一是提供过渡产品。最典型的是在买家能够生产产品之前向其供应产品。执法官须审查供应协议，一方面，确认须为短期过渡性质，不会沟通敏感竞争信息；另一方面，须按某种以变动成本为基础的不盈利价格按需求提供，确保买方不会处于竞争劣势。二是知识产权剥离的技术支持。剥离知识产权可能需提供技术支持，确保买方掌握使用方法，包括通过提供经济或其他激励确保关键雇员转到买方供职，确保买方能够得到关键雇员。如果无法转让的信誉是有效竞争要素，当事方须确保买方不会因此处于竞争劣势，包括说服客户转购买方产品，在过渡期内支持买方以使买方建立信誉。

指定监督受托人主要发生在要求当事方与买方维持过渡期关系的情形下，委员会指定独立第三人监督当事方履行相关义务。监督人通常是业内人士或行业咨询人士，由当事方推荐，委员会指定，当事方支付报酬，对委员会负责，扮演委员会和执法人员耳目的角色，凭经验和专业技能开展工作，与当事方和买方无经济或其他关系。执法官须审查评估当事方和监督受托人签署的协议，确保协议赋予监督受托人履行职责所需的权利且不能限制监督受托人履行职责的能力。

5. 关于保持独立、资产维护命令

在剥离过渡期内如有竞争损害或剥离资产竞争力贬损问题，委员会竞争局将采取保持独立、资产维持措施。该内容详见本书后续分持规则部分。

6. 关于资产剥离申请

采取后序方式剥离资产，当事方应当在一定期限内“按委员会事先批准的方式向经委员会事先批准的买方”剥离资产。委员会批准事项包括买方和剥离方式，要求买方和剥离方式均应符合委员会命令和救济目的。当事方在申请中须提供足以证明履行义务的信息和文件并保证买方会配合执法官索取信息和文件的要求，且书面保证资产剥离方案转让了所有剥离资产，已取得所有必要许可和批准。

7. 关于时间安排

执法官须确保救济方案能够解决竞争问题且救济磋商需要时间。如时间对当事方的商业安排至关重要，建议当事方考虑主动剥离更大的或不同资产包，以使执法官分析并尽可能地排除适用买家前置。

（二）联邦贸易委员会竞争局修订发布《合并救济商谈声明》[①]

2012 年 1 月，联邦贸易委员会竞争局修订发布《合并救济商谈声明》（以下简称 2012 年声明），此次修订未改变声明的目的和性质，内容和体例也无显著变化，同样涉及七个方面。形式上基本保留了此前声明的注释内容并调整到正文，同时将正文提及和引用的法律条文移至注释，将第一部分“资产剥离方案”构成独立业务单元的必备要素[②]和第六部分“资产剥离申请”申请书形式要求的信息分点罗列；[③] 内容上进行了必要的完善和调整。

1. 关于剥离资产

剥离资产有三种情形：一是独立业务资产；二是非独立业务资产；三是知识产权。委员会要求大多数认为存在竞争问题的横向并购实施资产剥离并附加其他义务。执法人员最可能支持剥离独立业务资产，即构成一方在相关市场上的独立业务且处于自主经营状态的资产。当事方应证明建议剥离的资产具备自主经营所有要素，包括自主经营状态、与母公司分离的可能性、将来买方保持或恢复竞争的能力等；经营该资产的商业人士应提供财务和业务文件解释独立经营状况。

2. 新增委员会有权调查已完成的集中

2003 年声明只规定了集中前审查，2012 年声明则将已完成的集中也纳入审查范围。第一部分“资产剥离方案”规定，委员会既会进行事先审查，也会调查完成的集中。委员会施行救济的目标是尽可能消除集中将导致或已导致的反竞争效应。事前审查和事后调查的法律分析无显著区别，但采取救济措施可能引发不同的问题。要求已取得目标资产完成集中的当事方采取有效

---

① 本标题下部分内容由吕雯翻译并整理初稿。

② Richard Feinstein Director, *Negotiating Merger Remedies Statement of the Bureau of Competition of the Federal Trade Commission*, January 2012, p. 5 – 6.

③ Richard Feinstein Director, *Negotiating Merger Remedies Statement of the Bureau of Competition of the Federal Trade Commission*, January 2012, p. 19.

的剥离救济，存在复原摊成蛋饼的鸡蛋（unscrambling the eggs）的问题，这正是历史上美国改事后审查为事前申报审查的原因。尽管如此，2012 年声明认为仍有必要消除已完成集中的非法效应。委员会仍可要求集中后实体重组公司为两个相互分离的独立部分并予剥离。事实上，在行政法官确定集中引发反竞争的价格上升后，委员会确实对已完成集中施加了资产剥离命令。①

3. 新增结构救济和行为救济适用的规定

2003 年声明的“资产剥离方案”和“附加命令条款”等部分已规定供货协议、保密义务等行为救济措施；2012 年声明则首次明确规定了结构救济和行为救济的关系及其适用情形。2012 年声明认为，大多数案件是横向集中，委员会偏好适用以资产剥离为主的结构救济；行为救济可能作为剥离方案的辅助救济措施，包括供货协议、雇佣义务、保密义务及其他支持成功剥离的必要条款。行为救济也可用于解决纵向集中的反竞争问题，包括建立防火墙等。②

4. 完善构成独立业务资产的必要要素

2003 年声明规定了构成独立业务单元的要素；2012 年声明在上述基础上细化了必要要素，包括制造设备和其他设备、关键投入和供给渠道、进入辅助产出市场的渠道、研发能力、知识产权、技术（如专有技术、商业秘密和信息技术等）、人力资源获取渠道、市场营销和分销能力、供应、服务和客户关系、资本资源及在相关市场中有效竞争所需的其他要素。

5. 完善剥离非独立业务时买方前置的要求

2003 年声明中，关于剥离非独立业务采取买家前置的要求散见“合格买方”正文及注释；2012 年声明将其移至“资产剥离方案”正文，明确规定了两种适用买家前置的情形：一是，如果当事方建议的剥离资产属非独立持续运营业务单元，委员会通常要求采取买家前置。二是，如果剥离资产剥离前容易遭到贬损，委员会也可能要求买家前置，或者采取保持独立或资产保值、

---

① *In the Matter of Polypore International, Inc.*, Federal Trade Commission (Dec. 13, 2010), http: //www. ftc. gov/os/adjpro/d9327/index. shtm.

② Richard Feinstein Director, *Negotiating Merger Remedies Statement of the Bureau of Competition of the Federal Trade Commission*, January 2012, p. 5.

皇冠宝石规则及任命监督受托人等替代买家前置措施。[①]

6. 完善应对知识产权剥离风险的措施

2003 年声明阐述了剥离知识产权的问题和风险，但未提出应对措施；2012 年声明提出了解决潜在竞争风险的办法：

一是，收购剥离资产主要是知识产权的买方，如需当事方供应相关产品、提供技术支持、协助雇佣关键员工，委员会可能要求当事方在过渡期内提供，但期限不能过长并应避免导致买方对当事方的依赖。如无法避免，委员会将最大限度缩短过渡期，且可能实施独立监管。

二是，当事方以需保留知识产权维护其在其他相关市场的竞争力为由，提议仅许可知识产权使用的，如果许可使用不能充分保护买方竞争力，执法官会要求当事方剥离知识产权，同时会同意知识产权买方回授给当事方，当事方作为被授权人继续使用知识产权。[②]

7. 完善保持独立的资产范围，明确资产维持可独立适用

2003 年声明未明确区分保持独立和资产维持各自的适用情形；2012 年声明作出了区分，明确规定资产维持可单独适用。如果剥离期内剥离资产可能遭贬损，委员会通常发布保持独立命令，要求当事方保持剥离资产的独立经营状态。保持独立的资产范围可能因资产活力、保密目的等原因超过剥离资产范围。即使不需保持独立，执法官也可要求资产维持，以防止剥离资产竞争力贬损。[③]

8. 完善商谈程序

2012 年声明完善了附条件商谈程序细节：一是赋予当事方是否和执法官

---

① Richard Feinstein Director, *Negotiating Merger Remedies Statement of the Bureau of Competition of the Federal Trade Commission*, January 2012, p. 7 – 8. 关于买家前置及其他措施见本书相应章节的讨论。

② Richard Feinstein Director, *Negotiating Merger Remedies Statement of the Bureau of Competition of the Federal Trade Commission*, January 2012, p. 8 – 9.

③ Richard Feinstein Director, *Negotiating Merger Remedies Statement of the Bureau of Competition of the Federal Trade Commission*, January 2012, p. 17.

商谈的选择权；[①] 二是委员会对是否接受商谈方案有最终决定权；[②] 三是委员会决议和命令发布后有30天公众评议期，执法官会评估评议意见并作出适当建议。委员会案件处理的可能结果主要有如下几种：接受商谈方案发布最终命令；与当事方再次协商同意令条款然后采取适当行动；不发布最终命令并结束进一步调查；拒绝接受商谈方案并挑战合并。[③]

（三）美国司法部反托拉斯局首次发布《合并救济反垄断政策指南》

2004年10月，美国司法部反托拉斯局首次发布《合并救济反垄断政策指南》（以下简称2004年救济指南）。发布指南的目的是为其律师和经济学家设计实施救济方案提供框架，包括需考虑的经济和法律原则、分析框架及相关法律限制。该指南集中讨论了可使用的救济方法，反托拉斯局强调《合并救济反垄断政策指南》是政策文件而不是实务手册，不是裁决条款纲要，也不是裁决应包含的最佳做法或具体表述及条款，不具有强制约束力。该指南包括以下四个方面的内容：

1. 指导原则

指导原则包括六项：一是，坚持违法原则，接受救济承诺，采取救济措施，须有充分证据证明并购违法；二是，救济措施须以可靠事实和经济法律分析为基础；三是，救济措施的目的在于恢复并购消除的竞争条件，不在于促进并购之前的竞争，更不是片面强调恢复并购前的市场集中度；四是，救济措施应当重建竞争，促进整体竞争而不是保护或支持特定竞争者；五是，救济措施须具可执行性，包括含义明确、容易理解，防止漏洞和规避，包含责任条款等；六是，坚持监督执行原则，当事方应负担足够的报告和披露义务，反托拉斯局要投入必要时间和精力监督裁决的履行和执行，特别要监督当事方须持续履行的义务。

---

① Richard Feinstein Director, *Negotiating Merger Remedies Statement of the Bureau of Competition of the Federal Trade Commission*, January 2012, p. 4.

② Richard Feinstein Director, *Negotiating Merger Remedies Statement of the Bureau of Competition of the Federal Trade Commission*, January 2012, p. 4. 委员会审核执法官提交的材料，以多数表决机制决定是否接受商谈方案。

③ Richard Feinstein Director, *Negotiating Merger Remedies Statement of the Bureau of Competition of the Federal Trade Commission*, January 2012, p. 23.

2. 救济方案的设计

2004 年救济指南认为救济措施有两种：一种是针对市场结构的结构救济，即要求当事方剥离资产以创造新竞争者的方式改变市场结构；另一种是针对并购后企业行为的行为救济，即管理或规制并购后企业经营行为。救济设计包括五方面内容：一是明确提出结构救济优先于行为救济。二是剥离资产须包括使买家成为有效长期竞争者所需的所有资产，以确保买家使用并维持并购前的竞争水平。三是优先剥离表现出竞争能力的现有业务实体。潜在买家已拥有或易从市场获得现有业务实体某些资产的，也可考虑剥离组合资产。为恢复竞争所必须，可剥离超出现有业务实体范围的资产。四是关于剥离关键无形资产。如集中后实体保留关键无形资产会妨碍买家恢复竞争，可要求其放弃无形资产的权利。有些情况下，集中后实体向买家提供非独占使用许可就可保留某些权利，还可能要求其向特定不特定企业提供使用许可。五是行为救济适用有限情形。在有些案件中行为救济用作结构救济的辅助措施，独立适用行为救济很少见且几乎都发生在已有政府密切监管的行业中。只在禁止会牺牲重大效率，且结构救济同样消除效率或完全不可行时，才可能独立适用行为救济。

3. 救济措施的实施

救济措施包括九方面内容：一是，可接受消除竞争损害的先行修正（fix it first）措施。二是，保持独立条款是多数和解同意令（consent decree）的必备内容。三是，资产剥离应当迅速完成，以尽快恢复市场竞争到合并前水平，减轻剥离过程可能导致的资产耗散。① 四是，买家须满足如下条件并经反托拉斯局批准：不会造成新的竞争损害，买家有在相关市场竞争的动机，及长期竞争所需的敏锐性、经验和财力。买家须是市场上有生存能力的竞争者，不必是最佳竞争者。五是，反托拉斯局不关注资产剥离价格，但收购价格清楚表明买家不能或不愿意在相关市场上竞争，将不会批准。六是，通常不允许或限制剥离资产转售，但不要求买家无限期地在相关市场上使用。除非有下

---

① 根据剥离资产规模和复杂程度，通常有 60—90 天物色买家的时间。剥离义务人显然正在善意努力且延长期限很可能成功剥离资产，反托拉斯局可能给予短时延期。如果关键资产很可能迅速恶化或可能发生重大竞争损害，反托拉斯局可要求迅速完成剥离。

述情况，买家出售剥离资产将受到限制：反托拉斯局认为在和解同意令有效期内向特定主体转售将产生反竞争效果；并购企业可限制无形资产授权使用人再授予他人使用许可的权利。七是，不欢迎卖方为买家购买剥离资产提供融资。卖方为剥离资产提供融资会引发如下问题：卖方可能保留资产局部控制权进而可能削弱买家竞争力；卖方因担心积极竞争损害买家偿款能力，买家因担心积极竞争使卖方行使贷款协议项下权利，而削弱双方的竞争动机；若买家破产，卖方可能行使对剥离资产的法定请求权；卖方可能借现有关系交换敏感竞争信息；买家不能从银行或其他信贷机构获得融资显示其生存能力差。只有确信不存在上述问题，反托拉斯局才会考虑允许卖方提供融资。八是，皇冠宝石条款是极不受欢迎的。九是，要求和解同意令中须含有剥离受托人条款，以确保及时完成资产剥离。资产剥离未能在规定时间内完成，反托拉斯局可立刻提名托管人，报请法院指定后，托管人负责尽快向反托拉斯局认可的买家完成资产剥离。此外，若当事人在剥离期内不可能在不损害剥离资产价值的前提下管理资产，可以指定经营托管人；若托管人专业能力对有效剥离资产至关重要，可以指定监督托管人。

4. 和解裁决的遵守和执行

和解同意令对相关各方具有法律约束力。反托拉斯局有义务确保救济措施得到严格执行和遵守，据此投入了大量资源监督当事方执行救济措施，也有搜集监督履行情况必需信息的手段。反托拉斯局可提起民事诉讼或以藐视法庭为由提起刑事诉讼以强制执行和解同意令。一是，和解同意令须对可能的所有执行对象有约束力，即使负担资产剥离的只有一方，但通常交易双方都被列为义务人，包括约束其继任者和受让人。二是，和解同意令须规定调查裁决履行情况的手段。和解同意令须授权反托拉斯局监督权，可要求当事人提交书面报告，检查复制簿册记录，约谈当事人高管、董事、雇员和代理人，调查可能发生的违反裁决行为。三是，反托拉斯局须确保救济措施得到充分落实。反托拉斯局须投入必要资源，执法官将密切监督剥离资产出售情况，确认要求实施的积极行为是否已发生并评估履行是否充分，确认禁令是否遵守等。四是，反托拉斯局将强制执行和解同意令。对违反和解同意令的行为，反托拉斯局可能提起民事和刑事诉讼。民事上的藐视法庭诉讼目的在于救济，即迫使被告遵守法院命令或补偿原告损失，执法官可能同时寻求强制令救济和按日累计罚款，直到判决得到遵守为止；刑事上的藐视法庭诉讼目的在于惩罚，威慑他人不敢从事类似行为，如罪名成立，罚金与监禁择一或一并实施。

（四）美国司法部反托拉斯局修订发布《合并救济反垄断政策指南》

2011 年 6 月，反托拉斯局发布修订后的《合并救济反垄断政策指南》（以下简称 2011 年救济指南）。本次修订的原因有二：一是市场环境发生变化，主要是经济全球化对市场的重塑；二是美国政府执法态度发生变化，相比前几届政府，奥巴马政府执法态度更积极，司法部开始审查以往不被关注的复杂国际纵向合并。[①] 2011 年救济指南除前言外仍包括五部分，内容作了相应调整。

1. 关于前言

2011 年救济指南的前言内容上相当于 2004 年救济指南的概述部分。前言包括以下三方面内容：一是 2011 年救济指南性质上仍是指南文件，只是根据 2004 年以来的变化和新形势及实践新经验进行了更新。二是 2011 年救济指南突出了反托拉斯局新下设的总法律顾问办公室（Office of the General Counsel），该办公室主要负责监督执行反托拉斯局作出的同意令决定。三是概括了对救济的态度。大多数交易不反竞争且对消费者有益，反竞争的特定少数合并当事人通常会提出解决方案以消除竞争问题避免诉讼，反托拉斯局会予考虑以确保有效救济。评估救济措施的主要标准是：必须能有效维持竞争，所谓维持指恢复竞争或者提升消费者福利，旧指南强调前者，未强调消费者保护。[②] 救济措施包括剥离资产或限制集中后实体的行为。横向合并往往采结构救济，有时与行为救济合用；结构救济也可用于纵向合并，但行为救济处理纵向合并问题往往更有效。

2. 创设有效的救济措施

2011 年救济指南重申并微调了创设有效救济措施的核心原则：合并救济的目标是有效维持竞争，而不是保护具体竞争者，不是决定竞争结果或选择竞争输赢。合并救济须以特定个案事实为基础，慎重考虑法律经济因素。创

---

① 韩伟：《美国〈合并救济指南〉的修订及启示》，载《理论探索》2012 年第 4 期。
② 韩伟：《美国〈合并救济指南〉的修订及启示》，载《理论探索》2012 年第 4 期。

设救济措施须基于竞争损害原理，并与可能的竞争损害有紧密逻辑关系。救济措施应在维持竞争前提下最大限度地保留合并的效率。评估救济方案需要判断：何种竞争损害已经或可能发生，拟议救济措施如何修复特定竞争损害。

2011 年救济指南新规定了合并的三种主要类型：横向合并、纵向合并及同时涉及横向与纵向关系的合并。不同合并对应不同竞争问题，需要不同救济措施应对解决，该指南对此归纳如下：一是，横向集中是竞争者间的集中。消除横向集中竞争问题的基本思路是阻止重叠资产间的全部或部分控制。据此，对绝大部分横向集中，反托拉斯局会适用资产剥离，剥离重叠资产。二是，纵向集中是上下游经营者间的集中。反托拉斯局会考虑有针对性地设置行为救济，阻止那些可能损害消费者利益的行为，同时确保实现集中的特有效率。如果纵向集中只是大型交易的一小部分，反托拉斯局仍会考虑结构救济。三是，集中同时涉及横向和纵向的，有效的救济方式可能是混合救济。无论何种救济都无法有效维持竞争的，反托拉斯局将予禁止。

3. 救济措施的类型

2011 年救济指南改变了 2004 年救济指南结构救济优先的立场，提出有效的救济通常包括结构救济和行为救济。结构救济简单，容易管理，确定性强；行为救济能在保留集中潜在效率的同时妥善处理竞争损害，特别是在结构救济会消除潜在效率时，行为救济是特别有效的选择。不同救济措施可混用，若无法有效救济，反托拉斯局会考虑禁止。

2011 年救济指南删除了 2004 年救济指南“结构救济优先”的标题及内容，保留了剥离资产的要求：一是，剥离资产须包含使买家成为有效的长期竞争者必需的全部资产，以确保买家有能力和动机参与有效竞争。二是，剥离资产选择不当是最常见与最严重的失误。反托拉斯局主张剥离已在市场上有竞争力的既存业务单位。若当事人证明各方混搭的资产能创造出有效维持竞争的市场主体，反托拉斯局也会考虑接受。若买家已拥有或很容易在市场上获得部分特定业务资产，反托拉斯局也可能同意剥离非既存业务单位。反托拉斯局可能要求剥离超出既存业务单位规模或反竞争影响地域范围的资产。三是，若剥离的关键资产是无形资产，可能要求采取出售或授权特定或不特定第三人的方式。若反托拉斯局认为当事人继续保有无形资产会妨碍有效竞争，则会要求当事人放弃无形资产相关权利。

2011 年救济指南一改 2004 年救济指南“行为救济只在有限情况下适用”的立场，提出行为救济可作为有效处理纵向集中竞争问题的方法，也可与结构救济混合使用处理横向集中的竞争问题。2011 年救济指南承认，行为救济能够在解决竞争问题的同时保留集中带来的效率，然而行为救济也因过于模糊而缺乏执行性或易被曲解规避，因此能否有效监督是其是否可行的考虑因素。对此，2011 年救济指南强调应审慎设计且清晰表述救济方案，必要时设置仲裁条款解决行为救济纠纷，减少执法部门直接介入。此外，2011 年救济指南还丰富了行为救济的形式，[①] 提出未达标集中的申报义务、供应合同、限制重获稀缺人力资源及仲裁条款等行为救济措施。

2011 年救济指南认为，最有效的救济是结构救济与行为救济混合使用。若集中涉及多个市场或多种产品，有的结构救济最合适，有的行为救济更合适。某些市场可能同时需要结构救济与行为救济才能维持竞争。行为救济可能是完善结构救济必需的措施，持续的行为救济也可能需要结构救济。

4. 选择救济措施的额外考虑因素

这部分是 2011 年救济指南新增的内容。2011 年救济指南要求，反托拉斯局选择救济措施、设计救济方案需要考虑行业管制的影响及包括美国地方和国外反垄断执法机构的影响。与地方和国外反垄断执法机构合作可避免不必要的冲突，共同确定更有效和高效的救济措施，包括设计同时适用多司法辖区的救济措施。2011 年救济指南认为，存在管制不意味着不需要维持竞争的救济，管制领域及部门的存在将对反垄断救济产生影响。考虑管制因素并与管制部门合作能够避免包含冲突条款的同意令，确保救济更高效。

5. 实施有效的救济措施：实践方面的考虑

该部分对 2004 年救济指南第四部分作了较大调整。2011 年救济指南第四部分按照内在逻辑重新梳理为以下三个方面：一是时限问题。包括先行修正和集中完成后的资产出售，后者包括买家前置和集中完成后再出售剥离资产两种情形。二是资产剥离的保障。包括资产分持条款、运营受托人与监督受托人、剥离受托人、审核拟议买家。三是资产剥离合同条款。包括待剥离资

---

① 除 2004 年救济指南规定的防火墙、公平交易和透明度条款等行为救济外，增加了强制许可、反报复条款及对特定合同行为的禁止等。

产、剥离资产的转售限制、资产剥离的卖方融资。除按内在逻辑重新规定相关内容外，2011 年救济指南在如下问题上明显调整了立场：第一，删除极不欢迎皇冠宝石条款的表述和内容，从否定皇冠宝石条款到认可皇冠宝石条款；第二，新规定买家前置，从不认可买家前置到明文规定买家前置。

6. 义务的遵守

2011 年救济指南调整了 2004 年救济指南第五部分“和解裁决的遵守和执行”的内容。一是改变了此前对结构救济的偏好，认为有效救济包括行为救济、结构救济和二者结合的混合救济。对横向集中，反托拉斯局以结构救济为主，适当结合行为救济；对大多数纵向集中，合适的行为救济既能解决反竞争问题，又能保留交易可能产生的效率。二是明确规定了一些新的行为救济方式。2011 年救济指南扩展了司法部可能适用的行为救济，包括强制许可、反报复条款、禁止特定合同行为及仲裁条款等。三是明确认可了此前反对的救济措施的保障措施。此前，司法部与联邦贸易委员会在先行修正、买家前置及皇冠宝石条款上立场迥异。2011 年救济指南转变了此前反对皇冠宝石条款、买家前置规则的立场，承认适用这些规则的必要性，美两执法机构在救济措施做法上更趋一致。四是设立总法律顾问办公室负责监督评估同意令，具体包括监督同意令遵守情况、评估违反的可能性、向助理司法部长提供建议。设立总法律顾问办公室使反托拉斯局能够高效设计推广最好的救济方法并对其有效性事后审查。2011 年救济指南还指出，司法部的同意令可能要求企业向其定期提供数据以便监督。若当事人违反同意令，则面临民事责任与刑事责任。① 有专家认为，司法部与联邦贸易委员会在合并救济方面的分歧，很大程度上源于各自特殊的组织架构及执法程序。总法律顾问办公室非常类似联邦贸易委员会的承诺执行处，这使司法部在内部执法体制上更接近联邦贸易委员会。②

---

① 韩伟：《美国〈合并救济指南〉的修订及启示》，载《理论探索》2012 年第 4 期。

② 韩伟：《美国〈合并救济指南〉的修订及启示》，载《理论探索》2012 年第 4 期。

五、美国司法部在合并救济政策上的反复[①]

(一) 撤销2011年救济指南重启2004年救济指南

2018年9月，美国司法部助理司法部长 Makan Delrahim 在乔治城大学举办的“全球反垄断执法研讨会”上发表了“合并审查程序的现代化”的主题演讲。[②] 他在演讲中历数美国司法部合并审查时间过长的弊端，引用的数据显示，2013年美国司法部反垄断审查平均耗时7.1个月，2017年比2013年增长了65%，平均需要10.8个月。[③] Makan 认为，反垄断部门的任务是为了美国消费者的利益保护竞争，而现行政策导致当事方与执法机构耗费过多的时间商谈救济措施，除了律师和经济学家没人能在冗长的审查中获益。冗长的审查时间意味着，我们无法确保有利于竞争的合并不因审查程序而不适当地推迟，事实上，大部分合并有利于竞争或者至少是竞争中性。Makan 提出要缩短审查时间，目标是在6个月内完成大部分审查，并为确保快速审查而不损害执法能力和效果提出了9项措施，包括尽早会见当事方、发布自愿请求函模板、监控和问责撤回重新申报、改革和发布时限协议模板、通过民事调查程序从第三方处收集信息、公布合并审查统计数据等。其中，最引人关注的是撤销2011年救济指南，在司法部发布新指南之前，重新启用2004年救济指南。相比于2004年救济指南，2011年救济指南曾被认为体系更为科学完善，且与美国联邦贸易委员会、欧盟竞争总司等主要执法机构的制度差距进一步缩小，做法更趋向一致。美国司法部助理司法部长 Makan Delrahim 突然宣告撤销2011年救济指南确属爆炸性新闻，引起反垄断界的极大关注。

(二) 各界对美国司法部做法的解读

司法部的上述做法让我们看到了美国法治的另一面，联系到特朗普政府

---

① 该标题下的内容得益于同吴白丁博士的交流，徐文燕、刘昌海、潘青宜也有贡献。

② Makan Delrahim, It Takes Two: *Modernizing the Merger Review Process*, The United States Department of Justice (Sep. 25, 2018), https: //www. justice. gov/opa/speech/assistant – attorney – general – makan – delrahim – delivers – remarks – 2018 – global – antitrust.

③ Alec Burnside et al. , *DAMITT Q2 2018 Update: Duration of Significant Antitrust Merger Investigations May Have Plateaued Despite Unchanged Levels of Enforcement in the US and the EU*, Dechert LLP (Jul. 19, 2018), https: //www. dechert. com/knowledge/publication/2018/7/damitt – q2 – 2018 – update – – duration – of – significant – antitrust – merger – . html.

上台后的种种做法，这其实也不意外。尽管如此，各界还是从不同角度善意解读：

一是体现了 Makan 强烈的个人偏好。Makan 本人不喜欢行为救济，更倾向适用结构救济解决经营者集中的竞争问题，他在演讲中提到，一旦明确了集中交易对市场竞争的影响，就没有必要在如何解决的问题上投入资源，此时再投入的时间和金钱都是无谓的损失。Makan 认为采用行为救济解决竞争问题需花费较多时间，迟延交易进行，且采用行为救济维持竞争需要投入更多的监管成本，如果一项交易显著损害竞争就应当予以禁止。此外，Makan 在 2017 年 9 月新任美国司法部助理司法部长负责反垄断之前，曾在反托拉斯局短暂任职，在其任内刚好出台了 2004 年救济指南①，因此，撤销 2011 年救济指南，代之以 2004 年救济指南，不排除有其主观价值判断偏好的因素在内，即使这可能是次要原因。

二是 Makan 崇尚市场自由竞争，对政府监管保持高度警惕。2018 年 11 月 7 日，Makan 在墨西哥城举办的联邦电信协会会议上发表了题为“集中市场中的竞争挑战”的演讲。他在演讲中提出，广义上市场进入壁垒有两种主要类型：一种是自然存在于市场或市场参与者创建的，另一种是政府创建的监管障碍。对第一类壁垒，需保持对主导企业的警惕，但通常不需要采取执法行动；而政府创建的监管障碍，市场力量无法抗衡，可能严重损害竞争。Makan 认为，政府监管往往僵化缓慢，滞后于市场环境和技术变化，可能推迟市场进入、扩张和创新。反托拉斯局是执法部门而不是监管部门，其职责是保持市场自由，正是自由和竞争的市场，才是决定何种技术适合消费者和经济的最佳手段。Makan 在演讲中提出，行为救济本质上具有监管性质，即用中央决策取代自由市场。② 其在乔治城的演讲中引用美国最高法院已故大法官、时任美国司法部助理司法部长 Robert Jackson 在 1937 年曾经说过的话：

① *Antitrust and Deregulation*, Department of Justice (Nov. 16, 2017), https://www.justice.gov/opa/speech/file/1012086/download.

② Maken Delrahim, *Life in the Fast Lane*: Antitrust in a Changing Telecommunications Landscape, Remarks as Prepared for Delivery at the Federal Telecommunications Institute's Conference on "Competition Challenges in the Digital World", Mexico City, Mexico, November 7, 2018.

“反垄断法努力的目标是通过保持竞争来控制价格，从而避免政府对商业的繁复监管。”① 这表明其认为反垄断本质上是要去除监管（Deregulatory），通过执法帮助自由市场经济运转良好，政府的权责仅限于照看自由市场，使市场在竞争机制下自行运转，尽量减少干涉。由此，Makan 明确反对以每年提起的反垄断诉讼案件数量评估反垄断执法，他认为反垄断法是否有效地执行取决于市场竞争机制是否下降和消费者权益是否被侵犯。特别是行为救济以监管取代竞争，以中央计划取代决策，正与上述原则背道而驰。

三是对司法部此前实践经验的总结和反思。在司法部发布指南的 2011 年，在当事方作出 150 多项行为救济承诺后，反托拉斯局放行了 Comcast 和 NBCU 的合并。②然而，在放行之后的几年中，反托拉斯局逐渐感到这是搬起石头砸了自己的脚。一方面，对行为救济的监管成本极高，150 多项行为救济几乎是为这项合并单独定制了一套监管体系；另一方面，这些救济并未达到预期效果。③或许吸取了这个教训，2017 年面对非常类似的美国电话电报公司（AT&T）和时代华纳公司（Time Warner Inc.）合并，该合并同样是主要内容提供者与内容发行者之间的垂直合并，反托拉斯局拒绝了当事方提出的行为救济条件，而是直接提起反垄断诉讼。

四是还有观点认为，Makan 提出的改革方案，核心在于要求公司与司法部紧密合作而非消极对抗，反托拉斯局主动限制向公司索要文件证据的数量，并承诺低于6 个月的一般案件审查时间，以换取公司高效地提供所需文件，放弃不必要的保密需求，缩短证据开示时间，避免把有限的司法资源浪费在与公司的斗智斗勇之中，从而利用这些资源阻止真正危害市场竞争的并购交

---

① Robert H. Jackson, *Should the Antitrust Laws Be Revised*, Robert H. Jackson Center (Dec. 17, 1937), https://www.roberthjackson.org/speech-and-writing/should-the-antitrust-laws-be-revised/.

② United States District Court for the District of Columbia, Case 1: 11-cv-00106-RJL, Document 36, 2013-8-21.

③ Susan Crawford, *Why the Government Is Right to Block the AT&T-Time Warner Merger*, Wired (Sep. 22, 2017), https://www.wired.com/story/why-the-government-is-right-to-block-the-atandt-time-warner-merger/.

易。[①] 同时，这也可能是司法部应对外部压力的反应。此前有学者认为，制造业、金融业、服务业、零售业、批发贸易等行业的集中度过高。公众多把这些行业集中度过高归咎于反垄断执法过于宽松，虽然联邦贸易委员会和司法部的经济学家们并不这么认为，经济学家们认为学者的统计方式有问题，特别是联邦贸易委员会认为当前的反垄断政策无须调整。在此背景下，司法部撤销 2011 年救济指南，弃用行为救济、先行修正、买家前置等保障措施，有意释放从严执法的信号。

（三）美国司法部重启2004 年救济指南面临的问题

司法部宣布暂时退回到 2004 年救济指南，实际施行效果尚待于观察。鉴于经营者集中反垄断审查的国际性，当前重大的跨国并购都面临平行审查问题，一项经营者集中往往需要多个司法辖区批准才能实施。有些集中需要同时或分别向司法部和联邦贸易委员会申报，还需要向其他司法辖区的执法机构申报。司法部的审查需要与联邦贸易委员会竞争局（适用 2012 年声明）、欧盟竞争总司（适用《关于在第 139/2004 号理事会条例和第 802/2004 号欧委会条例项下可接受的救济措施的通告》）及我国的救济实践协调。总体来看，美国联邦贸易委员会、欧盟和我国无论在结构救济和行为救济的选择适用上，还是在救济的保障措施上，都与美国司法部 2011 年救济指南更为契合。[②] 司法部撤销 2011 年救济指南将导致其与联邦贸易委员会、欧盟竞争总司等其他重要执法机构的做法冲突。司法部如何与其他执法机构协调拟采取的救济措施无疑将面临重大挑战。

若美国司法部在行为救济上采取更为严厉的态度，适用行为救济需要满足更高标准，例如主张适用行为救济的当事方须证明，拟议集中能产生结构救济和其他方式无法实现的高效率。结果很可能是，要么采取结构救济，无法采取结构救济的则只能向法院起诉，请求法院予以禁止。此结果有二：一是司法部将成为事实上的案件结果决定者。若司法部不接受行为救济的建议，

---

① *Department of Justice Announces Reforms to Merger Review Process, Aims to Resolve Most Investigations within Six Month*, Paul Weiss（Sep. 26，2018），https：//www. paulweiss. com/media/3978028/26sept18 – doj – reforms. pdf.

② 三大机构在结构救济、行为救济选择适用的立场和对待救济措施、保障措施的态度方面的比较，后续章节还有讨论。

决定请求法院禁止集中，则其他执法机构与当事方通过行为救济解决竞争问题的努力意义将大大削弱。一旦司法部挑战成功，除非当事方放弃美国市场，禁止的决定将在事实上优先发生效力，其他司法辖区只需也只能“搭便车”。

二是司法部可能对法院不支持其请求的集中丧失发言权。从此前实践看，法院并非总是支持执法机构禁止集中的诉求。司法部与当事方无法就救济措施达成一致时，将不得不面临困难的选择，要么无条件批准，要么向法院起诉并承担败诉的压力。① 一旦法院没有支持司法部的诉求，司法部将丧失对拟议集中的发言权，而只能搭其他执法机构的“便车”，特别是在处理纵向集中时更可能出现这种情形。例如司法部试图阻止 AT&T 与 Time Warner Inc. 的合并就是很好的例证。② 这项交易把美国最大的电信运营商之一与移动、有线和卫星业务的业务部门结合，属于纵向集中。时任美国司法部反托拉斯局负责人 Makan Delrahim 表示其倾向采用结构救济，要求 Time Warner Inc. 出售旗下 CNN 的 Turner 部门或 AT&T 出售旗下的 DirecTV 业务。AT&T 的首席执行官 Randall Stephenson 则公开表示，他无意出售 CNN，鉴于 DirecTV 的流媒体服务对合并后的 AT&T 和 Time Warner Inc. 的成功至关重要，剥离 DirecTV似乎也不切实际。③ 最终，司法部未能与当事方就救济措施达成一致，并于 2017 年 11 月向哥伦比亚特区法院起诉，请求法院禁止该交易。法官认为，司法部未能证明该交易将实质损害竞争，④ 2018 年 6 月 12 日，法院作出一审判决，未支持司法部的请求。⑤ Makan 发表声明表达了对一审裁决的失

---

① 在实践中，如果执法机构经常在法院败诉，会给法官留下不专业的印象，还可能会影响其后续提起的诉讼。

② 2016 年 10 月 22 日，AT&T 宣布将以约 854 亿美元的现金和股票价格收购 Time Warner Inc. 。据此，AT&T 将会获得美国有线电视新闻网（CNN）和 HBO 电视台的控制权，此外，还包括华纳兄弟影业（Warner Bros）的电影制作部门及其他一些高价值的媒体资产。

③ *Notes from the Desk*：*AT&T/Time Warner*, Arbitrage Funds（Nov. 9，2017），https：//arbitrage-funds. com/restricted/get/ATT – Time_ Warner_ Update. pdf.

④ 包括未能证明集中将增加 Turner 部门谈判筹码从而实质减少竞争，未能证明 AT&T 将通过对 Time Warner Inc. 的控制损害虚拟多频道视频分发服务，未能证明 AT&T 将限制分销商使用 HBO 作为促销工具。

⑤ United States District Court for the District of Columbia. Case Number 1：17 – cv – 02511 – RJL, document146，2018 – 12 – 6.

望，并坚持认为交易将削弱付费电视市场的竞争和创新性。[①] 2018 年 9 月 20 日，上诉法院裁决维持一审判决。

按照司法部此种做法，最可能受影响的是那些原本可以通过行为救济得以实施的交易。在司法部新政下，这些交易当事方的决策压力将急剧上升，最终决策不实施或不得不放弃交易，或者做好迎接司法部诉讼挑战的准备，这可能使这些交易获得无条件实施的法院裁决，也面临拖长时限、增加成本的问题。结构条件优于行为条件是业界共识，行为条件在特殊情况下也有适用的余地和优势，滥用行为条件固然不妥，但矫枉过正不分青红皂白一律极端排斥行为条件也不妥当。此外，透过典型的 AT& T v. Time Warner Inc. 案，美国司法部的政策调整内容也需要进一步观察，AT& T v. Time Warner Inc. 案既是 Makan 新理念的第一案，也是反托拉斯局近 40 年来首次对纵向合并提起反垄断诉讼，[②] 虽然诉讼以败诉告终，但由此反映出司法部仅是反对行为救济，还是另有收紧纵向合并政策的考量，尚有待观察。[③]

（四）美国司法部发布 2020 年修订版指南[④]

2020 年 9 月 3 日，美国司法部反垄断局发布《合并救济手册》（Merger Remedies Manual，以下简称 2020 年手册）。这被视为前助理司法部长 Makan Delrahim 2018 年 9 月宣布修订的最终成果。2020 年手册完善了 2004 年救济指南的内容，体现了美国司法部对合并救济的最新态度。较之 2004 年救济指南，2011 年救济指南对行为救济更为认可，此次发布的 2020 年手册整体遵循了 2004 年救济指南的态度，进一步表明司法部对结构救济的偏好。

与 2011 年救济指南区分适用于横向和纵向合并的救济措施的做法不同，2020 年手册提出适用于所有合并案件（包括横向和纵向案件）的救济措施的

---

① *Statement from Assistant Attorney General Makan Delrahim on Today's District Court Decision in U. S. v. AT& T Inc.*, The United States Department of Justice (Jun. 12, 2018), https: //www. justice. gov/atr/press – statement – 2.

② Thomas D. York, *Lessons from the AT&T/Time Warner Decision*, ABA, https: //www. americanbar. org/groups/young_ lawyers/publications/tyl/topics/antitrust/lessons – the – atttime – warner – decision/.

③ Cooley Alert, *Antitrust Trends in* 2019: *Enforcement Watch List for the Year to Come*, Cooley (Jan. 7, 2019), https: //www. cooley. com/news/insight/2019/2019 – 01 – 07 – antitrust – trends – in – 2019 – enforcement – watch – list.

④ 本标题下内容由黄存真提供。

重要原则包括：(1) 救济措施必须维护竞争；(2) 救济措施不应造成政府对市场的持续监管；(3) 不应使用临时救济来补救持续性竞争损害；(4) 救济措施应维护竞争而非保护竞争对手；(5) 救济措施失败的风险应该由合并方而非消费者承担；(6) 救济措施必须是可执行的。

2020 年手册在很大程度上反映了反垄断局更倾向使用结构救济而非行为救济的趋势。其明确规定“由于结构救济清晰、明确、有效，且能够避免政府对市场的持续干预，因此强烈推荐在横向和纵向合并案件中使用结构救济”，这可能会改变之前纵向合并更合适使用行为救济的观点。Makan 表示，“现代化的《合并救济手册》反映了我们对执行协议裁决（consent decree）中的义务的重新关注，并重申了反垄断局对有效结构救济的重视”。

2020 年手册列出了反垄断局可以接受纯行为救济的条件[①]：(1) 交易会产生显著效率且若非合并则该效率无法实现；(2) 无法采用结构救济；(3) 行为救济能够充分解决竞争损害问题；(4) 行为救济可以被有效执行。显然，上述适用纯行为救济的条件非常严格。尽管司法部表示倾向于在包括纵向合并在内的所有合并中采用结构救济，但我们仍然可预计，相比横向合并，纵向合并会更容易满足使用行为救济的标准。

2020 年手册还认为，行为救济不应干预正常的价格制定或竞争行为，这种行为会使得“中央决策取代自由市场”，并且“可能……阻止企业有效应对不断变化的市场状况”。这表明，司法部认为之前采用的一些行为救济可能导致了意想不到的后果且干扰了竞争。

2020 年 8 月 20 日反垄断局内部重组，成立了一个新的决定执行和合规办公室（Office of Decree Enforcement and Compliance），这使得反垄断局的组织结构更接近于联邦贸易委员会，后者设有独立的合规部和反竞争行为处。然而，与联邦贸易委员会的合规部不同，主要的诉讼部门将保留协商救济措施的职责，并且决定执行和合规办公室将只配备少量人员，主要侧重于决定的事后执行。2020 年手册中列出的原则说明了反垄断局将如何确保充分执行协议裁决（Consent Decree）。2020 年手册中还列出了若干标准的协议裁决条款，旨在提高协议裁决的有效性以及反垄断局执行协议裁决的能力。

---

① 这类措施不包括有助于实施结构救济措施的合适的行为救济措施。

2020 年手册新增章节解释了反垄断局针对已完成的合并采取措施的情况，对已完成的合并采取救济措施提供了新指引，承认该类案件“可能会带来独特的问题”并指出，在一些情况下可能要求交易恢复原状，甚至剥离被收购资产之外的资产以恢复竞争。

2020 年手册新增章节解释了反垄断局针对买家前置（upfront buyers）采取的做法。其中新增指引指出，司法部在“大多数”案件中都会要求预先确定买家，下述情形下确定前置买家尤其重要：反垄断局认为仅可能有较少的可接受且感兴趣的买方且该买方能够在剥离后有效维护相关市场竞争。2020 年手册规定了四种情形：（1）当事方拟剥离的资产不足以构成一项独立、持续的业务；（2）资产在等待剥离期间容易恶化，且保持独立的命令无法将短期损害降到最低；（3）当事方提议的剥离主要涉及知识产权或其他有限资产；（4）业务非常特殊，导致仅可能有很少可接受的买方的。十分有趣的是，2020 年手册引用联邦贸易委员会对合并救济的研究指出，“在一些案件中，私募股权买方可能是首选”。根据该研究，在一些情况下，来自私募股权基金和其他投资公司的融资对救济措施的成功有重要意义，因为“这些买方在投资策略上具有灵活性，愿意对剥离交易作出承诺，并且愿意在必要时追加投资”。研究还提到，“私募股权买方通常会与具有相关经验的个人或实体合作，这有助于反垄断局评估买方是否有足够的经验在市场上进行长期有效竞争”。

2020 年手册还在采取先行修正的流程和适当性以及协议裁决条款等方面提供了新指导意见。在采取先行修正的情形下，合并方会在交易完成时或之前就解决反垄断局的担忧并且不会有起诉或者法院申请。2020 年手册重申先行修正通常为结构救济措施，既不规制正在进行的行为，也不会要求持续的监督，并进一步规定，合并方须给予反垄断局合理时间和必要信息来评估其提出的先行修正措施。

2020 年手册同时列出了依据反垄断局经验会加大救济措施无法有效保护竞争风险的某些“高风险情形”。高风险可能在如下情形发生：（1）剥离业务不足以构成一项独立业务的；（2）需对合并双方资产进行组合搭配的；（3）被合并方保留对关键无形资产的权利的；（4）合并方和买方之间存在持续牵连的；（5）存在重大的监管或组织工作障碍的。

六、美国两反垄断执法机构的分权和协调①

（一）美国两执法机构并行的执法体制

与绝大多数司法辖区不同，美国联邦层面有两个反垄断执法机构：联邦贸易委员会和司法部。司法部负责执行《谢尔曼法》，联邦贸易委员会负责执行《联邦贸易委员会法》，两家共同执行《克莱顿法》和《哈特－斯科特－罗迪诺反托拉斯改进法》。委员会虽有权执行《克莱顿法》，但在实践中基本通过《联邦贸易委员会法》第5条执法，② 美国联邦最高法院在 FTC v. Motion Picture Advertising Service Company 判决中提出，联邦贸易委员会可把违反《谢尔曼法》第1、2条及《克莱顿法》的行为视为违反《联邦贸易委员会法》第5条的行为，③ 并据此享有直接执法权，可以直接对违法行为发布停止令（cease－and－desist order）。司法部没有独立的执法权，只能以原告身份对涉嫌违法的企业提起诉讼，包括依据《谢尔曼法》提起涉及卡特尔或串通招投标的刑事诉讼，④ 也包括依据《克莱顿法》提起的民事诉讼。尽管两机构执法方式略有不同，但反垄断执法职权重叠明显，特别是在经营者集中反垄断申报审查方面，达到申报标准的集中需同时向两执法机构申报。如何协调两个执法机构之间的职能分工，确保节省和有效利用执法资源并按统一执法标准行事，成为美国反垄断执法面临的现实问题。

（二）美国两执法机构的管辖分工和做法

为避免管辖权冲突并降低行政成本，早在1938年司法部与委员会就达成了第一个非正式的案件调查合作协议。1948年负责反垄断事务的助理司法部长和联邦贸易委员会主席达成协议，以事前通知并获得对方认可的方式协调

---

① 本标题下内容有李子灵、唐玲洪的贡献。

② See Debbie Feinstein, *A few words about Section 5*, Fedral Trade Commission (Mar. 13, 2015), https://www.ftc.gov/news－events/blogs/competition－matters/2015/03/few－words－about－section－5.; William E. Kovacic & Marc Winerman, *Competition Policy and the Application of Section 5 of the Federal Trade Commission Act*, 76 Antitrust Law Journal 929, 1001－1022 (2010).

③ FTC v. Motion Picture Advertising Service Company Inc., 344 U.S. 392, 394－95 (1953).

④ Ediot G. Disner, *Antitrust law for Business Lawyer* (*Second Edition*), Legal Publisher, 2003, p. 92.

案件管辖。① 1993年12月2日，两机构联合发布案件调查规程，对两机构间执法调查争议事项提出了若干标准，并于1995年3月23日联合宣布关于企业合并审查的改进措施。② 基于上述协调机制，在办理企业合并审查案件过程中，联邦贸易委员会联络官（the FTC Liaison Officer）与美国司法部反托拉斯局合并前申报部门（The Division's Premerger Notification Unit）密切联系，一方对案件进行调查前应向另一方通报并得到对方确认。③ 目前，两执法机构办理合并审查案件基本上按照各自擅长和熟悉的领域分工。实践中，双方根据各自专业和经验进行分工，FTC负责的领域包括但不限于制药业、石油和天然气行业、计算机硬件和许多零售食品行业；DOJ主要负责的领域包括通信业、电子业、金融业和钢铁业等重点行业。④ 再如，就某涉嫌违法行为，如果司法部或联邦贸易委员会中的一家在5年内办理过相关领域的案件，则由具有该领域经验的机构办理；如果5年内双方均未办理过此类案件，则将前述5年的期限延长到10年；如果双方均没有该领域办案经验，则由最先发现违法行为的机构办理。⑤ 2002年，委员会和司法部达成一项新的协议备忘录，即根据有关产业、产品和服务再次划分了执法职能，其基本原则还是根据两机构在相关领域的经验划分执法职能，谁更有经验就由谁来办理案件。由于Fritz Hollings参议员的强烈反对，该备忘录未能生效。⑥ 因此，现在双方执法合作分工仍然依据1995年达成的协议进行，但在实践中稍有调整。

---

① 《美联邦机构反垄断执法体系》，载商务部网2017年10月30日，http：//us. mofcom. gov. cn/article/ztdy/201710/20171002662087. shtml。

② U. S. Department of Justice, Antitrust Division, *Antitrust Division manual*, 4th edition, CreateSpace Independent Publishing Platform, 2012, p. Ⅶ-4.

③ U. S. Department of Justice, Antitrust Division, *Antitrust Division manual*, 4th edition, CreateSpace Independent Publishing Platform, 2012, p. Ⅶ-5-6.

④ Todd N. Hutchison, *Understanding Differences between the DOJ and the FTC*, ABA (2013), https：//www. americanbar. org/groups/young_ lawyers/publications/the_ 101_ 201_ practice_ series/understanding_ differences/.

⑤ U. S. Department of Justice, Antitrust Division, *Antitrust Division manual*, 4th edition, CreateSpace Independent Publishing Platform, 2012, p. Ⅶ-8.

⑥ Yochi J. Dreazen & John R. Wilke, *Justice Department, FTC Deal Dividing Merger Reviews Collapses*, WALL Street Journal, 21 May 2002, at B6.

（三）美国两机构并行执法体制的利弊

需要特别注意的是，美国两执法机构并行并非有意的人为制度设计而是历史形成的，国会也认识到这种机构职能重叠存在的问题并进行过专题研究。研究结果认为单一独立的执法机构更为高效，然而，美国当前两执法机构模式已存在并运行多年，形成了稳定的运行机制，考虑到合并磨合成本等因素，仍应继续保持当前模式。此外，美国也有观点认为，目前两机构职能部分重叠的运行机制也是其权力制衡的一部分，有其存在的价值和意义。甚至有学者认为，这也可以视为一种良性的执法竞争，[①] 符合美国社会热衷分权体制的理念，在实践中也可以更大程度上发挥执法机构的专业性，提高办案效率。[②] 然而，不可否认的是，在同一司法辖区内存在职能重叠的两家执法机构，协调管辖权问题将持续存在并由此引发相应的问题和弊端：

一是，虽然两执法机构通过达成协议或者签署备忘录的方式解决了管辖权划分和争议问题，但协议或备忘录确定的分权标准是动态的，因为专业人士流动等原因，曾经办理过某类案件的机构未必一直擅长办理此类案件。事实上，两机构在重大案件和关键领域的执法权争夺业已存在，都认为己方拥有更好的条件和专业知识来解决相关领域问题。[③] 僵持不下时，甚至用“抛硬币和轮流坐庄”（coin flips and time - taking games）的方式决定执法权。[④] 在奥巴马政府时期，两机构曾就政府提出的医疗卫生行业联合的反垄断审查有过激烈的争议，最终以两机构共同发布相关指南了事，未对管辖权划分作出

---

① 参见［美］理查德·A. 波斯纳：《反托拉斯法》（第2版），孙秋宁译，中国政法大学出版社2003年版，第330页。有意思的是，在中国反垄断执法机构分工负责不同违法行为的时期，有反对声音认为中国的三家反垄断执法机构竞争性过度执法。

② 参见李国海：《反垄断法实施机制研究》，中国方正出版社2006年版，第56页。

③ See J. Thomas Rosch, *Theoretical and Practical Observations on Cartel and Merger Enforcement at the Federal Trade Commission*, Federal Trade Commission (Feb. 9, 2011), https: //www. ftc. gov/sites/default/files/documents/public_ statements/theoretical - and - practical - observations - cartel - and - merger - enforcement - federal - trade - commission/110209georgemasoncartelsmergers. pdf.

④ 联邦贸易委员会委员 William Kovacic 在一次访谈中曾说，（为了解决执法权争议）我们有过磋商，交易，谈判，抛硬币，依照指示器、仲裁、调解等，这些方法都试过。See Thomas Catan, *This Takeover Battle Pits Bureaucrat v. Bureaucrat*, Wall Street Journal, 12 April 2011.

任何结论性规定。①

二是，由于存在执法标准、程序、具体制度安排和理念上的差异，导致企业无所适从。2011 年 7 月负责反垄断事务的前助理司法部长 Christine Varney 曾直言不讳地说，司法部和联邦贸易委员会的企业合并审查标准存在实质性差异（substantively different legal standards），需要国会就这一问题加以审视。② 此前联邦贸易委员会委员 William Kovacic 也有类似评论。③ 尽管奥巴马上台时许诺要复兴（reinvigorate）反垄断执法，统一两机构的执法思想，但目前来看更深的结构性差异仍然存在。④ 例如，2018 年年底司法部突然宣布撤销 2011 年救济指南，恢复使用 2004 年救济指南，这将导致司法部在诸多具体制度安排上与联邦贸易委员会不同。就合并审查程序而言，美国司法部反托拉斯局仅能通过向法院起诉的方式请求法院禁止交易，委员会则可以通过诉请内部行政法官作出裁决，五位委员通过投票方式附条件批准或者禁止合并。⑤ 虽然对行政法官的决定仍然可上诉至联邦法院，但是上诉也会增加交

---

① 奥巴马政府提出一项决定建立一个可问责的医疗组织（Accountable Care Organizations，ACOs）的计划，以便医生和医院联合起来降低成本，从而解决医疗卫生行业日益严重的负担。在如何看待上述联合以及由谁来进行反垄断审查的问题上，联邦贸易委员会和司法部的意见大相径庭。时任联邦贸易委员会委员主席的 William Kovacic 就此声称，司法部负责反垄断事务的助理司法部长 Christine Varney 此前担任过全美医院协会（American Hospital Association）的代理律师，与此项审查有利益冲突，该言论遭到司法部发言人驳斥，此事甚至引起一些国会议员公开介入。经过几个月的争吵，2011 年 3 月 30 日，双方联合发布有关医疗卫生方面的反垄断指南，然而指南回避了执法权划分问题，仅表示两机构会继续执行联邦反垄断法。See Thomas Catan, *This Takeover Battle Pits Bureaucrat v. Bureaucrat*, Wall Street Journal, 12 April 2011.

② Brent Kendall & Thomas Catan, *Antitrust Chief Urges a New Look at Merger Reviews*, Wall Street Journal, 13 July 2011.

③ "The fact and appearance of a contest are bad for the coherence," says Mr. Kovacic, "If you develop a perception that you're going to get different outcomes depending on where [a deal] goes, your system suffers." See Thomas Catan, *This Takeover Battle Pits Bureaucrat v. Bureaucrat*, Wall Street Journal, 12 April 2011.

④ 李胜利：《美国联邦反托拉斯法的历史经验与世界性影响》，中南大学 2012 年博士学位论文。

⑤ *Office of Administrative Law Judges*, Federal Trade Commission, https://www.ftc.gov/about-ftc/bureaus-offices/office-administrative-law-judges; *No Deal, even if Consummated, is free from Antitrust Scrutiny: FTC Unanimously Uploads Decision Against OTTO Bock Healthcare's Acquisition of Freedom Innovations*, Clifford Chance (Nov., 2019), https://www.cliffordchance.com/content/dam/cliffordchance/briefings/2019/11/No-Deal-Even-if-Consummated-Is-Free-From-Antitrust-Scrutiny-FTC-Unanimously-Upholds-Decision-Against-Otto-Bock-Healthcare%27s-Acquisition-of-Freedom-Innovations.pdf.

易的不确定、延长交易交割的时间等，很可能导致交易方放弃交易。[①]

第二节 欧盟附条件批准经营者集中的历史演进

欧盟[②]是当今世界经营者集中反垄断执法的重要司法辖区之一。绝大多数全球范围内的重大经营者集中均需向欧盟竞争总司申报并取得批准后才能实施。研究附条件批准经营者集中，欧盟是绕不开的课题。

一、欧盟并购控制的阶段划分和法律渊源

通常认为，欧盟的企业并购控制源于《欧洲经济共同体条约》（以下简称《欧共体条约》），也有观点以1989年欧盟理事会颁布《关于经营者集中控制的第4064/89号条例》（以下简称第4064/89号条例）[③] 为标志。实际上，自

---

① 2018年5月9日，美国众议院以230∶185投票通过了《通过平等规则进行标准的并购审查法案》（The Standard Merger and Acquisition Reviews Through Equal Rules Act，Smarter Act），该法案随后提交参议院审议。同年5月10日，美国参议院司法委员会对该法案作了两次审议，此后未更新进展。此外，同年5月15日，美国参议院司法委员会收到编号为S. 2847的Smarter Act，经两次审议后亦未更新进展。当时有分析认为，如相关法案最终成法，则会使联邦贸易委员会的并购审查程序与美国司法部反托拉斯局的完全一致。See *H. R. 5645 – Standard Merger and Acquisition Reviews Through Equal Rules Act of 2018*, Congress, https://www.congress.gov/bill/115th – congress/house – bill/5645; *S. 2847 – Standard Merger and Acquisition Reviews Through Equal Rules Act of 2018*, Congress, https://www.congress.gov/bill/115th – congress/senate – bill/2847; *US: GOP Senators introduce 'SMARTER Act' to homogenize merger review*, Competition Policy International (May 16, 2018), https://www.competitionpolicyinternational.com/us – senators – introduce – smarter – act – to – better – enforce – merger – review/.

② 欧盟全称欧洲联盟，前身是欧洲共同体（以下简称欧共体）。1952年，法国、联邦德国、意大利、荷兰、比利时和卢森堡6国根据《欧洲煤钢共同体条约》正式成立欧洲煤钢共同体（ECSC），1958年又根据《欧洲经济共同体条约》和《欧洲原子能共同体条约》成立了欧洲经济共同体和欧洲原子能共同体。1967年，上述6国签订《布鲁塞尔条约》将3个共同体的主要机构合并。1993年生效的《欧洲联盟条约》（又称《马斯特里赫特条约》，以下简称《欧盟条约》）正式确定欧盟的名称，并将原"欧洲经济共同体"统一改为"欧洲共同体"。在欧盟内部文件提到处于欧洲一体化不同阶段的实体概念时常将"欧盟"和"欧共体"混用，在国际组织和多边场合仍沿用欧共体的称呼，为表述方便，本书未对"欧盟"和"欧共体"严格区分。

③ *Council Regulation (EEC) No. 4064/89 of 21 December1989 on the control of concentrations between undertakings*, L395 Official Journal of the European Communities 1 (1989). Corrected version, L257 Official Journal of the European Communities 13 (1990). Regulation as last amended by Regulation (EC) No. 1310/97, L180 Official Journal of the European Communities 1 (1997). Corrigendum, L40 Official Journal of the European Communities 17 (1998).

“二战”后重建开始，欧盟并购控制就已萌芽，最早的法律文件甚至可追溯至《欧洲煤钢共同体条约》。正是在这段时期，西方观念上开始认同制定实施一部一般性法律，以使竞争过程不受限制和歪曲，这种理念逐渐成为欧洲多数地区和美国法律经济秩序的核心内容。[①]

基于上述理解，我们将欧盟经营者集中反垄断控制划分为四个历史阶段：第一阶段，从《欧洲煤钢共同体条约》到《欧共体条约》，欧盟竞争法的萌芽时期；第二阶段，以欧盟理事会第4064/89号条例的颁行为标志，欧盟并购控制制度（包括附条件批准制度）进入初创时期；第三阶段，以欧盟理事会《关于修改第4064/89号条例的第1310/97号条例》[②]（以下简称第1310/97号条例）的颁行为标志，欧盟并购控制制度（包括附条件批准制度）进行第一次改革；第四阶段，以欧盟理事会《关于经营者集中控制的第139/2004号条例》（以下简称第139/2004号条例）[③]的颁行为标志，欧盟并购控制制度（包括附条件批准制度）进行第二次改革。

需要注意的是，欧盟并非国家实体，而是以条约为纽带和约束组建的超国家机构。在欧盟，欧盟成员国间的条约（Treaty）是效力最高的法律文件，如《欧共体条约》。其权力机构欧盟理事会通过的条例（Council Regulation）具有法律地位，如第4064/89号条例。欧盟委员会（欧委会）是其执行机构，其中有专门负责竞争事务的委员。欧委会发布了大量指南（Guidelines）、最佳实践指南（Best Practice Guidelines）、委员会通告（Commission Notice）、委员会决定（Commission Decision）、委员会范本（Commission Model Text），还有报告（Report）、绿皮书（Green Paper）、建议（Propose），等等，其中尤以指南和通告的数量多、重要性大。这些文件不具法律约束力，但大量技术性制度设计和规范都体现在这些文件之中，在实操中具有重要参考意义。

---

① ［美］戴维 J. 格伯尔：《二十世纪欧洲的法律与竞争》，冯克利、魏志梅译，中国社会科学出版社2004年版。

② *Council Regulation（EC）No. 1310/97 of 30 June 1997 amending Regulation（EEC）No. 4064/89 on the control of concentrations between undertakings*, L180 Official Journal of the European Communities 1（1997）.

③ *Council Regulation（EC）No. 139/2004 of 20 January 2004 on the control of concentrations between undertakings（the EC Merger Regulation）*, L24 Official Journal of the European Communities 1（2004）.

此外，欧洲初审法院（European Court of Justice）和欧洲法院（the Court of First Instance）的有关案例发挥了重要影响。根据《欧盟条约》第229条，欧洲法院机构对欧盟委员会作出的有关经营者集中的决定拥有司法审查权。尽管欧洲法院不受其先前判决的约束，但在实践中欧洲法院并不经常背离先前判例。事实上，很多欧盟企业合并规制制度还是通过欧洲法院和欧洲初审法院的案例采用实用主义的目的解释发展出来的。例如，在Airtours案中确立的寡头市场合并案中的高标准证据要求。这些不具有约束力的案例对欧盟委员会处理类似案件产生了重大影响。① 尽管如此，受限于下述原因，法院案例在欧盟经营者集中控制中的实际作用仍然非常有限。

第一，欧委会实行行政执法为中心的反垄断控制模式，欧委会根据当事人提交的承诺作出附条件批准的审查决定，审查决定自动生效；而非如美国一样由执法机构与当事人达成和解协议，并经法院备案和公示程序后生效。因此，法院对经营者集中案件，特别是采取救济措施的案件，难有发表意见的机会。

第二，根据《欧盟条约》第229条，欧洲法院对欧委会作出的经营者集中决定享有司法审查权，类似我国的行政诉讼，这在法律上是对欧委会执法的重要制约，然而，实践中当事人挑战欧委会决定的案件很少。

第三，与其他司法辖区不同，欧盟是主权国家间的超国家机构，欧盟法院案例及欧委会决定只能严格按照条约规定适用法律并从条约角度解释竞争法，且法院案例不具有先例作用，没有法律约束力，这也导致法院案例发挥作用的余地较小。

二、从《欧洲煤钢共同体条约》到《欧共体条约》的制度萌芽

一般认为，欧盟竞争法起源于《欧共体条约》；② 也有观点认为，在20世纪70年代制定欧盟企业集中控制法的意愿才成型。③ 实际上，欧盟的并购控

---

① 卫新江：《欧盟、美国企业合并反垄断规制比较研究》，北京大学出版社2005年版，第28－29页。

② 王军、解琳：《欧盟法对企业合并的规制》，载《河北法学》2007年第3期。

③ 陈兆霞：《欧盟企业集中控制法改革》，载胡光志主编：《欧盟竞争法前沿研究》，法律出版社2005年版。

制与欧洲一体化进程相辅相成，最早甚至可追溯至《欧洲煤钢共同体条约》[①]。

（一）《欧洲煤钢共同体条约》首次规定经营者集中控制制度

“二战”给欧洲带来严重灾难。欧洲战后反思认为，分散的国家主权是和平努力屡屡失败的主因之一，欧洲联合既是政治的需要也是经济的需要。[②] 为此，欧洲精英人物提出了一系列设想，其中 1950 年法国外长罗贝尔·舒曼（Robert Schuman）提出，战后欧洲最紧迫的事项是制止新的战争，为永远防止法国和德国因为争夺鲁尔和萨尔地区的煤铁资源引发战争，建议将法国、联邦德国、意大利、比利时、荷兰和卢森堡 6 国的煤炭和钢铁工业置于统一管理之下，这就是著名的舒曼计划。[③] 按照舒曼计划，将建立一个超国家机构负责欧洲的煤铁资源，该机构的决定对法德等主权国家具有约束力，在此基础上通过排除关税、配额以及其他市场限制，建成煤铁钢的西欧共同体市场。舒曼计划因此成为欧洲一体化进程尝试的起点。[④]

舒曼计划的根本目的是限制德国经济[⑤]，但也有其他经济需要，战后欧洲的大部分地区成为废墟和瓦砾，各国经济遭受重创，作为战前的世界经济中心，政治经济地位大幅度下降，战后的欧洲迫切需要经济复兴。同时，西欧是资本主义发展较早的地区，在历史上，各国之间经济上的联系十分密切，但领土和市场相对狭小，生产要素冲破国界自由流动，谋求市场一体化成为自然的选择。1951 年 4 月 18 日，法国、联邦德国、意大利、荷兰、比利时和卢森堡 6 国在巴黎签订《欧洲煤钢共同体条约》（也称作《巴黎公约》）。1952 年 7 月 25 日，《欧洲煤钢共同体条约》生效，欧洲煤钢共同体作为国际法上的新实体由此产生。

《欧洲煤钢共同体条约》的主要目的是通过建立煤钢产品共同体市场，推动成员国经济发展，增加就业，提高成员国生活水平。该条约列举了一系列与共同体市场不相协调的做法，包括进出口关税和有同样效果的数量限制，

① 参见《欧洲共同体条约集》，戴炳然译，复旦大学出版社 1993 年版，第 37－39 页。
② 许光耀：《欧共体竞争法研究》，法律出版社 2002 年版，第 3－4 页。
③ 王晓晔：《欧共体竞争法》，中国法制出版社 2001 年版，第 2 页。
④ 许光耀：《欧共体竞争法研究》，法律出版社 2002 年版，第 3－4 页。
⑤ 王晓晔：《欧共体竞争法》，中国法制出版社 2001 年版，第 2 页。

政府给予补贴和帮助，企业间在价格、交货期限、运费和运输条件等方面对生产商、销售商以及客户实施的歧视性待遇，或干预买方对供应商的选择权等。特别是，该条约较为全面地规定了反垄断的主要内容：第65条规定了禁止限制竞争协议，第66条第1—6款规定了并购控制，① 第7款规定了禁止滥用优势地位。由此开创了以条约形式规制欧共体并购的先例，② 特别是规定了附条件批准和采取救济措施。例如第66条第2款规定，委员会应给予的授权性批准可以附条件；第5款规定，如果并购企业未获得委员会批准，擅自完成并购并拒不支付罚款，委员会有权采取剥离、终止共同控制或其他适当救济措施，以使有关企业或者资产恢复独立经营、恢复正常竞争条件。在欧共体竞争法发展历程上，《欧洲煤钢共同体条约》具有里程碑意义，原因主要在于：一是，条约确立的体制和规则为欧共体竞争法的发展提供了基本模式，为后来的《欧共体条约》提供了经验和框架；③ 二是，条约中有关竞争的条款，主要是第65、66条，对《欧共体条约》中的竞争规则影响很大，后者的很多方面都有前者的痕迹。④

由此可见，虽然欧洲煤钢共同体有其明确的政治目的，但建立欧洲煤钢共同市场显然是以市场竞争为导向的。共同体市场的目的是推动欧洲的煤钢产品在共同体市场内部自由竞争。条约内容显示，制定者认为只有通过竞争

---

① 第66条第1款规定，无论是通过合并取得企业股份或重要资产、贷款、合同，还是借助于任何手段，只要直接或间接导致企业间经济力集中，且有关企业之一属于共同体成员企业，则属应受管制的范畴，应事先向欧共体委员会申报，取得批准方可完成并购。第2款规定，经济力量集中主要表现为有关企业或者个人能够决定价格，控制或者限制生产或者销售，在相当部分市场上阻碍有效竞争，建立一种人为的特权地位，以获取产品供应或在有关市场上占有重大优势。如果拟进行的并购不会形成经济力的集中，则委员会应给予授权性批准，该授权可以附条件。第3款规定，委员会也可根据有关资产或企业的规模、并购的种类，经过理事会同意后制定有关事先授权的豁免规则。第4款规定，为进行审核，委员会有权获取有关并购交易的信息资料。第5款规定，如果并购企业未获得委员会授权擅自完成并购，但其符合获得批准条件的，则在支付不低于最高罚款额的一半后，委员会将批准该并购；如果拒不支付罚款，委员会将作出一项说明理由的决定宣布并购为非法，并有权采取剥离、终止共同控制或其他认为适当的救济措施，使有关企业或资产恢复独立经营、恢复正常竞争条件。任何有关直接人员有权对该决定向法院提起诉讼，诉讼具有中止决定的效力。第6款规定，规避事先申报义务的自然人或法人，将遭受不超过已并购或拟并购资产价值3%或10%的罚款，提供虚假信息取得批准的，将支付不超过已并购或拟并购资产价值10%的罚款。

② 刘和平：《欧盟并购控制法律制度研究》，北京大学出版社2006年版，第16页。

③ D. G. Goyder, *EC Competition Law*, 2nd edition, Clarendon Press, 1998, p. 15－22.

④ 许光耀：《欧共体竞争法研究》，法律出版社2002年版，第7页。

才能提高欧洲煤钢生产企业的效率和竞争力。《欧洲煤钢共同体条约》施行几年后的实践表明，共同体对成员国的经济发展贡献很大，是迈向欧洲经济一体化的第一步。① 遗憾的是，《欧洲煤钢共同体条约》确立的反垄断制度对后世影响很小，以至于共同体竞争法的一般文献很少提及，与欧洲竞争法事务几乎没有一般性关联，原因主要在于：一是，实践中很少援用条约的竞争条款，实施初期，欧委会甚至从未援用《欧洲煤钢共同体条约》禁止任何并购；② 二是，后续的《欧共体条约》没有继续沿用《欧洲煤钢共同体条约》的做法，没有规定并购的反垄断控制制度，这导致《欧洲煤钢共同体条约》虽然开创了经营者集中控制的历史，但对后世影响非常有限。

（二）《欧共体条约》没有明确规定经营者集中控制

1957 年 3 月 25 日，在欧洲煤钢共同体基础上，联邦德国、法国、意大利、荷兰、比利时和卢森堡 6 国首脑在罗马签署《欧共体条约》和《欧洲原子能共同体条约》，后来人们将这两个条约称为《罗马条约》，实践中《罗马条约》更多指前者。1958 年 1 月 1 日《欧共体条约》生效，同年根据《欧共体条约》和《欧洲原子能共同体条约》成立了欧洲经济共同体和欧洲原子能共同体。《欧共体条约》的目的是在成员国间建立全面经济合作市场，确保欧盟内部市场竞争不被扭曲，保证所有经济资源，如货物、人员、服务和资本等自由流动，不受国界阻碍，以便建立单一和统一的市场，维持合理市场结构，提高经济效率。③

《欧共体条约》通过第 85、86、90、92 条，分别规定了禁止限制竞争协议、禁止滥用市场支配地位、禁止政府（公共企业或政府授权的企业）对竞争的限制以及国家补贴，确立了欧共体的竞争法律制度，其中第 85、86 条是核心竞争规则。1967 年，上述 6 国签署《布鲁塞尔条约》，将欧洲煤钢共同体、欧洲经济共同体和欧洲原子能共同体的主要机构合并。1992 年 2 月 7 日，12 个成员国在荷兰马斯特里赫特签署《欧盟条约》对《欧共体条约》进行了重大修改和补充，《欧盟条约》于 1993 年生效，正式确定了欧盟名称，并将

---

① 王晓晔：《欧共体竞争法》，中国法制出版社 2001 年版，第 3 页。

② 参见［美］戴维 J. 格伯尔：《二十世纪欧洲的法律与竞争》，冯克利、魏志梅译，中国社会科学出版社 2004 年版，第 424、426 页。

③ 王军、解琳：《欧盟法对企业合并的规制》，载《河北法学》2007 年第 3 期。

“欧洲经济共同体”改为“欧洲共同体”。1997 年 10 月 2 日，欧盟 15 国外交部长在荷兰阿姆斯特丹签署《阿姆斯特丹条约》，对欧盟已有条约（主要是《欧盟条约》）进行了修改，对原有条款进行了系列整合，涉及核心竞争规则的第 85、86 条成为第 81、82 条①。

遗憾的是，《欧共体条约》只规定了两项反垄断制度，即禁止垄断协议和禁止滥用市场支配地位，没有承继《欧洲煤钢共同体条约》规定经营者集中反垄断控制的内容，且后来修订条约时，也没有将经营者集中纳入其中。后世通行的理解是，条约并未忽视经营者控制制度，如前所述，实际上早在欧洲的煤钢联营中就明确规定了收购的反垄断控制问题。在后来的《欧共体条约》中反而没有规定，深层次的原因是："二战"结束后，欧洲经济遭到极大破坏，战后重建和复兴欧洲工业成为第一要务，建立欧洲共同体的目的是消除欧洲市场壁垒，建立统一大市场，促进成员国贸易，尽快恢复成员国经济，提高国际竞争力。特别是与美国相比，欧洲只有少数企业有能力开展国际贸易，因此欧共体的政策是鼓励欧共体内部的企业进行并购，提高欧洲企业的国际竞争力。作为控制和限制并购的反垄断控制制度因而未纳入《欧共体条约》，② 更遑论经营者集中附条件批准制度了。

---

① 第 81 条：(1) 下列事项因与共同市场不相容而被禁止：企业之间的一切协议、企业团体所作的决定和协同一致的经营行为，可能影响成员国之间贸易并且具有阻止、限制或者扭曲共同市场内的竞争的目的或者效果的；特别禁止下列事项：(a) 直接或者间接地固定购买或者销售价格或者其他任何交易条件的；(b) 限制或者控制生产、市场、技术发展或者投资的；(c) 分享市场或者货源的；(d) 在相同的交易情形下，对交易对象适用不同的交易条件，因而置其于不利的竞争地位的；(e) 要求对方当事人接受与合同的主题在本质上或者商业惯例上无关联的附加义务，作为签订合同的前提条件的。(2) 任何依照本条规定被禁止的协议或者决定自始无效。(3) 第 1 款的规定不适用于下列情形：企业之间的任何协议或者任何类型的协议；企业团体所作的任何决定或者任何类型的决定；任何协同一致的经营行为或者任何类型的协同一致的经营行为，有助于改进生产或者分销产品、促进技术或者经济进步，同时使消费者获得相当程度的实惠；并且，(a) 有关企业所受到的限制对于达到上述目标是不可缺少的；(b) 在所涉及产品的相当范围的领域内，有关企业没有可能排除竞争的。

第 82 条：一个或者多个在共同市场内，或者其中的相当一部分地域内，占有优势地位的企业滥用这种地位的任何行为，可能影响成员国之间贸易的，因与共同市场不相容而被禁止；特别是禁止包含下列内容的滥用行为：(a) 直接或者间接地实行不公平的购买或者销售价格或者其他不公平的交易条件的；(b) 限制生产、市场或者技术发展，损害消费者利益的；(c) 在相同的交易情形下，对交易当事人实行不同的交易条件，因而置其于不利的竞争地位的；(d) 要求对方当事人接受与合同主题在本质上或者商业惯例上无关联的附加义务，作为签订合同的前提条件的。

② 参见许光耀：《欧共体竞争法研究》，法律出版社 2002 年版，第 233 页；刘和平：《欧盟并购控制法律制度研究》，北京大学出版社 2006 年版，第 17 页。

（三）《欧共体条约》扩张解释适用控制经营者集中

随着欧洲经济复苏，企业并购活动日益活跃，管制并购的呼声日益高涨，这促使欧共体委员会从 20 世纪 70 年代开始对此研究。结果表明，尽管在不同时期，欧共体内的并购情况各有不同，但在某些行业并购导致越来越多的寡头垄断，对欧共体竞争和成员国之间的贸易产生了不利影响。欧共体委员会据此指出，工业政策和竞争政策要并行，有必要对并购采取控制措施，在发展经济的同时加强对经济的监管。① 然而除煤钢产业外，《欧共体条约》并没有明确规定并购控制制度。为了解决某些集中可能导致的严重竞争问题，例如阻止占有支配地位的企业收购竞争对手的控制权，从而进一步增强其市场支配力，② 委员会试图通过扩张解释《欧共体条约》第 85、86 条填补立法空白。③ 实际上，在欧共体经营者集中反垄断控制立法出台之前，欧共体委员会和欧洲法院主要通过扩张解释第 85、86 条来应对并购控制的现实需要。

理论上，如果企业并购基于企业间协议且对竞争构成限制，则《欧共体条约》第 85 条可适用于并购行为；如果一家企业已经在共同市场上或共同市场重要组成部分上处于支配地位，则该企业从事并购竞争对手的行为可能违反《欧共体条约》第 86 条。④ 上述理解使得扩张解释《欧共体条约》解决并购反垄断控制成为可能。对第 85、86 条扩张解释适用过程中，欧委会 1966 年发布的《关于共同市场内集中问题的备忘录》⑤ 具有标志性意义。该备忘录指出，《欧共体条约》第 85 条没有区分垄断协议和并购，如果并购行为基于企业间协议且对竞争造成限制，可以适用第 85 条；股份或财产转移引发的集中不适用第 85 条，因为两个或者多个企业合并组成单一实体，相互之间不再是合作关系，因此不能适用第 85 条；除特别情形外，那些具有垄断市场效

---

① 参见米健主编：《欧洲单一市场法律制度》，中国大百科全书出版社 1994 年版，第 280 – 281 页。

② ECJ（21 February 1973），Case 6/72 – Europemballage Corporation and Continental Can Company v. Commission [1973] ECR 215，para. 27.；C – 333/94 *Tetra Pak* [1996] ECR I – 5951.

③ Andres Font Galarza et al. *Merger control in the European union law economics and practice*，2nd edition，Oxford University Press，2005.

④ See Pierre Bos，Jules Stuyckand & Peter Wytinck，*Concentration Control in European Economic Community*，1st edition，1992，p. 146.

⑤ See Memorandum on the Problem of Concentration in the Common Market（1966），EEC Competition Series，Study No. 3，Brussels 1966.

果的企业并购，应当视为不适当地利用了《欧共体条约》第 86 条意义上的优势地位。[①] 最具有代表性的是欧委会在 1973 年以此为由，首次禁止 Continental Can v. Commission 案。[②] 在该案中，欧委会指出，如果参与合并的企业已经在共同体内的一个重大领域取得市场支配地位且合并将加强这个地位，该合并就构成滥用市场支配地位。虽然因为界定相关市场方面的错误，法院撤销了上述裁决，但法院在原则上认可了欧委会的观点，[③] 法院认为，拥有市场支配地位的企业通过并购加强该地位排除限制市场竞争属于滥用市场支配地位的行为，违反《欧共体条约》第 86 条的规定。

根据我国台湾学者王文宇的研究，欧委会有权对四种行为实施监督管制：一是新设合营企业（Joint Venture）；二是股权转移（Share Holding Acquisition）；三是集团标购（Consortium Bids）；四是相互持股与经营合作（Cross - shareholding and Management Links）[④] 尽管如此，“唯各国法律规定情形不同，经济背景不一，导致其对于企业结合管制之认知亦多有差距。长久以来便一直对《罗马条约》第 85、86 条之规定作为管制企业结合之依据，争论不休”。[⑤] 直到 1987 年，欧洲法院在英美烟草公司案的判决中首次表示，《欧共体条约》第 85 条可以在股权收购案中作为适法性判决的标准，[⑥] 在司法上支持将第 85 条适用于企业并购。此后，欧委会依据《欧共体条约》第 85、86 条，对数个国际并购案监督、管制，包括英国航空（British Airway）对 B/Cal 的收购，GC& C 标购团（GC& C Consortium）收购 Irish Distillers，以及

---

① 通过解释适用第 86 条，阻止占有支配地位的企业收购竞争对手控制权，从而进一步增强其市场支配力的著名案件有：ECJ（21 February 1973），Case 6/72 - Europemballage Corporation and Continental Can Company v. Commission［1973］ECR 215，para. 27.；Case C - 333/94 P - Tetra Pak v. Commission［1996］ECR.

② 该案中，美国的 Continental Can company 是全球最大的金属容器制造商，持有德国 SLW 公司 85% 的股权（SLW 公司在德国肉类包装罐及金属容器领域拥有支配地位），持有荷兰最大的金属容器制造商 TDV 公司 10% 的股份。Continental Can 拟通过其子公司 Europemballage 收购 TDV 公司股份，最终持有后者股份 90%。

③ SedemundundMontag/Dauses（Hrsg.），Handbuch des EU - Wirtschaftsrecht，Band Ⅱ，1998，S. 75.

④ 王文宇：《公司与企业法制》，台北，元照出版有限公司 2000 年版，第 189 - 190 页。

⑤ 王文宇：《公司与企业法制》，台北，元照出版有限公司 2000 年版，第 188 页。

⑥ See British - American Tobacco Company Ltd. v. Commission，Jointed Casees 142 and 156/84，Judgment of 17 November 1987.

GEC/Simens 收购 Plessey 等结合案。[①]

通过扩张解释适用《欧共体条约》第 85、86 条，可在一定程度上解决对并购行为施行反垄断管制的问题，但两者均存在明显不足。第 85 条原本适用于垄断协议，企业间的限制竞争协议或一致行动直接违反第 85 条的应一律禁止。根据多国实践经验，企业并购只有在超越了特定市场力量界限时才例外地禁止。因此，将第 85 条的严厉标准适用于并购行为可能阻止那些经济上可行的并购，导致其管得过宽（making it over - inclusive）；另外，第 85 条第 3 款规定的豁免使并购可基于产业政策获批，导致其适用范围过窄（under - inclusive）。[②] 特别是第 85 条无法涵盖产生的市场供应结构将促进寡断市场上竞争者相互协调的集中。[③]

欧委会扩张解释适用第 86 条就像其在 Continental Can v. Commission 案[④]中指出的：享有市场支配地位的企业通过与另一企业合并加强其地位的做法属不当行为，[⑤] 欧盟法院认可了欧委会的上述立场。[⑥] 法院认为，要结合条约精神解释第 86 条，条约及共同体竞争法都是为了实现条约第 2、3 条的目标，即经济活动的协调发展，及确保不扭曲更不能消除共同体内的竞争。如果第 85 条对那些只限制而不消除竞争的协议尚且予以禁止，而第 86 条却允许具有支配地位的公司通过合并来增强其地位以消除竞争是不合理的，必将损害共同体竞争法的统一与和谐，是对整个竞争法结构的破坏，对共同体市场构成极大的损害。[⑦] 尽管如此，适用第 86 条解决集中问题的漏洞仍非常明显。适

---

① 王文宇：《公司与企业法制》，台北，元照出版有限公司 2000 年版，第 188 页。

② See Ethan Schwartz, *Politics as Usual: The History of European Community Merger Control*, 18 Yale Journal Of International Law 608（1993）.

③ ［西］安德雷斯·冯特·葛拉雷兹等：《欧盟企业合并控制制度：法律、经济与实践分析》（第 2 版），解琳、叶军译，法律出版社 2009 年版，第 2 页。

④ ECJ（21 February 1973），Case 6/72 – Europemballage Corporation and Continental Can Company v. Commission［1973］ECR 215, para. 27.

⑤ 72/21/CEE：Décision de la commission, du 9 dé cembre 1971, relative ú une procédure d' application del' article 86 du traité CEE（IV/26 811 – Continental Can Company），OJ L7, 8. 1972, p. 25.

⑥ 法院认为，欧委会认定保存鱼和肉的锡罐构成两个独立的相关市场，且假定在每个市场上拥有较高的市场份额即具有市场支配地位，从而认定 Continental Can 公司享有支配地位的认定是不正确的，因为这未考虑生产商转换产品的可能性和能力，也未考虑到 Continental Can 一旦提高价格，其他公司进入市场的可能性。尽管法院不认可委员会上述事实认定，但却支持了委员会适用法律的立场。

⑦ 许光耀：《欧共体竞争法研究》，法律出版社 2002 年版，第 235 页。

用第86条的集中，须是既存具有支配地位的企业通过并购增强其支配地位，原本不具有支配地位的企业通过并购取得支配地位则不适用。对后一情形的无能为力表明，第86条至多是一种缺乏预警功能的事后控制机制。[①] 然而，成熟的竞争保护体系都应当包含对所有可能导致供应集中的交易进行控制的法律工具。[②] 扩张解释第86条最多适用于可能加强市场支配地位的并购，而不能规范可能导致市场支配地位的并购，因此并不能起到经营者集中控制基本规范的作用。[③] 也正是从扩张解释第86条禁止 Continental Can v. Commission 案开始，欧委会认识到第86条不能被视为控制企业合并的基本规范，并因此向理事会提出制定控制企业合并的建议。[④]

从竞争政策对经济效益的实际效果看，只管制滥用市场支配地位和垄断协议是不够的。例如，对滥用市场支配地位施以罚款不能补偿消费者和竞争者的损失，也不能解决滥用行为引发的价格上涨和生产的低效。此外，在缺乏适当法律工具的情况下，就垄断协议或协同行为导致的损失和损害寻求补偿和赔偿非常困难，因为任何损害赔偿请求都需要基于存在协同行为的最终认定提出，尽管事先阻止支配地位的产生可能比事后惩罚滥用行为更有效率；同样，经验证明将一项旨在阻止卡特尔或竞争限制的措施（第85条），成功地适用于寡断供应结构中的默示共谋非常困难，尽管这类案件产生的经济低效的程度与卡特尔案件不相上下。[⑤] 事实上，《欧共体条约》没有规定经营者集中控制可能不是制定者的疏忽，也不是将经营者集中控制寄希望于扩张解释第85、86条解决，而是认为经营者集中对战后欧洲的重建和复兴是应当鼓励的好事，条约暂不需要对其控制。因此，通过扩张解释《欧共体条约》第85、86条解决经营者控制问题非条约本意，扩张解释的做法有其先天缺陷。

---

① 蔡从燕：《欧盟企业合并法中合营企业法律问题研究》，载赵海峰、金邦贵主编：《欧洲法通讯》（第4辑），法律出版社2003年版。

② ［西］安德雷斯·冯特·葛拉雷兹等：《欧盟企业合并控制制度：法律、经济与实践分析》（第2版），解琳、叶军译，法律出版社2009年版，第2页。

③ 陈兆霞：《欧盟企业集中控制法改革》，载胡光志主编：《欧盟竞争法前沿研究》，法律出版社2005年版。

④ 王晓晔：《欧共体竞争法》，中国法制出版社2001年版，第303页。

⑤ ［西］安德雷斯·冯特·葛拉雷兹等：《欧盟企业合并控制制度：法律、经济与实践分析》（第2版），解琳、叶军译，法律出版社2009年版，第2页。

伴随扩张解释做法的不仅有无休止的争议和适用过程中暴露的不足，还有在共同体层面是否以及如何建立经营者集中反垄断控制制度的认识。

三、以第4064/89号经营者集中控制条例为标志的制度初创

1989年9月21日，欧盟理事会发布第4064/89号条例，并于1990年9月21日生效，欧盟层面上全面系统的经营者集中反垄断控制制度由此诞生。

（一）第4064/89号条例的产生和制度初步确立

尽管早在20世纪70年代，就有欧盟成员国已建立企业并购反垄断控制制度，同时开始讨论建立共同体层面的法律制度。然而不幸的是，欧盟内部分歧难以弥合，迟迟不能推进。总体来看，分歧主要集中在以下方面：

一是，合并控制以竞争政策为基础，还是以产业政策为基础。法国极力主张以产业政策为基础，德国则主张以严格的竞争政策为基础。[①] 前者认为，企业并购控制是政治考虑，主要是通过采取经济政策的手段对并购施加政治方面的影响。企业并购控制作为敏感的政治问题，当时不少观点认为，企业并购控制是国家对公司经营行为的干预。欧共体由不同成员国组成，有成员国认为企业并购控制是国家主权范围内的事，如果其他国家对此提出意见，相当于不正当地干预了本国国内事务，特别是关系到国家利益的大公司事务。后者认为，管理并购应建立在竞争考虑的基础上，应仅从竞争角度考虑而非从其他方面考虑欧盟的目标。[②]

二是，欧共体法与成员国法之间的关系，及与此相关的欧共体对集中的干预程度。德国主张，欧共体法和成员国法并行情况下，德国联邦卡特局应保留更多权限。欧委会和绝大多数成员国则认为，对共同体有影响的合并应由欧委会专属管辖。在此前提下，应制定欧共体的干预标准，标准越高，适用欧共体法并由欧委会管辖的可能性就越小，反之则越大。[③] 主要成员国之间的分歧成为欧盟层面经营者集中反垄断控制制度出台的最大障碍。

在这段历史时期，欧委会主要靠扩大解释《欧共体条约》第85、86条解

---

① 王晓晔：《欧共体竞争法》，中国法制出版社2001年版，第304页。

② 尚明主编：《企业并购反垄断控制：欧盟及部分成员国立法执法经验》，法律出版社2008年版，第2页。

③ 王晓晔：《欧共体竞争法》，中国法制出版社2001年版，第304页。

决经营者集中反垄断控制的法律空白，作为执行机构欧委会深刻地认识到这种做法的局限性；与此同时，现实促使各成员国逐渐认识到欧盟层面对并购进行反垄断控制的重要性：如果不加控制，大公司的市场力量将损害经济发展和共同市场目标。此外，在 20 世纪 70 年代，有些成员国建立了企业并购控制反垄断法律体系，并购企业需向不同成员国竞争主管机构申报，这给企业带来很大负担，有些成员国则没有企业并购的规定，不同成员国企业并购审查遵循的法律管制也不同，这显然与欧盟建立统一大市场的目标相悖。

Continental Can v. Commission 案决定作出后不久的 1973 年 7 月 20 日，委员会第一次向理事会提交了《理事会关于经营者集中控制条例的提案》。① 该提案共 22 条，包括申报标准、集中定义、事前申报、程序启动、异议和听证、程序终止、成员国当局调查、罚款、定期罚款的支付、法院复审、职业保密、决定期间和公开、欧委会和成员国当局的联系、除外适用的申请等，其基本原则是：共同体意义上的集中而不是单个成员国国内的集中，达到规定申报标准的须事先向欧委会申报。申报标准的指标有两个：一是总销售额，二是在成员国市场上的市场份额。有意思的是，德国几乎同时修改反垄断法，授权联邦卡特尔局实施企业并购反垄断审查，② 稍后的 1976 年，美国国会通过《哈特－斯科特－罗迪诺反托拉斯改进法》创设了经营者集中事前申报制度。

作为超国家实体的欧共体，表现出了政治妥协的低效率。1973 年提出的第一次提案虽然得到欧洲会议认可，但因成员国立场差异巨大，在理事会遭到阻挠，通过失败。理事会通过失败的主要原因是，法、意、英要求保留反垄断审查的控制权，而德、丹、比、卢、荷等则要求授予欧委会最终决定权。此后，欧委会提交的第二次、第三次草案均因要求将共同体范围内的反垄断审查权让渡于欧委会而未能通过。③ 直到 1987 年 11 月，欧洲法院依据《欧共

---

① Proposal for a Regulation（EEC）of the Council on the control of concentrations between undertakings, OJ Volume 16 C92, 31. 10. 1973, p. 1.

② 德国 1957 年发布《反限制竞争法》，1973 年修订增加了并购控制，采取事先强制申报。

③ See Joseph Wilson, *Globalization and the Limits of National Merger Control Laws*, The Hague and the Nertherlands: Kluwer Law International, 2003, p. 148 – 149.

体条约》第85条裁决Philips Morris案[①]后，各成员国才深切感到制定专门适用于经营者集中反垄断控制的条例的重要性。各成员国认为依据第85条处理不妥当，并担心这种做法成为先例，此后企业并购也沿用该做法，为此有必要尽快制定专门调整企业并购的条例。[②] 在历经1973年、1981年、1984年、1988年和1989年五次修改之后，第4064/89号条例于1989年12月21日得以颁布，并于1990年9月21日生效。这距离欧洲煤钢共同体成立已经40多年，距离该条例提案首次提交审议也已经16年之久。

尽管经历时日，幸运的是，在欧委会和各成员国妥协基础上，最终颁布的第4064/89号条例以竞争政策为基础的意见占据了上风。欧盟自认为与其他国家竞争立法不同的是，欧盟竞争立法受到政治干预较少，欧盟部长理事会作出的最后决定没有采纳竞争因素之外的政策考虑，如产业政策、利益平衡等。[③] 不过仍有批评认为，尽管第4064/89号条例确立的基于纯粹竞争考量的实质评估标准比之前做法更清晰，但欧共体内部产业政策和纯粹竞争间的角力依然存在。此外，该条例为欧委会监管设置的门槛过高，只有很小一部分发生在欧洲的并购需向欧委会申报。[④] 按此门槛，每年只有不超过40—50件的并购受该条例管辖，而有些反垄断机构每年审查超过1000件并购。或许意识到管辖方面的缺陷，1993年12月31日，成员国开始着手重新评估高门槛规定并经由特定多数投票进行修订。[⑤]

第4064/89号条例是欧盟层面全面规制经营者集中的第一个基础性法律文件。以此为基础，欧盟陆续发布了一系列配套文件，包括《关于营业额计

---

① 该案中，Philips Morris购买烟草生产商Rothmans 30%的股权，其中24.9%有表决权。双方约定：一方股东出售股权时，对方享有优先购买权；Philips Morris在Rothmans的董事会无代表，也不参与后者管理。委员会豁免了该案。另外两烟草公司BAT和RJ Reynolds对此提出指控，法院支持了委员会的决定。

② 许光耀：《欧共体竞争法研究》，法律出版社2002年版，第237页。

③ 尚明主编：《企业并购反垄断控制：欧盟及部分成员国立法执法经验》，法律出版社2008年版，第2页。

④ See Ethan Schwartz, *Politics as Usual: The History of European Community Merger Control*, 18 Yale Journal Of International Law 608 (1993).

⑤ See Ethan Schwartz, *Politics as Usual: The History of European Community Merger Control*, 18 Yale Journal Of International Law 608 (1993).

算的通告》[①]《关于集中概念的通告》[②]《关于相关企业概念的通告》[③]《关于集中性和合作性行为的通告》[④]《关于区分经营者集中和合作型合营企业的通告》[⑤]。

（二）以控制为核心确立了经营者集中的概念

第4064/89号条例第3条共计5款以"取得控制"为标准定义了经营者集中：

第1款规定了两种集中发生的情形：一是合并，即两个或两个以上相互独立的企业合并；二是取得控制，即已经控制至少一家企业的一个或多个自然人，或者一家或多家企业，通过购买证券、资产、签署合同或其他手段，取得对其他企业部分或全部的直接或间接控制。[⑥]

第2款规定了建立合营企业的情形：一是协调型合营不属于集中，即具有协调各自保持独立的企业间竞争行为的目的或效果的合营不构成第1款规定的集中；二是全功能合营构成集中，即合营企业是持续履行全部自主决策功能的经济实体，且不会引发合营企业投资者间，及其与合营企业间竞争行为协调的，构成第1款规定的集中。

第3款基于取得控制而构成集中的其他情形，即通过权利、合同、其他任何手段，及上述手段单独或联合并虑及有关事实或法律因素，取得对其他

---

① *Commission notice on calculation of turnover under Council Regulation (EEC) No. 4064/89 of 21 December 1989 on the control of concentrations between undertakings*, C385 Official Journal of the European Communities 21 (1994).

② *Commission notice on the notion of a concentration under Council Regulation (EEC) No. 4064/89 of 21 December 1989 on the control of concentrations between undertakings*, C385 Official Journal of the European Communities 5 (1994).

③ *Commission notice on the notion of undertakings concerned under Council Regulation (EEC) No. 4064/89 of 21 December 1989 on the control of concentrations between undertakings*, C385 Official Journal of the European Communities 12 (1994).

④ *Commission notice regarding the concentrative and cooperative operations under Council Regulation (EEC) No. 4064/89 of 21 December 1989 on the control of concentrations between undertakings*, C203 Official Journal of the European Communities 10 (1990).

⑤ *Commission notice on the distinction between concentrative and cooperative joint ventures under Council Regulation (EEC) No. 4064/89 of 21 December 1989 on the control of concentrations between undertakings*, C385 Official Journal of the European Communities 1 (1994).

⑥ 有观点简单地将自然人作为参与集中的经营者，这有欠妥当。根据该款规定，自然人可作为参与集中的经营者，但作为收购方的自然人必须是"已经控制至少一家企业的"自然人，自然人不能作为取得控制的目标。

企业实施决定性影响的可能性，构成控制。特别是，享有对一个企业的所有权或者对其部分或全部资产的使用权；通过权利或者合同取得对一家企业机构的组成、投票或作出决定的决定性影响。

第4款取得控制的主体：一是权利的享有人或根据合同享有权利的人；二是虽非权利的享有人或根据合同享有权利的人，但有能力实施上述权利的人。

第5款不会引发集中的情形：一是信用机构或其他金融机构、保险机构，包括自营或代理证券交易在内的正常商业活动；出于转售目的临时取得并持有一家企业的股票，如果在事关企业竞争行为的事项上不行使投票权，或者只有在准备处分全部或部者分企业或企业的财产或股票时，才行使投票权，且上述处分发生在取得之日起一年以内；如果上述机构或公司能够证明在上述期限内处分不具有合理性，欧委会可据其申请展期。二是政府官员根据成员国有关清算、解散、破产、止付、和解或类似程序取得控制。三是有关特定类型公司年度账目的第78/660号指令①第5条第3款规定的金融控股公司实施的本条第1款b项取得控制的经营行为，前提是控股公司行使表决权，特别是行使与任命目标企业管理机构或监督机构成员有关的表决权，仅是为维护其投资的完整价值，不会直接或间接决定目标企业的竞争行为。

上述奠定了欧盟关于经营者集中概念的基础：一是参与集中的经营者先前相互独立；二是经营者集中分为两类，合并与取得控制；三是非经营性、临时性行为不包括在内。"取得控制"是欧美关于经营者集中界定的最大的区别。我国立法借鉴了欧盟的做法，有必要对欧盟做法深入研析。②

（三）区分合营类型分别纳入集中和反托拉斯管制

第4064/89号条例第3条第2款合营（joint venture）分为两类：一是具有协调各自保持独立的企业间竞争行为目的或者效果的合营；二是持续履行全部自主决策功能，且不会引发合营企业投资者间，及投资者与合营企业间竞争行为协调的合营。该条例规定只有第二类合营属经营者集中。第4064/89

---

① 1978年7月25日欧共体第四届理事会通过，欧共体第84/569号指令修订。

② 关于经营者集中的界定模式问题详见叶军：《经营者集中法律界定立法模式研究》，载《中国法学》2015年第5期。1994年欧委会发布《关于集中概念的通告》《关于相关企业概念的通告》将此具体化。

号条例发布后，欧委会先后于1990年7月25日和1994年12月31日发布《关于集中性和合作性行为的通告》和《关于区分经营者集中和合作型合营企业的通告》，后者的发布后替代了前者。这两个文件将企业合营分为“合作型”和“集中型”两类，后者视为经营者集中，按照第4064/89号条例的规定办理。

集中型合营是两个或多个经营者共同设立，具有持续履行全部自主决策功能的合营，此类合营不以协调母公司间的竞争行为为目的，也不会产生这种效果。欧盟认为，这种合营属于取得控制，构成第4064/89号条例规定的集中。合作型合营则是具有协调母公司间及母公司与合营企业间竞争行为的目的或效果的合营。欧盟认为，此种合营不属于取得控制，不构成第4064/89号条例规定的集中。合作型合营通常被视为协议，适用《欧共体条约》第81条，按照反托拉斯处理。有观点认为，欧盟的处理方式对合营划分完全以作用和目的为标准，然而，作用和目的的认定涉及主观判断，实践操作中必然带来问题，可能使同一合营面临两种法律调控，适用不同实体法和程序法，增加交易在法律上的不确定性，需分析大量复杂的合营实体问题，诸如相关市场、潜在竞争等，浪费大量人力物力资源。①

事实上，合营只是商业活动的法律形式，实质上可能包含若干不同内容。合营可能是标准的经营者集中，例如以目标公司的资产或股权出资的一方与以现金出资的另一方组建合营企业；也可能是标准的协议，例如竞争对手间签署所谓合营合同，组建合营企业，将两公司部分销售业务纳入该合营企业，合营企业事实上协调两竞争对手的销售。当然，合营无论涉及经营者集中，还是涉及垄断协议，审查目的都是判断是否实质损害市场竞争。经营者集中和垄断协议在实体法和程序法上的差异，可能导致同一法律形式因其实质不同而受不同规则制约。如果说这也算是问题的话，则不能归咎于合营分类，这是制度设计上经营者集中和垄断协议分类带来的必然结果，实践中可通过各种灵活方式解决。

在美国，合营被单列一类进行反垄断审查评估。2000年4月，美国司法部与联邦贸易委员会共同发布《竞争者之间合作行为指南》，为评价合营提供

① 李仲平：《欧盟企业合并控制制度研究》，西南政法大学2003年博士学位论文。

分析框架。由于合营方式灵活多样，涉及范围极广，该指南未以合营企业组织形式作为分析切入点，而是从合营关系建立的基础即协议入手，据此合营可能违反《谢尔曼法》第1、2条，也可能违反《克莱顿法》第7条关于经营者集中的规定。

在欧盟，合营受制于经营者集中审查还是按反托拉斯处理，当事人有主动权。事实上，当事企业和律师更希望按照集中程序申报审查，而非按照《欧共体条约》第81条关于垄断协议的规定处理。究其原因：一是两种方式的标准和假定前提不同，前者需达到申报标准，经营者集中原则上假定为合法，除非能证明其排除限制市场竞争；后者只需对成员国间贸易有显著影响即可被假定为非法，除非按照《欧共体条约》第81条可适用豁免。二是处理程序上，按照集中程序处理，适用一站式申报，一旦欧盟管辖即可排除成员国管辖，且欧委会必须在法定期限内作出处理决定，时间短、确定性强，极大减轻了当事人负担和交易不确定性。如果按照《欧共体条约》第81条处理，欧盟和成员国均有管辖权，且查处期限没有明确规定。

（四）以销售额为指标确立经营者集中申报标准

第4064/89号条例第1条规定了达到申报标准即具有共同体规模的集中：所有相关企业在世界范围内的合并销售额超过50亿欧洲货币单位，且至少有两个参与集中的企业，每个企业在共同体范围内的销售额超过2.5亿欧洲货币单位，除非每一个相关企业在共同体市场2/3以上的销售额来源于同一成员国。欧委会于1994年发布《关于营业额计算方法的通告》对此作出了详细规定。

申报标准包括两个基本问题：一是采用何种指标，二是确定适当的数额。从各司法辖区实践看，申报指标有销售额、市场份额、交易额、资产额等多种，立法上可适用单一指标，也可联合适用多个指标。欧盟采取了适用单一销售额指标，复合计算销售额的做法，即需同时满足两个维度的销售额指标：第一个是世界范围内的合并销售额，意义在于度量经营者集中的整体规模；第二个是至少两个企业每个企业在共同体范围内的营业额，意义在于确保集中与共同体市场有足够关联。同时，要求至少两个企业在共同体市场分别达到规定的销售额，以排除大企业收购规模很小的企业也被纳入其中。此外，如果每一个相关企业在共同体市场2/3以上的销售额来源于同一成员国将排除欧盟管辖，此类集中相当于成员国内的两企业集中，应由成员国管辖。我国《关于经营者集中申报标准的规定》与欧盟做法类似。

立法上确定作为申报标准的销售额数额，都需考虑在确定的数额标准下，纳入监管的集中数量与其执法能力匹配的程度，确保尽可能将排除限制竞争或可能排除限制竞争的交易纳入监管范围。欧盟是以主权国家为成员的超国家组织，在欧盟监管之下，成员国还保留一定的监管权。因此，欧盟立法中的经营者集中申报标准数额，同时也是欧盟与其成员国在经营者集中反垄断监管上的权限划分界限。欧盟成员国对向欧盟让渡部分经营者集中最终审查决定权存在分歧，这导致第 4064/89 号条例最初规定的申报标准较高，成员国向欧盟让渡的案件范围较窄。第 4064/89 号条例实施后，向欧盟申报的案件数量很少，甚至每年只有四五十件。作为妥协，第 4064/89 号条例同时规定，条例生效后第 4 年年底前，部长理事会根据欧委会建议，以合格多数方式重新审议申报门槛。部长理事会可据此调整申报门槛，但条例确立的以双销售额为指标的申报标准制度不在调整范围内，该指标体系沿用至今。

（五）确立一站式为特征的事先强制申报制度

第 4064/89 号条例第 21 条规定，除法院司法审查外，欧委会根据本条例有对经营者集中申报作出决定的排他管辖权；成员国不得对具有共同体意义的经营者集中适用国内法。这意味着成员国向欧盟让渡了达到共同体规模的经营者集中反垄断执法权。因此，达到共同体规模的经营者集中只需向欧委会申报即可，即使达到这些成员国的申报标准，也不必分别向各成员国申报。各成员国承认欧委会对经营者集中审查决定的效力，且在欧委会审查会后不能对其再行审查。对企业而言，这极大地节省了成本，提高了效率，这就是欧盟所谓的“一站式（one – stop – shop）”申报。[①]

第 4064/89 号条例发布之初，虽然规定了一站式申报，但仍有强烈质疑，甚至有观点认为，在 1990 年 9 月 21 日第 4064/89 号条例生效后并不会实现“一站式”的并购控制，甚至情况会更糟，成员国还没有认为欧洲是一个根据

---

① Andres Font Galarza et al. , *Merger control in the European union law economics and practice*, 2nd edition, Oxford University Press, 2005, p. 3.

中立经济原则可被位于布鲁塞尔的机构进行统一管理的单一市场。[①] 这些担忧主要来自第4064/89号条例的几个特别条款：一是该条例第9条关于欧委会将案件移送成员国执法机构的规定（被称为德国条款）；二是该条例第21条关于成员国要求欧委会考虑公共安全、媒体多元化及金融审慎等正当国家利益的规定（被称为英国条款）；三是该条例第22条关于成员国将案件移送欧委会的规定（被称为荷兰条款）。[②] 不过后来实施情况表明这些担忧是不必要的。

（六）确立是否与共同体市场相容的审查标准

第4064/89号条例第2条以是否与共同体市场相容为标准确立了欧盟的审查标准。该条规定了欧委会评估经营者集中是否与共同体市场相容考虑的因素：一是，从所有相关市场的市场结构及包括共同体内外企业的所有企业间实际或潜在竞争角度，维持和发展共同体市场有效竞争的需要；二是，相关企业的市场地位和他们的经济及资金实力，供应商和用户可以获得的替代产品，取得供应或进入市场的难易程度，任何市场进入的法律或其他障碍，相关产品和服务的供求变化趋势，中间商和最终客户的兴趣，能够给消费者带来好处且不会妨害竞争的经济发展和技术进步。同时规定，不会产生或加强市场支配地位的经营者集中，不会显著损害共同体市场或其相当部分的市场竞争，应当被宣告与共同体市场相容；反之则不相容。

第4064/89号条例第一次在欧盟层面确立了经营者集中反垄断审查的标准，即是否与共同体市场相容。判断是否相容有两条具体标准：一是是否产生或加强市场支配地位；二是是否显著损害共同体市场竞争。这两条标准与美国和我国的审查标准略有不同，美国和我国的审查标准核心是经营者集中是否排除、限制市场竞争，不包括欧盟标准中的“是否产生或加强市场支配地位”。这恐怕与欧盟主要成员国如德国的市场支配地位标准，[③] 及欧盟历史

---

① See Ethan Schwartz, *Politics as Usual: The History of European Community Merger Control*, 18 Yale Journal Of International Law 608 (1993).

② See Ethan Schwartz, *Politics as Usual: The History of European Community Merger Control*, 18 Yale Journal Of International Law 608 (1993).

③ 德国《反限制竞争法》第36条第1款规定，“如果合并将产生或者加强市场支配地位”，德国联邦卡特尔局应禁止合并，除非企业证明合并能改善竞争条件，且这种改善超过支配市场的弊端。

上扩张解释《欧共体条约》第85、86条以应对经营者集中反垄断控制的现实有关。此外，当前世界各国的审查标准均为“是否实质排除、限制市场竞争”类似表述，欧盟适用“是否与共同体市场相容”的措辞也表明欧盟执行经营者集中反垄断审查维护欧盟统一大市场的考虑。

（七）附条件批准的执法实践及存在的问题

这段历史时期，欧盟尚未发布有关救济措施的通告或相关文件，而是直接根据第4064/89号条例附条件批准集中。在附条件批准方面暴露出的主要问题是，该条例关于在进一步审查阶段作出附条件批准决定的规定与实际需求冲突。

第4064/89号条例第10条第1款规定，根据条例第6条第1款作出的初步审查决定必须在至多1个月内作出；第10条第2款规定，一旦第6条第1款（c）项规定的严重怀疑消除，特别是相关企业已对集中进行了调整，则至迟在本条第3款规定①的4个月期限之前，根据第8条第2款作出决定，此被称为进一步审查。根据第8条第2款，在相关企业调整集中满足第2条第2款规定的条件后，② 欧委会应发布决定宣告经营者集中与共同体市场相容。欧委会可在决定中附加条件和义务，以确保相关企业遵守其向欧委会作出的旨在调整集中的承诺。据此，欧委会以附加条件或义务的方式批准，经过相关企业调整的经营者集中应在进一步审查阶段作出。综上，第4064/89号条例创设了两阶段审查：初步审查和进一步审查。通常涉嫌存在竞争问题的集中会在初步审查后进入进一步审查，在进一步审查阶段可能附条件解决。初步审查阶段时间短，难以发现全部竞争问题，即使发现竞争问题，也没有足够时间评估并商谈条件。或许基于这种考虑，第4064/89号条例没有规定初步审查阶段采取救济措施。立法者的最初设想或许是，通过初步审查尽快筛选出那些显然没有竞争问题的案件，只有少数案件进入进一步审查；经过进一步审查才能确认存在的竞争问题，并在此基础上商谈可能采取的救济措施。

现实总是超出制度设计的想象，导致原本理想的设计难以适应千变万化

---

① 第4064/89号条例第10条第3款规定：在不违反本条例第8条第6款的情况下，委员会应当在程序开始之日起4个月内，根据第8条第3款作出决定。

② 第4064/89号条例第2条第2款规定：不会产生或加强市场支配地位的经营者集中，因而不会显著损害共同体市场或其相当部分的市场竞争，应当被宣告与共同体市场相容。

的商业实践。实践中，施行经营者集中的商业决定一旦作出，基于商业时机和成本等方面的考虑往往需要尽快实施。在有经验的专业人士协助下并参考此前案例，那些在市场上地位显赫的公司施行集中可能会事先评估。如果发现某些环节或市场可能存在竞争问题，会选择在申报的同时自行提出，甚至同时提交解决这些竞争问题的救济措施。这样做是为了“丢车保帅”，尽快推进主体交易。特别是拟议集中是涉及众多相关市场的大型交易，只有在小部分交易内容或相关市场可能存在竞争问题的情形下更可能发生。在此情形下，如果执法机构仍按第4064/89号条例预先设计的程序推进，尤其是在竞争问题比较明显、救济措施也很清楚的情况下，不利于提高审查效率，无法较好地回应商业实践的需求。

实践中，欧委会未如第4064/89号条例规定的顺序严格进行，也有在初步审查阶段附条件批准经营者集中的案例。① 有学者提出，鉴于欧盟现行规则中没有规定欧委会可以在初步审查阶段附条件批准经营者集中，当参与集中的当事人违反附加的相应义务时，欧委会便不能对该当事人处以相应的处罚，而且也不能做出以下两种处理：一是，以当事人不履行相应的义务为由，对当事人处以强制履行金；二是，撤销其依据第6条第1款（b）项所作出的附条件批准决定。②

四、以第1310/97号经营者集中控制修订条例为标志的第一次改革

第4064/89号条例第1条第3款规定，在不迟于条例生效后的4年内（即1994年9月20日之前），基于欧委会建议，理事会应以合格多数的方式对该条第2款规定的申报标准进行审查以确定是否需要进行修改。③ 由于欧盟各成员国对条例修改存在争论，直到1997年9月7日才通过了第1310/97号条例。④

---

① Fait Geotech/Ford New Holland, Case IV/M009, 1991. 2. 8; Air France/Sabena, Case IV/M157, 1992. 10. 5; British Airways/TAT, Case IV/M259, 1993. 4 CMLR 10.

② 王为农：《企业集中规制基本法理：美国、日本及欧盟的反垄断法比较研究》，法律出版社2001年版，第229页。

③ OJ Volume 32 L 395, 30. 12. 1989, p. 5.

④ Council Regulation (EC) No. 1310/97 of 30 June 1997 amending Regulation (EEC) No. 4064/89 on the control of concentrations between undertakings.

以第1310/97号条例为契机，欧委会在接下来的几年里修订发布了多件通告，例如1998年修订发布了《关于集中概念的通告》[①]《关于全功能合营企业概念的通告》[②]《关于相关经营者概念的通告》[③]《关于营业额计算方法的通告》[④]。新发布了多件重要文件，例如1997年12月发布《关于界定相关市场的通告》。[⑤] 2001年发布《关于第4064/89号理事会条例和第447/98号委员会条例项下可接受的救济措施的通告》（以下简称《关于可接受的救济措施的通告（2001）》）[⑥] 等4项有关救济措施的文件。这些文件极大地丰富了欧盟的经营者集中反垄断控制法律体系，堪称一次改革和飞跃。

（一）**第1310/97号经营者集中控制修订条例的重大调整**

第1310/97号条例的首要任务是调整申报标准。受到德国影响，第4064/89号条例规定了较高的申报门槛，导致大量经营者集中无法受欧盟反垄断控制制度管辖，无法享受一站式申报的便利。第1310/97号条例将申报标准调整为：（a）所有相关企业世界范围内营业额超过25亿欧元；（b）所有相关企业在至少3个成员国中每个成员国的营业额超过1亿欧元；（c）在（b）规定的至少3个成员国中的每个成员国，至少两个企业中的每个企业的营业额超过2500万欧元；且（d）至少两个企业中的每个企业在共同体范围内营业额超过1亿欧元；除非每个相关企业在共同体范围内营业额的2/3来自同一成

① *Commission Notice on the concept of concentration under Council Regulation* (*EEC*) *No. 4064/89 on the control of concentrations between undertakings*, C66 Official Journal of the European Communities (1998).

② *Commission Notice on the concept of full function joint ventures under Council Regulation* (*EEC*) *No. 4064/89 on the control of concentrations between undertakings*, C66 Official Journal of the European Communities (1998).

③ *Commission Notice on the concept of undertakings concerned under Council Regulation* (*EEC*) *No. 4064/89 on the control of concentrations between undertakings* (*98/C 66/03*), *Published in the Official Journal of the European Communities*, C66 Official Journal of the European Communities 14 (1998).

④ *Commission Notice on Calculation of turnover under Council Regulation* (*EEC*) *No. 4064/89 on the control of concentrations between undertakings*, C66 Official Journal of the European Communities (1998).

⑤ *Commission Notice on the definition of the relevant market for the purposes of Community competition law*, C372 Official Journal of the European Communities 5 (1997).

⑥ *Commission notice on remedies acceptable under Council Regulation* (*EEC*) *No. 4064/89 and under Commission*, *Regulation* (*EC*) *No. 447/98*, C68 Official Journal of the European Communities 3 (2001).

员国。[①] 与此前的申报标准相比，一方面，新标准调低了数额：把所有相关企业世界范围内营业额从 50 亿欧元降低到 25 亿欧元；把至少两个企业中的每个企业在共同体范围的营业额从 2.5 亿欧元降低到 1 亿欧元。数额降低扩大了欧盟管辖范围。另一方面，新标准增加了要求：所有相关企业在至少 3 个成员国中的每个成员国的营业额超过 1 亿欧元；上款规定的至少 3 个成员国中的每个成员国范围内，至少两个企业中的每个企业的营业额超过 2500 万欧元。新增条件使得欧盟管辖的经营者集中与欧盟的关系更加紧密。据此，此次修订扩大了与欧盟有紧密联系的经营者集中的管辖权。

第 1310/97 号条例对救济制度的最大调整是，明文规定在初步审查阶段也可以接受救济承诺，作出附条件审查决定。第 1310/97 号条例导言第 8 条规定，在进一步审查阶段，当事人如果能够提出合适的完全解决竞争问题的承诺，欧委会可以宣布该项经营者集中与共同体市场相容；如果可以很容易地确认并解决竞争问题，在初步审查阶段，也可以接受当事人提出的承诺。第 1310/97 号条例既对第 4064/89 号条例进行了调整，也在法律层面明确了此前做法的合法性，某种意义上讲，这也是法律迁就实践的典型案例。

有意思的是，历史总是在惊人地重复，错误也不例外，后世立法并未汲取经验教训，而是完美地重蹈覆辙。通常认为，我国《反垄断法》很大程度上借鉴了欧盟的反垄断立法，欧盟立法的这一瑕疵也被照搬过来。根据我国《反垄断法》第 25 条的规定，执法机构进行初步审查应当作出是否实施进一步审查的决定。[②] 从字面理解，意味着初步审查不能作出禁止决定，因而也就不能作出附条件批准决定。第 26 条规定，执法机构决定实施进一步审查，应

---

① *Council Regulation* (*EC*) *No. 1310/97 of 30 June 1997 amending Regulation* (*EEC*) *No. 4064/89 on the control of concentrations between undertakings*, L180 Official Journal of the European Communities 1 (1997).

② 《反垄断法》第 25 条：国务院反垄断执法机构应当自收到经营者提交的符合本法第二十三条规定的文件、资料之日起三十日内，对申报的经营者集中进行初步审查，作出是否实施进一步审查的决定，并书面通知经营者。国务院反垄断执法机构作出决定前，经营者不得实施集中。国务院反垄断执法机构作出不实施进一步审查的决定或者逾期未作出决定的，经营者可以实施集中。

当作出是否禁止经营者集中的决定。① 第 28 条规定，经营者集中具有或者可能具有排除、限制竞争效果的，执法机构应当作出禁止经营者集中的决定；但是经营者能够证明该集中对竞争产生的有利影响明显大于不利影响，或者符合社会公共利益的，国务院反垄断执法机构可以作出对经营者集中不予禁止的决定。第 29 条规定，对不予禁止的经营者集中，国务院反垄断执法机构可以决定附加减少集中对竞争产生不利影响的限制性条件。这意味着，附条件批准的经营者集中必须是应当予以禁止的经营者集中，应当予以禁止的经营者集中，只能在进一步审查阶段才能确定。

此后，商务部 2010 年 7 月发布的《关于实施经营者集中资产或业务剥离的暂行规定》，2014 年 12 月发布的《关于经营者集中附加限制性条件的规定（试行）》均未涉及该问题。2009 年 11 月发布的《经营者集中审查办法》第 11、13 条规定，在审查过程中，为消除或减少经营者集中具有或者可能具有的排除、限制竞争的效果，参与集中的经营者可以提出对集中交易方案进行调整的限制性条件；商务部和参与集中的经营者均可以提出对限制性条件进行修订的意见和建议。该两条使用了“在审查过程中”的措辞，似可以广义地理解为既包括初步审查阶段，也包括进一步审查阶段。遗憾的是，《经营者集中审查办法》第 14 条仍然强调，附加限制性条件批准经营者集中需要在《反垄断法》第 26 条规定的期限内作出，即在进一步审查阶段作出。这意味着，无论是在制定《反垄断法》过程中，还是在《反垄断法》配套立法过程中，都没有意识到欧盟救济措施立法存在的缺陷，更没有试图避免欧盟已解决了的问题。

尽管我国《反垄断法》留下了与欧盟立法类似的遗憾，可能导致我国执法机构面临与欧委会一样的窘境，但在实践操作中仍可通过技术处理采取灵活方式规避，即在初步审查阶段的早期，一旦判定存在排除限制竞争的嫌疑，

---

① 《反垄断法》第 26 条：国务院反垄断执法机构决定实施进一步审查的，应当自决定之日起九十日内审查完毕，作出是否禁止经营者集中的决定，并书面通知经营者。作出禁止经营者集中的决定，应当说明理由。审查期间，经营者不得实施集中。有下列情形之一的，国务院反垄断执法机构经书面通知经营者，可以延长前款规定的审查期限，但最长不得超过六十日：（一）经营者同意延长审查期限的；（二）经营者提交的文件、资料不准确，需要进一步核实的；（三）经营者申报后有关情况发生重大变化的。国务院反垄断执法机构逾期未作出决定的，经营者可以实施集中。

便可结束初步审查进入进一步审查，并在进一步审查阶段作出附条件批准的审查决定，而不必等到初步审查阶段届满，再进入进一步审查阶段。事实上，《反垄断法》未要求进入进一步审查的案件必须初步审查期限届满，这样既可满足案件申报后尽快作出附条件批准决定的现实需要，又可满足附条件审查决定须在进一步审查阶段作出的法律要求。事实上，在2016年的百威英博啤酒集团收购英国南非米勒酿酒公司股权案①中，就遇到申报连同救济措施一并提交的情况。② 在该案中，虽然当事方一并提交申报和救济措施建议，但商务部并未在初步审查阶段作出附条件批准决定，而是在进一步审查阶段作出。从程序上看，商务部的决定完全合法。这种申报情形似应引起关注，考虑适当调整《反垄断法》，以应对此后再行出现这种情形。

然而，立法尚未调整，市场监管总局再次遇到这种情形：在诺贝丽斯公司收购爱励公司股权案③中，当事方在初步审查阶段提出了救济措施建议。在该案中，市场监管总局于2019年12月12日立案审查，初步审查阶段截止日期为2020年1月10日。由于此前已有一次简易申报，两次非简易申报，④ 执法机构对竞争问题及解决方案想必已有深入调查和商谈，故而在初步审查阶段的2019年12月20日，作出了附条件批准的审查决定。此外，由于该案已有过申报和撤回，如果从最初一次申报（2018年8月31日）算起，办理长达1年多，最后一次申报后，可能出于尽快作出审查决定、结束审查程序的考虑，在初步审查阶段即作出了附条件批准的审查决定。从程序上看，在初步

---

① 参见《关于附加限制性条件批准百威英博啤酒集团收购英国南非米勒酿酒公司股权案经营者集中反垄断审查决定的公告》（商务部公告2016年第38号），载商务部网2016年7月29日，http：//fldj. mofcom. gov. cn/article/ztxx/201607/20160701369044. shtml。

② 该案中，2016年3月8日商务部收到申报，3月14日百威英博向商务部提交了限制性条件建议，3月29日商务部立案并开始进行初步审查，4月27日商务部决定实施进一步审查。在进一步审查延长阶段期间，商务部于2016年7月29日作出附条件批准的审查决定。

③ 参见《市场监管总局关于附加限制性条件批准诺贝丽斯公司收购爱励公司股权案反垄断审查决定的公告》，载国家市场监督管理总局网2019年12月20日，http：//www. samr. gov. cn/fldj/tzgg/ftjpz/201912/t20191220_ 309365. html。

④ 2018年8月31日简易申报，2018年9月30日立案，2018年10月26日撤销立案；2018年11月1日非简易申报，2018年12月13日立案，2019年1月11日决定实施进一步审查，2019年4月10日决定延长进一步审查期限，2019年6月6日申报方申请撤回；2019年6月12日再次非简易申报，2019年6月14日再次立案，2019年12月6日进一步审查延长期届满，申报方再次申请撤回，当日申报方再次申报。

审查阶段作出附条件审查决定，是否完全符合我国《反垄断法》的规定恐怕还值得商榷。

2020 年 10 月，市场监管总局出台的《经营者集中审查暂行规定》，是在商务部此前相关规章内容基础上作了整合并进行了一定程度调整和完善。2021 年 5 月，商务部发布决定，决定废止《经营者集中审查办法》等规章。《经营者集中审查暂行规定》第 32 条规定，为减少集中具有或者可能具有的排除、限制竞争的效果，参与集中的经营者可以向市场监管总局提出附加限制性条件承诺方案。第 35 条规定，对于具有或者可能具有排除、限制竞争效果的经营者集中，参与集中的经营者提出的附加限制性条件承诺方案能够有效减少集中对竞争产生的不利影响的，市场监管总局可以作出附加限制性条件批准决定；参与集中的经营者未能在规定期限内提出附加限制性条件承诺方案，或者所提出的承诺方案不能有效减少集中对竞争产生的不利影响的，市场监管总局应当作出禁止经营者集中的决定。这两条都未再包含“在审查过程中”的措辞，据此，初步审查阶段似可作出附条件审查决定。目前，《反垄断法》正在修订，就公布的征求意见稿来看，该问题并未列入修订考虑的范围。

（二）经营者集中反垄断控制制度的完善和发展

第 1310/97 号条例的出台进一步强化了经营者集中反垄断审查的管辖权。以第 1310/97 号条例出台为契机，配合条例修改和此前实践经验的积累，欧盟迅速更新了一系列通告，完善和发展了业已建立的经营者集中控制制度。

一是欧委会于 1998 年发布《关于相关企业概念的通告》取代了 1994 年发布的《关于相关企业概念的通告》。新通告旨在提供有关欧委会如何理解经由第 1310/97 号条例修订后的第 4064/89 号条例第 1、5 条中的“相关企业”概念。从确定管辖权的角度，广义上相关企业是指，在交易过程中作为合并方、收购方或者被收购方的行为人。

二是欧委会于 1998 年发布《关于集中概念的通告》取代了 1994 年发布的《关于集中概念的通告》。新通告旨在提供有关欧委会如何理解经由第 1310/97 号条例修订后的第 4064/89 号条例第 3 条中的“集中”概念。经营者集中只包括给相关企业结构带来持续变化的行为，此种结构变化包括两种情形：两个此前独立企业合并或取得另外企业的控制。通告认为，判定是否存在集中应基于质量而不是数量标准，侧重控制的认定。认定控制包括法律考虑，也包括事实考虑。

三是欧委会于 1998 年发布《关于全功能合营企业概念的通告》。[①] 此前，欧委会先后于 1990 年 7 月 25 日和 1994 年 12 月 31 日发布过《关于集中性和合作性行为的通告》和《关于区分经营者集中和合作型合营企业的通告》。1998 年发布的《关于全功能合营企业概念的通告》提出了全功能合营企业（full function joint ventures）的概念，认为在永久基础上履行自主经济实体的全部职能的合营企业的设立构成经营者集中。这样一来，除集中型合营外，某些合作型合营也被纳入欧盟经营者集中反垄断审查范围。由于申报的集中有一半左右是合营，此项调整具有重要影响。

四是欧委会于 1998 年发布《关于营业额计算方法的通告》取代 1994 年发布的《关于营业额计算方法的通告》。计算营业额的目的是确定管辖权，而非评估各方市场地位或集中对市场竞争的影响。因此，营业额提供了一个简单客观的机制，便于企业操作，以确定交易是否具有共同体规模从而是否应当申报。此意义上的营业额包括当事方在一切活动领域获得的营业额，尽可能准确地反映各方的经济力量，而不限于与集中相关的营业额。1998 年发布的《关于营业额计算方法的通告》进一步明确了合营企业营业额分配、金融控股公司营业计算等问题。

五是欧委会于 1997 年年底发布《关于界定相关市场的通告》，这是欧委会第一次发布界定相关市场的法律文件。该通告认为，市场界定是确认和界定企业间竞争界限的工具，其目的是以系统方式确定相关企业[②]面临的竞争限制，即界定相关产品市场和相关地域市场，以确定相关企业的竞争者、计算市场份额，为竞争评估提供有益信息。尽管这不是欧委会考虑的唯一因素，但对个案竞争评估可能会起到决定性影响。该通告向公众公布了欧委会市场界定遵循的程序，说明得出结论依据的标准和证据，有利于经营者及其顾问

---

① *Commission Notice on the concept of full function joint ventures under Council Regulation* （*EEC*） *No. 4064/89 on the control of concentrations between undertakings*, C66 Official Journal of the European Communities 1 （1998）.

② 集中案件的相关企业是参与集中的经营者；《欧共体条约》第 86 条调查中的相关企业是正被调查的企业或投诉人；第 85 条调查中的相关企业就是协议当事人。

更好地预见欧委会提出竞争问题的可能性。1997 年发布的《关于界定相关市场的通告》被认为是对欧委会以往评估考虑因素和经验的系统总结，是对欧盟竞争政策现代化的一项重大贡献。①

（三）首次发布关于救济措施的通告及范本

在这段历史时期，欧委会发布了 5 项与附条件批准相关的文件：一是 2001 年发布的《关于可接受的救济措施的通告（2001）》；二是 2003 年发布的《向欧盟委员会提交承诺的范本》②；三是 2003 年发布的《最佳操作指南：欧盟委员会关于资产剥离承诺和监督受托人选任的范本》③；四是 2003 年发布的《向欧盟委员会提交的监督受托人委托协议范本》；五是《合并调查中保密信息弃权声明范本》。④ 这是欧委会首次发布救济措施相关的通告和范本。《关于可接受的救济措施的通告（2001）》作为救济措施的代表文件尤其值得关注，该通告的目标是为当事方提出救济承诺，为欧委会采取救济措施提供指南，主要内容包括：一般原则、主要类型、具体要求及执行等。

《关于可接受的救济措施的通告（2001）》规定，附条件批准的对象，必须是经欧委会评估，会产生或加强市场支配地位，并严重损害共同市场或共同市场重要部分有效竞争的经营者集中。该通告划分了欧委会和当事方的举证责任：欧委会有责任向当事人说明集中的竞争问题；当事人可向欧委会提交解决竞争问题的承诺，并向欧委会说明承诺的救济措施如何恢复有效竞争。欧委会应评估当事人提交的承诺能否恢复有效竞争，评估应考虑市场结构、相关市场的范围和特点、救济措施的类型、规模和范围及其成功的可能性，及当事人各方全面、及时执行救济措施的可能性等。

《关于可接受的救济措施的通告（2001）》把救济措施分为结构救济和非

---

① ［西］安德雷斯·冯特·葛拉雷兹等：《欧盟企业合并控制制度：法律、经济与实践分析》（第 2 版），解琳、叶军译，法律出版社 2009 年版，第 80 页。

② Proposal for Commitments to the European Commission, European Commission (Jul. 9, 2020), https://ec.europa.eu/competition/antitrust/cases/dec_docs/40394/40394_4303_6.pdf.

③ *Best Practice Guidelines: The Commission's Model Texts for Divestiture Commitments and the Trustee Mandate under the EC Merger Regulation*, European Commission (Dec. 5, 2013), https://ec.europa.eu/competition/mergers/legislation/best_practice_commitments_trustee_en.pdf.

④ *Commission waiver model of confidentiality in merger investigations*, European Commission, https://ec.europa.eu/competition/mergers/legislation/npwaivers.pdf.

结构救济。该通告援引欧洲初审法院在金瑟案[①]中确立的原则：承诺的基本目标是保障竞争的市场结构，规定仅承诺某种不作为，例如承诺不滥用因集中而产生或加强的支配地位，不是适当的救济承诺。该通告认为，恢复有效竞争最有效的方式，除禁止外，就是通过剥离创造新竞争实体或加强现存竞争者地位。尽管剥离是优先的救济措施，但不是欧委会接受的唯一救济措施。鉴于存在不可能剥离的情形，竞争问题可能来自排他合同、网络效应或关键专利联合等情形，通告规定了解除排他合同、开放必要基础设施或关键技术许可安排等救济方式。《关于可接受的救济措施的通告（2001）》规定了可行的剥离范围、剥离目标、适格买家、替代剥离和清除结构关联等问题的基本立场，并要求当事方提交剥离业务的详尽说明，说明剥离业务具有有活力竞争者必要的所有因素，说明须确保买家能保留和遴选合适员工。

《关于可接受的救济措施的通告（2001）》严格区分了条件和义务。条件是导致市场结构变化的措施，如剥离业务；为施行上述措施而必须实施的执行步骤是义务，如任命信托人出售剥离业务。当事人违反义务，欧委会可分别根据第1310/97号条例第6条第3款和第8条第5款（b）项撤销审查决定。根据第1310/97号条例第14条第2款（a）项和第15条第2款（a）项，也可处以罚款或定期罚款。如果条件没有满足则相容性的决定不再有效，根据该条例第8条第4款，欧委会可要求恢复有效竞争的条件。此外，也可对当事人处以第14条第2款（c）项规定的罚款。

《关于可接受的救济措施的通告（2001）》规定，欧委会在任何审查阶段都可接受承诺附条件批准。由于只在进一步审查阶段才深入市场调查，所以当事人在初步审查阶段提议的承诺必须足够清楚地解决第1310/97号条例第6条第1款（c）项规定的“严重怀疑”，通常要求竞争问题非常直观，救济措施非常清楚，没有必要深入调查。如果提交的救济措施能够消除严重怀疑，欧委会须尽快作出审查决定。这也适用在进一步审查阶段早期提交承诺的情形。相比之下，第4064/89号条例规定，欧委会在初步审查阶段不接受救济承诺，只在进一步审查阶段才接受承诺，此次修改节约了审查时间，提高了审查效率。

---

① Case T－102/96 Gencor v. Commission [1999] ECR II－753.

《关于可接受的救济措施的通告（2001）》规定，在初步审查阶段提出救济承诺须满足如下条件：一是救济承诺最迟须在提交申报文件的同时或3个星期内向欧委会提交；二是救济承诺须详细具体以便全面评估；三是救济承诺须能解决竞争问题。救济承诺须分保密版和非保密版，后者将用以市场测试。欧委会对救济承诺评估的结果有如下三种：一是评估认为救济承诺能消除竞争问题并在初步审查阶段作出通过审查的决定；二是评估认为救济承诺不足以解决竞争问题，欧委会将通知当事人，如果当事人能够迅速有效地修改、澄清、改善，欧委会也可接受；三是评估认为救济承诺不能解决竞争问题，欧委会决定进入进一步审查阶段。

在进一步审查阶段提交救济承诺更为常见。经评估，欧委会认为承诺能解决竞争问题，在与成员国主管机关磋商、与非成员国主管机关讨论，及在合适情况下以市场测试形式与第三方讨论后，欧委会作出通过审查的决定。认为承诺不足以消除竞争问题，欧委会将通知当事人，如当事人随后修改承诺且符合以下条件，欧委会将接受修改的承诺：评估信息已被调查接受且没有必要进行其他市场测试；欧委会清楚地确定承诺一经执行即可解决竞争问题；欧委会要有充分时间与成员国适当协商。

《关于可接受的救济措施的通告（2001）》规定了承诺的执行。当事人建议的剥离资产买家和购买协议均需欧委会批准。买家通常是有活力的现存或潜在竞争者，买家应独立于当事人，拥有金融资源和专业性，有动力保持和发展剥离业务，使其成为积极的竞争力量。购买协议应以承诺中列明的条件为基础签订。此外，买家获得剥离业务不会产生新竞争问题，也不会导致延误执行承诺的风险。如果剥离导致新的共同体层面上申报的经营者集中，须根据第1310/97号条例申报并获得批准。如果没有导致共同体层面上的经营者集中，欧委会对买家的批准不妨碍成员国的合并控制审查。如果欧委会认为，当事人建议的买家获得剥离业务会产生新的竞争问题或其他困难，例如可能耽误承诺及时执行或买家缺乏与集中后实体竞争的动力，那么欧委会可不接受建议的买家。

通告规定了分持受托人（the hold – separate trustee）和剥离受托人（the divestiture trustee）。分持受托人监督当事人保持剥离业务独立性、经济成活性、可销售性和竞争性的承诺，确保当事人把剥离业务与保留业务分开，保证把剥离业务作为独立、可销售的业务管理。分持受托人为剥离业务最大利益工作。剥离受托人则因案件不同而不同，一般包括监督、建议、施加必要措施及定期报告。剥离受托人可能横跨两阶段：第一阶段负责监督当事人寻找潜在买家；如果当事人没有找到可接受的买家，那么在第二阶段，经欧委会同意，受托人可在规定时间内以任何价格处理剥离业务。分持受托人和剥离受托人可以是同一人或组织，也可以不是。通常受托人是投资银行、管理咨询公司、会计公司或类似机构。当事人各方须向欧委会提出受托人人选。受托人须独立于当事人，满足完成任务需要的条件，不存在利益冲突。欧委会审查批准并任命受托人。当事人向受托人支付报酬，报酬支付方式不能损害受托人履行职责的独立性和有效性。受托人按欧委会指令履行职责，对欧委会负责。剥离完成后，受托人可请求欧委会解除义务，义务解除后，如欧委会发现承诺没有完全适当履行，仍有权要求重新任命该受托人。

《关于可接受的救济措施的通告（2001）》规定，如果无法找到消除竞争问题的救济措施，唯一解决方案就是禁止经营者集中。如果当事人所提交的救济措施过于复杂，以至于欧委会不可能确定市场上的有效竞争是否能够恢复，那么欧委会将不会作出批准决定。

为确保当事方及时有效地提交承诺、推荐受托人，提交与受托人签署的委托协议，欧委会基于以往案件经验于2003年发布了4个范本，涵盖了向欧委会提交承诺、受托人选任、向欧委提交受托人委托协议、保密信息弃权4个问题。范本虽然不能描述所有问题，但仍可为当事方提供标准化参考，为当事方和欧委会迅速推进程序节省时间。标准化范本可使各方更多关注实质问题，确保不同案件承诺结果的一致性，提供更高水平的透明度和法律确定性。范本不具有法律约束力，范本已为可能纳入或省略的问题预留足够空间，当事方和欧委会可根据个案情况增删。

五、以第139/2004号经营者集中控制条例为标志的第二次改革

2004年1月29日，欧盟理事会发布第139/2004号条例。以此为标志，欧盟的并购控制制度开始了历史上第二次重要改革，相应地，经营者集中救济制度也进入一个新的发展完善阶段。

（一）第二次改革的进程和法律体系的完善

2004 年发布的第 139/2004 号条例是这个阶段的标志性立法，但相关改革进程可以追溯到 2000 年。2000 年 6 月 28 日，欧委会向理事会提交了《关于合并控制条例申报门槛应用的报告》①。该报告提出，1997 年对第 4064/89 号条例的修订没有解决一项集中需向多个成员国申报的问题，集中控制制度仍需继续改革。2001 年 12 月 11 日，欧委会公布了《关于修订第 4064/89 号条例的绿皮书》。② 该绿皮书分析了第 4064/89 号条例存在的问题和完善的可能性并据此向社会征求意见。由此拉开了以修订第 4064/89 号条例为标志的集中反垄断控制制度改革序幕。

2002 年 12 月 11 日，欧委会公布了经营者集中控制制度改革的一揽子建议，③ 包括《关于制定经营者集中控制条例的建议》④《在理事会经营者集中条例下制定横向合并评估的委员会通告》⑤ 及一系列旨在改善决定程序的非法律措施，例如，在竞争理事会内设置竞争经济专家职位（Chief Competition Economist），设置由经验丰富的官员组成的复查委员会（a peer review panel）对第二阶段调查进行复查，及发布一系列最佳实践指南。⑥

第 139/2004 号条例于 2004 年 5 月 1 日起实施，同年，欧委会还发布了《关于执行〈第 139/2004 号条例〉的第 802/2004 号条例》。⑦ 该条例有几个重要附件，分别是：附件Ⅰ：与依照（EC）第 139/2004 号条例的集中申报文

---

① Report from the commission to the council on the application of the Merger Regulation thresholds, COM（2000）399 final of 28 June, 2000.

② Green Paper on the Review of Council Regulation 4064/89, COM（2001）745 final of 11. 12. 2001.

③ Commission adopts comprehensive reform of EU merger control, Press Releases, IP/02/1856, 11 December, 2002.

④ Propose for a Council Regulation on the control of concentrationgs between undertakings, COM（2002）711 final of 11 December, 2002.

⑤ Draft Commission notice on the appraisal of horizontal mergers under the Council Regulation on the control of concentrations between undertakings, C331 Official Journal of the European Communities（2002）.

⑥ Best Practices, Press Releases, IP /02/1856, 11. 12. 2002.

⑦ *Commission Regulation*（*EC*）*No. 802/2004 of 7 April 2004 implementing Council Regulation*（*EC*）*No. 139/2004*, L133 Official Journal of the European Communities 1（2004）. Amended by Commission Regulation（EC）No. 1033/2008 of 20 October 2008, L279 Official Journal of the European Communities 3（2008）.

件有关的 CO 表格[①]；附件Ⅱ：根据（EC）第 139/2004 号条例制定的集中申报简表[②]；附件Ⅲ：RS 表（RS = 依照第 139/2004 号［EC］理事会条例第 4 条第 4 款和第 5 款提交的附理由的建议）[③]；附件Ⅳ：RM 表（依照第 139/2004 号［EC］理事会条例第 6 条第 2 款和第 8 条第 2 款提交的承诺信息表）[④]。上述两条例对适用范围、经营者集中定义、营业额计算、申报标准、申报和审查程序、听证、案件移送、保密信息处理、救济措施、法律责任等作出了全面规定，进一步完善发展了欧盟集中控制制度主体框架，是欧盟集中控制制度改革的最重要成果。同年，欧委会还发布了《关于执行〈欧共体条约〉第 81、82 条程序的第 773/2004 号条例》[⑤]，欧委会竞争总司发布了《关于合并控制程序的最佳做法》[⑥]《关于在理事会经营者集中控制条例下评估横向合并的指南》[⑦]。

2005 年，欧委会发布一系列通告文件：《关于办理集中案件简易程序的通告》[⑧]《关于集中案件移交的通告》[⑨]《关于与集中直接相关且必需的限制的通

---

① Annex Ⅰ: Form CO relating to the notification of a concentration pursuant to Regulation (EC) No. 139/2004, consolidated with amendments introduced by Commission Regulation (EC) No. 1033/2008 – Consolidated version of 23 October 2008.

② Annex Ⅱ: Short Form CO for the notification of a concentration pursuant to Regulation (EC) No. 139/2004, consolidated with amendments introduced by Commission Regulation (EC) No. 1033/2008 – Consolidated version of 23 October 2008.

③ Annex Ⅲ: Form RS Reasoned Submission (Form RS), Regulation (EC) No. 139/2004, consolidated with amendments introduced by Commission Regulation (EC) No. 1033/2008 – Consolidated version of 23 October 2008.

④ Annex Ⅳ: Form RM relating to the information concerning commitments submitted pursuant to article 6 (2) and article 8 (2) of Regulation (EC) No. 139/2004, introduced by Commission Regulation (EC) No. 1033/2008 – Consolidated version of 23 October 2008.

⑤ *Commission Regulation (EC) No. 773/2004of 7 April 2004 relating to the conduct of proceedings by the Commission pursuant to Articles 81 and 82 of the EC Treaty*, L123 Official Journal of the European Communities 18 (2008).

⑥ DG Competition Best Practices on the conduct of merger control proceedings, 20 January 2004.

⑦ *Guidelines on the assessment of horizontal mergers under the Council Regulation on the control of concentrations between undertakings*, C31 Official Journal of the European Communities 5 (2004).

⑧ *Commission Notice on a simplified procedure for treatment of certain concentrations under Council Regulation (EC) No. 139/2004*, C56 Official Journal of the European Communities 32 (2005).

⑨ *Commission Notice on case referral in respect of concentrations*, C56 Official Journal of the European Communities 2 (2005).

告》[1]《关于获取委员会规则文件的通告》[2]。同年 10 月，欧委会还发布了《合并救济研究（公开版）》[3]，回顾了 1996—2000 年欧委会作出的包括 96 项救济的 40 项审查决定。虽然该报告在这个历史阶段发布，但回顾的是上一个历史阶段的案件。

2008 年，欧盟竞争总司发布《关于在理事会经营者集中控制条例下评估非横向合并的指南》[4]，同年欧委会发布《关于在第 139/2004 号理事会条例和第 802/2004 号欧委会条例项下可接受的救济措施的通告》（以下简称《可接受的救济措施的通告（2008）》[5]，这是欧盟历史上第二个专门关于救济措施的通告。欧委会还发布了《关于在第 139/2004 号理事会条例下经营者集中案件统一管辖的通告》[6]，这个通告将此前发布的若干个通告集中成了一个文件。

2013 年，欧盟竞争总司发布《关于修改第 802/2004 号执行条例的第 1269/2013 号条例》[7]，该条例于 2014 年 1 月 1 日起实施。该条例采取一揽子举措简化了欧盟的合并审查程序：一是扩大适用简易合并审查程序的范围，允许不太可能引发竞争问题的合并使用较短的申报表格，即企业不需要提供过于详细的信息，欧委会可在不调查其对客户、竞争对手和其他各方影响的情况下批准合并；二是欧委会普遍减少了所有合并案件申报时需提供的信息；三是欧委会采取措施简化了所谓预先申报程序。通过该条例，欧委会提高了

---

① *Commission Notice on restrictions directly related and necessary to concentrations*, C56 Official Journal of the European Communities 24 (2005).

② *Commission Notice on the rules for access to the Commission file in case pursuant to Articles 81 and 82 of the EC Treaty, Articles 53, 54 and 57 of the EEA Agreement and Council Regulation (EC) No. 139/2004*, C325 Official Journal of the European Communities 7 (2005).

③ See European Commission, *DG Competition: Merger Remedies Study (Public version)*, October 2005.

④ *Guidelines on the assessment of non – horizontal mergers under the Council Regulation on the control of concentrations between undertakings*, C265 Official Journal of the European Communities 6 (2008).

⑤ *Commission Notice on remedies acceptable under Council Regulation (EC) No. 139/2004 and under Commission Regulation (EC) No. 802/2004*, C267 Official Journal of the European Communities 1 (2008).

⑥ *Commission Consolidated Jurisdictional Notice under Council Regulation (EC) No. 139/2004 on the control of concentrations between undertakings*, C95 Official Journal of the European Communities 1 (2008).

⑦ *Commission Implementing Regulation (EU) No. 1269/2013 of 5 December 2013 amending Regulation (EC) No. 802/2004 Implementing Council Regulation (EC) No. 139/2004 on the control of concentrations between undertakings*, L336 Official Journal of the European Communities (2013).

市场份额的门槛，扩大了适用简易合并审查程序的案件范围，主要体现在如下方面：第一，对于参与合并的两家公司间竞争的市场（横向重叠市场），门槛从15%提高到20%；第二，对于参与合并的一家公司向其中出售投入品，且另一家参与合并公司活跃其中的市场（垂直相关市场，例如汽车制造商收购汽车零部件制造商），门槛从25%提高到30%。此外，当公司的合并市场份额在20%—50%时，且合并后市场份额的增加有限（市场集中度变化水平小于150），则该项合并也可适用简易合并审查程序。①

随着上述一系列条例、指南、通告和范本的出台实施，欧盟的集中反垄断控制法律体系趋于完善。同时，也不排除具体规则设计上陷入冗杂繁复，例如，在两阶段申报制度基础上，欧盟又出台了《关于办理集中案件简易程序的通告》，简易申报问题完全可在两阶段审查制度内解决，是两阶段审查制度应有之义，在此基础上叠加简易申报程序，看起来很好看，但难免重叠，耗费制度成本。②

（二）第139/2004号条例关于救济措施的规定

第139/2004号条例主要从以下几方面规定了救济措施：

一是，原则规定欧委会有权力附条件批准经营者集中。序言第30段规定，相关企业调整申报的集中，作出使集中与共同市场相容的承诺时，欧委会有权宣布其与共同市场相容。欧委会的决定是有条件的，即相关企业有义务及时有效地兑现承诺，使集中与共同市场相容。整个过程应确保透明度，与各成员国及利益关系第三方协商。

二是，具体规定了欧委会在不同审查阶段附条件批准集中的权力。第139/2004号条例在第6、8条分别规定了欧委会在初步审查阶段和进一步审查

---

① *Mergers: Commission adopts package simplifying procedures under the EU Merger Regulation – Frequently asked questions*, European Commission (Dec. 5, 2013), https://ec.europa.eu/commission/presscorner/detail/en/MEMO_13_1098.

② 不幸的是，这种做法还为某些司法辖区所效仿，甚至成为宣传卖点。稍加关注就会发现，在两阶段审查制度的创始国美国没有所谓的简易申报。在两阶段审查制度下，初始申报推定为简易申报，一旦案件决定进入进一步审查，执法机构会抛出一长串补充问题清单，意味着需要复杂申报和重点审查。这种制度设计要比初始申报就要判断属于简易申报还是普通申报更有效率，企业负担更小，有利于执法机构集中资源审查重点案件。当然，最糟糕的制度设计是在已创设两阶段审查制度的基础上又搞一套所谓简易程序。

阶段接受承诺，附条件批准集中的权力。第 6 条第 2 款规定，如果欧委会认为相关企业调整集中后不再具有本条第 1 款（c）项的严重疑问，则应根据本条第 1 款（b）项宣布其与共同市场相容。欧委会可在根据本条第 1（b）款附加条件及义务，以保证相关企业遵守承诺。第 8 条第 2 款规定，欧委会如发现经相关企业调整的集中符合第 2 条第 2 款的标准，或在第 2 条第 4 款情形下符合《欧共体条约》第 81 条第 3 款的标准，欧委会应作出决定宣布集中与共同市场相容，并可为其决定附加条件和义务。

三是，规定了违反条件或义务的法律后果。序言第 31 段规定，欧委会应拥有适当工具以确保承诺兑现并处理未履行承诺的情况。第 139/2004 号条例第 8 条第 4 款规定，集中已实施，当事人违反条件，欧委会可采取措施要求并确保相关企业拆分集中，特别是通过拆分因集中获得的股份或资产以恢复到集中前的情形；如果通过拆分无法恢复到此前情形，欧委会可采取措施尽可能恢复原状。第 5 款规定，集中已实施，当事人违反条件，欧委会可以采取临时措施恢复或维持有效竞争。第 6 款规定，当事人违反义务，欧委会可撤销附条件批准决定。第 7 款规定，当事人违反条件，欧委会撤销审查决定不受相关审查决定作出期限限制。

《关于执行〈第 139/2004 号条例〉的第 802/2004 号条例》详细规定了提交承诺的期限和程序。关于提交期限，该条例第 19 条规定，相关企业按照第 139/2004 号条例第 6 条第 2 款，应从受理之日起不超过 20 个工作日内提交欧委会，或从程序启动之日起不超过 65 个工作日内提交给欧委会；根据第 10 条第 3 款第 2 项，按照第 8 条第 1—3 款的规定决定延长期间的，提交承诺的 65 个工作日的期间相应自动延长，特殊情况下，欧委会可在规定时限终止后接受当事人提交的承诺，条件是当事人遵守了第 19 条第 5 款的规定。关于提交承诺的程序，该条例第 20 条规定，相关企业按照第 139/2004 号条例第 6 条第 2 款或第 8 条第 2 款，将承诺的一份原件和 10 份副本提交欧委会竞争总司，同时按欧委会指定格式提交电子版副本，欧委会应将副本不延迟地转交成员国主管机关，相关企业提供承诺时应同时明确确认其认为具有机密性质的信息并说明理由，同时提供一份非机密版本。

（三）新救济措施通告的发布和内容调整

因应第 139/2004 号条例替代第 4064/89 号条例，欧委会发布了《关于可接受的救济措施的通告（2008）》，以替代此前《关于可接受的救济措施的通告（2001）》。该通告是欧盟集中救济制度的最新法律文件，反映了自第4064/89号条例1990年9月21日生效以来，欧委会在补救评估、接受和执行方面积累的经验。《关于可接受的救济措施的通告（2008）》在体例上规定了一般原则、承诺主要类型、承诺建议需满足的要求及承诺执行等；在内容上，与《关于可接受的救济措施的通告（2001）》相比有如下发展变化：

第一，重新划分了执法机构和参与集中的经营者间的举证责任。《关于可接受的救济措施的通告（2008）》规定，欧委会有责任证明拟采取救济措施的集中是否将会严重损害有效竞争；参与集中的经营者有责任证明其提交的救济方案有效可行，有义务向欧委会提供充分的证据供欧委会审查。

第二，完善了提交救济措施建议或承诺的要求。《关于可接受的救济措施的通告（2008）》规定，提交救济措施的承诺或建议文件须满足以下要求：须全面阐述承诺，须由足够授权的人签署，须附带提交承诺的有关信息，须附带非保密版本用作第三方市场测试。

第三，完善了剥离资产的性质和范围。《关于可接受的救济措施的通告（2008）》规定，剥离资产应是能够成活和具有竞争力的业务。剥离资产必须包括有益于目前经营或确保其活力和竞争性必需的资产，及其目前雇用的或确保其活力和竞争性必需的人员。须结合具体案件情况，判断资产剥离措施是否能够真正有效解决竞争问题。

第四，进一步明确了适格买家的条件。《关于可接受的救济措施的通告（2008）》规定，拟剥离资产对合适买家的潜在吸引力是欧委会评估承诺是否合适的重要因素。为确保把资产剥离给合适的买家，承诺必须包括确定合适性的标准，以使欧委会认为把业务剥离给这样的买家可能消除已确认的竞争问题。

第五，细化了资产剥离的保障措施。《关于可接受的救济措施的通告（2008）》规定，资产剥离可以适用特殊保障措施，包括禁止资产剥离方回购、替代性剥离承诺（皇冠宝石）、过渡期资产分持、委托监督受托人、买家前置和先行修正等，以保证资产剥离方案能够迅速实施并起到预期效果。

在此阶段，欧盟进入以指南文件和范本为标志的反垄断立法执法新阶段。在这个新阶段，欧盟形成了以理事会条例、欧委会条例、欧委会通告、欧委会竞争总司指南文件及范本等不同层级的救济制度法律框架。这个框架的主要特点是：规范指导经营者集中反垄断控制的法律体系由更多层次的法律文件组成。层级越高效力越高规定越原则，层级越低效力越低规定越具体，最低的指南、范本甚至不具有法律约束力。虽然这些指南文件、范本不具有法律约束力，但对有效施行附条件批准起到重要指导作用，甚至成为事实上的遵循。

第三节　我国附条件批准经营者集中的历史演进

我国对并购的反垄断控制始于2003年颁行的《外国投资者并购境内企业暂行规定》①，该暂行规定开创了反垄断并购申报审查，却未有附条件批准的规定和案例。附条件批准经营者集中的规定和做法始于2008年颁行的《反垄断法》和2008年附条件批准英博集团公司（Inbev N. V. /S. A.）收购AB公司（Anheuser－Busch Companies Inc.）案②。随着《反垄断法》配套规定的不断完善以及陆续公布的附条件批准案例，逐渐形成了我国附条件批准经营者集中的制度和做法。

一、《反垄断法》颁行前的外资并购反垄断控制立法

企业并购反垄断控制早在《反垄断法》出台前就已存在并施行。2003年，对外贸易经济合作部、国家税务总局、国家工商行政管理总局、国家外汇管理局四部门联合发布《外国投资者并购境内企业暂行规定》，仅用4条即首创企业并购反垄断控制制度。

（一）创设外资并购境内企业申报审查制度

《外国投资者并购境内企业暂行规定》第19条规定了外资并购境内企业

---

① 2003年3月7日，外经贸部等四部门公布《外国投资者并购境内企业暂行规定》，自2003年4月12日起施行；2006年修订发布《关于外国投资者并购境内企业的规定》，自2006年9月8日起施行；2009年6月22日，重新修订发布《关于外国投资者并购境内企业的规定》。

② 参见商务部公告2008年第95号，该案中英博公司需履行如下义务：不得增加AB公司在青岛啤酒股份有限公司现有27%的持股比例；如果英博公司的控股股东或控股股东的股东发生变化，必须及时通报商务部；不得增加英博公司在珠江啤酒股份有限公司现有28.56%的持股比例；不得寻求持有华润雪花啤酒（中国）有限公司和北京燕京啤酒有限公司的股份。

的反垄断申报制度，包括报告义务、报告义务人、接受报告的机关、报告标准、没有达到标准而应报告的情形。只此一条即在内容上涵盖了反垄断申报制度几乎所有要素。该条要求，外国投资者并购境内企业有下列情形之一的，投资者应就所涉情形向外经贸部和国家工商行政管理总局报告：（1）并购一方当事人当年在中国市场营业额超过 15 亿元人民币；（2）一年内并购国内关联行业的企业累计超过 10 个；（3）并购一方当事人在中国的市场占有率已经达到 20%；（4）并购导致并购一方当事人在中国的市场占有率达到 25%。虽未达到前款所述条件，但是应有竞争关系的境内企业、有关职能部门或者行业协会的请求，外经贸部或工商总局认为外国投资者并购涉及市场份额巨大，或者存在其他严重影响市场竞争或国计民生和国家经济安全等重要因素的，也可以要求外国投资者作出报告。上述并购一方当事人包括外国投资者的关联企业。

《外国投资者并购境内企业暂行规定》第 20 条规定了外资并购境内企业的审查制度，包括审查标准、审查期限、审查方式等。该条要求，外国投资者并购境内企业涉及该规定第 19 条所述情形之一，外经贸部和工商总局认为可能造成过度集中，妨害正当竞争、损害消费者利益的，应自收到规定报送的全部文件之日起 90 日内，共同或经协商单独召集有关部门、机构、企业以及其他利害关系方举行听证会，并依法决定批准或不批准。与目前的审查制度相比，该暂行规定尚未纳入经济分析内容，只有批准或不批准两种可供选择的处理方案，未见提供附条件批准的制度选择。

（二）创设境外并购的反垄断申报审查制度

四部门联合发布《外国投资者并购境内企业暂行规定》的基础在于外商投资企业法和外资管理职权。该暂行规定增加了反垄断申报审查制度，虽属创新突破，但仍可涵盖于外资管理范畴内。然而，该暂行规定第 21 条规定的境外并购反垄断申报审查，一定程度上似超出外资并购的范畴，尽管这类并购确实可能影响中国境内市场竞争，但确有规制之必要。事实上，各国的经营者集中反垄断申报审查制度，包括我国此后出台的《反垄断法》创设的经营者集中申报审查制度，都没有区分境内并购和境外并购。这着实体现了当时四部门的远见卓识和勇于担当。该条要求境外并购有下列情形之一的，并购方应在对外公布并购方案前或报所在国主管机构的同时，向外经贸部和工商总局报送并购方案。外经贸部和工商总局应审查是否存在造成境内市场过度集中，妨害境内正当竞争、损害境内消费者利益的情形，并作出是否同意的决定：（1）境外并购一方当事人在中国境内拥有资产30亿元人民币以上；（2）境外并购一方当事人当年在中国市场上的营业额15亿元人民币以上；（3）境外并购一方当事人及其关联企业在中国市场占有率已经达到20%；（4）由于境外并购，境外并购一方当事人及其关联企业在中国的市场占有率达到25%；（5）由于境外并购，境外并购一方当事人直接或间接参股境内相关行业的外商投资企业将超过15家。

（三）**创设反垄断申报审查豁免制度**

反垄断申报审查豁免或抗辩制度是各国现行经营者集中反垄断控制的组成部分。《外国投资者并购境内企业暂行规定》创设反垄断申报审查豁免既是制度建设的应有之义，也是在管制和鼓励之间平衡的结果。该暂行规定第22条要求，有下列情况之一的并购，一方当事人可以向外经贸部和工商总局申请审查豁免：（1）可以改善市场公平竞争条件的；（2）重组亏损企业并保障就业的；（3）引进先进技术和管理人才并能提高企业国际竞争力的；（4）可以改善环境的。

在中国尚未出台《反垄断法》的时候，该暂行规定先行在外资并购领域创设了反垄断申报审查制度，是一项立法上的探索和创举。放在今天，作为各部门联发的规章，已不可能再进行类似的制度创设，毕竟它实质上创设了一项行政许可，从《立法法》角度来看，恐怕合法性审查这一关就过不了。然而，在当时，各界不仅坦然接受了这项规定，后期还能够得到顺利实施，这有其深刻的原因：一方面，当时外资并购已成为外资进入中国的重要方式，外资垄断在国内已引起社会关注，《外国投资者并购境内企业暂行规定》引入反垄断申报审查及时回应了社会关注；另一方面，经营者集中反垄断控制在西方发达市场经济国家已施行多年，《外国投资者并购境内企业暂行规定》创设的反垄断申报审查制度和国外主流做法基本一致，外国投资者已接受这种管制理念，也已适应这种管制做法。

遗憾的是，《外国投资者并购境内企业暂行规定》创设了境内外并购反垄断申报审查制度，却没有规定附条件批准制度，在法律上使得主管机关只有批准或不批准，非此即彼的选择。一方面，这可能是因为当时的立法者对经营者集中反垄断控制了解不足，缺乏将附条件批准作为制度选项纳入该暂行规定的能力。另一方面，从上位法依据看，这种制度创新有一定欠缺，同时创设并施行附条件批准可能会给主管机关带来更复杂的制度设计和实践操作问题，因此也可能是有意没纳入附条件批准制度。事实上，该暂行规定施行后，《反垄断法》颁行前，主管机关尽管受理了大量申报，但未见公布任何附条件批准的决定，甚至不批准的决定都未见公布。

我国《反垄断法》出台后，为保证《关于外国投资者并购境内企业的规定》与《反垄断法》和《国务院关于经营者集中申报标准的规定》一致，对前者修改如下：删除第五章“反垄断审查”，在“附则”中新增一条作为第51条，表述为：“依据《反垄断法》的规定，外国投资者并购境内企业达到《国务院关于经营者集中申报标准的规定》规定的申报标准的，应当事先向商务部申报，未申报不得实施交易。”修订后的《关于外国投资者并购境内企业的规定》于2009年6月22日重新发布。外资并购反垄断申报审查制度完成了历史使命。

二、法律层面初创附条件批准经营者集中

2007年8月30日，《反垄断法》由第十届全国人民代表大会常务委员会第二十九次会议通过，自2008年8月1日起施行。这是中国反垄断法发展史上具有里程碑意义的大事。中国反垄断法与世界上绝大多数司法辖区一样将禁止垄断协议、禁止滥用市场支配地位和经营者集中反垄断控制纳入其中。

《反垄断法》第四章规定了经营者集中，其中附条件批准的核心条款是第29条：对不予禁止的经营者集中，国务院反垄断执法机构可以决定附加减少集中对竞争产生不利影响的限制性条件。所谓“不予禁止的经营者集中”则源于第28条：“经营者集中具有或者可能具有排除、限制竞争效果的，国务院反垄断执法机构应当作出禁止经营者集中的决定。但是，经营者能够证明该集中对竞争产生的有利影响明显大于不利影响，或者符合社会公共利益的，国务院反垄断执法机构可以作出对经营者集中不予禁止的决定。”此外，第30条还规定：国务院反垄断执法机构应当将禁止经营者集中的决定或者对经营者集中附加限制性条件的决定，及时向社会公布。

《反垄断法》用上述两条初始条款创设了经营者集中附条件批准制度，但

作为法律层级的文件，《反垄断法》对相关的操作细节并未展开规定，具体的制度和规范内容留待《反垄断法》配套规定将来解决。结合主要司法辖区通行之做法和我国十余年的执法实践，《反垄断法》规定的这两条初始条款既有可圈点之处，也有有待商榷之处。对前者而言，主要有：一是明确规定了附条件批准的对象是“具有或者可能具有排除、限制竞争效果”的集中，对其“应当予以禁止”。二是明确规定了附条件的作用在于“减少集中对竞争产生不利影响”。这两条构筑了附条件批准的基本框架，既符合附条件批准集中的内在逻辑，也与各司法辖区做法一致。对后者而言，主要有：附条件批准的集中必须是“应当予以禁止”的，但“不予禁止”的集中，其应满足的条件是：经营者能够证明该集中对竞争产生的有利影响明显大于不利影响，或者符合社会公共利益。问题在于，如果“经营者能够证明该集中对竞争产生的有利影响明显大于不利影响”，此类集中似不属于应当禁止之列，自然应当“不予禁止”。然而，《反垄断法》第 29 条要求“对不予禁止的经营者集中”才能附条件批准。逻辑上，似乎存在矛盾，实践中，也难以照此操作。事实上，“经营者能够证明该集中对竞争产生的有利影响明显大于不利影响”的，不应当附条件批准，而应无条件批准。实践中，中外均未见有要求当事人先行证明“集中对竞争产生的有利影响明显大于不利影响”，再行附条件批准的情形。这款规定对附条件批准集中的实践而言实际成为“废款”。更为遗憾的是，目前正在进行的《反垄断法》修订征求意见稿未对其采取任何行动。

《反垄断法》施行当年，商务部发布 2008 年第 95 号公告，附条件批准英博公司收购 AB 公司。该案是中国附条件批准的第一起经营者集中案件，也是《反垄断法》施行当年唯一附条件批准的案件。该案附加了不得增持现有特定公司股比，不得寻求现有特定公司股份等义务，还要承担必要的通报义务等。审查决定全文仅 500 余字，但当年在社会上引起较大反响，一是国内执法机构居然能够对境外并购施加如此巨大的影响力；二是附加的条件居然能够涉及并购交易之外的将来行为，且将对中国啤酒市场产生重大影响。

在配套规章尚未出台生效的 2009 年，商务部除禁止可口可乐公司收购中国汇源公司案①外，还附条件批准了日本三菱丽阳公司收购璐彩特国际公司案②、美国通用汽车公司收购德尔福公司案③、辉瑞公司收购惠氏公司案④和松下公司收购三洋公司⑤案，引发关注。这四件附条件批准案均为境外并购，都发生于制造业，既有横向集中，也有纵向集中，还有混合集中，既适用了结构救济，也适用了行为救济。2009 年是《反垄断法》生效后附条件批准的一个小高潮，尽管囿于执法经验不足等原因，附条件批准决定较为简单，信息披露不多，论证简略，但这是执法机构在缺乏配套立法的情况下，开创性执法的重要历史时期，对后续配套立法和执法都有重要影响。

三、配套规章细化附条件批准经营者集中

根据《反垄断法》的原则性和框架性规定，执法机构开展了必要的配套立法工作。涉及附条件批准经营者集中的，在商务部时期主要包括三部规章和一个范本，在市场监管总局时期主要是将商务部时期有关的配套规定汇编

① 该案中，商务部与可口可乐公司商谈了附条件问题，商务部曾就审查发现的竞争问题要求可口可乐公司提出可行解决方案。可口可乐公司也曾先后提出初步解决方案及修改方案。遗憾的是，可口可乐公司没有提供充足证据证明集中对竞争产生的有利影响明显大于不利影响或者符合社会公共利益，在规定时间内，可口可乐公司没有提出令执法机构满意的解决方案，最终交易被禁止。

② 该案中，商务部认为，横向上，交易很可能会对中国 MMA 市场的有效竞争格局产生负面影响，合并后三菱丽阳公司有能力在中国 MMA 市场排除和限制竞争；纵向上，三菱丽阳公司在 MMA 及其下游两市场均有业务，合并后三菱丽阳公司有能力对其下游竞争者产生封锁效应。该案主要附加了产能剥离、独立运营和禁止收购及建厂三项条件。其中产能剥离和禁止 5 年内在中国新建生产 MMA 单体、PMMA 聚合物或铸塑板的工厂引发不同看法，焦点在于施加的产能剥离能否有效创造独立竞争者，新建工厂增加产能有利于增加供给，有利于竞争和客户利益反被禁止。

③ 该案中，商务部认为，集中对中国汽车整车市场及其上游汽车零部件市场的竞争产生不利影响。商务部接受集中双方提出的解决方案，附加的全部是行为条件：对国内汽车厂商无歧视供货、竞争性保密信息保护、配合客户平稳转换供应商、无歧视采购零部件。

④ 该案中，商务部认为，辉瑞公司收购惠氏公司对中国猪支原体肺炎市场产生限制竞争的效果，商务部附条件批准决定要求辉瑞履行七项义务，其中第一项是结构条件，即剥离在中国境内辉瑞旗下品牌为瑞倍适及瑞倍适旺的猪支原体肺炎疫苗业务，其余六项均为确保剥离成功的保障措施或义务。

⑤ 该案中，商务部认为，集中在硬币型锂二次电池、民用镍氢电池和车用镍氢电池市场产生限制或排除竞争影响。主要附加了结构条件：剥离三洋公司全部硬币型锂二次电池业务（即三洋公司位于日本鸟取县岩见町的鸟取工厂的硬币形锂二次电池业务）、剥离三洋公司或松下公司其中一方的民用镍氢电池业务（三洋在日本群马县高崎市的高崎工厂的民用镍氢电池业务，或者松下公司在江苏省无锡工厂的民用镍氢电池业务）、剥离松下的车用镍氢电池业务（在日本神奈川县茅崎市的湘南工厂的 HEV 用镍氢电池业务）；同时，松下放弃其在与丰田合资企业的部分权利（包括：松下的出资比例从 40% 降到 19.5%，放弃股东大会表决权、董事委派权、与丰田合资合同中车用镍氢电池业务的否决权，合资企业名称不含“Panasonic”字样）。

调整为一件规章。

（一）《经营者集中审查办法》

2009 年 11 月 24 日，商务部发布《经营者集中审查办法》（商务部令 2009 年第 12 号），该办法自 2010 年 1 月 1 日起实施。这是第一部详细规定附条件批准经营者集中的配套规章。该办法主要规定了条件的种类，包括结构条件、行为条件和综合条件（第 11 条）；经营者提出的救济措施建议应当满足的条件包括，能够消除或减少经营者集中具有或者可能具有的排除、限制竞争效果，具有现实的可操作性，文本清晰明确以便于评价有效性和可行性（第 12 条）；商务部和参与集中的经营者对限制性条件的修改建议权（第 13 条）和商务部的决定权（第 14 条）；商务部对履行限制性条件的监督检查权，参与集中的经营者报告限制性条件执行情况的义务（第 15 条第 1 款）；未依限制性条件履行规定义务的查处和法律责任（第 15 条第 2 款）。受制于审查办法的主旨聚焦于审查程序，对救济措施的规定止步于作出附条件批准决定，除第 15 条第 2 款外，没有涵盖附条件批准决定作出之后如何实施的问题。如何执行附条件批准决定则留待 2010 年 7 月公布实施的《关于实施经营者集中资产或业务剥离的暂行规定》解决。在 2010 年 1 月 1 日《经营者集中审查办法》实施后，该暂行规定颁行前，之间间隔较短，执法机构没有公告附条件批准案件。

（二）《关于实施经营者集中资产或业务剥离的暂行规定》

2010 年 7 月 5 日，商务部公布实施《关于实施经营者集中资产或业务剥离的暂行规定》（商务部令 2010 年第 41 号），这是中国第一部专门规范附条件批准的配套规章。正如文件名称一样，其内容主要定位于“实施”和“资产或业务剥离”，与《经营者集中审查办法》形成互补。

《关于实施经营者集中资产或业务剥离的暂行规定》界定了剥离[①]、自行

① 资产或业务剥离，是指根据商务部的审查决定，负有资产或业务剥离义务的经营者（剥离义务人）剥离其部分资产或业务（剥离业务）及与之有关的行为（剥离）。

剥离、受托剥离、[1] 监督受托人、剥离受托人[2]等基本概念，创设了受托人制度、剥离实施制度、监督评估制度等。其中受托人制度包括：受托人的人选[3]和条件[4]、受托人和执法机构的关系[5]、受托人和剥离义务人的关系[6]、受托人的职责[7]、受托人的保密义务[8]、剥离义务人提供支持和便利[9]。剥离实施

---

① 自行剥离，是指剥离义务人应当在审查决定规定的期限内，找到适当的买方并签订出售协议及其他相关协议；受托剥离，是指如果剥离义务人未能如期完成自行剥离，则由剥离受托人按照审查决定规定的期限和方式找到适当的买方，并达成出售协议及其他相关协议。

② 监督受托人，是指受剥离义务人委托，负责对业务剥离进行全程监督的自然人、法人或其他组织；剥离受托人，是指在受托剥离阶段，受剥离义务人委托，负责找到适当买方并达成出售协议及其他相关协议的自然人、法人或其他组织。

③ 根据审查决定要求，剥离义务人应当在商务部作出审查决定之日起15日内，向商务部提交监督受托人人选；在进入受托剥离阶段30日前，向商务部提交剥离受托人人选。

④ 监督受托人和剥离受托人必须是具有从事受托业务的必要资源和能力的自然人、法人或其他组织，并且应独立于参与集中的经营者和剥离业务的买方，与其不存在实质性利害关系。监督受托人和剥离受托人可以相同。

⑤ 商务部对剥离义务人提交的监督受托人、剥离受托人人选进行评估，以确保其符合审查决定要求。监督受托人和剥离受托人应当向商务部负责并报告工作。非经商务部同意，剥离义务人不得对监督受托人和剥离受托人发出指示。

⑥ 剥离义务人应当与剥离受托人签订书面委托协议，明确双方职责和义务；监督受托人应当在自委托协议生效之日起，至业务剥离完成之日止的期间内履行职责；剥离受托人应当在自委托协议生效之日起，至受托剥离阶段结束之日止的期间内履行职责。非经商务部同意，剥离义务人不得解除、变更与受托人的委托协议。受托人的报酬由剥离义务人支付，报酬数量及其支付方式不得损害受托人履行受托职责的独立性及工作效率。未经商务部同意，监督受托人不得向剥离义务人披露其在履行职责过程中向商务部提交的各种报告。

⑦ 监督受托人应当在商务部监督下，本着勤勉、尽职的原则，独立于剥离义务人履行下列职责：监督剥离义务人履行《经营者集中审查办法》和《关于实施经营者集中资产或业务剥离的暂行规定》第12条规定的义务，并定期向商务部提交监督报告；对剥离义务人推荐的买方人选、拟签订的出售协议及其他相关协议等进行评估，并向商务部提交评估报告；监督出售协议及其他相关协议的执行，并定期向商务部提交监督报告；负责协调剥离义务人与潜在买方就剥离事项产生的争议，并向商务部报告；应商务部要求提交其他与业务剥离有关的报告。监督受托人委托协议中应当明确规定监督受托人的上述职责。剥离受托人应当在商务部监督下，按照审查决定规定的期限和方式，找到适当的买方并达成出售协议和其他相关协议。

⑧ 监督受托人应当保守在履行职责过程中获悉的商业秘密和其他保密信息。未经商务部同意，剥离受托人不得向剥离义务人披露其履行职责过程中的信息；剥离受托人应当向商务部定期报告其履行职责的进展情况，并保守在履行职责过程中获悉的商业秘密和其他保密信息。

⑨ 剥离义务人应当对监督受托人履行职责提供必要支持和便利，包括向监督受托人提供剥离业务相关当事方的信息，剥离业务的账簿和记录，剥离义务人提供给潜在买方的信息，潜在买方的信息，剥离进展以及监督受托人为履行职责需要的其他信息和支持等。剥离义务人在委托协议中应当给予剥离受托人独立处理剥离业务的书面授权，并应为剥离受托人履行职责提供必要支持和便利。

制度包括：剥离期限①、买方条件和出售协议②、剥离方的义务③以及执法机构的监督评估权④。

从2010年《经营者集中审查办法》和《关于实施经营者集中资产或业务剥离的暂行规定》颁行开始，到2015年《关于经营者集中附加限制性条件的规定（试行）》施行的5年间，商务部发布了20件附条件批准公告。其中2010年1件；⑤ 2011年4件；⑥ 2012年6

① 剥离义务人应当在出售协议及其他相关协议签订之日起3个月内将剥离业务转移给买方并完成所有权转移等相关法律程序。根据案件具体情况，经剥离义务人申请并说明理由，商务部可酌情延长业务转移的期限。

② 买方应当符合的要求：独立于参与集中的经营者，与其不存在实质性利害关系；拥有必要的资源、能力并有意愿维护和发展剥离业务；购买剥离业务不会产生排除、限制竞争的问题；如果购买剥离业务需要其他有关部门的批准，买方应当具备取得其他监管机构批准的必要条件。剥离义务人与买方之间签署的任何协议，包括剥离业务出售协议、过渡期协议等，不得含有与审查决定相违背的条款。

③ 保持剥离业务与其他业务之间相互独立，并以最符合剥离业务利益的方式进行管理；不得实施任何可能对剥离业务有不利影响的行为，包括聘用剥离业务的员工，获得剥离业务的商业秘密和其他保密信息等；指定专门的管理人，负责管理剥离业务并履行上述义务，管理人在监督受托人的监督下履行职责，其任命和更换应得到监督受托人的同意；确保潜在买方能够以公平合理的方式获得有关剥离业务的充分信息，使得潜在买方能够评估剥离业务的价值、范围和商业潜力；根据买方的要求向其提供必要的支持和帮助，确保剥离业务的顺利交接和稳定经营；向买方及时移交剥离业务并履行相关法律程序。

④ 执法机构有权对剥离义务人提交的监督受托人、剥离受托人、剥离业务买方人选、委托协议和拟签订的剥离业务出售协议及相关协议等进行评估，以确保其符合审查决定的要求，上述评估所用时间不计入剥离期限；商务部应当对监督受托人和剥离受托人履行职责情况进行监督和评估。

⑤ 参见《关于附条件批准诺华股份公司收购爱尔康公司反垄断审查决定的公告》（商务部公告中2010年第53号），载商务部网2010年8月13日，http：//fldj. mofcom. gov. cn/article/ztxx/201008/20100807080639. shtml。

⑥ 参见《关于附条件批准乌拉尔开放型股份公司吸收合并谢尔维尼特开放型股份公司反垄断审查决定的公告》（商务部公告2011年第33号），载商务部网2011年6月2日，http：//fldj. mofcom. gov. cn/ article/ztxx/201106/20110607583288. shtml；《关于附条件批准佩内洛普有限责任公司收购萨维奥纺织机械股份有限公司反垄断审查决定的公告》（商务部公告2011年第73号），载商务部网2011年10月31日，http：//fldj. mofcom. gov. cn/article/ztxx/201111/20111107 855585. shtml；《关于附条件批准通用电气（中国）有限公司与中国神华煤制油化工有限公司设立合营企业反垄断审查决定的公告》（商务部公告2011年第73号），载商务部网2011年11月10日，http：//fldj. mofcom. gov. cn/article/ztxx/201111/20111107855595. shtml；《关于附条件批准希捷科技公司收购三星电子有限公司硬盘驱动器业务反垄断审查决定的公告》（商务部公告2011年第90号），载商务部网2011年12月12日，http：//fldj. mofcom. gov. cn/article/ztxx/201112/20111207874274. shtml。

件；[①] 2013 年 4 件；[②] 2014 年禁止 1 件，[③] 附条件批准 4 件。[④] 这段时期的附条件批准公告或详或简，总体来看披露的内容及相关分析都有所增加，甚至将当事方提交的承诺文件直接作为审查决定的附件全文披露。

---

① 参见《关于附加限制性条件批准汉高香港与天德化工组建合营企业经营者集中反垄断审查决定的公告》（商务部公告 2012 年第 6 号），载商务部网 2012 年 2 月 9 日，http：//fldj. mofcom. gov. cn/article/ztxx/201202/20120207960466. shtml；《关于附加限制性条件批准西部数据收购日立存储经营者集中反垄断审查决定的公告》（商务部公告 2012 年第 9 号），载商务部网 2012 年 3 月 2 日，http：//fldj. mofcom. gov. cn/article/ztxx/201203/20120307993758. shtml；《关于附加限制性条件批准谷歌收购摩托罗拉移动经营者集中反垄断审查决定的公告》（商务部公告 2012 年第 25 号），载商务部网 2012 年 5 月 19 日，http：//fldj. mofcom. gov. cn/article/ztxx/201205/20120508134324. shtml；《关于附加限制性条件批准联合技术收购古德里奇经营者集中反垄断审查决定的公告》（商务部公告 2012 年第 35 号），载商务部网 2012 年 6 月 15 日，http：//fldj. mofcom. gov. cn/article/ztxx/201206/20120608181083. shtml；《关于附加限制性条件批准沃尔玛公司收购纽海控股 33. 6% 股权经营者集中反垄断审查决定的公告》（商务部公告 2012 年第 49 号），载商务部网 2012 年 8 月 13 日，http：//fldj. mofcom. gov. cn/article/ztxx/201303/20130300058730. shtml；《关于附加限制性条件批准安谋公司、捷德公司和金雅拓公司组建合营企业经营者集中反垄断审查决定的公告》（商务部公告 2012 年第 87 号），载商务部网 2012 年 12 月 6 日，http：//fldj. mofcom. gov. cn/article/ztxx/201212/20121208469841. shtml。

② 参见《关于附加限制性条件批准嘉能可国际公司收购斯特拉塔公司经营者集中反垄断审查决定的公告》（商务部公告 2013 年第 20 号），载商务部网 2013 年 4 月 16 日，http：//fldj. mofcom. gov. cn/article/ztxx/201304/20130400091222. shtml；《关于附加限制性条件批准丸红公司收购高鸿公司 100% 股权经营者集中反垄断审查决定的公告》（商务部公告 2013 年第 22 号），载商务部网 2013 年 4 月 23 日，http：//fldj. mofcom. gov. cn/article/ztxx/201304/20130400100376. shtml；《关于附加限制性条件批准美国百特国际有限公司收购瑞典金宝公司经营者集中反垄断审查决定的公告》（商务部公告 2013 年第 58 号），载商务部网 2013 年 8 月 13 日，http：//fldj. mofcom. gov. cn/article/ztxx/201308/20130800244176. shtml；《关于附加限制性条件批准联发科技股份有限公司吸收合并开曼晨星半导体公司经营者集中反垄断审查决定的公告》（商务部公告 2013 年第 61 号），载商务部网 2013 年 8 月 27 日，http：//fldj. mofcom. gov. cn/article/ztxx/201308/20130800269821. shtml。

③ 参见《商务部关于禁止马士基、地中海航运、达飞设立网络中心经营者集中反垄断审查决定的公告》（商务部公告 2014 年第 46 号），载商务部网 2014 年 6 月 17 日，http：//fldj. mofcom. gov. cn/article/ztxx/201406/20140600628586. shtml。

④ 参见《关于附加限制性条件批准赛默飞世尔科技公司收购立菲技术公司案经营者集中反垄断审查决定的公告》（商务部公告 2014 年第 3 号），载商务部网 2014 年 1 月 15 日，http：//fldj. mofcom. gov. cn/article/ztxx/201401/20140100461603. shtml；《关于附加限制性条件批准微软收购诺基亚设备和服务业务案经营者集中反垄断审查决定的公告》（商务部公告 2014 年第 24 号），载商务部网 2014 年 4 月 8 日，http：//fldj. mofcom. gov. cn/article/ztxx/201404/20140400542415. shtml；《关于附加限制性条件批准默克公司收购安智电子材料公司案经营者集中反垄断审查决定的公告》（商务部公告 2014 年第 30 号），载商务部网 2014 年 4 月 30 日，http：//fldj. mofcom. gov. cn/article/ztxx/201404/20140400569060. shtml；《商务部关于附加限制性条件批准科力远、丰田中国、PEVE、新中源、丰田通商拟设立合营企业案经营者集中反垄断审查决定的公告》（商务部公告 2014 年第 49 号），载商务部网 2014 年 7 月 2 日，http：//fldj. mofcom. gov. cn/article/ztxx/201407/20140700648291. shtml。

（三）经营者集中附加限制性条件的规定

《经营者集中审查办法》《关于实施经营者集中资产或业务剥离的暂行规定》两规章基本涵盖了附条件批准经集中的主要内容，然而，从执法程序的逻辑上，经营者集中控制划分为申报、审查、附条件批准、附条件监督执行等阶段。《经营者集中审查办法》规定的内容限于查找出是否存在竞争问题，救济措施作为解决竞争问题的方案，既体现在审查阶段的附条件批准，也体现在附条件批准的监督执行。救济措施作为经营者集中控制的核心内容，有必要单独制定一部配套规章。

为此，商务部于2014年12月4日公布了《关于经营者集中附加限制性条件的规定（试行）》（商务部令2014年第6号），该规定自2015年1月5日起施行，《关于实施经营者集中资产或业务剥离的暂行规定》（商务部公告2010年第41号）同时废止。《关于经营者集中附加限制性条件的规定（试行）》共7章32条，具体章节包括：（1）总则[①]，（2）限制性条件的确定[②]，

---

① 总则主要规定了条件的种类和相关概念。条件种类包括：剥离有形资产、知识产权等无形资产或相关权益等结构条件；开放网络或平台等基础设施、许可关键技术（包括专利、专有技术或其他知识产权）、终止排他性协议等行为条件；结构条件和行为条件结合的综合条件。界定的相关概念包括：剥离，是指剥离义务人将剥离业务出售给买方的行为；剥离义务人，是指按照审查决定应当出售剥离业务的经营者；剥离业务，是指经营者在相关市场开展有效竞争所需要的所有要素，包括剥离义务人的有形资产、无形资产、股权、关键人员以及客户协议或供应协议等权益，剥离业务可以是参与集中经营者的子公司、分支机构或者业务部门；监督受托人，是指受申报方委托并经商务部同意，在自行剥离阶段负责对剥离进行监督的自然人、法人或其他组织；剥离受托人，是指受申报方委托并经商务部同意，在受托剥离阶段负责出售剥离业务的自然人、法人或其他组织。

② 条件的确定包括确定条件的程序、冠珠规则、条件测试、审查决定的公开等。确定条件是审查的一部分，其程序包括：商务部有义务及时提出竞争问题并说明理由；申报方据此提出条件建议。申报方提出条件建议的，应在进一步审查阶段截至日前20日内提交最终方案；申报方在规定期限内未提出条件建议，或所提条件建议不足以减少集中对竞争产生的不利影响的，商务部应禁止集中；商务部提出竞争问题前，申报方也可提出条件建议。申报方在规定期限内提出条件建议的，商务部应与其协商，评估条件建议的有效性、可行性和及时性并将评估结果通知申报方。关于冠珠规则，申报方提出的条件建议首选方案存在不能实施风险的，商务部可在审查决定中要求申报方在首选方案基础上提出备选方案，备选方案应比首选方案更为严格，可包括不同核心资产，如有形资产、知识产权等无形资产或相关权益等。关于条件测试，评估条件建议时，商务部可采用以下方式征求相关政府部门、行业协会、经营者、消费者的意见：发放调查问卷、召开听证会、组织相关专家论证及其他方式。商务部应将附条件审查决定向社会公布，商务部应在审查决定中明确是否要求申报方委托受托人及适用的程序。

（3）限制性条件的实施①，（4）限制性条件的监督②，（5）限制性条件的变

① 以剥离为例规定了条件实施，其他条件可比照适用。具体包括：（1）剥离方式，剥离可采取自行剥离或受托剥离。自行剥离，指剥离义务人在审查决定规定期限内，找到适当买方、签订出售协议并经商务部审核批准的行为；受托剥离，指剥离义务人未能如期完成自行剥离，由剥离受托人在审查决定规定的期限内寻找买方、签订出售协议并经商务部审核批准的行为。（2）买家条件，买方应符合下列要求：独立于参与集中的经营者；拥有必要资源、能力并有意愿使用剥离业务参与市场竞争；取得其他监管机构批准；不得向参与集中的经营者融资购买剥离业务；商务部根据具体案情提出的其他要求。买方已有或能从其他途径获得的生产要素应与剥离业务相匹配，买方有权请求商务部对剥离资产范围进行必要调整。（3）剥离协议，剥离义务人应在审查决定规定期限内向商务部提交买方人选及其与买方签署的出售协议；剥离义务人与买方之间签署的任何协议，包括出售协议、过渡期协议，不得含有与审查决定相违背的条款。（4）剥离期限，审查决定未规定自行剥离期限的，应在审查决定作出之日起6个月内找到适当买方并签订出售协议。根据案件具体情况，经剥离义务人说明理由，商务部可酌情延长自行剥离期限，但最长不得超过3个月。审查决定未规定受托剥离期限的，应在受托剥离开始之日起6个月内寻找适当买方并签订出售协议。剥离义务人应在出售协议签订之日起3个月内将剥离业务转移给买方并完成所有权转移等相关法律程序。根据案件具体情况，经剥离义务人申请并说明理由，商务部可酌情延长业务转移的期限。（5）批准事项，剥离义务人提交商务部审查的潜在买方、监督受托人、剥离受托人应各不少于3家。特殊情况下，经商务部同意，人选可少于3家。商务部应对剥离义务人提交的监督受托人、剥离受托人、买方人选、委托协议和拟签订的出售协议进行审查，以确保其符合审查决定的要求。上述审查批准时间不计入剥离期限。（6）买家前置，下列情况，商务部可要求剥离义务人在集中实施前寻找买方并签订出售协议：剥离前维持剥离业务的竞争性和可销售性存在较大风险；买方身份对剥离业务能否恢复市场竞争具有决定性影响；第三方对剥离业务主张权利。（7）剥离申报，经商务部批准的买方购买剥离业务达到规定申报标准的应向商务部申报。商务部作出审查决定前，剥离义务人不得将剥离业务出售给买方。

② 这部分规定了剥离条件的监督，其他条件可比照适用。程序和义务：剥离义务人应在作出审查决定之日起15日内向商务部提交监督受托人人选，进入受托剥离阶段30日前向商务部提交剥离受托人人选。剥离义务人应与受托人签订书面协议明确各自权利和义务。剥离义务人支付受托人报酬。剥离义务人应对受托人和买方提供必要的支持和便利。受托人的条件：受托人应符合下列要求：独立于剥离义务人和剥离业务的买方；具有履行受托人职责的专业团队，团队成员应具有对限制性条件监督所需的专业知识、技能及相关经验；受托人提出可行的工作方案；对买方人选确定过程的监督；商务部提出的其他要求。剥离义务人的义务：剥离完成前，剥离义务人应履行下列义务：保持剥离业务与保留业务间相互独立，并采取一切必要措施以最符合剥离业务发展的方式进行管理。不得实施任何可能对剥离业务有不利影响的行为，包括聘用被剥离业务的关键员工，获得剥离业务的商业秘密或其他保密信息等。指定专门管理人负责管理剥离业务。管理人在监督受托人监督下履行职责，其任命和更换应得到监督受托人同意。确保潜在买方能够以公平合理的方式获得有关剥离业务的充分信息，评估剥离业务的商业价值和发展潜力。根据买方要求向其提供必要的支持和便利，确保剥离业务的顺利交接和稳定经营。向买方及时移交剥离业务并履行相关法律程序。剥离义务人应及时向商务部报告其遵守审查决定、实施剥离和执行相关协议等情况。受托人职责：监督受托人应当在商务部监督下履行下列职责：监督剥离义务人履行本规定、审查决定及相关协议规定的义务；对剥离义务人推荐的买方人选、拟签订的出售协议进行评估并向商务部提交评估报告；监督出售协议的执行并定期向商务部提交监督报告；协调剥离义务人与潜在买方就剥离事项产生的争议；应商务部要求提交其他与剥离有关的报告。监督受托人不得披露其在履行职责过程中向商务部提交的各种报告及相关信息。监督受托人负责对剥离义务人的报告事项进行监督。在受托剥离阶段，剥离受托人负责为剥离业务找到买方并达成出售协议，剥离受托人有权以无底价方式出售剥离业务。监督举报：如果剥离义务人违反审查决定，未能及时、有效地履行剥离义务，相关政府部门、行业协会、经营者、消费者等单位或个人可以向商务部举报。商务部应当为举报人保密。

更和解除[①]，（6）法律责任，（7）附则[②]。

2018 年，国务院机构改革，商务部、发展改革委的反垄断职能划归到在国家工商总局基础上组建的国家市场监督管理总局（以下简称市场监管总局）。在此之前，《关于经营者集中附加限制性条件的规定（试行）》于 2015 年 1 月施行之后，商务部公布了 16 件公告，其中 2015 年 3 件，含 1 件变更条件；[③] 2016 年 3 件，含 1 件解除条件，含 1 件基于此前附条件批准决定要求申报并附条件批准的公告；[④]

---

① 条件的变更解除。审查决定生效后，商务部可对条件重新审查，变更或解除条件。集中后经营者申请变更或解除条件的，应向商务部提出书面申请并说明理由。商务部评估变更或解除条件请求时，应考虑如下因素：集中交易方是否发生重大变化、相关市场竞争状况是否发生实质性变化、实施条件是否无必要或不可能、其他因素。经营者申请变更或解除条件，商务部应及时给予书面答复；商务部决定变更或解除条件的应当及时向社会公布。

② 参与集中的经营者违反审查决定，商务部应责令限期改正。情节严重的，商务部应责令停止实施集中、限期处分股份或者资产、限期转让营业以及采取其他必要措施恢复到集中前的状态，可处以 50 万元人民币以下的罚款。受托人提供虚假信息或隐瞒信息，未能勤勉、尽职地履行本规定的，商务部可责令改正。剥离业务的买方违反本规定的，商务部应责令其改正。

③ 参见《关于附加限制性条件批准诺基亚收购阿尔卡特朗讯股权案经营者集中反垄断审查决定的公告》（商务部公告 2015 年第 44 号），载商务部网 2015 年 10 月 19 日，http：//fldj. mofcom. gov. cn/article /ztxx/201510/20151001139743. shtml；《关于附加限制性条件批准恩智浦收购飞思卡尔全部股权案经营者集中反垄断审查决定的公告》（商务部公告 2015 年第 64 号），载商务部网 2015 年 11 月 27 日，http：//fldj. mofcom. gov. cn/article/ztxx/201511/20151101196182. shtml。变更条件的案件参见《关于变更希捷科技公司收购三星电子有限公司硬盘驱动器业务经营者集中限制性条件的公告》（商务部公告 2015 年第 43 号），载商务部网 2015 年 10 月 22 日，http：//fldj. mofcom. gov. cn/article/ztxx/201510/20151001144105. shtml。

④ 基于此前附条件批准要求申报并附条件批准的案件参见《关于附加限制性条件批准百威英博啤酒集团收购英国南非米勒酿酒公司股权案经营者集中反垄断审查决定的公告》（商务部公告 2016 年第 38 号），载商务部网 2016 年 7 月 29 日，http：//fldj. mofcom. gov. cn/article/ztxx/201607/20160701369044. shtml。解除条件的案件参见《关于解除沃尔玛收购纽海控股 33.6% 股权经营者集中限制性条件的公告》（商务部公告 2016 年第 23 号），载商务部网 2016 年 6 月 8 日，http：//fldj. mofcom. gov. cn/article/ztxx/201606/20160601335200. shtml；《关于附加限制性条件批准雅培公司收购圣犹达医疗公司股权案经营者集中反垄断审查决定的公告》（商务部公告 2016 年第 88 号），载商务部网 2016 年 12 月 30 日，http：//fldj. mofcom. gov. cn/article/ztxx/201612/20161202440204. shtml。

2017 年 7 件;[①] 2018 年是比较特殊的年份，前半年执法职能在商务部，发布了 3 件公告，含 2 件解除条件的公告。[②]

（四）《监督受托人委托协议（示范文本）》

2015 年 11 月 27 日，商务部反垄断局在官网发布《监督受托人委托协议(示范文本)》。该示范文本的发布标志着执法机构对经营者集中反垄断控制制度认识的重大进步，以及在操作层面的不断深入和优化细化。《监督受托人委托协议（示范文本)》共计 15 章，包括：总则，委托关系的建立，监督受托人的工作依据及一般职责，对业务剥离的监督，其他限制性条件履行的监督，监督受托人的报告，委托人的责任，利益冲突，报酬，保密条款，监督受托人的免责，协议的变更、解除和终止，违约责任，法律适用、解释及争议解决，其他条款。

商务部反垄断局发布《监督受托人委托协议（示范文本)》的目的，是

---

① 参见《关于附加限制性条件批准陶氏化学公司与杜邦公司合并案经营者集中反垄断审查决定的公告》（商务部公告 2017 年第 25 号），载商务部网 2017 年 5 月 2 日，http://fldj. mofcom. gov. cn/article/ztxx/201705/20170502568075. shtml;《关于附加限制性条件批准博通有限公司收购博科通讯系统公司股权案经营者集中反垄断审查决定的公告》（商务部公告 2017 年第 46 号），载商务部网 2017 年 8 月 22 日，http://fldj. mofcom. gov. cn/article/ztxx/201708/20170802632065. shtml;《关于附加限制性条件批准惠普公司收购三星电子有限公司部分业务案经营者集中反垄断审查决定的公告》（商务部公告 2017 年第 58 号），载商务部网 2017 年 10 月 5 日，http://fldj. mofcom. gov. cn/article/ztxx/201710/20171002654063. shtml;《关于附加限制性条件批准加阳公司与萨斯喀彻温钾肥公司合并案经营者集中反垄断审查决定的公告》（商务部公告 2017 年第 75 号），载商务部网 2017 年 11 月 6 日，http://fldj. mofcom. gov. cn/article/ztxx/201711/20171102666641. shtml;《关于附加限制性条件批准马士基航运公司收购汉堡南美船务集团股权案经营者集中反垄断审查决定的公告》（商务部公告 2017 年第 77 号），载商务部网 2017 年 11 月 8 日，http://fldj. mofcom. gov. cn/article/ztxx/201711/20171102667566. shtml;《关于附加限制性条件批准日月光半导体制造股份有限公司收购矽品精密工业股份有限公司股权案经营者集中反垄断审查决定的公告》（商务部公告 2017 年第 81 号），载商务部网 2017 年 11 月 24 日，http://fldj. mofcom. gov. cn/article/ztxx/201711/20171102675701. shtml;《关于附加限制性条件批准贝克顿－迪金森公司与美国巴德公司合并案经营者集中反垄断审查决定的公告》（商务部公告 2017 年第 92 号），载商务部网 2017 年 12 月 27 日，http://fldj. mofcom. gov. cn/article/ztxx/201712/20171202691390. shtml。

② 参见《关于附加限制性条件批准拜耳股份公司收购孟山都公司股权案经营者集中反垄断审查决定的公告》（商务部公告 2018 年第 31 号），载商务部网 2018 年 3 月 13 日，http://fldj. mofcom. gov. cn/article/ztxx/201803/20180302719123. shtml;《关于解除汉高香港与天德化工组建合营企业经营者集中限制性条件的公告》（商务部公告 2018 年第 16 号），载商务部网 2018 年 2 月 1 日，http://fldj. mofcom. gov. cn/article/ztxx/201802/20180202707939. shtml;《关于解除联发科技股份有限公司吸收合并开曼晨星半导体公司经营者集中限制性条件的公告》（商务部公告 2018 年第 21 号），载商务部网 2018 年 2 月 9 日，http://fldj. mofcom. gov. cn/article/ztxx/201802/20180202711523. shtml。

明晰权利义务关系，提高签约效率。商务部反垄断局声明，该示范文本不具有法律约束力，仅供委托人和监督受托人签约时参照适用。商务部反垄断局允许当事人依据案件具体情况进一步补充约定或细化规定，也允许当事人依据案件的具体情况，对该示范文本规定的条款内容予以变更，但无论是补充约定、细化规定，还是变更，均不得与公告的目的和内容相冲突。

四、反垄断配套法律文件的集成

2020年10月23日，市场监管总局公布《经营者集中审查暂行规定》将自2020年12月1日起开始实施。[①]《经营者集中审查暂行规定》名为审查规定，实际上囊括了经营者集中申报、审查、决定、执行等几乎所有方面的内容，是此前商务部发布的各有关经营者集中法律文件内容的调整汇编。该暂行规定开始实施后不久，2021年5月10日，商务部发布公告废止了此前公布的相关规章。[②]

在反垄断职能转到市场监管总局之后，2020年《经营者集中审查暂行规定》发布之前的3年，市场监管总局依据《反垄断法》和此前商务部发布的规章继续发布了多件经营者集中案件公告，其中2018年3件；[③] 2019年4

① 参见《经营者集中审查暂行规定》，载中国政府网2020年10月23日，http：//www. gov. cn/zhengce/zhengceku/2020－10/28/content_ 5555291. htm。

② 参见《商务部关于废止和修改部分规章的规定》（商务部令2021年第2号），载商务部网2021年5月19日，http：//www. mofcom. gov. cn/article/zwgk/zcfb/202105/20210503062498. shtml。

③ 参见《市场监管总局关于附加限制性条件批准依视路国际与陆逊梯卡集团合并案反垄断审查决定的公告》，载国家市场监督管理总局网2018年7月25日，http：//www. samr. gov. cn/fldj/tzgg/ftjpz/202003/t20200309_ 312682. html；《市场监管总局关于附加限制性条件批准林德集团与普莱克斯公司合并案反垄断审查决定的公告》，载搜狐网2018年10月1日，https：//www. sohu. com/a/257269734_ 99905931；《市场监管总局关于附加限制性条件批准联合技术公司收购罗克韦尔柯林斯公司股权案反垄断审查决定的公告》，载搜狐网2018年11月23日，https：//www. sohu. com/a/277518412_ 733746。

件；[①] 2020 年 5 件，含 1 件解除条件的公告。[②] 2020 年 12 月 1 日《经营者集中审查暂行规定》开始实施后，市场监管总局于 2021 年发布 3 件经营者集中案公告，其中 2 件附条件批准，1 件禁止。[③] 尽管在立法上新发布的《经营者集中审查暂行规定》替代了此前的多部配套文件，但从内容上看保持了较好的延续性和稳定性，尚未显示出对执法的实质性影响。

---

① 参见《市场监管总局关于附加限制性条件批准科天公司收购奥宝科技有限公司股权案反垄断审查决定的公告》，载国家市场监督管理总局网 2019 年 2 月 20 日，http：//gkml. samr. gov. cn/nsjg/xwxcs/201902/t20190220_ 290940. html；《市场监管总局关于附加限制性条件批准卡哥特科集团收购德瑞斯集团部分业务案反垄断审查决定的公告》，载国家市场监督管理总局网 2019 年 7 月 12 日，http：//www. samr. gov. cn/fldj/tzgg/ftjpz/201907/t20190712_ 303428. html；《市场监管总局关于附加限制性条件批准诺贝丽斯公司收购爱励公司股权案反垄断审查决定的公告》，载国家市场监督管理总局网 2019 年 12 月 20 日，http：//www. samr. gov. cn/fldj/tzgg/ftjpz/201912/t20191220_ 309365. html；《市场监管总局关于附加限制性条件批准浙江花园生物高科股份有限公司与皇家帝斯曼有限公司新设合营企业案反垄断审查决定的公告》，载国家市场监督管理总局网 2019 年 10 月 18 日，http：//www. samr. gov. cn/fldj/tzgg/ftjpz/201910/t20191018_ 307455. html；《市场监管总局关于附加限制性条件批准高意股份有限公司收购菲尼萨股份有限公司股权案反垄断审查决定的公告》，载国家市场监督管理总局网 2019 年 9 月 23 日，http：//www. samr. gov. cn/fldj/tzgg/ftjpz/201909/t20190920_ 306948. html。

② 参见《市场监管总局关于附加限制性条件批准采埃孚股份公司收购威伯科控股公司股权案反垄断审查决定的公告》，载国家市场监督管理总局网 2020 年 5 月 15 日，http：//www. samr. gov. cn/fldj/tzgg/ftjpz/202005/t20200515_ 315255. html；《市场监管总局关于解除科力远、丰田中国、PEVE、新中源、丰田通商设立合营企业经营者集中限制性条件的公告》，载国家市场监督管理总局网 2020 年 4 月 24 日，http：//www. samr. gov. cn/fldj/tzgg/ftjpz/202004/t20200424_ 314597. html；《市场监管总局关于附加限制性条件批准英伟达公司收购迈络思科技有限公司股权案反垄断审查决定的公告》，载国家市场监督管理总局网 2020 年 4 月 16 日，http：//www. samr. gov. cn/fldj/tzgg/ftjpz/202004/t20200416_ 314327. html；《市场监管总局关于附加限制性条件批准英飞凌科技公司收购赛普拉斯半导体公司股权案反垄断审查决定的公告》，载国家市场监督管理总局网 2020 年 4 月 8 日，http：//www. samr. gov. cn/fldj/tzgg/ftjpz/202004/t20200408_ 313950. html；《市场监管总局关于附加限制性条件批准丹纳赫公司收购通用电气医疗生命科学生物制药业务案反垄断审查决定的公告》，载国家市场监督管理总局网 2020 年 2 月 28 日，http：//www. samr. gov. cn/fldj/tzgg/ftjpz/202002/t20200228_ 312297. html。

③ 参见《市场监管总局关于附加限制性条件批准思科系统公司收购阿卡夏通信公司股权案反垄断审查决定的公告》，载国家市场监督管理总局网 2021 年 1 月 19 日，http：//www. samr. gov. cn/fldj/tzgg/ftjpz/202101/t20210119_ 325338. html；《市场监管总局关于附加限制性条件批准丹佛斯公司收购伊顿股份有限公司部分业务案反垄断审查决定的公告》，载国家市场监督管理总局网 2021 年 6 月 7 日，http：//www. samr. gov. cn/fldj/tzgg/ftjpz/202106/t20210607_ 330289. html；《市场监管总局关于禁止虎牙公司与斗鱼国际控股有限公司合并案反垄断审查决定的公告》，载国家市场监督管理总局网 2021 年 7 月 10 日，http：//www. samr. gov. cn/fldj/tzgg/ftjpz/202107/t20210708_ 332421. html。

第二章

附条件批准经营者集中的基础理论

反垄断法的产生虽非建立于经济学之上，但经济学的发展决定了现代反垄断法的产生和发展，经济学成为现代反垄断法的理论支撑。历史上，不同经济学发展阶段和主流学术派别甚至决定了反垄断立法、执法的宽严、标准和分析方法。事实上，现代反垄断法制度架构的逻辑体系就建立在经济学的逻辑体系之上，反垄断法在一定程度上是经济学的法律表达和执行手段。与此同时，反垄断法也在不断完善自身的理论体系，然而，单独讨论经营者集中控制或者附条件批准经营者集中基础理论的并不多见。

第一节　附条件批准经营者集中的目标

法律最主要的问题不是其起源而是目标，如果根本不知道道路会导向何方，我们就不可能智慧地选择路径。① 只有在能够对反垄断法的核心目标给出正确答案时，反垄断政策才可能是理性的，只有解决了目标问题，形成一致的实体规则才成为可能。② 横向比较反垄断法的各项制度，分别针对不同的垄断行为，各项制度内容大相径庭，追求的价值目标也有差异；纵向比较具体制度的历史演进，随着政治经济和社会环境、经济学理论的发展变化，反垄

---

① ［美］本杰明·卡多佐：《司法过程的性质》，苏力译，商务印书馆1998年版，第63页。

② Robert H. Bork，*The Antitrust Paradox*：*A Policy at War With Itself*，Basic Books Inc. Publishers，1978，p. 50.

断法追求的价值目标也在不断调整。经营者集中反垄断控制是反垄断法的支柱制度之一，在该制度下，各国均允许执法机构以附条件的方式，批准有竞争问题的经营者集中。附条件批准经营者集中是反垄断执法的重要方式，不仅事关市场竞争，而且会对经济发展和相关方权益产生重大影响。我国《反垄断法》一般性地规定了多元化的立法目的，[①] 未明确规定附条件批准经营者集中的价值目标。在多元化反垄断法价值目标体系下，有必要精细化和有针对性地讨论附条件批准经营者集中的价值目标，以便对法律解释、适用、执行和遵守提供充分有效的指引。

一、保护竞争者和保护竞争

一般认为，反垄断法维护的是市场竞争机制，通过维护市场竞争机制提高经济效率或实现其他社会目标，而不是刻意保护在竞争中受到损害的竞争者。[②] 反垄断法不简单地以特定竞争者受到损害作为判定是否构成垄断的标准，而是从竞争机制的大局或整体判断，[③] 这就是所谓的“保护竞争而非竞争者”。目前，虽仍有不同看法，但保护竞争而非竞争者似已为主流反垄断理论界和实务界奉为圭臬，特别是得到经营者集中反垄断控制领域的认可。然而保护竞争而非保护竞争者，并非反垄断当然应有之义，从保护竞争者发展到保护竞争有其曲折的历史演进过程。美国最高法院在 Brown Shoe 案[④]中率先

---

① 我国《反垄断法》第 1 条规定的立法目标是：预防和制止垄断行为，保护市场公平竞争，提高经济运行效率，维护消费者利益和社会公共利益，促进社会主义市场经济健康发展。该条规定的多元化立法目的，虽然兼顾了各种价值考量，但也引发了如何平衡协调的问题。

② 孔祥俊：《反垄断法原理》，中国法制出版社 2001 年版，第 176 页。

③ 王勇：《试析特许经营及其反垄断问题：与国际接轨的又一新兴通道》，载《法学家》2002 年第 5 期。

④ Brown Shoe Co. v. United States, 370 U. S. 294 (1962)。在该案中，Brown Shoe 公司拟与 Kinney 公司换股。Brown Shoe 公司是美国第四大鞋生产商，占全美鞋类总产量的 4%。Kinney 公司是一家规模很小的鞋生产商，产量不到全美 0.5%，Kinney 公司同时经营全美最大的家庭式鞋店连锁，占美国鞋类零售总额的 1.2%，Kinney 鞋店销售的 20% 来自 Kinney 公司生产的鞋子，但没有销售 Brown Shoe 公司的鞋子；在美国的 32 个城市中，两公司女鞋合并市场份额超过 20%，其中 31 个城市，童鞋合并市场份额超过 20%，其中 6 个城市超过 40%。在合并市场份额最高的堪萨斯州道奇城，女鞋超过 57%，童鞋为 49%。在 7 个城市中，两公司合并市场份额最大（从 33% 到 57%），两公司各自市场份额从 13% 到 34%。在美 118 个城市中，男鞋、女鞋或童鞋中至少有一项合并市场份额超过 5%，其中 47 个城市三种鞋子的合并市场份额均超过 5%；拟议集中可能使 Brown Shoe 公司取得全美鞋零售份额的 7.2% 和全美零售份额的 2.3%。

提出保护竞争而非竞争者的原则，探究保护竞争而非竞争者的历史演进自然离不开对美国反托拉斯法、相关判例和理论的追踪溯源。

（一）保护竞争者而非竞争的早期做法

美国最早的反垄断法《谢尔曼法》诞生于大型托拉斯与包括中小工商业者在内的消费者之间的政治博弈，其时尚无经济学理论支撑，社会现实催生出来的政治性很高的民粹主义成为当时反垄断法的理论基础。彼时正值美国第二次工业革命，大企业迅速发展并结合成规模巨大的托拉斯组织，威胁到中小企业利益，社会矛盾激化，破坏了公平自由的传统经济观念，公众担忧因此带来的经济权力集中并产生巨大的政治压力。在政治上，民粹主义认为垄断的经济力量催生专制的政治力量。民粹主义重视分散的市场力量和保护弱者，不信任大企业和少数竞争者，认为反垄断法应当负担起维护经济民主和政治民主的使命，主张从中小工商业者和消费者角度构建竞争规则，目的是使市场参与者人人享有公平的竞争机会，消费者有机会获得公平交易。如果竞争结果导致中小市场力量被排挤出市场，那么这种竞争就不可取，国家应对这种竞争加以干预，以保证市场上所有的竞争者都能参与到竞争中。[①] 在此社会环境下，《谢尔曼法》的制定者们所关心的问题似乎是对托拉斯竞争的小企业不利的低价、歧视定价以及对消费者不利的高价等问题，[②] 其宗旨在于保护实力弱小的工商业者和平民的权利，即保护的是竞争者和消费者而非市场竞争。Hand 法官对此表述得更清楚：国会通过的《谢尔曼法》并不仅仅是出于经济动机，由于该法间接的社会或道德影响，国会可能更倾向于创设一个把自己的成功建立在自己的技能和性格上的小生产者体系，而不是大多数人必须接受少数人指导或领导的体系。[③]

美国最早明文规制经营者集中的反垄断法是《克莱顿法》。作为对《谢尔曼法》的修订和增补，从《克莱顿法》开始，经营者集中被明文纳入反垄断法的调整范围。《克莱顿法》第 7 条第 1 款明确规定，从事商业或从事影响商

---

① 白艳：《美国反托拉斯法/欧盟竞争法平行论：理论与实践》，法律出版社 2010 年版，第 84 页。

② ［美］理查德·A. 波斯纳：《反托拉斯法》，孙秋宁译，中国政法大学出版社 2003 年版，第 38 页。

③ United States v. Aluminum Co. of America, 148F. 2d 416（2d Cir. 1945）.

业活动的任何人，不能直接、间接取得其他从事商业或影响商业活动的人的全部或部分股票或其他资本份额；联邦贸易委员会管辖权下的任何人，不能取得其他从事商业或影响商业活动的人的全部或一部分资产，如果该取得可能实质上减少竞争或有形成垄断的趋势。① 由上可见，法律禁止的是那些“可能实质减少竞争或有形成垄断趋势”的集中。由此似可推论，《克莱顿法》旨在保护竞争反对垄断，而非重在保护竞争者。然而，在 Brown Shoe 案中，美国联邦最高法院考察了《塞勒 - 科佛沃法》的制定过程及意图后认为，对企业集中的关注不仅应当建立在经济基础之上，还应当建立在集中对其他价值带来威胁的基础之上，高度集中的经济被认为对其他价值构成威胁。② 国会首先考虑的是保护小工商业和地方对工业的控制，其次是产业集中带来的政治风险，最后是大企业控制经济导致个体独立和创造力丧失，③ 显然对竞争者的保护要优先于对竞争的保护。

在这段时期，美国虽将经营者集中纳入反垄断管制，但尚未实行事前申报，如果执法机构反对拟议集中，需向法院提起诉讼，由法院作出最终裁决。美国联邦法院法官有很大的自由裁量权，最高法院的判决又是下级法院审理同类案件的先例，因此彼时法官对反托拉斯法实施目标的立场至关重要。考察美国反托拉斯法究竟是保护竞争抑或保护竞争者，绕不开美国最高法院的经典判例。事实上，正是在著名的 Brown Shoe 案中，美国最高法院最早提出了后世推崇的法律格言“竞争法保护的是竞争而非竞争者”④。在该案中，司法部基于以下理由反对拟议集中：（1）市场封锁效应；（2）鞋子生产市场的横向效应；（3）鞋子零售市场的横向效应。初审法院认为，合并双方原是主

① 15 U. S. C. § 18（2012），其中包括，为应对企业并购规模显著增大、对经济力集中的警惕提升、产业地域管理以及保护小规模企业，美国国会 1950 年通过的《塞勒 - 科佛沃法》对《克莱顿法》第 7 条的修正和补充，即除了取得股份，取得资产（assets）也被纳入规制范围，而且非直接竞争者取得股份（纵向并购、混合并购）在一定条件下也被禁止。

② Brown Shoe Co. v. United States, 370 U. S. 294（1962）, p. 316.

③ Rhoades, Stephen A. , and Jim Burke. *Economic and Political Foundations of Section 7 Enforcement in the 1980s*. in MLA 8th ed. , Antitrust Bulletin, Vol. 35, No. 2, Summer 1990, p. 373 – 446. Hein Online.

④ Brown Shoe Co. v. United States, 370 U. S. 294（1962），原文为：taken as a whole, the legislative history illuminates congressional concern with the protection of competition, not competitors, and its desire to restrain mergers only to the extent the such combinations may tend to lessen competition。

要竞争对手，合并将导致行业集中度提高并限制鞋零售业竞争；合并将在生产商和零售商之间形成特殊关系，可能导致其他企业丧失公平竞争的机会；合并可能实质上进一步限制竞争、形成垄断。初审法院裁决禁止集中，要求被告返还取得的资产。被告向最高法院提起上诉，最高法院维持了初审裁决。① 沃伦大法官在判决书中指出：大企业集中或连锁运作当然会产生一些有利于消费者的结果，其扩张行为可能给中小企业生存状况带来不利影响，但不能因此认定其非法，反托拉斯法保护竞争而非竞争者。判决书同时指出：我们不能忽略国会通过保护可存活的、地域性的中小型企业来促进竞争的立法意图，国会甘愿为维持这种分散的产业和市场结构而付出高昂成本和价格代价。

由上可见，在保护竞争和维持分散的产业及市场结构之间，在保护消费者利益和有利于弱小低效竞争者之间，彼时的美国联邦最高法院正处于摇摆不定的两难处境。Brown Shoe 案的最终裁决是纠结的，作为最早提出“竞争法保护的是竞争而非竞争者”格言的判例，却遵从了“联邦议会通过保护独立小规模地域性经营者来促进竞争”的意图，禁止了合并市场份额不足 5%，现在来看显然属于难以损害市场竞争的经营者集中。事实上，该案并非孤例。美国联邦最高法院在同时期多件类似案件的判决中，虽然都提到了“保护竞争而非保护竞争者”，但最终都作出了禁止集中的裁决，事实上保护了中小竞争者而非市场竞争。② 这些案件表明，彼时美国在反托拉斯法目标的认识和做法上，尚处于从保护竞争者向保护竞争的转变过程之中。

在美国反托拉斯法诞生后的半个多世纪里，从美国法院判决的立场看，反托拉斯法更多地在保护竞争者，保护那些在市场竞争中处于弱势的中小竞争者而非保护市场竞争。当然，也可以说是保护竞争，保护以中小竞争者不被逐出市场为特征的市场竞争。这种局面背后可能的原因有以下三点：一是，作为美国反托拉斯法鼻祖的《谢尔曼法》本身就是政治博弈的结果，在其执行中主要考虑政治目标符合其历史逻辑。二是，美国反托拉斯法诞生于实践

---

① Brown Shoe Co. v. United States, 370 U. S. 294 (1962), p. 304, 346.

② United States v. Philadelphia National Bank, 374 U. S. 321 (1963), https://supreme. justia. com/cases/federal/us/374/321/#F43; United States v. Von's Grocery Co., 384 U. S. 270 (1966), https://supreme. justia. com/cases/federal/us/384/270/#F12.

需求，早期尚无经济学理论引领支撑，对保护竞争内涵的理解存在很大的主观性。三是，20 世纪 30 到 60 年代兴起的以哈佛学派为代表的经济学理论，对美国反托拉斯法施加了重大影响。哈佛学派创设了“市场结构 - 市场行为 - 市场绩效”（SCP）的分析框架，该框架强调市场结构对市场绩效的决定作用，认为在高集中度的市场结构中，必然存在更多共谋和协调行为，以排挤竞争对手，谋取超额垄断利润。执法和司法机构受此影响，倾向于严格实施反托拉斯法。

（二）向保护竞争而非竞争者的转向

20 世纪 70 年代，美国在执法实践、司法判决和基础理论支撑上开始转向保护竞争。国外研究认为，“保护竞争而非竞争者”虽是美国最高法院在 1962 年的 Brown Shoe 案中首次提出，但把维持与促进竞争作为反托拉斯法目的和宗旨的却是通过 1977 年的 Brunswick 案[①]以略显粗糙的形式确立起来的。[②] 在 Brunswick 案中，地方法院一审判决拟议集中违反《克莱顿法》第 7 条，命令拆分违法企业，二审法院驳回了一审法院拆分企业的判决。二审法官一致认为，原告未能证明存在垄断损害，即反托拉斯法禁止的非法行为所造成的损害。原告（竞争者）只有因法律禁止的垄断行为遭受损害时才能获得法律保护，而正常竞争中的利益减损被视为符合商业本质。马歇尔大法官的法庭意见引用了 Brown Shoe 案判决中“竞争法保护竞争而非竞争者”的论断。二审判决认为，因竞争得到维护而附随的不可预测的意外收益的丧失并非反托拉斯法意义上的损害。“反托拉斯法是为保护竞争而非竞争者制定的”，即便竞争后果使某人受到损失，这也并非反托拉斯法意义上的损害。从 Brunswick 案开始，美国法院越来越倾向效率目标，越来越关注经济效率，在判决中更多使用经济分析，少有明确同情小企业或分散政治经济力量的倾向，

---

① Brunswick Corp. v. Pueblo Bowl - O - Mat, Inc. , 429 U. S. 477, （1977）. 在该案中，原告 Pueblo Bowl - O - Mat, Inc. 是保龄球场馆经营者，在全美几大城市经营保龄球场。被告 Brunswick Corp. 是美两大保龄球设备生产商之一。20 世纪 60 年代初，随着保龄球热潮消退，保龄球场大量倒闭，被告开始收购倒闭球场，其中包括原告所在的 3 个城市的保龄球场。如任由这些保龄球场倒闭，这些球场将退出市场，原告作为市场上存活的球场将可能获得更高市场份额和更多利润。原告认为被告收购损害了其利益，就此提起诉讼并请求 3 倍赔偿。

② 土田和博:《关于“竞争法保护的是竞争而非竞争者”之格言》，陈丹舟、王威驷译，载《竞争政策研究》2018 年第 1 期。

抛弃了对中小竞争者保护的偏好，而这种偏好在沃伦法官时代是司法判决的主导思想。

由此看来，反垄断法保护竞争而非竞争者并非反垄断法与生俱来的应有之义，在反垄断法诞生后的相当长时间内，司法机构秉持更多的是政治考虑或博弈的结果。美国反托拉斯法之所以在20世纪70年代转向竞争考虑，主要取决于如下多种因素。

首先，这与当时美国的国内外环境变化有关。在《谢尔曼法》《克莱顿法》《塞勒－科佛沃法》颁行的年代，进口竞争和外国投资者在美设立企业从事制造业对美国国内的影响不大，还不是立法关注的议题。自20世纪70年代特别是中后期开始，美国面临的国内外经济条件发生重大变化；国内通货膨胀日益严重，生产力下降，国际收支失衡；国外企业与国内企业间的竞争已经出现并迅速增长，国内日益担忧如何应对激烈的国际竞争。这导致美国越来越重视提高企业效率以应对挑战。①

其次，在经济学领域，芝加哥学派于20世纪六七十年代兴起，逐渐取代哈佛学派成为主流。芝加哥学派认为，经济效率应取代其他社会和政治方面的目标，成为反托拉斯法关注的核心问题。Easterbrook法官将该学派提出的反托拉斯政策称为“可行的反托拉斯政策”。② 芝加哥学派主张从结构规制转向行为规制，注重判断集中是否提高了效率，而不是强调集中度提高必然导致限制竞争的结果。

最后，执法机构发布指南文件主动考虑效率因素。1976年美国国会通过

---

① The Goals of Competition Law, Conference on Trade and Competition Policy before the Pacific Economic Cooperation Council, May 13－14, 1997（prepared remarks of Debra A. Valentine）.

② Easterbrook法官主张：（1）每个市场都有其不同情况，反托拉斯政策不应先入为主地认为激烈的小厂商竞争一定会比合作和竞争更好；（2）不应相信法官和政府机构能塑造出最好的市场结构，经济管制的历史证明此种干预不会成功，而且可能成为利益集团争逐的场所；（3）竞争比人们想象的要严酷得多，追求利益是商人的本质，所以追求利益的动机肯定会瓦解独占或垄断；（4）表面上看似独占的行为，因为包含了合作，可能对社会有益，合作很重要，但允许合作到什么程度是个难题，在尚未解决该难题时就加以禁止，会一并禁止有益的行为；（5）复杂的商业行为将永远存在，不能等闲视之，虽然对某些复杂商业行为的作用并不清楚，但它能与其他商品和行为共存，就说明了其作用。经济效率由此成为反托拉斯法的唯一目标。See Robert Abrams & Lloyd Constantine，“Dual Antitrust Enforcement in the 1990s” in *Revitalizing Antitrust in its Second Century*：Essays on Legal，Economic，and Political Policy 484（Harry First）et al，（eds），1991.

《哈特－斯科特－罗迪诺反托拉斯改进法》，确立了美国现代意义上的经营者集中事前申报制度①，经营者集中反垄断控制成为一项常态化的执法行动。1984 年 6 月 14 日，美国司法部发布《合并指南》,② 1992 年 4 月 2 日，美国司法部和联邦贸易委员会发布《横向合并指南》。③ 这些文件主要规定了当事人需要遵守的申报规则、执法机构分析集中的框架和标准。从指南内容看，大大放宽了合并的控制标准，开始主动考虑合并的效率因素。受芝加哥学派影响，美国执法机构和理论界逐渐认同效率在反垄断执法中的价值并体现到有关文件中。1997 年修订公布的《横向合并指南》即专设合并的特有效率一节，明确承认集中的效率，将合并特有的效率确定为执法机构审查集中考虑的核心因素之一。

（三）当前保护竞争而非竞争者的立场

当前，世界主要司法辖区均秉持了保护竞争而非竞争者的立场。例如，美国司法部反托拉斯局 2004 年 10 月首次发布的《合并救济反垄断政策指南》，在指导原则中明确：救济措施应当促进竞争而不是帮助竞争者。救济的目的是重建竞争而不是决定输赢结果，救济措施应当促进竞争而不是保护或偏袒特定竞争者。④ 2011 年 6 月修订发布的《合并救济反垄断政策指南》重申了这些原则表述，且加注了多个案例，表明其在执法实践中也是如此操作。⑤ 美国司法部宣称，有效维持相关市场的竞争是评估成功救济的“试金石”，这是合并执法的适当目标。⑥ 再如，欧盟理事会的第 139/2004 号条例也

---

① 15 U. S. C. § 18a (2012).

② U. S. Department of Justice：*Merger Guidelines*, June 14, 1984.

③ U. S. Department of Justice and the Federal Trade Commission：*Horizontal Merger Guidelines*, April 2, 1992.（后分别于 1997 年 4 月 8 日、2010 年 8 月 19 日修订重新发布）。

④ U. S. Department of Justice Antitrust Division, *Antitrust Division Policy Guide to Merger Remedies*, October 2004.

⑤ See, e. g., Brooke Group Ltd. v. Brown & Williamson Tobacco Corp., 509 U. S. 209, 223 (1993); Spectrum Sports, Inc. v. McQuillan, 506 U. S. 447, 458 –459 (1993); Atlantic Richfield Co. v. USA Petroleum Co., 495 U. S. 328, 337 –338 (1990); Cargill, Inc. v. Monfort, Inc., 479 U. S. 104, 116 –117 (1986); Brunswick Corp. v. Pueblo Bowl –O –Mat, Inc., 429 U. S. 477, 488 (1977); Brown Shoe Co. v. United States, 370 U. S. 294, 320 (1962); Massachusetts v. Microsoft Corp., 373 F. 3d 1199, 1211, 1230 (D. C. Cir. 2004); United States v. Microsoft Corp., 253 F. 3d 34, 58 (D. C. Cir. 2001).

⑥ Antitrust Division of U. S. Department of Justice, Antitrust Division Policy Guide to Merger Remedies, June 2011.

明确指出，设立企业集中控制制度是为了确保重组的过程不会对竞争产生持久性损害，[①] 保护的也是竞争而非竞争者。

我国有学者提出，反垄断法维护的是市场竞争机制，通过维护市场竞争机制提高经济效率或实现其他社会目标，而不是刻意保护在竞争中受到损害的竞争者。确切地说，反垄断法不以特定的竞争者受到损害作为断定是否构成垄断的标准，而是从竞争机制的大局、从整体上进行判断。[②] 不过也有反对意见认为，保护竞争是一种抽象意义上的法律价值目标的表达，保护竞争者则是法律价值在具体层面上的体现，二者之间并非矛盾的两极，尽管存在一定冲突，但都能够在法律价值中找到自己相应的空间。原因在于，虽然反垄断法以社会利益为本位，但社会利益本位原则的确立，并非通过完全放弃对个人权利的保护，而是通过对其进行合理必要的限制来予以实现。反垄断法的价值不仅在于其对抽象的“良好的竞争秩序”的构建，也在于对具体的利益相关者的保护。[③] 此外，在竞争关系中，竞争者有自己的独立利益，且经常处于利益被侵害的地位。消费者不是唯一令经营者感兴趣的主体，通过排除竞争者或剥夺竞争者利益而获取垄断利润往往更加隐蔽。因此，经营者从事的限制竞争行为可能对消费者产生不利影响，也可能对竞争者产生不利影响。如果仅从消费者角度评判反垄断法，说反垄断法只是为了保障消费者利益，显然有失偏颇。[④]

我们认为，经营者集中反垄断控制的目的是保护竞争而不是保护竞争者。首先，这是竞争性质决定的。所谓竞争，是经济主体在市场上为实现自身经济利益和既定目标而不断角逐的过程，竞争参与者之间相互对立、相互制约，竞争表现为参与者之间内有动力、外有压力的持续不断的市场较量过程。[⑤] 竞争也可以简单理解为竞争者打败竞争对手、赢得市场与消费者的手段。反垄

---

① *Council Regulation (EC) No. 139/2004 of 20 January 2004 on the control of concentrations between undertakings (the EC Merger Regulation)*, L24 Official Journal of the European Communities 1 (2004).

② 孔祥俊：《反垄断法原理》，中国法制出版社 2001 年版，第 176 页。

③ 吴宏伟、谭袁：《保护竞争而不保护竞争者？——对主流反垄断法观点的审视》，载《北方法学》2013 年第 4 期。

④ 刘继峰：《反垄断法益分析方法的建构及其运用》，载《中国法学》2013 年第 6 期。

⑤ 陈秀山：《现代竞争理论与竞争政策》，商务印书馆 1997 年版，第 4 页。

断法既然以保护竞争为己任，就无法同时把保护竞争者作为目标，保护竞争和保护竞争者之间有内在矛盾。

其次，保护竞争者不是经营者集中反垄断控制追求的目标，即便某些个案的处理结果看似保护了竞争者，但这只不过是保护竞争的副产品。在有些市场情形下，保护竞争者是保护竞争的手段和方式。例如，在 Brown Shoe 案中，法官认为应当尊重国会"通过保护小企业促进竞争"的意愿。在少数大竞争者与多数小竞争者并存的市场上，如果执法机构否决大竞争者间或大竞争者和小竞争者间的集中，允许甚至鼓励小竞争者间的集中，不排除有通过保护小竞争者以维持竞争的考虑。再如，在高集中度且市场进入壁垒很高的市场上，没有竞争对手，竞争将不复存在，[①] 保护竞争和保护竞争者相互关联，保护特定的竞争者成为保护市场竞争的主要手段。更常见的情形是，看似保护了竞争者，其实只是保护竞争的客观结果。例如竞争者乐见与其势均力敌的另外两个竞争者之间的集中被禁止，禁止决定对该竞争者有利，但执法机构禁止集中并无保护该竞争者利益的直接考虑。

最后，反垄断法与反不正当竞争法不同，前者的目的是维护市场竞争机制，不直接保护特定竞争者，它是通过禁止经营者实施排除、限制竞争的行为，以维护市场竞争格局，解决市场中有没有竞争的问题，[②] 而后者则是解决竞争好不好、正当不正当的问题，直接保护的是因不正当竞争受损的竞争者。

二、直接目标和间接目标[③]

附条件批准经营者集中的价值目标有直接价值目标和间接价值目标。以我国《反垄断法》为例，从其制度设计和相关条款中即可辨识和抽象出法律层面上的直接价值目标。在这个层面上探究价值目标可从如下问题入手。

一是，我国《反垄断法》创设经营者集中反垄断控制制度要解决什么问题，执法机构施行经营者集中反垄断审查，禁止经营者集中的法定理由是什

---

① Spirit Airlines, Inc. , v. Northwest Airlines, Inc. , 429 F. 3d 190, No. 03 – 1521, https: //open-jurist. org/429/f3d/190/spirit – airlines – inc – v – northwest – airlines – inc.

② 全国人大常委会法制工作委员会编：《中华人民共和国反垄断法释义》，法律出版社 2007 年版，第 12 页。

③ 本标题下的内容有安洪、乔婧、章一川和邢庭炜的贡献。

么。《反垄断法》第28条规定，经营者集中具有或者可能具有排除、限制竞争效果的，国务院反垄断执法机构应当作出禁止经营者集中的决定。由此可见，《反垄断法》创设经营者集中反垄断控制制度，是为了查找出那些具有或者可能具有排除、限制竞争的经营者集中并以此为由予以禁止。经营者集中反垄断审查的标准是，是否具有或可能具有排除、限制竞争效果。施行经营者集中反垄断审查，禁止的对象是具有或者可能具有排除、限制市场竞争的经营者集中。当前，世界主要司法辖区的反垄断立法及指南文件基本都有类似规定，通常表述为：实质减少和排除竞争。①

二是，我国《反垄断法》为什么允许附条件批准本来应当禁止的经营者集中。《反垄断法》第28条规定，对于应当禁止的经营者集中，经营者能够证明该集中对竞争产生的有利影响明显大于不利影响，或者符合社会公共利益的，国务院反垄断执法机构可以作出对经营者集中不予禁止的决定。第29条规定，对不予禁止的经营者集中，国务院反垄断执法机构可以决定附加减少集中对竞争产生不利影响的限制性条件。2010年1月施行的《经营者集中审查办法》（已失效）第12—14条规定，附加的限制性条件应当“能够消除或减少经营者集中具有或者可能具有的排除、限制竞争效果”。2015年1月施行的《关于经营者集中附加限制性条件的规定（试行）》（已失效）第1条规定，经营者集中附加限制性条件执法的目标是，减少集中对竞争产生的不利影响，维护相关经营者的合法权益。2020年12月实施的《经营者集中审查暂行规定》第35条规定，对于具有或者可能具有排除、限制竞争效果的经营者集中，参与集中的经营者提出的附加限制性条件承诺方案能够有效减少集中对竞争产生的不利影响的，市场监管总局可以作出附加限制性条件批准决定。由此可见，因附加限制性条件“能够消除或减少经营者集中具有或者可能具有的排除、限制竞争效果”，所以可以此为由批准本应禁止的经营者集中。附条件批准经营者集中的直接目标是，解决经营者集中“具有或者可能具有排除、限制竞争效果”的问题，以减少（或消除）经营者集中对竞争产生的不利影响，维持相关市场的竞争。

---

① 美国《克莱顿法》、欧盟第139/2004号条例及《日本禁止私人垄断及确保公平交易法》等主要司法辖区的立法均有此规定。

综上，从我国《反垄断法》及配套规章的制度设计来看，经营者集中反垄断控制制度的目标在于维持市场竞争。市场竞争是经营者集中控制制度的保护对象，是经营者集中控制制度以至于反垄断法的客体。经营者集中控制制度的价值，即客体对主体的有用性，或满足主体需要的积极意义，则需要绕过法律表面探究。

经营者集中反垄断控制是国家权力对契约自由和财产权利的直接干预，而契约自由和财产神圣不可侵犯是市场经济的基础，因此这种干预必须有足够理由，必须有超越契约自由和财产神圣不可侵犯之上的价值目标。实际上，法律制度不过是实现政治经济社会目标的工具，制定法律以维持竞争绝非为维持竞争而维持竞争。在工具层面的背后必然有其政治经济社会等更深层次或者说最终意义上的目标价值。《反垄断法》只提供了判断某些行为是否合乎要求的可操作性的法律框架，法条背后则是市场经济之理。这个理要求树立恰当的市场经济理念、把握市场经济方法论，以合乎市场经济要求的经济学来调整自己的行为，实施并实现《反垄断法》，也即某种经济学。①

通常认为，竞争包含了自由、公平、秩序和效率等法的基本价值。在不同国家的不同历史阶段，反垄断法曾分别凸显过自由、公平、秩序和效率等基本价值目标。从经济学角度来看，在不同历史时期、不同司法辖区，不同的学术流派有不同看法或侧重。美国芝加哥学派兴起后，提升经济效率、提高社会福利和消费者福利作为反垄断的终极目标，已逐步达成相当广泛的共识。自由、公平、秩序和效率虽属法的基本价值，然而试图让一部法律承担全部价值并不现实。自由更多体现在民商事法律规范中，公平更多体现在民事和反不正当竞争法律规范中，秩序则更多体现在涉及公共利益的刑事和行政法律规范中。我国《反垄断法》规定了宽泛而多元化的立法目的：一方面，这是各方意见协调妥协的结果；另一方面，也是将来满足执法实践，提高解释适用灵活性的需要。因此，在不同历史阶段多元价值目标可能分处不同位阶，需要我们作出符合时代要求的优先选择。当前形势下，我国企业面临以美国为代表的西方势力的竞争打压，提高我国企业竞争力，在全球竞争中图生存谋发展是第一要务。因此我们更需要有效率的竞争，我国《反垄断法》

① 史际春：《〈反垄断法〉与社会主义市场经济》，载《法学家》2008 年第 1 期。

的价值目标应当定位于效率。美国在20世纪六七十年代转而将反垄断目标定位于效率，即与其面临的国际竞争有关。此外，当前绝大多数国家的反垄断法秉持保护竞争、追求经济效率的价值目标。我国《反垄断法》宜顺势而为，也定位于此，与多数国家保持一致，以避免引发不必要的执法冲突。

既然将效率作为反垄断法追求的经济目标，那么有效发挥市场作用、合理配置资源、提高社会和消费者福利、保护消费者权益等，是否也得列为经营者集中反垄断控制之目标，不无讨论之必要。我们认为，这些目标诚为反垄断法所追求，但并非反垄断法律制度设计与实施的直接目标。维持竞争是法律制度层面的直接目标，这些经济学意义上的目标乃是市场竞争得以有效维持的结果，是法律制度逻辑层面延伸的目标，属于间接目标或最终目标。

对不同层面价值目标及其关系的认识，既涉及立法，也关系到执法、守法和法律解释。法律目标和经济学目标应当协调一致。经济学意义上的反垄断目标须通过科学的法律制度设计，通过实现法律制度层面上的目标得以实现。法律制度的创设系以经济需求为基础，经济基础决定上层建筑。维持与倡导有效竞争，宏观上可以确保市场机制正常有效发挥作用，从而得以合理配置资源；微观上可以保障消费者选择权，保护消费者利益。只要有效竞争得以维持，市场机制作用得以有效发挥，市场配置资源、提升经济效率、造福消费者的效果就能自然产生。提升经济效率即资源配置可以使社会所有成员得到的总剩余最大化。因此，在反垄断执法层面上，只需要考虑法律层面的直接目标、法律目标，即考虑竞争因素、维持竞争即可；在竞争因素背后的逻辑目标、间接目标、最终目标，通常不予考虑。事实上，多数最终目标也难以直接考虑，无法直接作为反垄断执法的规范依据，否则就可能混淆不同部门法之间的界限，造成法律适用上的困扰和冲突。例如保护消费者权益是《消费者权益保护法》的直接目标，经营者集中反垄断控制制度也考虑消费者权益，但两者调整的行为不同，保护的对象和方式也不同。消费者权益不是经营者集中反垄断控制的直接目标，经营者集中反垄断控制是通过维持市场竞争来保护不特定消费者的权益，是通过维持充分有效的市场竞争，确保消费者的选择权，确保消费者能以合理的价格享受更好的商品和服务。

我国《反垄断法》已经颁行，经济学意义上的目标价值应当已融入制度设计之中，此后细化相关条款只需围绕反垄断法律制度层面的目标进行即可。

这一点类似波斯纳关于效率和竞争关系的论断，即经济学意义上的目标是终极目标，法律制度层面的目标是直接目标，只不过这个直接目标更具有法律操作性，使司法和执法更为便捷。[①] 世界范围内的反垄断立法都深深打上了经济学理论的烙印，反垄断执法严重依赖经济学分析思路和分析工具。经济学意义上的间接目标对反垄断立法、执法和法律解释均具重要价值：一方面，在立法层面，创设新法律规范或填补法律规定空白，澄清含义不明确或有歧义的条款时，如果难以简单通过是否有利于市场竞争的标准判断，就可能需要进行间接目标测试；另一方面，在经营者集中反垄断控制的执行层面，经济效率和经济分析被赋予执法裁量的价值。与其他部门法不同，作为目的程式的反垄断法在条款设计上，更多体现的是立法者意欲追求的目标，未给出足够明确的行为规则和判断标准。在具体实施过程中，不得不借助经济学工具个案分析，这也是实践中往往需要律师团队和经济学家团队共同办理案件的原因。

在经营者集中竞争评估阶段，往往需要进行经济效率分析。基于基本事实，在法律层面评估竞争是否遭受减损往往限于定性评估，初步审查认为可能存在竞争问题的案件，通常需要通过经济学分析以评估经济效率是否提高，价格和创新投入是否变化及变化程度。出现这种情形的根本原因在于，经济学上的要求向法律规则的转化不彻底。《反垄断法》只为判断市场行为是否合乎市场经济要求提供了分析框架或方法，而不是为当事人和政府执法、法院司法直接提供具体的行为规范。[②]《反垄断法》对经营者集中的审查不像传统行政许可一样规定确定的许可条件，而只作出了目的程式的原则性规定，即仅表现出立法者意欲追求的目标。[③] 这导致执法机构难以直接按照《反垄断法》规定的“排除、限制竞争”审查标准判定是否予以批准，而必须借助一系列经济学工具，分析判断经营者集中对市场竞争的影响及程度。只有当拟议集中既有限制或排除竞争之效果，又不能带来超过限制或排除竞争之弊端

① ［美］理查德·A. 波斯纳：《反托拉斯法》（第2版），孙秋宁译，中国政法大学出版社2003年版。波斯纳关于效率和竞争关系的著名表述是：“效率是反托拉斯的终极目标，竞争只是一个中间目标，只不过这个中间目标常常离终极目标足够的近，使得法院不必看得更远。”

② 史际春等：《反垄断法理解与适用》，中国法制出版社2007年版，第2页。

③ 赖源河：《公平交易法新论》，台北，元照出版有限公司2005年版，第35页。

的好处时，才能认定其违法，法条本身不可能对此给出明确的答案。①

在经营者集中竞争评估阶段，允许当事方进行效率抗辩。如果当事方证明经营者集中能够带来符合法律规定的经济效率，存在竞争问题的经营者集中可能得到豁免。这包括集中带来的效率高于竞争损害而降低的效率，也包括如果维持所谓的竞争反而可能导致效率降低、福利减少及消费者利益受损的例外情形。通常情况下，诸如效率提高、福利提升、消费者权益保护与维持竞争之间存在合理的逻辑关系，具体表现为只要减少或消除经营者集中引发的竞争问题，就能够提高（至少不损害）经济效率，增进创新，提高社会和消费者福利。然而，在某些情况下，维持竞争反而可能损及反垄断的间接目标，即背后经济学意义上的效率目标。从经济学角度看，如果维护竞争不足以提高经济效率，甚至损及经济效率，那么这样的维护竞争就不可取。美国芝加哥学派即持此观点。比如波斯纳就认为，效率是反托拉斯法的终极目标，竞争只是中间目标，反托拉斯法的唯一目标应当是经济学意义上的效率，如果垄断比竞争更有效率，就不必适用反托拉斯法。② 这也是在反垄断法中创设诸多例外和抗辩的原因。在立法上，如果出现维持竞争与提高效率相悖的情形时，法律应当以例外方式列明或作出其他制度性安排；在个案处理上，除按照法律的例外规定处理外，通常允许当事方进行效率抗辩。

在直接目标即执法目标层面，经营者集中反垄断审查首要考虑竞争因素，附条件批准集中的直接目标是减少或消除反竞争影响、维持市场竞争。然而，此处的竞争是何种竞争不无争议：是公平竞争、正当竞争、自由竞争，还是有效竞争；是维持竞争、恢复竞争，还是促进竞争，均有讨论的必要。

三、公平竞争、自由竞争，还是有效竞争

（一）关于公平竞争

我国《反垄断法》第 1 条使用了“公平竞争”的措辞，据此有不少观点认为，公平竞争是经营者集中反垄断控制制度的目标。无独有偶，日本《禁

---

① 史际春、罗伟恒：《论“竞争中立”》，载《经贸法律评论》2019 年第 3 期。

② ［美］理查德 · A. 波斯纳：《反托拉斯法》（第 2 版），孙秋宁译，中国政法大学出版社 2003 年版，序言及第 2、32 页。

止私人垄断及确保公平交易法》第 1 条[①]和韩国《规制垄断与公平交易法》第 1 条[②]也都强调了"公平竞争"的立法目标。学界多有认可公平竞争是反垄断价值目标的观点。这些观点认为，反垄断法实际上是在法律衡平的基础上，对处于弱势地位的经营者予以倾向性保护，看似有违经济法公平理念，但基于经济法的平衡协调价值，这恰恰说明了反垄断法对实质公平、社会整体公平的追求，回应和保障处于相对不利经济地位的经济关系主体的经济要求，使其获得平等的发展机会和正当的经济利益。[③] 甚至有观点指出，在反托拉斯法立法初期，公平价值就已经有所体现，如对于经济权力的约束和规范，必然会有保护弱者方面的考虑，[④] 美国最早的反垄断法《谢尔曼法》就诞生于寻求公平竞争的背景之下。大多数法学文献或多或少地认可公平竞争是反垄断法追求的目标价值。在反垄断法的目标价值中抛弃公平，对法学而言存在巨大的惯性困难，因为公平正义是法律人追求的美好愿景之一，潜意识中认为垄断非法、不公平，反垄断法要保护公平竞争。

然而，问题是，反垄断的任务难道是劫富济贫吗？当前的反垄断法并不反对垄断状态本身，而是反对垄断行为，反对排除、限制竞争的垄断行为。反垄断法反对排除、限制竞争行为的原因在于，这些行为妨害了市场机制发挥作用，降低了经济效率，而当前反垄断法追求的是有效率的市场竞争。在一定程度上，垄断状态正是竞争者追求的目标，也正是对这一目标的不懈追求推动了竞争不断进行，反垄断法不惩罚通过合法竞争取得垄断状态或地位。据此，我们认为，公平竞争不应当成为反垄断法的价值目标，更不是经营者集中反垄断控制制度，包括附条件批准经营者集中的直接目标。

首先，反垄断法反对排除限制竞争的行为，包括禁止垄断协议、禁止滥

---

① 该条规定：本法通过禁止私人垄断、不正当的交易限制以及不公正的交易方法，防止事业支配力的过度集中，排除因联合、协定等方法对生产、销售、价格、技术等的不正当限制，以及其他一切对事业活动的不正当约束，促进公平、自由的竞争，发挥经营者的创造性，繁荣事业活动，增加就业及国民实际收入水平，以确保一般消费者利益并促进国民经济民主、健康地发展为目的。

② 该条规定：为了防止经营者滥用市场支配地位和过度集中，规制不正当的协同行为和非公平交易行为，促进公平、自由竞争，激励企业自主创新，维护消费者利益，实现国民经济均衡发展，制定本法。

③ 于秀林、丁成强：《反垄断法目的之再考量》，载《黑龙江省政法管理干部学院学报》2013 年第 3 期。

④ 叶卫平：《反垄断法的价值构造》，载《中国法学》2012 年第 3 期。

用市场支配地位和控制经营者集中。这固然不利于强势的竞争者，而有利于赋予弱势竞争者更多公平竞争的可能和机会，客观上起到了保护弱势竞争者的作用。然而，这只是反垄断法追求直接目标的副产品，而非反垄断法追求的直接目标本身。

其次，市场竞争本身难言公平，正是不公平推动了市场竞争。市场进入有先后，竞争的起点不公平；竞争者的财力、技术水平有差异，竞争的实力不公平；竞争者的信息不对称，竞争的机会不公平；甚至竞争的结果优胜劣汰，也不见得完全公平。市场竞争本身就是竞争者不断强化各自竞争优势的过程，也就是强化不公平性的过程。反垄断法不会也不应当禁止或限制这种市场竞争的不公平性，恰恰相反，正是这种市场竞争的不公平性才使竞争得以存在并持续推进。

再次，公平竞争注重竞争的机会均等、地位平等以及实力均衡等因素，这些因素对市场参与者而言天然不均等、不均衡。如果通过公权力干预，过分强调甚至强制这种竞争的公平性，反而可能损害市场竞争机制，降低竞争的有效性。只有不公平的竞争违反基本的商业道德，进而违反不正当竞争法等法律，或者不公平性是因公权力不当介入市场，进而违反公平竞争审查制度，才属于法律谴责的对象。然而此等情形可能并不属于狭义反垄断法的管制范畴。

最后，公平竞争调整的是竞争者之间的关系，违反公平竞争的行为往往侵害同业竞争者的利益。保护竞争而非竞争者是当前各国反垄断法秉持的理念，要求反垄断法追求公平竞争似与这一理念背道而驰。事实上，在当前各国的反垄断执法中，少见基于保护相对弱势竞争者利益而挑战经营者集中的做法。

在反垄断法的历史演进过程中，公平价值和效率价值确有一段缠斗历史。美国最早的《谢尔曼法》就产生于保护中小业者和消费者的背景，有强烈的追求公平价值的因素。芝加哥学派兴起后，美国的反托拉斯经济分析通常无视公平价值，芝加哥学派认为即使公平价值应被正视，那也是反垄断法以外其他法律制度如税法需要考虑的问题。因此，才有波斯纳等学者得出效率价值应该是反托拉斯法唯一的价值目标的结论。①

当然，部分经营者达成垄断协议、滥用市场优势地位或者实施集中，可能会损害其他竞争者特别是其他弱势的竞争者的利益，从而造成或加剧经营者之间竞争的所谓不公平性。然而，反垄断法乃公权力直接干预市场秩序的法律，其定位不在于调整解决经营者之间的竞争关系，竞争者不能据此取得私权意义上的损害赔偿请求权。该等损害如有法律救济之必要，应由其他法律承担，例如公平竞争法、反不正当竞争法等。此外，在经营者集中反垄断控制制度的效率价值目标设计中也存在公平因素的考虑，主要体现在间接目标价值究竟是社会福利还是消费者福利，不同的解决方案是在消费者和经营者之间考虑公平因素寻求利益平衡。然而，这均不涉及公平竞争问题。

（二）关于自由竞争

我国《反垄断法》未提及保护自由竞争，但不少司法辖区的反垄断法都规定了自由竞争。日本《禁止私人垄断及确保公平交易法》第1条和韩国《规制垄断与公平交易法》第1条均规定要“促进公平、自由的竞争”，把自由竞争和公平竞争并列。巴西《反垄断法》第1条规定：“本法规定的反垄断措施与如下的宪法原则保持一致：企业自由和公开竞争，财产的社会功能，消费者的保护和限制经济权力的滥用。”有些司法辖区的反垄断法虽未规定自由竞争，但提及经营或交易自由的内容。例如印度《竞争法》在前言中规定：“为了本国经济发展，建立一个预防对竞争造成负面影响行为的委员会，以促进和维护市场竞争，保护消费者权益并保证其他市场参与者的交易自由。”保加利亚《保护竞争法》第1条规定：“本法旨在保护和促进经济活动中的竞争秩序和经营者自由。”与公平竞争一样，国内学者也多有认为反垄断法旨在促进自由竞争、维护公平竞争的观点。②

古典自由竞争理论主张完全放任的自由竞争，认为自由竞争下的市场机制是最佳的经济调节机制，国家应当实行放任自由的经济政策，取消政策或法律对私人经济活动的限制监督，反对政府对经济活动的任何干预。显然，这个意义上的自由竞争是国家经济管制政策选择层面上的问题，而非反垄断

---

① 叶卫平：《反垄断法的价值构造》，载《中国法学》2012年第3期。

② 史际春：《〈反垄断法〉与社会主义市场经济》，载《法学家》2008年第1期。

法价值目标层面上的问题。一般理解，自由竞争是指市场主体可以自由地进行资本投入、转移和商品买卖，实质是自由地追逐剩余价值的竞争。① 此意义上的自由竞争囊括了市场主体参与竞争的各个方面，包括准入、投资、运营、交易、退出等。

如果把自由竞争理解为准入自由，即经营者能够自由进入某些领域或市场，包括资本的投入、转移以及退出等，这属于市场进入障碍或准入管制的范畴。在广义上，市场进入管制也可纳入竞争政策的范围。竞争政策要求减少政府对市场进入的管制，包括对国外资本进入的管制，也包括对所有资本的进入管制。市场进入管制不属于狭义反垄断法调整的领域，经营者集中反垄断控制制度不能以此为价值目标。如果垄断行为提高了市场进入门槛，人为设置了市场进入壁垒，则可能损害市场准入意义上的自由竞争。例如具有排除、限制竞争效果的经营者集中实施后，集中后实体可能人为设置或提高市场进入门槛，妨碍潜在竞争者进入市场，从而损害市场竞争。这是经营者集中反垄断控制制度以至于反垄断法力图避免的情形，但把经营者集中反垄断控制制度追求的目标局限于此，显然过于狭窄了。

如果把自由竞争理解为竞争者的经营和交易自由。经营自由，通常指经营者根据自身和市场情况，确定公司治理结构、人事安排，决定研发、生产和营销安排等，这似属于企业自主经营权范畴。交易自由，通常指经营者根据自己的利益和意志参与或者不参与以及如何参与市场交易，这似属合同法范畴。我国《民法典》第 5 条规定，民事主体从事民事活动，应当遵循自愿原则，按照自己的意思设立、变更、终止民事法律关系。一般认为，合同自由包括当事人有缔结合同的自由、选择合同相对人的自由、决定合同内容的自由、变更解除合同的自由、选择合同方式的自由以及选择补救方式的自由等。显然，以经营自由和交易自由为内容的自由竞争并非反垄断法调整的范畴，更非反垄断法追求的目标价值。尽管经营者的经营自由和交易自由确可能因垄断行为而遭到限制，例如经营者不得不接受垄断经营者捆绑销售的要求，下游客户或消费者不得不接受集中后垄断实体质次价高的产品或服务。然而，这些内容存在于具体交易之中，发生在经营者与上下游客户之间，而

---

① 周欣怡：《论自由竞争和公平竞争的区别》，载《法制博览》2016 年第 5 期。

非发生在竞争者之间，似无涉竞争自由问题。

综上，自由竞争至少上述意义上的自由竞争，不能作为反垄断法、经营者集中反垄断控制制度特别是附条件审批经营者集中的直接目标。传统民法，特别是合同法解决的是形式上的公平和自由问题，反垄断法解决的则是实质上的公平和自由问题。传统民法抽象出不受民族、种族、性别、经济实力等限制的民事主体概念，民事主体具有独立、平等的法律人格，生产者、经营者、消费者都是民事主体。抽象的民事主体打破了封建专制下的人身特权，是适应市场经济的法律制度设计。然而，随着市场经济的发展、市场力量的集中和垄断的出现，垄断的经济特权出现了。在垄断特权下，尽管仍然维持形式上竞争以及契约上的公平和自由，但经营者已无力与垄断者开展实质竞争，消费者已无力讨价还价。垄断披着形式上平等、公平和自由的外衣，无情地嘲弄着现实世界。[①] 现实呼唤实质上的公平和自由，反垄断法就是公权力对市场进行干预，以实现这种公平和自由的法律工具。通过施行反垄断法，确保市场竞争能够给经营者施加必要的压力，在这种压力下经营者不得不勤勉经营，不得不善待消费者。最终，在经营者、消费者和社会整体之间形成良好的互动和平衡。这种意义上的竞争就是有效竞争。

（三）关于有效竞争

各国反垄断立法文件中少有规定有效竞争，然而更多观点认为，有效竞争是包括经营者集中反垄断控制制度在内的反垄断法律制度的价值目标。有效竞争是美国经济学家 J. M. Clark 针对完全竞争概念的非现实性提出来的。完全竞争理论围绕市场均衡理论和价格理论形成，将完全竞争静态均衡作为理想的市场状态，追求社会福利最大化即帕累托最优。然而，完全竞争理论建立在一系列基本假定之上，包括生产技术不变、需求结构和收入不变、生产者和消费者都是经济人、参与者具有完全信息、生产要素和产品具有完全流动性、供求双方能够对市场变化作出迅速反应等等。这些假定条件太过苛刻，在现实生活中不可能存在，以完全竞争理论为基础的竞争政策在现实经济中根本无法实现。[②]

---

① 李剑：《论反垄断法的价值取向》，载《法制与社会发展》2008 年第 1 期。

② 参见王先林：《竞争法学》（第 3 版），中国人民大学出版社 2018 年版，第 11 - 13 页。

20 世纪 50 年代，经济学家 Clark 提出了有效竞争概念，指出完全竞争既不存在也不可能，并且可能从未存在，竞争政策的目标应当是使竞争有效而不必然是完全的，完全竞争既不能达到也不需要，反垄断政策应努力促进有效竞争。即便我们拥有或能够拥有的最有效的竞争形式并不完美，我们也无计可施，因为世界上再没有其他竞争形式。① 所谓有效竞争是由“领先行动”和“跟随反应”这两个过程交替构成的无止境的动态的竞争，这样不断交替变换的过程构成了有利于提高社会整体福利的有效竞争。② 只有注重追求竞争的有效性，确保经营者之间真正开展竞争，才能发挥市场竞争机制的作用，优胜劣汰，发挥市场最佳配置资源的作用，才能内在地督促经营者不断提高效率，不断创新，提供更优质的产品和服务。尽管公平竞争、自由竞争、正当竞争均有其重要价值和存在意义，但均非反垄断法直接追求的目标，竞争的有效性才是反垄断法一切努力所期望达成的终极效果。③

事实上，欧委会发布的《关于可接受的救济措施的通告（2008）》就明确使用了有效竞争（effective competition）的概念。通告第 20 段规定，欧委会可根据第 139/2004 号条例第 8 条第 5 款 b 项采取适当临时措施维护有效竞争的条件（maintain conditions of effective competition）；第 22 段规定，如果拟议集中可能严重阻碍有效竞争，除禁止集中外，最有效的维护有效竞争的方法是剥离并购方资产，创造条件以产生新的竞争实体或加强现有竞争者的竞争力；第 45 段规定，委员会不能承担最终无法维持有效竞争的风险。德国意识到完全竞争的主张不现实后，其《反限制竞争法》明确采纳了有效竞争，事实上，该法无论是名称还是内容都表明其反对限制竞争、追求有效竞争。

我国有关的顶层政策和《反垄断法》制度设计强调的也是有效竞争。中国共产党十八届三中全会提出，要使市场在资源配置中起决定性作用。市场能否担此重任主要取决于市场竞争的有效性而非自由性或公平性。④ 我国《反垄断法》反对的是排除、限制竞争，此处的排除竞争是导致竞争弱化或消失，引

① See J. M. Clark, *Readings in the Social Control of Industry*, 1949, p. 453, 454.

② See J. M. Clark, *Competition as a Dynamic Process*, Washington, D. C.: Brookings Institution, 1961.

③ 王日易：《论反垄断法一般理论及基本制度》，载《中国法学》1997 年第 2 期。

④ 叶军：《试论我国反垄断定位和对策建议》，载《竞争政策研究》2019 年第 6 期。

发有没有竞争的问题；限制竞争是导致竞争范围程度、烈度等缩小下降，竞争者之间相互制约、相互促进的效果削弱，竞争的有效性降低。早在二十余年前，我国专家即呼吁，根据我国经济体制改革的目标和现实的市场条件，我国竞争政策和反垄断法的目标模式应当是有效竞争。同时指出，在有效竞争的市场模式下，竞争被视为一种长期的激励机制，是一个生机勃勃的你追我赶的过程，有效竞争的市场结构不是靠市场自然形成的，而要靠国家有意识地运用政策或法律引导，[①] 而反垄断法正是国家主动引导市场呈现有效竞争状态的法律工具。

四、维持竞争、恢复竞争，还是促进竞争

附条件批准经营者集中的目的究竟是维持竞争、维护竞争、保护竞争，还是恢复竞争，这些语义类似又有些许差别的词汇多半源于英文翻译，而并非国产的反垄断法法律术语。由于我国此前没有类似的法律体系，缺乏原产的法律术语，对这些关键英文词汇的翻译，往往很难找到非常合适的中文表达方式。即便找到类似的中文词汇，也需要追根溯源到英文法律术语，以便能更精准地理解其原义，赋予相应中文术语精准的含义。

美国司法部和联邦贸易委员会的指南文件多用 preserving competition、restoring competition、preserving or re – creating the competitive status quo、maintain or restore competition 的措辞。例如，美国司法部反托拉斯局在 2011 年救济指南的前言中称，反垄断局评估救济措施的主要标准是，一项成功的合并救济必须有效维持相关市场的竞争，这也是合并控制的主要目标。[②] 此处使用了“preserving competition”的措辞。该指南通过脚注方式对该措辞进一步解释：为表述便利，指南全文使用“维持竞争”（preserving competition）的概念，它应当被理解为基于交易的特定事实和提议的救济措施恢复竞争（restoring competition）或提升消费者福利的概念。例如，对那些已经完成的合并，反垄断局将寻求一项有效恢复相关市场竞争（effectively restore competition）

---

① 王晓晔：《有效竞争——我国竞争政策和反垄断法的目标模式》，载《法学家》1998 年第 2 期。

② The touchstone principle for the Division in analyzing remedies is that a successful merger remedy must effectively preserve competition in the relevant market. That is the appropriate goal of merger enforcement. See U. S. Department of Justice, *Antitrust Division Policy Guide to Merger Remedies*, 2014, p. 4.

的救济措施，包括适时彻底解除交易。[①] 又如，美国联邦贸易委员会竞争局 2012 年声明在“拟议的剥离”中规定，救济措施应通过维持或重建竞争状态（preserving or re－creating the competitive status quo）的方式，立即消除合并产生的竞争问题并将风险降到最低。[②] 如果执法人员确定很可能产生反竞争效应，将与各方讨论所了解的情况及其认为可接受的救济措施，救济措施必须包括维持或恢复受合并影响的市场的竞争（maintain or restore competition）。[③]

欧委会则多使用 maintain conditions of effective competition 或 maintain effective competition 等措辞。例如欧委会《关于可接受的救济措施的通告（2008）》第 20 段规定，欧委会可根据第 130/2004 号条例第 8 条第 5 款 b 项采取适当的临时措施维护有效竞争（maintain conditions of effective competition）的条件；[④] 第 22 段规定，如果拟议集中可能严重阻碍有效竞争，除禁止集中外，最有效的维护有效竞争（maintain effective competition）的方法是，通过剥离并购方资产的方式，创造条件以产生新的竞争实体或加强现有竞争者的竞争力；[⑤] 第 45 段规定，欧委会不会采取任何轻率冒险的行动，以确保有效竞争得以维持（effective competition will be maintained）。[⑥]

综合美欧反垄断执法机构的指南文件，竞争的修饰词主要是 preserve、restore、re－create、maintain 等。Preserve 意指保护、保持、维护、维持……的

---

① For simplicity of exposition, this Policy Guide uses the phrase “preserving competition” throughout, which should be understood to include the concept of restoring competition or enhancing consumer welfare, depending on the specific facts of the transaction and its proposed remedy. For example, in the case of consummated mergers, the Division will seek a remedy that will effectively restore competition to the relevant market, including, when appropriate, completely unwinding a transaction.

② Such a remedy will most immediately eliminate the competitive problems created by the merger by preserving or re－creating the competitive status quo, and it entails the least amount of risk.

③ If staff determines that anticompetitive effects are likely, it will discuss with the parties what it has learned and what it believes an acceptable remedy must include to maintain or restore competition in the markets affected by the merger.

④ In such circumstances, the Commission may, first, take interim measures appropriate to maintain conditions of effective competition pursuant to Article 8（5）（b）of the Merger Regulation.

⑤ Where a proposed concentration threatens to significantly impede effective competition the most effective way to maintain effective competition, apart from prohibition, is to create the conditions for the emergence of a new competitive entity or for the strengthening of existing competitors via divestiture by the merging parties.

⑥ In such circumstances, the Commission cannot take the risk that, in the end, effective competition will not be maintained.

原状、保持原状；restore 意指修复、恢复、使复原；re－create 意指重建；maintain 意指维持、保持。各国反垄断执法机构附条件批准经营者集中的前提是，其认为拟议经营者集中具有或者可能具有排除、限制竞争的影响，附条件的直接目的当然是减轻或消除这些反竞争影响，以便在拟议经营者集中实施后，市场竞争不会遭到实质损害。正如有学者主张的，附条件的直接目的是预防竞争条件不当变动，预防有效竞争过度受损。[①] 英国竞争委员会 2008 年发布的《合并救济指南》直接反映了这一点，该指南指出，如果竞争委员会认为，经营者集中已导致或预期可能导致实质性减损竞争（a substantial lessening of competition，SLC），则需要决定是否采取救济措施，以减轻或防止 SLC 或 SLC 产生的任何不利影响，[②] 委员会将会寻求其认为有效的，成本最低干预最少的救济措施解决 SLC 和 SLC 导致的不利影响。[③]

所谓维持、保持竞争系指维持、保持拟议集中实施前的竞争状态不因实施拟议集中而遭到实质损害；修复、恢复、复原、重建竞争系指市场竞争因实施拟议集中而遭到实质损害，附条件的目的是修复、恢复、复原、重建遭到实质损害的竞争。从这个意义上，维持、保持竞争似乎比修复、恢复、复原、重建竞争更为合适。特别是在我国采取经营者集中反垄断事前申报审查制度，竞争损害是预先评估出的，决定附加条件时，竞争损害尚未发生，附加条件是预防可能发生的竞争损害，以维持既有竞争水平不会实质减损，而非恢复、修复已经遭受损害的市场竞争。当然，在事后审查的语境下，由于经营者集中已经实施，竞争损害可能已经发生，采取救济措施的目的是修复、恢复、复原、重建已经遭到损害的竞争。除此之外，在事前申报审查体系下，对未依法申报、未经批准就实施的经营者集中采取救济措施，也可以使用修复、恢复、复原、重建竞争的说法。

促进竞争是否为附条件批准制度追求的目标不无疑问。通常认为，经营者集中反垄断审查的目标，仅限于确保市场竞争不因实施拟议集中而导致水

---

① 韩伟：《经营者集中附条件法律问题研究》，法律出版社 2013 年版，第 30－35 页。

② Competition Commission, *Merger Remedies: Competition Commission Guidelines*, November 2008, Pra. 1.6.

③ Competition Commission, *Merger Remedies: Competition Commission Guidelines*, November 2008, Pra. 1.7.

平降低，并不负有促进市场竞争、通过附加条件提升现有市场竞争水平的使命。从各国有关法律法规和指南文件的规定来看，尚未见有促进或提升市场竞争水平的相关规定。但也有个别反垄断执法机构寻求的不仅要维持集中前的竞争，而且要提升竞争水平。[①] 此前，美国反垄断执法机构在具体案例中适用救济措施，不仅追求维持集中前的竞争，还希望促进和提高集中后的竞争水平。例如，在 Robert Bosch GmbH 案[②]中，美国联邦贸易委员会不仅要求 Bosch 剥离其 ACRRR 业务以解决横向集中的竞争问题，还采取了额外的行为救济措施，以解决之前发生的与拟议收购无关的专利授权问题。[③]

此外，实行事前强制申报的国家，对那些达到申报标准，未予申报即行实施的，或者已经申报但未经批准或等待期尚未届满之前即行实施的，执法机构有权进行事后查处。如果调查表明存在反竞争影响，执法机构有权责令恢复到交易实施前的状态，或者附加条件。此种情况下，附加条件的直接目标就不再是维持、保持当时的竞争水平，而是使竞争水平恢复到集中实施前

---

① Catherine Fazio, *MERGER REMEDIES: THE GREATER USE BY THE DOJ AND FTC OF AN EXPANDING TOOLKIT*, Thomson Reuters / Aspatore, 2013 WL 3773855, June, 2013.

② Analysis of Agreement Containing Consent to Aid Public Comment, In re Robert Bosch GmbH, 77 Fed. Reg. 71, 593 (Dec. 3, 2012), https://www.federalregister.gov/documents/2012/12/03/2012-29031/robert-bosch-gmbh-analysis-of-agreement-containing-consent-orders-to-aid-public-comment.

③ 在该案中，收购方 Bosch 是 ACRRR 设备（汽车用空调制冷剂循环存储加注器）的第二大供应商，拥有 10% 的市场份额；目标公司 SPX 是 ACRRR 设备的第一大供应商，市场份额超过 80%。美国联邦贸易委员会认为，拟议集中将消除双方的直接竞争，创造一个市场份额达 90% 近乎垄断的公司，集中后实体可能导致包括汽车修理厂和技术人员在内的消费者为 ACRR 设备支付更高价格。该案和解令要求，Bosch 剥离其 ACRRR 业务有关的资产给其他拥有类似客户群的汽车设备领先供应商，剥离资产须包含相关知识产权及与 ACRRR 业务相关的合同和保密信息。同时，和解令还采取了额外的行为救济措施，以解决 SPX 之前发生的与拟议收购无关的问题。此前，SPX 在参加标准制定过程中曾承诺：披露其是否拥有标准必要专利；将这些专利免费授权或按照 FRAND 原则授权。事实上，SPX 参加标准制定前就已发起针对竞争者的诉讼，指控后者侵犯其标准必要专利，SPX 参加标准制定后仍继续该诉讼。联邦贸易委员会认为，SPX 从事反竞争行为，要求 Bosch 公司免费授权这些标准必要专利。通过这些行为救济，联邦贸易委员会似乎不仅希望维持合并前的竞争，还要提高合并后的竞争水平。尽管 SPX 违反 FRAND 承诺与拟议集中没有直接关系，但美国联邦贸易委员会认为对此进行行为救济是必需的。对违反 FRAND 承诺要求免费授权的行为救济并不常见，此次 Bosch 公司不仅要免费授权给剥离资产的买家 Mahle，同时还要授权给市场上的其他所有竞争者，确保救济的公平性。联邦贸易委员会认为，鉴于 SPX 此前反竞争行为造成的市场影响，仅维持现状不可接受。如果 SPX 遵守了 FRAND 承诺，其本可以以一定费用授权，现在强制要求 Bosch 向整个市场免费提供 SPX 的标准必要专利，可能会使 ACRRR 市场比合并前更有竞争性。

的状态。在那些实行自愿申报、事后申报制度的国家，有些集中交易仍会在实施前申报，但在实施后申报也符合法律规定，只不过事后申报的当事人要承担执法机构反对集中的后果。这些后果包括责令集中恢复到实施前的状态，包括对已经实施的集中附加限制性条件。此种情况下，附加限制性条件的直接目标就是使竞争水平恢复到集中实施前的状态。

五、竞争水平是否必须不低于集中实施前

（一）各国的审查标准

附条件必须能够解决拟议经营者集中存在的竞争问题已是各界共识。理论上，只要救济措施能够解决竞争问题，即可视为达到了维持竞争的目标。拟议经营者集中存在的竞争问题，各司法辖区的表述略有不同。美国秉承的标准是“实质削弱竞争”（Substantial Lessening of Competition，SLC）；欧盟、德国和澳大利亚等早期坚持“导致或强化支配地位”（Market Dominance，MD），目前已基本调整为“严重阻碍有效竞争”（Significantly Impedes Effective Competition，SIEC）；我国《反垄断法》中采取的是“排除、限制竞争”的措辞。无论是“实质削弱竞争”“严重阻碍有效竞争”，还是“排除、限制竞争”，都是概括性的描述，缺乏精确的量化指标。

与其说这些描述是经营者集中反垄断审查的标准，倒不如说这是“目的程式”的原则规定，因为这些所谓“标准”没有为市场主体提供一套严格遵循的行为指引。[①] 上述表述只体现了立法者意欲追求的目标，而非可以据此明确判断的审查标准，法条本身未能给出明确的答案。[②] 在实施过程中，通常需要借助一系列经济学工具进行个案分析，并在分析基础上综合权衡利弊，判断是否为反垄断法所容忍。尽管对这种目的程式的案件处理，法律规定了更长的审查期限，更宽松的自由裁量空间，对执法机构及其执法人员的专业素质和品行提出了更高要求，但在判断救济措施是否以及在多大程度上解决了竞争问题上，仍然具有较大的或然性。事实上，任何一项横向经营者集中都会减少市场上的竞争者，都会对市场竞争产生一定程度的影响，该等影响是

① 史际春等：《反垄断法理解与适用》，中国法制出版社2007年版，第2页。
② 史际春、罗伟恒：《论“竞争中立”》，载《经贸法律评论》2019年第3期。

否可以为法律和执法机构容忍和接受，只能基于此前和当前的事实预判。如果对市场竞争的影响超出了法律和执法机构的容忍和接受程度，则被视为实质损害竞争，就必须予以禁止或者附加条件。

（二）解决竞争问题的情形

执法机构接受的救济措施可能有如下情形：一是救济措施部分解决竞争问题，虽然拟议集中实施后仍有竞争减损，但属于可以容忍之范围；二是救济措施能够完全杜绝竞争问题，拟议集中实施前后，市场竞争状态保持不变；三是采取救济措施的效果超出预期，尽管拟议集中可能引发反竞争影响，但因采取的救济措施得当，市场竞争状况甚至比拟议集中实施前更好。维持市场竞争作为救济措施追求的目标，恐怕只能作为指导性原则适用，而非用以精确度量的尺子。拟采取的救济措施满足上述哪种情形才符合维持市场竞争的要求，需要综合考虑相关市场的竞争状况、拟议集中可能引发的竞争损害、救济措施消除反竞争影响的可能性等各方面因素，判断拟议集中实施后相关市场的竞争相较于实施前是否为法律和执法机构所容忍。

理论上，“维持竞争”的目标要求拟采取的救济措施，能够使拟议集中实施后的市场竞争水平不低于拟议集中实施前即可。由于在实践中精确地评估测试非常困难，法律不得不给执法机构预留一定的弹性空间。例如，我国《反垄断法》第29条规定，对不予禁止的经营者集中，国务院反垄断执法机构可以决定附加减少集中对竞争产生不利影响的限制性条件。该条采用了“减少”，而非“杜绝”或“排除”的措辞，至于能够将“对竞争产生不利影响”减少到何等程度，法律授权执法机构裁量。在具体案件中，执法机构接受的救济措施可能有三种情形：一是使竞争水平在拟议集中实施后有所降低；二是前后基本保持一致；三是之后比之前有所提高。

第二种情形比较容易理解，也更容易为各方所接受。对于第一种情形，则要求执法机构全面平衡集中对竞争以及社会公共利益产生的有利影响与竞争水平减损之间的关系，把市场竞争的减损水平控制在可接受范围内；对于第三种情形，则存在更多争议，有观点认为执法机构可能超越或滥用了执法权限，侵害了集中当事人的权益。我们认为，原则上，执法机构不应主动追求通过采取救济措施取得比拟议集中实施前更高水平的市场竞争，但执法机构可以接受当事方主动提出的此类救济措施；执法机构也可以在没有更优选择方案的情况下，主动提出此类救济措施；甚至在特别情况下，执法机构基于当前相关市场的竞争状况、集中当事人此前的市场竞争行为等因素考虑，追求更苛刻的救济措施，以使拟议集中实施后市场竞争水平变得更高。[①] 当然，集中当事人可以接受此类更为苛刻的条件，也可以选择放弃交易，或者与执法机构对簿公堂。美国反垄断执法机构办理的 Robert Bosch GmbH 案就是典型的具体案例，在该案中，鉴于 SPX 此前的反竞争行为造成的市场影响，联邦贸易委员会认为仅维持现状不可接受，拟采取的救济措施不仅追求维持集中前的竞争，还希望促进和提高集中后的竞争水平，使相关市场比合并前更有竞争性。从这个角度讲，上述三种情形都符合法律规定。

（三）我国应当秉持的原则

尽管如此，我们认为，执法机构不宜积极追求拟议集中实施后更高的竞争水平作为维持竞争原则的内容。主要理由在于：一是从经营者集中反垄断控制制度创设的初衷来看，采取救济措施的目的，是确保实施拟议集中不会过度减损市场竞争，未包括通过采取救济措施改善当前市场竞争水平的要求。二是从我国《反垄断法》的规定来看，附条件的目的是“减少”集中对竞争产生的不利影响，尽管没有明确规定减少的程度，但毕竟不能理解为减少负面影响以致增加正面影响的程度。三是从经营者集中反垄断控制的逻辑来看，执法机构对拟议集中的竞争影响评估，对救济措施有效性、及时性和可操作性的评估，都建立在一系列假设和预判基础之上，缺乏明确的量化标准，具有很强的主观性。这对执法能力提出了很高的要求，执法机构试图通过救济措施改善现有市场竞争要谨慎为之。四是经营者集中反垄断控制制度是公权力合法干预市场的重要手段，其前提是市场失灵，公权力介入市场纠偏。纠偏无须过正，否则可能导致公权力介入市场过多，不仅没有合理解决市场失灵问题，还可能加剧政府失灵。政府行为的缺陷至少与市场一样严重，自由放任的不足并非任何时候都能由政府干预弥补，后者不可避免的弊端甚至可能比私人企业的缺点更加糟糕。[②] 在执法机构能力建设不足的情况下，尤其要

---

① 从避免法律风险的角度，谨慎的执法机构通常不会主动提出更为苛刻的要求，而是倾向于否决当事方提交的解决方案，迫使当事方主动提出更优方案。

② ［美］查尔斯·沃尔夫：《市场或政府：权衡两种不完善的选择/兰德公司的一项研究》，谢旭译，中国发展出版社 1994 年版，第 15 页。

警惕执法权滥用问题。五是作为反垄断法的具体制度之一，经营者集中反垄断控制原则上只解决拟议经营者集中带来的竞争问题，相关市场上既存的竞争问题应当由其他制度解决。例如，集中一方当事人是相关市场上具有市场支配地位且滥用市场支配地位的企业，其滥用支配地位的问题应通过禁止滥用市场支配地位制度解决。不能通过禁止经营者集中的方式解决此前存在的滥用市场支配地位问题，否则容易造成不同制度间适用范畴的冲突和混乱。

综上，原则上，执法机构应当坚持维持竞争原则，不追求拟议集中实施后更高的竞争水平。从制度设计和实施层面，允许执法机构接受当事方自行提出的更高要求的救济措施；允许当事方拒绝执法机构更苛刻的救济措施提议，并确保当事方享有司法救济的权利。在个案办理过程中，执法机构要平衡好原则性和灵活性的关系，谨慎执法、自我约束。

自由、公平、秩序和效率都是法的基本价值。竞争包含自由、公平、秩序和效率这些法的基本价值，在不同国家的不同历史阶段，反垄断法曾分别凸显过某一方面价值，然而反垄断法追求的目标并非一成不变。当前形势下，我国《反垄断法》的价值应定位于效率，我们最需要的是有效率的竞争。主要理由在于：第一，自由、公平、秩序和效率是法的基本价值，试图让一部法律承担全部价值不现实。自由、平等更多体现于民商事法律；公平更多体现于民事和反不正当竞争法律；秩序则更多体现于涉及公共安全的刑事和行政管理等方面的法律。第二，我国《反垄断法》第1条规定的立法目的与诸法一样包罗万象。立法条款规定了宽泛多元化的立法目的，一方面是各方意见协调妥协的结果，另一方面是将来根据实践需要有所侧重作出不同解释适用的需要。这不意味着这些多元的价值目标处于同等位阶，同等重要。在某些案件中，这些多元价值可能相互冲突，必须作出哪个更为优先的选择。第三，全球市场下我国企业面临西方的竞争挤压，提高我国企业竞争力，在全球竞争中得以生存发展是第一要务。美国历史上，在六七十年代转而将反垄断法的目标定位于效率，即与当时面临的国际竞争有关。第四，与美欧主要西方发达国家一致，避免引发不必要冲突。目前，欧美等绝大多数国家的反垄断法秉持保护竞争追求经济效率的价值目标。我国《反垄断法》也可定位于此，顺应国际潮流，顺势而为。

第二节　附条件批准经营者集中的性质

在不同司法辖区和不同执法机制下，对附条件批准经营者集中的性质有不同解读。世界范围内，美国属于以司法裁决为中心的反垄断执法体制，包括欧盟、日本和韩国等司法辖区均属于典型的以行政裁决为中心的反垄断执法体制。根据我国《反垄断法》及执法实践，我国应属后者，我国的附条件批准性质上属于具体行政行为。从法律角度认识分析附条件批准经营者集中应以此为出发点。

一、以法院为中心的司法裁决模式

对并购采取救济措施，尤其是司法部办理相关案件时，美国法院发挥了重要作用。美国司法部作为反垄断执法机构是政府的执行机构（executive agency），本身无权禁止或附条件批准拟议集中，仅可代表政府以原告身份向联邦地区法院提起诉讼，请求法院禁止拟议集中，或请求法院批准司法部与当事方达成的和解协议。司法部如果选择诉讼途径请求法院禁止拟议集中，需要承担较重的举证责任且有败诉的风险，因为只有法院作出的司法裁决才具有执行力，法院有可能支持、也有可能不支持司法部的请求。如果司法部就如何解决拟议集中存在的竞争问题与当事方达成一致的解决方案，则可以通过和解协议（consent decree）的方式解决。具体而言，首先，根据《特尼法案》,[①] 基于解决方案作出的和解协议及相应的竞争影响分析报告，须在联邦纪事（Federal Register）上公布并进行60日公示；其次，向联邦地区法院提交这些材料，并由法院判断是否符合公共利益，以得到法院认可。[②] 绝大多数情况下，法院都会尊重司法部的专业性，但不能认为法院当然认可司法部的和解协议。尽管和解协议被法院否决的可能性很小，但在历史上确有因法

---

① Antitrust Procedures and Penalties Act（Tunney Act）, 15 U. S. C. § 16.

② U. S. Department of Justice Antitrust Division：*Antitrust Division Manual*, Fifth Edition, November 2012, p. Ⅳ -53.

院反对而致司法部撤销和解协议的记录。①

美国联邦贸易委员会是依法设立的独立委员会，相比司法部有更独立的执法权，但在采取救济措施时也在一定程度上依赖法院。如果申报方和委员会竞争局达成和解协议，竞争局会将包括行政起诉状、包含救济措施的拟议同意令、监督协议在内的案卷提交委员会投票表决。只要满足简单多数赞成票，且遵守类似司法部的公布和公示要求，② 在公众评论期内无异议，即可按照最终同意令（Final Consent Order）的要求交割，同意令通常不需要法院批准，③ 只有在受到挑战时才交由联邦法官复核（review）。④ 如果无法达成和解协议，并决定挑战拟议集中，竞争局也会将行政诉状提交委员会投票表决。只要满足简单多数赞成票，就可以向委员会内部的行政法官提交行政诉状，同时向联邦地区法院申请临时限制令（Temporary Restraining Order）和初步禁令（Preliminary Injunction），目的是阻止拟议交易在行政法官开庭前实施。行政法官开始的行政程序（administrative litigation process）类似诉讼程序，竞争局律师出庭与申报方庭辩，由行政法官裁决。如果行政法官决定发布永久禁令（Permanent Injunction）禁止拟议集中，申报方可以向委员会会议（Panel Meeting）上诉，委员会会议通常不会推翻永久禁令。理论上，申报方可以将委员会支持永久禁令的决定上诉至联邦巡回上诉法院，但实践中极少有当事方这么做。

从美国的做法特别是司法部的执法来看，美国法院在采取救济措施问题上发挥了很大作用。在此执法机制下，如果执法机构与申报人就解决反竞争问题的救济措施达成一致，通常会要求申报人提交承诺文件，由执法机构与申报人就承诺内容签署协议，但协议不具有强制执行的效力，只有当协议在

---

① 1995 年，哥伦比亚地区法院在依据《特尼法案》举行的听证会上，Sporkin 法官就对司法部提交的和解协议是否符合公共利益标准表示严重质疑，最终驳回了司法部的请求。See United States v. Microsoft Corp. , 159 F. R. D. 318 (D. D. C. 1995).

② 如果委员会批准了和解协议的内容，会在其网站和联邦纪事上公布起诉书、和解令以及有助于公众评议的分析文件，公众评论期将持续 30 天。参见：[美] 伊莲 · K. 格茨主编：《美国并购审查程序暨实务指南》（第 3 版），李之彦、王涛译，北京大学出版社 2011 年版，第 263 - 264 页。

③ 联邦贸易委员会是国会设立的机构，与隶属于白宫的司法部不同，联邦贸易委员会可独立作出决定。

④ Logan M. Breed & David J. Michnal, *Merger Remedies: The DOJ'S new guide to old differences with the FTC*, Antitrust, 2005.

指定公报上公示无异议且报法院备案批准后才发生法律效力。因此，在此执法机制下，对经营者集中采取救济措施实质上是执法机构和申报人就拟采取的条件合意的结果，形式上则不仅是执法机构和申报人之间的合意，还是履行司法程序的结果。从最终文件的法律效力来源看，则主要是履行司法程序的结果，而不是源于直接行使行政权力的行政审查决定，也不是执法机构与申报人之间的合意。从最终意义上看，反垄断执法机构只是具体专业事务的操作者，法院才是最终的决定者，是司法裁决赋予救济措施以法律执行力。

二、以行政为中心的行政决定模式

欧盟和我国是以行政执法为中心的典型代表。在欧盟，欧委会（竞争总司具体负责）主要通过行政决定的方式决定并实施各种不同的解决方案，属于典型的以行政决定为中心的执法机制。在我国，2018 年之前是商务部（反垄断局），目前是市场监管总局（反垄断局）以行政审查决定方式作出附条件批准决定，也属于典型的以行政决定为中心的执法机制。

在以行政决定为中心的执法体制下，欧委会一旦认可申报人提出的解决反竞争问题的救济措施，或者就救济措施商谈达成一致，会将其纳入附条件批准的决定中，并以行政决定的执行力确保其得以执行。通常情况下，欧委会的附条件批准决定一旦作出即可生效，当事人即可实施集中，但须在附条件批准决定规定的时间内，将剥离资产转让给欧委会批准的买方，或者按照规定履行其他条件和义务。在采取先行修正的情形下，如果欧委会认可当事人提出的先行修正方案，会在先行修正方案的基础上作出附条件批准决定，先行修正方案内化为欧委会附条件批准决定的内容。在采取买家前置的情形下，剥离义务人承诺，在与买方就剥离资产达成有约束力的协议前，不会实施集中交易，如果欧委会接受该承诺，则会据此作出附条件批准决定，决定一旦作出即可生效，但当事人不得实施集中，直到找到欧委会认可的买家并与之签署有约束力的转让协议。

在以行政决定为中心的反垄断执法机制下，无论是无条件批准，还是附条件批准，抑或禁止经营者集中，无论是通常情形下的附条件批准，还是采取先行修正、买家前置等保障措施情况下的附条件批准，都是由反垄断执法机构以审查决定的方式直接作出。这种审查决定不需要履行司法程序，行政执法机关根据自己的评估和判断就可以单方面直接作出，属于典型的行政决定，在性质上属于具体行政行为。行政相对人可以认可并服从遵守这种行政决定，也可以反对这种行政决定；如果相对人对行政决定不服，可以申请行政复议或者提起行政诉讼，最终由法院作出裁决。例如，在欧盟，当事人不服欧委会的行政决定，可以向初审法院（CFI）提起诉讼并有权向欧洲法院（ECJ）上诉。然而，事实上，当事人很少向法院提起诉讼挑战欧委会作出的行政决定。一方面，因为这种行政诉讼非常耗费时间而且胜算不大，[①] 即便胜诉也可能已经错过集中交易的最佳商业时机，此外诉讼期间的不确定性太大，可能导致资产贬值、商业信誉受损、关键人员流失等问题；另一方面，尽管理论上执法机构可以单方面作出决定，但在实际附条件批准经营者集中的过程中，执法机构通常与申报人进行反复磋商以寻求合适的解决方案，在申报人提供解决反竞争问题的承诺方案后，如果执法机构认可承诺方案，则会在承诺方案基础上作出附条件批准的审查决定，目的在于力求附条件批准决定具有可操作性，同时这种做法也最大限度避免了当事人反对的情形。当然这并不影响附条件审查决定的具体行政行为属性。

三、是否具有准司法性的争论

对我国当前附条件批准的性质，较流行的观点认为，反垄断执法机构的审查决定，包括附条件批准决定，具有准司法性质或者具有行政裁决的性质。甚至执法机构中也曾有权威观点认为，反垄断执法机构是准司法机构，其裁决具有准司法性。学界也有观点认为，“这种裁决程序在一定程度上也类似于行业专家或者企业经营管理者在对企业内部运行进行经营管理决策时所采取的管理决策程序”。[②] 我们认为，准司法的说法和行政裁决的说法与我国行政法学界约定俗成的常用概念不一致，容易产生歧义，也与实际情况不符。我国行政法上的行政裁决，一般是指行政机关依照法律授权对当事人之间发生的特殊种类的民商事争议作出的裁决，例如行政机关依法对某些自然资源、

---

① Keith R. Fisher, *Transparency in global merger review: a limited role for the WTO?* Stanford Journal of Law, Business & Finance, 2006. 在所有以行政裁决为中心的反垄断执法体制下包括我国在内都或多或少存在这方面问题。

② 潘志成：《经营者集中反垄断审查的裁决程序》，法律出版社 2012 年版，第 3 页。

知识产权等纠纷的行政确权裁决。[①] 这种意义上的行政裁决具有准司法性。我们认为，根据我国《反垄断法》的规定和实践中的做法，我国反垄断执法机构附条件批准经营者集中不属于行政裁决，不具有司法或者准司法的性质，主要理由如下：

第一，从当事人角度来看，在司法程序中，司法机关基于对立两造的主张进行居中裁判，因此司法须有两方甚至多方当事人，即所谓两造。在我国的经营者集中反垄断审查中，执法机构依据申报人申报进行相应调查并作出审查决定，在法律关系上是行政执法主体和行政相对人的关系，不存在司法上的居中裁判者，也不存在对立的两造。尽管在经营者集中审查中，可能存在多个申报人，但是多个申报人之间的目标指向一致，与司法程序中的两造不同；也可能存在与申报人主张相反的对立者，例如竞争者、供应商、客户和消费者等，但他们与调查事项没有法律上的直接利害关系，不能称作当事人，而仅得为第三方。

第二，从裁决事项来看，司法机关裁决争议事项，其裁决结果或者支持或者不支持居于原告地位的当事人的主张。司法机关是否支持原告的主张，通常按照谁主张谁举证的原则，由原告承担举证责任，证明自己的主张。司法机关仅得就裁决事项居中作出裁决，通常不需要也不能自行调查取证以主张或支持某一方的立场。然而，在经营者集中反垄断审查中，执法机构调查的对象属于非争议事项，调查决定的结果是允许或不允许申报人实施拟议的经营者集中。执法机构作出审查决定，特别是认定拟议集中交易存在竞争问题，需要自行调查证据并通过审查工作作出审查结论，执法机构作出的审查结论可能与申报人的立场一致，也可能与申报人的立场相左。

第三，从内部组织来看，根据个案的复杂程度不同，司法机关会通过独任审判员或合议组织如合议庭来审理案件。独任审判员和合议组织的独立性较强，在合议组织中，个体平等，按照少数服从多数的原则进行案件裁决。

---

① 根据中共中央办公厅、国务院办公厅 2019 年 6 月印发的《关于健全行政裁决制度加强行政裁决工作的意见》，行政裁决是行政机关根据当事人申请，根据法律法规授权，居中对与行政管理活动密切相关的民事纠纷进行裁处的行为。该意见指出，要切实履行裁决职责，重点做好自然资源权属争议、知识产权侵权纠纷和补偿争议、政府采购活动争议等方面的行政裁决工作，更好地为经济社会发展服务。

裁决文书以司法机构名义作出并署名合议组织成员姓名。在经营者集中反垄断审查中，尽管也可能成立工作组，但成立工作组主要是为了引入不同业务专长的人员以解决不同的专业问题，如法学、经济学以及行业专家，而不是为了合议裁决。裁决文书以反垄断执法机构名义作出，一般并不署经办人员姓名，其法律后果完全由执法机构承担。

第四，从启动程序的主动性上来看，民商事领域的（刑事由国家追诉的除外）司法案件，奉行“不告不理”的原则。原告不提出主张，司法机构不主动立案处理，在立案处理的案件中，司法机构仅在原告提出请求的范围内进行裁决。在反垄断执法领域，通常的做法是，执法机构主动查处垄断协议和滥用市场优势地位，被动接受经营者集中申报，如果存在例外的情形，执法机构也可以主动对经营者集中事项进行调查，例如对未依法申报的经营者集中行为进行主动调查。

第五，从可复议性和司法救济来看，在我国，当事人既可以对附条件批准的审查决定提起行政复议，也可以提起行政诉讼。行政机关作出的具有准司法性质的行为，在我国主要的例证是国家知识产权局专利复审委员会的专利复审决定。专利复审委员会根据申请人的申请启动复审程序，申请人面对与其主张相冲突的被申请人。专利复审委员会根据申请，成立复审合议组。合议组的组成、职能、工作程序与法院合议庭类似。即便如此，法律仍然把专利复审委员会的裁决视为行政裁决，仍然要接受法院的司法审查。专利复审委员会提出，因其复审具有准司法性，司法审查的对象不应当是复审裁决，而应当是申请人和被申请人之间的专利争议。否则，在司法审查程序中，专利复审委员会将与一方当事人站到一起。

四、附条件批准的行政许可定位①

各国对经营者集中反垄断控制各有其不同的做法和规定，对附条件批准经营者集中的性质也有不尽相同的法律定位。根据我国《反垄断法》规定和相关执法实践，我们认为，我国的经营者集中反垄断控制性质上属于具体行政行为中的行政审批，进一步细化则属于行政审批中的行政许可，属于危害

① 本标题下内容有周海燕的贡献。

控制类的行政许可。

（一）**反垄断审查决定属于具体行政行为**

经营者集中反垄断审查决定属于具体行政行为。具体行政行为与抽象行政行为相对应，是指国家行政机关和行政机关工作人员、法律法规授权的组织、行政机关委托的组织或者个人，在行政管理活动中行使行政职权，针对特定的公民、法人或者其他组织，就特定的具体事项作出的，有关该公民、法人或者其他组织权利义务的单方行为。经营者集中反垄断审查决定符合上述定义。

此外，从具体行政行为具有可复议性和可诉性来看，经营者集中反垄断审查决定也应归入其中。我国《反垄断法》第 53 条规定：“对反垄断执法机构依据本法第二十八条、第二十九条作出的决定不服的，可以先依法申请行政复议；对行政复议决定不服的，可以依法提起行政诉讼。对反垄断执法机构作出的前款规定以外的决定不服的，可以依法申请行政复议或者提起行政诉讼。”我国《行政复议法》第 2 条规定：“公民、法人或者其他组织认为具体行政行为侵犯其合法权益，向行政机关提出行政复议申请，行政机关受理行政复议申请、作出行政复议决定，适用本法。”第 6 条规定了 11 类可复议的具体行政行为。我国《行政诉讼法》第 2 条规定：“公民、法人或者其他组织认为行政机关和行政机关工作人员的行政行为侵犯其合法权益，有权依照本法向人民法院提起诉讼。”该条虽然没有使用具体行政行为而是使用了行政行为的措辞，但第 12、13 条规定的受案范围与《行政复议法》第 6 条的规定基本相同。

综上，行政复议或诉讼针对具体行政行为。相对人可对经营者集中反垄断审查决定包括附条件批准的决定提起行政复议和诉讼，由此，可以认定其属于具体行政行为。在我国现行法律框架下，执法机构作出的经营者集中审查决定属于具体行政行为。在此定位下，理解经营者集中反垄断审查决定应注意以下问题：

一是，附条件批准经营者集中是执法机构行使行政权力的单方行政行为。无论是无条件批准决定，还是附条件批准决定以及禁止集中的决定，都属于具体行政行为，都是执法机构的单方行政行为，从法律角度讲，作出这些决定无须征得相对人同意。根据我国《反垄断法》第 28、29 条规定，对具有或者可能具有排除、限制竞争效果的经营者集中，国务院反垄断执法机构应当作出禁止的决定；经营者能够证明该集中对竞争产生的有利影响明显大于不利影响，或者符合社会公共利益的，可以作出对经营者集中不予禁止的决定；对不予禁止的经营者集中，可以决定附加减少集中对竞争产生不利影响的限制性条件。《经营者集中审查暂行规定》第35条规定，对于具有或者可能具有排除、限制竞争效果的经营者集中，参与集中的经营者提出的附加限制性条件承诺方案能够有效减少集中对竞争产生的不利影响的，市场监管总局可以作出附加限制性条件批准决定。据此，执法机构可以自行决定禁止或者附加限制性条件批准经营者集中。

在具体操作中，对具有或者可能具有排除、限制竞争效果的经营者集中，执法机构通常会要求当事人先自行提出解决方案，如果执法机构认为当事人提出的解决方案能够解决竞争问题，则会在方案的基础上附条件批准集中。在设计解决方案过程中，执法机构和当事人可能会对拟采取的救济措施进行商谈，一般只有在当事人对具体措施作出承诺的情况下，执法机构才会作出附条件批准的决定。然而，这种商谈并非法律地位对等的谈判，而是执法机构为了找到切实可行的办法解决竞争问题而采取的措施，因为当事人不接受的条件可能缺乏操作性，难以得到切实履行。但这并不能改变审查决定作为具体行政行为的法律属性，也不能改变执法机构依法可以单方面作出行政裁决的法律地位。①

商谈不能改变执法机构和当事人间行政机关和行政相对人的法律关系。如果当事人没有提供解决方案，或者提供的解决方案无法令执法机构满意，或者执法机构与当事人不能就解决方案达成一致，执法机构可以作出禁止的决定，也可以单方面作出附条件批准的审查决定。如果当事人不履行或无法履行附加的条件，这种附条件批准决定实质上成为禁止的决定，② 执法机构的选择不受与当事人商谈情况的影响。即便执法机构与当事人达成一致，所作

---

① 根据我国《反垄断法》的规定和执法机制，附条件批准经营者集中属于典型的具体行政行为。有观点认为，我国与美欧国家附条件批准的理论基础不完全一致。笔者认为，将附条件批准视为当事人与执法机构间达成的协议不符合我国法律规定和执法机制的现实。

② 事实上，执法机构作出的附条件批准决定常常与当事人承诺不完全一致，但两者大相径庭的情形只是理论上的推论，在实际执法中通常不会发生。

出的附条件批准决定仍然具有单方面强制性的法律特性，对当事人而言，执行附条件批准决定是法律义务，而不是履行与执法机构达成的协议或向执法机构作出的承诺。

二是，附条件批准经营者集中的合法性，并非取决于执法机构与当事人就解决方案达成一致，而是取决于一系列其他合法条件。执法机构应当对决定符合这些合法要件承担责任，包括证据确凿充分、适用法律法规正确、履行程序合法等。在实体上，要求执法机构必须对自己的评估、判断和决定负责，执法机构应当收集足够的数据、信息和证据材料并进行合理、充分的论证说理；在程序上，必须满足期间、送达、透明度、公告等要求，还要尊重当事人的程序权利，包括陈述权、申辩权和申请听证权等。执法机构与当事人达成一致的解决方案，甚至取得业界的认可，只是作出审查决定的一个环节，但不是法定的必须环节。作为具体行政行为的附条件批准决定，执法机构必须做好证据收集、法律程序、经济分析评估、行政决策等方面的扎实工作，特别是需要在公告中逐步学会摆事实、讲道理，依法行政、以理服人。

三是，“当事人同意”的法律定位以及对审查决定合法性的影响。在实际操作中，通常由相对人提出解决方案的建议，执法机构评估之后，与当事人反复商谈，不断调整解决方案。经过测试评估后，如果执法机构认为最终解决方案能够解决其竞争关注，则会在解决方案基础上作出附条件批准的审查决定。因此，在“当事人提交解决方案”的要求下，当事人负有解决执法机构提出的竞争问题的义务，如果当事人不能提出有效的解决方案，将面临交易被禁止的后果；同时，当事人更清楚采取哪些具体措施，例如剥离哪些资产更符合实际情况。由此，“当事人同意”或者“执法机构与当事人达成一致”成为附条件审查决定实际操作的重要环节。通过这种方式，附加的条件更符合实际情况，也更具有可执行性，但这并非附条件批准的法定要件；理论上，即使没有征得当事人同意，没有达成一致，也不会影响附条件审查决定的合法性。

（二）反垄断审查属有法律依据的行政审批

通常认为，行政审批是具体行政行为的下位概念，是具体行政行为的一种。根据《行政复议法》第6条，可以复议的具体行政行为中包括行政处罚、行政强制措施、行政确认、违法要求相对人履行义务、符合法定条件未依相对人申请办理颁发许可证、执照、资质证、资格证等证书，或予以行政审批、登记等事项，未依相对人申请履行保护人身权利、财产权利、受教育权利的法定职责、变更中止撤销许可执照资质等。经营者集中反垄断审查应当属于此中的行政审批事项。根据国务院行政审批制度改革工作小组《关于贯彻行政审批制度改革的五项原则需要把握的几个问题》（国审改发〔2001〕1号），行政审批是指行政审批机关根据自然人、法人或者其他组织依法提出的申请，经依法审查，准予其从事特定活动、认可其资格资质、确认特定民事关系或者特定民事权利能力和行为能力的行为。

根据上述规定，在我国只要行政相对人实施某一行为、确认特定民事关系或取得某种资格资质及特定民事权利能力和行为能力，必须经过行政机关批准的，都属于行政审批范畴。然而，由于法律未对行政审批作出严格界定，有更泛化的观点认为，行政审批是国家行政机关或相关组织运用国家行政权力，对行政对象行使某些权利的条件进行审查，决定准予或不准予其行使这些权利的一种制度。① 这种意义上的行政审批范畴非常广，不仅包括外部行政行为，甚至也包括内部行政行为，例如上级机关基于行政隶属关系对下级行政机关有关请示报告事项的审批等，这就超出了行政审批作为一种具体行政行为的界定。特别是2004年7月1日我国《行政许可法》实施后，2004年8月2日国务院办公厅发布的《关于保留部分非行政许可审批项目的通知》（已失效）（国办发〔2004〕62号）创设了有别于行政许可、不受《行政许可法》规范的审批行为，即非行政许可审批。这类行政审批主要是政府的内部管理事项，不属于行政许可。由此，行政审批成为行政许可的上位概念，行政审批可划分为行政许可审批与非行政许可审批两种类型。② 行政许可成为行政审批的子概念，是行政审批的一种。从国务院行政审批制度改革大方向看，其指导思想是“行政许可化”，即有必要保留的行政审批事项按行政许可管理，受《行政许可法》规范拘束；没必要保留的行政审批事项则予以取消。2004年6月29日，国务院通过《国务院对确需保留的行政审批项目设定行政许可

① 吕普生：《中国行政审批制度的结构与历史变迁：基于历史制度主义的分析范式》，载《公共管理学报》2007年第1期。

② 王克稳：《行政审批（许可）权力清单建构中的法律问题》，载《中国法学》2017年第1期。

的决定》，并先后于2009年1月29日进行第一次修订，2016年8月25日进行第二次修订，此外还通过部分修改的方式作过多次修订，持续推进确需保留的行政审批项目行政许可化。经营者集中反垄断审查被认为属于具有明确法律依据的行政审批事项。

（三）反垄断审查决定属于行政许可

通过解析我国附条件批准经营者集中，可见我国的附条件批准属于行政许可。从性质上看，根据我国经营者集中反垄断控制制度的设计，达到国务院申报标准的经营者集中，未经申报并经过批准，不得实施。据此，达到申报标准的经营者集中属于一般意义上的禁止。只有经过批准的经营者集中才可以实施，即此处的批准是行政机关对一般禁止行为的解禁，是依法批准相对人从事特定行为的授益行为，相对人由此获得实施特定经营者集中的权利或资格。当事人未经申报或未获得批准而实施经营者集中的行为违法，执法机构可以采取罚款、责令恢复原状等行政处罚措施。

从内容上看，经营者集中反垄断审查需要按照法定标准、考虑法定因素，甚至使用法定方法，实质审查申请人是否满足实施拟议经营者集中的条件。从程序上看，反垄断执法机构根据当事人的申请或者申报启动受理和审查以及批准程序，是典型的依申请的行政行为。执法机构通常不会主动作为，更不会在当事人没有提出申报申请的情况下给予批准。经营者集中反垄断审查需要遵守法定的程序、时限和形式要求，例如《反垄断法》第26条规定，国务院反垄断执法机构决定实施进一步审查的，应当自决定之日起90日内审查完毕，作出是否禁止经营者集中的决定，并书面通知经营者。如果要延长审查期限，仍应经书面通知经营者；此外《经营者集中审查办法》（已失效）（商务部令2009年第12号）第14条规定，商务部应当在《反垄断法》第26条规定的期限内作出禁止或不予禁止经营者集中的决定，并书面通知申报人。《经营者集中审查暂行规定》（国家市场监督管理总局令第30号）第19条规定，市场监管总局决定实施进一步审查的，应当自决定之日起90日内审查完毕，作出是否禁止经营者集中的决定，并书面通知经营者。实际上，在商务部网站的“经营者集中反垄断审查办事指南”、市场监管总局网站的“经营者集中反垄断审查”中均明确指出，经营者集中反垄断审查事项属于行政许可。①

（四）反垄断审查属于危害控制类行政许可

经营者集中反垄断审查属于行政审批项下的危害控制类行政许可。行政许可适用于外部管理活动，是一种外部行政行为。② 我国《行政许可法》第12条规定了六种可以创设行政许可的事项。③

其中，第一、四种属于危害控制类许可事项。当某一经营活动可能影响公共安全、公共利益或他人人身健康、生命财产安全的，通常需要以审批方式进行管控，通过行政审批方式预防和控制可能有社会危害性的特定活动。以审批对象为标准，这类审批可细分为控制危害行为的审批和控制危害物品的审批，④ 控制危险是行政许可最主要、最基本的作用。⑤

第二种属于资源配置类许可事项。在计划经济下，行政审批是国家资源配置的基本手段。当前我实行社会主义市场经济，市场在配置资源中发挥决定性作用，但还有部分重要领域的资源由国家控制。这些资源除国家直接使用或经营外，通常以使用权或经营权等方式审批出让。资源配置类行政审批主要由《土地管理法》《矿产资源法》《水法》《海域使用管理法》《渔业法》等法律法规创设。

第三、五种属于市场进入类许可事项。在计划经济下，企业生产经营由国家控制，国家是唯一投资主体。在市场经济下，投资主体多元化，但并非

---

① 参见《经营者集中反垄断审查办法指南》，载商务部网 2010 年 3 月 11 日，http：//fldj. mofcom. gov. cn/aarticle/xgxz/200902/20090206034057；《经营者集中反垄断审查》，载国家市场监督管理总局网，http：//zwfw. samr. gov. cn/wsbs/fld/fldsc/。

② 周佑勇：《行政法原理》，北京大学出版社 2018 年版，第 261 页。

③ 这六种事项包括：（1）直接涉及国家安全、公共安全、经济宏观调控、生态环境保护以及直接关系人身健康、生命财产安全等特定活动，需要按照法定条件予以批准的事项；（2）有限自然资源开发利用、公共资源配置以及直接关系公共利益的特定行业的市场准入等，需要赋予特定权利的事项；（3）提供公众服务并且直接关系公共利益的职业、行业，需要确定具备特殊信誉、特殊条件或者特殊技能等资格、资质的事项；（4）直接关系公共安全、人身健康、生命财产安全的重要设备、设施、产品、物品，需要按照技术标准、技术规范，通过检验、检测、检疫等方式进行审定的事项；（5）企业或者其他组织的设立等，需要确定主体资格的事项；（6）法律、行政法规规定可以设定行政许可的其他事项。

④ 王克稳：《论行政审批的分类改革与替代性制度建设》，载《中国法学》2015 年第 2 期。

⑤ 张兴祥：《中国行政许可法的理论与实务》，北京大学出版社 2003 年版，第 24－26 页。

所有行业均可自由进入。此前国务院投资主管部门通过发布产业目录的方式，将投资划分为鼓励类、限制类、淘汰类或禁止类等类型，目前正在调整为负面清单管理模式。不管哪种管理模式，都有一部分行业或领域需经许可审批才能进入。

经营者集中是现代经济社会中的常见现象。经营者集中有其积极意义，从微观角度看，可以短时间内集中经营资源、扩大规模、提高效益、强化市场竞争力、促进市场进入等；从宏观角度看，可以优化资源配置、调整和优化产业结构、形成和扩大规模经济、促进技术和管理经验传播、挽救濒临破产经营者、提高社会经济效益。然而，经营者集中的消极意义也显而易见，经营者集中减少竞争对手数量、永久性地消灭参与集中的竞争者之间的竞争，改变市场结构、快速获取或强化经营者在相关市场的支配力、垄断市场，或者形成有利于存续企业间协调的结构等，引发排除、限制市场竞争的负面影响，减损资源配置的有效性、损害公共利益、社会和消费者福利、侵害消费者利益。正是经营者集中利弊兼具，绝大多数司法辖区创设了类似行政审批的制度，经营者需向执法机构提出申请或者申报，由执法机构评估哪些经营者集中具有或者可能具有排除、限制竞争效果，并相应作出禁止或批准（包括附条件批准）的决定。这种审批的目的是预防和制止垄断行为、维护市场竞争，防止损害效率和公共利益、损害消费者利益的行为发生，符合危害控制类行政许可的特征。

（五）反垄断审查属于目的程式的行政许可

经营者集中反垄断审查属于行政许可，但又与我们常见的其他行政许可不同。通常的行政许可属于“条件程式”，即法律预先规定构成要件及法律效果，执法者或行政机关只需要进行形式审查就可以判定相对人的申请是否符合法律设定的条件，并据此作出是否给予许可的决定。反垄断法对经营者集中的审查并未按照传统行政许可给出确定的许可条件，而只作出了“目的程式”的原则性规定，即仅表现出立法者意欲追求的目标，[①] 执法机构难以仅仅按照反垄断法关于经营者集中反垄断审查标准的规定判定是否予以批准。究

---

① 苏永钦：《经济法：已开发国家的任务与难题》，转引自赖源河编审：《公平交易法新论》，中国政法大学出版社 2002 年版，第 36 页。

其原因，是反垄断法提供的是一套分析市场主体行为是否符合竞争秩序及社会整体利益的工具，而不是为市场主体提供一套应当严格遵循的行为指引。[①]一项经营者集中是否具有或者可能具有排除限制市场竞争的效果，无法仅从经营者集中的形式进行判断，而是需要借助一系列经济学、法律学上的工具，例如相关市场、市场进入等进行分析，并在分析基础上权衡该项经营者集中对市场竞争以及社会公共利益的利弊，最终判断其是否为反垄断法所容忍。即所谓仅当一种行为既有限制或排除竞争之效果，又不能带来超过限制或排除竞争之弊的好处时，才能认定其违反反垄断法。法条本身对此不可能给出明确的答案。[②] 这也是此前反垄断执法机构不愿意承认经营者集中控制属于行政许可的原因之一。对这种目的程式的行政许可，法律应当给予执法机构更长的审查期限，更宽松的自由裁量空间，同时，对执法机构及其执法人员的专业素质、道德品行提出更高要求。

（六）反垄断审查属于行政许可的争议

虽然我国有关文件已将经营者集中反垄断审查定位于行政许可，但在我国《反垄断法》语境下，此结论仍有争议。行政许可通常是基于相对人申请，行政机关允许相对人从事通常不得从事的行为。从这个角度上看，执法机构批准经营者集中是否属于行政许可存在一定的疑问。一方面，经营者集中不是一般禁止性事项，绝大多数经营者集中没有达到申报标准，不需要申报，更不需要批准；即使达到申报标准需要申报的经营者集中，绝大多数也不会被进一步审查，不会被禁止。因此，经营者集中属于一般允许性事项，而非一般禁止性事项，批准经营者集中不是行政机关作出的例外许可。另一方面，执法机构审查经营者集中属于审查一般允许性事项，审查的目的是查找出一般允许性事项中不允许的例外。如果执法机构没有查找出不允许的例外，则应当“不予禁止”，而非予以批准或许可。

事实上，如果我们仔细审视我国《反垄断法》的用词，完全可以发现这一点。《反垄断法》第 25 条规定，国务院反垄断执法机构应当自收到经营者提交的符合本法第 23 条规定的文件、资料之日起 30 日内，对申报的经营者

---

① 史际春等：《反垄断法理解与适用》，中国法制出版社 2007 年版，第 2 页。
② 史际春、罗伟恒：《论“竞争中立”》，载《经贸法律评论》2019 年第 3 期。

集中进行初步审查，作出是否实施进一步审查的决定，并书面通知经营者。国务院反垄断执法机构作出决定前，经营者不得实施集中。国务院反垄断执法机构作出不实施进一步审查的决定或者逾期未作出决定的，经营者可以实施集中。由此可见，经初步审查，执法机构认为拟议集中没有问题，作出的是“不实施进一步审查的决定”，而非“予以批准”或者“予以许可”的决定。

《反垄断法》第26条规定，国务院反垄断执法机构决定实施进一步审查的，应当自决定之日起90日内审查完毕，作出是否禁止经营者集中的决定，并书面通知经营者。第28条规定，经营者集中具有或者可能具有排除、限制竞争效果的，国务院反垄断执法机构应当作出禁止经营者集中的决定。但是，经营者能够证明该集中对竞争产生的有利影响明显大于不利影响，或者符合社会公共利益的，国务院反垄断执法机构可以作出对经营者集中不予禁止的决定。由此可见，经进一步审查，执法机构认为拟议集中不具有或者可能具有排除、限制竞争效果，或者虽具有或者可能具有排除、限制竞争效果，但经营者能够证明该集中对竞争产生的有利影响明显大于不利影响，或者符合社会公共利益的，执法机构会作出不予禁止集中的决定；反之，则作出禁止集中的决定。这里并未采用“批准、许可”和“不批准、许可”的表述。

由此从理论上看，把经营者集中反垄断审查定位于“行政许可”仍有商榷余地，然而，把附条件批准经营者集中视为行政许可或许更容易解释得过去。附条件批准的经营者集中属于具有或者可能具有排除、限制竞争效果的经营者集中，根据《反垄断法》第28条的规定，经营者集中具有或者可能具有排除、限制竞争效果的，国务院反垄断执法机构应当作出禁止经营者集中的决定。据此，“具有或者可能具有排除、限制竞争效果”经营者集中应当属于一般予以禁止的行为。如果例外批准该行为，则需要满足法定条件：第一，《反垄断法》第28条规定的“经营者能够证明该集中对竞争产生的有利影响明显大于不利影响，或者符合社会公共利益”；第二，《反垄断法》第29条规定的“附加减少集中对竞争产生不利影响的限制性条件”。

第三节 附条件批准经营者集中的原理

具有或者可能具有排除、限制竞争影响的经营者集中应当予以禁止。禁止这类经营者集中，即消灭了一桩民商事交易，由此也一并消灭了可能带来的经济上的好处。在制度设计上，有没有可能在解决或者基本解决竞争问题的同时，允许集中交易继续进行，从而使集中交易的好处得以保留？这项制度就是附条件批准制度，通过附加限制性条件，维持集中交易实施前的市场竞争结构，或者禁止、限制交易实施后可能发生的反竞争行为等方式，排除或抑制反竞争效果的发生，例如通过附加剥离条件，将参与集中的经营者拥有的特定资产出售给无关联关系的潜在市场进入者，或者市场内相对弱势的竞争者，创造或强化后者参与有效竞争的条件，确保经营者集中实施后市场竞争结构不会发生实质变化，维持必要的竞争强度，避免反竞争效果发生。

一、附条件批准的前提是集中存在竞争问题

执法机构认为拟议交易存在竞争问题，是附条件批准经营者集中的事实前提。根据法律规定这类集中交易应当予以禁止，是附条件批准经营者集中的法律前提。因此，附条件批准的对象必须是“具有或者可能具有排除、限制竞争效果”的经营者集中。至于哪些情形属于“具有或者可能具有排除、限制竞争效果”，我国《反垄断法》未明确规定。《关于评估经营者集中竞争影响的暂行规定》（已失效）（商务部公告 2011 年第 55 号）规定了集中是否产生或加强了某一经营者单独排除、限制竞争的能力、动机及其可能性、市场份额、市场集中度、市场进入壁垒、潜在竞争者进入、技术进步等影响因素。对评估经营者集中提供了有益的指引，遗憾的是，该规定未提及理论界有相对共识且各国通行的反竞争效果评估方法。关于经营者集中规定的集大成者《经营者集中审查暂行规定》（国家市场监督管理总局令第 30 号）取代了上述暂行规定，然而新暂行规定的内容更为简洁。

横向集中可能引发的反竞争效果，通常可从单边效应（Unilateral effects）[①] 与协同效应（Coordinated effects）两方面认识。单边效应是指经营者集中可能使集中实施后的经营者不需要考虑竞争对手的反应，即能够实施某些单方面排除、限制竞争行为的能力。经营者集中引发单边效应是其被禁止或者附条件最为常见的反竞争情形。有专家认为单边效应理论是后芝加哥学派在横向集中领域最大的理论贡献。[②] 协同效应是指经营者集中使相关市场上包括集中后实体和其他竞争者在内的竞争者更容易进行价格串谋的效应。单边效应和协调效应是现代竞争法审查横向集中的经济学损害理论（the theories of harms），也是各国反垄断执法机关审查和评估横向集中的核心内容。纵向集中可能导致的反竞争效果主要从封锁效应角度认识，对混合集中可能导致的反竞争效果则主要从混合效应、传导效应等角度认识。无论是哪种反竞争问题，执法机构都必须认定拟议经营者集中存在反竞争问题，才能进一步讨论附加条件。我国虽未明确规定这些反竞争理论和相应的反竞争效应，但在具体案件处理实践中已经遵循类似的做法，甚至直接适用了这些概念和分析方法。

一是在程序上，执法机构须首先提出拟议经营者集中存在竞争问题，即认为拟议交易具有或者可能具有排除、限制竞争的效果，并说明相应的事实和理由，才可能附条件批准。对执法机构来说，简单地提出不同意拟议经营者集中，或者简单地认为拟议集中存在竞争问题，而未列出存在竞争问题的事实和理由，却要求当事方提交解决方案非常不合适。因为当事方提交解决方案必须围绕竞争问题进行，没有明确的竞争问题就无法提出解决方案，即使提出了，也无法评价解决方案是否符合要求。国际竞争网络组织（ICN）的文件明确指出，为了适用有效的救济，首先有必要确定一项合并将会导致的竞争损害，在作出救济决定前，必须先作出有关竞争损害的判断。[③]

---

① 欧委会2004年的《横向合并指南》注释27规定，单边效应（Unilateral effects）即非协同效应（non – Coordinated effects）；欧委会2007年的《非横向合并指南》用非协同效应（non – Coordinated Effects）的措辞表述单边效应。

② Antonio Cucinotta and Roberto Pardolesi and Roger Van den Bergh, post – chicagodevelopments in antitrust law, Edward Elgar (2002), p. 19.

③ ICN Merger Working Group, Analytical Framework Subgroup, *Merger remedies review project: report for the fourth ICN annual conference Bonn*, June 2005, para. 1. 6.

极少数情况下，当事人在申报时或者执法机构审查过程中，执法机构提出竞争问题前，即自行承认存在竞争问题，甚至同时提出解决竞争问题的救济方案。此种情形下，是否可以豁免执法机构提出竞争问题的责任不无讨论的必要。从实际操作角度看，为提高效率，执法机构通常会在此基础上开始商谈救济措施，但从依法行政、程序正当的角度看，执法机构仍对拟议集中是否存在竞争问题负有证明责任。当然，执法机构可以认可或接受当事人自认的竞争问题，将该竞争问题作为其提出的竞争问题。因与民商事行为不同，在行政法上，当事人自认不能当然构成行政行为合法的理由，也不能因此免除执法机构的查证责任。

二是在以行政裁决为中心的执法机制下，执法机构需要自行评估并认定拟议经营者集中是否存在竞争问题。执法机构认定拟议集中存在竞争问题，需要经过审查评估。执法机构对此应谨慎行事，在向当事人提出竞争问题前，至迟在作出附条件审查决定前，需要收集足够证据证明拟议集中存在竞争问题。执法机构需要掌握与当事人商谈的技巧，要求当事人提供必要的文件资料，没有当事人的配合，执法机构证明拟议集中有竞争问题很困难。当事人的处境也非常微妙，一方面需要依法向执法机构申报，提交规定的文件资料；另一方面倾向于提交证明拟议集中没有竞争问题的文件资料。在执法机构可能作出不利决定时，当事人可能倾向于不配合提交相关文件资料，还可能以行政复议或诉讼的方式挑战执法机构的审查决定。① 在我国以行政裁决为中心的法律体系下，一旦执法机构作出决定，将仅得依靠决定作出前收集的证据论证其决定的合法性和合理性，所以执法机构务必将工作做在前面。

三是当事人是否认可执法机构的观点可在所不问。执法机构提出竞争问题后，应当给当事人足够时间和机会申辩。通常情况下，当事人可能不会认可或者不会全部认可执法机构提出的竞争问题，进而提出各种陈述或申辩理由。这些陈述或申辩可以协助执法机构进一步深入认识此前的评估和判断，执法机构应当认真听取并予以重视，必要的时候执法机构也可以据此调整此前的判断。然而，在以行政裁决为中心的执法机制下，执法机构可以自行决

① 在美国，当事人一旦发现无法与执法机构达成一致，执法机构试图诉至法院请求法院禁止拟议集中，就不再配合执法机构提交文件资料了。

定是否认可采纳当事人提出的不同观点并据此作出审查决定，执法机构的审查决定不受制于当事人是否认可执法机构的立场。

四是当事人基于陈述申辩的成本特别是时间成本的考虑，可能放弃对竞争问题的申辩，认可执法机构提出的竞争问题，或者不对竞争问题提出不同看法，也不提出其他抗辩事由，而是在此基础上直接讨论解决方案。然而，这不意味着当事人承认执法机构提出的竞争问题，在实践中，更多的情形是，当事人同意按照执法机构提出的竞争问题提交解决方案，接受在解决方案基础上作出的附条件批准决定，同时声明不认为拟议集中存在竞争问题或者存在如此严重的竞争问题。

总之，竞争问题是附条件批准的前提，也是附条件批准合法性的基础。即便当事人认可执法机构提出的竞争问题，同意与执法机构达成和解协议或同意附条件批准，执法机构也必须有充分的证据表明拟议集中存在竞争问题，否则将会损害附条件批准决定的法律基础，无谓地提高当事人的经济运行成本，与经营者集中反垄断审查提高经济效率的本意背道而驰。

二、附条件批准的对象是应禁止的经营者集中

根据我国《反垄断法》的规定，执法机构决定附条件批准的经营者集中，必须是“应当作出禁止决定”的经营者集中。如果一项经营者集中不具有，也不可能具有排除、限制竞争的效果，即不存在竞争损害或者竞争损害没有达到不可接受的程度，不需要依法禁止的，就不能附加限制性条件。救济措施仅适用于集中预期产生的确定的竞争损害，如果没有救济，竞争损害就只能通过完全阻止集中解决。①

有观点认为，无条件批准、附条件批准和禁止，分别对应存在不同程度竞争问题的拟议集中，而作出的不同程度的处理决定。实际上，这是一种严重误解，无条件批准的审查决定，针对没有竞争问题的经营者集中，其中也包括有一定程度但可接受的竞争问题的情形；附条件批准的和禁止的审查决定针对同一类集中，即都是具有或者可能具有排除、限制竞争效果、应当予

① ICN Merger Working Group, Analytical Framework Subgroup, *Merger remedies review project: report for the fourth ICN annual conference Bonn*, June 2005, para. 1. 4.

以禁止的经营者集中。只不过其中有些拟议集中“经营者能够证明该集中对竞争产生的有利影响明显大于不利影响，或者符合社会公共利益”，执法机构可以作出对经营者集中不予禁止的决定，对不予禁止的经营者集中，执法机构可以决定附加减少集中对竞争产生不利影响的限制性条件。因此，附条件批准不是在无条件批准和禁止之间因为竞争损害大小不同而作出的折中或者妥协，而是对本来应当禁止但符合条件的集中的一种灵活处理方式。

据此，执法机构一旦认定拟议集中存在无法接受的竞争问题，法律逻辑上的首选处理方案是禁止该项集中。从举证责任的角度，执法机构提出拟议集中存在竞争问题，并不意味着因此负有主动附条件批准的义务。执法机构认定拟议集中存在竞争问题后，除非当事人能够推翻执法机构的认定，且执法机构接受当事人的主张，并因此作出不予禁止的决定，否则，执法机构通常会按照以下途径，处理被认定具有竞争问题的拟议集中：

一是，当事人举证“证明该集中对竞争产生的有利影响明显大于不利影响，或者符合社会公共利益”，并提出了可行的抵消或者降低反竞争影响的解决方案，执法机构认可解决方案，并在此基础上附加限制性条件批准经营者集中。

二是，当事人能够举证“证明该集中对竞争产生的有利影响明显大于不利影响，或者符合社会公共利益”，但没有能够提出可行的解决方案，执法机构可以作出禁止经营者集中的审查决定，也可以径行作出附加限制性条件的批准决定。

三是，当事人没有能够举证“证明该集中对竞争产生的有利影响明显大于不利影响，或者符合社会公共利益”，也没有提出可行的解决方案，执法机构原则上会作出禁止经营者集中的审查决定。在极少数情况下，如涉及公共利益等，执法机构是否可以依职权直接作出附条件批准的审查决定，在法律上应无障碍，在实践中尚未见到。明确上述法律逻辑关系，有利于明晰执法机构和经营者之间的举证责任，有利于督促经营者尽快提出解决竞争问题的方案。

在法律逻辑上，是否也可以把禁止集中视为一种救济措施并非没有讨论的余地。从解决拟议集中的竞争问题而言，禁止集中不失为一种解决方案，而且是一种重要的终极解决方案，可以视为对竞争问题的救济。然而，从对拟议集中补救的角度看，禁止的审查决定将不允许集中交易继续进行，事实上没有对集中交易做任何补救。因此，禁止不会被视为一种救济措施，而是被看作附条件批准的替代方案，[①] 不是附条件批准的一种表现形式。

如果不能选择禁止拟议集中，那么将会考虑诸如完全剥离（full divestiture）之类的替代手段。[②] 如此将产生一个问题，以横向集中为例，要求将重叠业务全部剥离是一种救济措施，还是事实上的禁止。笔者认为，一种情况，在那些仅有重叠资产集中的横向集中交易中，如果要求剥离全部重叠业务，即事实上禁止了拟议集中；另一种情况，重叠业务只是拟议集中的一部分，甚至仅占全部集中很低的比例，此种情况下，即使要求剥离全部重叠业务，也不意味着实质上禁止了集中。事实上，在实践中，当事人为使整个集中交易得以继续进行，往往同意全部剥离占比很小的重叠业务。因此，在执法机构无法或者不愿意采取禁止措施的情况下，即便不能无条件批准，也还有完全剥离的选项。当然，在某些情况下，以完全剥离为条件批准拟议集中交易，可能是事实上的禁止。

三、附条件批准是各方均可接受的解决方案

尽管对当事人不能举证“证明该集中对竞争产生的有利影响明显大于不利影响，或者符合社会公共利益”的经营者集中，或者当事人不能提出可接受的解决方案的经营者集中，执法机构有权作出禁止集中的审查决定，也有权附条件批准经营者集中，但如果当事人不认可附加的条件，或者当事人不履行甚至无法履行附加的条件，这种附条件批准实质上相当于禁止。正因如此，各执法机构的附条件批准决定基本都是在当事人承诺基础上作出的。例如，欧盟经营者集中控制制度从创设之初，就规定资产剥离是合并控制的主要救济措施，从 1990 年起到 2004 年年底，欧委会附条件批准的 190 项经营者集中绝大多数是当事方主动提出剥离承诺。[③]

---

① ICN Merger Working Group, Analytical Framework Subgroup, *Merger remedies review project: report for the fourth ICN annual conference Bonn*, June 2005, para. 1. 5.

② Ibid.

③ European Commission, *DG Competition: Merger Remedies Study* (*Public version*), October 2005, p. 10.

通常，当事人作为相关市场内的竞争者，对如何解决竞争问题往往最为了解，特别是对自己能够实际执行哪些条件最为清楚，因此当事人提供的解决方案往往最具可执行性。在实践中，通常是执法机构提出竞争问题，当事人提出解决方案。执法机构有意避免率先提出解决方案的出价，特别是在最初的商谈解决阶段，执法机构总是倾向要求当事人提出解决方案的建议。另外，执法机构不会完全信任当事人提供的解决方案，因为当事人可能有意回避问题或者避重就轻，首先提出对其相对宽松的救济措施建议。这需要执法机构对当事人提交的解决方案进行测试。测试可能包括向业界核实相关事实和信息，征求有关方面的意见和看法等，以确保解决方案在当前条件下足以能够解决竞争问题。执法机构在测试过程中，特别需要注意各方并非中立，而是基于自身利益发表对解决方案的看法，其出发点与执法机构并不完全一致。执法机构要在综合考虑各方关注的基础上，紧扣解决方案能否解决其提出的竞争问题进行测试。最终的解决方案最好为各方所接受，特别是为执法机构和当事人所接受。

附条件批准并不意味着完全解决了拟议集中可能引发的所有竞争问题。附条件的目的是“减少集中对竞争产生不利影响”，附条件通常不能完全消除反竞争影响，但必须能够将竞争问题减少到执法机构认为可以容忍的程度。事实上，彻底消除一项集中的反竞争影响比较困难，即使无条件批准的经营者集中也会或多或少地存在反竞争影响，无条件批准的经营者集中不是没有任何问题的经营者集中。同时，也没有能够完全解决所有竞争问题的解决方案，所谓能够解决竞争问题的解决方案，通常是可以将不能接受的反竞争影响抵消或削弱到可接受程度的措施。在确定是否达到可接受程度时，执法机构在客观评估的基础上，通常需要听取各方面的意见，包括当事人各方的立场、行业内竞争者的意见、上下游经营者等方面的看法。执法机构接受的适当的附条件解决方案，需要考虑竞争损害和经济效率之间的平衡、可以容忍的反竞争效果的程度等。这可以理解为，在实施救济措施后剩余的竞争问题为同一集中带来的经济效率所平衡，并在当时的市场环境和市场竞争状态下为执法机构可接受。

在推动附条件批准方面，执法机构应当发挥能动性。尽管“证明该集中对竞争产生的有利影响明显大于不利影响，或者符合社会公共利益”的举证责任，以及提供解决方案的义务在当事人一方，在当事人不能举证或提供有效解决方案的情况下，执法机构作出禁止集中的决定无可厚非。然而，从更大的视角看，反垄断执法是为了维护市场竞争秩序，促进经济发展，增加消费者福利和社会福利，因此，从发展经济增加福利的角度看，附条件批准显然要比简单禁止或迫使当事人放弃交易更有利。附条件批准的目的就是在修正交易内容、确保维持竞争的情况下，允许交易继续进行。从 ICN 统计的数据来看，引发竞争当局竞争关注的案件，首选的处理方式都是进行适当的条件设计而不是禁止或放弃。[①] 因此，从微观个案角度，当事人负有提出救济措施建议的义务，从宏观角度考虑，经营者集中反垄断执法的目标，是为那些存在竞争问题的集中提供有效的解决方案，尽可能消除可能产生的反竞争后果，努力确保救济措施有效维持竞争，促进创新，保护消费者。[②] 因此，执法机构应当积极追求采取适当的救济措施，而非一禁了之，或者一撤了之。

特别需要注意的是，附条件批准虽是各方均可接受的解决方案，但这只是附条件批准的必要条件，实践中，要特别避免只要执法机构和当事人等意见达成一致就附条件批准的做法。当事人在执法机构面前相对弱势，特别是受制于实施拟议集中商业时机的压力，当事人可能会同意执法机构提出或暗示的一些解决方案。即便这些方案的执行性可能不足，或者缺乏针对性，或者难以有效解决竞争问题，甚至根本不存在所谓的竞争问题。然而，从当事人角度看，其在意的并非是否存在竞争问题，也并非竞争问题是否能够解决，而是执法机构需要什么解决方案，其是否能够承受这些解决方案。当事人的目标是在可以承受的范围内，尽快获得执法机构的批准，而执法机构的目标是查找出拟议集中的竞争问题并通过采取适当救济措施解决这些问题，在这一点上，当事人和执法机构的出发点并不相同。

---

① ICN 合并工作组的分析框架小组：《合并救济审查项目第四次 ICN 年度会议报告》称，从本次审查中 17 个竞争机构提交的文件看，对存在竞争问题的案例，首选结果为适当救济而不是禁止或放弃，2002 年至 2004 年大部分引起争议的案件都体现了这一点。

② U. S. Department of Justice Antitrust Division, Antitrust Division Policy Guide to Merger Remedies, June 2011.

第三章

附条件批准经营者集中的法律界定

我国《反垄断法》第28、29条[①]是我国反垄断执法机构“附条件批准”经营者集中的直接法律依据。在实践中，执法机构、律师界和学界还经常使用“救济措施”的概念描述此种情形。附条件批准经营者集中和救济措施之间是什么关系，其法律性质和功能是什么，都需要在法律层面上对这些基本问题做出回答。

第一节 附条件批准的现状和由来

我国《反垄断法》使用了“附加限制性条件”的措辞，实践中，一些法律文件还使用“救济措施”的概念，特别是国外反垄断文献常见使用救济措施（Remedy）。英文Remedy一词通常翻译为治疗法、补救办法、纠正办法等，国内法律界则将Remedy翻译为“救济措施”，我国执法机构和学界在不同场合也都认可并使用救济措施的说法。“附加限制性条件”和“救济措施”究竟是何种关系，采用哪个措辞更为合适，不仅是翻译和概念名称的简单问题，还涉及对相应制度及执行的深刻理解，不无讨论之必要。既然“救济措

① 我国《反垄断法》第28条规定，经营者集中具有或者可能具有排除、限制竞争效果的，国务院反垄断执法机构应当作出禁止经营者集中的决定。但是，经营者能够证明该集中对竞争产生的有利影响明显大于不利影响，或者符合社会公共利益的，国务院反垄断执法机构可以作出对经营者集中不予禁止的决定。第29条规定，对不予禁止的经营者集中，国务院反垄断执法机构可以决定附加减少集中对竞争产生不利影响的限制性条件。

施”的术语是舶来品，我们不妨从世界主要司法辖区反垄断立法执法的做法入手考察。

一、欧盟

欧盟法是对中国反垄断立法执法影响最深的法律体系之一。[①] 欧盟反垄断立法文件中，最早使用的是附条件和义务（conditions and obligations），而非救济措施（remedies）。欧共体理事会第139/2004号条例是《欧共体条约》衍生出来的下位法，其前身是欧共体理事会第4064/89号条例，该条例规定了欧盟的经营者集中反垄断控制制度，是欧盟关于经营者集中反垄断控制的基本法。无论是1989年的第4064/89号条例，还是2004年的第139/2004号条例，都使用了附“条件和义务”（conditions and obligations）的措辞，而没有使用“救济措施”（remedies）的术语。例如第4064/89号条例第7条第4款规定，对于上述不予许可的情形，可以附加条件（conditions）或者义务（obligations），以确保有效竞争的条件。替代1989年第4064/89号条例的2004年第139/2004号条例第6条第2款规定，如果委员会认为，在相关企业进行修正后，所申报的企业集中，不再具有本条第1款（c）项规定的严重问题，则应根据本条第1款（b）项，宣布该企业集中与共同市场相容。委员会可以在其根据本条第1款（b）项规定作出的决定中附加条件和义务，以保证相关企业遵守其向委员会作出的承诺，使企业集中与共同市场相容。[②] 2004年第139/2004号条例第8条第2款规定，委员会如发现，在经过相关企业的修正后，所申报的集中符合第2条第2款的标准，或者在第2条第4款提及的情形

---

① 某种意义上欧盟法的影响最大。2003年，国务院机构改革，撤销国家经贸委，其承担的反垄断立法起草工作转由商务部承担。其时，商务部和欧盟竞争总司通过中欧世贸组织项目，开展了大量反垄断法方面的交流活动，对中国反垄断立法以及后期执法都产生了重要影响。美国虽是世界反垄断鼻祖，但其与中国的反垄断交流迟于欧盟，且缺乏长期合作项目支撑，削弱了其在中国反垄断立法执法方面的影响力。

② 该条英文原文：2. Where the Commission finds that, following modification by the undertakings concerned, a notified concentration no longer raises serious doubts within the meaning of paragraph 1 (c), it shall declare the concentration compatible with the common market pursuant to paragraph 1 (b). The Commission may attach to its decision under paragraph 1 (b) conditions and obligations intended to ensure that the undertakings concerned comply with the commitments they have entered into vis – à – vis the Commission with a view to rendering the concentration compatible with the common market。

下，所申报的集中符合《欧共体条约》第81条第3款的标准，委员会应作出决定，宣布该集中与共同市场相容。委员会可以为其决定附加条件和义务，以使相关企业遵守其向委员会作出的承诺，并使集中与共同市场相容。宣布集中与共同市场相容的决定，应被视为涵盖与集中的实施直接相关并为集中的实施所必须的限制。[①]

在欧盟法中，最早使用救济措施的法律文件是《关于可接受的救济措施的通告（2001）》。[②] 该通告导言第2条规定，本通告的目的是为修改（modify）集中提供指南，包括为修改集中所作的承诺提供指南。这种对集中的修改通常被称为“救济”或“补救”（remedies），因为其目标是削弱集中当事人的市场势力以及为恢复有效竞争（它有可能因为集中或某企业市场支配力的提高而被扭曲）创造条件。[③] 2008年，欧盟对该通告进行了修订，修订后的通告名称为《关于在第139/2004号理事会条例和第802/2004号委员会条例项下可接受的救济措施的通告》。在新通告中，“remedies”的措辞仍然得以沿用。例如通告第2段规定，通告的目的是为修改集中，特别是为相关企业通过承诺修改集中提供指南，因为修改的目标是消除欧委会认定的竞争问题，

---

① 英文原文：2. Where the Commission finds that, following modification by the undertakings concerned, a notified concentration fulfills the criterion laid down in Article 2（2）and, in the cases referred to in Article 2（4）, the criteria laid down in Article 81（3）of the Treaty, it shall issue a decision declaring the concentration compatible with the common market.

The Commission may attach to its decision conditions and obligations intended to ensure that the undertakings concerned comply with the commitments they have entered into vis – à – vis the Commission with a view to rendering the concentration compatible with the common market.

A decision declaring a concentration compatible shall be deemed to cover restrictions directly related and necessary to the implementation of the concentration.

② Commission Notice on remedies acceptable under Council Regulation（EEC）No. 4064/89 and under Commission, Regulation（EC）No. 447/98 C68 Official Journal of the European Communities（2001）.

③ 英文原文：2. The purpose of this notice is to provide guidance on modifications to concentrations, including, in particular, commitments to modify a concentration. Such modifications are more commonly described as . remedies. Since their object is to reduce the merging parties' market power and to restore conditions for effective competition which would be distorted as a result of the merger creating or strengthening a dominant position.

所以此类修改通常被称为救济。[①] 无论是新通告还是旧通告，在适用救济概念的同时，仍然明确规定了条件和义务的概念。例如《关于可接受的救济措施的通告（2008）》第19段规定，承诺必须由当事人提出，欧委会将通过以遵守承诺为前提批准集中的方式，确保承诺的执行性。必须区分条件和义务，市场结构变化的前提要求是“条件”，如要求业务剥离。为达到这一目的而必须实施的“步骤”通常是当事人的义务，如以不可撤销的指令委任受托人出售业务。[②]

欧盟法对承诺（commitments）、救济（remedies）、条件和义务（conditions and obligations）各有不同的界定，这些概念指向也各有不同。欧盟的正式法律文件第4064/89号条例及其后续的修订文件第139/2004号条例均采取了条件和义务（conditions and obligations）的措辞。我们认为，附加条件和义务不同于救济措施（remedies），前者是更准确的法律概念，是欧委会作出的审查决定对当事人提出的要求。所谓条件，是解决反竞争问题的前提要求，例如业务剥离，如果不同意业务剥离，则不可能附条件批准；义务则是确保条件实施而必须履行的步骤，例如当事人向受托人支付费用，当事人迟延或拒绝支付，不妨碍附条件批准的效力。救济措施出现在下位法的非正式法律文件中，泛指为解决竞争问题而对经营者集中采取的各种修正措施。救济措施并非正式严格的法律概念，对其进行精确的法律界定比较困难。根据欧盟相关规定和做法，我们理解，承诺（commitments）是当事人的单方行为，是当事人为解决欧委会提出的竞争问题，而向欧委会提出的采取修正集中或其他措施的承诺。欧委会可以接受承诺并以承诺为基础作出有强制执行效力的裁决。由此，承诺转化为当事人必须执行的“条件”，为确保“条件”执行，

---

① 英文原文为：The purpose of this Notice is to provide guidance on modifications to concentrations, in particular commitments by the undertakings concerned to modify a concentration. Such modifications are more commonly described as “remedies” since their object is to eliminate the competition concerns identified by the Commission。

② 英文原文为：Whilst commitments have to be offered by the parties, the Commission will ensure the enforceability of commitments by making the authorization of the merger subject to compliance with the commitments. A distinction must be made between conditions and obligations. The requirement for achievement of the structural change of the market is a condition – for example, that a business is to be divested. The implementing steps which are necessary to achieve this result are generally obligations on the parties, e. g. such as the appointment of a trustee with an irrevocable mandate to sell the business。

须附之以必要的义务。救济措施主要在欧委会的通告中使用，在欧盟竞争法律体系中，通告属于指导性文件，不具有强制性，但这类指导性文件在实践中的影响力很大，“救济措施”的概念也因其简单通俗而被广为使用，甚至到了业界只知道“救济措施”，而不知道有“条件和义务”的程度。之所以出现这种特殊的法律现象，恐怕也与欧盟作为超国家组织本身的立法运作机制不无关系。

在欧盟的执法实践中，严格区分了条件和义务。例如，在2008年的ABF/GBI Business案①中，委员会认为，当事方于2008年7月23日提交的承诺将消除对葡萄牙和西班牙压缩酵母市场有效竞争造成的重大障碍，并据此按照第139/2004号条例第8条第2款第2项决定附加条件和义务，以确保相关企业遵守其向委员会的承诺，从而使集中与共同市场相容。所附条件是指实现引起市场结构变化的措施，而实现这一结果所必需的实施步骤通常是当事各方的义务；如果条件没有得到满足，欧委会将宣布集中与共同市场相容的决定不再有效；如果经营者违反义务，欧委会可根据第139/2004号条例第8条第5款撤销附条件批准决定，也可据第139/2004号条例第14条第2款及第15条第1款，处相关经营者缴付罚款及定期罚金。

二、德国

德国涉及经营者集中救济措施的主要法律为《反限制竞争法》（Gesetz gegen Wettbewerbsbeschränkungen）。该法于1957年7月经联邦德国议会通过并于次年生效，也称为《卡特尔法》。当时德国刚经历“二战”，《反限制竞争法》早期版本涉及经营者集中的仅有第23、24条②，对特定规模的行业和企业合并作出了一些规定，但是并非限制性规定，更谈不上救济措施。

---

① Statoil/Conoco Phillips, Case COMP/M. 4919, Commission decision of May 17, 2008, paras. 401 - 404。在该案中，ABF拟收购GBI在欧洲大陆的酵母业务，取得后者的单独控制。该案涉及液态酵母、压缩酵母和干酵母三个相关市场。欧委会审查认为，集中对葡萄牙和西班牙压缩酵母市场的有效竞争造成重大障碍。

② 参见联邦德国1957年第41号公报，1957年8月9日出版，第1086 - 1087页，https：//www. bgbl. de/xaver/bgbl/start. xav？startbk = Bundesanzeiger_ BGBl&jumpTo = bgbl157s1081. pdf#_ _ bgbl_ _ %2F%2F * %5B%40attr_ id%3D%27I_ 2019_ 35_ inhaltsverz%27%5D __ 1570975397926。

1973 年《反限制竞争法》第二次修订，首次增加了与救济措施相关的内容。修订后的第 24 条第 3 款规定，联邦经济部长批准对整体经济之利大于限制竞争之弊或符合重大公共利益个案的合并许可申请时，可以在批准时附加限制与负担（Beschränkungen und Auflagen），但该限制和负担不得为对企业采取持续性监管行为。[①]

此后，《反限制竞争法》历经数次修正，但这一条款基本未做过大改动而延续至今。仅在 1998 年的第六修正案中，原第 24 条第 3 款的前段调整为第 42 条第 2 款，后段但书调整为第 40 条第 3 款，同时将附加“限制与负担”（Beschränkungen und Auflagen）修改为“条件与负担”（Bedingungen und Auflagen）。[②] 相对于“限制”这个词，德语中“条件”一词更为中性且覆盖面更广，用词的改变表明德国法律用语随着时代变化而更为精准。2021 年 1 月生效的《反限制竞争法》第十修正案沿袭了相同的用法。

除《反限制竞争法》外，与经营者集中救济措施密切相关的是德国联邦卡特尔局发布的《并购救济措施指南》（Leitfaden Zusagen in der Fusionskontrolle）[③]。该指南旨在促进原本应当予以禁止的合并在满足特定条件或负担后得以通过经营者集中审查。指南为企业提供了重要信息，使经营者集中审查中的承诺（Zusagen）制度更加透明化，并且使得企业及其律师能评估其具体情况，调整任何阻碍合并许可的限制竞争因素。只有本应禁止的合并方可采取上述救济措施，救济措施必须由经营者集中相关方向联邦卡特尔局提出。

---

① 参见联邦德国 1973 年第 64 号公报，1973 年 8 月 4 日出版，第 921 页，https://www.bgbl.de/xaver/bgbl/start.xav?start=//*%5B@attr_id=%27bgbl173i0917.pdf%27%5D#__bgbl__%2F%2F*%5B%40attr_id%3D%27bgbl173s0917.pdf%27%5D__1570978459325。

② 参见德国 1998 年第 59 号公报，1998 年 9 月 2 日出版，第 2532 页。该法第 40 条第 3 款规定，准许可附有条件和负担。这些条件和负担不得以对参与合并的企业进行长期行为监控为宗旨。准用第 12 条第 2 款第 1 句第 2 项和第 3 项规定（因第十修正案删除了第 12 条，该款准用部分也同时删除）。第 42 条第 1 款规定，在个别情况下，合并对整体经济产生的利益可弥补对竞争的限制或合并符合重大公共利益，联邦经济部长可批准为联邦卡特尔局所禁止的合并。在批准时，也应考虑参与合并的企业在本法适用范围之外的各个市场上的竞争力。只有在限制竞争的规模不危及市场经济秩序的情况下才能为此批准。第 2 款规定，前款批准可附有条件和负担。准用第 40 条第 3 款规定。https://www.bgbl.de/xaver/bgbl/start.xav#__bgbl__%2F%2F*%5B%40attr_id%3D%27bgbl198s2521.pdf%27%5D__1637867815020。

③ 德国联邦卡特尔局 2017 年 5 月 30 日发布，德文版和英文版可在 https://www.bundeskartellamt.de/DE/Fusionskontrolle/Materialien/materialien_node.html 下载。

如果联邦卡特尔局接受，则可通过附条件的方式获得批准。

《并购救济措施指南》将救济措施分为四类，即剥离承诺（Veräußerungszusagen）、解除关联（Trennung von Unternehmensverbindungen zu Wettbewerbern）、开放市场及其他行为承诺（Marktöffnende Maßnahmen und andere Verhaltenszusagen）、附随义务补充（Ergänzende Nebenpflichten）。指南中关于剥离救济的规定篇幅最长，详细规定了对剥离对象和购买者等各方面的要求；行为救济措施篇幅相对较短且行为救济措施不能为持续性监管行为，这一定程度上表明联邦卡特尔局更倾向使用剥离救济，相比行为救济剥离救济简单易行。行为救济多为开放第三方企业进入市场、提供重要基础设施、给予技术或许可、披露信息、给予客户特殊权利、终止长期合同或开放公开招标长期合同等。附随义务补充主要是事前、事中和事后监管过程中，为实现附条件批准所附的条件而额外增加的一些要求。虽然部分学者认为德国反垄断执法事实上排除了适用行为救济，联邦卡特尔局执法中确实很少单独适用行为救济，但通过《并购救济措施指南》不难发现，联邦卡特尔局也可以使用剥离承诺和行为救济相混合的救济模式。

德国《反限制竞争法》采取了“附加条件和负担”的术语。虽然德国也有救济措施或者补救措施（Abhilfemaßnahme）的概念，但救济措施既不是精确的法律概念，也不是含义确定的学术术语，更类似于反垄断法实践中的通俗称谓，通常出现在非正式的文献例如《并购救济措施指南》中，或者出现在企业提交的申报文件中。在官方或其他正式场合通常避免使用救济措施的概念，而是使用与实质内容更相符合的本国法律术语“Bedingungen und Auflagen”（条件与负担）。在德国“条件与负担”是更为科学和精确的法律概念，《并购救济措施指南》对此予以非正式细化，方便各方明确“条件与负担”的具体要求、资格和做法，有利于各方采取适当措施避免对市场竞争造成不良影响，从而获得联邦卡特尔局附条件批准。有观点认为，欧盟的第139/2004号条例采用了附加条件和义务的术语，就是受德国法影响所致。①

---

① 本节有关德国部分的内容由陈岩、张萌提供。

三、法国

目前，法国有两部与经营者集中救济措施有关的法律文件：一是《法国商法典》（取代2020年废止的《法国公平交易法》）；二是《集中控制指南》[①]。2021年11月1日最新修订的《法国商法典》第一部分第四卷第三编“经济集中”（concentration économique）[②] 抽象地规定了救济措施[③]，如果一项经济集中对经济发展做出的贡献不足以弥补其对竞争造成的妨害，那么在法国竞争管理局对该项经济集中活动作出决定前，当事人可以通过承诺或者其他方式对所造成的反竞争效果进行补救。2020年7月23日法国竞争管理局发布的《集中控制指南》[④] 第351—470条细化规定了救济措施（les mesures correctives）。当一项合并对竞争造成重大损害，如该合并带来的经济效益不足以弥补这种损害，不得合并，只有申报人采取救济措施、弥补了对竞争造成的损害后才能获得合并许可。救济措施分为两类：一是结构救济措施（les mesures structurelles），二是行为救济措施（les mesures comportementales）。前者的主要目的是解决横向竞争问题以确保市场竞争结构，主要方式是将业务或某些资产剥离给适当购买者，以实现有效竞争或消除同行间的资本联系；后者的主要目的是保护或促进当前或潜在竞争者进入市场，市场进入受到上

① 法国竞争管理局（Autorité de la concurrence）于2009年12月16日发布《集中控制指南》（Lignes directrices de l'Autorité de la concurrence relatives au contrôle des concentrations），该指南取代并废止了竞争、消费与反欺诈总局（Direction Générale de la Concurrence, de la Consommation et de la Répression des Fraudes, DGCCRF）于2004年发布，并于2007年4月30日修订的《法国企业合并指南》（Lignes directrices relatives au contrôle des concentrations procedure et analyse）。此后，《集中控制指南》经过数次修订，于2020年7月23日发布最新修订版本。

② 参见罗结珍译：《法国商法典》（上册），北京大学出版社2015年版，第525页。根据《法国商法典》第L430-1条，经济集中的范围包括：企业合并；通过资本参与或购进资产要素、订立合同或者其他方式，直接或间接取得全部或部分控制权；创立一家合营企业（entreprise commune），持续地完成一个经济实体的全部功能。由此经济集中（concentration économique）是与经营者集中内涵外延基本一致的概念。

③ 《法国商法典》没有直接使用“救济措施”一词。根据《法国商法典》第L430-5条，各方当事人可以承诺（s'engager à）采取各项措施（des mesures）补救（remédier）因经济集中活动产生的反竞争效果；根据第L430-7条第Ⅲ款，法国竞争管理局可以批准拟进行的经济集中活动，同时命令（en enjoignant）采取能够确保充分开展竞争的任何措施（toute mesure），或者强制（en obligeant）当事人遵守能够为经济发展与社会进步产生足够作用的规定，以抵消其拟进行的经济集中活动给竞争造成的损害。

④ Lignes directrices de relatives au contrôle des concentrations, 23 Juillet 2020.

游或下游市场锁定效应的影响，这种效应与公司垂直运营直接相关。在缺乏合适结构救济措施的情况下，以降低市场进入壁垒为目的的行为救济措施，也能起到补偿市场份额增加影响的作用。

在具体审查中，申报人在第1阶段可以采用承诺（engagement）形式的救济措施，承诺须能补救竞争主管机关发现的竞争问题；在第2阶段，救济措施可采用命令（injonction）和指示（prescription）的形式，这通常只在少数情况下才会采用，只有在经济集中活动显著损害竞争，且申报人提供的承诺不够充分或拒绝作出有效承诺时，法国竞争管理局才会考虑采用此类救济措施。此处所谓承诺，是指当事人为解决法国竞争管理局提出的竞争问题，而向后者提出的采取各种措施的承诺。所谓命令和指示，是指法国竞争管理局为解决竞争问题，而强制当事人遵守的针对性措施。

此外，1977年7月19日发布的第77－806号法律①，是法国最早的反垄断立法文件。该法律使用的是"附承诺"（engagement）②、"修正"（modifier）、补充（compléter）③、"采取合理措施"（prendre toute mesure propre à…）④，并未直接使用"救济措施"（les mesures correctives）一词。1986年12月1日发布的《法国公平交易法》除前述语词外，还使用了"附指示"（prescription）⑤一词，也未提及"救济措施"（les mesures correctives）。2009年12月16日发布的《集中控制指南》使用了"救济措施"（les mesures correctives）一词，然而该指南是由法国竞争管理局发布的非正式法律文件。与欧盟与德

① 第77－806号法律（Loi n°77－806 du 19 juillet 1977）是《法国公平交易法》（la liberté des prix et de la concurrence）的前身。

② 第77－806号法律第5条第1款：有关公司可在其通知中附承诺（assortir leur notification d'engagements）。

③ 第77－806号法律第8条：经济部长及涉案经济部门的主管部长可以命令（enjoindre）企业在规定期限内采取以下措施：修正或补充其行为或法律行为（Soit modifier ou compléter l'acte ou l'opération juridique）。

④ 第77－806号法律第8条：经济部长及涉案经济部门的主管部长可以命令（enjoindre）企业在规定期限内采取任何合理措施，以确保或恢复充分竞争（Soit prendre toute mesure propre à assurer ou à rétablir une concurrence suffisante）。

⑤ 《法国公平交易法》（la liberté des prix et de la concurrence）第42条第2款规定：也可以将遵守指示（prescription）作为合并行为的实施条件，该指示将通过竞争问题的解决，促进经济增长和社会发展。

国类似，法国也未在正式法律文件中使用“救济措施”概念。[①]

四、日本

对存在问题的企业结合，1947年的《禁止私人垄断及确保公平交易法》最初规定公平交易委员会可以提起无效诉讼[②]，如果宣告企业结合无效，无异于禁止。该法1949年修订增加了第17条之二“排除措施命令”（日文表述：排除措置命令），根据该条的规定，企业结合若违反该法的，公平交易委员会可以责令经营者提交报告，或者处分全部或部分股份或债券，或者转让部分营业，或者采取其他为排除违法行为所必要的措施。[③] 上述排除措施命令的内容类似我们讨论的救济措施，但排除措施命令是公平交易委员会处理包括私人垄断、不当的交易限制在内的各类垄断问题的基本行政处分手段，[④] 非特指解决企业结合竞争问题的救济措施。事实上，包括此后的《禁止私人垄断及确保公平交易法》多次修订及最新修订版本[⑤]都没有明确规定解决企业结合竞争问题的救济措施。[⑥]

2004年5月31日，日本公平交易委员会发布了《有关企业结合审查的反垄断法的运用方针》[⑦]。该方针第6部分“关于消除对竞争实质性限制的措施”第一次增加了“问题消除措施”（日文表述：問題解消措置）的内容，[⑧] 规定企业结合即使对一定交易领域的竞争产生实质性限制，仍有可能通过当

---

① 关于法国的内容由杨琳收集整理。

② 参见《禁止私人垄断及确保公平交易法》，昭和22年4月14日法律第54号第18条，https：//teikokugikai－i. ndl. go. jp/#/detail？ minId＝009213242X02919470328&spkNum＝1，最后访问日期：2021年11月22日。

③ 参见昭和24年6月18日法律第214号，https：//www. shugiin. go. jp/internet/itdb_ hou-sei. nsf/html/houritsu/00519490618214. htm，最后访问日期：2021年11月22日。

④ 参见［日］根岸哲、舟田正之：《日本禁止垄断法概论》（第3版），王为农、陈杰译，中国法制出版社2007年版，第301－302页；公正交易委员会：《独占禁止法的概要》，https：//www. jftc. go. jp/dk/dkgaiyo/gaiyo. html，最后访问日期：2021年11月23日。

⑤ 《禁止私人垄断及确保公正交易法》最新修订时间为令和1年6月26日，相关修订沿革参见：https：//hourei. ndl. go. jp/#/detail？ lawId＝0000038819，最后访问日期：2021年11月22日。

⑥ 参见戴龙：《日本反垄断法研究》，中国政法大学出版社2014年版，第66页。

⑦ 该方针是对20世纪80年代颁布的审查指南，包括《关于审查公司拥有股票事务的处理基准》《关于审查公司合并等事务的处理基准》《关于审查零售业中的合并等意见》的替代和变更。

⑧ 蒋雪勤：《美国、日本和中国的经营者集中的问题解决措施》，载《六甲台论集》，2017年9月，第64期。载 http：//www. lib. kobe－u. ac. jp/repository/81009963. pdf，最后访问日期：2021年11月22日。

事企业采取一些适当措施来消除问题，该措施被称为“问题消除措施”。此后，该方针历经2006年、2007年、2009年、2010年、2011年和2019年多次修订，[①] 但“问题消除措施”条款的内容没有发生变化。在最新的修订版中该条款为第7部分。[②]

2011年之前，问题消除措施多在事前商谈制度中得以运用。计划企业结合的企业可以自由地选择是先进行事先商谈还是直接进入事前申报的法定程序。换句话说，如果一家企业认为会有哪怕是最轻微的垄断方面的问题，也可以在进入事前申报之前就其计划的具体细节与公平交易委员会进行商谈。

在事前商谈中，公平交易委员会会对该企业结合的计划是否会有垄断方面的问题，以及如果有垄断方面的问题通过某些措施（即问题消除措施）是否能够消除该等问题进行回答。[③] 此时，企业结合虽尚未进入正式的申报审查程序，但事实上，就内容而言，在该事前商谈的阶段公平交易委员会已经对企业结合进行了实质的审查。

在日本，过度依赖非正式的事前商谈制度导致正式申报审查徒有虚名，同时作为非正式程序的事前商谈，因公平交易委员会回答问题的时间难以预测[④]、缺乏透明度及难以形成判例法标准等原因而遭到学界批评。[⑤]

基于上述原因，为提高企业结合审查的效率和透明度，日本公平交易委员会2011年6月14日公布的《关于企业结合审查程序的对应方针》废止了事前商谈制度，导入了“申报前商谈”（日文表述：届出前相談）制度[⑥]。在申报前商谈阶段，意欲申报的企业可以就申报表的填写方法等形式上的事项进行商谈，但对于涉及垄断的实质性问题，公平交易委员会不会在申报前商谈阶段给出回答及判断，实质审查将会在正式申报中进行。

---

① 参见 https://www.jftc.go.jp/dk/kiketsu/guideline/guideline/shishin.html。

② 参见《有关企业结合审查的反垄断法的运用方针》，https://www.jftc.go.jp/dk/kiketsu/guideline/guideline/shishin.html，最后访问日期：2021年11月22日。

③ 参见［日］中野Kaori：《企业结合审查的最新动向》，载《立法与调查》，2011年第320期。载 https://www.sangiin.go.jp/japanese/annai/chousa/rippou_chousa/backnumber/2011pdf/20110905079.pdf，最后访问日期：2021年12月13日。

④ 事前商谈制度与事前申报的法定程序不同，没有规定回答问题的法定期限。

⑤ 参见［日］村上政博：《独占禁止法》，弘文堂2010年版，第429页。

⑥ 参见《关于申报前商谈制度》，https://www.jftc.go.jp/dk/kiketsu/kigyoketsugo/qa/todokedemaesoudan.html，最后访问日期：2021年12月13日。

企业结合的正式事前申报审查分为两个阶段，第一阶段审查将在受理后的30日之内完成。根据审查的结果，若公平交易委员会判断该企业结合不会产生垄断问题，将会批准该企业结合。若需要进一步的详细审查，则会进入第二阶段审查。在第二阶段审查中，通常而言，公平交易委员会将要求当事企业通过报告的形式提供更详细的信息。在收到当事企业提供的所有信息后，公平交易委员会将进行第二阶段审查。根据审查的结果，若公平交易委员会判断该企业结合不会产生垄断问题，则会批准该企业结合；若判断该企业结合会产生垄断问题，最终有可能发出排除措施命令，即企业结合将不会得到批准。

在第一阶段审查和第二阶段审查的过程中，公平交易委员会通过判断得出该企业结合会对竞争产生实质性限制的情况下，为消除该限制，当事企业均可以提出采取问题消除措施的申请。若公平交易委员会判断，以当事企业提出的问题消除措施为前提的企业结合不会对竞争产生实质性限制，将会批准该企业结合，此种情况下该批准也被称为“附加条件的承认”（日文表述：条件付き承認）。

适用问题消除措施的前提是企业结合会对竞争产生实质性限制。问题消除措施实施后，如果竞争条件发生变化，当事企业可以申请公平交易委员会评估是否有必要继续采取措施。如果委员会认定企业结合不会再对竞争产生实质性影响，可能会变更问题消除措施的内容或终止措施。①

问题消除措施有结构调整措施和行为调整措施两种。结构调整措施是改变企业结构的措施，措施实施后无须公平交易委员会对当事企业的行为进行管制和监督。例如，当事企业的事业、资产、股份的转让均属于结构调整措施。举例来说，2016年批准的涉及4家石油企业的两起合并案（出光兴产株式会社与昭和壳牌石油株式会社的统合以及JX控股株式会社与东燃通用石油株式会社的统合）的企业结合审查②中，LP燃气领域的出光兴产株式会社与

---

① 参见《有关企业结合审查的反垄断法的运用方针》，https：//www. jftc. go. jp/dk/kiketsu/guideline/guideline/shishin. html，英文版另见 https：//www. cas. go. jp/jp/seisaku/hourei/data/GUIDE_2. pdf，最后访问日期：2021年11月22日。

② 参见《关于出光兴产株式会社取得昭和壳牌石油株式会社股份及JX控股株式会社取得东燃通用石油株式会社股份的审查结果》，https：//www. jftc. go. jp/houdou/pressrelease/h28/dec/161219_ files/161219. pdf，最后访问日期：2021年12月13日。

昭和壳牌石油株式会社的统合当事企业以及JX控股株式会社与东燃通用石油株式会社的统合当事企业转让其LP燃气销售子公司的股份的措施即为结构调整措施。行为调整措施是要求当事企业采取持续行动的措施，措施实施后需要公平交易委员会对其行为进行监督。例如，企业结合后规制当事企业经营活动的透明性确保、公平待遇规则等均属于行为调整措施。举例来说，2020年批准的Z控股株式会社与LINE株式会社的业务统合的企业结合审查[①]中，二维码结算业务领域的“定期报告和考虑必要措施”[②] 及“取消独家交易条件”[③] 的措施即为行为调整措施[④]。

综上所述，在日本的企业结合审查中，“问题消除措施”作为消除对竞争的实质性限制的手段得以运用。在企业结合会对竞争产生实质性限制的情况下，若通过“问题消除措施”可以消除该限制，则企业结合可以获得“附加条件的承认”。[⑤]

五、美国

美国的《谢尔曼法》、《克莱顿法》、《联邦贸易委员会法》、《哈特－斯哥特－罗迪诺反托拉斯改进法》和司法部和联邦贸易委员会联合发布的《横向合并指南》均未规定关于合并救济或附条件批准的细节问题。[⑥] 救济措施更多规定在美国专门关于救济措施的指南文件中，例如司法部反托拉斯局发布的2011年救济指南是美国司法部全面规定合并救济的指南文件，该文件的名称就包含了合并救济的措辞（Merger Remedies），文件通篇规定的是救济措施的

---

① 参见《关于Z控股株式会社与LINE株式会社的业务统合的审查结果》，https：//www. jftc. go. jp/houdou/pressrelease/2020/aug/kiketsu/200804. pdf，最后访问日期：2021年12月13日。

② “定期报告和考虑必要措施”是指当事企业需要将加盟店的手续费、数据利用等与二维码结算业务相关的事项向公正交易委员会报告3年。此外，如有产生竞争问题的担忧时，需要协商讨论对策。

③ “取消独家交易条件”是指删除实施之前的独家交易条件，从实施之日起3年内不得约定独家交易条件。

④ 参见［日］矢野智彦：《关于FTC实施的问题消除措施的事后验证方法论》，2021年1月，第4－5页。见于https：//www. fsa. go. jp/frtc/seika/discussion/2020/DP2020－12. pdf，最后访问日期：2021年12月13日。

⑤ 关于日本的内容由任清、刘淑珺、周博华提供。

⑥ 参见中华人民共和国商务部反垄断局编：《世界主要国家和地区反垄断法律汇编》，中国商务出版社2013年版。

类型、选择救济措施考虑的因素、实施救济措施考虑的因素等。值得注意的是，指南的引言称：无论是禁止合并交易，还是通过附加条件，在保护消费者利益的同时避免或解决一项有争议的诉讼，只要获得有效的补救措施，合并控制就是成功的。[①] 在这里同时出现了“补救措施”（remedies）和“附加条件”（under terms）两个措辞。

美国法中的救济措施是一个内涵相对更为宽泛的概念，在具体案件中涉及具体义务，仍然使用义务的概念，很少见使用“条件”的情形。这也许与美国的反垄断执法体制有关。在美国反垄断执法中，如果司法部认为一项集中交易存在反竞争问题，通常也会要求当事人提交解决方案、救济承诺或救济措施，并在此基础上达成和解协议，和解协议需要法院认可，因此不需要在以欧盟为代表的行政裁决执法体制下的“条件”的概念。尽管联邦贸易委员会与司法部的执法机制略有不同，前者可以通过内部的行政裁决程序直接作出决定，但当事人有权将委员会维持上述行政裁决的决定诉至法院，由法院作出最终裁决。事实上，在行政裁决或者法院诉讼过程中，当事人随时可以和联邦贸易委员会或者司法部达成和解，在法院备案并公示后赋予决定以执行效力。对于和解协议而言，主要规定具体的权利义务，而非批准的条件。

此外，我国台湾地区“反垄断法”采取了类似“附加限制性条件”的措辞。1991 年的台湾地区“公平交易法”既没有明确提及附条件，也没有规定救济措施，而只是规定“对于前条之申请，如其结合，对整体经济之利益大于限制竞争之不利益者，有关主管机关得予许可”。2002 年修订时，则明确使用了“附条件或负担”的措辞，其第 12 条规定，对于事业结合之申报，如其结合，对整体经济利益大于限制竞争之不利益者，有关主管机关不得禁止其结合。有关主管机关对于第 11 条第 4 项申报案件所为之决定，得附加条件或负担，以确保整体经济利益大于限制竞争之不利益。应当说，台湾地区“公平贸易法”使用的“附条件或负担”是更为恰当的法律概念。在我国台湾地区，“民法”上有“条件和负担”的概念，“行政法”上也有“条件和负担”

---

① Successful merger enforcement is defined by obtaining effective **remedies**, whether that means blocking a transaction or settling **under terms** that avoid or resolve a contested litigation while protecting consumer welfare.

的概念，“公平交易法”在法律性质上更接近行政法而非民商法。我国台湾地区“行政程序法”第93条提及主管机关作出行政处分时，得增加“附款”（包括期限、条件、负担、保留废止权、负担保留等），以补充或限制行政处分的效力。[①] 根据行政法学界的通说，条件系指以将来不确定是否发生的事实为附款，负担是指对相对人不利或课以一定作为、不作为或忍受的义务。

第二节 附条件和附负担（义务）

采取“附条件批准”的措辞，还是采取“附条件和负担（义务）”的表述，不仅是选择法律术语的简单问题，还反映出对批准经营者集中行为性质的理解差异。附条件抑或附负担（义务）有其不同的法律含义，采用不同术语对应不同的法律含义和法律后果。对此进行深入讨论不仅具有理论意义，也有助于解决执法实践中遇到的具体问题。[②]

一、条件的含义和要件

一般意义上的“条件”，是指与某项事物有联系并对其存在发展发生作用的一切要素的综合。从逻辑意义上来看，条件是假言判断所反映的某种事物情况赖以产生的事物情况，逻辑意义上的条件有三种：充分条件、必要条件和充分又必要条件。[③]

在民商法律理论和实践中，“条件”是有既定含义的法律概念，通说认为，条件是指决定法律行为的效力产生或消灭的未来不确定的事实。[④]《民法通则》（已废止）第62条规定，民事法律行为可以附条件，附条件的民事法律行为在符合所附条件时生效。《合同法》（已废止）第45条规定，当事人对合同的效力可以约定附条件。附生效条件的合同，自条件成就时生效。附解

---

① 此处的“行政处分”类似于大陆地区的“具体行政行为”。

② 此问题的重要性尚未引发立法和执法实践的关注，通常只有在实践遇到问题时，才会转而回头求助于理论，而非事先深入研究理论并以此指导和引领实践。

③ 互动百科“条件”词条，载 http://www.baike.com/wiki/%E6%9D%A1%E4%BB%B6。

④ 参见王利明：《民法总则研究》，中国人民大学出版社2003年版，第590页。

除条件的合同，自条件成就时失效。因此，《民法典》第六章第四节规定了民事法律行为的附条件和附期限，其中第 158 条规定，民事法律行为可以附条件，但是根据其性质不得附条件的除外。附生效条件的民事法律行为，自条件成就时生效。附解除条件的民事法律行为，自条件成就时失效。第 159 条规定，附条件的民事法律行为，当事人为自己的利益不正当地阻止条件成就的，视为条件已经成就；不正当地促成条件成就的，视为条件不成就。条件成就与民事法律行为生效或失效之间是充分条件的关系。通说认为，民商法上的“条件”必须满足如下要件：第一，条件必须是将来发生的事实；第二，条件必须是不确定的事实；第三，条件必须可能；第四，条件必须是由当事人意定的而不是法定的；第五，条件本身必须合法；第六，条件不得与法律行为的主要内容相矛盾。①

在行政法上，对具体行政行为“条件”的认识比较一致。条件者，使行政处分（具体行政行为）效力之发生或消灭，系于一项未来是否发生并不确定之特定事实。② 在此所谓之不确定，不仅存在于该特定事实何时发生之不确定，也存在于该特定事实究竟是否发生之不确定。作为条件内容之事实，其发生否，系于一方当事人之意思者，亦不妨碍其为条件。在行政处分内，对直接依法律规定或一般法律原则所生之要件或内容限制，所为之重述，并非条件。③ 条件有停止条件和解除条件的划分，也有积极条件和消极条件的划分，常见的是积极的停止条件和消极的解除条件。

经营者集中反垄断执法属于行政执法范畴。根据附条件批准的执法实践，所谓附条件批准经营者集中的“条件”，通常是决定“审查决定”法律效力的当事人行为，是执法机构批准经营者集中的前提，如剥离某项资产、开放特定基础设施等。如果当事人拒绝剥离某项资产或者拒绝开放特定基础设施，包括明示拒绝和事实拒绝，那么执法机构作出的批准决定不生效，这个意义上的条件更接近于充分条件；附条件批准决定已经生效的，执法机构有权撤销。附条件批准经营者集中，有积极条件和消极条件，停止条件和解除条件

---

① 参见王利明：《民法总则研究》，中国人民大学出版社 2003 年版，第 590－593 页。

② 参见蔡茂寅、李建良等：《行政程序法实用》，台北，新学林出版股份有限公司 2013 年版。

③ 参见陈敏：《行政法论》，台北，新学林出版股份有限公司 2009 年版。

的划分。常见的是积极的停止条件，其含义是，附停止条件的审查决定作出后，审查决定不发生效力，当事人不得实施集中，一直延缓到条件成就时，即某种事实发生时，例如资产剥离完毕，审查决定才发生法律效力。若条件不成就，即规定的行为没有发生，例如资产没有剥离，则该附条件批准的审查决定不发生法律效力。消极的解除条件，是指附解除条件的审查决定一经作出，即发生法律效力，当事人可以实施集中，一旦某种事实不发生，如在规定时间内找到适格的剥离资产买家，则审查决定失效。

欧盟竞争法中也有“条件”（Conditions）的概念。欧盟法中的“条件”（Conditions）是导致市场结构变化的措施，例如剥离一项业务，[①] 因此有观点认为，欧盟法中的“条件”就是当事人承诺本身。在资产剥离类的结构条件中，特定资产最终被剥离掉是批准集中交易的条件，在以开放基础设施为代表的行为条件中，基础设施开放是条件。[②] 在欧盟的成文立法中，似乎并未规定“条件”和“义务”之间的区别。根据欧盟第 139/2004 号条例第 8 条第 2 款，如委员会发现经过相关企业修改后，申报的集中符合第 2 条第 2 款的标准，或在第 2 条第 4 款提及的情形下，申报的集中符合《欧共体条约》第 81 条第 3 款的标准，委员会应作出决定，宣布该集中与共同市场相容。委员会可在其决定中附条件和义务，以使相关企业遵守其向委员会的承诺并使集中与共同市场相容。宣布集中与共同市场相容的决定，应被视为涵盖与集中的实施直接相关并为实施集中必须的限制。

第 139/2004 号条例虽未明确规定哪些是条件，哪些是义务，但从相关法律后果的规定上，还是可以看出其在事实上区分了条件和义务。例如该条例第 8 条第 4 款规定了不满足条件的情形：委员会如发现，企业集中已经完成，但违反了按照第 2 款规定所作决定的附加条件，且在缺乏该条件的情况下，集中将不符合第 2 条第 3 款的标准，或在第 2 条第 4 款提及的情况下，不符合《欧共体条约》第 81 条第 3 款规定的标准。如果出现上述不满足条件的情形，则发生如下法律后果：委员会可以要求相关企业拆分集中，特别是通过分解

---

① *Commission Notice on remedies acceptable under Council Regulation*（*EC*）*No. 139/2004 and under Commission Regulation*（*EC*）*No. 802/2004*, C267 Official Journal of the European Communities para. 19（2008）.

② 参见韩伟：《经营者集中附条件法律问题研究》，法律出版社 2013 年版。

合并或出让获得的股份或资产来拆分集中，以恢复到完成集中前的情形；如通过分拆集中无法恢复此前情形，委员会可采取任何其他适当措施，以尽可能地达到恢复市场原状的目标；采取其他任何适当措施，以保证相关企业拆分集中，或按照决定要求采取其他恢复原状的措施。由此可见，根据该条例，违反条件，应当拆分集中，恢复到集中前的状态。同时，根据该条例第14、15条的规定，当事方不执行条件、不履行义务的可处以罚款。例如2004年第139/2004号条例第14条关于“罚款”第2款规定，如果第3条第1款（b）项中的集中当事方故意或过失地做出以下行为，委员会决定对其处以不超过第5条规定的总营业额10%的罚款：（d）未能遵守根据第8条第2款第二小段作出的决定中规定的一个条件或一种义务。再如，第15条关于“定期支付的罚款”第1款规定，对第3条第1款（b）项中当事方，委员会可决定，每拖延一天处以不超过日平均营业总额5%的罚款，目的是迫使他们：（c）遵守根据第8条第2款第二小段作出的决定所施加的义务。对此，有学者研究认为，在为确保决定中“义务”或“条件”的时效性而可采取的法定措施中，欧盟法在附“义务”与附“条件”的场合有明显差异。[①]

我们认为，在以行政裁决为中心的反垄断执法体制下，一方面，基于执法实践操作的需要，附条件批准经营者集中的条件，通常由当事方提出解决方案建议或承诺，在建议的基础上，经执法机构和当事人商谈达成一致或基本一致，由执法机构在当事方提交的解决方案建议或承诺基础上作出附条件批准决定。另一方面，从法律性质上看，执法机构作出的附条件批准属于行政法上的具体行政行为，因此，附条件批准经营者集中的“条件”不同于民商法中的“条件”，而是执法机构单方面做出的具体行政行为的内容。[②]

批准经营者集中附加的“条件”是否属于严格意义上的条件，需要根据执法机构作出的审查决定书的具体内容判断。一般来说，严格意义上的条件应当满足如下要求：第一，性质上，决定书载明的条件应当是执法机构批准经营者集中的前提；第二，内容上，条件是当事人承诺或执法机构要求的当

---

① 王为农：《企业集中规制基本法理：美国、日本及欧盟的反垄断法比较研究》，法律出版社2001年版，第227页。

② 此适用以行政裁决为中心的反垄断执法体制，以法院裁决为中心的反垄断执法体制下则另论。

事方为一定行为或不为一定行为；第三，法律后果上，条件未满足或未成就时，审查决定不生效；已经生效的应当予以撤销，当事人不得实施集中；已经生效且已经实施的，应当恢复原状。当事方不执行条件，导致不能实施经营者集中，一般不承担其他法律责任，这是条件区别于义务的重要特征。

二、负担（义务）的含义和要件

严格地讲，“条件”区别于“义务”和“负担”，“义务”和“负担”的法律内涵也不尽一致。通常而言，法律上的义务是为一定行为或者不为一定行为的必要性。负担是义务的一种，是法律行为生效后，当事人履行的非对待给付义务。在行政法上，负担，是指行政机关做成授益处分时，课予相对人一定之作为、不作为或容忍义务；[①]负担者，乃与一授益处分相结合，对相对人所设定之作为、容忍或不作为之义务。德国《行政程序法》第36条第2款第4项规定，负担系对受益人为应作为、容忍或不作为之规制。[②]

在民商法领域，有国内学者把负担称为条件，没有对两者进行严格的区分。[③] 有个别观点严格区分了条件和负担，认为附负担的民事法律行为是指效力受到当事人设定的负担影响的法律行为。负担是课加给权利取得人的一种特别义务。民事法律行为附负担，只是基于权利授予人的某种愿望，才把权利的取得与负担的履行联系在一起，以保证其意志得到贯彻。因此，附负担的法律行为，皆为无偿的法律行为。同为民事法律行为之附款，负担与期限和条件均有区别。负担与期限的界限甚为明显，而负担与条件的区别有四：其一，负担是人的行为；条件是将来不确定的事实，既可以是人的行为，也可以是事件。其二，负担具有履行的必然性，是确定的；条件的成就与否，是不确定的。其三，负担不停止法律行为的效力；而条件停止法律行为的效力。其四，负担具有履行的强制性；条件不具有这样的强制性。民事法律行为附负担，源于对取得的权利的约束，未在适当时间内履行负担包含的义务，已经取得的权利可能丧失。因此，负担之设，限制了权利取得人收受的利益。但是负担带来的不利

---

① 参见蔡茂寅、李建良等：《行政程序法实用》，台北，新学林出版股份有限公司2000年版。

② 参见陈敏：《行政法论》，台北，新学林出版股份有限公司2009年版。

③ 参见王利明：《民法总则研究》，中国人民大学出版社2003年版。

益不得大于权利带来的利益；否则，权利取得人仅以所得权利的利益为限对负担承担责任，对超出部分，不承担责任。当权利取得人不履行法律行为设定的负担时，利害关系人可以通过法院请求其履行之。如当事人没有约定履行负担的期限，则应在法院确定的期限内履行之。如果负担具有解除性质，权利取得人不履行负担的，利害关系人可请求法院撤销其已取得的权利。如果负担已不能履行或者已无履行的必要，则维持法律行为的效力，权利人保有已经取得的权利。值得注意的是：负担同与它联系的权利具有从属性，权利的转移、消灭导致负担的转移、消灭，但负担之履行具有人身性者除外；负担必须合法，不得把违反法律和公序良俗的事项设定为法律行为的负担。①

在反垄断法领域，不严格区分条件和负担的情形更为明显。各司法辖区附条件批准经营者集中，所附加的"条件"，有些是严格意义上的条件，也有不少附条件批准实际是附负担批准，有些司法辖区的反垄断法，包括我国《反垄断法》甚至没有附负担的概念。这些未加严格区分的做法，在一般执法工作中并无大碍，然而，严格来讲，与法律逻辑不符，且混淆法律概念，个别情况下可能给执法带来不必要的麻烦和争议。事实上，我国台湾地区和德国的反垄断规范就采取了"附加条件或负担"的措辞，应该说这是非常周延、精确的立法表述。例如我国台湾地区"公平交易委员会"附负担批准 Microsoft Corporation 受让 Nokia Corporation 之装置及服务业部门案，所附加的负担为：第一，Microsoft 不得于与智慧型行动装置相关之专利授权为不当之价格决定或差别待遇，妨碍智慧型行动装置制造商自由选择行动作业系统；第二，Nokia 对于标准必要专利之授权，应持续遵守公平、合理及无差别待遇（FRAND）原则。Nokia 若将标准必要专利让与他事业，应确保受让事业于授权时遵守前述之原则。② 因我国《反垄断法》无附负担之规定，商务部在批

① 王玉光：《附负担的民事法律行为》，载 110 法律咨询网 2011 年 12 月 15 日，http：//www.110.com/ziliao/article－263475.html。

② 参见"公平交易委员会结合案件决定书"（公结字第 103001 号）。该案中，Microsoft Corporation 拟受让 Nokia Corporation 之装置及服务业部门，包括行动电话与智慧型装置事业单位及设计团队。为确保整体经济利益大于限制竞争之不利益，"台湾公平交易委员会"依台湾地区"公平交易法"第 12 条第 2 项的规定，附加负担批准。

准该案时，虽然附加了类似内容，但仍以附加限制性条件的名义作出审查决定。①

① 参见《关于附加限制性条件批准微软收购诺基亚设备和服务业务案经营者集中反垄断审查决定的公告》（商务部公告2014年第24号），载商务部网2014年4月8日，http：//fldj. mofcom. gov. cn/article/ztxx/201404/20140400542415. shtml。微软承诺的主要条件是：1. 对于在智能手机中实施的，为行业标准所必要的，同时微软已向标准制定组织（SSOs）作出过承诺会以公平、合理和无歧视（FRAND）条件提供许可的微软专利（以下简称标准必要专利），自本集中交割之日起，微软继续遵守下述原则：（1）持续遵守其向标准制定组织作出的承诺，在FRAND条件下许可其标准必要专利。（2）就上述标准必要专利，不寻求针对中国境内智能手机制造企业所制造的智能手机的禁令或排除令。（3）在对上述标准必要专利进行许可时，不要求被许可人也将其专利许可给微软，但被许可人拥有的同一行业标准必要专利除外。（4）当微软在未来将标准必要专利转让给新的所有人时，微软仅会在新所有人同意遵守上述原则的条件下才进行转让。（1）～（4）所述承诺受互惠性原则约束，即适用上述承诺的潜在被许可人，如拥有与微软产品（如Windows智能手机）有关的、受FRAND原则约束的标准必要专利，也须同意就其所拥有的这些标准必要专利遵守相同原则。2. 关于未向任何行业标准承诺的“项目专利”（以下简称非标准必要专利），自本项集中交割日起，微软将：（1）继续在其现有的安卓项目许可及EAS、RDP和exFAT项目许可（包括微软可能在未来推出的上述项目的任何版本）下，向中国境内的智能手机制造企业提供上述非标准必要专利的非排他性许可，该许可覆盖在中国境内的制造、使用或销售的智能手机。（2）继续提供上述许可时，1）其收取的专利费率不高于微软本项集中完成前的项目专利费率，或针对现有被许可人而言，不高于该被许可人现有协议中的费率；2）其他非价格条款和条件与微软本项集中完成前所提供的保持实质一致。在本段2（2）的限制范围内，对于新的或者续约的被许可人，微软可以考虑根据某被许可人存在的特定情况以及市场条件，给予该被许可人优惠待遇。（3）自商务部决定之日起至2019年4月8日止5年内，不会将其持有的列于附件1或附件2中的任何“非标准必要专利”转让给新的所有人。在上述5年期结束之后，当微软将非标准必要专利转让给新的所有人时，微软仅会在新所有人同意遵守微软在本承诺之前已作出的所有适用的许可承诺的条件下才进行转让。（4）在交割日后，仅在认定潜在被许可人未按照诚信善意原则进行许可谈判后，才会为其持有的非标准必要专利寻求禁令；但是微软作此决定应与其已有的商业惯例相一致。诺基亚承诺的主要条件是：1. 确认将继续履行其向标准制定组织作出的承诺，以符合标准制定组织（SSOs）知识产权政策的公平、合理和无歧视（FRAND）原则的条款许可其标准必要专利（SEPs）。这样的承诺将避免诺基亚就其标准必要专利要求不符合其FRAND义务的许可条件。2. 确认支持如下原则：在对等的前提下，不能通过执行对标准必要专利的禁令来阻止附有FRAND承诺的标准的实施，除非专利权人已经提供了符合FRAND原则的许可条件，而潜在被许可人却没有善意签订FRAND许可并遵守这些许可条款。3. 在对等和符合标准制定组织知识产权政策以及相应的司法解释不断发展的前提下，诺基亚认为执法机关判定一方是否为善意许可人或善意被许可人的相关因素之一可以是：一方在没有不合理拖延的情况下，愿意就有关诺基亚提出的许可条件是否与诺基亚承担的FRAND义务不一致而可能引起的争议交由双方均可合理接受的独立裁决机构解决，愿意受该裁决约束，基于该裁决结果订立FRAND许可协议，并支付任何基于该裁决结果和协议可能产生的裁定赔偿和FRAND许可费。4. 在对等的条件下并遵循诺基亚对标准制定组织所承诺的FRAND义务，诺基亚按照该标准制定组织知识产权政策对其受相应FRAND义务约束的标准必要专利提供许可，并不会以被许可人同时亦须接受诺基亚未受相应FRAND义务约束的专利许可为前提。5. 当诺基亚在未来将标准必要专利转让与新的所有人时，诺基亚仅会在新所有人接受诺基亚就这些标准必要专利已对标准制定组织承诺的（包括在此重申的）FRAND义务约束的条件下进行转让，从而将FRAND义务同时转移给新所有人。6. 诺基亚目前就各个FRAND许可价值评估的实践做法全面考虑了包括但不限于此的如

在经营者集中反垄断执法中，负担或义务主要包括两种情况：第一种是附加的条件所确定或衍生出来的义务，这是比较常见的负担或义务，例如审查决定附加了资产剥离的条件，作为资产剥离条件衍生出来的义务，要求申报方承担推荐或委托受托人的义务、支付监督受托人费用的负担等。第二种是与附加条件无关或由条件转化来的义务或负担，例如经营者集中实施后，限制当事人收购同类企业或限制增加产能的义务。对这种义务在性质上是属于义务还是条件，实践中还有不同的看法。

在欧盟竞争法中，也有“义务”（Obligation）的概念。欧盟法中的“义务”（Obligation）是实现条件的具体要求，是为满足条件所必须实施的执行步骤，例如任命受托人出售剥离业务。在有些案件中，执法机构会要求待剥离资产在过渡期内分持管理或者要求买家前置，这些也是当事人为实现条件应履行的义务或采取的措施。在附加开放基础设施条件的案件中，以合适的方式和价格开放基础设施属于必须遵守的义务。①

对经营者集中的批准是否附负担，主要考察如下方面：第一，从性质上看，负担是执法机构批准经营者集中的后果，是审查决定要求当事人必须单方履行的义务。第二，从内容上看，负担是当事人承诺的或者执法机构要求的，当事人为一定行为或者不为一定行为的必要性。第三，从法律后果上看，负担未被适当履行，一般不影响审查决定的效力，但当事人需要继续履行并承担相应法律责任；当事人未履行负担，以致损害审查决定所附条件能否满足的，可能影响审查决定的效力。

下因素：在各种适用情况下希望包含的所许可专利或专利组合、许可期限、所许可的产品、销售或分销这些许可产品的商业模式、所涵盖的标准、市场对标准化功能的采用程度、协议架构、任何回授许可或其他非货币性补偿的价值、费用支付的安排以及使用领域等。在本项集中完成后，除非由于上述因素的不同而有理由进行改变，在对等的条件下，诺基亚在适用的前提和范围内，不会偏离目前其就诺基亚当前各蜂窝通信标准必要专利组合普遍提供的 FRAND 计件费率。7. 仅仅为避免疑义而不以允许回避本承诺义务为目的，这些承诺不应：1）影响诺基亚就其标准必要专利在其现有 FRAND 义务所涵盖的范围之外所享有的权利或承担的义务；2）限制诺基亚许可或者转让任何专利的合法权利；3）修改或造成对诺基亚与任何第三方签署的任何合同的修改；4）给诺基亚设定就任何其不使用的技术获得许可的义务。

① 韩伟：《经营者集中附加限制性条件法律制度研究》，中国社会科学院研究生院 2012 年博士学位论文。

三、经营者集中反垄断控制中的条件和负担（义务）

民商法上的条件和负担有相对严格的区别，经营者集中反垄断控制中的负担与民商法上的负担并不完全一致，但在负担与条件的关系上仍有相似之处。例如，通常负担不能决定行为的效力，但条件决定行为的效力；负担具有履行的强制性，但条件不具有履行的强制性。然而，在民商法上，负担和条件的界限相对清晰，在反垄断立法、执法以及理论研究中并没有严格区分条件和负担（义务），在具体案件审查决定中也存在条件和负担（义务）界限模糊的情况。此种状况可能与学科发展的不平衡有关。不予严格区分条件和负担通常不会实质影响相关工作，但两者毕竟是不同的法律概念，其法律含义、法律效力以及法律后果均有不同之处。有些司法辖区特别是以大陆法系为传统的司法辖区，例如欧盟、德国和我国台湾地区均对此进行了区分，其用意可能正在于此。我国《反垄断法》采取成文立法模式，法律框架和执法机制与欧盟及其主要成员国相似，在理论和执法实践中对两者予以区分具有重要意义。

（一）条件和负担（义务）与审查决定效力的关系不同

条件决定审查决定的法律效力。如果当事人不认可条件、拒绝接受条件、事后反悔承诺的条件或者其他实质上违反条件，导致条件不能成就的，执法机构作出的审查决定就丧失了产生、存在或者生效的前提和基础。理论上，如果发生或存在上述行为，执法机构不会作出附条件批准的审查决定，已经作出附条件批准审查决定的，决定不予生效，已经生效执行的附条件批准决定应予以撤销，已经实施的集中应当恢复原状。

欧盟的做法是处以罚款、取消此前的裁决或作出新的裁决宣布交易与共同市场不相容。欧委会根据《关于可接受的救济措施的通告（2008）》第 20 段规定，如果违反的是一项条件，例如，在承诺预计的时间框架内没有完成业务剥离，或者剥离之后又买回，则与共同市场相容的裁决就不再适用。在这种情况下，如果满足条例第 8 条第 4 款（b）项的条件，则欧委会可以采取任何适当措施，以确保相关企业撤销集中或采取其他恢复原状的措施，[①] 包括以当事方违反决定附加的条件为由，取消此前作出的与共同市场相容的裁决；[②] 以当事方违反决定所附加的条件为由，作出裁决宣布该交易与共同市场不相容，[③] 且不受在正常程序中作出类似裁决的时间限制。[④]

负担（义务）通常与审查决定的法律效力没有直接关系，而与当事人履行决定的适当性有关。附有负担之行政处分立即生效，不论相对人是否履行负担。唯相对人未履行负担时，行政机关得废止行政处分。附停止条件之行政处分，则自条件成就时开始发生效力。[⑤] 理论上，不适当履行负担（义务），通常不会直接导致审查决定无效或被撤销；只有实质上不履行负担（义务）而使条件落空的，才有可能导致附条件批准的审查决定丧失存在基础，而被宣布无效或者被撤销。

欧盟的做法是给予一次性罚款、周期罚款直至撤销批准决定。欧委会《关于可接受的救济措施的通告（2008）》第 20 段规定，如果相关企业违反义务，欧委会可以分别依据条例第 6 条第 3 款和第 8 条第 6 款的规定，撤销先前根据第 6 条第 2 款或第 8 条第 2 款作出的批准决定；分别依据条例第 14 条第 2 款（d）项和第 15 条第 1 款（c）项，给予当事方罚款和周期罚款（fines and periodic penalty）。[⑥] 根据条例，如果当事方违反裁决确定的义务，欧委会可撤销此前按照第 139/2004 号条例第 1 条（a）项或（b）项所作的决定。[⑦]

---

① *Commission Notice on remedies acceptable under Council Regulation (EC) No. 139/2004 and under Commission Regulation (EC) No. 802/2004*, C267 Official Journal of the European Communities para. 20 (2008).

② Council Regulation (EC) No 139/2004 of 20 January 2004 on the control of concentrations between undertakings, Official Journal of the European Union, 29. 1. 2004. Article 6 (b).

③ Council Regulation (EC) No 139/2004 of 20 January 2004 on the control of concentrations between undertakings, Official Journal of the European Union, 29. 1. 2004. Article 7 (a) (i), (ii).

④ Council Regulation (EC) No 139/2004 of 20 January 2004 on the control of concentrations between undertakings, Official Journal of the European Union, 29. 1. 2004. Article 10 (3).

⑤ 参见陈敏：《行政法论》，台北，新学林出版股份有限公司 2009 年版。

⑥ See *Commission Notice on remedies acceptable under Council Regulation (EC) No. 139/2004 and under Commission Regulation (EC) No. 802/2004*, C267 Official Journal of the European Communities para. 20 (2008).

⑦ Council Regulation (EC) No 139/2004 of 20 January 2004 on the control of concentrations between undertakings, Official Journal of the European Union, 29. 1. 2004. Article 6 (3), 8 (6).

（二）条件和负担（义务）引发争议的处理程序不同

行政复议和行政诉讼通常针对条件的适当性。执法机构负责经营者集中案件的竞争审查，并根据审查评估情况决定是否附加以及附加何种条件。在执行附条件批准决定的过程中，如何理解审查决定，包括如何理解条件的内容，应当由执法机构负责。其理由在于，附加的条件是执法机构行政决定的一部分，对行政审查决定本身的解释应当由执法机构作出，而不宜由第三方仲裁机构裁判。与审查决定有利害关系的相对人，主要是参与集中的经营者，认为审查决定侵害其合法权益的，可以通过行政复议和行政诉讼寻求救济。审查决定包括附加的条件将因此成为行政复议或行政诉讼争议的标的。如果行政复议或行政诉讼没有支持附加的条件，则直接导致审查决定失去前提和基础。

第三人投诉或仲裁通常针对负担（义务）履行的适当性。在执法机构作出的附条件批准决定中，用以实现条件的负担（义务）可能规定得很详尽，也可能规定得很简略，甚至没有明确规定。当事人履行负担（义务）不适当，不仅关系到是否能够满足审查决定载明的条件，还可能涉及第三人利益，例如，在当事人承诺产能剥离、开放基础设施、确保供应价格和数量等情况下，第三人可能与当事人就后者履行负担（义务）的适当性产生争议，如对价格的合理性发生争执等。对负担（义务）履行而产生的争议一般不宜由执法机构裁决，主要理由在于，审查决定通常无法详尽规定负担（义务）履行的适当性，其内容常常属于私法领域的自由裁量问题。这部分内容产生的争议比较适合通过仲裁机制解决，仲裁机构的定位更符合可仲裁性条件中仲裁机制与公共执法机制之间的协调与互补关系。[①] 尽管执法机构不适合裁决此类争议，但此类争议的裁决结果对执法机构有重要意义。如果裁决当事人未适当履行义务，执法机构可能要求其承担相应的法律后果。

（三）违反条件和负担（义务）的法律后果不同

条件是作出审查决定的前提和基础，如前所述，如果执法机构与当事人不能就所附加的条件达成一致，执法机构不会作出附条件批准的决定；执法机构作出附条件批准决定之后，当事人不能满足条件的，审查决定不生效，

---

① 参见韩伟：《经营者集中附条件法律问题研究》，法律出版社 2013 年版。

已经生效的由执法机构撤销决定或者宣布决定无效，当事方尚未实施集中的不能再予实施，已经实施集中的应当恢复到交易前的状态。因此，执法机构和当事人不能就附加条件达成一致，除集中交易可能被禁止外，当事人不需要承担其他法律责任；附条件决定作出后，当事人不能满足条件的，除审查决定可能被撤销、宣布无效外，如已经实施则恢复原状，当事人不需要承担其他额外责任。当事人不能满足条件，执法机构不能强制执行条件。

欧委会《关于可接受的救济措施的通告（2008）》第 20 段规定，如果违反的是一项条件，例如在承诺预计的时间框架内没有完成业务剥离，或者剥离之后又买回，则与共同市场相容的裁决就不再适用。在这种情况下，欧委会可以：根据第 139/2004 号第 8 条第 5 款（b）项，采取适当的维护有效竞争条件的临时性措施；如果满足了第 8 条第 4 款（b）项的条件，则欧委会可以采取任何适当措施确保相关企业撤销集中或采取其他恢复原状的措施，或者根据第 8 条第 7 款的规定，作出第 8 条第 1—3 款下的裁决。此外，当事方还可能遭受第 14 条第 2 款（d）项规定的罚款。① 在这种情况下，如果满足了第 139/2004 号第 8 条第 4 款（b）项的条件，欧委会可以采取任何适当措施以确保相关企业撤销集中或采取其他恢复原状的措施。② 其中，根据第 139/2004 号条例第 8 条第 4 款（b）项，委员会可以要求相关企业拆分集中，特别是通过拆分合并或出让所获得的股份或资产来拆分集中，以恢复在完成集中前的情形；如通过拆分集中无法恢复此前的情形，委员会可采取任何其他的适当措施来尽可能地达成恢复市场原状的目标；采取其他任何适当的措施，以保证相关企业拆分集中，或按照决定的要求采取其他恢复原状的措施。③

从行政法角度上，负担与条件不同。就附款（负担是附款的一种）与主行政处分（具体行政行为）之关系而言，负担系独立于主授益处分之外之附

---

① See *Commission Notice on remedies acceptable under Council Regulation* (*EC*) *No. 139/2004 and under Commission Regulation* (*EC*) *No. 802/2004*, C267 Official Journal of the European Communities para. 20 (2008).

② See *Commission Notice on remedies acceptable under Council Regulation* (*EC*) *No. 139/2004 and under Commission Regulation* (*EC*) *No. 802/2004*, C267 Official Journal of the European Communities para. 20 (2008).

③ Council Regulation (EC) No 139/2004 of 20 January 2004 on the control of concentrations between undertakings, Official Journal of the European Union, 29. 1. 2004. Article 8 (4) (b).

加义务，其是否履行并不影响主行政处分之效力。换言之，负担系一项额外且独立之行政处分，故相对人不履行负担时，仍得行使处分所赋予之权利，且得单独对负担提起行政争讼。不过，除非相对人放弃行政处分所给予之利益，否则主管机关得以强制方法强制其履行，并得依职权废止主行政处分。反之，期限与条件则非属义务之课予，而是对行政处分之效力有所规制，故行政处分之效力因期限或条件之成就而发生或消灭，并无义务强制执行可言，且非看单独作为行政争讼之客体。[①] 如果当事人不履行或者不适当履行负担（义务），则当事人应当承担不履行或不适当履行负担（义务）的法律责任，理论上可以要求改正违法行为，同时给予行政处罚，如罚款。除此之外，执法机构还可以强制执行这些负担（义务），也可以寻求第三人代为履行，相关费用由当事人承担。因为当事人不履行或不适当履行负担（义务）而导致条件不能满足要求的，当事方不仅要承担不履行或不适当履行负担（义务）的法律责任，还可能导致上述条件不能满足的后果，最终可能导致执法机构撤销先前作出的批准决定或类似决定。

欧委会《关于可接受的救济措施的通告（2008）》第 20 段规定，如果相关企业违反义务，欧委会可以分别依据第 139/2004 号条例的第 6 条第 3 款和第 8 条第 6 款的规定，撤销（revoke）根据第 6 条第 2 款或第 8 条第 2 款作出的批准决定。违反义务，当事方还可能遭受分别依据第 139/2004 号条例第 14 条第 2 款（d）项和第 15 条第 1 款（c）项规定的罚款和周期性罚款（fines and periodic penalty）。[②] 根据欧盟的并购条例，罚款分为两类：一类是一次性罚款（Fines），另一类是周期罚款（Periodic penalty payments）。所谓一次性罚款，是在当事人违反条件或者义务的情况下，欧委会有权根据第 139/2004 号条例第 14 条的规定处以一次性罚款，一次性罚款不超过第 139/2004 号条例第 5 条规定的总营业额的 10%。[③] 所谓周期性罚款，是指按照违法的时间累积

---

① 参见翁岳生：《论行政处分》，载《法治国家之行政法与司法》，台北，元照出版有限公司 2009 年版，第 23 页。

② See *Commission Notice on remedies acceptable under Council Regulation（EC）No. 139/2004 and under Commission Regulation（EC）No. 802/2004*, C267 Official Journal of the European Communities para. 20（2008）.

③ Council Regulation（EC）No 139/2004 of 20 January 2004 on the control of concentrations between undertakings, Official Journal of the European Union, 29. 1. 2004. Article 14（2）（d）.

计算的罚款，根据欧盟并购条例，周期性罚款不适用违反条件的情形，而只适用于违反义务的情形。在当事方违反义务的情况下，欧委会有权根据第139/2004号条例第15条，从决定指定日期起算，每拖延履行义务一天处以不超过其日平均营业总额5%的罚款，以迫使当事人遵守决定施加的义务。[①]

既然条件和义务存在上述较大的差异，在法律上对两者作明确区分具有重要意义。然而，遗憾的是，我国《反垄断法》只规定了附加限制性条件，没有提及负担，将来有待于修改《反垄断法》时作出必要的调整。在《反垄断法》作出调整之前，从法律解释的角度进行弥补，可以认为我国《反垄断法》规定的条件是广义上的条件，既包括了严格意义上的条件，也包括了负担（义务）。实际操作中，立法上，可以通过下位阶的法规规章等作出扩张性解释，个案处理上，执法机构作出附条件批准决定应有意识地区分条件、负担和其他义务。

对已经作出附条件批准决定的案件，甄别所附加的“条件”究竟为条件还是负担义务时，应考虑如下因素：原则上，执法机构对此拥有解释权，执法机构的解释应当考虑案件处理当时的场景、探求附加“条件”的真实意图、决定书的整体表述以及法律原理等因素；不应囿于附条件批准决定书中使用的名称。虽然决定书使用了条件的表述，但实质内容仍然是负担或义务的，应当按照负担或义务的原则处理；在可以理解为条件，也可以理解为负担或义务的场合，应秉承对相对人较为有利的角度掌握，总体而言，负担对于相对人较为有利，从而如发生判别之疑义时，应作为负担之认定，[②] 基于法治国家比例原则之要求，如无法由其他标准获得结论时，应认定为对当事人干涉较小之附款，在附款为负担或条件不明时，因负担之干涉较条件为小，应认定为负担，[③] 但是与第三人利益或社会公共理由攸关的除外。

我国《反垄断法》之所以对“条件”采用了“限制性”的措辞，我们理解是附条件批准对参与集中当事人民事权利的限制，例如要求其出售部分资产，要求其对不特定第三人开放基础设施等。从民商法角度，经营者集中实

---

① Council Regulation (EC) No 139/2004 of 20 January 2004 on the control of concentrations between undertakings, Official Journal of the European Union, 29. 1. 2004. Article 15 (1) (c).

② 蔡茂寅、李建良等：《行政程序法实用》，台北，新学林出版股份有限公司2000年版。

③ 参见陈敏：《行政法论》，台北，新学林出版股份有限公司2009年版。

质上是一项民事交易，应当按照自愿、平等、等价有偿等原则进行。附条件批准在一定程度上是执法机构基于行政权力对民事交易的干预，是对当事人民事权利的合法限制。事实上，附条件批准中的“条件”是执法机构批准集中的前提；负担或义务则是审查决定生效后，为实施条件或满足执法机构提出的其他要求而为一定行为或不为一定行为的必要性。因此，无论是“条件”还是“负担（义务）”，他们本身都包含了限制的含义，在条件或负担之前使用“限制性”修饰语似无必要，好在“限制性”的措辞并没有实质改变条件和负担的法律本意，也不会产生实质损害，但在实践中，不能对“限制性”作相反的理解，即有限制性条件或负担，但无鼓励性条件或负担的说法，简言之，条件就是条件，不存在限制性条件，更不存在鼓励性条件。鉴于《反垄断法》已经采取了附加限制性条件的措辞，本书将不再区分附条件和附加限制性条件。

第三节　附条件和救济措施

结合各司法辖区的做法，笔者认为，经营者集中反垄断控制制度中的救济措施（remedy）是相对通俗、非正式使用的概念，附加条件或负担（义务）则是相对正式和精确表达的法律术语，出于习惯和表达方便等因素的考虑，救济措施的说法并非不可使用，但在反垄断配套立法、执法以及理论研究等正式场合，还是应当与《反垄断法》保持一致，采取附加限制性条件的用语较为妥当。

一、附条件是有精确内涵的法定概念

在以行政裁决为经营者集中反垄断执法特点的司法辖区，如欧盟、德国和我国台湾地区，反垄断法均使用了“附条件”的概念，没有使用“救济措施”的概念。尽管我国理论界和实践部门经常使用“救济措施”的概念，但我国《反垄断法》仍明确采取了“附加限制性条件”的措辞。“附条件”成为行政裁决反垄断执法体制下的法定概念。作为法定概念，附条件和负担批准经营者集中的条件和负担均有相对精确的法律含义并对应不同的法律后果。

笔者认为，如果法律上有了明确的概念，为维持立法、执法、司法和法学理论研究的一致性，也便于交流沟通，采取立法上已有定论和明确规定的概念较为妥当。在附条件或者附负担批准经营者集中的情况下，如前所述，条件和负担均有不同的法律含义并对应有不同的法律后果。在反垄断语境中，救济措施则是一个通俗、方便、概括的称谓，不是周延的法律概念，难以概括出精确的法律含义，无法承担附条件或负担（义务）相对精确描述不同法律性质和法律后果的行为的法律功能。

在欧盟法中，在其上位法“条例”（regulations）使用了“条件和义务”的情况下，尽管下位法的“通告”（notice）同时使用“承诺”（commitments）、“救济措施”（remedies）及“条件和义务”，但欧盟对条件和义务的界定非常精确，且严格区分了条件和义务，规定了违反条件和义务不同的法律后果。承诺是当事方的行为，是当事方以解决欧委会关注为目的向欧委会提出的修正承诺。欧委会可以接受该承诺并以该承诺为基础作出有法律约束效力的裁决，承诺转化为当事方必须履行的条件，为确保条件的执行必须附之以必要的义务。附加条件和义务是不同于救济措施的概念，是更准确的法律概念，是欧委会作出的审查决定对当事方提出的要求。条件是解决反竞争影响、引起市场结构变化的前提性要求。例如业务剥离；义务则是实施条件而必须履行的步骤。通告中所称的救济措施是对集中的修改（modification），通知把这种对集中的修改称为救济。因此，欧盟的通告中使用的救济措施不是严格意义上的条件或义务，不是周延精确的法律概念，更像此类一揽子行为或者活动的总称。救济措施也因此成为一个便利的表达方式，但难以承担附条件或附负担精确描述不同性质和后果的行为的法律功能。

二、救济有其既存和特定的法律内涵

“救济”一词作为中文法律概念已经存在且有其特定含义。法律上的救济针对侵害或者侵害的可能而言，一般分为私力救济和公力救济。所谓私力救济也称为自力救济，是指权利人在法律允许的范围内，在没有中立第三方介入的情况下，依靠自身或他人的力量，通过实施自卫行为或者自助行为，以解决纠纷、保护自己权利的方式，如正当防卫、紧急避险、留置、拒付、变卖等。所谓公力救济，是指当权利人的权利受到侵害或者有被侵害之虞时，权利人通过借助公共影响力或公权力解决纠纷、保护自己权利的方式。公力救济又可分为公权救济和公助救济。公权救济主要是指权利人通过公权力，如行使诉讼权，诉请法院依民事诉讼或强制执行程序保护自己权利的方式。公助救济则是通过公共影响力解决冲突、保护自己权利的方式，如调解和传统仲裁。[①] 在现代文明社会，公力救济是保护权利的主要手段，在能够援用公力救济保护权利的场合通常排除适用私力救济。从这个意义上看，救济是对权利的救济，正如那句古老的法律谚语所言，“没有救济就没有权利”。经营者集中反垄断控制制度中的救济不是对权利的救济。反垄断领域的救济措施泛指为了消除执法机构对经营者集中提出的竞争问题，而采取的对经营者集中进行的修正措施，是对存在反竞争效果的集中交易的补救、补正、修正或调整，从其本意上看，remedies 翻译作“补救措施”更为妥当。

三、救济容易与反垄断行政复议和诉讼相混淆

在反垄断法中引入“救济”的概念，不仅没有准确反映其原意，还可能导致“救济措施”与反垄断行政复议和行政诉讼中的救济混淆。在附条件批准经营者集中的场合，附条件是对集中交易的调整，也是对当事人民事权利的限制。根据我国《反垄断法》的规定，如果相对人认为执法机构作出的行政决定，包括禁止的、附条件批准和无条件批准的审查决定，侵犯其合法权益的，有权向行政机关提出行政复议申请或向人民法院提起行政诉讼，或者向人民法院提起民事损害赔偿诉讼。行政复议、行政诉讼以及损害赔偿诉讼行为是相对人寻求权利救济的方式，属于现有法律体系下“权利救济”的范畴。这些行为会被冠以“救济”的称谓，并且已经为法律实务部门和理论界所认可。如果用“救济措施”描述“附加限制性条件批准经营者集中”的情形，则会出现两个“救济”的情形：一是执法机构对集中交易采取的救济措施；二是相对人认为采取的救济措施侵犯了其合法权益，向复议机构或法院寻求的公力救济，出现对“救济”不服而寻求“救济”的情形，导致用语和逻辑的混乱。在附加限制性条件批准经营者集中的场合，采用“附条件或负

---

① 传统的民商事仲裁裁决与当前的民商事仲裁不同，前者不能申请公权机关强制执行，而是通过公共影响力来解决。

担（义务）”的措辞更符合实际情况。“救济措施”的表述不仅不能准确表达所采取的法律措施，还可能与现有法律概念体系混淆，带来不必要的混乱。

据了解，救济措施的术语之所以得以使用，主要原因是对英文文献中remedies一词的直接字面翻译。事实上，中国反垄断立法并没有采用救济措施或补救措施的措辞，而是采用了附加限制性条件的说法，救济措施或补救措施更多出现在理论探讨、反垄断执法中的非正式场合。在商务部、市场监管总局公布的附条件批准案件公告中，审查决定部分都使用了附条件的用语，例如“附加限制性条件的商谈”和“商务部决定附加限制性条件批准某某经营者集中”等，在不同案件“附加限制性条件的商谈”部分，也有使用“解决方案”“救济方案”“救济措施”等措辞的。笔者认为，补救措施和附条件批准是对同一事项从不同角度的表述，商务部和市场监管总局公告的做法是妥当和可以接受的，即在商谈附加条件、调整集中交易方案时，可以使用“解决方案”“补救措施”等措辞，重点在对集中交易内容的调整、补救。执法机构对经营者集中的批准，应使用附条件或附加限制性条件的措辞，并对“解决方案”“补救方案”“补救承诺”等确定内容，以法律语言和规范作出决定。

此外，救济措施可以事后进行，然而，在事后进行的补救，从程序上似乎谈不上附条件批准的问题。

第四章

条件的常见分类及应用分析

对条件分类是为了更好地认识、运用条件，避免过于机械僵化地认识、适用不同类型的条件。目前，国外理论界和执法机构的普遍做法是把条件分为结构条件（Structural Remedies）和行为条件（Conduct Relief/conduct remedies/behavioral remedies），[①] 国内执法机构和理论界也普遍接受了这种分类方法。事实上，除此之外还有其他一些分类方法，这些方法从不同视角审视条件。通过多种分类方法，可以多角度地认识条件，全面了解救济措施，避免单纯依赖既定的分类可能带来的偏见和误解。

第一节　条件的常见分类

结构条件和行为条件[②]既是执法实践中最常用的分类，也是理论研究中最常见的分类，一些司法辖区的法律文件甚至明确以该分类方法规定条件。通常认为，资产或业务剥离是典型的结构条件，除此之外大多属行为条件。然而，对结构条件和行为条件的理解，停留在这个层面上远不能满足需要。尽管结论上同样划分为结构条件和行为条件，但划分标准可能有所不同，基于不同标准划分的结构条件和行为条件的内涵和外延也有差别。这些标准主要

① Stephen Davies & Bruce Lyons, *Mergers and Merger Remedies in the EU*: Assessing the Consequences for Competition, Edward Elgar Publishing Limited, 2007, p. 13 – 17.

② 结构条件也称结构救济，行为条件也称行为救济。如前所述，严格而言两者内涵不完全一致，但为表述方便并迁就实践中约定俗成的既定做法，如无特别说明本书中两词通用。

包括：干预对象、持续干预时间、参与集中的经营者是否与相关方完全分离等。国际竞争网络组织（ICN）的年度会议报告指出，合并救济通常分为结构救济和行为救济，但一些救济很难在此基础上分类，例如那些获得知识产权的救济。有效的救济方案可能既包括结构因素又包括行为因素。① 事实上，把条件分为结构条件和行为条件只是为了准确认识条件、便于理解和开展工作而约定俗成的不尽严格的一种方法。

一、结构条件和行为条件：以干预的对象为标准

以附条件干预的对象为标准，可以把条件分为结构条件和行为条件。此标准下的结构条件，是指通过改变财产所有权的主体，进而在相关市场中创造出新的竞争者或强化市场中既有的弱势竞争者以平衡市场竞争结构，抵消或削弱经营者集中可能产生的反竞争影响，维持市场有效竞争。最典型的结构条件是要求参与集中的当事方剥离部分资产或业务。这种意义上的结构条件最显著的特点是，以改变财产所有权的方式改变市场结构，赋以“结构条件”的称谓也算实至名归。此标准下的行为条件，是指通过限制集中后实体行使财产权利的做法，直接规范集中后实体的竞争行为，以抵消或削弱经营者集中可能产生的反竞争影响，维持市场有效竞争的条件。比较典型的行为条件，例如开放基础设施、终止排他性协议、采取防火墙措施等。这种意义上的行为条件最显著的特点是，不改变财产权利的归属，但限制权利的行使，要求参与集中的经营者，在实施集中后必须为或不为一定行为，因此赋以“行为条件”也基本反映了所指代的内容。

国外研究多采用此标准。例如 Massimo Motta 认为救济措施可分为两大类：一是改变产权配置的结构措施，包括完全或者部分剥离一家正常运营的企业；二是限制合并企业产权的行为措施，包括合并方承诺不滥用某些可利用的资产或参加特定的契约安排。② Katri Pass 认为，资产剥离以外的对集中后企业的财产权或行为施加限制的其他救济可被称作非结构救济，非结构救

① ICN Merger Working Group：Analytical Framework Subgroup，Merger Remedies Review Project：Report for the Fourth ICN Annual Conference Bonn，June 2005.

② ［美］马西莫·莫塔：《竞争政策——理论与实践》，沈国华译，上海财经大学出版社 2006 年版，第 224 页。

济的范围广泛，包括开放基础设施、授予知识产权许可、终止排他性协议和隔绝竞争性敏感信息等。[①] Massimo Motta、Michele Polo 和 Helder Vasconcelos 认为，结构救济是改变财产权的分配并产生新企业的救济，包括全部现存业务和部分业务的剥离；而非结构救济是指对集中后企业的财产权施加限制的救济，包括集中后企业不滥用特定资产的承诺，以及强制许可或者开放知识产权的合同安排。[②] Leveque 和 Scherer 把这种分类方法归结为受到“结构—行为—绩效”方法的影响。[③] 我国国内学术界也多持此观点，认为结构条件和行为条件的二元分类已经足够，附加结构条件的基本原理是，将参与集中的企业拥有的特定资产出售给新的市场进入者，为其创造在相关市场中有效竞争的条件；或者将特定资产出售给相关市场中独立于合并企业的既存竞争者来强化其竞争力，从而确保合并发生后相关市场拥有一定的竞争强度。[④]

美国司法部反垄断局的 2004 年救济指南采取了结构条件和行为条件的分类，认为救济有两种基本形式：一种针对市场结构，另一种针对集中后经营者行为。[⑤] 结构救济通常需要经营者出售有形资产和业务，行为救济通常对集中后经营者的行为予以规制。[⑥] 美国司法部反垄断局的 2011 年救济指南继续采取了结构条件和行为条件的分类，在第Ⅱ部分救济措施的类型中明确规定，有效的合并救济措施通常包括结构措施和行为措施。[⑦] 结构救济通常涉及物理资产的出售，或要求集中后经营者通过出售或许可知识产权创造新的竞争

---

① Katri Paas, *Non – Structural Remedies in EU Merger Control*, European Competition Law Review, Vol. 27：5, p. 209 – 216（2006）.

② Patrick Rey, *Economic Analysis and the Choice of Remedy*, in François Lévêque, and Howard A. Shelanski eds. , Merger Remedies in American and European Union Competition Law, Edward Elgar Publishing, 2004.

③ Stephen Davies & Bruce Lyons, *Mergers And Merger Remedies In The EU*：*Assessing The Consequences For Competition*, Edward Elgar Publishing Limited, 2007, p. 14.

④ 韩伟：《经营者集中附条件法律问题研究》，法律出版社 2013 年版，第 51 页。

⑤ U. S. Department of Justice Antitrust Division, *Antitrust Division Policy Guide to Merger Remedies*, October 2004. 在“Ⅲ. Fashioning the Remedy”部分的标题中，结构条件表述为 Structural Remedies，行为条件表述为 Conduct Relief，但正文中行为条件也表述为 conduct remedies。

⑥ See U. S. Department of Justice Antitrust Division, *Antitrust division policy guide to merger remedies October* 2004, Ⅲ. Fashioning the Remedy.

⑦ See U. S. Department of Justice Antitrust Division, *Antitrust Division Policy Guide to Merger Remedies*, June 2011.

者，[①] 行为救济一般涉及约束集中后经营者的特定商业行为。[②] 美国联邦贸易委员会的指南文件《合并救济商谈声明》则没有进行分类，而是直接规定了条件的主要形式——剥离。[③]

欧委会曾先后于2001年、2008年两次发布关于救济措施的通告。在《关于可接受的补救的通告（2001）》中，“可被委员会接受的救济类型”项下分为两类：一类是“剥离”，另一类是“另外一些救济手段”。[④] 关于剥离，该通告第13段指出：在集中有可能产生或加强妨碍有效竞争的支配地位时，恢复有效竞争的最有效方式，除了禁止集中外，就是通过剥离创造条件，使新的竞争实体得以产生，或者使现存竞争者的地位得以加强。关于“另外一些救济手段”，该通告第26段指出：尽管剥离是优先的救济，但它并不是委员会接受的唯一救济形式。其原因是：一是存在不可能剥离业务的情形；二是竞争问题可能来自具体情形。例如，排他合同、网络联合（网络效应）或存在关键专利联合，在此情况下，委员会必须判断其他类型的救济是否对恢复市场有效竞争有影响。欧委会2008年修订发布的《关于可接受的救济措施的通告（2008）》改变了此前做法，采取了四分法，详见下文。

英国竞争委员会2008年发布的《合并救济指南》指出，传统上救济措施划分为结构救济和行为救济。所谓结构救济，一般被认为是旨在恢复或维持市场竞争结构的一劳永逸的措施，包括剥离和禁止；所谓行为救济，通常是旨在规制或限制集中后经营者行为的持续措施，包括行为能力控制（enabling measures）和结果控制（controlling outcomes）；某些救济或者具有结构救济特点或者行为救济特点，取决于它们的特定形式，如与获得知识产权有关的一些救济。[⑤]

---

① United States v. 3D Systems Corp., 2002 - 2 Trade Cas. ¶ 73, 738 (D. D. C. 2001).

② U. S. Department of Justice Antitrust Division, *Antitrust division policy guide to merger remedies June 2011*, Ⅱ. Types of Remedies.

③ Joseph J. Simons, *Negotiating Merger Remedies Statement of the Bureau of Competition of the Federal Trade Commission*, April 2003; Richard Feinstein, *Negotiating Merger Remedies Statement of the Bureau of Competition of the Federal Trade Commission*, January 2012.

④ *Commission Notice on remedies acceptable under Council Regulation (EEC) No. 4064/89 and under Commission, Regulation (EC) No. 447/98*, C68 Official Journal of the European Communities (2001).

⑤ See Competition Commission, *Merger Remedies: Competition Commission Guidelines*, November 2008.

国际竞争网络组织（ICN）2005 年的《合并救济工作报告》指出，附加结构条件是通过对市场结构的直接干预来处理合并交易可能导致的竞争损害，附加行为条件则是通过改变交易当事人或者其他主体的行为来处理合并交易可能导致的竞争损害。[①]

二、结构条件和行为条件：以干预持续时间为标准

以干预持续时间为标准，救济条件也可以划分为结构条件和行为条件。还有观点认为，也可以以是否完全分离为标准或者界限是否清晰（Clean Break）为标准划分结构条件和行为条件。Stephen Davies 和 Bruce Lyons 即运用完全分离标准来界定结构救济和行为救济。[②] 所谓是否完全分离或者界限是否清晰的标准，主要是为解决一些条件无法归入传统结构条件和行为条件的问题，例如开放基础设施、知识产权许可等。根据具体情况，有的开放知识产权类似结构救济，例如一次性支付许可费用的知识产权许可；而有的更类似行为救济，例如根据销售额或其他标准每年或分阶段商谈知识产权许可使用费。干预时间是否持续标准和是否完全分离标准划分的结果基本一致，可以视为从不同角度进行划分的同一种方法。

在此标准下划分出来的结构条件，是指能够一次性实施完毕，义务人不需要持续履行，执法机构也不需要持续监管的条件。这种条件一旦实施就告终止，因此，义务人不需要再行与其他市场参与者，包括上下游企业、市场竞争者和执法机构发生关系。传统的结构条件基本属于这种意义上的条件，例如业务剥离、出售股份等。如果附加的条件需要在相当长的一段时间内持续存在，同时需要持续监管的条件称为行为条件。这种条件需要义务人在相当长的一段时间内，在某一方面持续作为或不作为，持续与其他市场参与者发生关系。

以干预持续时间或是否完全分离为标准，对救济措施作出的结构条件和行为条件的划分，为我们审视救济措施提供了新的视角。传统的结构条件限

---

① ICN Merger Working Group: Analytical Framework Subgroup, Merger remedies review project: report for the fourth ICN annual conference Bonn, June 2005.

② Stephen Davies & Bruce Lyons, *Mergers and Merger Remedies in The EU: Assessing the Consequences for Competition*, Edward Elgar Publishing Limited, 2007, p. 42 –43.

于剥离措施，然而，对知识产权、基础设施的一次性救济安排与剥离具有相似效果，却无法纳入结构条件。特别是对执法机构而言，这种新的分类更具科学性，一般而言，界限清晰的一次性救济（即结构条件）监管成本较低，但修正救济错误的机会较小；持续时间较长的行为条件则需要持续监管，监管成本较高，但预留了事后修正的可能性。当然，无论是结构条件还是行为条件，简单地贴上非好即坏的标签是不妥当的，实践中还需要根据个案情况选择最适合的救济措施。

三、按救济效果的预期分类：欧盟的法定做法

欧盟在实践中常用结构条件和行为条件的分类，但其指南文件和相关研究报告则使用了不同的更为直接的分类方法，该分类勉强可以算是按照救济方式和效果预期的标准进行。例如欧委会 2001 年发布的《关于可接受的救济措施的通告（2001）》把救济分为剥离和另外一些救济手段。该通告要求的剥离业务必须是能够成活的业务，即如业务被合适的购买者经营就能够长久性地与合并后实体进行有效竞争。正常情况下，一项能够成活的业务是一项现存的可以独立经营的业务，而不是处于过渡期的业务。也就是说，就原材料供应或其他形式合作而言，该业务独立于正在合并的实体。① 该通告在剥离项下同时规定了“结构性关联的清除”，清除结构性关联的目的在于切断与主要竞争对手的结构性联系，包括剥离在合营企业中的现存股份，也包括增加在市场上进行竞争的诱因，剥离居少数地位的持股或解除关联董事。②

《关于可接受的救济措施的通告（2001）》规定的“另外一些救济手段”主要针对不可能剥离业务的情形，或者竞争问题来自排他合同、网络联合、关键专利联合等具体情形。这些救济手段具体包括：

一是终止现存排他合同。如果拟议集中导致现存合同安排不利于有效竞争，特别是排他性长期供应和分销合同限制了竞争对手进入潜在市场，如果集中后实体将拥有较大市场份额，现存排他合同产生的排挤效应就可能造成支配地位的产生。在这些情况下，终止现存排他合同可能是消除竞争问题的

① 《关于可接受的救济措施的通告（2001）》第 14 段。

② 《关于可接受的救济措施的通告（2001）》第 24、25 段。

合适方式。①

二是开放必要的基础设施或关键技术。如果拟议集中可能是造成进入相关市场的主要障碍，这种障碍来自对基础设施尤其是网络或关键技术（包括专利、专有技术或其他知识产权）的控制。在此情况下，可通过保证竞争对手享有使用必要基础设施或关键技术的方式确保便利进入市场。②

三是技术许可安排。如果竞争问题来自对关键技术的控制，那么剥离技术是优先的救济手段，因为这可以消除集中后实体与竞争对手间的持续关系。然而，剥离技术可能损害有效率的正在进行的研究。此种情形下，则可接受技术许可安排，特别是对被许可人没有任何使用区域限制的排他性许可优先。③

《关于可接受的救济措施的通告（2008）》基本沿袭了《关于可接受的救济措施的通告（2001）》的做法，规定了三大类型的救济措施：

一是向适当买方出售业务（Divestiture of a business to a suitable purchaser）。向适当买方出售业务的内容包括：剥离的业务必须有活力和竞争力；必须具有独立性；剥离后相当长时间内不能再次取得；买方必须符合条件。

二是消除与竞争者的联系（Removal of links with competitors）。具体包括剥离少数股权和终止特定合同。剥离少数股权，即切割当事方与主要竞争者结构上的联系。具体而言，第一，剥离参与集中的经营者在合营企业里的少数股东权利；第二，对竞争者的少数股东权利进行剥离。剥离少数股权是较好的选择，欧委会也可能接受放弃少数股东权利的做法，条件是确保避免少数股东的资产收益自身引发竞争问题。如果可能引发问题，则当事方必须放弃与竞争行为相关的、与此类股东权利相联系的一切权利，例如董事会的代表权、否决权以及知情权。只有在一揽子永久放弃这些权利后，欧委会才可能接受此类与竞争者联系的切割。④ 如果竞争问题是由与提供相同产品或服务的公司订立协议产生的，则适当的补救可能是终止各自的协议，例如与竞争者的分销协议或导致协调特定商业行为的协议。但只有当竞争者的产品在未

① 《关于可接受的救济措施的通告（2001）》第 27 段。
② 《关于可接受的救济措施的通告（2001）》第 28 段。
③ 《关于可接受的救济措施的通告（2001）》第 29 段。
④ 《关于可接受的救济措施的通告（2001）》第 59 段。

来也能够分销，且对当事方产生竞争压力的时候，终止分销协议才可能消除竞争问题。[①]

三是其他救济措施。[②] 欧委会认为，业务剥离或消除与竞争者的联系是较好的补救方式。就效果和效率而言，业务剥离是其他救济方式的标尺。在其他补救至少与业务剥离同样有效的情况下，欧委会也可能接受其他救济措施。这些救济措施包括：第一，市场进入类的救济，通常包括获得关键基础设施、网络、关键技术（包括专利、专有技术或其他知识产权），以及关键投入的救济，其目的在于便于竞争者进入市场；第二，改变长期排他合同。拟议集中可能导致现有合同安排损害竞争，特别是排他的长期供应协议。如果集中后经营者有能力和动机通过这种方式排除竞争，有必要终止或改变现有排他协议，改变长期协议通常只是作为一揽子救济措施的一部分。

此外，2005 年 10 月，欧委员竞争总司发布的《合并救济研究（公开版）》分析了 96 项具体条件，按照不同预期的竞争效果或救济方式分为 4 类：转换市场地位的承诺、退出合营的承诺、市场准入的承诺，以及其他承诺。[③]

一是，转换市场地位旨在通过合适的可以对其他竞争对手施加强大竞争力的收购方来重塑剥离业务的竞争力。具体包括：剥离公司中独立经营业务的控股权；剥离需要全面从公司框架下分离的业务部门；剥离结合了一家以上当事方资产的混合资产；以及剥夺或者授予无明确使用期限或使用期至专利保护期满时的长期独家许可。

二是，退出合营要求当事方通过转让给合适买受人的方式，放弃其对合营企业的联合控制权，这种放弃必须是对合营企业联合控制权的永远分割。在实践中，买受人通常就是现有的合营方。

三是，准入许可通过使其他市场参与者能够获得重要资产，以此减少准入障碍。具体包括：基础设施或者技术平台的准入许可；通过许可证或其他知识产权保护措施实施的技术准入许可；以及终止排他的纵向协议。

四是，其他救济包括：旨在切断并购方对竞争者造成影响的救济；旨在

---

① 《关于可接受的救济措施的通告（2001）》第 60 段。

② 《关于可接受的救济措施的通告（2001）》第 61 段。

③ See European Commission, *DG Competition*: *Merger Remedies Study* (*Public version*), October 2005.

将两个共同占有支配地位的竞争者分离的救济；以及涉及某个品牌撤出市场的救济。

《合并救济研究（公开版）》所称的转换市场地位和退出合营，与《关于可接受的救济措施的通告（2008）》中“向适当买方出售业务”的内容大致相同，都是指剥离。转换市场地位是要求当事人剥离其拥有的公司的全部股权或单独控制权；剥离其拥有的业务部门或者资产组合；退出合营也是剥离救济，只不过剥离的是当事人对公司的部分股权或者共同控制；转换市场地位和退出合营都是通过“向适当买方出售业务”来实现。

四、混合条件和条件的混合使用

理论上，由于划分标准的问题，有些救济措施很难简单地划为结构条件或行为条件。实践中，也存在附加结构条件的同时附加行为条件的情形。有些国家的立法将这种结构条件和行为条件同案适用的情形规定为综合条件或混合条件。例如加拿大竞争局2006年发布的《加拿大集中救济信息公告》规定，经营者集中的救济包括结构救济、行为救济和综合救济（Combination Remedies），所谓综合救济就是结构救济和行为救济相结合的救济。[①] 我国执法机构发布的《关于经营者集中附加限制性条件的规定（试行）》第3条也规定了3种限制性条件：一是剥离有形资产、知识产权等无形资产或相关权益等的结构条件；二是开放网络或平台等基础设施、许可关键技术（包括专利、专有技术或其他知识产权）、终止排他协议等的行为条件；三是结构条件和行为条件相结合的综合条件。学者也有持这种三分法的观点，即结构救济通常旨在恢复相关市场的竞争结构；行为救济是通过对经营者集中的行为进行修正或附加限制，以改变集中行为中不利于市场竞争的效果；混合救济是指在批准经营者集中的同时，既附加结构救济，又附加行为救济。[②]

然而，分类角度上并不存在所谓的混合条件或综合条件，一项条件要么是结构条件，要么是行为条件。有些条件可能在分类时，难以纳入行为条件

---

① See Competition Bureau Canada, *Information Bulletin on Merger Remedies in Canada*, (Sept. 22, 2006).

② 邱春霖：《论反垄断法中附条件批准经营者集中救济制度》，载《法治研究》2009年第10期。

或结构条件，例如知识产权许可或某些基础设施开放的条件。整体而言，这类条件可能难以简单归为结构条件或者行为条件，但这些条件在个案的具体适用中完全可归为某种条件。例如一次性支付许可费的知识产权许可，在性质、实施及监管方面均与典型的结构条件剥离无异；根据产量、销售额或其他指标，定期支付知识产权许可费的则属典型的行为条件。欧盟在对救济措施的回顾研究中曾对此有清晰描述：与知识产权使用许可授权相关的承诺，被视为转换市场地位的救济，前提条件是该救济的目的是将业务转移给合适的竞争者，并有足够长的许可期限进行这样的转换。其他知识产权许可属于准入救济，前提条件是这些许可涉及的资产同样为其他市场参与者所用，以避免排斥竞争问题。[①] 因此，这类条件并非独立于结构条件和行为条件之外，与结构条件和行为条件并列的独立类型，不存在所谓的独立的混合条件或综合条件。

各国立法中所谓的综合条件或混合条件，实际上是条件的混合或综合使用。结构条件和行为条件可以混合适用于同一案件或同一相关市场。常见的情形是，行为条件作为结构条件的辅助措施适用，其目的在于确保结构条件得以执行，或者确保结构条件的执行效果；还有行为条件与结构条件并列适用，共同解决拟议集中的竞争问题。前者情形较为常见，后者则不多见，因为结构剥离通常从源头上消除了竞争问题，不需要并列施行行为救济。欧委会发布的《关于可接受的救济措施的通告（2001）》第 30 段规定，有些交易可能只影响一个产品市场，但只有一个包括许多其他承诺的一揽子救济方案才能全面救济集中引起的竞争问题。该段描述的即属这种情形。

在同一个案件中，有多个相关市场同时存在竞争问题，可以同时分别适用结构条件和行为条件，这些条件不能称之为综合条件或混合条件，这种情形或可以称为混合救济。欧委会发布的《关于可接受的救济措施的通告（2001）》第 30 段曾规定了解决一项集中在多个市场存在竞争问题的一揽子救济方案的安排。具体而言，由于一项集中在几个市场引起的竞争问题各有特点，所以当事各方可能不得不提出一揽子救济方案，方案包含剥离及允许进

---

① See European Commission, *DG Competition*: *Merger Remedies Study* (*Public version*), October 2005.

入网络或获悉具体内容等有利于市场进入的其他方式。这种救济对来自诸如电信和媒体领域的集中引起的排挤问题可能合适。

第二节　常见结构条件及评述

结构条件和行为条件是最常见的分类，国内学界和实务部门多持此二元观点。然而，结构条件和行为条件的分类标准并不统一，实践中已在使用的有些条件是归为结构条件还是归为行为条件，仍有不同看法。通说认为，附加结构条件的原理是，将参与集中的经营者拥有的特定资产出售给新的市场进入者，使其能够进入相关市场参与有效竞争；或者出售给相关市场中独立于参与集中的经营者的相对弱势的既存竞争者，以强化其竞争力，确保集中实施后相关市场的竞争强度。[①] 资产剥离是典型的结构条件。资产剥离以不可逆地改变资产所有权的方式，在市场中培植新的竞争者或者强化在位弱势竞争者，以维持市场竞争结构，消除或弱化集中导致的竞争问题。从实践角度看，救济措施归类为结构的还是归类为行为的并不重要，关键要看救济措施解决具体竞争问题的效果。鉴于此，本节讨论常见结构条件不再局限于结构条件的宽窄范畴，而是既讨论典型的结构条件，也讨论与之有关一些救济措施，包括剥离既存的独立业务、剥离混合资产包、剥离少数股权、剥离知识产权，以及剥离产能等。

一、剥离既存的独立业务

剥离既存的独立业务是资产剥离的重要形式，是最典型的结构条件，也是各执法机构最为青睐的方式。所谓既存独立业务，是参与集中的经营者正在运营业务的一部分，这部分业务必须具有相对独立性。独立性主要表现在该部分业务在市场竞争中已经独立存在运营，通常具有参与市场竞争的必需要素，例如拥有固定资产、管理队伍、技术人员、知识产权、原材料供应、销售渠道等。这部分业务剥离后，通常不需要实质改造调整其中的要素就能

① 韩伟：《经营者集中附条件法律问题研究》，法律出版社 2013 年版，第 51 页。

够在市场上继续有效参与竞争。在实践中，既存的独立业务可以表现为参与集中的经营者的独立业务部门、工厂、分公司或者子公司，也可能是两个或两个以上业务部门、工厂、分公司或者子公司的集合。既存的独立业务不是严格的法律概念，具体存在的法律形式可有所不同，但须满足上述既存独立业务的实质条件。

执法机构通常倾向于剥离既存独立业务。例如美国司法部 2011 年发布的《合并救济指南》指出，反垄断局一般主张剥离那些已在相关市场上证明其竞争力的既存业务单位。① 执法机构之所以青睐剥离既存独立业务，原因在于：第一，剥离既存独立业务容易确立剥离资产的范围，既存独立业务很容易与剥离义务人的其他资产划清界限；第二，既存独立业务正在市场中运营，各种要素之间的数量和品质搭配已处于经过实践检验的良好状态，特别是包括了维持有效生产和销售相关产品所需的人力资源、客户名单、信息系统、无形资产以及管理组织，执法机构不必额外考虑各类资产之间的适配性；第三，既存独立业务在剥离后成功参与市场竞争的概率更高。美国联邦贸易委员会 1999 年发布的《关于剥离程序的研究报告》称，剥离持续运营的业务单位，比剥离那些特别挑选的资产组合的成功率更高。在研究涉及的 37 项资产剥离案件中，有 22 项剥离资产由运营中的业务单位构成，其中有 19 项资产能够在剥离后立刻在相关市场中参与竞争。②

二、剥离少数股权或放弃股东权利

参与集中的经营者可能与第三方特别是竞争者之间存在各种关联关系，如果拟议集中可能实质损害市场竞争，切断这种关联关系，降低集中实体的市场控制力可能会被视为可行的救济措施。常见的关联关系既有合同上的合作关系，也有持股关系。切断前者常被视为行为条件，后者则是参与集中的经营者持有第三方的少数股权，切断这种关联关系需要剥离少数股权，通常被视为属于结构条件。

---

① U. S. Department of Justice Antitrust Division, *Antitrust Division Policy Guide to Merger Remedies*, June 2011.

② A Study of the Commission's Divestiture Process, available at http：//www. ftc. gov/bc/mergers. shtm.

在不同司法辖区，对参与集中的经营者持有的小比例股权，如何分析竞争影响有不同做法。主要差异在于：参与集中的经营者持有少数股权的目标公司是否被视为参与集中的经营者的一部分。有做法认为，持有少数股权不代表拥有目标公司的市场力，因此不会将目标公司的市场份额记入参与集中的经营者名下，但在竞争分析时会考虑这种关联关系的影响。这种关联关系的影响足以实质损害市场竞争时，就需要剥离少数股权，切断关联关系。也有在认定参与集中的经营者一方的范围时，将其持有少数股权的目标公司记入参与集中的经营者一方的做法，只不过有的是将目标公司的市场份额全额计入参与集中的经营者一方，有的则按照股权比例计入相应的部分。在这种情况下，与其说切断关联关系，倒不如说是剥离少数股权，或者剥离其共同控制的业务。

参与集中的经营者持有第三方少数股权，对市场竞争的影响源于两个方面：一是基于少数股权的社员权，包括知情权、表决权、选举权，担任董事会、监事会以及公司其他高级管理职位等，参与集中的经营者可以基于这些权利沟通信息、施加影响，达到协调目的。如果属于此种情况，可以仅要求其放弃不行使少数股权的部分股东权利，不需要剥离少数股权本身。比如欧盟 2006 年的 Toshiba / Westinghouse 案，在该案中，欧委会重点关注对核燃料组件市场的影响，Westinghouse、Areva 以及 GNF 是相关市场中全球最大的供应商。由于 Toshiba 持有 GNF 一定比例的股份，欧委会担心集中交易完成后，Westinghouse 会间接对 GNF 施加影响，从而引发反竞争效果。为消除这些关注，Toshiba 向欧委会承诺，修改其与 GNF 的合作伙伴 General Electric 和 Hitachi的相关协议，放弃其在 GNF 中的董事会席位和否决权，并承诺不接触 GNF 的保密信息。[①] 二是基于少数股权的财产权，主要是指分红权，参与集中的经营者即便不通过行使社员权沟通信息、协调行动，只通过分红权也可能实质影响市场竞争。如果属于此种情况，通常需要彻底剥离这些少数股权。比如，在 2005 年的 Siemens / VATech 案中，集中交易实施前，Siemens 拥有 SMS Demag 公司 28% 的股份，欧委会审查发现，SMS Demag 是 VATech 在某些业务领域最主要的竞争对手，为消除欧委会的竞争关注，Siemens 承诺将其

① Toshiba/Westinghouse, Case COMP/M. 4153, Commission decision of September 19, 2006.

拥有的 SMS Demag 的股份出售给 SMS Demag 的母公司 SMS。①

无论是要求剥离少数股权，还是要求放弃少数股权的社员权，都需要基于严谨评估得出结论。然而，在实践中，究竟是因为少数股权的社员权，还是少数股权的财产权引发竞争问题，两者之间的界限并不那么清晰。通常情况下，仅限制参与集中的经营者行使少数股权或者要求其放弃某些社员权，而允许其保留少数股权特别是其中的财产权，执法机构会特别慎重。其原因在于：第一，如果集中后经营者保留持有的少数股权的财产权利而不会引发反竞争效果，需要满足如下条件：如果集中后经营者提价，分流到少数股权目标公司的客户以及因此带给集中后经营者的额外利润，不足以弥补其因提价导致客户流失而带来的损失。显然，满足此要求的条件相对苛刻，验证起来比较困难，且可能随市场条件变化发生变化而不再满足条件。第二，限制或放弃少数股权的社员权而仅保留其中的财产权，这种措施介于结构条件和行为条件之间。毕竟在这种措施下，集中后的经营者仍然持有该少数股权，仍然是目标公司的股东，只不过行使某些股东权利受到限制，这种限制是对既存权利的持续限制，需要执法机构持续监管，成本过高，不确定性较大。

三、剥离不构成既存独立业务的资产

特殊情况下，执法机构也接受不构成既存独立业务资产的剥离。剥离不构成独立业务的资产也是资产剥离的重要形式，是重要的结构条件之一。所谓不构成独立业务的资产，可以是固定资产的厂房、设备，也可以是商标、专利等知识产权，还可以是各类资产的资产包。理论上，构成既存独立业务的每一部分资产都可以构成该情形下的资产。剥离不构成既存独立业务的资产，通常不是执法机构的首选，但符合下述条件，执法机构也可能接受此类剥离方案：

一是基于买方或潜在买方的实际情况，以及其他生产要素在市场上的可获得性，买家可能不需要购买全部资产。买方或者潜在买方可能拥有拟剥离资产的相关业务，或者在市场上可以很容易购买涉及的部分资产，买方只需要购进剥离义务人的部分资产和资源即可获得相关业务。如果这种情形是相

---

① Siemens/VA Tech, Case COMP/M. 3653, Commission decision of July 13, 2005.

关市场的现实情况，剥离义务人在提出救济措施建议的时候，就可以根据市场现实提出。这种情形可能发生在寻找买家的环节，买家主动提出不需要全部资产，买家的要求须经剥离义务人同意，还要经过执法机构认可。美国司法部2011年救济指南规定，如果买家已拥有特定业务单位的部分资产，或买家很容易在竞争性市场上获得，反垄断局也可能会同意非既存业务单位的资产剥离。例如如果买家已拥有自己的分销系统，坚持将类似分销系统纳入拟剥离资产包，可能导致不必要的浪费与冗余，故此时只需要剥离那些足以有效设计与生产相关产品的资产即可。

二是存在竞争问题的相关产品涉及的资产本身不独立。例如存在竞争问题的相关产品，与其他产品共用全部或者部分设备、知识产权、原料购入的渠道、产品营销渠道等运营资源。此种情况下，最理想的方案当然是剥离与存在竞争问题的相关产品有关的所有资产，包括与没有竞争问题的相关产品共用的资产。但是如果全部剥离这些资产，剥离义务人难以承受，也不符合比例原则。特别是共用这些设备和资源的存在竞争问题的相关产品，与其他产品相比，数量较少、价值较低，全部剥离会损害义务人其他产品的运营，对义务人不公平，也可能没有效率。这种情况下，如果只剥离有关的部分资产也可以起到剥离相关产品业务的效果，执法机构可能会同意剥离其中的部分资产。当然，如果执法机构与剥离义务人达成一致，且存在适当的潜在购买人，也可以剥离所有有关的资产，尽管剥离所有资产超出了存在竞争问题的相关产品的范围。

三是剥离义务人基于某种原因，提供了一套混搭的资产剥离包。所谓混搭的资产包，通常包含涉及相关产品的所有生产要素，但这些要素在剥离前未融合运营，通常一部分来源于集中一方，另一部分来源于集中另一方。剥离义务人提供这种资产剥离方案，必须提供足够的理由，说明其并非选择性地保留优质资产，且可以合理推断这些要素混搭的资产包，能够顺利融合运营并创造出必要的市场竞争能力。美国司法部2011年发布的《合并救济指南》规定，虽然反垄断局青睐剥离既存完整的业务，但当事方能够提供可接受的混搭资产组合时，反垄断局也会考虑接受非既存业务单位的资产剥离。但当事人必须能让反垄断局相信，剥离这类资产会创造一个有效维持竞争的可行市场主体。执法机构应当对这种剥离混搭资产包的救济措施建议保持高度警惕，因为混搭资产包剥离之后的成活率要远低于完整的独立业务资产，执法机构要特别防止剥离低端组合资产包的情况发生。

无论是上述哪种情形，都不同于剥离既存的独立运营资产，从成活性、竞争力等方面都逊色于剥离独立的既存业务。执法机构审查和接受此类资产剥离的承诺应当格外审慎，特别要注重考查其是否满足如下条件：一是能够剥离相关产品的市场竞争能力。剥离义务人须因此丧失相关产品的市场竞争能力，即使留存未剥离的部分资产，也只能作为其他用途，短期内不能在此基础上恢复此前的竞争能力。二是能够使买家取得相关产品的市场竞争能力。买家须能够基于自己原有的资产，或者很容易在市场获得的资产，加上因剥离而取得的部分资产，获得相关产品的市场竞争能力，而不能将取得的剥离资产废弃或者用作其他方面的竞争。

在有些特殊行业，剥离对象可以是不独立的业务而是特殊的资产，这些特殊资产本身就是市场竞争力。例如某些矿产资源，即便这些矿产资源尚未开发。在中国商务部附条件批准嘉能可国际公司收购斯特拉塔公司案[①]中，嘉能可承诺剥离其正在秘鲁拉斯邦巴斯（Las Bambas，即斯特拉塔）开发的铜矿项目中持有的全部权益，如果嘉能可未能按照公告规定的时限完成相关剥离工作，可以无底价拍卖商务部指定的其在坦帕坎（Tampakan）、芙蕾达河（Frieda River）、埃尔帕琼（El Pachón）或阿伦布雷拉（Alumbrera）任一项目中的全部权益。上述矿产资源都不构成独立的业务，尚未形成现实的市场竞争力，但可开发的有限矿产资源储藏是进入该行业的最核心要素，拥有了矿山就拥有了参与市场竞争的基本要素。剥离这类资产，主要看买家是否有足够的实力和意愿进行后期投入、开发和运营，使矿山资源成为现实的产品供应和市场竞争力。

四、剥离知识产权

知识产权可以列入不构成既存独立业务的资产范围，鉴于知识产权有其

---

① 参见《关于附加限制性条件批准嘉能可国际公司收购斯特拉塔公司经营者集中反垄断审查决定的公告》（商务部公告 2013 年第 20 号），载商务部网 2013 年 4 月 16 日，http：//fldj. mofcom. gov. cn/article/ztxx/201304/20130400091222. shtml。

不同于一般资产的特殊性，有必要单独讨论剥离知识产权的情形。知识产权可以作为普通资产附随于既存业务一起剥离。在有些案件中，知识产权至关重要，相关产品的生产销售必需依赖于某些知识产权，而且具有替代关系的此类知识产权在市场上数量很少甚至没有。如果拥有此类具有替代关系的知识产权的经营者实施集中，剥离知识产权就显得非常关键。剥离其中一方经营者的知识产权可以是连同业务一并剥离，也可以是单独剥离。

剥离此类知识产权追求的效果是，相互具有替代关系的知识产权不能过度集中在一个或少数经营者手中。常见的剥离知识产权方式与剥离既存业务一样，是将相关知识产权全部出售给独立第三方。由于知识产权不同于实物资产，知识产权具有共享属性，因此在有些案件中，可以不必剥离知识产权，而是采取知识产权许可的方式代替剥离具体情形包括：剥离义务人继续运营的保留业务仍然需要继续使用这些知识产权，但其不愿意剥离知识产权；由于购买知识产权需要支付较大的资金，买家可能无力负担或者不愿意负担，而提出知识产权许可的要求等。

以知识产权许可代替剥离的救济措施，在性质上属于结构救济还是行为救济不无争论。通常认为，一次性支付许可费且没有期限限制的永久许可，可以视为结构救济，否则应当属于行为救济。按照这个标准，前者与剥离的效果区别不大，只是许可人在法律上保留了所有权和使用权，但许可人已不能干预被许可人使用知识产权。后者则属于一般意义上的许可，有许可期限，需要分期支付许可费用。执法机构应慎用知识产权许可代替知识产权剥离的方案，特别是应当严格审查一般意义上的知识产权许可方案。主要理由在于：第一，许可人保留了知识产权所有权，且可以继续在市场上使用，这可能导致客户无法区分许可人和被许可人的产品，特别是在涉及商标、字号、外观设计等对客户识别度很关键的知识产权的情况下；第二，许可人保留了知识产权所有权，存在恶意使用或贬低该知识产权，损害被许可人竞争力的可能，例如许可人可能将许可的商标使用在低端产品上，甚至使用在容易使消费者对被许可人产品产生不良联想的产品上；第三，在存在竞争关系的许可人和被许可人均拥有使用权的情况下，可能导致双方均没有动力进一步维护、开发、投资该知识产权，特别是被许可人在这个问题上会非常纠结，不利于被许可人提升竞争力。因此，最终决定采取知识产权许可救济方式的，执法机构应当根据相关行业、产品和市场的具体情况，重点从上述方面严格审查，采取措施控制上述风险，如果无法采取措施有效消除或控制上述风险，剥离义务人应当放弃相关权利，直至完全剥离相关知识产权。

知识产权许可最难回避的问题是如何确定许可费率。有意思的是，虽然欧美执法机构通常不欢迎对价格控制的行为救济，但并不反对设定知识产权许可费率。尽管在实践中，业界发展出了诸如公平、合理、无歧视等确定知识产权许可费率的原则，但这些原则并不能根本解决核心的许可价格问题。执法机构可以要求当事方承诺对特定或不特定的第三人许可知识产权，但执法机构通常不能决定许可的价格。目前，业界通常采取的做法是，在附加的知识产权许可条件中设置仲裁裁决条款，如果当事方就许可费率不能达成一致，有权寻求承诺的仲裁机构或者法院进行裁决。由于知识产权的许可方事先作出了承诺，因此，必须接受裁决的结果。事实上，实践中的绝大多数情况，当事方能够在外力没有实际介入的情况下，就知识产权许可价格或者费率达成一致。有学者因此得出结论：在以司法裁决决定许可费率的威胁下，当事方达成许可协议是符合不干预主义且有效的救济措施。① 在这方面，司法裁决和仲裁裁决具有类似的威慑力，但实践中约定仲裁方式的似乎更常见有效。

五、剥离产能的性质定位及评述②

美欧发布的关于救济措施的指南文件中未见产能剥离的相关规定。中国《反垄断法》及其配套的法规、规章和规范性文件中也未见明文规定产能剥离。产能剥离的概念最早出现于商务部 2009 年 4 月发布的《关于日本三菱丽阳公司收购璐彩特国际公司的附条件批准公告》（以下简称三菱丽阳公司收购璐彩特国际公司案公告）③ 中。产能剥离在公告中明确作为救济措施出现，其主要内容是：璐彩特中国公司在 5 年内，将其年产能中的 50% 剥离出来，一

---

① Daniel A. Crane, *Bargaining In the Shadow of Rate – Setting Courts*, 76 Antitrust L. J. 307 (2009).

② 该标题下内容有常颖的贡献。

③ 参见《中华人民共和国商务部公告（2009 年第 28 号）》，载商务部网 2009 年 4 月 24 日，http://fldj.mofcom.gov.cn/aarticle/ztxx/200904/20090406198805.html。

次性出售给一家或多家非关联的第三方购买人；第三方购买人有权在5年内以生产成本和管理成本，即成本价格，不附加任何利润，购买璐彩特中国公司生产的MMA产品；成本价格由独立审计师作年度核实。

产能通常是指在单位时间内，在既定的组织技术条件下，企业参与生产的全部固定资产能生产的产品数量，或者能够处理的原材料数量。产量一般是指人或机器在单位时间内生产出来的产品数量。因此，产能是生产能力，是单位时间内生产一定产品数量的可能性；产量是实际的产出数量，是现实的生产结果。根据语义分析，产能剥离是剥离一定的生产能力，剥离生产能力意味着剥离参与生产的固定资产、原料、技术等，效果类似资产剥离。但从三菱丽阳公司收购璐彩特国际公司案公告的表述看，产能剥离显然不是资产剥离，而是更接近产量剥离，即在5年内将年产量的50%剥离出来，以成本价一次性出售给非关联的第三方购买人。因此，此处的产能剥离虽然名为剥离，实际上并非严格意义上结构救济措施的资产剥离。从实际内容看，此处的产能剥离更类似行为救济，其未对企业或企业资产的所有权重新分配，并因此产生一个独立的永久存续的市场竞争者。

虽然第三方购买人在5年内可以以成本价购买璐彩特中国公司一半的产品，并可以独立定价出售，但第三方购买人作为市场竞争者有存在期限限制。在这5年中，第三方购买人既不能通过救济措施获得相关知识产权，也不能凭借救济措施更容易地建立起自己的生产线，无法培育出新的竞争者，且其产品销售很大程度上受制于璐彩特中国公司销售给他的成本价。因此，这种竞争约束的实际效力很有限，除非相关生产线或者子公司被彻底出售，才可属于结构性限制条件；剥离产能的5年期限一旦届满，相关产能（实际上是产量）将重新回归相关企业，在这5年里剥离义务人失去的仅是被剥离产能的"定价"权。[①] 事实上，这种措施甚至无法影响璐彩特中国公司的定价权。虽然璐彩特中国公司以成本价出售了一半产品给非关联的第三方购买人，但仍然可以决定另外一半产品的价格，这两部分产品用途完全相同，成本相互关联，价格肯定相互联动。第三方购买人在市场上将面临如下定价策略的选择：一是与璐彩特中国公司开展竞争；二是跟随璐彩特中国公司的垄断高价

---

① 刘旭：《关于商务部有条件批准日本三菱丽阳公司收购璐彩特国际公司的九点评析暨建议》。

（如果璐彩特中国公司这样做的话）。从经济人的合理角度考虑，显然第三方购买人跟随垄断高价更有利可图。因此，要求璐彩特中国公司以成本价销售部分产量给非关联第三方购买人，难以有效约束璐彩特中国公司在实施集中后的反竞争影响。其原因在于，要求收购方以成本价出售一半产量给非关联第三方不会影响收购方的原材料采购、产品创新等优势，不会影响收购方对边际成本的控制能力，收购方的定价能力不仅未受到根本影响，而且增加了滥用定价能力的可能性，因为其一半产量以成本价出售，无法获取更高利润。

此外，三菱丽阳公司收购璐彩特国际公司案公告并未阐明 5 年剥离期限的理由。通常而言，需证明剥离产能措施可以在 5 年内培育起有力的竞争者，或者可以合理预见 5 年内技术迅速发展，市场竞争状况将发生变化，例如新技术催生新的竞争者或替代性产品等。目前来看，该公告并未披露类似信息，剥离产能作为限制性条件制约收购方反竞争效果的可能性非常小，附加此类救济措施更像是执法机构和收购方妥协的结果。正因如此，该案审结后即有建议以后慎重适用此类限制性条件。①

2018 年 6 月，英国竞争和市场监管局 CMA（Competition & Market Authority）发布的《合并救济（征求意见草案）》［Merger Remedies（Draft for consultation）］中，似乎可以窥见与此类似的做法。该草案规定，在特殊情况下，合并各方可以提议“实质剥离”（virtual divestiture），包括在特定时间内的产能剥离（the divestiture of production capacity），而不是传统的剥离业务或者资产包。与传统剥离相比，实质剥离可能需要承担更大的风险和成本，后期需要持续监管和合规检查，因此需要有充分的理由证明这种提议比传统的资产剥离更合理且可以适当控制风险。“虚拟发电厂救济措施”（virtual power plant remedies，VPP）就是此种救济措施的例子，② 其中的“虚拟发电电力拍卖”指的是电量（electricity capacity）销售。当事公司保留电厂的管理和控制权，不出售实体电厂，但提供代表电力产出的电力销售合同，通常这些合同附有不同期限作为可分割的商品定期公开透明拍卖。因此，这与其说是市场

① 刘旭：《关于商务部有条件批准日本三菱丽阳公司收购璐彩特国际公司的九点评析暨建议》。

② See Competition Commission, *Merger Remedies*: *Competition Commission Guidelines*, November 2008, p. 43.

中一个或多个占支配地位的企业的物理剥离（“physical” divestitures），倒不如说是“虚拟”剥离（“virtual” divestitures）。最典型的案例是法国电力公司（Electricité de France，EDF）的电力拍卖，这是世界上第一个也是运营时间最长的 VPP 拍卖。目前，比利时、丹麦、荷兰、西班牙、葡萄牙、美国等司法辖区的多项并购案模仿了这种拍卖模式的做法。这种做法的核心是对当事电力公司的产能预先拍卖，确保新进入者在电网上获得电力供应，促进电力市场进入，促进电力批发市场的发展，降低现货电力市场的市场力量。

虚拟剥离这种类似产能剥离的做法之所以在电力市场被多个司法辖区青睐，有其特殊的原因：一是这种剥离仅仅发生在发电行业，发电行业投资大、规模效应明显，发电设备以及输配电线路设备不容易分割，即使分割也可能严重损害效率；二是电力拍卖通过复杂和精巧设计的程序进行。例如拍卖长期电力而非短期电力，不同期限的长期电力合同一次性拍卖。这可以使电力远期现货市场的供应多元化，降低现货电力市场的市场力量，这也使得这种拍卖做法可以长期维持。即便如此，这种措施仍然需要持续监管，包括相关拍卖活动在内都增加了监管成本。有评估认为，VPP 拍卖并非旨在大幅降低现货市场的集中度水平。VPP 合同是一种相对长期的合同，主要由占市场支配地位的公司的竞争对手购买，这意味着对 VPP 合同的需求相对有限。实际上，目前的 VPP 拍卖只涉及给定市场电量的一小部分。例如，在 2001 年法国的电力市场中，EDF 占总电力市场的 80% 以上，而 VPP 拍卖从未售出过总发电量的 10%；又如，在西班牙，2008 年 Endesa 和 Iberdrola 共同占整个电力市场的 60% 以上，而 Endesa 和 Iberdrola 的 VPP 义务拍卖分别低于 6% 和 5%。[①]

综上，我们认为，所谓的产能剥离并非剥离资产或者业务，不会以改变剥离资产或业务所有权的方式，在市场上培植一个新的竞争者或者强化现有在位的弱势竞争者，不会实质永久改变市场竞争结构。产能剥离实际上是以特定方式剥离相关产品给第三方购买人，由第三方购买人出售给下游客户。因此，产能剥离是对合并后实体行为的限制，这种限制通常有履行期限且需要执法机构事后监管检查的要求，以确保集中后实体按照附加的条件剥离相

① Ausubel L. M. & Cramton P., *Virtual power plant auctions.* 18 Utilities Policy 201（2010）.

关产品。由于这种剥离既没有实质上结构性地改变市场，也难以有效制约集中后实体的反竞争行为，因此，其适用范围相对有限。我们认为，只在下列有限情形下，才有必要考虑适用产能剥离的救济措施：一是，无法进行资产剥离或者资产剥离不现实、不经济、不具有可操作性等，例如电力、煤气、供水等行业；二是，集中后实体销售规定数量或比例的远期产品有利于下游市场的竞争；三是，相关市场发展变化比较快，产能剥离的履行期限终止之后，可期待市场竞争发生变化至可接受的竞争水平。

第三节　常见行为条件及评述

行为救济根据具体集中可能引发的反竞争效果有针对性地设计适用，常常有赖于此前的经验和面对的现实问题，很难穷尽列举所有可行的方式。但无论哪种行为救济，均指向集中后经营者的行为或市场竞争的后果。行为救济通常表现为行为导向，即要求集中后经营者为或不为一定行为，但不要求经营者承诺实现某种竞争效果，例如要求经营者开放基础设施。但也有个别行为救济表现为结果导向，即要求满足特定的市场竞争条件或效果，例如要求维持某种价格水平，通常规定不得超过设定的上限。

Neil Campbell 等人的研究认为，美国、欧盟和加拿大的执法机构接受的行为救济分为三种：一是降低市场进入门槛；二是保护易受损害的客户和供应商；三是防止协同行为。[①] 国际竞争网络（ICN）2005 年的《合并救济工作报告》根据行为条件试图达到的直接目的分为促进横向竞争的措施与控制

---

① Neil Campbell, Casey Halladay & Omar Wakil, *A transatlantic assessment of the evolving use of behavioural merger remedies*, in Philip Marsden ed., Handbook of research in trans – Atlantic antitrust, Edward Elgar Publishing Limited, 2006, p. 129.

集中结果的措施两大类。[①] 除将与知识产权相关的措施单独出来以外，英国竞争委员会2008年发布的《合并救济指南》[②] 以及韩国公平贸易委员会2011年发布的《合并救济指南》[③] 在很大程度上也采用了这种分类方法。我国台湾地区的行为条件则有：要求结合事业持续供应关键设施或投入要素、授权非参与结合事业使用其智慧财产权、不得独家交易、不得差别待遇或搭售等。考虑到行为条件直接针对反竞争效果设计，在行为导向和结果导向基础上讨论行为条件更为合适。

一、降低市场进入门槛

案涉经营者集中实施后，可能提高市场进入的门槛，从而损害相关市场竞争。如有该等情形，则可有针对性地采取措施，降低市场进入门槛或者防止不当提高进入门槛，从而消除可能引发的反竞争影响。业界也称之为允许进入型救济措施。从严格意义上说，“允许进入型救济措施”的称谓并不准确。不同相关市场情况不同，相应市场进入门槛也不同，即便同一相关市场也存在多种不同的市场进入因素，如资金、技术、设备和人才等。作为致力于降低市场进入门槛的救济措施，适用的前提条件通常是因实施集中导致市场进入门槛提高。然而，如果针对提高门槛因素采取救济措施的可行性不高或效果不好，也可采取措施降低相关市场的其他门槛因素，确保在结果上总体门槛降低。各国此前的执法实践主要采降低特殊资产门槛和独家合同门槛

---

① 促进横向竞争的行为救济措施（Measures facilitating horizontal rivalry）包括：旨在减少横向集中后对市场产生的反竞争效果，包括禁止捆绑销售或搭售（Prohibition of tying or bundling）、限制掠夺性定价（Restraints on predatory pricing）及终止排他或长期协议；防止经营者利用纵向关系排除限制竞争即封锁效应，执法机构可能要求参与集中的经营者承诺供应重要投入品，控制投入品价格等；通过影响客户行为来刺激竞争，增加买方力量，例如实行公开招标等。控制结果的行为救济措施（Controlling outcomes）是直接针对市场结果的措施，包括对产品价格和供应直接采取措施。ICN Merger Working Group, *Merger Remedies Review Project*, June 2005, p. 11 - 12.

② 英国将行为条件分为促进竞争措施与控制结果措施，前者包括禁止经营者限制客户转换其他竞争者、禁止捆绑销售或搭售、禁止要求客户与其签署长期协议或排他协议，要求集中后实体不得歧视对待上下游其他经营者；后者包括保证关键投入品的价格和供应等。See Competition Commission, *Merger Remedies: Competition Commission Guidelines*, November 2008, p. 13 - 14.

③ 韩国将行为条件分为增强竞争者力量措施与直接规制市场表现措施，前者包括通过限制经营者与最终消费者关系、禁止产生封锁效应、增强买方抗衡力量三方面加强市场上其他竞争者的力量，例如禁止捆绑销售、禁止交流竞争性信息、非歧视保证等；后者包括直接控制价格、保证供应以及保证产品和服务质量等。See Korea Fair Trade Commission, *Guidelines for M&A Remedies*, June 22, 2011.

的措施。降低市场进入门槛的行为救济，可作为单独的救济措施适用，也可作为其他救济（主要是结构救济）的辅助措施适用。

（一）开放特殊资产

资产开放中的资产通常是进入市场必需的资产。这类资产通常具有基础设施的性质，重置此类资产的成本很高甚至不可行，这类资产一旦集中到当事人一家手中，其他经营者进入相关市场的难度可能迅速提高，甚至导致其他经营者无法进入，从而成为经营者集中引发竞争问题的主要来源。为避免由此引发的竞争问题，最简单有效的做法是剥离此类资产。如果这类资产具有可分享属性，在资产所有权人继续拥有所有权且不损害其使用的前提下，其他经营者可以分享利用该资产，执法机构可以考虑不必剥离，同时要求资产所有人开放资产允许其他竞争者使用，从而便利其他竞争者有机会使用该资产进入相关市场。

我国《经营者集中审查办法》第 11 条第 1 款规定，在审查过程中，为消除或减少经营者集中具有或者可能具有的排除、限制竞争的效果，参与集中的经营者可以提出对集中交易方案进行调整的限制性条件。该条第 2 款第 2 项规定，参与集中的经营者开放其网络或平台等基础设施、许可关键技术（包括专利、专有技术或其他知识产权）、终止排他性协议等行为性条件。这类救济措施在业界也被称为“开放承诺”（Access Commitments）。后来集成的《经营者集中审查暂行规定》第 33 条第 1 款第 2 项规定了与《经营者集中审查办法》第 11 条第 2 款第 2 项完全相同的行为条件。已经公告的附条件批准案例多有适用开放资产的救济措施，包括开放平台的救济措施。例如，商务部在 2012 年的谷歌收购摩托罗拉移动业务案①中，要求谷歌按照目前的商业做法，在免费和开放的基础上许可安卓平台。又如，在 2018 年的拜耳（Bayer）收购孟山都（Monsanto）案②中，要求拜耳、孟山都及集中后实体的

---

① 参见《关于附加限制性条件批准谷歌收购摩托罗拉移动经营者集中反垄断审查决定的公告》（商务部公告 2012 年第 25 号），载商务部网 2012 年 5 月 19 日，http：//fldj. mofcom. gov. cn/article/ztxx/201205/20120508134324. shtml。

② 参见《关于附加限制性条件批准拜耳股份公司收购孟山都公司股权案经营者集中反垄断审查决定的公告》（商务部公告 2018 年第 31 号），载商务部网 2018 年 3 月 13 日，http：//www. mofcom. gov. cn/article/b/e/201803/20180302719125. shtml。

商业化数字农业产品进入中国市场之日起5年内，基于公平、合理、无歧视条款，允许中国所有农业软件应用程序开发者，将其数字农业软件应用程序连接到拜耳、孟山都及集中后实体在中国应用的数字农业平台，允许中国所有用户注册使用拜耳、孟山都及集中后实体的数字农业产品或应用程序。其中，更多见的是开放知识产权的救济措施，例如，在2014年附条件批准的赛默飞世尔科技公司收购立菲技术公司案[①]中，要求公司向被许可人提供无形资产（包括知识产权）、技术和诀窍，给予被许可人非排他性的、永久的许可，使被许可人能够生产许可人现有相关产品并能向中国市场上的客户营销和销售；要求公司向被许可人提供其他服务和支持，使其能够在自身已有生产设施内生产和供应相关产品。

从国外实践看，资产开放措施通常涉及开展生产经营必需的平台、网络等基础设施，例如高速公路收费信息系统[②]、付费电视平台[③]、机场航站机位[④]、

---

① 参见《关于附加限制性条件批准赛默飞世尔科技公司收购立菲技术公司案经营者集中反垄断审查决定的公告》（商务部公告2014年第3号），载商务部网2014年1月15日，http：//fldj. mofcom. gov. cn/article/ztxx/201401/20140100461603. shtml。

② 在Daimler Chrysler/Deutsche Telekom案中，欧委会认为，拟组建的合营企业运用德国境内重型卡车高速公路收费TollCollect信息系统，可能导致Daimler Chrysler在远程信息服务市场上占据支配地位，TollCollect将成为德国提供远程数据交换的主要平台，DaimlerChrysler将通过控制TollCollect限制第三方远程数据服务供应商。为此，当事方承诺建立一独立公司监督装配了TollCollect设备的卡车业务并以非歧视条件向远程数据服务供应商开放TollCollect系统。See Daimler Chrysler / Deutsche Telekom, Case COMP/M. 2903, Commission decision of April 30, 2003, para. 67.

③ 在BSkyB/KirchPayTV案中，为降低德国付费电视市场进入门槛，当事方承诺开放Kirch的技术平台，以防止KirchPayTV将其在该市场上的支配地位传导至数字互动电视市场。See BSkyB/Kirch Pay TV, Case COMP/JV. 37, Commission decision of March 21, 2000.

④ 在Lufthansa/Swiss案中，当事方承诺在没有任何补偿的前提下，开放六个远程航线商定数量的航空机位。See Lufthansa/Swiss, Case COMP/M. 3770, Commission decision of July 4, 2005, paras. 191 – 199

燃气管道[①]、特殊设备[②]等。根据案件和相关市场具体情况来看，开放方式包括分享共用、开放接口允许兼容等。开放使用可能是无偿的，例如开放接口通常是无偿的；也可能是有偿的，例如系统或平台使用通常需要支付费用；有些开放措施需要强调对所有使用者秉持公平、合理、非歧视的条件，特别是在集中实施后实体同时在上下游开展业务的情况下。

知识产权和技术也可以列入资产开放的范畴。[③] 知识产权和技术本身具有可分享属性，相比其他实物形态的基础设施，更容易在多个竞争者间开放分享。经营者对某些知识产权和技术的控制，可能使其他竞争者无法进入相关市场，或者高成本进入相关市场。在此情形下，集中后实体同意第三方使用这些知识产权和技术进入相关市场，以消除集中可能引发的反竞争效果。尽管剥离可能是更为彻底的做法，但由于相关知识产权和技术的可分享属性，使许可使用也可以起到相同或类似作用。特别是在工业生产环节的知识产权和技术，由于不直接面对最终消费者，更适合采取许可使用的方式。知识产权和技术许可通常不能有地域使用限制，可以是排他的独家许可，最好是开放式的面向不特定市场竞争者的许可。向不特定竞争者开放许可，应当秉持公平、合理、无歧视的原则。

经营者必须投入的其他要素是否也可以归入资产开放措施。有观点认为，

---

① 在 GazdeFrance/Suez 案中，欧委会认为，集中后实体可能拒绝向第三方开放其控制的比利时高压燃气分销网络，提高市场进入门槛。为此，当事方承诺负责管理燃气分销网络的部门完全独立于集中后实体，以确保网络开放不受拟议集中的影响；当事方承诺降低集中后实体对分销网络公司的投票权，减少董事会成员，不参与企业执行委员会。See Gaz de France/Suez, Case COMP/M. 4180, Commission decision of November 14, 2006, paras. 1156 – 1160.

② 在 Shell/DEA 案中，欧委会认为，交易可能导致集中后实体与 BP/E. ON 形成共同市场支配地位，导致封锁市场的竞争问题。为此，Shell 承诺，在 2012 年前，基于公平、非歧视原则向竞争对手开放其终端设备、连接设备及涉及特定容量的连接设备。See Shell/DEA, Case COMP/M. 2389, Commission decision of December 20, 2001, Annex 1 – 3. 在 General Electric/Instrumentarium 案中，欧委会认为，集中后实体能通过禁止其他下游供应商产品与 Instrumentarium 的麻醉机实现互操作，从而将 Instrumentarium在麻醉机上游市场的支配地位传导至下游的病人监控与门诊信息系统市场。为解决该竞争问题，General Electric 承诺确保不同相关设施之间互相兼容，包括承诺提供合理、安全、无缝及有效的接口选择，确保其麻醉机、病人监控与门诊信息系统接口目前及日后一直开放；承诺向第三方以非歧视条件提供接口信息，包括主动公开设备升级与新设备信息；承诺提供技术援助。See General Electric/ Instrumentarium, Case COMP/M. 3083, Commission decision of September 2, 2003, para. 347.

③ 在 3D Systems 案中，美国司法部要求集中后实体向其他竞争者提供非排他性的一般技术许可，即除许可人可以自己使用技术外，还要许可其他第三方竞争者使用该技术。See United States v. 3D Systems Corp. , 2002 – 2 Trade Cas. ¶ 73, 738 (D. D. C. 2001) .

其他必要的投入要素也属于基础设施开放范畴，主要指集中后实体承诺在特定期限内，向第三方提供构成相关市场中基础投入要素的产品或服务。我们认为，保障提供这种作为生产运营原料的产品或服务并非基础设施开放分享，资产开放区别于保障供应。二者的共同点是，确保市场进入或在市场内继续运营的经营者能够获得必需的竞争因素。前者主要是指基础设施性质的投入因素，这些因素的特点是重置成本很高，在经济上不可行，甚至根本不可能，但这些资源往往具有可分享性；后者虽然也属于必须的生产经营投入因素，但这类投入主要是作为生产经营的投入品，属消耗品，不属基础设施，主要表现为原料性产品的保障供应，通常不具有分享性。

实施资产开放措施，资产开放人和资产使用人难免发生必要的联系，在设计和适用开放资产救济措施的过程中，要充分考虑授权人与被授权人之间的合谋风险。两个甚至更多竞争对手之间的紧密、持续联系，能够有效提升信息交流，激励相互结盟，便利共谋进而导致竞争受损。在救济措施的设计上，执法机构应当保留监督检查的权力，明确要求授权人和被授权人之间交流信息的范围，特别是规定不得交流的信息，例如要求被许可人批露销售信息等。

在非免费开放的情况下，应当明确开放许可的数量、条件以及争议解决原则和方式等重要问题。一般而言，此类开放应当面对不特定第三人，不得设置数量限制，以确保有足够数量的潜在被许可人。许可使用的条件应当是受限制的商业条款，限制的原则是确保那些希望使用此类设施的竞争者能够以合理的商业条件使用此类资产，对不同的被许可人应当秉持公平、合理、无歧视的原则。必要时应当设立仲裁条款，确保资产开放人和被许可使用人能够最终达成使用协议，并能够顺利解决施行中的争议事项。

鉴于市场条件不断变化，根据案件具体情况或应资产开放承诺人要求，可以考虑设定变更或者撤销条款。在市场竞争情况发生变化时，允许资产开放义务人提出申请或者执法机构依职权，变更或撤销资产开放义务，为难以预见的市场发展提供应对机制。

此外，处理此类案件，还有一种可能的操作是，参与集中的经营者剥离基础设施性质的资产，同时要求买受人承担资产开放或反向许可义务。

（二）干预合同安排

相关市场中既存竞争者本身就是市场进入的门槛，特别是市场内既存的大竞争者可能构成市场进入的重大障碍。如果这些竞争者通过长期合同方式固定客户或供应商，在合同中提高客户或供应商的转换成本，将进一步提高相关市场的进入门槛。在特定相关产品和市场结构下（如供应商或关键客户数量相对较少），既存竞争者的现有合同安排可能阻碍甚至封锁市场进入，[①] 特别是排他的供应、分销合同，或者虽非排他合同，但合同期限很长或附加自动延期条款等，会在客观上锁定供应商或客户。如果参与集中的经营者是相关市场内此类合同相同一方的主要当事人，集中实施后，相关供应或销售等合同资源将进一步整合，更有能力封锁市场，市场进入门槛将进一步提高，压缩其他竞争者进入或扩大市场的潜力和空间，可能引发排除、限制竞争的效果。[②] 即便参与集中的经营者只有一方是上述合同的主要当事人，但在整合另一方之后，也可能提高或滥用市场进入门槛、严重排除限制竞争。因此有必要对其现有和将来的某些合同进行干预。

有意思的是，尽管结构救济常被誉为首选的救济措施，但面对这类竞争问题也束手无策，除非禁止经营者集中。此种情况下，通过要求当事方调整或终止现有合同，或者对此后合同签订提出限制性要求等措施，即可打开“锁定”，降低市场进入门槛，为其他竞争者进入或扩大市场提供空间和机会，从而解决或缓解此类竞争问题。1997 年的波音/麦道公司案是适用此类救济措施最有名的案件之一。在该案中，波音公司与诸多大型航空公司，也是全球为数有限的飞机买家，签订了排他的供应协议。为了限制波音公司通过收购麦道公司的杠杆作用扩大影响，波音公司承诺废除与美洲航空公司、德尔塔航空公司和大陆航空公司已经签订的为期 20 年的独家供货协议，并且保证在 10 年内不订立类似的排他协议。[③] 一方面，波音公司的承诺使这些航空公司可以重获购买选择权，可以自由决定是从新波音公司购买飞机，还是从其竞争

---

① 在 Guinness/Grand Metropolitan 案中，当事人即承诺终止多个欧盟成员国境内针对特定酒精饮料的排他经销协议，确保集中后实体不会封锁竞争对手。See Guinness/Grand Metropolitan, Case Ⅳ/M. 938, Commission decision of October 15, 1997, paras. 184 – 192.

② 在 Orkla/Chips 案中，Orkla 直接向芬兰供应冷冻披萨，Chips 则与第三方就向芬兰供应冷冻披萨签订了分销协议。拟议交易导致向芬兰零售网点供应冷冻披萨集中于双方当事人。Chips 承诺，终止其与第三方的分销协议、开放市场。See Orkla/Chips, Case COMP/M. 3658, Commission decision of March 3, 2005.

③ 参见王晓晔：《欧共体竞争法》，中国法制出版社 2001 年版，第 338 页。

对手那里购买飞机；另一方面，波音公司的承诺也使得在位竞争对手和潜在的市场进入者有机会获得这些腾退出来的市场机会和空间，降低了市场竞争和进入的门槛。①

我国《经营者集中审查办法》第 11 条第 2 款规定，根据经营者集中交易情况，限制性条件可以包括：参与集中的经营者开放其网络或平台等基础设施、许可关键技术（包括专利、专有技术或其他知识产权）、终止排他性协议等行为性条件。其中的“终止排他性协议”即属于现有合同调整的范畴，但“终止排他性协议”的表述涵盖范围仍然过窄，理由在于：一是有些协议可能不属于排他性协议，但协议期限很长或者包含自动延期条款等，有排除其他竞争者的实际效果也应属此列；二是这些协议是否一律终止，需要根据个案情况而定，也可能仅需调整内容，例如调整供应量或者调整协议性质②；三是需要干预的可能不限于现有合同，还可能需要对此后一段期限内的合同作必要干预。干预现在和将来的合同作为救济措施，适用中应注意如下问题：

第一，市场上有相应竞争者或有可预见的潜在市场进入者进入或可能进入腾退出来的市场空间和机会。确保市场上有足够数量和实力的竞争者或者潜在竞争者，确保这些竞争者或潜在竞争者有填补这些空间和机会的经济动力。如果市场情形无法满足该条件，即使采取相应救济措施腾退出市场空间和机会，也达不到采取救济措施的目的，这些腾退出来的市场空间最终不得不为集中后经营者重新占据。

第二，干预的对象既包括现有合同，也包括将来的合同安排，干预的内容涉及合同的性质、期限以及内容等。当事方不仅要承诺终止或调整现有的某些排他或长期合同，还要承诺在此后一定期限内，不会与某些客户签订类似合同，或者签订的合同不得含有阻碍市场进入的条款。例如提高客户转换供应商成本的条款，包括设置过长的合同期限或设置转换供应商的高成本和苛刻罚则等。

---

① Boeing/McDonnell Douglas, Case Ⅳ/M. 877, Commission decision of July 30, 1997, para. 54.

② 在 Amer/Salomon 案中，欧委会认为，拟议集中将导致集中后实体（20%—40%）与 Fischer（30%—60%）在澳大利亚、德国及法国的跨国境滑雪板市场中形成集体支配地位。采取的救济措施要求，将 Fischer 向 Salomon 提供滑雪板的供应协议，由排他供应协议变为普通非排他供应协议。See Amer/Salomon, Case COMP /M. 3765, Commission decision of October 12, 2005, paras. 172 – 176.

第三，应当设定干预合同的期限或复审条款。干预当事人合同自由应遵循适度原则，平衡好合同自由、契约严守等原则和反垄断干预之间的关系。常见合理的处理办法：（1）预先设定干预的期限，期限届满不再限制；（2）预先设定复审条款，满足规定的条件，执法机构应当依申请受理当事人的复审申请，审查是否需要继续干预，执法机构也可以主动依职权进行审核，以确定是否继续执行干预合同安排的救济措施。

第四，当事人对所调整合同的相对方负责，并为相对方提供必要的利益补偿。通常情况下，执法机构可以要求当事人承诺调整部分合同，当事人也可以主动提出调整部分合同。至于具体调整哪些合同，宜由当事方自行决定并经执法机构同意。合同相对方不受反垄断管制，也不对拟议集中的竞争问题负责，因此，应由集中当事人对承诺调整的合同相对方负责，与其协商调整或终止现有合同，通过利益补偿等方式妥善做好安排、落实合同调整。

（三）终止竞业禁止条款

在有些行业和市场，特定人才是开展运营和市场竞争的必要条件。这些特定人才通常是有某种资质的专业人才、优秀的专业技术人才及管理人才等。经营者通常会在雇佣合同中加入竞业禁止条款，甚至专门签订类似内容的合同，来锁定这些人才，保护其商业秘密，确保其竞争力。在相关市场特别是特定地域范围内，有些相关人才短期内无法快速增加供应，例如需通过特殊培训才能从业的专业技术人员，如果此类人员被拟议集中的当事方锁定，拟议集中将导致人才过度集中，提高了市场进入门槛，阻碍市场进入，可能引发排除限制竞争的效果。

对这种以专门人才作为竞争力重要因素的领域，拟议集中导致人才过度集中，导致其他竞争者或潜在竞争者无法有效获得人才，市场进入门槛被提高，市场进入或市场扩张受到抑制，影响市场竞争的，可以考虑采取适当措施“释放”这些有效竞争的人才因素。释放的方法通常是：要求拟议集中的经营者允许相关员工终止聘用合同，参与拟议集中的经营者要放弃竞业禁止条款的相关权利，使相关人才获得重新选择雇主的权利。从而为市场上其他竞争者和潜在竞争者进入或扩大市场提供必要的人才库。通常情况下，拟议集中的经营者只是放弃了约束这些人才的权利，这些人才是否愿意转投新进入市场的经营者或在位的其他经营者，则取决于市场本身。也有观点认为，当事方不仅要放弃竞业禁止条款下的权利，还应当为那些相关员工转投其他竞争者或潜在竞争者提供必要的便利。

在实践中，适用终止竞业禁止条款解决经营者集中锁定人才而引发的市场竞争问题时，需要评估市场上是否有合适的竞争者和潜在的竞争者能够吸引或者接纳那些解锁的人才，如果市场上缺乏这样的竞争者或者潜在的竞争者，采取此类措施只具有理论意义，难以发生预期的实际效果。同时，还要考虑在位的竞争者或者潜在的竞争者是否需要此类解锁的人才，这些解锁人才是否愿意离开拟议集中的经营者等现实因素。执法机构应当根据上述市场的具体情况，确定当事人“解锁”相关员工的具体义务内容和范围。根据个案具体情况，当事方可进一步考虑，执法机构也可主动提出，当事方是否需要在放弃上述权利之外负担更多义务，以确保相关人力资源有动力转投其他竞争者，至少转投其他竞争者不会受到损失，以确保救济措施切实发挥作用。

Renown Health 案①是终止竞业禁止条款的典型案例。2012 年，内华达州北部最大的急性护理医院服务提供商 Renown Health 收购两家当地心脏病学集团。美国联邦贸易委员会认为，集中减少了相关地域内成人心脏病服务的竞争。然而，除禁止集中外，很难采取资产剥离的救济措施，因为相关产品“成人心脏病服务”的提供主要取决于 Renown Health 控制的人力资源：医生雇员。联邦贸易委员会认为，作为医生的人力资源，不合适采取剥离措施。最终，委员会要求 Renown Health 暂停其与心脏病专家的竞业禁止条款，使这些医生能够寻求其他就业机会，包括在有关地区的其他医院任职。

二、保护易受损害的客户和供应商②

如果拟议集中存在竞争问题，参与集中的经营者的现行和潜在客户及供应商，很可能因为反竞争行为遭受损害。当事人可能作出针对性承诺，承诺不会从事此类损害行为，以保护易受损害的客户和供应商。这类行为救济的

---

① Renown Health, Docket No. C – 4366, Decision and Order, Nov. 30, 2012, www. ftc. gov/sites/default/files/documents/cases/2012/12/121204renownhealthdo. pdf.

② 本标题下有侯宁静的贡献，特别是梳理了我国全部附条件批准案件公告。

常见方式有保证非歧视对待、确保供应或购买、禁止报复、价格控制等。

（一）保证非歧视对待

保证非歧视对待，是指参与集中的经营者承诺，集中实施后的经营者不会以歧视性的交易条件对待上下游其他供应商和客户，避免因歧视待遇损害上下游其他供应商或客户的利益，确保上下游相关市场的公平竞争。在美国称之为非歧视条款（Non – Discrimination Provisions）。

保证非歧视对待主要适用于可能发生封锁效应的纵向集中场合。在此场合下，经营者凭借其在相关市场的地位，可对上游或下游实施封锁，歧视上游或下游的其他竞争者，甚至拒绝交易，从而损害上游或者下游市场的竞争，损害其他竞争者和消费者的利益。通常要求当事人保证对上游或下游经营者给予非歧视待遇，以解决此种竞争问题。美国司法部于 2011 年发布的《合并救济指南》规定的非歧视条款即为此内容，该指南称非歧视条款包含了平等进入（equal access），平等难度（equal efforts）和平等条件（equal terms）的概念。如果上游垄断者拟与一家下游经营者集中，执法机构可能担心上游垄断者有动机向其他下游经营者提供不那么有吸引力的条款甚至拒绝交易，从而有利于其收购的下游经营者。在此情形下，执法机构将考虑采用非歧视条款，要求上游垄断者向所有下游竞争者提供同等待遇，以确保有效保护下游竞争者，防止其获得低质产品、迟延交付、服务缩水或不平等地获得了解上游垄断者产品的机会。①

美国司法部办理的 Comcast 组建合营企业案②即适用了非歧视条款。该案中，为消除竞争问题，司法部要求，Comcast 提供互联网接入服务，应当平等对待客户，不得在网络流量上实施不合理歧视，特别要确保提供给其他 OVD 供应商的网络流量，不低于 Comcast 提供给其他互联网接口的流量，而且

---

① U. S. Department of Justice Antitrust Division, *Antitrust Division Policy Guide To Merger Remedies*, June 12, 2011, p. 14 – 15.

② 该案中，美国最大的有线电视供应商 Comcast 拟与 GE、NBCU、NEWCO 组建合营企业。合营企业将拥有大量高质量视频节目，这些节目是在视频分销市场上开展有效竞争必需的资源。美国司法部担心，交易实施后，Comcast 通过合营企业限制视频节目分销市场的竞争，特别是可能使一些新兴在线视频分销商（OVD）处于不利地位；Comcast 还可能通过其互联网接入服务使那些与 Comcast 的 MVPD 或者 OVD 业务竞争的 OVD 供应商处于不利地位。See United States v. Comcast Corp. , 1：11 – cv – 00106, Competitive Impact Statement 3033（D. D. C 2011）.

Comcast 不得在网络服务计费方式等方面实行差别待遇，限制其他 OVD 供应商。

欧委会办理的 SFR 收购 Télé 2 France 案①也适用了非歧视救济措施。该案中，为消除竞争问题，首先，Vivendi 和 SFR 承诺确保 Vivendi 不会歧视支持 SFR/Télé 2 France 的 DSL 运营商，Vivendi 必须允许 DSL 运营商按正常市场条件分配其授予 SFR/Télé 2 France 访问权的所有渠道，这可能比授予 SFR 的渠道更为有利；其次，Vivendi 通过 DSL 网络（如 Canalsat 和 Canal + Le Bouquet）分发的频道包及 Vivendi 提供的 PPV 服务，Vivendi 将不能授予 SFR/Télé 2 France 用户比授予其他 DSL 运营商更优惠的条件；再次，禁止 SFR/Télé 2 France 获得 Vivendi 不拥有的第三方渠道专有 DSL 分销权；最后，禁止 Vivendi 和 SFR 获得最近美国和法国电影的独家视频点播权。此外，在 Matra/Aerospatiale 案②、Bombardier/ADtranz 案③及 Evraz/Highveld 案④中，欧委会也适用了非歧视条件。

---

① 该案中，SFR 是活跃于移动电话领域的法国公司，由 Vivendi 和 Vodafone 共同控制。Vivendi 是活跃于媒体和电信行业的法国企业集团，通过其子公司 Groupe Canal + 在法国付费电视行业占据有利地位；Vodafone 是一家英国电信公司。Télé 2 France 是 Télé 2 Europe 的子公司，活跃于法国的固定电话、移动电话、互联网接入和 DSL 付费电视分销领域。鉴于 Télé 2 France 开展付费电视分销活动，委员会审查了该业务可能引发的竞争问题。委员会认为，鉴于 Vivendi 强大的垂直整合能力，拟议交易将给 Vivendi 提供绝佳的机会，使其子公司 SFR/Télé 2 France 可以优先访问其拥有的电视内容。与其他 DSL 运营商相比，这种优惠的接入方式将给 Télé 2 France 带来巨大的优势。Vivendi 的歧视策略将大大削弱 DSL 运营商在下游分销市场和上游市场与 SFR/Télé 2 France 竞争电视内容的实力。See Mergers：Commission authorises acquisition of Télé 2 France by SFR subject to couditions，European Commission (Jul. 18，2007)，http：//europa. eu/rapid/press – release_ IP – 07 – 1120_ en. htm.

② 该案中，两家法国卫星生产商拟组建合营企业生产某些卫星部件。欧委会担心，合营企业将可能停止向第三方供应卫星生产需要的中央管及天线反射器。最终当事方承诺，将以非歧视条件向任何有兴趣的第三方出售卫星中央管和天线反射器。See Matra/Aerospatiale，Case Ⅳ/M. 1309，Commission decision of April 28，1999，para. 76.

③ 该案中，拟议集中实施后，Bombardier 将纵向整合电车与电车部件制造（包括电力推进部件）。欧委会担心，这可能使市场上主要的两家电力推进部件供应商面临 Bombardier 的客户封锁。为此，Bombardier 承诺，在特定年限内排他使用两家企业中的一家的牵引设备（电力推进部件设备）制造电车，以确保其营业及持续竞争力。See Bombardier/ADtranz，Case Ⅳ/M. 2139，Commission decision of April 3，2001，para. 97.

④ 该案中，拟议集中纵向整合了钒提炼公司和钒加工公司。欧委会担心，集中实施后，下游的第三方公司可能无法再获得钒的派生产品。为此，当事方同意继续维持其在钒加工产业中与主要原料供应客户间既存的供应关系。See Evraz/Highveld，Case COMP / M. 4494，Commission decision of February 20，2007.

横向集中也有个别适用非歧视保证措施的先例。在纵向集中的场合，因为集中后经营者可能对其上游或者下游的其他竞争者采取歧视待遇，所以常常有针对性地采取非歧视保证的救济措施。在横向集中的情形下，由于集中后经营者与上下游经营者没有关联关系，理论上没有因为亲疏远近而采取歧视待遇的可能性。然而，由于横向集中导致集中后经营者可能对不同类型的客户实施差别待遇，或者提升了集中后经营者采取这种差别待遇的能力和范围，在此情形下，执法机构可能要求集中后经营不断行非歧视保证。此外，尽管拟议交易属横向集中，但参与集中的一方经营者可能本来就拥有上游或者下游业务，此类横向集中也可能引发与纵向集中类似的效果，因而需要援用非歧视保证措施。

商务部办理的日月光半导体公司收购矽品精密股权案①是横向集中适用非歧视保证措施的典型案例。该案中，集中双方均从事半导体封装测试代工服务。在封装测试服务市场上，供应商与客户一对一谈判决定价格等交易条件，交易条件取决于买方力量与卖方力量的对比。执法机构对交易双方不同类型客户和不同地区客户的利润率回归分析结果表明，集中双方能够对不同类型和不同地区的客户实施差别定价，尤其是针对 Fabless 客户、Foundry 客户及位于中国境内的客户获取相对较高的利润。据此推断，集中后的日月光为获取最大利润，有能力和动机实施价格歧视策略，给客户带来不利影响。执法机构因此要求日月光和矽品在规定期限内合理确定服务价格及其他交易条件，不得歧视性地向客户提供服务。

我国现行法律法规及规章等文件均没有明确规定保证非歧视待遇的救济措施，但在实践中，中国商务部和市场监管总局已多次适用。例如，2009 年

---

① 参见《关于附加限制性条件批准日月光半导体制造股份有限公司收购矽品精密工业股份有限公司股权案经营者集中反垄断审查决定的公告》（商务部公告 2017 年第 81 号），载商务部网 2017 年 11 月 24 日，http：//fldj. mofcom. gov. cn/article/ztxx/201711/20171102675701. shtml。

9月商务部附条件批准的美国通用汽车有限公司收购德尔福公司案[①]，该案不仅附加了无歧视供货的条件，还附加了无歧视采购的条件。2012年商务部附条件批准的汉高香港与天德化工组建合营企业案[②]，要求天德化工应基于公允、合理和不歧视的原则，向下游所有客户供应氰乙酸乙酯，包括：不得以不合理的高价销售产品，不得给予潍坊德高更优惠的供货条件，不得与汉高股份和潍坊德高沟通竞争性信息等。同年，商务部附条件批准的谷歌收购摩

---

① 参见《关于附条件批准美国通用汽车公司收购德尔福公司反垄断审查决定的公告》（商务部公告2009年第76号），载商务部网2009年9月28日，http：//www. mofcom. gov. cn/aarticle/b/g/200911/20091106600492. htmltarget = _ blank。该案中，商务部认为，考虑到德尔福在全球和中国汽车零部件市场的领先地位和增长态势，且是国内多家整车厂的独家供应商，鉴于集中后德尔福和通用汽车的控股关系和利益一致性，有必要消除集中可能引发的德尔福对国内其他汽车制造企业供货稳定性、价格和质量的不利影响，避免因此排除限制国内汽车市场竞争。为此，商务部接受当事方提出的救济方案：集中后，通用汽车、德尔福应保证德尔福及其控股和实际控制的关联企业继续对国内汽车厂商无歧视性供货，且承诺将一如既往地确保供货的及时性、可靠性及产品质量，确保在供货价格和数量上依据市场规则和已达成协议而定，不附加直接或间接排除限制竞争的不合理条件。另外，商务部认为，鉴于通用汽车在全球和中国汽车市场的领先地位，考虑到集中后双方控股关系和利益一致性，未来通用汽车可能增加对德尔福汽车零部件的采购，提高国内其他零部件企业进入通用汽车采购渠道的难度，使国内其他零部件企业和德尔福相比处于不利地位，从而排除限制国内汽车零部件市场的竞争。为此，商务部接受当事方提出的救济方案：集中后，通用汽车应对其所有汽车零部件采购继续遵循多源供应和非歧视原则，在符合通用公司相关要求的条件下无歧视采购，不得专门制定对德尔福有利而对其他供应商不利的不合理条件。

② 参见《关于附加限制性条件批准汉高香港与天德化工组建合营企业经营者集中反垄断审查决定的公告》（商务部公告2012年第6号），载商务部网2012年2月10日，http：//fldj. mofcom. gov. cn/article/ztxx/201202/20120207960466. shtml。在该案中，汉高香港与天德化工组建合营企业，拟设合营企业德高控股并通过其新设子公司潍坊德高生产氰乙酸乙酯的下游产品氰基丙烯酸酯单体。商务部认为，天德化工在氰乙酸乙酯市场具有较强的市场控制力；汉高股份在氰基丙烯酸酯单体市场和粘合剂市场具备品牌、技术、资金和人才优势；鉴于天德化工与合营企业的关联关系及天德化工在原材料氰乙酸乙酯市场上的控制力，天德化工在销售氰乙酸乙酯产品时，可能会对合营企业和其他氰基丙烯酸酯单体生产企业采取区别性供给策略，从而将天德化工在氰乙酸乙酯市场上的优势延伸到合营企业，削弱其他氰基丙烯酸酯单体生产企业的市场竞争力，对氰基丙烯酸酯单体市场产生排除、限制竞争的影响。

托罗拉移动案[①]要求谷歌应当在安卓平台方面以非歧视方式对待所有原始设备制造商；附条件批准的安谋公司、捷德公司和金雅拓公司组建合营企业案[②]也附加了类似的无歧视对待的条件。2014 年商务部附条件批准的科力远、丰田中国、PEVE、新中源、丰田通商拟设立合营企业案[③]，要求合营当事方及合营企业履行非歧视义务，包括科力美应当遵循公平、合理、无歧视原则向第

---

① 参见《关于附加限制性条件批准谷歌收购摩托罗拉移动经营者集中反垄断审查决定的公告》（商务部公告 2012 年第 25 号），载商务部网 2012 年 5 月 19 日，http：//fldj. mofcom. gov. cn/article/ztxx/201205/20120508134324. shtml。在该案中，根据谷歌与摩托罗拉移动签订的收购协议，谷歌将收购摩托罗拉移动全部股份，收购完成后摩托罗拉移动将成为谷歌的全资子公司。谷歌主要经营互联网搜索引擎和在线广告服务并提供在线服务和软件产品。谷歌开发了移动智能设备操作系统安卓，并以开源、免费方式提供给移动智能设备制造商使用；摩托罗拉移动是移动设备制造商，产品主要包括手机和平板电脑。商务部认为，谷歌所在的移动智能终端操作系统市场是高度集中的市场，考虑到安卓系统超高的市场份额、移动智能终端制造商对安卓系统高度依赖、谷歌公司雄厚的财力和技术开发能力及高市场进入门槛，商务部认定，安卓系统在移动智能终端操作系统市场占据市场支配地位，且预计在未来相当一段时间内将继续维持和巩固。商务部认为，集中完成后，摩托罗拉移动成为谷歌的全资子公司，谷歌有动机也有能力给予摩托罗拉移动优于其他移动智能终端制造商的待遇，如先于其他制造商向摩托罗拉移动提供最新开发的安卓系统。谷歌对移动智能终端制造商的差别待遇将扭曲市场竞争，使摩托罗拉移动之外的其他终端制造商处于不利竞争地位。最终商务部附加非歧视措施，要求谷歌应当在安卓平台方面以非歧视方式对待所有原始设备制造商。

② 参见《关于附加限制性条件批准安谋公司、捷德公司和金雅拓公司组建合营企业经营者集中反垄断审查决定的公告》（商务部公告 2012 年第 87 号），载商务部网 2012 年 12 月 6 日，http：//fldj. mofcom. gov. cn/article/ztxx/201212/20121208469841. shtml。在该案中，安谋公司、捷德公司和金雅拓公司拟组建合营企业从事 TEE 的整合研发和推广。安谋公司主要从事家用电子产品应用处理器知识产权授权业务，具有业界公认的市场地位和较强的市场控制力，且与合营企业即将开展的业务存在纵向关系。合营企业在下游开展的对 TEE 进行研发和整合业务依赖安谋公司的 TrustZone 技术，而 TrustZone 技术属于安谋公司应用处理器知识产权授权内容。合营企业组建后，安谋公司可能利用其在家用电子产品应用处理器知识产权授权市场拥有的控制力歧视合营企业以外的其他 TEE 技术研发者，或通过对自有知识产权的特殊设计降低第三方的 TEE 性能，使其他竞争者不能公平参与竞争，从而对 TEE 市场产生排除限制竞争效果。为此，附条件批准决定要求各方履行如下义务：1. 交易完成后，安谋公司将本着无歧视性原则，及时发布基于安谋公司应用处理器 TrustZone 技术之上研发 TEE 所必需的安全监控代码及其他信息，包括相关许可、授权的标准及条件。2. 安谋公司不得通过对自有知识产权的特殊设计降低第三方 TEE 的性能。

③ 参见《商务部关于附加限制性条件批准科力远、丰田中国、PEVE、新中源、丰田通商拟设立合营企业案经营者集中反垄断审查决定的公告》（商务部公告 2014 年第 49 号），载商务部网 2014 年 7 月 2 日，http：//fldj. mofcom. gov. cn/article/ztxx/201407/20140700648291. shtml。该案中，各方拟在江苏设立合营企业科力美，股比为 40%、5%、41%、10% 和 4%。科力美将利用 PEVE 的技术和专利从事车用镍氢电池模块和电池组的生产，并销售给丰田、丰田中国、PEVE 和新中源共同设立的生产车用镍氢电池组系统的新中源丰田汽车能源系统有限公司。商务部认为，车用镍氢电池市场高度集中，交易后市场竞争受到削弱，丰田对混合动力汽车产业链的控制力进一步加强，阻碍下游混合动力汽车制造商获取车用镍氢电池，可能对中国混合动力汽车企业产生封锁效应。附条件批准决定要求合营当事方和科力美履行非歧视义务：科力美应当遵循公平、合理、无歧视原则向第三方广泛销售其产品。

三方广泛销售其产品。市场监管总局在2018年附条件批准的依视路国际与陆逊梯卡集团合并案[①]中，要求依视路、陆逊梯卡及集中后实体承担公平、合理、无歧视义务，包括本着公平、合理、无歧视的原则，向所有意愿并遵守所有财务义务及中国法律法规的中国眼镜店铺，提供双方及集中后实体品牌组合内的所有镜架、太阳镜和必要的商标授权；本着公平、合理、无歧视原则提供眼镜产品和必要的商标授权，不得对条件相同的交易相对人在交易价格等交易条件上实行差别待遇。市场监管总局在2019年附条件批准高意公司收购菲尼萨公司股权案[②]中，要求集中后实体履行如下非歧视对待义务：高意与菲尼萨继续以公平合理的条款供应波长选择开关，没有正当理由，不得在价格、交货期、售后服务等交易条件上对客户实行差别待遇。

（二）保证供应或采购

保证供应或采购，是指参与集中的经营者承诺在集中实施后，按照规定的条件通常是与集中实施前相同或不低于实施前的条件，确保对特定或不特定经营者的供应或采购。ICN为此专门规定了保证供应协议，即经营者承诺对相关市场中持续供应一种产品或一组产品。[③] 我国执法实践已有适用保证供应的救济措施。

---

① 参见《市场监管总局关于附加限制性条件批准依视路国际与陆逊梯卡集团合并案反垄断审查决定的公告》，载国家市场监督管理总局网2018年7月25日，http：//www. samr. gov. cn/fldj/tzgg/ftjpz/202003/t20200309_ 312682. html。该案中，依视路国际与陆逊梯卡集团拟以50∶50的股比设立依视路陆逊梯卡公司。依视路主要从事光学镜片、太阳镜、光学镜架的生产和销售，陆逊梯卡主要从事光学镜架、太阳镜的生产和销售业务。市场监管总局认为，集中对中国中高端光学镜片、低端光学镜片、中高端光学镜架、低端光学镜架、中高端太阳镜批发市场和眼镜产品零售市场具有或可能具有排除限制竞争效果。集中后实体有能力和动机将中高端光学镜片、低端光学镜片和中高端光学镜架、低端光学镜架进行捆绑或搭售，而竞争者和买方力量难以消除该反竞争效果。

② 参见《市场监管总局关于附加限制性条件批准高意股份有限公司收购菲尼萨股份有限公司股权案反垄断审查决定的公告》，载国家市场监督管理总局网2019年9月23日，http：//www. samr. gov. cn/fldj/tzgg/ftjpz/201909/t20190920_ 306948. html。该案中，高意将以支付现金和换股的方式收购菲尼萨100%股权，市场监管总局认为，波长选择开关市场为高度集中市场，菲尼萨和高意排名第2、3位，合并市场份额45%—50%，交易使市场结构发生显著变化，市场集中度进一步提高，在波长选择开关市场可能具有排除限制竞争效果。此外，在滤光片、数据通信VCSELs与光收发模块，微透镜、柱面透镜与波长选择开关，多信道放大器、波长选择开关与ROADM等3组商品市场上存在纵向关系。

③ Merger remedies review project：report for the fourth ICN annual conference（2005），p. 19.

商务部在2011年附条件批准的乌钾吸收合并谢钾（Uralkali/Silvinit）案[①]中，附加了保证供应的条件：第一，合并后公司应继续保持目前的氯化钾销售做法和程序，交易后继续以直接贸易方式对中国市场销售氯化钾，并继续通过铁路运输和海上运输方式为中国市场稳定可靠、尽心尽力地供应氯化钾产品。第二，合并后的公司应一如既往地为中国市场提供种类齐全和数量充足的氯化钾产品，包括氧化钾含量为60%和62%的氯化钾产品（包括白色的白钾和粉色的红钾）。此外，合并后公司应一如既往地供应中国用户，在种类和数量上满足其在农业、工业和特殊工业用途在内的各种用途。第三，合并后公司应维持惯常的协商程序，价格谈判应充分考虑与中国客户交易的历史情况与现状，以及中国市场的特殊性。惯常的协商包括现货销售（按每笔交易或按月度）或合同销售（半年或年度）而进行的价格协商。

此后，商务部在另外一涉及钾肥的加阳公司（Agrium Inc.）与萨斯喀彻温钾肥公司（Potash Corporation of Saskatchewan Inc.）合并案[②]中沿袭了此前做法，要求合并后实体：（1）确保加拿大钾肥出口公司（加阳公司通过该公司向中国销售氯化钾）在竞争性基础上继续作为一个致力于向中国出口钾肥的稳定、可靠的供应商；（2）促使加拿大钾肥出口公司在通过谈判达成满意的条款和条件的前提下，以与过去5年平均或更高的出口量向中国供应钾肥；（3）继续保持其目前的销售做法和程序。

---

① 参见《关于附条件批准乌拉尔开放型股份公司吸收合并谢尔维尼特开放型股份公司反垄断审查决定的公告》（商务部公告2011年第33号），载商务部网2011年6月2日，http://fldj.mofcom.gov.cn/article/zcfb/201106/20110607583288.shtml。该案中，商务部认为，集中将产生全球第二大氯化钾出口供应商，市场份额超过全球市场的1/3，与全球第一大供应商合计约占全球氯化钾供应量的70%。一方面，合并后公司将拥有更多钾资源和更强大的生产供应及出口能力，对国际氯化钾市场将拥有更强市场控制力，可能对包括中国市场在内的全球氯化钾海运贸易市场竞争产生不利影响。同时，集中增加了全球氯化钾供应商协调生产销售的可能性，可能具有排除限制竞争效果。另一方面，边境贸易是中国进口氯化钾的重要途径，中国有1/3左右进口氯化钾来自于乌钾和谢钾的边境贸易。集中实施后，中国以边境贸易进口氯化钾将由乌钾和谢钾两家公司供应变为合并后公司独家供应，这可能对中国氯化钾边境贸易市场具有排除限制竞争效果。中国对国际氯化钾市场依赖度较高，目前有一半左右氯化钾需求依赖海运贸易和边境贸易进口，其中进口量一半以上来源谢钾、乌钾及其关联贸易公司。商务部认为，氯化钾市场进入难度较大，基于中国对氯化钾进口的依赖及氯化钾市场结构现状以及拟议集中对中国农业的影响等因素，认定拟议集中可能具有排除限制竞争的不利影响。

② 参见《关于附加限制性条件批准加阳公司与萨斯喀彻温钾肥公司合并案经营者集中反垄断审查决定的公告》（商务部公告2017年第75号），载商务部网2017年11月6日，http://www.mofcom.gov.cn/article/b/e/201711/20171102666646.shtml。

商务部在2013年附条件批准的嘉能可国际公司收购斯特拉塔公司案中也适用了保证供应的救济措施：第一，维持集中前铜精矿的交易条件：2013年至2020年12月31日，嘉能可应每年向中国客户提供不低于最低数量的铜精矿长期合同报盘。2013年最低数量为90万干公吨铜精矿，其中，不低于20万干公吨报盘的价格应按照主要矿山企业和主要冶炼厂在年度供货谈判中协商达成的年度基准价提供，其余70万干公吨报盘的价格应参照上述价格提供。在上述期限内，自2014年1月1日起，如嘉能可年度铜精矿生产预算发生增减，则其向中国客户提供上述最低数量报盘应按比例进行调整。第二，维持锌精矿和铅精矿的交易条件：2013年至2020年12月31日，嘉能可应当继续向中国客户提供锌精矿和铅精矿长期合同和现货合同报盘，其报盘条件（包括与价格相关的条件）应公平、合理，并在考虑产品质量、数量、交货期、付款条件、买方信誉以及其他相关因素的情况下与当时通行的国际市场条款一致。

除上述涉及自然矿产品等大宗商品外，商务部在涉及农药产品的陶氏化学公司与杜邦公司合并案①中，也采用了保证供应的救济措施。在该案中，商务部认为，拟议交易可能进一步增强双方在水稻选择性除草剂市场、杀虫剂市场的控制力，可能对技术进步产生负面影响，短期内较难出现新的有效竞争者，特别是可能损害下游经销商利益。为解决上述问题，附条件批准决定要求陶氏和杜邦履行如下义务：在本交易交割后5年内以合理价格（即不高

---

① 参见《关于附加限制性条件批准陶氏化学公司与杜邦公司合并案经营者集中反垄断审查决定的公告》（商务部公告2017年第25号），载商务部网2017年5月2日，http：//www. mofcom. gov. cn/article/b/c/201705/20170502568059. shtml。本案中，陶氏和杜邦2015年12月11日签订协议，将通过平等合并方式合并后更名为陶氏杜邦公司，陶氏和杜邦的现有股东将分别持有合并后新实体约50%的股权。商务部经审查认为，拟议集中在中国水稻选择性除草剂市场、水稻杀虫剂市场可能具有排除、限制竞争效果，在全球酸共聚物市场、离聚物市场具有排除、限制竞争效果。商务部认为，水稻选择性除草剂经销商在产品定价、推广投入、技术服务等方面对生产商较为依赖，处于相对弱势的谈判地位。根据修订后的《农药管理条例》，经销商将对农药质量（包括安全性）承担负责，因此，下游经销商对生产商依赖度进一步增强，更愿意代理有较高知名度跨国企业的产品。交易完成后，陶氏和杜邦在水稻选择性除草剂销售领域的竞争将被消除，由于合并前陶氏和杜邦在中国主要省份的经销商并不重合，双方原有经销商可能被整合或被淘汰，谈判地位进一步弱化，利益可能受到损害。经销商通常同时经营水稻杀虫剂和水稻选择性除草剂产品，与水稻选择性除草剂一样，交易完成后，随着陶氏和杜邦在水稻杀虫剂销售领域的整合，双方原有经销商可能被整合或被淘汰，谈判地位进一步弱化，利益可能受到损害。

于过去12个月平均价格）在非排他性的基础上向有意愿并遵守所有财务义务及中国法律法规（包括《农药管理条例》）的第三方中国公司供应苄嘧磺隆、苄嘧磺隆+唑草酮、吡嘧磺隆混合活性成分/活性成分和杜邦在中国现有的仅包含以上混合活性成分/活性成分的制剂，以及陶氏的特福力（氟啶虫胺腈）或陶氏在中国销售的其他仅包含氟啶虫胺腈的制剂。

市场监管总局在附条件批准卡哥特科集团收购德瑞斯集团部分业务案①中，适用了确保供应的救济措施，决定要求自决定公告之日起5年内，除非有正当理由，卡哥特科将不会拒绝或限制向中国客户提供舱口盖、商船滚装设备或商船起重机产品，也不得恶意拖延提供产品。

在上述案件中，执法机构认为，拟议集中实施后，当事方在相关市场上控制力增强，可能左右相关产品的供应并损害下游客户利益，因此，要求集中后实体按照规定的条件，确保向不特定第三人保证供应。有观点认为，此类条件可能涉嫌过度干预市场，且条件内容确定性不强，不容易监督实施。此类条件用语相对概括，确实有精准操作方面的困难。然而，这也许正是执法机构的本意，用概括表述的措施以避免干预的机械性，增加措施的弹性，较好地平衡和约束有关各方的市场行为，确保各方按照市场规则谨慎行事，实践中确有其存在的特殊意义和价值。事实上，国外早有适用类似条件的先例，欧盟在2007年附条件批准的Evraz收购Highveld案②中认为，拟议集中将会严重影响全球市场上钒产品的市场竞争，集中后实体有能力和动机提高钒原料的价格，影响下游经营者。最终，除剥离Highveld所有钒业务外，欧委会还要求Evraz在集中实施后，继续维持并加强之前与Tula、Chussovskoy和Treibacher的原料供应关系，这三家公司是Evraz和Highveld的主要客户。

---

① 参见《市场监管总局关于附加限制性条件批准卡哥特科集团收购德瑞斯集团部分业务案反垄断审查决定的公告》，载国家市场监督管理总局网2019年7月12日，http：//www. samr. gov. cn/fldj/tzgg/ftjpz/201907/t20190712_ 303428. html。在该案中，芬兰卡哥特科公司旗下子公司麦基嘉集团与挪威德瑞斯公司于2018年2月8日签署协议，拟由卡哥特科收购目标业务并将目标业务与麦基嘉集团业务整合。市场监管总局认为，此项经营者集中在中国舱口盖、商船滚装设备和船货起重机市场具有或者可能具有排除限制竞争效果。

② See Mergers：Commission approves proposed acquisition of steel and vanadium producer rlighveld by steel company Evraz，Subject to Conditions，European Commission（Feb. 20，2007），http：//europa. eu/rapid/press - release_ IP - 07 - 207_ en. htm. 本案中，Evraz公司是在卢森堡注册主要在俄罗斯营业的钢铁公司，Highveld公司是南非的一家钢铁和钒生产商。

值得注意的是，在以资产剥离为主的解决方案中，也有同时适用保证供应或采购的情形，目的是确保剥离业务能够作为独立的市场竞争力量存活下去，并与其他竞争者展开竞争。从严格意义上讲，这种保证供应或采购不是独立的救济措施，而是资产剥离措施的保障措施，其目的在于保障资产剥离成功有效。这类保障措施通常仅在规定的过渡期内实施，以维持剥离资产成活为必要。在适用非歧视条件的案件中，也有类似采购或者供应保证的内容，但此处的采购或供应保证主要解决平等待遇的问题。

（三）禁止特定销售

禁止特定销售，主要指禁止经营者利用集中后的优势地位，强迫客户或供应商接受捆绑销售、搭售、指定独家销售等特定销售的要求。

美国司法部在 Ticketmaster – Live Nation 案①中，禁止当事人将票务服务与演唱会等活动捆绑销售，即其与场馆签订筹办演唱会的场馆租借合同时，不能同时要求场馆使用其提供的票务服务，也不能以票务服务为条件要求场馆优先选择其筹办的演唱会。

中国商务部在多案中适用了该措施。在 2011 年附条件批准的通用中国与

① 2009 年 2 月，Ticketmaster 和 Live Nation 协议成立新公司 Live Nation Entertainment（LNE）。Ticketmaster 是美国最大的音乐会一级票务提供商（80% 强）；Live Nation 是美国最大的音乐会推广机构，多年来前者是后者最大的票务提供商。2007 年 Live Nation 宣布不再与 Ticketmaster 续签合同，而是为自己举办的活动自行售票并提供 Ticketmaster 无法提供的额外票务服务。Live Nation 进入票务服务市场几个月就赢得两个 Ticketmaster 的大客户，销售额大幅增长。2009 年，Live Nation 提供的票务服务超过美国主要音乐厅的 15%。美国司法部认为，该集中是 Live Nation 作为 Ticketmaster 重要竞争威胁刚显露头角的直接反映。Ticketmaster 拥有的高市场份额和市场力量加上高进入壁垒，除 Ticketmaster 和 Live Nation 外，没有一家票务公司能短期内积累或可能积累足够规模成功打造成熟的一级票务服务声誉。集中后，公司进一步垂直一体化，进入壁垒进一步提高。司法部拒绝了效率抗辩，认为纵向一体化的垄断者不可能将创新和效率的好处传递给消费者，而有可能利用纵向一体化排除竞争者，交易将消除 Ticketmaster 和 Live Nation 间的竞争，消除 Live Nation 挑战 Ticketmaster 占主导地位的场馆优势，可能大大减少主要音乐会一级票务服务的竞争。此外，合并后公司将减少开发新功能的激励，拟议交易将减缓主要票务服务创新，提高一级票务服务市场进入和扩张障碍。See U. S. and Plantiff States v. Ticketmaster Entertainment, Inc. and Live Nation Entertainment, Inc. , The United States Department of Instice（Jul. 30, 2010）, http: //www. justice. gov/atr/cases/ticket. htm.

神华煤制油设立合营企业案[①]中，附加了不得捆绑许可技术或提高使用其他技术成本的条件，要求通用中国与神华煤制油设立合营企业从事水煤浆气化技术许可，不得利用限制供应水煤浆气化技术原料煤或者以供应原料煤为条件，迫使技术需求方使用该合营企业的技术或者提高使用其他技术的成本。在2014年的默克公司收购安智电子案[②]中，要求默克不得进行任何形式的捆绑销售，直接或间接迫使中国客户同时购买默克和安智的产品，包括不对默克液晶产品和安智光刻胶产品之间进行任何形式的交叉补贴。在2017年的陶氏化学公司与杜邦公司合并案[③]中，附加了不得要求下游经销商独家销售的条件：在交割后5年内，不得要求中国经销商在中国排他地销售苄嘧磺隆+唑草酮、吡嘧磺隆、苄嘧磺隆、五氟磺草胺、氰氟草酯、五氟磺草胺+氰氟草酯、五氟磺草胺+丁草胺，以及交易双方在中国现有的所有仅含有以上7种混合活性成分/活性成分的制剂；不得要求中国经销商在中国排他地销售氟啶虫胺腈或陶氏在中国现有的包含氟啶虫胺腈的制剂（特福力）和爱本（氟啶

---

① 本案中，合营企业业务主要是向工业和电力项目提供水煤浆气化技术许可和工程服务。通用中国是通用电气公司在中国设立的外商投资公司，通用基础设施技术公司是通用电气公司的子公司，在本次交易中负责向拟设立合营企业许可通用水煤浆气化技术。神华集团是水煤浆气化技术原料煤的最大供应商，通用基础设施技术公司在水煤浆气化技术市场份额最高。中国商务部认为，通用中国与神华煤制油设立合营企业从事水煤浆气化技术许可，可能利用神华集团原料煤优势，通过控制原料煤的供应，限制水煤浆气化技术许可市场的竞争。参见《关于附条件批准通用电气（中国）有限公司与中国神华煤制油化工有限公司设立合营企业反垄断审查决定的公告》（商务部公告2011年第74号），载商务部网2011年11月10日，http：//fldj. mofcom. gov. cn/article/ztxx/201111/20111107855595. shtml。

② 本案中，默克2013年12月20日发出公告，拟以公开要约方式收购安智全部已发行及将发行股本。交易后，安智将从伦敦证券交易所退市，成为默克间接控制的全资子公司。默克和安智分别生产液晶和光刻胶，二者为互补关系，构成相邻市场。中国商务部认为，集中完成后，默克具有利用相邻产品关系将液晶和光刻胶进行捆绑销售或交叉补贴的能力，且双方市场份额高，同行竞争者数量少、市场份额小，无法对合并后企业施加足够竞争压力，也不具备抗衡捆绑销售的条件和能力，加之相关市场存在较高进入壁垒，竞争者和市场新进入者短期内难以突破，无法抵消反竞争效果。参见《关于附加限制性条件批准默克公司收购安智电子材料公司案经营者集中反垄断审查决定的公告》（商务部公告2014年第30号），载商务部网2014年4月30日，http：//fldj. mofcom. gov. cn/article/ztxx/201404/20140400569060. shtml。

③ 参见《关于附加限制性条件批准陶氏化学公司与杜邦公司合并案经营者集中反垄断审查决定的公告》（商务部公告2017年第25号），载商务部网2017年5月2日，http：//www. mofcom. gov. cn/article/b/c/201705/20170502568059. shtml。

虫胺腈+毒死蜱)。在2017年的博通有限公司收购博科通讯系统公司股权案[①]中，要求博通公司保持中国光纤通道交换机产品市场交易条件，不从事任何形式的搭售或捆绑销售。

市场监管总局在2018年的依视路国际与陆逊梯卡集团合并案中，要求依视路、陆逊梯卡及集中后实体没有正当理由，不进行眼镜产品搭售等销售安排，包括：没有正当理由，不进行眼镜产品搭售，包括但不限于不得拒绝向中国眼镜店铺单独供应眼镜镜片、镜架、太阳镜、整副眼镜产品（并提供必要的商标授权），不得在交易时附加不合理的交易条件，仅在“整副眼镜”中供应的镜片或镜架除外；不得对中国眼镜店铺（单一品牌专卖店和特许经营店除外）强加排他性条件，禁止或采取不正当手段限制其销售竞争者的镜片、镜架和太阳镜产品。

（四）禁止报复

集中实施后的经营者市场力量增强，可能对不符合其竞争利益的经营者实施不合理的打击报复。在这种情形下，执法机构可能会附加禁止报复的救济措施，监管集中后实体对某些经营者实施的行为。一方面，禁止集中后经营者采取积极的报复措施，例如集中后经营者方对那些与其竞争对手保持、发展业务关系的经营者实施报复，特别是对那些转向或可能转向其他竞争对手的供应商或客户实施报复；另一方面，也包括对那些转向其他竞争对手的供应商或客户不采取阻碍措施，甚至提供必要便利的情形。

---

① 本案中，博通和博科2016年11月2日签署《合并协议与计划》，博通收购博科全部股权，获得博科的控制权。博通在新加坡注册纳斯达克上市，从事设计开发供应多种半导体设备业务，包括无线通信、有线基础设施、企业级存储、工业和其他。博科在美国注册纳斯达克上市，从事网络硬件、软件和服务供应，主营包括光纤通道存储区域网络和IP网络产品，包括以太网交换器、以太网路由器等产品。商务部认为，博科在光纤通道交换机市场拥有重要市场力量，是全球和中国市场的领先竞争者，有效的竞争对手只有思科。除份额领先外，博科历史上一直是每代光纤通道交换机的首个推进者，平均领先思科15—18个月。博科在全球的主要客户是大型原始设备制造商，能够在一定程度上对博科及集中后的博通形成买方制约。但区别于全球市场，中国上下游用户众多且较分散，最大买方也仅占博通销售量的1%—10%，不具备与博通抗衡的力量。如博通交易后通过提供其自有光纤通道交换机和其光纤通道适配器产品的联合购买折扣等方式搭售或捆绑销售，中国的下游买方一方面不具备抗衡能力，另一方面考虑到中国市场需求量不断增长的趋势，从降低成本和增加获利的角度，中国的下游买方很可能会购买搭售或捆绑的产品，从而产生排除限制中国光纤通道适配器市场竞争的效果。参见《关于附加限制性条件批准博通有限公司收购博科通讯系统公司股权案经营者集中反垄断审查决定的公告》（商务部公告2017年第46号），载商务部网2017年8月22日，http：//www. mofcom. gov. cn/article/b/c/201708/20170802632069. shtml。

在美国，此类措施被称为反报复条款（Anti – Retaliation Provisions）。美国司法部2011年救济指南称，反报复条款是已经被证明能够有效保护竞争的行为救济措施，该救济措施可以采取不同的形式，包括规定禁止集中后实体对那些与其竞争对手签订或打算签订合同、开展业务的客户进行报复。[①]

美国司法部在2010年的Ticketmaster – Live Nation案中，附加了反报复条件，禁止拟议集中的当事方报复那些与竞争对手订立一级票务服务合约的演出场所拥有者，要求Ticketmaster确保客户能够轻松选择票务服务提供商。这意味着集中当事方不得报复那些日后终止与其合作转投其他公司的风险投资人、艺术家或者体育场馆所有人等。

在2011年的Comcast组建合营企业案中，Comcast是美国最大的有线电视公司，NBC则掌握了许多重要的广播网络和有线电视节目网络。针对集中后所可能产生的反竞争效果，执法机构适用了反报复条款，禁止Comcast就其互联网设施从事歧视性或报复性行为和做法，即禁止Comcast因为任何广播网络（或者其关联企业）、网络节目制作人、制作工作室或视频节目被授权人向合营企业的竞争对手提供视频节目授权而对其进行报复。

中国商务部在2009年的美国通用汽车公司收购德尔福公司案中，要求集中交易完成后，通用汽车、德尔福应当保证德尔福及其控股和实际控制的关联企业应客户的合法要求，配合客户平稳转换供应商，不得故意拖延或设置、主张限制性条件，以提高其他整车厂商的转换成本，从而达到限制竞争的效果。

中国商务部在2017年的日月光半导体公司收购矽品公司股权案[②]中，要求日月光和矽品在为期24个月的限制期内，不会限制客户选择其他供应商，

---

① U. S. Department of Justice Antitrust Division, *Antitrust Division Policy Guide To Merger Remedies*, June 12, 2011, p. 16 – 17.

② 参见《关于附加限制性条件批准日月光半导体制造股份有限公司收购矽品精密工业股份有限公司股权案经营者集中反垄断审查决定的公告》（商务部公告2017年第81号），载商务部网2017年11月24日，http://fldj. mofcom. gov. cn/article/ztxx/201711/20171102675701. shtml。本案中，日月光与矽品于2016年6月30日签署协议，将设立日月光投资控股股份有限公司。交易完成后，日月光原股东通过日月光控股公司持有日月光和矽品的全部股权，对日月光和矽品单独控制。日月光在台湾地区注册，主要从事半导体封装测试代工服务，从事少量房地产及电子元器件加工、生产业务；矽品在台湾地区注册，主要从事半导体封装测试代工服务。商务部认为，此项集中在全球半导体封装测试代工服务市场可能具有排除、限制竞争的效果。

并将根据客户要求，配合客户平稳转换供应商。

禁止报复措施还可作为其他救济的辅助措施。当事人是否遵行救济措施，需要执法机构监督，还可能需要当事人的客户、供应商及其他经营者向执法机构投诉、举报，或者提供相关信息。为确保投诉、举报及信息提供人不会因此遭到当事人打击报复，确保落实相关救济措施，执法机构可能会要求集中后经营者及相关经营者不得打击报复。这类规定有助于确保潜在投诉举报人和信息提供人采取行动，协助执法机构，有助于威慑集中后经营者不要阻碍执行条件和履行义务。美国司法部2011年发布的《合并救济指南》即有此类规定。

（五）控制价格

控制价格泛指控制相关商品价格有关因素的救济措施。一般认为，竞争法诉诸于市场机制发挥作用，以市场决定价格，控制价格的救济措施与此不符，也因此常遭业界批评。然而，实践中仍有不少案件适用控制价格的救济措施。例如，在Verbund / Energie Allianz 案①中，附加了价格上限措施，该措施被认为可以减少竞争者的相关价格风险并促进澳大利亚与相邻国家在平衡能源市场方面的一体化。我国执法机构也多次适用价格控制措施。然而，控制价格毕竟干预市场过于直接，观感也比较敏感，在解决市场失灵问题的同时，也要避免政府失灵，执法机构适用这类措施要特别慎重。②

---

① Verbund/Energie Allianz，Case COMP/M. 2947，Commission Decision of 10 June 2003. http：//ec. europa. eu/competition/elojade/isef/case_ details. cfm？proc_ code＝2_ M_ 2947.

② 在联发科技吸收合并开曼晨星案中，当事方提交的《最终救济方案》承诺，双方的LCD电视芯片及相关产品在中国境内应至少遵循交易前的降价周期和幅度，双方同类型产品价格应形成竞争性价格。但审查决定正文未包含上述内容，仅规定《最终救济方案》是审查决定组成部分，对当事方具有同等约束力。这似乎可理解为执法机构的纠结和对价格干预条款的谨慎态度。参见《关于附加限制性条件批准联发科技股份有限公司吸收合并开曼晨星半导体公司经营者集中反垄断审查决定的公告》（商务部公告2013年第61号），载商务部网2013年8月27日，http：//www. mofcom. gov. cn/article/b/c/201308/20130800269861. shtml。该案中，联发科技与开曼晨星均为芯片设计企业，主业是多媒体显示器芯片和无线通讯芯片设计。商务部认为，集中显著改变中国大陆液晶电视主控芯片市场结构；当事方在液晶电视主控芯片市场上居第一、二位，且两者产品可比性强，客户重叠度高，集中将限制电视机厂商的选择；两者全球市场份额分别为43.6%、17.5%，合计为61.1%，中国大陆市场份额分别为65%、15%，合计为80%。集中使收购方拥有支配地位，中国大陆六大电视机厂商均把双方作为主要芯片供应商，存在一定的依赖性。集中所涉高新技术产业进入门槛高。综上，商务部认为，集中短期内对中国大陆液晶电视主控芯片市场具有排除限制竞争效果，可能表现为提高价格、减少研发投入或延缓新产品推出速度、降低客户服务水平等。

一是坚持必要性和可行性原则。控制价格的救济措施干预商业行为和结果过于直接，一般要在没有其他替代救济措施且优于禁止集中的情况下才考虑适用，适用时要谨慎把握干预的边界，特别要避免过度干预。相关产品本身要适合价格控制。适合价格控制的产品通常属于标准品，即其质量、规格等衡量相关产品的指标相对恒定，供应商难以通过改变价格之外的其他因素规避价格控制，或者执法机构能够较容易地同时控制相关产品的其他要素，例如质量、规格、售后服务等与价格控制相关的要素，避免当事方通过调整这些要素规避价格控制。执法机构要充分评估控制价格措施的成本和风险，还要评估持续监督的手段和成本，确保措施能够以合理的成本落实。如果执法机构监督的要素过多，内容过于复杂，导致监管成本过高，甚至丧失可操作性，执法机构可能拒绝此类救济建议。当事人要准确评估市场变化趋势，承担价格控制可能导致的市场风险。

二是坚持有效性和多样性原则。价格控制措施必须能够有效避免集中可能导致的价格反竞争变化，包括反竞争地价格提高，也包括反竞争地不降价及价格下降缓慢。基于不同相关市场的具体情况，需要采取不同的价格控制方式。可以设置价格的上限或区间，更多见的是创设变动的比率。例如中国商务部在2014年附条件批准的赛默飞世尔科技有限公司收购立菲技术公司案①中，要求赛默飞世尔科技公司在未来10年中，以每年1%的幅度降低SSP试剂盒和SDS－PAGE蛋白质标准品的中国市场目录价，同时不降低给予中国经销商的折扣。也有规定遵循交易前降价情形的做法。例如，在联发科技吸收合并开曼晨星案中，当事方提交的《最终救济方案》承诺双方的LCD电视芯片及相关产品在中国境内应至少遵循交易前的降价周期和幅度。此外，还有原则规定价格控制义务的。例如，中国商务部2011年办理的乌钾吸收合

---

① 参见《关于附加限制性条件批准赛默飞世尔科技公司收购立菲技术公司案经营者集中反垄断审查决定的公告》（商务部公告2014年第3号），载商务部网2014年1月15日，http：//fldj.mofcom.gov.cn/article/ztxx/201401/20140100461603.shtml。该案中，商务部认为，赛默飞世尔科技公司收购立菲技术公司在细胞培养产品、SSP试剂盒、SDS－PAGE蛋白质标准品和siRNA试剂市场可能具有排除、限制竞争效果。根据赛默飞世尔科技公司向商务部提出的救济方案，商务部决定附加限制性条件批准此项经营者集中。赛默飞世尔科技公司应当履行的义务第4项为：未来10年中以每年1%的幅度降低SSP试剂盒和SDS－PAGE蛋白质标准品的中国市场目录价，同时不降低给予中国经销商的折扣。

并谢钾案[①]仅对价格谈判提出原则要求，要求价格谈判应充分考虑与中国客户交易的历史情况与现状，以及中国市场的特殊性。

三是坚持临时性和有限性原则。价格控制通常是临时干预措施，价格最终还是需要通过市场机制形成。同时，价格也是市场竞争中最敏感的因素，容易受各种可预见和不可预见的市场条件的影响，因此，应当坚持临时性和有限性原则，对价格控制措施设置期限并适时复审评估。一种做法是，事先确定存续期限，期限届满，条件和义务自动取消，或者经执法机构评估决定是否取消。例如，市场监管总局在附条件批准卡哥特科集团收购德瑞斯集团部分业务案[②]中，适用了价格控制的救济措施，审查决定规定，相关措施在5年期限届满后，由市场监管总局根据市场竞争状况决定是否解除。另外的做法是事先不确定期限，但这不意味着无期限存续，在执行过程中，允许当事方申请或执法机构依职权进行定期或不定期的复审评估，确定相关条件和义务继续存续的必要性。另一种做法是，在规定期限的情况下，如果期限较长或者市场情形发生较大变化，通常也允许当事人在期间内提出复审申请。如果期限较短，通常不再进行复审评估，期满之后才允许提出。例如，市场监

---

① 参见《关于附条件批准乌拉尔开放型股份公司吸收合并谢尔维尼特开放型股份公司反垄断审查决定的公告》（商务部公告2011年第33号），载商务部网2011年6月2日，http：//fldj. mofcom. gov. cn/article/zcfb/201106/20110607583288. shtml。附条件批准决定要求：合并后的公司应维持惯常的协商程序，价格谈判应充分考虑与中国客户交易的历史情况与现状，以及中国市场的特殊性。

② 参见《市场监管总局关于附加限制性条件批准卡哥特科集团收购德瑞斯集团部分业务案反垄断审查决定的公告》，载国家市场监督管理总局网2019年7月12日，http：//www. samr. gov. cn/fldj/tzgg/ftjpz/201907/t20190712_ 303428. html。该案中，芬兰卡哥特科公司旗下子公司麦基嘉集团与挪威德瑞斯公司于2018年2月8日签署协议，拟由卡哥特科收购目标业务并将目标业务与麦基嘉集团业务整合。市场监管总局认为，此项经营者集中在中国舱口盖、商船滚装设备和船货起重机市场具有或者可能具有排除限制竞争效果。附条件批准决定附加了价格控制条件，要求自审查决定公告之日起5年内，卡哥特科将公平参与市场竞争，不在中国市场对相关产品实施涨价，即对相同类别下的相同产品，卡哥特科在中国销售的舱口盖、商船滚装设备及商船起重机产品价格不高于其中国市场订单最近3个日历年的平均供货价格。

管总局2019年在附条件批准高意公司收购菲尼萨公司股权案[①]中附加了集中后实体价格控制条件，同时，规定自批准决定公告之日起3年后，集中后实体可以向市场监管总局申请解除承诺措施，市场监管总局根据市场竞争状况决定是否解除。复审评估的目的是判断价格控制是否履行，是否发挥作用，其作用是否足以抵消反竞争效果。基于上述评估，通常执法机构需要作出是否解除的决定。值得讨论的是，除解除和不解除之外，是否还有中间选项，例如弱化或者强化价格控制。一方面，从国内来看，审查决定作为行政行为具有确定性，通常不宜通过变更增加当事方负担；另一方面，从国际来看，救济措施基于当事方承诺作出，如果当事方事先没有承诺，执法机构难以作出加重负担的调整。据此，如确有必要，宜在提交承诺文件、作出附条件批准决定时达成一致并体现在附条件批准决定中。

适用此类措施要妥善处理与案外人关系。价格控制措施通常涉及参与集中的经营者与案外人关系，包括非歧视措施，禁止报复、控制价格等都要与案外人发生关系。这需要事先考虑参与集中的经营者和第三人发生纠纷的可能性并预设纠纷解决机制，特别是要避免将执法机构拖入纷争。美国司法部在2011年救济指南即明文规定，和解同意令中包含非歧视条款时，执法机构可坚持加入仲裁条款，允许投诉人按仲裁条款，在不用执法机构参与的情况下，解决其与条件执行义务人间的争议。据此可确保执法机构相对超脱，如有必要，执法机构应负责解释所附条件的含义，供仲裁机构仲裁之参考。[②]

三、限制敏感信息流动

限制敏感信息流动是行为救济措施的一种，主要是通过在有关联关系的

---

① 参见《市场监管总局关于附加限制性条件批准高意股份有限公司收购菲尼萨股份有限公司股权案反垄断审查决定的公告》，载国家市场监督管理总局网2019年9月23日，http://www.samr.gov.cn/fldj/tzgg/ftjpz/201909/t20190920_306948.html。在该案中，高意公司与菲尼萨于2018年11月7日签订协议，高意将以现金和换股方式收购菲尼萨100%股权，市场监管总局认为，拟议集中在波长选择开关市场可能具有排除、限制竞争效果。附加的价格控制措施是：高意与菲尼萨继续以公平合理的条款供应波长选择开关。没有正当理由，不得在价格、交货期、售后服务等交易条件上对客户实行差别待遇。按照公平合理的价格供应产品。

② U. S. Department of Justice Antitrust Division, *Antitrust Division Policy Guide To Merger Remedies*, June 12, 2011, p. 15.

经营者之间或者经营者的不同业务之间创设某种隔离机制，以阻断或限制相关敏感信息的流动，避免发生反竞争效果，业界形象地称之为防火墙（Firewall Provisions、Firewall Measures 等）。各国多在指南文件中规定了防火墙措施，但规定内容均不周详，有的甚至仅仅是提到防火墙措施。防火墙措施可适用于任何意图阻断或限制信息流动的场合，汇总分析实践中的做法，通常在如下场合适用。

（一）纵向集中适用限制敏感信息流动

某些可能引发封锁效应的纵向集中，集中后实体分处上游和下游两个市场，能够获得上下游相关竞争者的敏感信息，更容易引发相关市场的协同，或者损害相关竞争者的权益。因此有必要适用防火墙措施，阻止相关经营者获取有关敏感商业信息。

一是可能引发相关市场协同效应的情形。例如，在可口可乐公司（Coca－Cola Company）收购可口可乐企业公司（Coca－Cola Enterprises Inc.）北美业务案①中，加拿大竞争局担心，交易完成后，在下游市场，可口可乐企业公司继续为胡椒博士品牌的饮料提供罐装和分销的服务，在上游市场，可口可乐公司会获取胡椒博士公司的市场计划及其他敏感商业信息，从而引发协同效应，减少可口可乐产品和胡椒博士产品之间的竞争，实质破坏加拿大碳酸饮料市场的竞争。最终，加拿大竞争局对交易采取救济措施，包括：要求可口可乐公司在负责罐装分销的人员和负责可乐糖浆业务的人员之间设立防火墙，并且限制可口可乐公司使用胡椒博士产品敏感信息的情形。与此类似，在百事可乐（PepsiCo, Inc.）收购百事罐装集团（Pepsi Bottling Group, Inc., PBG）、百事美国公司（PepsiAmericas, Inc., PAS）案②中，美国联邦贸易委

---

① 该案中，2010 年 2 月 25 日，可口可乐公司（提供上游产品可乐糖浆）与其罐装商可口可乐企业公司（提供下游产品碳酸饮料的罐装和分销）达成协议，收购其在北美的业务。交易完成后，可口可乐公司将通过被收购企业继续为 Dr. Pepper Snapple Group, Inc.（胡椒博士公司，DPSG）的胡椒博士品牌饮料罐装和分销。*Competition Bureau Requires Remedy in Coca－Cola Acquisition*, Government of Canada (Sep. 27, 2010), http://www.competitionbureau.gc.ca/eic/site/cb－bc.nsf/eng/03290.html.

② 该案中，2009 年 3 月，百事可乐收购其最大两家独立装瓶商和分销商 PBG 和 PAS，这两家公司拥有百事碳酸软饮料全美 3/4 的销售额，同时拥有 Dr. Pepper Snapple Group, Inc.（胡椒博士公司，DPSG）全美碳酸软饮料 20% 的罐装销售额。See *FTC Puts Conditions on PepsiCo's $7.8 Billion Acquisition of Two Largest Bottlers and Distributors*, FTC (Feb. 26, 2010), http://www.ftc.gov/opa/2010/02/pepsi.shtm.

员会认为，百事和胡椒博士是高度集中且难以进入的品牌软饮料市场和直送到店（direct – store – delivered）品牌碳酸软饮料市场上的直接竞争对手。胡椒博士向 PBG 和 PAS 提供包含商业机密的市场计划以帮助其罐装和分销胡椒博士饮料。收购完成后，胡椒博士将继续提供这些信息以帮助分销。联邦贸易委员会认为，这会损害胡椒博士的竞争能力，最终通过减少百事和胡椒博士之间的竞争和（或）促进行业协调而损害消费者利益。2010 年 2 月，联邦贸易委员会附条件批准该案，要求百事限制适用胡椒博士公司的竞争性商业信息，百事将建立防火墙以确保其持有瓶装公司不会导致百事员工获得胡椒博士的商业敏感信息。

二是有些纵向集中导致的敏感信息交换虽难以引发协同效应，但可能损害竞争者利益，最终损害竞争和消费者利益。例如，在 ASML Holdings N. V. and Cymer Inc. 案①中，涉及光源和光刻系统两个上下游市场，光源生产商和光刻系统生产商会彼此分享研发、生产和产品销售方面的各种机密信息，如产品研发、产品细分及客户等。集中实施后，Cymer 可能通过 ASML 获得 A 公司与 ASML 分享的机密信息，ASML 也可能通过 Cymer 获得 X 公司和 Y 公司与 Cymer 分享的机密信息。虽然由于上游和下游市场频繁的技术创新和来自芯片制造商的压力，当事人和竞争者之间不太可能从事协调行为，但当事人很可能利用竞争者的机密信息从事有利于自己的行为，从而使竞争者陷入

---

① 该案中，2012 年 11 月，ASML Holding N. V. （ASML，阿斯麦）子公司 ASML US 向日本公平交易委员会提交报告，计划收购 Cymer Inc. （Cymer，西蒙科技）全部股权。阿斯麦总部在荷兰，主要生产和销售用于半导体前段制程的光刻系统。西蒙科技总部在美国，主要生产和销售用于生产半导体光刻系统的光源设备。该交易涉及两个市场：上游光源市场，光源是产生激光束的设备，是光刻系统的重要核心组成部分，用于在晶片上印出电子线路。主要包括两种类型：KrF（由氪和氟组成的气体激光）光源和 ArF（由氩和氟组成的气体激光）光源；下游光刻系统市场，光刻系统是通过其透镜在电子线路图样上成像并在晶片上印图的设备。在 KrF 光源市场中，西蒙科技份额近 60%，A 公司 40%；在 ArF 光源市场中，西蒙科技近 75%，A 公司 25%。A 公司向 ASML 出售数量可观的光源产品。ASML 在下游市场占据极高份额且几乎没有竞争者，如果合并后 ASML 只从西蒙科技采购光源，上游竞争者 A 公司将被排除出市场。在 KrF 光刻系统市场中，ASML 份额近 90%，日本国内生产商 X 公司和 Y 公司是仅有的竞争者，分别拥有 5% 和 0—5% 的份额；在 ArF 光刻系统市场中，ASML 的份额近 45%，X 公司 55%；在 ArF 浸没式光刻系统市场中，ASML 的份额近 85%，X 公司 15%。X 公司和 Y 公司从上游西蒙科技采购数量可观的光源产品。西蒙科技在上游市场占据极高的份额且几乎没有竞争者，如果合并后西蒙科技只向 ASML 出售光源，下游竞争者 X 公司和 Y 公司将失去光源来源被排除出市场。为解决上述竞争问题，采取了一系列救济措施，其中包括：公平、合理和非歧视供应或采购；以与现有交易条款保持一致，以合理的条款共同研发等。

不利的市场环境，阻碍或排除市场竞争。考虑到当事人在上游和下游市场上极高的市场份额，这会对上下游市场的竞争产生严重的影响。为解决此问题，ASML US 提出的救济方案中包括如下措施：第一，Cymer 知晓 X 公司和 Y 公司机密信息的管理人员和雇员不得将此机密信息提供给 ASML 的管理人员或雇员，并签订保密协议；第二，ASML 知晓 A 公司机密信息的管理人员和雇员不得将此机密信息提供给 Cymer 的管理人员或雇员，并签订保密协议；第三，为履行上述义务，当事人须为雇员制订信息管制方案。该案也向韩国公平交易委员会进行了申报，韩国认定该项集中将便利 ASML 和 Cymer 间商业敏感信息的交流，[①] 要求 ASML 和 Cymer 获得附条件批准的承诺包括交易双方独立经营各自的销售部门，适用防火墙措施以防止双方信息交流，以公平、合理、非歧视的条件买卖光源设备。[②]

国内也有不少纵向集中案件适用了防火墙措施。执法机构担心，合并后实体可以获得上游或者下游竞争者的敏感信息，从而增强其在相关市场中的竞争优势。例如美国通用汽车公司收购德尔福公司案中，通用汽车产品是汽车乘用车和商用车，德尔福产品是 10 个独立的汽车零部件，双方产品没有横向重叠但存在纵向关系。商务部认为，鉴于通用汽车在全球和中国汽车市场的领先地位，以及德尔福在全球和中国汽车零部件市场的领先地位和增长态势，拟议集中可能具有排除、限制竞争的效果。商务部同意了集中双方提出的解决方案，其中包括：集中完成后，通用汽车不得非法寻求获得德尔福掌握的国内其他汽车厂商的竞争性保密信息；德尔福不得非法向通用汽车披露其掌握的国内其他汽车厂商的竞争性保密信息；以及双方不得以正式或非正式的方式非法相互交换和沟通第三方的竞争性保密信息。

在科天收购奥宝股权案[③]中，科天业务涵盖前沿应用、特种应用和先进封装工艺控制设备，奥宝业务涵盖特种应用和先进封装沉积、蚀刻设备，且不

---

① See *ASML - Cymer Merger Imminent After Korean Approval*, Optics（May 28，2013），http：//optics. org/news/4/5/36.

② See *Korean Fair Trade Commission Approves Acquisition of ASWL by Cymer, Inc.*, TMC Net（May 30，2013），http：//www. tmcnet. com/usubmit/2013/05/30/7168863. htm.

③ 参见《市场监管总局关于附加限制性条件批准科天公司收购奥宝科技有限公司股权案反垄断审查决定的公告》，载国家市场监督管理总局网 2019 年 2 月 20 日，http：//gkml. samr. gov. cn/nsjg/xwxcs/201902/t20190220_ 290940. html。

能排除其进入前沿应用沉积、蚀刻设备市场的可能性。科天和奥宝科技在工艺控制设备市场、沉积和蚀刻设备市场存在纵向关联和相邻关系。市场监管总局认为，集中后实体在工艺控制设备市场上具有市场支配地位，有能力实施纵向封锁、捆绑搭售行为；集中后实体具有排除、限制沉积和蚀刻设备市场竞争的动机和条件；集中可能在沉积、蚀刻设备市场产生排除、限制竞争的效果。集中后实体既是沉积和蚀刻设备制造商的上游供应商，又是下游市场参与者，可能通过实施纵向封锁、捆绑搭售、交换敏感信息等行为赋予奥宝科技有别于其他竞争者的竞争优势，从而对沉积、蚀刻设备市场竞争产生不利影响。最终在附加条件中适用了防火墙措施：科天、奥宝科技及集中后实体应与中国市场上的沉积和/或蚀刻设备制造商及其客户配合，对中国市场上的沉积和/或蚀刻设备制造商的信息采取保护措施，确保奥宝科技不会获得该等信息。

博通收购博科股权案中，博通的光纤通道交换机专用集成电路和博科的光纤通道交换机存在纵向关联，博通的以太网交换机专用标准品和博科的以太网交换机存在纵向关联，博通的光纤通道适配器与博科的光纤通道交换机存在相邻关系。商务部认为，集中后，博通可能会不当使用第三方光纤通道交换机供应商的保密信息，在光纤通道交换机市场产生排除、限制竞争的效果。为保证光纤通道交换机和光纤通道适配器之间的互操作性，供应商之间通常会签订保密协议。博科作为全球最大的光纤通道交换机供应商（全球70%—80%），与光纤通道适配器供应商博通（全球40%—50%）、凯为（全球50%—60%）均签有保密协议。商务部认为，博科和第三方光纤通道适配器供应商目前的保密协议难以在交易后有效监督博通的商业行为，博通可能会为扩大其自有光纤通道适配器的市场份额而不当使用第三方光纤通道适配器供应商的保密信息。商务部在附条件批准决定中要求博通履行如下防火墙义务：对第三方光纤通道适配器保密信息采取防火墙措施；对第三方光纤通道交换机保密信息采取防火墙措施。

（二）横向集中适用限制敏感信息流动

在欧美国家，横向集中限制敏感信息流动的情形主要发生在资产剥离的过渡期内。在拟议集中已经实施完成，剥离资产尚未出售的过渡期内，需要保持剥离资产的独立（hold separate）以维持剥离资产的价值和竞争力，并防止反竞争效果的发生。①

国内也有类似案件。例如，在松下收购三洋案中，松下和三洋在硬币型锂二次电池、民用镍氢电池和车用镍氢电池三个相关市场产品重叠。商务部认为，拟议集中将在上述三个产品市场产生限制或排除竞争影响。商务部的附条件批准决定要求当事人分别剥离上述市场上的相关资产，同时要求松下和三洋履行如下限制信息流动义务：从集中完成至剥离措施实施完毕期间内，松下与三洋的相关事业主体独立运营，不得向对方披露有关价格、客户信息及其他竞争性信息，为履行法定义务而披露的信息不在此限。

再如，在日本三菱丽阳公司收购璐彩特国际公司案中，三菱丽阳和璐彩特的业务重叠主要在甲基丙烯酸甲酯（以下简称 MMA）的生产和销售。商务部认为，拟议交易很可能会对中国 MMA 市场的有效竞争格局产生负面影响。双方合并后的市场份额达到64%，远远高于位于第二的吉林石化和位于第三的黑龙江龙新公司。凭借在 MMA 市场取得的支配地位，合并后三菱丽阳公司有能力在中国 MMA 市场排除和限制竞争对手。同时，在纵向上，三菱丽阳在 MMA 及其下游两个市场均有业务，交易完成后，凭借在上游 MMA 市场取得的支配地位，合并后三菱丽阳公司有能力对其下游竞争者产生封锁效应。审查决定要求璐彩特剥离产能，即在 5 年内将其 50% 的年产能一次性出售给一家或多家非关联的第三方购买人，同时要求，在交易完成至产能剥离完成期间，璐彩特与三菱丽阳在中国的 MMA 单体业务独立运营，两公司不得相互交换有关中国市场的定价、客户及其他竞争性信息。②

横向集中的某些特殊情形下，也可能需要适用敏感信息流动限制的措施。

---

① 此内容在本书救济措施的保障措施部分已经有讨论，此处不再赘述。

② 遗憾的是，该防火墙似仅针对拟议交易的横向反竞争效果，未针对审查决定提出的纵向封锁效应规定防火墙措施，也未有说明理由。

例如 TransDigm 收购 SCHROTH 案[①]，该案属事后调查采取救济措施。美国司法部介入调查时，交易已完成。司法部要求 TransDigm 剥离其收购的全部 SCHROTH 业务，并在调查期间保持 SCHROTH 业务与 AmSafe（TransDigm 的子公司）业务互相独立。所谓业务保持独立是因为在调查期间，司法部反垄断部门要求 TransDigm 签署了资产保值协议，保证 SCHROTH 业务的独立和保值。协议允许 TransDigm 指派三名高管协助处理 SCHROTH 业务的日常管理，该三名高管履职期间不得同时参与 AmSafe 的业务，不得行使 AmSafe 业务的决策权。为确保 TransDigm 的子公司 AmSafe 不会获取 SCHROTH 的竞争敏感信息，司法部要求适用防火墙条款，在最终裁决有效期内（10 年），前述三名 TransDigm 高管不得将其在反垄断部门调查期间获取的有关 SCHROTH 的竞争敏感信息透露给 AmSafe 业务相关人员。

国内在不少横向并购中采取了保持独立的救济措施，此类措施下防火墙成为保持独立措施的必备内容。[②] 例如希捷收购三星硬盘驱动器业务案[③]，西部数据收购日立存储案[④]，丸红收购高鸿股权案[⑤]，联发科技吸收合并开曼晨星半导体公司案，加阳公司与萨斯喀彻温钾肥公司合并案，卡哥特科集团收

---

① U. S. V. Transdigm Group Incorporated,, Case 1：17 – cv – 02735，Competitive Impact Statement and Proposed Final Judgment，TransDigm 的子公司 AmSafe 是全球最大的商用飞机约束系统供应商，在商用飞机约束系统领域，SCHROTH 是唯一能够与 AmSafe 竞争的市场主体。司法部认为，该交易很可能导致价格升高和创新减少。司法部要求 TransDigm 剥离购买的原属 SCHROTH 的所有资产，出售给 Perusa Partners Fund2，L. P.（Perusa）and SSP MEP Beteiligungs GmbH & Co. KG（MEPKG），其中 MEPKG 是 SCHROTH 现有管理层组成的收购集团的投资主体，即买家为 Perusa 和 SCHROTH 现有管理层人员的组合，根据剥离协议，Perusa 将持有 SCHROTH 的大部分股份。See *Justice Department Requires Trans Digm Group to Dives Airplane Restraint Businesses Acquired from Takata*，The United States Department of Justice（Dec. 21，2017），https：//www. justice. gov/opa/pr/justice – department – requires – transdigm – group – divest – airplane – restraint – businesses – acquired.

② 关于国内大量适用的保持独立救济措施，本书另有讨论，此处不再赘述。

③ 参见《关于附条件批准希捷科技公司收购三星电子有限公司硬盘驱动器业务反垄断审查决定的公告》（商务部公告 2011 年第 90 号），载商务部网 2011 年 12 月 12 日，http：//fldj. mofcom. gov. cn/article/zcfb/201112/20111207874274. shtml。

④ 参见《关于附加限制性条件批准西部数据收购日立存储经营者集中反垄断审查决定的公告》（商务部公告 2012 年第 9 号），载商务部网 2012 年 3 月 2 日，http：//fldj. mofcom. gov. cn/article/zcfb/201203/20120307993758. shtml。

⑤ 参见《关于附加限制性条件批准丸红公司收购高鸿公司 100% 股权经营者集中反垄断审查决定的公告》（商务部公告 2013 年第 22 号），载商务部网 2013 年 4 月 22 日，http：//www. mofcom. gov. cn/article/b/fwzl/201304/20130400100765. shtml。

购德瑞斯集团部分业务案，高意公司收购菲尼萨公司股权案，都采取了保持独立的救济措施，相应地要求在保持独立期间，参与集中的经营者之间设置防火墙，阻断敏感信息的流动。

（三）组建合营适用限制敏感信息流动

经营者组建合营企业的情形比较复杂，合营企业本身可能是既有业务的集中，也可能成为投资者信息沟通的渠道。例如，在花园与帝斯曼新设合营企业案[①]中，花园和帝斯曼在兽用维生素 D3 和人用维生素 D3 市场存在横向重叠，新组建合营企业拟生产 DHC，DHC 是生产维生素 D3 的唯一关键中间体，胆固醇则是生产 DHC 的原料，花园生产 DHC 的上游原料产品 NF 级胆固醇。商务部认为，双方在 DHC 层级设立合营企业，生产的 DHC 不对外销售，将统一双方维生素 D3 核心原材料价格，可能通过合营企业协调维生素 D3 核心原材料数量，进而消除双方在维生素 D3 市场的独立竞争。商务部认为，交易将增强双方在人用和兽用维生素 D3 市场的控制力，可能增强相关市场竞争者协调兽用维生素 D3 价格的动机和能力，对全球和中国兽用和人用维生素 D3 市场可能具有排除、限制竞争效果。商务部认为，双方在上下游均具有较强市场控制力，可能利用其技术、成本优势进一步扩大市场份额，巩固市场控制力，特别是双方通过合营企业实现了在利润率较高的下游兽用和人用维生素 D3 市场的整合，不但可继续维持并扩大下游市场的高利润率，而且有能力和动机对其他竞争者实施原材料和客户封锁，排除、限制相关市场竞争。

为解决上述问题，商务部的附条件批准决定要求帝斯曼、花园、合营企业保持相关业务独立。拟议交易完成后，帝斯曼和花园将各自保持除合营企业的 DHC 业务外的维生素 D3 相关业务的完全相互独立；为确保花园、帝斯曼在全球和中国维生素 D3 市场上继续独立开展公平竞争，帝斯曼和花园不得利用合营企业交换竞争性敏感信息。合营企业董事会成员、高级管理人员不得担任帝斯曼或花园的董事会成员或高级管理人员职务或在其维生素 D3 或胆固醇业务部门任职。合营企业的董事会成员和高级管理人员应独立进行合营

---

① 参见《市场监管总局关于附加限制性条件批准浙江花园生物高科股份有限公司与皇家帝斯曼有限公司新设合营企业案反垄断审查决定的公告》，载国家市场监督管理总局网 2019 年 10 月 18 日，http：//gkml. samr. gov. cn/nsjg/fldj/201910/t20191018_ 307458. html。

企业的管理、运营活动，除在监督受托人监督下向其各自的委派方提供根据中国和国际会计准则编制的财务报告和法律法规要求的其他报告外，不得向帝斯曼、花园报告任何竞争性敏感信息。合营企业不得以任何形式向帝斯曼和花园任何一方透露另一方 DHC 采购的数量、价格及其他竞争性敏感信息。帝斯曼、花园可以分别安排第三方审计人对合营企业的财务账目进行审计，但第三方审计人不得向花园、帝斯曼报告任何竞争性敏感信息。帝斯曼和花园不得获得合营企业办公信息系统的用户权限，合营企业的雇员（包括高级管理人员）不得在帝斯曼、花园任职。合营企业的管理层（包括董事）或其他因日常工作接触 DHC 的成本、数量和价格及其他竞争性敏感信息的雇员，在结束同合营企业的雇佣合同后 3 年内或本承诺有效期内（两者中较短的一个期限内），如果受雇于帝斯曼或花园，不得从事维生素 D3 和胆固醇的生产或销售业务。合营企业的管理层（包括董事）和其他因日常工作接触 DHC 的成本、数量和价格及其他竞争性敏感信息的雇员，应同合营企业签订保密协议，保证在受雇期间和承诺有效期内不向第三方（包括花园和帝斯曼）透露合营企业的 DHC 的成本、数量和价格及其他竞争性敏感信息。合营企业应建立相应的反垄断法合规制度，并制定防止帝斯曼、花园通过合营企业交换竞争性敏感信息的操作手册，并保证其董事、高级管理人员及雇员在承诺解除前，严格遵守该操作手册。合营企业应针对反垄断法合规和操作手册，每年对董事、高级管理人员及雇员进行培训，并确保其董事、高级管理人员及雇员签署遵守反垄断合规和操作手册的承诺。最后，决定要求帝斯曼、花园、合营企业承担价格保密义务，除应客户需求提供报价、应政府部门要求或应适用法律要求等政府规定情况外，帝斯曼、花园、合营企业不得向第三方公开胆固醇和维生素 D3 价格。

综上所述，凡是需要限制敏感信息流动的场合都可以适用防火墙条款。在执法实践中，该措施适用广泛，既可以作为临时保障措施适用，也有作为救济措施适用的情况；在横向、纵向集中及组建合营企业等情形下均有适用。然而各国大多未对此作出详尽规定，或许因其实践性较强，理论性较弱，学术界也大多未深入研究。这不利于指导实践依法、准确、适当适用该措施。由于不同种类的案件、不同的相关市场情形、不同的竞争损害，都可能导致需要禁止或限制流动的信息种类、方式、强度等有所区别。执法机构应进行实践总结并指南化以提供市场预期，特别是在不同情形下哪些信息属于商业敏感信息；应当创设何种机制禁止或限制商业敏感信息的流动；执法机构或监督受托人采取何种方式进行低成本的有效监管。

四、控制后续集中[①]

控制后续集中，是指执法机构要求在拟议集中实施后，控制集中后经营者再行实施规定的集中行为，通常是要求其任何收购或扩大产能都要事先向执法机构申报，获得批准后才能实施，即使这些后续行为没有达到申报标准。这项措施对集中后经营者约束相对苛刻，通常适用那些集中后市场份额过大、相关市场上竞争者过少，或者即使存在较多竞争者，但需保护其余小竞争者不被收购，及市场进入困难的情形。在此情形下，如集中后经营者再行收购或以其他方式扩大产能，即便没有达到标准，也可能损害竞争，执法机构事先设定特殊监管措施，将管辖权延伸到将来没有达到申报标准的行为。

在英博收购 AB 公司案中，中国商务部最早适用了不得增加已持有啤酒公司股比，且不得收购指定目标公司股份的救济措施，除非事先经过商务部批准，否则不得实施。[②] 该案系中国反垄断执法机构早期的附条件批准案例，公告披露的内容很少，外界难以进一步了解作出此类审查决定的原委细节。该案也曾因此遭到学界和业界的诟病，事实上，对后续集中的特别控制并非我国独有，国外早已适用，适用多集中在资源有限、受管制的行业，及相关市场内企业规模较小，再行收购难以达到申报标准，但可能损害竞争的情形。

（一）零售连锁行业的集中常需控制后续集中

超市、加油站等零售连锁行业存在竞争问题的经营者集中，有时即便采取了剥离措施，后续再行收购引发反竞争影响的可能性仍然极大。然而，后

---

① 张晋搜集整理了本标题下的相关案例。

② 参见《中华人民共和国商务部公告 2008 年第 95 号》，载商务部网 2008 年 11 月 18 日，http：//www. mofcom. gov. cn/article/b/c/200811/20081105899353. shtml。公告要求英博履行如下义务：（1）不得增加 AB 公司在青岛啤酒股份有限公司现有 27% 的持股比例；（2）如果英博公司的控股股东或控股股东的股东发生变化，必须及时通报商务部；（3）不得增加英博公司在珠江啤酒股份有限公司现有 28. 56% 的持股比例；（4）不得寻求持有华润雪花啤酒（中国）有限公司和北京燕京啤酒有限公司的股份；如果违反上述任何一项承诺，英博公司必须事先向商务部及时进行申报，商务部批准前不得实施。

续收购如果仅仅取得个别或少数超市、加油站门店，则很可能达不到申报标准而不需要申报。在此种情形下，执法机构通常会附加禁止回购和后续收购强制申报的条件，即使这些收购没有达到申报标准。例如，在 Koninklijke Ahold N. V. and Delhaize Group NV/SA 案[①]中，美国联邦贸易委员会对当事方的后续收购采取了特别措施，和解同意令第Ⅶ条款规定，当事方再次收购须事先申报：剥离义务人在相关区域，再次收购任何像超市一样运作的设施的所有权或租赁权，及收购任何拥有或曾经拥有超市或超市权益的任何实体的股份、权益等，均须提前 6 个月向委员会申报；新建超市或者收购、租用发出收购要约前 6 个月不作为超市使用的设施，不需提前申报。再如，Alimentation Couche Tard Inc. 通过其全资子公司 Circle K Stores Inc. 和 CrossAmerica Partners LP 收购 Jet – Pep, Inc. 的某些资产，[②] Alimentation Couche – Tard 和 CrossAmerica Partners 收购 Holiday Companies 子公司的某些资产，[③] 均涉及加油站资产，都附加了 10 年内未经事前向联邦贸易委员会申报，不得在相关市场直接或间接通过子公司或其他方式获取任何加油站的租赁权、所有权权益或任何其他权益的条件。

（二）经营者规模普遍较小的相关市场常需控制后续集中

对那些相关市场内企业规模较小，再次收购难以达到申报标准的集中，特别是未达到申报标准，但大概率存在竞争问题的那些集中，适合附加控制后续收购的条件。例如，在 TransDigm 收购 SCHROTH 案中，美国司法部要

---

① 该案中，Koninklijke Ahold 和 Delhaize Group 共同拥有和经营 5 家美国知名连锁超市。在东部 10 个州和哥伦比亚特区，Koninklijke Ahold 共计经营 760 家 Stop & Shop、Giant 和 Martin's banners 旗下的超市。在东部和南部 14 个州，Delhaize Group 共计经营 1291 家 Food Lion、Hannaford banners 旗下的超市。联邦贸易委员提出，这项达 280 亿美元的合并在特拉华州、马里兰州、马萨诸塞州、纽约、宾夕法尼亚州、弗吉尼亚州和西弗吉尼亚州的 46 个区域市场上可能产生反竞争影响。根据同意令附加的条件，当事方同意出售 81 家门店以解决反竞争问题。See *Koninklijke Ahold and Delhaize Group*, *In the Matter of*, FTC（Feb. 25, 2019）, https://www.ftc.gov/enforcement/cases – proceedings/151 – 0175/koninklijke – ahold – delhaize – group.

② See *Alimentation Couche – Tard and CrossAmerica Partners*, *In the Matter of*, FTC（Sep. 6, 2018）, https://www.ftc.gov/enforcement/cases – proceedings/1710184/alimentation – couche – tard – crossamerica – partners – matter.

③ See *Alimentation Couche – Tard and CrossAmerica Partners*, *In the Matter of*, FTC（Jun. 19, 2018）, https://www.ftc.gov/enforcement/cases – proceedings/1710207/alimentation – couche – tard – crossamerica – partners.

求，在最终裁决10年有效期内，TransDigm不得直接或间接收购从事飞机约束系统开发、制造或销售的任何实体的任何权益，包括任何财务、担保、贷款、股权或管理利益，除非事先申报并满足等待期的要求。美国司法部之所以要求后续收购必须申报，一方面，飞机约束系统市场相对较小，本案集中双方TransDigm（AmSafe子公司）和SCHROTH（SCHROTH业务）是相关市场中唯一能够开展竞争的市场主体，该交易仍没有达到申报标准（司法部查处该案系事后救济），在飞机约束系统市场内，除此之外的交易达不到申报标准的可能性很大，但对市场竞争可能有较大负面影响；另一方面，该市场已处于高度集中状态，且商用飞机上的所有座椅均应安装经FAA认证的约束系统，FAA认证过程非常复杂且用时较长，市场进入壁垒较高，这导致该市场内的任何集中都具有很大的反竞争风险。

（三）高集中度高进入门槛的相关市场常需控制后续集中

在市场集中度很高，市场进入门槛也很高的相关市场上，如果拟议集中存在反竞争影响，也有必要特别监控其后续集中。例如，在BBA Aviation plc收购Landmark Aviation案①中，集中当事人的FBO业务（为机场提供全方位服务的固定基地运营服务）重合，建立FBO系统需要较长时间和大量资金，尤其是需占用土地并经机场管理方许可，该市场短期内不会形成新竞争者。在案涉6个机场中，Signature和Landmark要么是仅有的两家竞争者，要么是3家竞争者之中的两家。美国司法部认为，拟议交易将实质减损案涉相关市场的竞争。最终，美国司法部与当事方达成协议剥离6个机场中Landmark的FBO业务，同时适用了禁止回购和后续市场扩张强制申报的措施。在最终裁决10年有效期内，集中后实体直接或间接获得指定机场从事FBO服务实体的资产、权益，以及租赁服务，应当事先申报，交易金额低于2000万美元或交

---

① 该案中，根据美国司法部2016年2月3日发布的公告及附件文档，BBA Aviation plc（简称BBA）与Landmark U. S. Corp LLC和LM U. S. Member LLC（合称Landmark）达成股权收购协议，BBA以20.65亿美元收购Landmark的所有权益。BBA是Signature Flight Support Corporation（简称Signature）的母公司，Signature拥有美国及世界上最大的FBO网络；Landmark拥有美国第三大FBO网络。U. S. v. BBA Aviation plc, Landmark U. S. Corp LLC and LM U. S. Member LLC, Case 1：16－cv－00174, Competitive Impact Statement and Proposed Final Judgment, The United States Depatment of Justice（Feb. 3, 2006）, https：//www. justice. gov/opa/pr/bba－aviation－divest－facilities－six－airports－landmark－aviation－acquisition.

易之外还有两家独立供应商提供服务的除外。又如，在 Agilent Technologies, Inc. 收购 Varian, Inc. 案①中，双方是全球领先的高性能科学测量仪器供应商，相关市场进入门槛很高，美国联邦贸易委员会认为拟议收购将减少三种科学测量仪器的竞争。② 为此，双方同意剥离相关资产且不得回购，委员会同时要求后续收购须事先申报，集中后实体未按照规定方式向委员会事先书面申报，不得直接或间接获得如下资产：在美国境内或为美国境内生产、设计、制造或销售相关产品的任何个人、公司或非公司的任何股票、股本、股权或其他权益；收购时或收购前 6 个月内在美国境内或为美国境内设计、制造、生产或销售相关产品使用的任何资产。③

（四）竞争者特别少的相关市场常需控制后续集中

案涉相关市场内竞争者特别少，附条件批准要求剥离某些资产，通常同时适用后续集中特别控制措施。例如，在 Vulcan Materials Company 收购 Aggregates USA, LLC 案④中，Vulcan 和 Aggregates 均生产销售建筑用粗骨料，是相关地区仅有的两家生产商，集中后相关地区同类供应商将由两家变为一家，形成严重垄断局面。美国司法部除要求剥离采石场、石头厂等重要资产外，还适用了后续集中控制措施。和解同意令要求，在 10 年过渡期内集中后实体在相关市场继续扩张，即使没达到法律规定的申报标准也应按照 15U. S. C. § 18a（the HSR Act）申报。未经事前申报，集中后实体不得直接或间接在相关地区收购任何有关粗骨料生产和销售的设施或与之有关的任何利益，包括金融债权、保证、贷款、股权及相关管理利益。之所以适用该措施，

① See *Agilent Technologies, Inc.*, *In the Matter of*, FTC (Oct. 9, 2018), https://www.ftc.gov/enforcement/cases-proceedings/091-0135/agilent-technologies-inc-matter.

② 包括：微气相色谱仪器（Micro GC）；三四极气相色谱－质谱仪器（3q－GC－MS）；电感耦合等离子体质谱仪（ICP－MS）、色谱质谱仪（3Q GC－MS）和电感耦合等离子体质谱仪（ICP－MS）。

③ See *Agilent Technologies, Inc.*, *In the Matter of*, FTC (Oct. 9, 2018), https://www.ftc.gov/enforcement/cases-proceedings/091-0135/agilent-technologies-inc-matter.

④ 该案中，Vulcan 拟以 9 亿美元价格收购 Aggregates，司法部要求 Aggregates 剥离 14 个采石场、1 个石头厂、两个院落及相关有形无形资产并禁止回购。See *Justice Department Requires Vulcan to Divest 17 Aggregate Facilities in Order to Acquire Aggregates USA*, The United States Department of Jstice (Dec. 22, 2017), https://www.justice.gov/opa/pr/justice-department-requires-vulcan-divest-17-aggregate-facilities-order-acquire-aggregates.

是因为集中后市场内竞争者将由两家变为一家，对市场竞争影响过大，虽然采取了资产剥离和禁止回购措施，但是仍然需要通过后续市场扩张申报措施，使执法机构有机会及时介入集中后实体对市场内新竞争者采取的收购或其他控制措施。与之对比的是，一年后，美国司法部在情形极为类似的 Martin Marietta 收购 Bluegrass 案①中采取了类似剥离措施，但未采取后续集中控制。两案最大区别在于：后案中 Martin Marietta 和 Bluegrass 是相关市场中具有竞争力货源的 3 家中的两个，前案中 Vulcan 和 Aggregates 是相关地区仅有的两家生产商。

再如，在 UTC 收购 Rockwell Collins 案②中，相关商品市场界定为：气动防冰系统和可调水平稳定器执行系统的生产销售市场。这两类产品的专业性很强，市场进入门槛较高，进入都非常困难。UTC 和 Rockwell Collins 是全球仅有的 3 家气动防冰系统供应商中的两家，集中后，气动防冰系统市场的竞争者只剩两家，如果集中合并后实体进一步采取收购行动将极大影响市场竞争。司法部对气动防冰系统市场采取了后续市场收购扩张的申报义务，要求剥离义务人在最终判决有效期（10 年）内，在全球气动防冰产品市场上，以任何方式收购资产或权益价格超过 2500 万美元的交易须事先申报。但该义务没有涵盖可调水平稳定器执行系统市场，盖因当事方只是世界领先的两家可

---

① 根据美国司法部 2018 年 4 月 25 日发布的公告及附件文档，Martin Marietta Materials，Inc。拟以 16.25 亿美元收购 Bluegrass Materials Company，LLC。Martin Marietta 和 Bluegrass 均生产销售骨料，骨料是用于道路建设和其他建筑的沥青和预拌混凝土基本原料，骨料有很多细分种类，但不能互相替代使用。各州交通部门对应用在道路建设及其他类型工程中的骨料基于特定标准进行认证管理，经特定州交通部门认证的骨料不能与其他骨料替代使用。运输成本是决定骨料价格的关键因素，采石场地理位置分布对相关市场影响重大。尤其是，对相关区域的大量客户来说，Martin Marietta 和 Bluegrass 是仅有的三个经各自州交通部门认证的具有竞争力的货源中的两个。因此，二者合并将会导致该地区骨料价格上升及服务质量下降。为此，美国司法部与 Martin Marietta 达成协议，要求剥离 Martin Marietta 持有的 Forsyth 采石场租约及相关有形无形资产至 Midsouth Paving，Inc.（适用买家前置确定的买家）或其他经同意的买家；剥离 Bluegrass 拥有的 Beaver Creek 采石场及相关有形无形资产。See *Justice Department Requires Martin Marietta to Divest Quarries to Preserve Competition in Connection with Its Acquisition of Bluegrass Materials*, The United States Department of Jstice（Apr. 25，2018），https：//www. justice. gov/opa/pr/justice – department – requires – martin – marietta – divest – quarries – preserve – competition – connection.

② U. S. v. United Technologies Corp. and Rockwell Collins，Inc. Case 1：18 – cv – 02279，Complaint and Proposed Final Judgment，the United States Department of Justice（Oct. 1，2018），https：//www. justice. gov/opa/pr/justice – department – requires – utc – divest – two – aerospace – businesses – proceed – acquisition – rockwell.

调水平稳定器执行系统生产商，相比而言，市场集中度没有气动防冰系统高。

在同一案件中可能需要同时考虑上述因素而控制后续集中。例如，在2013年的联发科技股份有限公司吸收合并开曼晨星半导体公司案中，中国商务部在公告中明确要求后续收购应当申报：联发科技和晨星台湾在LCD电视芯片市场并购其他竞争者，应事先向商务部申报，未经批准不得实施。[①] 当时执法机构对再行收购进行限制，可能是考虑到相关市场的市场进入门槛较高，市场上还有几个规模较小的竞争者，执法机构希望如果当事经营者收购这几个小规模竞争者时能够介入发表意见，避免这些小规模但有发展希望的竞争者被收购时达不到申报标准，游离于反垄断监管之外。再如，在2017年的惠普公司收购三星电子有限公司部分业务（目标业务）案[②]中，商务部认为，中国A4幅面激光打印机市场上，惠普和三星市场份额分别为45%—50%和5%—10%，合并为50%—55%，紧随其后的竞争者兄弟、联想、佳能均与惠普有较大差距。且打印机是涉及多个学科、技术复杂的光机电一体化产品，研发和生产打印机需要较高的技术及资金门槛，市场进入困难，短期内难以出现新有效竞争者。在附条件批准中，要求惠普不收购任何其他打印机制造商在中国A4激光打印机业务的任何份额，即便是少数股权投资。

---

① 本案中，联发科技吸收合并开曼晨星100%的股权。商务部经审查认为，拟议交易显著改变了中国大陆液晶电视主控芯片的市场结构。交易前，联发科技与开曼晨星在相关市场中处于第一和第二的位置，集中消除了主要竞争对手。开曼晨星的市场份额为43.6%，联发科技的市场份额为17.5%，交易双方合计市场份额为61.1%。在中国大陆液晶电视主控芯片市场，开曼晨星的市场份额为65%，联发科技的市场份额为15%，交易双方合计市场份额为80%，集中使收购方在相关市场拥有支配地位。在中国大陆市场，液晶电视主控芯片供应商与电视机厂商相互依存，双方需要密切合作，共同进行产品定位和技术磨合。同时，为分担运营风险，电视机厂商通常会选择至少两家芯片企业作为其芯片供应商。目前中国大陆六大电视机厂商均把双方作为主要芯片供应商，对联发科技和开曼晨星均存在一定的依赖性。本交易完成后，开曼晨星将被吸收合并，电视机厂商对芯片供应商的选择将受到限制。集中所涉行业属于高新技术产业，进入该行业需要相应知识产权和设计经验。因产品研发设计的前期投入成本高、时间长，没有相关设计经验和知识产权的企业，难以进入市场。目前除联发科技和开曼晨星之外，其他市场参与者市场份额都较小，新进入者不多。综上，商务部认为此项交易在液晶电视主控芯片市场具有排除、限制竞争的效果。参见《关于附加限制性条件批准联发科技股份有限公司吸收合并开曼晨星半导体公司经营者集中反垄断审查决定的公告》（商务部公告2013年第61号），载商务部网2013年8月27日，http://www.mofcom.gov.cn/article/b/c/201308/20130800269861.shtml。

② 参见《关于附加限制性条件批准惠普公司收购三星电子有限公司部分业务案经营者集中反垄断审查决定的公告》（商务部公告2017年第58号），载商务部网2017年10月5日，http://fldj.mofcom.gov.cn/article/ztxx/201710/20171002654063.shtml。

当事方自行扩大产能有利于增加供给，没有较少竞争者，不宜与控制后续集中同等适用。在2009年关于附条件批准日本三菱丽阳公司收购璐彩特国际公司案中，曾要求未经商务部事先批准，合并后三菱丽阳在交割后5年内不得从事下列行为：（1）在中国收购MMA单体、PMMA聚合物或铸塑板生产商；（2）在中国新建生产MMA单体、PMMA聚合物或铸塑板的工厂。然而，对照国外做法，新建工厂通常不在限制之列，因为在位当事竞争者新建工厂不会减少市场上的竞争者，只是当事经营者自身扩大产能，有利于增加相关市场产品的供给。

美国司法部在2018年的Bayer收购Monsanto案中，要求当事方承担后续收购事先申报义务。① 有意思的是，全球多个司法辖区对拜尔收购孟山都平行审查。中国商务部在附条件批准的公告正文中没有提及后续收购事先申报的义务，然而，公告附件（《关于拜耳股份公司收购孟山都公司股权案向商务部递交的附加限制性条件建议及相关附件（非保密版）》）规定：交易双方提交给其他司法辖区反垄断当局的全球性承诺（尤其是包括欧盟和美国）在中国同样有效并具有完全的约束力（如适用）。② 据此，拜尔收购孟山都后的收购即便未达到申报标准，也应向中国执法机构申报。这可看作中国反垄断执法机构第一次“转引”其他司法辖区的审查裁决。

各司法辖区的反垄断审查均重点关注集中对本辖区市场竞争的影响。因此，对同一集中可能有不同看法，有的认为无竞争问题，有的则认为有竞争问题；即便都认为有竞争问题，问题和附加的条件也可能不同；即使附加了相同条件，将来解除的时机和条件也可能不同。故而，执法机构在作出附条件批准决定时，应悉数列明条件，是否如拜尔收购孟山都案一样“转引”，值得讨论。如果两司法辖区情形相同或类似，“转引”似无不妥。然而考虑到，实施过程中受各种因素变化影响，这些救济措施可能会依法暂停执行甚至取

① U. S. v. Bayer AG and Monsanto Company, Case 1：18 – cv – 01241, Competitive Impact Statement and Proposed Final Judgment, The United States Department of Justice（May 29, 2018）, https：//www. justice. gov/opa/pr/justice – department – secures – largest – merger – divestiture – ever – preserve – competition – threatened.

② 参见《关于附加限制性条件批准拜耳股份公司收购孟山都公司股权案经营者集中反垄断审查决定的公告》（商务部公告2018年第31号），载商务部网2012年5月19日，http：//www. mofcom. gov. cn/article/b/c/201803/20180302724189. shtml。

消。如果救济措施在原始规定的司法辖区内终止，而“转引”的司法辖区仍有执行必要时，可能会面临执行依据不足的窘境。鉴于此，附条件批准决定的内容即便与其他司法辖区做法类似，也有必要在决定中全面规定相关措施，这也是确保执法主权完整的体现。

第五章

附条件批准经营者集中的保障措施

为确保顺利施行资产剥离并取得预期效果，执法机构通常会要求剥离义务人承担额外义务。这些可在资产剥离部分作为辅助事项讨论，更多的做法是将其作为行为救济措施使用。然而，这类措施与行为救济有明显差异：这类措施不能独立存在并施行，而必须以资产剥离为前提，以确保资产剥离顺利施行为目的；性质上，结构救济和行为救济属批准集中的“条件”，这些辅助保障措施则属于相关经营者应当承担的“义务”。[①]

第一节　先行修正和买家前置的理论和应用分析[②]

先行修正和买家前置是经营者集中反垄断控制制度的具体规则，是美欧执法机构办理具有竞争问题的集中案件采取的具体措施。美国司法部青睐先行修正，联邦贸易委员会则倾向使用买家前置。欧盟对两种做法都有规定，但与美国做法又有所不同。无论是先行修正，还是买家前置，无论是美国做法，还是欧盟做法，美欧执法机构在办理经营者集中案件时都曾大量适用，适用目的在于先行采取措施调整集中交易，或事先采取措施确保成功剥离，

---

① 附条件批准集中的条件和义务的讨论见本书相关章节。

② 本节原载《中外法学》2015 年第 1 期，经修订收入本书。本节初稿获益于与中国政法大学郝倩副教授、北京市三中院仵霞法官、邓飞博士、黄存真女士等诸位好友的讨论及资料收集等协助工作，特此致谢。

以提高案件办理效率，消除或减轻集中带来的反竞争影响。[①] 我国《反垄断法》及其配套规定均未明确规定先行修正和买家前置规则，在执法机构公布的附条件批准案件中，也未见适用的典型案例，然而，执法机构公布的案件已有非典型适用的迹象，实践中也有国际执法协调的需要，我国有必要创设相应规则并在执法中探索适用。

一、先行修正和买家前置规则探源

（一）先行修正和买家前置的语源

先行修正和买家前置分别译自 Fix it first 和 Up front buyer。早期学界有将 Fix it first 翻译为“定资先行”，后来有法律法规汇编包括权威部门翻译编纂的出版物甚至学术文章也沿用了“定资先行”的译法。此外，Fix it first 还有先行修正、先行解决、先行矫正、事前补正和优先确定等中文译法。[②] 美欧执法实践中，Fix it first 是指在经营者集中案件审查过程中，执法机构作出决定前，当事方先行修正集中交易的内容，以消除执法机构竞争关注，获得执法机构批准（欧盟），或避免执法机构进一步审查（美国司法部）的做法。据此，我们认为，Fix it first 翻译为先行修正、先行调整、先行矫正都能够较确切地反映 Fix it first 指代的内容。虽然“定资先行”已多被采用，但表达欠准确，本书采用先行修正的译法。

Up front buyer 主要有买家先行、直接买受人、先期买方、一线购买人、现时买家和优先买家等中文译法。[③] 我们认为，翻译这些专有名词不仅要考虑

---

① 20 世纪 80 年代和 90 年代早期，美国执法重点考虑剥离资产范围，忽略成功剥离的可能性和有效性。随着申报案件和剥离案件增多，这种状况到克林顿政府早期从联邦贸易委员会开始有所改善。委员会发现：合并方试图寻找满足最低标准的买家（对此委员会一直澄清如下事实：委员会只选择其认为必要的救济措施而不承认当事人有权采取最低介入程度的救济措施。See Molly S. Boast, *Federal Trade Commission merger remedies: shattering the myths*, George Washington Law Review, October/December 2001），并从事策略行为以阻止买家取得成功；大多数买家比想象的缺少运营企业所需信息，更容易出现错误。这为美国执法机构特别是委员会采取保障措施，干预资产剥离提供了事实基础。William J. Baer Director, *A study of the commission's divestitures process* (*public version*), FTC (Aug., 1999), https://www.ftc.gov/reports/study-commissions-divestiture-process.

② 韩伟：《经营者集中附条件批准下的买家先行与定资先行》，载《现代经济探讨》2013 年第 4 期。

③ 韩伟：《经营者集中附条件批准下的买家先行与定资先行》，载《现代经济探讨》2013 年第 4 期。

英文字面含义，还要考虑其指代的具体制度和做法。从方便研究理解，有利立法执法借鉴的角度讲，意译可能比直译更有价值。在美欧实践中，Up front buyer 是确保适当实施资产剥离的措施。该措施要求剥离义务人必须在找到适格买家，签署资产出售协议并经执法机构认可后，执法机构才发布同意令（美国联邦贸易委员会的做法），或允许剥离义务人实施集中（欧委会的做法）。找到适格买家，签署资产出售协议并经执法机构认可属于执行资产剥离的内容，通常在附条件批准决定作出后，甚至在实施集中后再予进行，但在 Up front buyer 下，这些作为先决条件被“前置”了。综合考虑英文字面含义和 Up front buyer 规则的具体内容，我们认为译为买家前置、买家先行、先期买方都能够较确切地反映 Up front buyer 指代的措施，本书采用买家前置的译法。

（二）先行修正的界定和立法演变

在美欧执法实践中，先行修正，是指在经营者集中案件审查过程中，执法机构作出决定前，当事方先行修正集中交易内容，消除执法机构竞争关注，获得批准（欧委会的做法），或避免进一步审查（美国司法部的做法）。[①] 据此，先行修正是解决集中的竞争问题的程序性做法，既区别于当事人对集中交易的自行调整，也区别于附条件或附负担批准情形下的条件和负担。

自行调整是当事人自行改变交易内容，通常发生在申报前，或执法机构对申报的集中提出竞争问题前。如果申报人自行评估，认为集中交易可能存在竞争问题，申报人完全可以自行调整，以避免执法机构提出竞争问题或进一步审查。这种意义上的调整通常与执法机构提出竞争问题没有关联，执法机构无须对此认可，当事人申报和执法机构受理的集中都是当事人自行调整后的交易。因此，美国司法部两次发布的《合并救济反垄断政策指南》均明

---

① 与美国类似，随着附条件批准案件数量增长，欧委会开始倾向于认为“完整”剥离是唯一有效的救济方式，欧盟借鉴美国经验接受买家前置规则是激励当事人迅速找到适格买家，确保剥离执行能恢复竞争而不是可能恢复竞争的重要措施之一。See Barry E. Hawk, James S. Venit & Henry L. Huser, *Recent developments in EU merger control*, Antitrust, spring, 2001. 虽然欧盟的先行修正规则源自美国，但欧盟根据自身执法机制进行了相应调整，故具体做法有所不同。

文规定不把这种调整视为先行修正。[①]

附条件批准是执法机构经审查，认为拟议集中存在或可能存在排除限制竞争影响，通过附条件以消除或减轻影响，并在此基础上批准集中的做法。这种修正发生在审查过程中，在执法机构直接监管下进行，且必须能够解决执法机构提出的竞争问题。[②]

从先行修正规则的立法演进看，美欧执法机构对先行修正性质有不断调整的认识过程。美国司法部反托拉斯局 2004 年发布的《合并救济反垄断政策指南》把先行修正界定为结构救济措施（a structural remedy）。[③] 欧盟发布的《关于可接受的救济措施的通告（2008）》第一次规定先行修正，或许受美国司法部反托拉斯局 2004 年救济指南的影响，把先行修正规定在第三章“救济的类型”中的业务出售中，标题为“*Fix - it - first remedies*”（先行修正救济措施），但就其内容看，“*Fix - it - first remedies*”实际是资产剥离的实施方式。美国司法部反托拉斯局 2011 年修订发布的《合并救济反垄断政策指南》把先行修正的性质修改为“a structural solution”（结构性解决方案）。[④] 尽管英文表述只有一词之差，却反映了美国司法部对先行修正规则认识的不断深入和精准。

（三）买家前置的界定及其与条件的关系

买家前置是确保资产剥离能够顺利实施的保障措施。该措施要求剥离义务人必须在找到适格买家，签署资产出售协议并经执法机构认可后，执法机构才发布同意令（美国联邦贸易委员会的做法），或允许剥离义务人实施集中

---

① U. S. Department of Justice Antitrust Division, *Antitrust division policy guide to merger remedies* (*October 2004*). 根据 2004 年救济指南Ⅳ. A. A 第 1 段和注释 36，先行修正是集中完成前，当事方实施并经反垄断局认可的一种结构救济措施。当事方可单方面决定改变交易内容，以消除潜在竞争损害，虽然这自行调整可避免进一步调查，但反垄断局没有“认可”过这种补救方式，2004 年救济指南不将其视为一种先行修正措施。2011 年救济指南在Ⅳ. A. 1 第 1 段和注释 46 保留了 2004 年救济指南的上述内容。

② 因各司法辖区执法机制大相径庭，对附条件批准的界定有很多细节差异，此处只是对附条件批准共性的大致表述。

③ U. S. Department of Justice Antitrust Division, *Antitrust division policy guide to merger remedies* (*October 2004*), Ⅳ. A, para. 1.

④ U. S. Department of Justice Antitrust Division, *Antitrust division policy guide to merger remedies* (*October 2004*), Ⅳ. A. 1, para. 1.

(欧委会的做法)。找到适格买家，签署资产出售协议并经执法机构认可属于执行剥离措施的内容，通常可在附条件批准决定作出后，甚至可在实施集中后再予实施，在买家前置规则下，这些作为先决条件被“前置”了。

买家前置不是独立的救济措施，而是实施资产剥离的一种方式，是确保资产成功剥离的保障措施。效果上，买家前置和停止条件有类似之处，即在当事人找到适格买家，签署资产出售协议并经执法机构认可前，不得实施集中（欧委会的做法)，或执法机构不会作出同意令（美国联邦贸易委员会的做法)。理论上讲，适用买家前置的前提是，附加资产剥离条件的批准决定已作出，买家前置是实施决定的保障措施，该措施可包含在批准决定中，也可独立于决定外。欧盟买家前置的做法较典型，欧委会率先作出附剥离条件的批准决定，但不得实施集中，除非当事人找到合适买家，签署资产出售协议并经执法机构认可。美国联邦贸易委员会买家前置的做法更灵活，剥离义务人必须在找到适格买家，签署资产出售协议并经执法机构认可后才发布同意令。理论上，当事人不履行买家前置义务，执法机构仍可强制执行已作出的附条件批准决定，但在委员会适用买家前置时，通常不会出现强制执行资产剥离的情形，因为如果当事人没找到适格买家，委员会就不会发布同意令。性质上，买家前置属于确保条件（conditions）得以实施的义务（obligations)，而不是条件本身。然而，执法实践中，可通过附加中止条件或解除条件，把买家前置义务作为条件的一部分，也能取得类似适用买家前置的效果。尽管执法实践中，买家前置既可作为中止条件处理，也可作为解除条件处理，但具体适用上又有所不同。

附中止条件的情形，是指附条件批准经营者集中的决定已作出，但不发生法律效力或当事人不能实施集中，只有在附加的条件成就后，即当事人找到适格买家，签署资产出售协议并经执法机构认可后，批准决定才生效或当事人才能实施集中。如果上述条件不成就，则批准决定不生效，当事人不能实施集中，执法机构也不能强制执行附加的剥离条件。按照德国卡特尔局的做法，如果难以找到适当买家，待剥离业务存活性存在风险，或救济方案涉及集中的重要内容，通常会附加中止条件。欧盟买家前置的做法更类似中止条件，即当事人找到适格买家，签署资产出售协议并经执法机构认可后，当事人才能实施集中。欧盟做法与附中止条件的区别在于，后者批准决定虽作出但不生效，当事人也不能实施集中，直到中止条件成就，批准决定才生效，当事人才可实施集中。美国买家前置的做法更灵活，当事人找到适格买家，签署资产出售协议并经执法机构认可前，联邦贸易委员会根本不会发布同意令，因此不存在类似附中止条件的情形。

附解除条件的情形，是指附条件批准经营者集中的决定一经作出即生效，当事人可实施集中，但解决条件一旦成就，即当事人没有找到适格买家，签署资产出售协议并经执法机构认可，批准决定自动失效。德国执法实践中，如果潜在买家对拟剥离资产充满兴趣，预计能够在短期内顺利出售，通常会适用解除条件。法律效果上，附解除条件和附义务有类似的一面，即都能够使审查决定立即生效，当事人可立即实施集中；主要差异在于解除条件成就和违反义务后果不同，如果解除条件成就，批准决定自动失效且集中交易被禁止，如果当事人违反义务，执法机构可撤回、废除或修改批准决定，任命受托人恢复原状及罚款等。尽管在需适用解除条件的情形下，可通过适用买家前置达到类似目标，但因为一旦当事人不能按照批准决定找到适格买家，签署资产出售协议并经执法机构认可，附解除条件的批准决定当然失效；如果当事人违反义务，则需执法机构另外启动新程序并作出撤回、废除、修改、恢复原状或罚款的新决定。附解除条件的做法因处理程序更简单而为德国执法机构接受。①

二、美欧适用先行修正的情形

（一）美欧先行修正的规定

先行修正是美国司法部青睐的做法，美国司法部反托拉斯局分别于2004年10月和2011年6月两次发布的《合并救济反垄断政策指南》均规定了先行修正。美国联邦贸易委员会则倾向使用买家前置，在其发布的文件中没有

---

① 我国《反垄断法》只规定了附加限制性条件而没有规定附加义务，在具体案件的审查决定中，既有附条件的表述，也有附义务的表述。我们认为，在经营者集中反垄断控制制度中，条件和义务是不同的法律概念，特别是在确定审查决定的法律效力、因执行公告引发争议的处理程序及条件不成就或义务不履行的法律后果等方面有重要区别。以大陆法系为传统的司法辖区如德国、我国台湾地区和欧盟均明确区分了条件和义务，我国《反垄断法》采成文法模式，法律框架和执法机制与欧盟及其主要成员国相似，有必要在理论和执法实践中区分两者，讨论先行修正和买家前置性质的用意也在于此。

规定先行修正。先行修正是美国司法部处理可能实质减损竞争的经营者集中的方式之一。美国司法部对可能实质减损竞争的集中可通过如下三种方式解决：一是寻求绝对的禁止令，阻止当事方实施并完成交易。二是与当事方协商达成和解，通过和解同意令（a consent decree）附条件解决。和解协议由司法部与当事人签署后，根据《特尼法案》提交给联邦地区法院备案，且需进行为期60日的公示，接受法院是否符合公共利益的审查后成为有约束力的法院命令。[①] 三是接受先行修正解决方案，允许当事方根据司法部提出的竞争问题，先行修正集中交易内容，避免司法部进一步审查。如果司法部认为先行修正措施可消除反竞争影响，将终止调查，不再要求当事方签署和解同意令，也不再向法院起诉寻求禁止令。

《关于可接受的救济措施的通告（2001）》[②] 没有规定先行修正，《关于可接受的救济措施的通告（2008）》首次规定了先行修正。[③] 对资产剥离，欧盟通常用三种方法将剥离资产转让给适格买方：一是在欧委会作出的附条件批准决定规定的时间内，剥离义务人将剥离资产转让给欧委会批准的买方。这种情形下，附条件批准决定作出后，当事人即可实施集中。二是除前条规定的条件外，剥离义务人承诺，与适格买方就剥离资产达成有约束力的协议前不会实施集中交易，即买家前置。三是采取先行修正措施，在欧委会对经营者集中审查过程中，针对欧委会提出的竞争问题，当事人自行找到剥离资产的买方并签订有约束力的出售协议，经欧委会认可后附条件批准的做法。[④]

---

① ［美］伊莲·K. 格茨主编：《美国并购审查程序暨实务指南》（第3版），李之彦、王涛译，北京大学出版社2011年版，第269－278页。

② See *Commission Notice on remedies acceptable under Council Regulation*（*EEC*）*No. 4064/89 and under Commission*, *Regulation*（*EC*）*No. 447/98*, C68 Official Journal of the European Communities (2001). 通说认为，欧盟的先行修正规则参考了美国的做法，《关于可接受的救济措施的通告（2001年）》没有规定先行修正规则，其时首次规定先行修正规则的美国司法部2004年救济指南尚未颁布。

③ *Commission Notice on remedies acceptable under Council Regulation*（*EC*）*No. 139/2004 and under Commission Regulation*（*EC*）*No. 802/2004*, C267 Official Journal of the European Communities paras. 56－57（2008）.

④ *Commission Notice on remedies acceptable under Council Regulation*（*EC*）*No. 139/2004 and under Commission Regulation*（*EC*）*No. 802/2004*, C267 Official Journal of the European Communities para. 50（2008）.

（二）须是已申报受理的集中

适用先行修正的集中，须已申报受理并处于审查中。执法机构经审查认为存在竞争问题，当事人据此向执法机构提出先行修正申请，在执法机构同意后适用先行修正。尽管美国司法部反托拉斯局2011年救济指南规定，如果当事人表示有意先行修正且符合下述条件，反垄断局可能考虑其申请，[①] 但该指南没有明确规定适用先行修正的前提条件。司法部前代理部长助理表示，如果合适的救济是清晰的结构调整，例如剥离商业实体，那么先行修正就是更好的选择，反垄断局可确定适当买家和剥离资产的情况下也适合采用先行修正。[②] 欧委会特别欢迎在买方身份对有效资产剥离至关重要的案件中适用先行修正，例如只有极少数潜在买方的情况，特别是剥离资产本身活力取决于特定买方拥有特定资产或者特定资质的情况，只有拥有这些特定资产或资质的买方才可能确保剥离资产得以成活并具有市场竞争力；[③] 再如，剥离资产不构成独立业务单元，或运营剥离资产需特殊资源支持等。既往案例中，欧委会认为，移动电话基站和频率只有剥离给类似剥离义务人的竞争者才有意义，[④] 剥离纸浆设备生产业务不仅技术要求高，且公司信誉对企业参与市场竞争很重要，一般公司购买后确保成活并实质参与竞争的难度很大。[⑤] 欧委会认为，先行修正方案足以消除反竞争影响并得到认可后，将以此为条件批准集中，且不再对剥离资产的买方重复审查。一旦欧委会作出附条件批准决定，剥离义务人和买方即可很快交割。

---

① U. S. Department of Justice Antitrust Division, *Antitrust division policy guide to merger remedies* (*October 2004*), Ⅳ. A. 1, para. 2.

② R. Hewitt Pate, *Antitrust enforcement at the United States Department of Justice*: *issues in merger investigations and litigation*, Columbia Business Law Review, 2003.

③ *Commission Notice on remedies acceptable under Council Regulation* (*EC*) *No. 139/2004 and under Commission Regulation* (*EC*) *No. 802/2004*, C267 Official Journal of the European Communities para. 57 (2008).

④ See T – Mobile Austria/Tele. ring，Case COMP/M. 3916. 该案中，欧委会认为，拟剥离的移动电话基站和频率不构成独立有活力的业务，只有那些市场上扮演与剥离义务人 Tele. ring 类似角色的竞争者，才可能成为确保剥离资产成活并发挥竞争力的合格买方。

⑤ See Metso/Aker Kvaerner，Case M4187. 该案中，欧委会认为，拟议交易可能严重削弱纸浆生产设备市场的竞争，欧委会同时发现，生产纸浆设备的技术要求很高且信誉对参与市场竞争非常重要。相关市场上只有 GL&V 公司具有必须的专有技术且在相邻市场上有商业存在，在当事人承诺将相关业务剥离给 GL&V 公司消除纸浆设备方面的业务重叠后，欧委会同意了该交易。

（三）当事人自行决定如何修正

适用先行修正由当事人自行决定如何修正交易，解决竞争问题，执法机构通常不干预。因此，先行修正给当事人极大灵活度，当事人可自行寻找其认为可行的买家，确定符合其自身和买家需要的剥离资产范围，特别是剥离哪些资产可根据买家量身定做。这种情况下，通过当事人自行修正交易方案的办法解决竞争问题，使当事人能以最小改变获得批准。① 与此不同，通过法院发布和解同意令剥离的资产，必须是保障任何潜在买家都能有效维持竞争所需的资产。② 先行修正采取的典型措施是当事人将特定资产出售给第三方，③ 不能含有集中完成后仍需执法机构监督实施的行为义务。美国司法部反托拉斯局2011年救济指南规定，如果需要合并后企业在交易完成后再实施持续义务，例如履行防火墙义务、按供应协议向剥离资产买家持续供应某投入品及其他行为救济措施，包含这些内容的先行修正不可接受。④ 如果修正集中的反竞争影响必须附加这样的行为条件，美国司法部反托拉斯局则会诉诸法院，由法院发布和解协议同意令的方式解决。⑤ 司法部反托拉斯局通过这种方式才能确保合并后企业遵守协议，执行行为条件或义务。除了该指南规定的必须采取非结构救济措施外，如果时间紧急、当事人无法确定买家、拟剥离资产需及时出售、剥离资产无法与剥离义务人清晰划分，例如需要技术许可或解决其他知识产权问题，也不适合采取先行修正。⑥

（四）须经执法机构审查同意

当事人应当向执法机构提交先行修正方案，包括但不限于拟出售资产范

---

① Jessica C. Strock, *Setting the terms of a break - up: the convergence of federal merger remedy plotics*, William and Mary Law Review, May, 2012.

② U. S. Department of Justice Antitrust Division, *Antitrust division policy guide to merger remedies (October 2004)*, Ⅳ. A. 1, para. 2.

③ Logan M. Breed & David J. Michnal, *Merger Remedies: The DOJ'S new guide to old differences with the FTC*, Antitrust, Spring, 2005.

④ U. S. Department of Justice Antitrust Division, *Antitrust division policy guide to merger remedies (October 2004)*, Ⅳ. A. 1, para. 4.

⑤ U. S. Department of Justice Antitrust Division, *Antitrust division policy guide to merger remedies (October 2004)*, Ⅳ. A. 1, para. 4.

⑥ R. Hewitt Pate, *Antitrust enforcement at the United States Department of Justice: issues in merger investigations and litigation*, Columbia Business Law Review, 2003.

围、资产出售协议、出售条件和买方情况等。在美国，司法部反托拉斯局会审核先行修正方案，包括但不限于拟剥离资产、买家与剥离义务人关系及先行修正的救济力度，以确保先行修正措施能切实解决竞争问题。司法部反托拉斯局认为，可接受的先行修正的救济力度，应不低于提起诉讼所能带来的救济力度。[①] 美国司法部反托拉斯局一旦认可当事人提交的先行修正方案，将不再寻求和解同意令，也不会向法院起诉，但保留向法院起诉的权利。美国司法部认为，从实务角度来看，先行修正措施可真正修正经营者集中（fix it），正如司法部部长助理 R. Hewitt Pate 所说，只有拟议交易的结果违反法律时（有竞争问题），我们才会寻求和解协议，如果当事人以某种方式改变交易并因此消除了我们的担忧，那么我们就不再提起诉讼挑战这项不再违反反垄断法的交易。[②] 为确保先行修正措施得以实施，美国司法部反托拉斯局 2011 年救济指南对此还有所保留，该指南规定，除非当事人能事先签订一份时限协议及和解协议，如果当事人不能按时限协议及时履行先行修正义务，司法部可随时将和解协议提交法院，发布同意令强制当事人履行义务。[③]

（五）司法部青睐先行修正的原因

先行修正规则备受美国司法部反托拉斯局青睐，2001 年 6 月到 2003 年 7 月的统计显示，反垄断局对 43 个案件提出竞争关注，有 12 个适用了先行修正，[④] 这从一个侧面说明，先行修正规则在其执法实践中占据重要地位。我们认为，在美国与通过和解同意令解决竞争问题相比，适用先行修正的主要意义在于：

一是提高了案件办理效率，有效维持了市场竞争。在美国，如果司法部通过和解同意令方式解决竞争问题，需要与当事人进行漫长复杂的谈判甚至

---

① U. S. Department of Justice Antitrust Division, *Antitrust division policy guide to merger remedies* (*October 2004*), Ⅳ. A. 1, para. 3.

② See R. Hewitt Pate, *Antitrust Enforcement at the DOJ—Issues in Merger Investigations and Litigation 12*, In Logan M. Breed and David J. Michnal eds., Merger Remedies: The DOJ'S new guide to old differences with the FTC, Antitrust, Spring, 2005.

③ U. S. Department of Justice Antitrust Division, *Antitrust division policy guide to merger remedies* (*October 2004*), note 48.

④ See R. Hewitt Pate, *Statement Before the Committee on the Judiciary*, *U. S. House of Representatives*, *Concerning Antitrust Enforcement Oversight* 9, In Logan M. Breed and David J. Michnal, Merger Remedies: The DOJ'S new guide to old differences with the FTC, Antitrust, Spring, 2005.

诉讼。如果采取先行修正，则可避免必须履行的复杂程序和时间拖延，既降低了当事企业成本，也节约了执法资源，有利于消费者更快享受福利提高成果。[①] 先行修正使得司法部反托拉斯局不对集中提起诉讼就可解决竞争问题，采用先行修正比发布同意令更快、更高效地维持市场竞争，使反垄断局更有效地利用执法资源。[②]

二是解决问题方式更灵活，有利于维持剥离资产竞争力。先行修正规则给当事人以更大自主权自行决定剥离哪些资产，当事人可综合执法机构提出的竞争问题、自身经营规划、潜在买家需要等因素，灵活选择解决方案，量身定做剥离资产范围，例如当事人可向特定买家出售经其筛选资产。[③] 先行修正措施通常是最有利于各方商业运作的解决方案，可最大限度地降低行政干预。相反，发布同意令则必须剥离那些确保任何潜在买家都能有效维持竞争所需的资产。[④] 因此，先行修正规则为当事人提供了更符合商业规律、更灵活的寻求解决方案的机会。

三是降低了反垄断执法机构的风险。尽管美国司法部的指南文件中没明确提及，文献中也少见论及，但事实上却是司法部青睐先行修正的重要原因之一。因为适用先行修正规则，司法部不需要与当事人商谈条件，不需要向公众公开相关文件并接受评议，也不需要向法院提交和解协议，更不需要向法院起诉。在解决其竞争关注的前提下，有效避免了当事人、社会公众和法院对其审查的挑战，极大降低了执法行为被挑战并遭遇失败的风险。

三、美欧适用买家前置的情形

美国联邦贸易委员会和司法部对买家前置规则的适用效果有截然不同看法。

---

① Logan M. Breed, David J. Michnal, “Merger Remedies: The DOJ'S new guide to old differences with the FTC”, *Antitrust*, Spring, 2005.

② U. S. Department of Justice Antitrust Division, *Antitrust division policy guide to merger remedies* (*October 2004*), Ⅳ. A. 1, para. 1 and IV. A. 1, para. 2.

③ Logan M. Breed & David J. Michnal, *Merger Remedies: The DOJ'S new guide to old differences with the FTC*, Antitrust, Spring, 2005.

④ U. S. Department of Justice Antitrust Division, *Antitrust division policy guide to merger remedies* (*October 2004*), Ⅳ. A. 1, para. 2.

（一）委员会青睐适用买家前置

早在1999年，委员会竞争局以其职员名义发布的《关于剥离程序的研究报告》就提到买家前置。[①] 2003年声明明确规定了买家前置，2012年声明进一步完善了买家前置的规定。

从执行情况看，委员会适用买家前置由来已久。《关于剥离程序的研究报告》发现，委员会频繁适用买家前置，虽然委员会声称对买家前置只是倾向而不是必须适用，但数据显示这种倾向极其强烈。早在1997年前数年，委员会大概有17%的同意令要求买家前置，1997年这一比例达到峰值85%，[②] 此后3年的平均值回落到60%左右，[③] 并保持持续降低趋势，但总体比例仍较可观，如2002—2003年，委员会发布的至少17个剥离同意令中有41%要求买家前置。司法部适用买家前置则形成鲜明对比，同期司法部发布的6个同意令均未采取买家前置。[④]

委员会实践中大量适用买家前置，认为买家前置可缩短合并与剥离间的时间，降低剥离过渡期内资产贬损的可能性，同时降低找不到适当买家、剥离失败、无法恢复或保持市场竞争水平的风险。[⑤] 委员会在公开文件中更多谈及买家前置的优点，这些优点包括：一是执法机构通过适用买家前置措施，可审查买方的商业计划或让买方获得原本难以获得的信息，从而有更多机会协助买家进入市场。二是采取买家前置措施可加速资产剥离进程，从而降低合并方贬损剥离资产的可能性。三是适用买家前置措施，执法机构有更多时

---

① 1999年的研究报告是对此前执法案件的研究分析，虽然该报告首次提到买家前置，但买家前置并不是报告引入的新概念，事实上委员会早已开始适用买家前置，如在报告发布之前的1998年度14个资产剥离的案件有40%适用了买家前置。See Molly S. Boast：*Federal Trade Commission merger remedies*：*shattering the myths*, George Washington Law Review, October/December 2001.

② William J. Baer, Deborah L. Feinstein & Randal M. Shaheen, *Taking stock*：*Recent trends in U. S. merger enforcement*, Antitrust, Spring, 2004.

③ Richard G. Parker, *Global Merger Enforcement*, FTC（Sept. 28, 1999）, http：//www. ftc. gov/public – statements/1999/09/global – merger – enforcement.

④ William J. Baer, Deborah L. Feinstein & Randal M. Shaheen, *Taking stock*：*Recent trends in U. S. merger enforcement*, Antitrust, Spring, 2004.

⑤ Logan M. Breed & David J. Michnal, *Merger Remedies*：*The DOJ'S new guide to old differences with the FTC*, Antitrust, Spring, 2005.

间调查并考虑提议的买家及其对反竞争效果的抵消是否充足。[①] 即便是反对买家前置的司法部也有认可买家前置优点的观点，例如，时任司法部首席副部长助理 Deborah Platt Majoras 2002 年 4 月表示，买家前置的好处之一是给执法机构更多的时间去评估合并方提议的资产剥离对竞争修复的可行性。[②]

（二）司法部长期不认可买家前置

美国司法部 2004 年救济指南没规定买家前置规则，尽管注释中有所提及，但主旨仍是否定买家前置。司法部认为，先行修正制度下，当事方可自由确定合格买方，[③] 与买家前置相比，允许在确定买家前完成交易意味着能尽快实现集中的好处，[④] 反垄断局在审查中的工作重点是明确应当快速剥离的适当资产组合，而不是挑选合格买方，如果反垄断局准确地确定了拟剥离资产，很快就会有合格买家。[⑤] 后来司法部转变了态度，因为事实并非总是如此，合格买家不会自动出现，而需司法部完成如下测试：（1）剥离本身不会导致竞争损害；（2）潜在买家须有进入相关市场的动机；（3）潜在买家在相关市场拥有匹配的财务及其他经验。[⑥] 自此，美国司法部开始承认和少量适用买家前置，如克林顿政府时期，司法部有 9% 的案件适用了买家前置。[⑦] 司法部 2011 年 6 月修订发布的《合并救济反垄断政策指南》转变态度认可了买家前置，但规定内容简单，同时要求包含买家前置的同意令须同时包含替代救济措施，

---

① William J. Baer Director, *A study of the commission's divestitures process (public version)*, FTC (Aug., 1999), https://www.ftc.gov/reports/study-commissions-divestiture-process.

② Deborah Platt Majoras, *Houston, we have a competitive problem: How can we remedy it?*, Before The Houston Bar Association Antitrust and Trade Regulation Section Houston, Texas, The United States Department of Justice (Apr. 17, 2002), https://www.justice.gov/atr/speech/houston-we-have-competitive-problem-how-can-we-remedy-it.

③ U. S. Department of Justice Antitrust Division, *Antitrust division policy guide to merger remedies (October 2004)*, note 42.

④ R. Hewitt Pate, *Antitrust enforcement at the United States Department of Justice: issues in merger investigations and litigation*, Columbia Business Law Review, 2003.

⑤ 美国司法部认为，确定买家并不是选出最好的买家，即最有可能将剥离资产价值最大化的买家，而是那些最有可能恢复因集中而损失的竞争的买家。同上注。

⑥ Jessica C. Strock, *Setting the terms of a break-up: the convergence of federal merger remedy plotics*, William and Mary Law Review, May, 2012.

⑦ William J. Baer, Deborah L. Feinstein & Randal M. Shaheen, *Taking stock: Recent trends in U. S. merger enforcement*, Antitrust, Spring, 2004. 进入克林顿政府时期，美国反垄断执法机构开始由更多关注资产剥离范围，向更多关注资产剥离效果转变，买家前置因此得到重视。

以防前置买家退出购买协议。[①]

与美国联邦贸易委员会不同，美国司法部很少适用买家前置，更多强调买家前置的缺陷，特别是在有适格潜在买家的情况下，剥离持续运营的商业实体，采取买家前置措施往往会产生巨大的额外成本。[②] 具体集中在以下两点：第一，推迟了集中实施时间。在联邦贸易委员会适用买家前置的案件中，委员会发布同意令，要求当事人必须在找到委员会认可的买家并签署有约束力的协议后才能实施集中，这会推迟实施时间并引发系列负面效应，如延缓与集中相关的规模经济效率，增加业务发展和雇员去留的不确定性，增加剥离资产价值和竞争力贬损的可能性等。第二，买家获得额外谈判筹码，操纵剥离资产市场价格，对剥离义务人有失公平。一旦买家获悉采取了买家前置措施，从而使其在剥离资产转让谈判中享有额外筹码，可能有意压低价格，损害剥离义务人利益。2002 年 4 月，时任司法部首席副部长助理 Deborah Platt Majoras 就曾质疑过买家前置的公允性，因为交易能否实施取决于当事人是否找到适格买家，这很明显使潜在买家获得谈判筹码。[③]

（三）欧委会借受美国的买家前置

欧委会借鉴并接受了美国的买家前置制度，这被认为是欧委会对当事人提议的救济承诺审查日益严格的举措。[④] 事实证明，欧委会的做法取得了成功，其适用买家前置的第一个案例[⑤]就迅速找到了合适买家。[⑥] 欧委会《关于可接受的救济措施的通告（2001）》第 20 段原则规定了买家前置规则：考虑

---

① U. S. Department of Justice Antitrust Division, *Antitrust division policy guide to merger remedies* (June 2011), IV. A. 2. a. 美国司法部2011 年的指南在IV. A. 2. 下新创设了标题a. upfront buyers，并用一段文字规定了买家前置。

② Keith R. Fisher, *Transparency in global merger review: a limited role for the WTO?*, Stanford Journal of Law, Business & Finance, Spring, 2006.

③ Deborah Platt Majoras, *Houston, we have a competitive problem: How can we remedy it?*, Before The Houston Bar Association Antitrust and Trade Regulation Section Houston, Texas, The United States Department of Justice (Apr. 17, 2002), http://www.usdoj.gov/atr/public/speeches/11112.htm.

④ Barry E. Hawk, James S. Venit & Henry L. Huser, *Recent developments in EU merger control*, Antitrust Spring, 2001. 文章认为，欧委会越来越关注救济措施是否能够（而不是可能）确保竞争恢复并保持在合并前的水平，与此相适应，欧委会对当事人提议的救济承诺审查日益严格，主要表现在适用买家前置规则和严格的救济承诺截止期限方面。

⑤ See Bosch/Rexroth, Case No. COMP/M. 2060 (Dec. 13, 2000).

⑥ Barry E. Hawk, James S. Venit & Henry L. Huser, *Recent developments in EU merger control*, Antitrust Spring, 2001.

到拟剥离资产是业务的一部分，剥离是否成功很大程度上取决于买家身份的情况下，当事人只有作出如下承诺，委员会才批准交易：委员会认可当事人找到的剥离资产买家，及其与之签署有约束力的资产转让协议前，不会完成集中交易。[①]《关于可接受的救济措施的通告（2008）》则用3段文字详细规定了买家前置规则，主要增加了买家前置适用情形的内容。[②] 欧委会希望通过规定和实施买家前置规则，为当事人创造更大动力去完成资产剥离，减少当事人集中前过于乐观的剥离承诺和集中实施后故意拖延资产剥离的风险，降低资产剥离过渡期过长给剥离资产带来的不确定性。与美国联邦贸易委员会一样，欧委会也对适用买家前置产生显著偏好，如果当事人不能提供欧委会认可的买家，并签署经欧委会认可的资产转让协议，可能不会批准拟议集中，即使批准也不能实施。

（四）适用买家前置规则的情形

买家前置是为剥离资产而采取的保障措施，因此适用买家前置的案件，必须是经执法机构审查认为存在竞争问题，需通过资产剥离抵消或消除反竞争影响的集中。然而，并非所有资产剥离都需要买家前置，美国联邦贸易委员会通常在对剥离资产适当性或可售性存在担忧的情况下才适用买家前置。委员会在其声明中表示，如果当事人提议剥离的资产难以找到可接受的买家，特别是在剥离非自动运营商业单元的案件中，委员会通常要求当事人采取买家前置，以将救济无效的风险降至最低。委员会竞争局的研究报告认为，根据经验下述案件适用买家前置极具必要性：一是剥离期内剥离资产贬损风险极大，例如剥离超市；二是很明显可接受的买家非常少；三是拟剥离资产不包括独立运营实体，难以支撑独立运营。[③]

联邦贸易委员会时任主席 Timothy Muris 于 2001 年在美国律师协会的演

---

① See *Commission Notice on remedies acceptable under Council Regulation (EEC) No. 4064/89 and under Commission, Regulation (EC) No. 447/98*, C68 Official Journal of the European Communities para. 20 (2001).

② See *Commission Notice on remedies acceptable under Council Regulation (EEC) No. 4064/89 and under Commission, Regulation (EC) No. 447/98*, C68 Official Journal of the European Communities paras. 53－55 (2001).

③ William J. Baer Director, *A study of the commission's divestitures process (public version)*, FTC (Aug., 1999), https://www.ftc.gov/reports/study－commissions－divestiture－process.

讲中特别提到，买家前置最可能适用于剥离非持续运营的资产业务，因为此时该等业务运营的可行性多少有些不确定。[①] 委员会竞争局前局长 Molly S. Boast 曾撰文指出，买家前置主要存在于如下情况：一是剥离资产是生产高度专业化产品的机器设备，且不确定是否有这些特殊资产包的买家，如矿业工业解决方案；二是剥离资产由设备、技术、专门技能、运输仓储设施及必要员工组成，且需要确保买家能够适应业务的各方面，如农业化工领域；三是剥离资产主要是知识产权，且担心过渡期损害，如计算机软件系统；四是剥离资产主要是持续运营的商业实体，但需要移交大客户合同，且需征得客户同意，如医药设备领域；五是合适的潜在买家非常少或重要员工是剥离资产能否成功运营的关键时，也可以适用买家先行。[②]

实践数据表明，非独立运营的商业实体或零碎资产剥离的成活率较低，[③] 联邦贸易委员会不太信任从未独立运营过的零碎资产，而倾向剥离已独立运营的商业单元，除非剥离资产属于成熟运营的商业实体且有理由相信有买家感兴趣，委员会才愿意采用事后剥离。以下情形通常不采用买家前置：（1）剥离资产经常买卖且存在该资产的已知市场；（2）剥离资产含独立商业实体且执法人员熟悉潜在买家；（3）剥离资产含独立商业实体且最近买卖过同样资产。[④]

欧委会《关于可接受的救济措施的通告（2008）》规定，如下两种情形需采取买家前置：一是业务剥离存在困难和障碍，如涉及第三方权利或无法确

---

① Timothy Muris, *Antitrust enforcement at the Federal Trade Commission: In a word—continuity*, FTC (Aug. 7, 2001), https://www.ftc.gov/public-statements/2001/08/antitrust-enforcement-federal-trade-commission-word-continuity.

② Molly S. Boast, *Federal Trade Commission merger remedies: shattering the myths*, George Washington Law Review, October/December 2001.

③ William J. Baer Director, *A study of the commission's divestitures process (public version)*, FTC (Aug., 1999), https://www.ftc.gov/reports/study-commissions-divestiture-process. 研究的 37 项剥离中，22 项是持续运营资产，22 项中有 19 项商业单元可立即在相关市场独立运营；其余 15 项特定资产只有 9 项最终存活，5 项未能形成可运营商业，1 项未能在相关市场独立运营。

④ Molly S. Boast, *Federal Trade Commission merger remedies: shattering the myths*, George Washington Law Review, October/December 2001.

定能否找到适当买方;[①] 二是剥离过渡期内剥离资产的竞争性和可销售性存在风险，如剥离过渡期内剥离业务可能失去关键雇员。[②]

（五）适用买家前置规则的程序

根据美国联邦贸易委员会的买家前置规则，当事人按照委员会要求，需先行确定剥离资产的买家人选并签订资产转让协议，委员会对买家人选和资产转让协议审核认可后才发布同意令，买家人选等内容体现在同意令中。

根据欧委会《关于可接受的救济措施的通告（2008)》，对适用买家前置的集中，只有在当事人作出如下承诺后，欧委会才会作出附条件批准决定：当事人须承诺，只有找到欧委会认可的剥离资产的适格买家，并签署有约束力的资产出售协议后，才实施经营者集中。欧委会认为，尽管集中交易被批准但不得实施，这给当事人极大压力和动力去满足附加的资产剥离条件，积极寻找适格买方，尽快签署资产出售协议，也正是这个原因，欧委会才会附条件批准集中交易。欧委会 2002 年批准的 Masterfoods/Royal Canin 案，需剥离 Masterfoods 母公司 Mars 与 5 个宠物商标相关的欧洲业务。欧委会认为，上述资产剥离的有效性取决于买方财力和持续经营宠物食品业务的能力，因此需要出售给有充足财力和研发能力并熟悉相关市场专业知识的买方。为确保将上述资产转让给适当买方，欧委会要求当事人承诺在确定适当的买方前不会完成集中交易。[③]

四、美欧适用两规则的比较分析

先行修正和买家前置在适用目的、适用条件、对当事人要求及功能等方面有类似之处，具体操作各有侧重，美欧不同执法机构对两规则各有偏好，适用不同措施的态度也有所区别，即使同一规则，美欧执法机构具体做法也不尽相同。

---

① *Commission Notice on remedies acceptable under Council Regulation*（*EC*）*No. 139/2004 and under Commission Regulation*（*EC*）*No. 802/2004*, C267 Official Journal of the European Communities para. 54（2008).

② *Commission Notice on remedies acceptable under Council Regulation*（*EC*）*No. 139/2004 and under Commission Regulation*（*EC*）*No. 802/2004*, C267 Official Journal of the European Communities para. 55（2008).

③ See Masterfoods/Royal Canin Case M2544.

（一）先行修正和买家前置比较

先行修正和买家前置规则的类似之处在于：一是，从实施的目的看，两者都是执法机构先行采取措施，确保消除或减轻经营者集中反竞争影响的做法。二是，从适用的条件看，实践中，两者都适用于成功剥离资产风险过大的情况，尤其是对买家要求特殊或较高的案件。三是，从对当事人要求看，实施两种措施均要求当事人在解决执法机构担忧前不得实施集中，解决办法通常是找到合适买家并与之签署有约束力的资产转让协议且得到执法机构认可。四是，从措施的功能看，两种措施均有确保找到适当买家以成功剥离资产，降低过渡期内资产价值和竞争力贬损风险的积极功能。

先行修正和买家前置规则的不同在于：一是采取措施的时间不同。先行修正通常是在执法机构提出竞争问题后即可适用，此时，采取何种救济措施解决竞争问题尚无定论；采取买家前置时执法机构和当事人已就拟采取的资产剥离措施达成一致。二是采取措施的目的不同。先行修正的目的是要求当事人先行寻求解决竞争问题的措施，买家前置是要求当事人先行采取措施降低资产剥离失败的风险。三是适用条件不同。先行修正通常是当事人主动提出要求，以争取自行解决竞争问题的自由度；买家前置通常是执法机构提出要求，要求当事人解决执法机构认为难以找到买家的担忧。四是采取措施的内容不同。先行修正要求当事人先行提出解决竞争问题的救济措施，较典型的是当事人将特定资产出售给第三方，通常不含有集中完成后仍需执法机构监督实施的行为义务，但不排除资产剥离外的其他措施；买家前置则是执法机构要求当事人找到适格买家，并签署其认可的有约束力的资产转让协议。

（二）美欧执法机构做法的差异

美欧执法机构接受先行修正方案后对案件的处理方式不同。美国司法部反托拉斯局认为，如果先行修正能够解决竞争问题，维持市场有效竞争，将停止调查程序，不再寻求通过司法程序救济，但保留向法院起诉的权利，一旦当事人未能履行先行修正方案，司法部仍有权向法院起诉。欧委会接受当事方提出的修正方案后，会在方案基础上作出附条件批准决定，决定书会载明欧委会对修正方案包括剥离资产及买家人选的认可，因此，欧委会是将修正方案作为特殊的条件对待。因此，有观点认为，司法部的做法是执法机构认可当事人自我救济而停止进一步干预，是消极救济，欧委会的做法是将当事人自我救济纳入正式执法程序，是积极救济。[①]

美欧买家前置规则的内容和前置程度差异较大。根据美国联邦贸易委员会的买家前置规则，只有在当事人与经委员会认可的买家签署有约束力的资产转让协议并经委员会审核同意后，委员会才会发布同意令，买家人选载于同意令中，同意令一发布，当事人即可实施集中。根据欧委会的买家前置规则，欧委会适用买家前置规则作出附条件批准决定时，未确定买家人选，更未签署有约束力的资产转让协议，而是在附条件裁决中，要求当事人与买家签订有约束力的资产转让协议并经欧委会审核同意后，才可实施集中。简言之，美欧的规则均要求当事人提前与执法机构认可的买家签署有约束力的资产转让协议，但美国要求买家前置提前到发布同意令前，当然也在实施集中前；欧盟则要求买家前置提前到作出附条件裁决后，实施集中前。

（三）执法机构做法异同的原因

不同执法机构在特定行业的独特经验和历史传统，可能是美国司法部、联邦贸易委员会和欧委会在规则及适用方面存在差异的原因之一，例如美国联邦贸易委员会负责的零售业属于剥离资产容易遭贬损的行业，客观上更需要买家前置规则，[②] 更深层次的原因可能源于不同执法机构在各自执法体系中的地位及其执法机制，这导致不同执法机构处理类似问题可能采取不同策略和方法。

美国司法部是政府执行机构（executive agency），本身无权禁止或附条件批准集中，但可代表政府起诉，请求法院禁止集中，或请求法院批准其与当事人达成的和解协议。这种以法院司法裁判为中心的执法模式，决定了司法部反托拉斯局倾向于与当事人和解，更乐见当事人自行解决竞争问题，而不是通过法院诉讼解决，具体如下：

一是，如果司法部禁止集中，需以原告身份向联邦地区法院起诉，因为只有法院的司法裁决才具执行力，然而法院可能支持也可能不支持司法部的

---

① 韩伟：《经营者集中附条件法律问题研究》，法律出版社2013年版，第117页。

② 美国代理司法部长助理R. Hewitt Pate认为，美国联邦贸易委员会而不是司法部主管资产贬损风险更高的零售行业集中是出现这种差异的部分原因。例如零售业资产剥离，如果得不到适当维护，零售企业品牌价值会迅速缩水。See R. Hewitt Pate, *Antitrust enforcement at the United States Department of Justice: issues in merger investigations and litigation*, Columbia Business Law Review, 2003.

诉请，司法部选择诉讼途径禁止集中，不仅要承担繁重的举证责任，还要冒败诉风险。

二是，如果司法部试图以和解同意令方式解决竞争问题，反垄断局需与当事人反复多次商谈，就是否存在竞争问题及如何解决达成一致；此外，根据《特尼法案》，和解同意令及相应竞争影响分析报告，须在联邦公报（*Federal Register*）上公布并公示60天，同时还须由地区法院批准是否符合公共利益。①尽管法院极少否决司法部的和解同意令，但历史上确有撤销的记录，②尽管公众评论极少能改变案件结果，但公示评论使法院对和解同意令的公共利益分析和判决过程变得复杂缓慢。③

三是，如果当事人提交先行修正方案，司法部乐见其成，停止调查，避免进入复杂的司法程序。司法部接受先行修正方案，可自行决定不再进一步调查，使反垄断局最大限度地避免公众监督和司法审查，无须司法介入即可维护市场竞争，④效率高，风险小。

四是，司法部内部机构与联邦贸易委员会不同，前者不像后者一样有独立部门负责监督救济措施执行，司法部执法人员既负责调查，也负责商谈和监督执行，⑤先行修正减轻了司法部的负担。司法部认为，适用先行修正的唯一问题是先行修正是司法部对当事人单方承诺的认可，不具强制执行的法律效力。为确保落实先行修正方案，且在不能落实的情况下，司法部有权追究，

① U. S. Department of Justice Antitrust Division, *Antitrust Division Manual*, 5th edition, November 2012, p. Ⅳ -53.

② 1995年哥伦比亚地区法院（U. S. District Court for the District of Columbia）在依据《特尼法案》举行的听证会上，Sporkin法官就对司法部提交的和解协议是否符合公共利益标准表示严重质疑（extensively questioned），最终驳回了司法部的请求。See United States v. Microsoft Corp., 159 F. R. D. 318（D. D. C. 1995）.

③ ［美］伊莲·K. 格茨主编：《美国并购审查程序暨实务指南》（第3版），李之彦、王涛译，北京大学出版社2011年版，第278-279页。

④ Logan M. Breed, David J. Michnal & *Merger*, *Remedies*: *The DOJ'S new guide to old differences with the FTC*, Antitrust, Spring, 2005.

⑤ Jessica C. Strock, *Setting the terms of a break-up*: *the convergence of federal merger remedy plotics*, William and Mary Law Review, May, 2012.

司法部通常要求保留诉权。[①]

欧委会通过行政裁决体现实施不同解决方案，属于典型的以行政裁决为中心的执法机制。在此执法体制下，欧委会认可的先行修正或买家前置方案均纳入附条件批准决定，以行政裁决的执行力确保落实其方案。通常附条件批准决定一作出即可生效，当事人即可实施集中，但须在决定规定时间内，将剥离资产转让给欧委会批准的买方。先行修正情形下，如果欧委会认可当事人提出的先行修正方案，会在此基础上作出附条件批准决定，先行修正方案内化为附条件批准决定。买家前置情形下，剥离义务人承诺，与买方达成有约束力的剥离资产买卖协议前不实施集中，如欧委会接受承诺，会据此作出附条件批准决定，决定一作出即可生效，但当事人不得实施集中，直到找到欧委会认可的买家并与之签署有约束力的剥离资产买卖协议。欧委会将先行修正或买家前置方案纳入审查决定的原因在于，欧委会有权不经法院裁判、批准或备案，就可自行作出无条件批准、附条件批准或者禁止集中的行政裁决。该行政裁决不需要像美国司法部一样须履行公示程序，也不需要法院认可即具执行效力。尽管当事人可对欧委会行政裁决向初审法院（CFI）提起诉讼，并有权向欧洲法院（ECJ）上诉，但通过诉讼挑战欧委会的行政裁决，耗时长且胜算不大，[②] 实际发生的可能性很小。

美国联邦贸易委员会是依法设立的独立委员会，相比司法部拥有更独立的执法权，但又与欧委会不同，其执法模式介于美国司法部与欧委会之间。一方面，委员会有比司法部更独立的裁决权，委员会既有权向法院起诉，也有权通过委员会内部行政决策程序作出裁决。如果向法院起诉，则与司法部一样要负担举证责任并面临败诉风险；如果通过行政审查作出裁决，则需履行冗长的类似诉讼的行政程序，且当事人仍有权向法院起诉，挑战委员会的行政审查裁决。因此委员会也乐意通过和解协议解决竞争问题。委员会接受

---

① 先行修正不适用《特尼法案》，不需要为期 60 天的公示。这便利了司法部，但有批评认为，先行修正既无法保证执法透明度，也不给公众评论机会。See R. Hewitt Pate, *Antitrust enforcement at the United States Department of Justice: issues in merger investigations and litigation*, Columbia Business Law Review, 2003.

② Keith R. Fisher, *Transparency in global merger review: a limited role for the WTO?*, Stanford Journal of Law, Business & Finance, Spring, 2006. 在以行政裁决为中心执法体制下包括我国在内都有此现象。

和解协议要遵守类似司法部的公布公示要求,[①] 但无须取得联邦地区法官同意，和解协议基于委员会裁决就可生效，只有受到挑战时才交联邦法官复核。[②]

此外，美国司法部内部实行类似行政首长负责制的单一决策机制，这种机制便于与当事人反复沟通商谈，适合采取先行修正规则。美国联邦贸易委员会内部则实行类似法院审判的决策机制，首先由委员会下属的独立行政法官（ALJ）作出初步裁决，当事方不服行政法官裁决向委员会上诉的，由全体5名委员投票按少数服从多数规则作出最终裁决。这种决策机制便于裁决，但不便于与当事人反复商谈。委员会不愿采先行修正规则而更倾向用买家前置，与其说与其政策相关，倒不如说与其独特的执法机制有关。[③] 在适用买家前置方面，委员会与欧委会的不同也体现了执法机制的特点。委员会的决策机制要求尽可能避免事后监管，当事人必须先行确定剥离资产买家并与之签订资产转让协议，委员会审核认可后才发布同意令；欧委会的决策机制更加灵活，便于事后监管，只要当事人承诺在欧委会认可其找到的买家并与之签署有约束力的资产转让协议后才实施集中，欧委会就可作出附条件批准经营者集中的决定。

五、创设我国的相应规则

（一）规则创设的必要性

从附条件批准案件监督执行的实际需要看，执法机构都面临公告发布后监督执行的压力。审查决定作出前，当事人通常更配合审查工作，一旦审查决定作出并发生法律效力，特别是集中实施后，当事人自觉履行义务、配合执法机构的压力随之降低。附条件批准情况下，如找不到合适买家导致剥离失败，此时集中已实施完毕，恢复原状成本过高，执法机构和当事人将面临

---

① 如果委员会批准和解协议内容，会在其网站和联邦文告（Federal Register）上公布起诉书、同意令及有助于公众评议的分析文件，公众评论期持续30天。参见［美］伊莲·K. 格茨主编：《美国并购审查程序暨实务指南》（第3版），李之彦、王涛译，北京大学出版社2011年版，第263－264页。

② Logan M. Breed & David J. Michnal, *Merger Remedies: The DOJ'S new guide to old differences with the FTC*, Antitrust, Spring, 2005.

③ Logan M. Breed, David J. Michnal, *Merger Remedies: The DOJ'S new guide to old differences with the FTC*, Antitrust, Spring, 2005.

难以处理的局面。审查决定作出前或集中实施前，找到适格买家并签署有约束力的资产转让协议，无论对当事人还是执法机构都不失为较稳妥的做法。

我国执法机构此前发布的公告已体现对类似制度的实际需要。商务部在附条件批准嘉能可国际公司收购斯特拉塔公司案中，规定了无底价拍卖备选资产，一方面，要求嘉能可剥离位于秘鲁的拉斯帮巴斯铜矿项目；另一方面，又规定如嘉能可不能在规定时间内剥离该铜矿项目，商务部有权拍卖公告规定的另外4个铜矿中的一个。① 这在一定程度上反映了商务部对嘉能可能否切实履行剥离义务的担忧，也一定程度上反映了商务部对资产剥离保障措施的需求。在商务部附条件批准恩智浦收购飞思卡尔全部股权案②中，尽管已确定了剥离资产（射频功率晶体管业务）的买家（北京建广），但仍要求剥离业务交割前，恩智浦与飞思卡尔间的股权交易不得实施。在商务部附条件批准百威英博啤酒集团收购英国南非米勒酿酒公司股权案中，尽管剥离资产（华润雪花49%股权）的买家已确定为华润啤酒，但仍要求向华润啤酒出售华润雪花49%股权的剥离交易，于百威英博收购南非米勒股权交易完成后24小时内完成。

特别是可能引发反竞争影响的大型集中，往往需要同时向包括美欧在内的多家执法机构申报，如果美欧主要执法机构适用先行修正或买家前置规则，客观上我国执法机构有与这些执法机构协调执法的需要。在赛默飞世尔科技

---

① 参见《关于附加限制性条件批准嘉能可国际公司收购斯特拉塔公司经营者集中反垄断审查决定的公告》（商务部公告2013年第20号）。公告要求嘉能可在2015年6月30日前完成拉斯邦巴斯项目的转让交割，但对嘉能可能否按时履行义务有疑虑，为此同时采取了两种防范和后备措施：第一，细化剥离进度，包括：（1）自公告公布之日起3个月内，嘉能可应启动出售拉斯邦巴斯项目的程序并公布出售要约公告；（2）应定期向商务部报告其寻找潜在买方的情况并于2014年8月31日前向商务部提交潜在买方详细情况；（3）2014年9月30日前，除非经商务部同意延期，嘉能可应与经商务部同意的买方签订有约束力的出售协议；（4）2015年6月30日前，嘉能可应完成上述出售协议项下拉斯邦巴斯项目的转让交割。第二，如嘉能可未能于2014年9月30日前按上述要求与经商务部同意的买方签订有约束力的出售协议，或虽签署协议但未于2015年6月30日前完成协议项下拉斯邦巴斯项目的转让交割，除非经商务部同意，嘉能可应委任剥离受托人，分别自2014年10月1日或者2015年7月1日起3个月内，无底价拍卖商务部指定的其在下述任一项目中的全部权益：坦帕坎（Tampakan）、芙蕾达河（Frieda River）、埃尔帕琼（El Pachón）或阿伦布雷拉（Alumbrera）。

② 《关于附加限制性条件批准恩智浦收购飞思卡尔全部股权案经营者集中反垄断审查决定的公告》（商务部公告2015年第64号），http：//fldj. mofcom. gov. cn/article/ztxx/201511/20151101196182. shtml。

公司收购立菲技术公司案[①]中，美国联邦贸易委员会适用了买家前置，导致其发布同意令的时间拖长，甚至比商务部作出审查决定的时间还晚。然而，因美国适用买家前置，其发布同意令前就已确定买家，包括我国在内的各国执法机构虽先行作出附条件批准决定，但进入监督执行程序后，才开始审核当事人推荐的买方的适格性，[②] 当事人推荐的买方是美国联邦贸易委员会已认可的买家。这削弱了未适用买家前置的执法机构审查买家的话语权，加大了各执法机构间的协调难度，增加了不同执法机构对同一案件采取不同措施甚至作出冲突决定的风险。由此可见，在这点上国际执法协调是必要的，相关立法也将在频繁的执法协调中协调一致，我国作为经济活动最活跃的重要新兴市场自然难以置身事外。

（二）规则创设的建议

先行修正有利于发挥当事人的主观能动性，积极寻求既符合商业规律，又满足反垄断要求的解决方案；买家前置有利于落实资产剥离措施，避免剥离失败的风险。创建符合我国《反垄断法》规定及执法需要的先行修正和买家前置规则，既有利于与各执法机构协调，也有利于提高办案效率，降低救济失败风险。鉴此，建议按如下原则创设我国相关规则：

一是允许当事人自行调整集中。执法机构提出竞争问题前，当事人可自行调整集中。如集中已进入审查程序，通常应撤回申报，调整完毕后再行申报。如未撤回申报，而在审查过程中调整导致申报发生实质改变的，应作为一项新申报另行立案审查。

二是允许当事人先行修正集中。执法机构提出竞争问题后，当事人可申请先行修正集中。执法机构同意的，审查期间应中止计算；考虑到法律依据不足，执法机构此前不中止计算审查期间，也可参考此前做法由当事人撤回

---

① 参见《关于附加限制性条件批准赛默飞世尔科技公司收购立菲技术公司案经营者集中反垄断审查决定的公告》（商务部公告 2014 年第 3 号）。公告要求赛默飞世尔剥离如下资产：（1）剥离其全球细胞培养业务，包括确保剥离业务存活性、可售性和竞争力所需的有形资产和无形资产；（2）出售其持有的位于中国境内的兰州民海生物工程有限公司 51% 股权；（3）剥离其全球基因调整业务，包括确保剥离业务存活性、可售性和竞争力所需的有形和无形资产。

② 该案中，商务部 2014 年 1 月 14 日公告审查决定并随即进入执行程序。美国联邦贸易委员会 2014 年 1 月 31 日批准集中，决定一经作出，剥离资产买方就已确定，其他已作出审查决定并处于执行程序的司法辖区不得不与美国联邦贸易委员先行确定的买家协调一致。

申报，修正后再行申报。[①] 尽管执法机构已有允许当事人撤回申报的先例，但不建议因先行修正撤回申报，因为一旦撤回，当事人和执法机构进行的反复修正商谈可能失去法律和事实依据，然而为满足反复商谈需要而反复申报撤回显然不严肃。如果执法机构认为修正方案解决了竞争问题，可参考美国司法部做法，予以无条件批准（通常针对撤回重新申报的集中），也可参考欧盟做法，以先行修正方案为基础附条件批准（通常针对审查程序中修正的集中）。如果先行修正方案包含非结构救济，需在批准后继续监管，则应参考欧盟做法，为日后监管提供更可靠的法律依据。

三是附资产剥离条件的，如果执法机构对剥离义务人能否及时找到适格买方并顺利实施剥离有担忧，可要求适用买家前置。立法选择上，可参考欧盟做法，只要剥离义务人承诺，找到适格买家并签订有约束力的协议前不实施集中，就可发布附条件批准公告，公告中应载明剥离义务人作出的买家前置承诺。也可参考美国联邦贸易委员会的做法，当事人找到适格买家并签订有约束力的协议后，才发布附条件批准公告，公告载明批准前置买家的情况。两种做法干预程度不同，约束剥离义务人的强度不同，执法机构可根据个案灵活选用。通常，如果仅担忧能否找到适当买家，且有紧急实施交易的事由，参考欧盟做法即可；如果不仅担忧能否找到适当买家，还担忧能否顺利签署协议并剥离资产，则参考美国联邦贸易委员会做法更稳妥。适用买家前置，当事人寻找买家的时间可中止审查期间。

四是通过中止条件和解除条件达到买家前置目的。我国法律体系更接近大陆法系，民商法中有“条件”的规定和普遍接受的看法较一致的理论观点，我国《反垄断法》也采用了“条件”的立法概念。借鉴买家前置，可参考德国反垄断法中止条件和解除条件制度，决定附资产剥离条件的，可选择附加中止条件或解除条件，并通过附负担或义务确保剥离等结构措施的效果。

---

① 正在修订的《反垄断法》草案已规定审查期间中止问题，该问题似有望解决。

第二节　资产分持规则的理论和应用分析[①]

资产分持（Hold separate），是指在附资产剥离条件的经营者集中案件中，执法机构要求剥离义务人在剥离期内分开持有、分别独立经营剥离资产与保留资产[②]的做法。[③] 资产分持是我国颁布《反垄断法》，商务部组建反垄断局依法开展执法工作后，美欧舶来的操作性极强的一项规则。美欧执法机构的指南文件和研究报告中均有规定，执法实践中也大量运用。我国商务部先后两次发布的与资产剥离和附条件有关的规章均规定了资产分持，2020 年 10 月 27 日，国家市场监督管理总局最新公布的《经营者集中审查暂行规定》承继了商务部规章关于资产分持的条款。[④] 执法机构公布的附条件批准案件已有多件采取分持救济，把分持作为救济措施适用的做法也因此成为业界讨论的热点。

一、资产分持的性质和作用

资产分持规则源于美欧执法实践，常见于执法机构的指南文件而非高层级法律法规。美欧创设资产分持规则的目的在于确保资产剥离条件能适当执行，性质上应属保障措施，然而我国执法实践有将其用作救济措施的案例，有必要讨论分持是救济措施还是保障措施。此外，作为保障措施的分持，作用仅限于确保剥离资产过渡期内不被贬损，还是也应负有确保剥离资产过渡期内不被用来损害市场竞争，也有不同做法需讨论。

---

① 本节系在《经营者集中反垄断控制中的资产分持规则研究》（载《比较法研究》2015 年第 6 期）基础上修订而来。原文在资料收集和文献核对等方面得到郝倩、邓飞、仵霞、余妍、王晨、龚佳丽等诸位专家好友协助，谨此致谢。

② 通常情况下，剥离资产就是分持资产，剥离资产之外剥离义务人的其他资产为保留资产，个别情况下，分持资产范围可能超过剥离资产范围，对此下文有讨论。

③ 美欧反垄断法未明确规定资产分持概念，文献也未见周延的界定，此处对资产分持的定义是基于我国立法规定及美欧做法的抽象。

④ 参见《关于实施经营者集中资产或业务剥离的暂行规定》（商务部公告 2010 年第 41 号）第 12 条；《关于经营者集中附加限制性条件的规定（试行）》（商务部令 2014 年第 6 号）第 20 条；《经营者集中审查暂行规定》（国家市场监督管理总局令第 30 号）第 43 条。

（一）资产分持性质的两种观点和做法

美欧法律文件规定了资产分持规则的具体运用，相关文献鲜见讨论资产分持规则的性质，似乎其性质不言而喻。然而，自商务部在希捷收购三星硬盘驱动器业务案、西部数据收购日立存储案等适用分持救济措施以来，问题开始浮出水面：在性质上，资产分持属于保障措施还是救济措施，抑或两者兼而有之。从美欧立法执法实践看，显然是将资产分持用作保障措施而非救济措施，是用以确保资产剥离得以实施的保障手段。

一是，从美执法机构指南文件的结构看，分持条款是独立于救济措施的命令。美国联邦贸易委员会竞争局两次发布的《合并救济商谈声明》均将“资产分持令”与“提议的资产剥离”、“可接受的买家”和“资产剥离协议”等标题并列;[①] 美国司法部反托拉斯局两次发布的《合并救济反垄断政策指南》规定的资产分持条款与“救济措施的种类”“救济措施的选择”等标题并列的“救济措施的实施”，是后者项下“剥离救济的保护”的内容。[②] 这些安排明确表明，资产分持不是救济措施而是确保剥离措施得以实施的手段，故而称保障措施。

二是，从施行目的和违反的法律后果看，两者区别明显。美欧立法执法实践中，附条件或采取救济措施是为解决集中存在的竞争问题，如果条件或救济措施不能解决竞争问题，就不会有附条件批准，条件或救济措施是附条件批准的对价。附条件批准后，如果条件不能成就或当事人不执行救济措施，执法机构有权撤销批准决定，已实施集中应当恢复原状，但执法机构通常不能强制执行条件或救济措施，也不能要求当事人承担额外法律责任。资产分持则不同，分持是为了确保顺利施行资产剥离，避免或减轻剥离期内贬损剥离资产和市场竞争。资产分持作为资产剥离的辅助义务，如果当事人不履行、不适当履行或违反义务，通常不会损及附条件批准决定的效力，但执法机构

---

① 美国联邦贸易委员会 2012 年声明包括如下七部分并列内容：The Proposed Divestiture, An Acceptable Buyer, The Divestiture Agreement, Additional Order Provisions, Order to Hold Separate or Maintain Assets, Divestiture Applications, Timing.

② U. S. Department of Justice Antitrust Division, *Antitrust division policy guide to merger remedies*, June 2011, IV. Implementing Effective Remedies: Practical Considerations, B. Protecting Divestiture Remedies, 1. Hold Separate Provisions.

有权强制执行分持义务，也有权要求当事方承担法律责任，如罚款。违反分持义务实质损及条件成就，则可能影响附条件批准的法律效力。

三是，从适用的程序看，两者区别明显。附条件或采取救济措施通常需要复杂的法律程序，以美国为例，如果司法部试图通过和解协议方式解决竞争问题，不仅需要根据《特尼法案》在联邦公报上公布附条件批准决定及相应竞争影响分析报告并进行 60 天公示，还需地区法院批准是否符合公共利益。[①] 联邦贸易委员会通过和解协议解决竞争问题，也要遵守类似要求，[②] 但作出和实施资产分持决定或命令则不同，例如美国联邦贸易委员会发布资产分持令不受评论期限制，命令作出后当事人须立即执行。[③]

（二）资产分持作用的两种观点和做法

一元论认为，适用资产分持确保执行资产剥离，主要是能确保剥离资产在剥离过渡期内不被贬损。一元论的理论基础在于，剥离资产最终会脱离剥离义务人，并为其竞争对手取得，因此剥离义务人有动机积极或消极地贬损剥离资产，降低其未来竞争力。为此，剥离过渡期内，可能需采取必要措施维持剥离资产的价值和正常运营，防止剥离资产遭剥离义务人故意或非故意的、有形或无形的损耗，从而削弱剥离资产维持或恢复市场竞争的能力。[④] 世界主要司法辖区普遍认为，创设分持规则的目的在于确保剥离资产的价值和竞争力。欧委会《关于可接受的救济措施的通告（2008）》规定，保持剥离业

---

① U. S. Department of Justice Antitrust Division, *Antitrust Division Manual*, 5th edition, November 2012, page Ⅳ -53.

② ［美］伊莲·K. 格茨主编：《美国并购审查程序暨实务指南》（第 3 版），李之彦、王涛译，北京大学出版社 2011 年版，第 263 - 264 页。如果委员会批准和解协议，应在其网站和联邦公告（Federal Register）上公布起诉书、同意令及有助于公众评议的分析文件，公众评论期将持续 30 天。

③ See Rule 2. 34 （b） of the Commission's Rules of Practice, 16 C. F. R. § 2. 34 （b）. 1999 年前，美国联邦贸易委员会签发的所有命令包括资产分持命令，都须经公众评议期后才能生效；1999 年委员会修改了规定，资产分持命令不必经过公众评议期，而是送达当事方后即生效。See Joseph J. Simons Director, *Negotiating Merger Remedies Statement of the Bureau of Competition of the Federal Trade Commission*, April, 2003.

④ *Frequently Asked Questions about Merger Consent Order Provisions*, FTC, http：//www. ftc. gov/bc/mergerfaq. shtm#Hold Separate Orders.

务与保留业务分离的目的是确保其独立性、经济活力、可售性和竞争性。[①] 国际竞争网络合并工作组以各司法辖区救济实践为基础和例证，提出的合并救济报告指出，分持规则的目的是避免剥离资产可能面临的风险，确保剥离资产不会恶化。[②]

两元论认为，适用资产分持之所以能确保执行资产剥离，除保证剥离资产在过渡期内不贬损外，还负有确保剥离资产在过渡期内不被用来损害市场竞争的使命。后者理论基础在于，除采取买家前置外，资产剥离往往在集中开始实施甚至已实施完毕的情况下才开始进行。[③] 如果允许剥离义务人继续持有剥离资产，集中后的经营者将因此获得超过反垄断法容忍限度的市场力量，并可能利用这种力量损害剥离期间的市场竞争。剥离期内，执法机构通过采取资产分持措施，要求剥离资产运营独立于剥离义务人，确保在剥离资产和剥离义务人间形成竞争关系，至少不被剥离义务人用以损害市场竞争。持两元论的主要是美国执法机构，美国联邦贸易委员会竞争局 2012 年声明，司法部反托拉斯局发布的救济指南中均强调，分持规则不仅具有防止剥离资产竞争力减损的作用，还有防止剥离期内可能引发竞争损害的功能，[④] 美国执法机构在其官方网站的问题问答中也明确体现了这一点，通过资产分持防止剥离义务人的保留资产和拟剥离资产混同，阻止敏感竞争信息的传输，以保护剥离资产及维持剥离期间的竞争，防止剥离期间的竞争损害并保持剥离资产的

---

① *Commission Notice on remedies acceptable under Council Regulation* (*EC*) *No. 139/2004 and under Commission Regulation* (*EC*) *No. 802/2004*, C267 Official Journal of the European Communities para. 108 (2008).

② ICN Merger Working Group, *Analytical Framework Subgroup*, *Merger Remedies Review Project*, Report for the fourth ICN annual conference, Bonn – June 2005, para. 3. 16.

③ 欧美的买家前置规则均要求当事人提前与执法机构认可的买家签署有约束力的资产转让协议，美国联邦贸易委员会要求买家前置提前到发布同意令前，当然也在实施集中前；欧委会则要求买家前置提前到作出附条件裁决后，实施集中前。鉴于签署了有约束力的资产转让协议，剥离义务人贬损剥离资产，利用剥离资产损害竞争的可能性会受到遏制，然而，实施集中时，资产可能尚未剥离仍在剥离义务人控制下，也不排除适用分持规则的可能。

④ 美国联邦贸易委员会竞争局 2012 年声明规定，如果委员会担忧剥离期内减损剥离资产的竞争力，或如果不分持可能引发竞争损害，执法人员会提出资产分持命令；美国司法部反托拉斯局 2011 年发布《合并救济反垄断政策指南》规定，分持条款用于维持剥离资产的独立性与存活性并在剥离过渡期内有效维持相关市场竞争。

市场存活性和竞争力。[①]

我们认为，一元论强调了资产分持的基础功能，忽略了防止剥离过渡期竞争损害的作用。欧盟是一元论的典型代表，在其通告文件中未规定防止竞争损害的作用，在其实证研究报告中强调资产分持的目的是尽快切断剥离义务人对剥离资产的所有影响，以确立剥离资产的独立性并保证其市场存活性、适销性和竞争力。[②] 与之相比，美国二元论做法逻辑上更合理，实践操作中考虑更周全，更符合执法实际需要。早在 1999 年美国联邦贸易委员会竞争局发布的《关于剥离程序的研究报告》就基于其执法经验，提出反对保留资产和剥离资产在剥离过渡期内混合运营的观点，因为混合经营便利沟通商业秘密并由此建立市场协调的基础，这些都不会因剥离完成而迅速消失并将损害未来的竞争。这可看作美国执法机构二元论做法的经验基础。正是基于对规则目的的深入认识，美国两执法机构的指南文件，均把资产分持和资产保值规定为两种不同规则，资产分持令和资产保值令既相互区分又紧密联系地规定在同一法律文件同一标题之下。[③] 美执法实践中，根据具体案件情况，执法机构可以只适用资产保值规则，也可以合并适用资产分持和资产保值规则，凸显其对相关规则内涵的深刻认识和丰富经验。首先，多数资产剥离案件都需要资产保值措施，即使不需要资产分持的情况下也经常单独适用。2011 年救济指南明确规定，反垄断局的同意令经常包含资产保值条款，通过这类条款，剥离义务人同意在资产剥离过程中维持剥离资产的价值与商誉。《合并救济商谈声明》明确规定，资产分持令中通常包含资产保值条款，即使资产分持措施不是必须的，执法人员也会采取资产保值命令，要求当事方在剥离期内维持剥离资产价值。其次，在需资产分持的案件中，不仅需要采取分持措施，还需同时适用资产保值措施。实际上，在需防止剥离期间竞争损害的场合，往往都需要确保剥离资产价值和市场竞争力不被贬损，这也是资产分持和保

---

① *Frequently Asked Questions about Merger Consent Order Provisions*, FTC, http: //www. ftc. gov/bc/mergerfaq. shtm#Hold Separate Orders.

② European Commission, *DG Competition*: *Merger Remedies Study* (*Public version*), October 2005, p. 59.

③ 美国联邦贸易委员会竞争局 2012 年声明将资产分持令和资产保值令规定于同一标题“Order to Hold Separate or Maintain Assets”之下，两者在具体内容上既有联系又相互区分。

值措施常常同时适用的原因。

二、适用资产分持规则的条件

（一）适用资产分持的集中和剥离

只有适用资产剥离的经营者集中才有可能采取资产分持措施，附加其他条件的集中没有必要也无法采取资产分持；然而，并非所有适用资产剥离的都需要资产分持，毕竟采取资产分持会增加当事人负担，提高集中交易成本，降低集中交易效率。因此，判断个案是否有必要适用资产分持，执法机构应以谨慎态度考察资产剥离是否满足适用条件，确保资产分持规则适用于合适案件的合适资产范围。

如果集中获得附条件批准后，甚至在集中实施后，花费较长时间才能完成剥离资产交割，执法机构可能会对较长的剥离期存在担忧。因为过长的剥离过渡期使剥离义务人有更多机会损害剥离资产竞争力，更有可能利用控制剥离资产的机会损害市场竞争。实践中，对于资产剥离执行难度较大、剥离时间持续较长的案件，从效率角度考虑，执法机构通常允许先行实施集中，稍后或同时开始剥离资产，这导致剥离期间变得更长。剥离期间越长引发风险的可能性越大，执法机构越可能对因此产生的不确定性提出合理担忧。为消除担忧，可能需要采取资产分持措施，至于多长的剥离期可适用资产分持措施，各司法辖区未有明确规定，实践中通常由执法机构综合剥离资产情况、相关市场竞争情况及剥离义务人历史表现等各方面因素综合判断。不同执法机构有不同裁量标准，甚至有观点认为，只要在集中完成后才实施剥离，而不是先行剥离而后才实施集中，原则上都需采取资产分持措施。美国司法部的 2011 年救济指南规定，那些明确集中完成后再资产剥离的同意令，会要求剥离义务人采取所有必要措施，确保剥离资产独立、明确、适销地予以维持。[①] 欧委会发布的《合并救济研究报告》实证研究认为，剥离期限比较长（如 15 个月或者 18 个月）的资产剥离特别需要清晰、明确的资产分持条款，研究同时认为，即便是那些看起来不需要资产分持的场合也可能有适用资产

---

① See U. S. Department of Justice Antitrust Division, *Antitrust division policy guide to merger remedies*, June 2011, IV. B. 1. Hold Separate Provisions.

分持的必要，例如在适用买家前置但剥离资产仍为剥离义务人所有的场合，或是当事人仅剥离非控制性少数股权或合营企业股份的场合。[①]

（二）不适用资产分持的情形和理由

符合上述条件的资产剥离并不必然采取资产分持，执法机构通常允许当事人提出可不适用资产分持的理由，也会主动发现是否存在相应事实和理由，并综合判断这些事由是否足以消除执法机构担忧。这些事由通常包括但不限于：

一是相关商品主要通过长期合同销售。如果剥离资产涉及的相关商品主要通过长期合同销售，预计的剥离期限不会超过已签订长期合同的剩余期限，则剥离期内损害市场竞争的可能性大为降低。因为相关商品的规格、质量及价格等销售条件已由长期合同确定，对这类案件即使不采取分持措施，剥离义务人在剥离期限内也难以通过临时持有剥离资产从事反竞争行为。

二是剥离资产尚未形成现实的市场竞争力。如果剥离资产尚未投产，没有形成现实的市场竞争力，则剥离义务人难以在剥离期间内利用剥离资产从事反竞争行为。商务部在嘉能可国际公司收购斯特拉塔公司案的公告中，要求当事方剥离在秘鲁的拉斯邦巴斯铜矿项目，剥离期限达 2 年多，但公告未要求嘉能可采取资产分持措施，拉斯邦巴斯铜矿项目正在建设过程中尚未投产也许是原因之一。[②]

三是已采取先行修正或买家前置措施。通常认为，如果采取了先行修正或买家前置措施，剥离资产已转移买家占有，或买家能在短时间内接管剥离资产，就不再需要资产分持。然而，美国联邦贸易委员会认为，如果买家难以立刻接管剥离资产，即使采取了先行修正和买家前置，也应发布资产分持令，其理由在于，如果买家不能尽快接管，剥离资产将处于浪费或贬值之中，并将减损中长期竞争。资产分持可以在一定程度上削弱剥离义务人贬损剥离

---

① European Commission, *DG Competition: Merger Remedies Study* (*Public version*), October 2005, p. 59.

② 参见《关于附加限制性条件批准嘉能可国际公司收购斯特拉塔公司经营者集中反垄断审查决定的公告》（商务部公告 2013 年第 20 号），载商务部网 2013 年 4 月 16 日，http://fldj.mofcom.gov.cn/article/ztxx/201304/20130400091222.shtml。该案中，拉斯邦巴斯铜矿项目尚未投产，当事方利用过渡期损害市场竞争的可能性因此降低，但理论上仍不排除剥离义务人贬损拟剥离资产价值和未来竞争力的可能性。公告要求嘉能可在 2015 年 6 月 30 日前完成拉斯邦巴斯铜矿项目的转让交割。

资产的能力，降低剥离资产贬损速度，消除剥离义务人操纵剥离资产以获得或维持其短期市场势力的能力。[①] 美国联邦贸易委员会竞争局在2012年声明中规定，即使在适用买家前置的情况下，也可能需要采取资产分持，最终要看当事方需要花费多少时间用以实施资产剥离。[②] 由此，已采取先行修正或买家前置措施是考虑因素，但不必然排斥分持措施。

（三）适用资产分持的资产范围

资产分持的范围通常限于剥离资产，也可能大于剥离资产的范围。执法机构通常会根据案件和相关市场情况判断分持资产的范围。我们认为，应按照如下原则确定分持资产的范围：

一是分持资产的范围原则上限于剥离资产，不应少于剥离资产。通常情况下，需要分持的资产就是剥离资产，不包括剥离义务人的保留资产，也不包括剥离义务人之外其他参与集中的经营者的资产，特别是在剥离资产是一项独立业务的情况下，例如承担完整业务的独立子公司、分公司或者其他资产包，常见的是独立子公司的情形，资产分持的范围限于剥离资产本身。

二是分持资产的范围可以超出剥离资产。出于维持剥离资产存活性和竞争力等方面的考虑，执法机构可要求剥离义务人对更多资产采取分持措施，例如美国联邦贸易委员会竞争局的2012年声明规定，执法人员要求当事人至少应当分持剥离资产，在一些案件中，因为确保剥离资产的市场存活性、保密或其他原因，资产分持的范围可能会超过剥离资产。[③] 特别是在剥离资产是独立业务的一部分，仅仅分持剥离资产可能损害该业务正常运营的情形下，资产分持的范围往往需要扩大，甚至可能包括剥离资产所在的整个独立业务单元。

三是将剥离资产所在的整个业务单元分持，如果显然不符合比例原则或引发过高成本，可考虑采取如下替代方案，例如要求剥离义务人承诺确保对

---

① *Frequently Asked Questions about Merger Consent Order Provisions*, FTC, http://www.ftc.gov/bc/mergerfaq.shtm#Hold Separate Orders.

② Richard Feinstein Director, *Negotiating Merger Remedies Statement of the Bureau of Competition of the Federal Trade Commission*, January 2012.

③ Richard Feinstein Director, *Negotiating Merger Remedies Statement of the Bureau of Competition of the Federal Trade Commission*, January 2012, Order to Hold Separate or Maintain Assets, p. 17.

剥离资产运营的支持等。通常情况下，保留业务也应当负担对分持业务的支持义务，但此处的支持义务应比通常情况下的支持义务要求更高。是否需要扩大剥离资产作为分持资产的范围，是否允许采取替代方案解决分持资产范围过大问题，归根结底取决于是否有利于剥离资产的成活性、竞争力维持、有效参与市场竞争及便于销售等因素。

三、资产分持规则的内容

各执法机构的法律文件均未系统规定分持的内容要求，实践中，执法机构会结合案件具体情况提出具体分持要求。综合美欧指南文件的零散规定和我国的相关规定，结合具体案件中的做法，我们认为，适用资产分持应以如下要求为基础，根据个案设计资产分持内容。

（一）确保分持资产和保留资产由不同团队运营

负责运营分持资产的团队谓之分持团队，负责运营保留资产的团队谓之保留团队。剥离义务人应确保分持团队和保留团队由不同人员组成，分持资产和保留资产间相互隔离，独立参与市场竞争。结合各司法辖区经验，建议具体做法如下：

一是独立于剥离义务人的团队持有并经营管理分持资产。通常做法是，由交易前负责分持资产运营的团队继续负责，指定分持管理人负责分持管理团队，分持管理人向监督受托人负责并汇报工作，分持团队与保留团队保持相互独立。欧委会要求，当事人应将剥离业务与保留业务分离，并确保剥离业务员工不卷入保留业务，反之亦然。[①] 在2000年附条件批准的BP Amoco/ARCO案中，美国联邦贸易委员会发布的分持令要求，经监督受托人许可，由合并企业确定分持资产的核心管理团队，分持管理人管理分持业务，独立于合并企业，直接向监督受托人汇报工作。[②]

---

① *Commission Notice on remedies acceptable under Council Regulation (EC) No. 139/2004 and under Commission Regulation (EC) No. 802/2004*, C267 Official Journal of the European Communities para. 111 (2008).

② BP Amoco/Arco, Docket. No. C－3938. 该案是美国联邦贸易委员会适用资产分持措施的典型案例之一。在该案中，美国联邦贸易委员会批准BP Amoco和ARCO合并，但BP Amoco需剥离其在美国阿拉斯加州北坡地区的所有石油生产资产给石油公司Phillips或者联邦贸易委员会同意的其他买家，BP Amoco还要剥离其位于美国俄克拉荷马州库欣市的所有与原油业务相关的资产。

二是与分持资产有关的信息应随分持资产一并分持。资产分持期间，剥离义务人应将所有有关分持资产的信息全部交分持管理人，不得擅自复制保留，不需要转移的信息或正本转移后的副本等应销毁。这些信息通常包括固定资产维护、专有技术和其他具有保密性质的商业信息、客户资源以及雇员的技术和商业资质等。①

（二）禁止分持团队和保留团队间交流敏感信息

分持管理团队和保留管理团队间应建立防火墙，确保相互不能交流敏感信息。欧盟称之为“信息隔离义务”或者“栅栏隔离义务”（ring - fencing of information），其目的在于，通过切断剥离业务与剥离义务人间的信息交换，保护剥离资产在剥离后尽快恢复相关市场中的竞争。② 美国联邦贸易委员会附条件批准 BP Amoco/ARCO 案时，为防止剥离期间的竞争损害及保持剥离资产的市场存活性和竞争力，委员会发布的资产分持令即要求当事人采取措施阻止敏感竞争信息的传输。欧委会的实证研究认为，涉及更大规模企业、更复杂的剥离资产包，及通过行业协会和其他市场惯例进行信息交换的特定行业时，特别需要栅栏隔离义务。

禁止交流的信息主要涉及信息系统，包括普通的计算机系统及对涉及商业敏感信息的特定人员施加交流限制。栅栏隔离义务实施起来非常复杂，通常要求具备专业知识、详细周到的计划和谨慎的执行。欧委会此前采取栅栏隔离义务的案件中，有的没有明确列明隔离义务，有的甚至曾就如何执行栅栏隔离义务引发争议。欧委会总结了既往案例的经验，发现最常用的信息隔离义务程序包括：一是通知全体人员制定限制信息交换的程序；二是受托人要求特定职员签署保密协议；三是受托人通知相关人员应当履行的保密义务；四是为保护敏感信息，必要时受托人要分析公司的组织结构并切断汇报关系。③ 美国联邦贸易委员会在实践中的做法是，监督受托人、分持管理人及分

---

① *Commission Notice on remedies acceptable under Council Regulation*（*EC*）*No. 139/2004 and under Commission Regulation*（*EC*）*No. 802/2004*, C267 Official Journal of the European Communities paras. 110 – 111（2008）.

② European Commission, *DG Competition*: *Merger Remedies Study*（*Public version*）, October 2005, p. 60.

③ Ibid.

持资产的管理层人员，都要向其提交信息保密承诺书，确保不向合并企业及其员工提供或交流保密信息，委员会也可能同时向两方雇员发布禁止交流信息的书面通知。[①]

（三）剥离义务人应采取必要措施稳定分持团队

如果剥离期较长，在剥离业务工作的员工可能会产生不安情绪，特别是关键岗位的员工常常会另寻出路，这可能对剥离资产竞争力造成致命损害，特别是在技术密集型行业，技术队伍和管理队伍至关重要，如果关键员工流失严重，相关业务的竞争力就会极大削弱甚至不复存在。欧委会对此前案例的研究表明，如果分持期限过长，迟迟无法确定买方，过渡期内的员工就容易出现不确定性。[②] 为维持分持资产的价值和竞争力，分持期间必须采取措施确保分持团队稳定，美欧执法机构发布的指南文件对此均有明确规定。[③] 为稳定分持资产运营团队，剥离义务人也可能包括其他参与集中的经营者应履行如下义务并采取相应措施：

一是，剥离义务人应承担如下消极义务：从商谈剥离资产开始以至于在全部分持期间内，剥离义务人不得调离分持业务的关键雇员，不得通过任何方式引诱、鼓励或激励分持业务的雇员到保留业务部门工作，或到参与集中的经营者的任何其他业务部门工作，不得引诱、鼓励或激励雇员拒绝新买家继续雇佣的要求等。

二是，剥离义务人应承担如下积极义务：分持期间，剥离义务人应采取措施，确保在分持业务工作的员工继续留在分持业务工作。剥离义务人应为该等雇员接受买家雇佣消除障碍，提供协助和便利，除非买家拒绝继续雇佣。如有必要，剥离义务人应采取足够激励措施，确保关键员工留在分持业务

---

① See BP Amoco/Arco, Docket. No. C－3938.

② European Commission, *DG Competition: Merger Remedies Study*（*Public version*）, October 2005, p. 105.

③ 美国联邦贸易委员会竞争局2012年声明规定，资产分持令可能要求当事人为分持业务的相关雇员提供激励，以确保在资产剥离后相关雇员能继续留在分持业务中；如果保留这些雇员非常重要，则要确保这些雇员接受买家发出的雇佣要约。当事人应做好准备与执法人员讨论保留这些雇员的必要性及采取何种激励措施留住他们。欧委会《关于可接受的救济措施的通告》要求，救济承诺必须预见到当事方应采取的一切合理步骤，包括适当的激励计划以鼓励所有关键员工继续留在分持业务部门，且当事方不得诱引或调离员工到其保留业务中工作。

部门。

三是，实践中，因受行业发展和就业形势等各种因素影响，剥离义务人承担的前述义务可能各有侧重，特别是激励计划可能各具特色。我们认为，执法机构通常限于提出确保经营管理团队留任的目标或要求，具体激励措施应由剥离义务人提出并经监督受托人、执法机构审查同意，原则上，只要不违反禁止性法律规定的激励措施都可采取。在 BP Amoco/ARCO 案中，拟合并企业提供的激励计划就包括向关键雇员支付不少于他们底薪 35% 的奖金。

（四）限制剥离义务人对分持资产行使权利

资产分持期间，剥离资产的所有权尚未转移，仍属于剥离义务人，但应限制分持资产所有权权能行使，限制的目的在于使剥离资产价值和竞争力及分持期间的市场竞争免遭贬损。限制的具体措施因分持资产权益性质不同而有所不同：一是，所有权包括占有、使用、收益和处分权能，其中分持资产的占有权和使用权已让渡给独立管理团队，收益权通常仍归剥离义务人，如果剥离资产已确定买方，应允许剥离义务人和买方自行约定收益归属。剥离义务人有权也必须行使处分权，但应按照执法机构附条件的要求处分剥离资产。二是，如果剥离资产是公司股权或类似股权的权益，股权中的财产权同前款处理，股权的社员权可由独立的管理人或监督受托人代替行使，例如参加股东大会的权利、投票权、指定或推荐董事或监事的权利等。欧委会对此明确规定，如果剥离业务是公司形式，且对公司结构严格分离是必要的，当事方作为股东的权利特别是投票权应由受托人行使，同时受托人还有权替换当事方指定的董事会成员。[①]

（五）限制分持资产重大运营事项的决策

在分持期间，尽管分持资产脱离剥离义务人控制，转由分持管理人和独立团队运营，但为维持分持资产价值和竞争力，执法机构通常会干预分持资产重大运营事项的决策。干预的基本原则是要求按分持资产既定的经营计划开展业务，防止出现异常重大举措，例如重大资本项下支出等。美国联邦贸

---

① *Commission Notice on remedies acceptable under Council Regulation*（*EC*）*No. 139/2004 and under Commission Regulation*（*EC*）*No. 802/2004*, C267 Official Journal of the European Communities para. 111（2008）.

易委员会的做法是，制定分持期行为准则时，要求当事人提交或确认之前已提交的此前预期或计划的资本支出，以资委员会和监督人判断是否维持了既定的资本支出水平。① 对此，执法人员更偏好那些当事人此前已准备并获得正常商业流程批准的计划。此外，具体案件中，委员会还会要求除正常业务运营发生的磨损与毁坏外，应避免对分持资产的任何破坏、移动、浪费、出售、转移或者损害。②

（六）满足分持业务运营必需的资源和服务供给

多数剥离资产的存活及市场竞争力依赖所在企业集团的支持，包括提供必要的服务、必要的原材料供应、知识产权和基础设施许可使用、担保等信用支持、销售网络和渠道等等。剥离义务人应以不低于交易前的水平，向分持业务提供上述资源和服务。欧委会要求，当事方必须以与集中前同样的条件维护该业务，特别是提供充足的资源，例如根据现有业务计划持续提供资金或信用，同样的行政和管理功能及其他与在特定行业维护竞争相关的因素。③ 美国联邦贸易委员会要求，如果当事方已经且将继续向分持资产提供必需的服务，那么资产分持令应该解决提供服务的问题。④ BP Amoco/ARCO 案中，美国联邦贸易委员会发布的分持令就明确要求，合并企业须继续向分持资产提供其运营所需的充足资源及支持服务。

四、资产分持措施的实施和监管

实施资产分持可交由当事人自行进行，通常不需要将分持资产交由另外的独立第三人团队经营管理。事实上，最有利的资产分持方案就是由现存负责经营管理的团队继续履行其经营管理职责。分持团队的总负责是分持管理人，同时可能需要指定监督受托人监督分持义务的履行情况。

---

① Richard Feinstein Director, *Negotiating Merger Remedies Statement of the Bureau of Competition of the Federal Trade Commission*, January 2012.

② See BP Amoco/Arco, Docket. No. C－3938.

③ *Commission Notice on remedies acceptable under Council Regulation (EC) No. 139/2004 and under Commission Regulation (EC) No. 802/2004*, C267 Official Journal of the European Communities para. 110 (2008).

④ Richard Feinstein Director, *Negotiating Merger Remedies Statement of the Bureau of Competition of the Federal Trade Commission*, January 2012.

（一）美欧分持义务的履行监管

资产分持的具体实施和监管，美欧执法机构做法仍有细微差别。美国联邦贸易委员会和司法部的做法不尽相同。委员会与欧委会立场基本一致，认为资产分持管理人是确保剥离资产竞争活力的有效途径；司法部持不同立场，认为只有在剥离资产价值可能遭受额外风险时才适用，然而，在 Mittal Steel Co. N. V. 和 Arcelor SA 合并案①中，司法部似乎改变了原立场。在该案中，司法部要求 Arcelor 剥离其在北美的一家钢铁厂 Dofasco Inc.，要求 Mittal 任命一位操作受托人（an operating trustee），赋予其完全的管理责任，以维持 Dofasco Inc. 在剥离过渡期内的价值，并监控分持令的遵守情况。

委员会竞争局 2012 年声明规定，在适用资产分持的情形下，根据当事方推荐，委员会会任命独立的第三方担任分持受托人（hold separate trustee）或分持监督人（hold separate monitor），以监督分持业务运营或监督当事方对分持命令的遵守情况。②

根据《关于可接受的救济措施的通告（2008）》，欧委会的做法是，维持分持前的生产经营团队，指定分持资产管理人（hold - separate manager）负责管理分持资产，并向监督受托人报告工作。③ 分持管理人应当制订方案保障分持资产的运营活动，包括保持独立性的各种义务，分持管理人须接受监督受托人管理。④ 在欧盟，运营管理分持资产和履行分持义务有赖于分持管理人，监督分持义务的履行有赖于监督受托人。欧委会附条件批准的案例表明，委员会认为资产分持管理人和监督受托人在监督剥离资产的维护方面扮演关

---

① the United States Department of Justice（May 21，2010），https：//www. justice. gov/atr/case - document/proposed - hold - separate - stipulation - and - order.

② Richard Feinstein Director，*Negotiating Merger Remedies Statement of the Bureau of Competition of the Federal Trade Commission*，January 2012，p. 16 – 18.

③ *Commission Notice on remedies acceptable under Council Regulation（EC）No. 139/2004 and under Commission Regulation（EC）No. 802/2004*，C267 Official Journal of the European Communities para. 112（2008）.

④ European Commission，*DG Competition：Merger Remedies Study（Public version）*，October 2005，p. 56.

键角色。[①]

（二）分持管理人的产生

分持管理人与附条件执行的监督受托人地位类似，但分持管理人须是更熟悉分持业务的专业人士，因此一般由剥离义务人提交推荐人名单。如果在此之前已任命监督受托人，监督受托人应对剥离义务人提交的推荐名单提出意见建议，最终由执法机构确定或认可分持管理人人选。

根据欧委会的规定，当事人有权自行指定符合条件的分持管理人，但在分持管理人未按附条件裁决或分持命令履行分持职责时，监督受托人有权撤销分持管理人，此后当事人再指定分持管理人应由监督受托人批准。[②] 实践中，欧盟的做法未如规定所述，有些案例中，剥离业务没有分开管理，有的剥离业务仍沿用了原来的管理体系，也有的为确保独立性从外部招聘了分持管理人，只有在部分案例中由监督受托人选择独立的分持管理人。[③]

美国的执法机构任命分持受托人则有所不同，美国联邦贸易委员会原则上任命那些在市场中拥有实质经验，且与相关各方没有资金或其他关联的人担任监督受托人，但未对分持资产运营业务的经验提出明文要求。历史上，委员会曾任命过有不同背景的人担任资产分持管理人，包括公司退休高管、顾问和具有特定监管经验的律师，[④] 也曾拒绝任命过当事方推荐的因持股或退休金而可能存在利害关系的候选人，在需要特殊专业技术的案件中，还拒绝任命过当事方推荐的缺乏专业技术的候选人。[⑤]

---

① Luc Gyselen, *Merger Remedies Policy In The EU and USA*, Practical Law Company's Cross – border Competition Handbook 2006/07, Arnold&Porter (July 2006), https://www.arnoldporter.com/en/perspectives/publications/2007/10/merger – remedies – policy – in – the – eu – and – usa.

② *Commission Notice on remedies acceptable under Council Regulation (EC) No. 139/2004 and under Commission Regulation (EC) No. 802/2004*, C267 Official Journal of the European Communities para. 112 (2008).

③ European Commission, *DG Competition: Merger Remedies Study (Public version)*, October 2005, p. 66.

④ Richard Feinstein Director, *Negotiating Merger Remedies Statement of the Bureau of Competition of the Federal Trade Commission*, January 2012, p. 18.

⑤ Richard Feinstein Director, *Negotiating Merger Remedies Statement of the Bureau of Competition of the Federal Trade Commission*, January 2012, p. 16.

（三）分持管理人的条件

分持管理人需满足类似监督受托人要求的一般条件，例如独立于集中各方，与各方不存在可能影响履行职责的利害关系，能正确理解执法机构发布的附条件公告或裁决，能贯彻执行公告或裁决要求的具体内容等。此外，鉴于分持管理人具体负责分持资产的运营管理，在确保剥离业务独立性、维持过渡期的价值和竞争力方面扮演着至关紧要的角色，执法机构通常会在业务运营监管方面提出更高要求。尽管美欧在立法文件中没有对分持管理人提出更高的具体条件，但欧委员会实证研究发现，高效的分持管理人应具备如下特征：独立于合并各方；能够与监督受托人紧密合作；对剥离资产绝对忠诚；过渡期后仍为剥离资产服务；经验丰富，对担任分持管理人有充分准备；具备足够的资历与买方高级管理层沟通；善于解决问题，能够迅速通过沟通化解潜在问题。①

（四）分持管理人的职责

分持管理人的主要职责是维持分持业务日常运营，确保分持资产运营符合分持裁决或分持命令。美国联邦贸易委员会在资产分持令中会任命独立第三方负担监管责任，该第三方与监督受托人类似，负责及时向委员会及其执法人员汇报出现的问题，功能上是相当委员会及其执法人员的眼睛和耳朵。与之不同，分持管理人不仅负责运营分持资产，还要负责遵行分持义务，美国联邦贸易委员会把分持管理人类比为公司的董事长。② 然而，与一般公司董事长不同的是，分持管理人应按附条件裁决或分持命令要求，独立于参与集中各方，特别是独立于剥离义务人，自行管理分持资产，实现分持资产价值和竞争力最大化。分持管理人应接受执法机构和监督受托人监督，既是分持资产的运营管理人，也是分持义务或命令的执行者，监督受托人则是监督者。欧委会认为，分持管理人负责管理分持业务，执行分持和保护业务的责任，分持管理人在监督受托人监督下行使职能，听从监督受托人的指示。③

---

① European Commission, *DG Competition: Merger Remedies Study* (*Public version*), October 2005, p. 67.

② Richard Feinstein Director, *Negotiating Merger Remedies Statement of the Bureau of Competition of the Federal Trade Commission*, January 2012.

③ *Commission Notice on remedies acceptable under Council Regulation* (*EC*) *No. 139/2004 and under Commission Regulation* (*EC*) *No. 802/2004*, C267 Official Journal of the European Communities para. 112 (2008).

为早介入维护分持资产，美欧执法机构倾向尽早任命分持资产管理人和监督受托人，尽早开展分持和监督工作，并持续到资产剥离完成为止。在美国，即便决定采取资产分持令，分持令并非即刻作出生效，而须在当事方签订和解同意协议一段时间后。为确保资产分持义务尽快生效实施，通常会在和解协议中加入当事方如下承诺条款“承诺自签订本和解协议之日起，遵守该裁决和命令及保持独立与资产维护命令”的表述。[①] 我国与美国采取不同的执法体制，分持义务是在附条件批准裁决中载明。为尽早保护分持资产，建议当事人在提交剥离承诺时，如有必要同时附加资产分持内容。执法机构认为有必要的，可以要求先期采取分持措施。

五、分持规则在我国的实践分析

（一）认识资产分持规则的作用

资产分持对确保剥离资产在过渡期内的价值和竞争力不贬损，确保过渡期内市场竞争不被扭曲具有重要意义。从美欧实践看，资产分持已成为资产剥离救济措施案的标配。然而，该规则在适用中还面临诸多问题，即便是先行的美欧执法机构对此也持不同看法，远未达到尽善尽美的程度。我们借鉴资产分持规则，需要恰如其分地评估资产分持规则的价值，在规则制定和适用中全面认识其作用。

一是，适用资产分持规则不能完全解决剥离过渡期内可能引发的剥离资产价值和竞争力贬损及反竞争效果问题。美国司法部认为，在一些案件中，资产分持与保值条款并不能完全维持竞争，例如分持管理人可能不会从事积极的竞争行为。另外，即使采取分持措施，使剥离资产独立于集中后实体，集中还是会影响客户的采购意向，剥离资产还是可能遭到贬损，例如有价值的雇员可能会离开，本已确定的投资无法实现等。鉴此，资产分持与保值措施不能替代对快速资产剥离的需求。[②] 也正是这个原因，美国联邦贸易委员会倾向首先尽量缩短资产剥离期限，欧委会的实证研究也认为，应根据剥离资

① Richard Feinstein Director, *Negotiating Merger Remedies Statement of the Bureau of Competition of the Federal Trade Commission*, January 2012.

② U. S. Department of Justice Antitrust Division, *Antitrust division policy guide to merger remedies*, June 2011.

产生存能力和实施资产分持的困难程度，尽可能缩短过渡期，很多情况下，剥离资产过渡期内竞争力损失可能无法恢复。[①]

二是，资产分持能否取得良好效果很大程度上有赖于任命合格的分持管理人。分持管理人是比监督受托人要求更高的独立第三方，不仅要符合一般独立性要求，还须熟悉分持资产行业运营管理，熟悉反垄断法，了解如何遵行分持义务，能够针对案件具体情况，设计执行切实可行且能有效发挥作用的工作方案。欧委会的实证研究认为，许多监督委托人因为缺乏审计知识和行业知识，而无法有效评估资产保值和分持措施，欧委会分析显示，即便拥有行业知识，但因剥离业务转让的复杂性，监管资产保值和分持仍然是一项艰巨任务。[②] 欧委会发现，此前案例中，最有争议的问题是如何执行栅栏隔离义务，有些案件甚至连“软性的栅栏隔离条款”（soft ring – fencing provisions）都没有系统适用。总体来看，栅栏隔离义务在欧盟的执行情况乏善可陈，甚至欧委会的实证研究报告对栅栏隔离义务的有效性都无法得出任何结论。[③] 这在美欧等执法先行多年的司法辖区尚且如此，可以想象在执法工作刚起步的后发国家会面临更大困难。

三是，适用资产分持规则需考虑由此引发的执行成本和对资产运营出售的不利影响。首先，采取资产分持措施需要支付分持管理人和监督受托人费用，特别是在扩大分持资产范围、分持资产不是独立运营资产而是分散资产组成的资产包、替代剥离资产也要纳入分持资产范围的情况下，分持成本将会大大增加。其次，在剥离资产需剥离义务人支持的情况下，既要确保分持资产和保留资产间相互隔离，又要后者给予前者足够支持以便分持资产正常运营，这个平衡很难把握。最后，由于剥离义务人与剥离资产间信息交流受限制，剥离义务人难以及时获得剥离资产最新商业资料和数据，可能影响其满足潜在买受人对剥离资产信息的要求。欧委会对历史案例的研究发现，少数情况下，实施栅栏隔离义务妨碍了资产剥离，因为过于严格的分持措施使剥离义务人难以获得销售资产的说明、履行尽职调查及与潜在买家商谈所需

---

① European Commission, *DG Competition*: *Merger Remedies Study* (*Public version*), October 2005, p. 146.

② Ibid. , p. 148.

③ Ibid. , p. 61.

数据。[①] 因此，创设和适用资产分持规则，既要平衡好各种关系，又要在技术细节上考虑周到，既要严格分持措施，还要控制分持成本，确保顺利及时出售资产。

（二）我国历史和当前的相关规定

在资产剥离和附条件方面，历史上商务部先后发布过两个部门规章，一个是2010年7月5日发布的《关于实施经营者集中资产或业务剥离的暂行规定》，另一个是2014年12月4日发布的《关于经营者集中附加限制性条件的规定（试行）》。后者自2015年1月5日起施行，前者同时废止。这两个规章分别在第12条和第20条的前3款规定了资产分持的内容，虽然两个规章个别措辞有所调整，但无实质变动。2020年10月27日，国家市场监督管理总局公布《经营者集中审查暂行规定》，囊括了申报、审查及救济措施诸方面内容，其中资产分持的内容承继了商务部规章的规定。

上述三个规章创设的分持规则包括三部分内容：一是规定了分持规则的目的，前者规定资产分持的目的是确保剥离业务的价值，后者规定是确保剥离业务的存续性、竞争性和可销售性；二是规定了分持规则的内容，即剥离完成前，参与集中的经营者应保持剥离业务与其他业务间相互独立，并以最符合剥离业务利益的方式管理，不得实施任何可能对剥离业务有不利影响的行为，包括聘用被剥离业务的员工，获得剥离业务的商业秘密和其他保密信息等；三是规定了分持管理人的任命和职责，即参与集中的经营者指定专门管理人负责管理剥离业务并履行前述义务，[②] 分持管理人在监督受托人监督下履行职责，其任命更换应经监督受托人同意。

上述三个规章创设资产分持规则具有重要的里程碑意义，然而，从2010年最初创设之后十余年里保持了极大的稳定性，迄今两次立法均全面承继而无任何修订。为进一步完善理论构架，方便实务操作，从制度建设角度提出如下建议。

一是，从立法结构看，三个规章均未规定资产分持义务的适用条件，而是属于必须普遍遵守的一般性义务，即剥离义务人均须遵守分持规则。如前

---

① European Commission, *DG Competition*: *Merger Remedies Study* (*Public version*), October 2005, p. 61.

② 《关于经营者集中附加限制性条件的规定（试行）》只保留了“指定专门的管理人，负责管理剥离业务”，删除了“并履行第（一）（二）规定的义务”（指分持义务，笔者注）的内容。《经营者集中审查暂行规定》也没有规定履行分持义务的内容。

所述，适用分持规则不仅需要满足严格的案件条件，还要适用于适当的资产范围，即便支持适用分持规则的美国联邦贸易委员会和欧委会也认为，只有在剥离资产价值和竞争力及过渡期内的市场竞争存在贬损风险时才适用资产分持规则，否则就可能不适当地扩大了适用范围，浪费执法资源、提高剥离义务人财务成本。事实上，从执法机构公告的附条件批准案件看，资产分持规则并未在资产剥离案件中普遍适用，立法确立的分持规则脱离了执法实际。

二是，从立法目的看，还有待进一步深入认识。《关于实施经营者集中资产或业务剥离的暂行规定》规定资产分持等义务的目的是确保剥离业务价值；《关于经营者集中附加限制性条件的规定（试行）》调整为确保剥离业务的存续性、竞争性和可销售性；《经营者集中审查暂行规定》完全沿袭了后者表述。确保剥离业务的存续性、竞争性和可销售性属于确保剥离资产价值和竞争力不被贬损的范畴。据此，三个规章对分持规则立法目的的认识仍停留在欧盟“确保剥离业务价值和竞争力”的层面，尚未涉及美国“防止剥离期间竞争损害”的内容。建议借鉴美国做法，全面认识创设资产分持规则的目的，增加防止竞争损害的内容，建立资产保值规则和资产分持规则相互联系又相互区别的制度体系。

三是，从立法内容看，三个规章均明确规定了分持规则的主要内容，包括保持剥离业务和保留业务相互独立；禁止聘用剥离业务关键雇员；禁止获得剥离业务商业秘密或其他保密信息等。为确保可操作性，还需丰富规则的内容，包括：第一，在剥离业务和保留业务相互独立的基础上，建议增加具体措施，包括分持资产和保留资产由不同团队运营，分持团队和保留团队间应建立防火墙，禁止两团队交流敏感信息等。第二，完善剥离义务人稳定分持团队的消极义务，在禁止聘用剥离业务关键雇员基础上，建议增加规定禁止其他参与集中的经营者雇佣保留业务职员的消极义务，不得引诱、鼓励或激励保留业务雇员拒绝新买家继续雇佣的消极义务。第三，增加剥离义务人稳定分持团队的积极义务，例如剥离义务人应采取必要激励措施，确保关键员工留在分持业务工作，确保接受买家雇佣等。第四，建议增加对剥离义务人行使分持资产权利的限制，包括限制分持资产重大运营事项决策，要求剥离义务人承担满足分持业务运营必需资源和服务供给的义务等。

四是，从分持监管看，三个规章均规定了分持管理人的产生、更换、职责及与监督受托人的关系，建议增加规定选任条件，完善分持管理人职责的规定。《关于实施经营者集中资产或业务剥离的暂行规定》规定分持管理人负有两个方面的职责：一是管理剥离业务，二是履行分持义务。遗憾的是，《关于经营者集中附加限制性条件的规定（试行）》删除了履行分持义务的内容，《经营者集中审查暂行规定》“将错就错”也没有规定分持管理人履行分持义务的职责。在美欧，分持管理人不仅负责管理运营分持资产，还负责履行分持义务，监督受托人负责监督其履行义务。建议将来修订《经营者集中审查暂行规定》时，恢复《关于实施经营者集中资产或业务剥离的暂行规定》关于履行分持义务的职责并进一步细化。

（三）将分持用作救济措施的实践问题

《关于经营者集中附加限制性条件的规定（试行）》和《经营者集中审查暂行规定》均将资产分持定位为剥离义务人的义务，其目的不是解决竞争问题，而是确保顺利实施资产剥离，这与美欧执法机构立场一致，均视资产分持为实施救济措施的保障措施，而非救济措施本身。在多起案件中，商务部和市场监管总局都适用过保障措施意义上的资产分持。例如附条件批准赛默飞世尔科技公司收购立菲技术公司案公告的附件《赛默飞世尔科技公司就其收购立菲技术公司交易向中华人民共和国商务部提交的救济方案》（以下简称《赛默飞收购立菲的救济方案》）规定了保持业务独立性义务[①]和资产隔离[②]；

---

① 《赛默飞收购立菲的救济方案》第5条规定，公司承诺，自承诺生效之日起直至交割，公司将确保被剥离业务独立于其保留的其他业务，并确保被剥离业务的关键人员，包括独立业务管理人，不再参与其保留的任何业务，反之亦然。一旦拟议买方已经确定将要随被剥离业务转移的人员，公司应确保该等相关人员不再向被剥离业务之外的任何个人履行报告义务；第6条规定，直至交割之日，公司应协助监督受托人确保被剥离业务独立于公司保留的其他业务、作为单独和可售实体予以经营管理。公司应为每一剥离业务委任一名独立业务管理人，在监督受托人的监管下，负责被剥离业务的管理。独立业务管理人应独立管理被剥离业务，在维护被剥离业务最佳利益的前提下，确保它持续的经济存活性、可售性和竞争力，并使其独立于双方保留的其他业务。

② 《赛默飞收购立菲的救济方案》第7条规定，公司应采取所有必要措施，来确保其在承诺生效之后不会获得与被剥离业务相关的任何商业秘密、诀窍、商业信息，或其他保密或具有专有性的信息。尤其是，在可能的范围内，在不影响被剥离业务存活性的前提下，被剥离业务应与中央信息技术网络断绝。在剥离被剥离业务合理必要的范围内，公司可以获得与被剥离业务相关的信息，该等信息应为确保被剥离业务存活性合理所需，或根据法律规定应向公司披露该等信息。

附条件批准美国百特公司收购瑞典金宝公司案公告[①]的附件《美国百特国际有限公司拟收购瑞典金宝公司的交易救济承诺方案》（以下简称《百特收购金宝的救济承诺方案》）中规定了双方保持独立的义务[②]和绝缘防范[③]，剥离义务人承诺在资产剥离交割前承担资产分持义务。此外，附条件批准丹纳赫公司收购通用电气医疗生命科学生物制药业务案公告[④]的附件《关于丹纳赫公司收购通用电气医疗生命科学生物制药业务案致国家市场监督管理总局的附加限制性条件承诺方案（公开版）》（以下简称《丹纳赫收购通用电气生科生物制

---

① 参见《关于附加限制性条件批准美国百特国际有限公司收购瑞典金宝公司经营者集中反垄断审查决定的公告》（商务部公告2013年第58号），载商务部网2013年8月13日，http：//www. mofcom. gov. cn/article/b/c/201308/20130800244230. shtml。本案中，美国百特国际有限公司（Baxter International Inc.，简称百特）主要从事治疗血友病、免疫系统紊乱疾病、传染疾病、肾科疾病、创伤和其他慢性及重症病产品的研发、生产与销售业务。瑞典金宝公司（Gambro AB，简称金宝）主要从事肾脏和肝脏透析、骨髓瘤肾治疗、水处理系统以及其他慢性和重症患者的体外疗法产品的研发、生产与销售业务。百特将间接收购金宝全部股权，交易完成后，金宝成为百特的全资子公司。双方在CRRT系列商品（又称床旁血滤设备，通常适用于医院重症监护病房中有生命危险的急性肾脏功能损伤患者，CRRT系列商品包括CRRT监测仪、CRRT透析器、CRRT血路管、CRRT导管、CRRT液剂）和血液透析系列商品（主要用于治疗急性常规肾损伤以及慢性肾病，血液透析系列商品包括血透监测仪、血透透析器、血透血路管、血透导管和血透液剂）存在横向重叠。商务部审查认为，该项集中在CRRT系列商品市场和血透透析器市场可能具有排除、限制竞争的效果。

② 《百特收购金宝的救济承诺方案救济承诺》第7条规定，百特承诺，自生效日起至交割为止，保持剥离业务与其保留业务分离，并确保剥离业务的主要人员，包括保持业务独立的管理人，没有参与任何保留业务，反之亦然。百特还应确保人员不向剥离业务以外的任何个人报告。第8条规定，在交割之前，百特应协助监督受托人确保剥离业务作为与百特保留业务分离的一个单独的和可销售的实体予以管理。百特应任命在监督受托人监督下的负责管理剥离业务及保持业务独立的管理人。保持业务独立管理人应独立地管理剥离业务，并符合业务的最大利益，以确保其持续经济存活性、可销售性、竞争性及与双方所保留业务的独立性。

③ 《百特收购金宝的救济承诺方案救济承诺》第9条规定，百特应落实所有必要措施，以确保其在生效日后，不会取得有关剥离业务的任何商业秘密、专有技术、商业信息或其他任何具有保密或专有性质的信息。特别是，应在不损害剥离业务存活性的前提下，尽可能分离剥离业务在中心信息技术网络的参与。百特可取得有关出售剥离业务合理所需的或法律要求向百特披露的信息。第10条规定，相应地，百特应确保在其收购金宝之后，剥离业务不会取得有关金宝的CRRT业务的任何商业秘密、专有技术、商业信息或其他任何具有保密或专有性质的信息。

④ 参见《市场监管总局关于附加限制性条件批准丹纳赫公司收购通用电气医疗生命科学生物制药业务案反垄断审查决定的公告》，载国家市场监督管理总局网2020年2月28日，http：//www. samr. gov. cn/fldj/tzgg/ftjpz/202002/t20200228_ 312297. html。

药的承诺方案（公开版）》）中规定了保持独立义务[①]和信息隔离[②]；附条件批准诺贝丽斯公司收购爱励公司股权案公告的附件《关于诺贝丽斯公司收购爱励公司股权案致国家市场监督管理总局的附加限制性条件方案》（以下简称《诺贝丽斯收购爱励的方案》）中规定了保持独立义务[③]和信息隔离，剥离义务人作出了类似承诺。[④] 由上述 4 个案例可见，当事人作出的资产分持承诺显

① 《丹纳赫收购通用电气生科生物制药的承诺方案（公开版）》第 15 条规定，申报方与集中后实体承诺，自生效日起直至交割，其将确保剥离业务独立于申报方与集中后实体的保留业务。此外，除非本承诺方案以及为确保业务转让可行性（例如确保部分剥离业务能持续依赖申报方与集中后实体的销售和报价支持）所需的相关协议（即：供应和服务协议与过渡服务协议）明确允许外，申报方与集中后实体应确保：（1）申报方与集中后实体保留业务的管理层及员工不参与剥离业务；以及（2）剥离业务的关键人员及人员不参与申报方与集中后实体的任何保留业务，在合理可行的范围内不向剥离业务之外的任何个人报告，且在任何情况下都不向与剥离业务竞争的保留业务所涉任何个人报告。此外，申报方与集中后实体承诺采取所有必要措施以确保：除协助转让相关剥离业务所必需的信息外，申报方与集中后实体参与剥离业务转让的人员不使用剥离买方提供的任何保密信息，且该等人员仅在协助转让相关剥离业务所必需时才向申报方与集中后实体的其他人员披露此类信息。第 16 条规定，申报方与集中后实体应协助监督受托人确保将剥离业务作为独立且可供出售的实体，并独立于申报方与集中后实体的保留业务予以管理，直至完成交割。在决定作出之后，申报方与集中后实体应在征求市场监管总局和监督受托人的意见后，立即委任一名剥离业务保持独立管理人。保持独立管理人作为关键人员的一员，应独立管理剥离业务，维护每项剥离业务的最佳利益，以确保剥离业务持续的经济存续性、可销售性和竞争性，并使剥离业务独立于申报方与集中后实体的保留业务。保持独立管理人应与监督受托人紧密合作，并向监督受托人报告。

② 《丹纳赫收购通用电气生科生物制药的承诺方案（公开版）》第 17 条规定，受限于为协助剥离业务转让而订立的过渡协议，申报方与集中后实体应尽可能采取或促使相关实体采取所有必要措施，以确保申报方与集中后实体自生效日起不会获得与剥离业务相关的任何保密信息，且申报方与集中后实体在生效日前获得的任何该等保密信息将予以删除或不再由其使用。特别是，申报方与集中后实体应尽可能继续向剥离业务就其加入的任何中央信息技术网络提供服务，避免影响剥离业务的存续性。申报方与集中后实体可以获取或保留与剥离业务相关且对剥离业务的剥离而言合理必要的信息，或根据法律规定应向申报方与集中后实体披露的信息。

③ 《诺贝丽斯收购爱励的方案》第 12 条规定，交易双方承诺，自生效日起直至交割，保持剥离业务独立于交易双方保留的业务，除非本限制性条件明确允许外，确保：（1）交易双方保留业务的管理层及员工不参与剥离业务；以及（2）剥离业务的关键人员及人员不参与交易双方保留的任何业务，且不向剥离业务之外的任何个人报告。第 13 条规定，直至交割，交易双方应协助监督受托人确保将剥离业务作为独立且可供出售的实体、独立于交易双方的保留业务予以管理。第 14 条规定，在决定作出后，交易双方应立即委任一名保持独立管理人。保持独立管理人作为关键人员的一员，应独立管理剥离业务，维护剥离业务的最佳利益，以确保剥离业务持续的经济存续性、可销售性和竞争性，并使其独立于交易双方保留的业务。保持独立管理人应与监督受托人及剥离受托人（如有）紧密合作，并向其报告。对于保持独立管理人的任何更换均应遵守本限制性条件第 11 段第（3）项规定的程序。第 15 条是保密信息，未公开披露。

④ 《诺贝丽斯收购爱励的方案》第 16 条规定，［保密信息］应在可能的范围内继续向剥离业务提供对任何中央信息技术网络的参与，避免影响剥离业务的存续性。交易双方可以获得或保留与剥离业务相关并对剥离业务的剥离而言所合理必需的信息，或根据法律规定应向交易双方披露的信息。

然是为确保成功资产剥离而非救济措施。略遗憾的是，资产分持的内容并非出自审查决定书正文，而是以当事人承诺的方式载于当事人提交的救济方案，救济方案是审查决定的附件。有意思的是，当事人承诺的分持义务似出自同一模板，盖此方案可能出自同一律师或已向国外其他执法机构提交了类似方案。

除上述案件外，我国更多案例将分持作为救济措施适用。这些案件中，既有横向集中的希捷收购三星硬盘驱动器业务案（2011）、西部数据收购日立存储案（2012）、联发科技吸收合并开曼晨星案（2013）、日月光公司收购矽品公司股权案（2017），[①] 也有混合集中的丸红收购高鸿股权案（2013），还有境外集中后实体与境内子公司实体保持独立的，如在加阳公司与萨斯喀彻温钾肥公司合并案中，合并后实体将使萨钾在中国 A 公司的股权权益变为一种受限制的投资权益。[②]

上述案件将资产分持作为救济措施适用，然而，无论是《反垄断法》还是《反垄断法》的配套指南、法规和规章都没有规定资产分持作为救济措施

---

① 参见《关于附加限制性条件批准日月光半导体制造股份有限公司收购矽品精密工业股份有限公司股权案经营者集中反垄断审查决定的公告》（商务部公告 2017 年第 81 号），载商务部网 2017 年 11 月 24 日，http：//fldj. mofcom. gov. cn/article/ztxx/201711/20171102675701. shtml。该案中，收购方日月光和被收购方矽品均从事半导体封装测试代工服务，日月光与矽品签署协议设立日月光投资控股股份有限公司，交易完成后，日月光原股东通过控股公司持有日月光和矽品的全部股权，对日月光和矽品实现单独控制。商务部认为，此项集中对全球封装测试代工服务市场可能具有排除、限制竞争的效果，商务部决定附条件批准，要求日月光和矽品履行如下义务：（1）保持日月光和矽品作为独立竞争者的法人地位不变，在限制期（24 个月）内双方各自按照交易前的经营管理模式及市场惯例独立经营并在市场中进行竞争，包括但不限于管理独立、财务独立、人事独立、定价独立、销售独立、产能独立、采购独立。（2）在限制期内，控股公司行使有限股东权利。具体包括：控股公司除有权取得双方的分红、财报信息外，暂不行使其他股东权利；双方研发相关计划、安排、管理，以及对双方研发力量进行整合的各项方案，可在控股公司所设集团资源整合暨决策委员会协调；双方从事的封测服务之外的业务相关事项，可在控股公司所设集团资源整合暨决策委员会协调；控股公司与日月光或矽品可以根据对方的请求或需要互相提供资金借贷或融资担保。

② 参见《关于附加限制性条件批准加阳公司与萨斯喀彻温钾肥公司合并案经营者集中反垄断审查决定的公告》（商务部公告 2017 年第 75 号），载商务部网 2017 年 11 月 6 日，http：//www. mofcom. gov. cn/article/b/e/201711/20171102666646. shtml。集中后实体须履行如下义务：在商务部批准之后且拟议交易交割之前，解除当前委派至或任职于中国 A 公司高级管理层的全部萨钾员工；不行使向中国 A 公司高级管理层任何职位委派或任命合并后实体员工的权利；不提名或任命中国 A 公司董事会的任何董事，并且不干预其他中国 A 公司股东提名或任命任何董事的决定；不寻求获得有关中国钾肥进口的竞争敏感信息的途径，也不会行使其作为中国 A 公司股东所享有的权利来获得有关中国钾肥进口的竞争敏感信息，此类竞争敏感信息包括钾肥价格、价格谈判或竞争状况等。

的条款。[①] 我们认为，无论美欧的资产分持规则，还是我国《反垄断法》配套规章中规定的资产分持义务，都是为顺利实施剥离救济而创设的保障措施。上述案件中的分持要求属于附加的条件，尽管两者有相通之处，但更多的是实质区别。两者相通之处主要是，都要求分持资产和保留资产分别由相互独立的不同团队经营，两团队之间建立防火墙禁止交流敏感信息等。两者实质区别主要是：作为保障措施的分持规则，目的在于确保资产依法顺利剥离，防止剥离过渡期内剥离资产价值、竞争力和市场竞争的贬损；作为救济措施适用的资产分持，允许实施集中，但实施后的较长时间内，要求参与集中的经营者之间相互独立，用以减轻或消除集中的反竞争影响。某种程度上，也可以看作执法机构希望尽可能批准其认为存在竞争问题的交易，而对分持措施的创造性运用。商务部反垄断局负责人在某国际会议上曾明确指出，采用这一措施首先是为了满足对于审查中无法进行结构剥离，行为救济又解决不了竞争关注的案件附加限制性条件的需要。[②]

从美欧实践看，立法上将分持规则视为保障措施，实施中用以缓解剥离资产在剥离过渡期内价值、竞争力和市场竞争的贬损。我国执法机构将分持用作救济措施的做法业界多有争论，反对观点的理论逻辑在于，分持救济无法实质改变处于相互独立状态的两经营者或资产之间的所有关系，例如母子公司关系。按照分持规则，尽管母公司和子公司相互独立运营，但母公司至少享有子公司的收益权，如利润分红，仅此一项就可能改变母公司的市场决策，例如母公司提高价格时可能不再担心客户向子公司分流，因为向子公司分流的客户利润最终仍归母公司所有，原本无利可图的价格上涨，将因此变得有利可图。同时，由于拟集中的市场力量保持独立，集中带来的效率提高无法实现，至少在采取分持措施期间，整体效率是下降的，成本是提高的。

---

① 商务部发布的《关于经营者集中附加限制性条件的规定（试行）》第 3 条规定了 3 类条件，一是剥离有形资产、知识产权等无形资产或相关权益等结构性条件；二是开放网络或平台等基础设施、许可关键技术（包括专利、专有技术或其他知识产权）、终止排他性协议等行为性条件；三是结构性条件和行为性条件相结合的综合性条件。市场监管总局发布的《经营者集中审查暂行规定》第 33 条也规定了 3 类条件：一是剥离有形资产、知识产权等无形资产或者相关权益（以下简称剥离业务）等结构性条件；二是开放其网络或者平台等基础设施、许可关键技术（包括专利、专有技术或者其他知识产权）、终止排他性协议等行为性条件；三是结构性条件和行为性条件相结合的综合性条件。

② 蒋安杰：《中外专家为反垄断法实施建言献策》，载《法制日报》2014 年 5 月 28 日。

我们认为，资产分持应属资产剥离的保障措施，例外地也可探索作为救济措施适用的价值。一是，如果集中发生于互为竞争对手的实体经营者之间，采取分持救济极易引发上述问题，此外，在竞争者之间采取分持救济，设计和具体操作执行方案和监督方案较为复杂，且适用期限通常较长，理论上只有市场结构发生实质变化才能解决，这些导致参与集中的经营者遵行分持义务的成本很高，执法机构的监管成本也很高。整体来看，可能不符合效率原则。二是，特殊情况下，分持也可作为救济措施适用。美国联邦贸易委员会在 2007 年批准 Kinder Morgan, Inc. /Carlyle Group/Riverstone Holdings LLC 案的同意令中，就采取了类似分持的救济措施。① 本案中，因为收购方 Carlyle Group 和 Riverstone 均为金融投资公司而非实业公司，拟议交易是通过 Carlyle Group 和 Riverstone 将竞争者 KMI 和 Magellan 连接起来，而非竞争对手 KMI 和 Magellan 之间的直接集中。本案采取类似分持措施，基本不影响 Carlyle Group 和 Riverstone 的投资目的。这与在竞争者直接集中的案件中采取分持有较大区别，后者对经营者实现其交易目的的影响更大。三是，某些情况下，分持救济也可能有维持竞争的作用。分持救济有利于促成集中，且在市场竞争战术层面可能促进两分持团队间竞争，特别是销售环节的独立运营，仍有可能促进竞争，有利于下游客户和消费者。然而，分持用为救济措施消除或降低竞争损害的实际效能尚待检验，且需要平衡由此增加的运营和监管成本。在将来执法中，对这一试验性救济措施可能不会普遍适用，其效果也有赖于实践检验。②

我们建议，准确定位资产分持的保障措施属性，进一步完善资产分持规则的制度内容，同时，可全面评估分持救济的实际效果，慎重运用资产分持

---

① TC Group L. L. C. , Riverstone Holdings LLC, Carlyle/Riverstone Global Energy and Power Fund Ⅱ, L. P. , andCarlyle/Riverstone Global Energy and Power Fund Ⅲ, L. P. , Decision and order, Order to maintain assets FTC No. 0610197, FTC (Jan. 25, 2007), http://www. ftc. gov/os/caselist/0610197/decisionorder. pdf. 该案中，Carlyle 和 Riverstone 拟购买 Kinder Morgan, Inc. (KMI) 22. 6% 的股份，但 Carlyle 和 Riverstone 已经拥有 Magellan（KMI 的最大竞争对手）50% 的股份。美国联邦贸易委员会认为，该交易可能在不同地域市场引发单边或协调效应，最终批准的条件是 Carlyle 和 Riverstone 变为 Magellan 的被动投资者（passive investor），不再影响后者的经营决策，具体包括：撤回在 Magellan 董事会的所有代表；放弃对 Magellan 的控制转交其他主要投资者负责；不再影响或试图影响 Magellan 的管理或运营；在 KMI 和 Magellan 之间建立敏感信息防火墙。

② 蒋安杰：《中外专家为反垄断法实施建言献策》，载《法制日报》2014 年 5 月 28 日。

解决竞争问题。遗憾的是，截至目前仍未见有对分持救济效果的评估，却陆续有适用分持救济的案件公布。例如市场监管总局 2019 年在附条件批准卡哥特科集团收购德瑞斯集团部分业务案中，采取了保持独立的救济措施，要求卡哥特科、德瑞斯及集中后实体履行如下保持独立义务：一是，自市场监管总局决定公告之日起 2 年内，卡哥特科和德瑞斯就中国市场舱口盖业务、商船滚装设备业务和商船起重机业务保持相互独立并继续开展市场竞争，包括管理独立、财务独立、人事独立、定价独立、研发设计和生产独立、销售独立及采购独立等。二是，自市场监管总局决定公告之日起 2 年内，为确保实现上述业务相互独立并保持竞争，卡哥特科和德瑞斯相互之间就中国舱口盖、商船滚装设备和船货起重机业务相关人员、竞争性敏感信息和办公场所等设置防火墙，制定详细的防火墙指南手册并开展培训，要求相关人员严格遵守公告承诺义务。三是，相关业务保持相互独立的限制性条件自市场监管总局决定公告之日起 2 年后自动终止。再如，市场监管总局 2019 年在附条件批准高意公司收购菲尼萨公司股权案[①]中，要求集中后实体履行如下保持独立义务：一是，高意与菲尼萨保持波长选择开关业务相互独立并继续开展市场竞争，包括管理独立、财务独立、人事独立、研发独立、销售独立、定价独立、生产独立及采购独立。二是，为确保上述业务相互独立并保持竞争，高意和菲尼萨就相关人员、竞争性敏感信息、办公场所和办公信息系统等设置防火墙，制定详细的防火墙指南手册并开展培训，要求相关人员严格遵守公告承诺义务。三是，自批准决定公告之日起 3 年后，集中后实体可以向市场监管总局申请解除上述承诺措施，市场监管总局根据市场竞争状况决定是否解除。

---

① 参见《市场监管总局关于附加限制性条件批准高意股份有限公司收购菲尼萨股份有限公司股权案反垄断审查决定的公告》，载国家市场监督管理总局网 2019 年 9 月 23 日，http：//www. samr. gov. cn/fldj/tzgg/ftjpz/201909/t20190920_ 306948. html。该案中，美国公司高意与菲尼萨于 2018 年 11 月 7 日签订协议，高意将收购菲尼萨 100% 股权，市场监管总局认为，在波长选择开关市场可能具有排除、限制竞争效果。

第三节　皇冠宝石规则的理论和应用分析①

皇冠宝石规则是美欧经营者集中反垄断审查制度中的一项具体规则，该规则旨在为符合条件的集中提供替代救济方案，以在消除执法机构对首选救济方案能否顺利实施存在担忧的前提下，按当事方提出的首选救济方案附条件批准集中。在执法机构和当事方对首选救济方案实施可能性存在争议的情况下，皇冠宝石规则成为解决僵局的重要制度设计选项。

一、皇冠宝石规则的溯源和演进

（一）皇冠宝石规则的语源探析

除皇冠宝石规则（The Rules of Crown Jewels）之外，国外文献中还有皇冠宝石条款（crown jewel provisions）、皇冠宝石资产（crown jewel assets）、替代剥离承诺（alternative divestiture commitments）、替代剥离资产（alternative divestiture assets）等概念。这些概念是在不同执法机制下，从不同角度对皇冠宝石规则的表述。考虑到规则实际适用范围早已超出资产剥离，替代剥离已不能涵盖规则实际情况，② 本书选取了“皇冠宝石规则”的表述。

“皇冠宝石条款”多见于美国执法机构的指南文件和学术文献。美国使用“皇冠宝石条款”源于其独特的执法机制。美国的执法机构是司法部和联邦贸易委员会，两家都倾向达成和解协议，而非通过诉讼或行政裁决解决竞争问题。执法机构与当事人就替代剥离达成一致，包括首选剥离资产、替代剥离资产，替代剥离的触发、执行以及时限等成为和解协议的重要组成部分，皇冠宝石规则以和解协议条款的形式体现，故美国常见说法是“皇冠宝石

---

① 本节系在《试论经营者集中反垄断控制之皇冠宝石规则的构建》（载《社会科学》2015 年第 10 期）和《经营者集中反垄断审查之皇冠宝石规则研究》（载《中外法学》2016 年第 4 期）基础上修订而来。原文在资料收集和文稿核校等方面得到郝倩、曾雄、仵霞、邓飞、程然然、黄存真等诸位专家好友的大力协助，谨此致谢。

② 各国指南文件规定皇冠宝石规则适用于资产剥离，实践中适用范围已超出资产剥离范畴，本节还有详述。基于表述方便、语境及对规则不同环节准确表述的需要，本书同时使用首选剥离方案、替代救济方案、替代剥离承诺等概念。

条款”。

欧盟与美国不同，欧委会有权自行作出行政裁决性质的审查决定。[①] 实践中，欧委会也会和当事方商谈解决方案，当事方会按达成一致的和解方案向欧委会提交替代剥离承诺，替代剥离承诺是欧委会据以作出审查决定的重要依据，但欧委会不和当事人签署和解协议。因此，欧盟立法和执法实践中没有“皇冠宝石条款”的说法。

替代剥离承诺是美欧的常用术语，替代剥离（alternative divestiture）与首选剥离（initial divestiture）相对，是皇冠宝石规则的核心内容。[②] 之所以出现替代剥离承诺的概念，是因为无论美国执法机构与当事方达成和解协议，还是欧委会作出反垄断审查决定，纳入其中的首选救济方案和替代救济方案都以当事人提交的承诺为基础。当事人承诺至少包括两个解决方案：第一个是首选资产包（an initial divestiture package）剥离承诺方案，第二个是替代资产包剥离承诺方案（皇冠宝石资产包剥离承诺方案）。其中，替代剥离承诺是这类承诺不同于一般救济承诺的重要特征，是美欧反垄断实践中适用皇冠宝石规则最常用的概念。有观点认为，在欧盟，皇冠宝石条款是以替代剥离承诺的形式存在的，[③] 这种看法不十分确切，前者是在美国以司法裁决为中心的执法机制下，适用皇冠宝石规则的载体——和解协议的条款；后者则是欧美执法机构适用皇冠宝石规则的环节——当事方向执法机构提交的承诺。替代剥离资产比首选剥离资产更容易找到适格买家，在价值、竞争力及包含资产内容等方面要优于首选剥离资产，如果把参与集中的全部相关资产比作皇冠，那么替代剥离资产就是皇冠上的宝石，这也许是皇冠宝石规则名称的由来。事实上，欧委会2005年发布的《合并救济研究报告》就把“替代剥离承诺”和“皇冠宝石规则”（crown jewels）并列作为标题。[④] 替代剥离承诺强调的是核心内容，皇冠宝石规则侧重形象描述，欧盟的反垄断实践和文献没有严格

---

① 当事人对欧委会的审查决定不服，可以向法院提起诉讼，逾期没有起诉，审查决定生效。

② 《关于可接受的救济措施的通告（2001）》没有使用“皇冠宝石”（crown jewels）的措辞，而是采用了“替代剥离”（Alternative divestiture）的说法。

③ 参见陶琦：《皇冠明珠条款——欧美实践与中国移植》，载《广西政法管理干部学院学报》2012年第6期。

④ European Commission, *DG Competition*: *Merger Remedies Study* (*Public version*), October 2005, p. 52.

区分“替代剥离承诺”和“皇冠宝石规则”。为在更广泛意义上使用这个概念，英国竞争委员会《合并救济指南》采纳了“替代剥离资产包”（Alternative divestiture packages）的术语，而没有适用“皇冠宝石规则”的措辞。①

（二）美国联邦贸易委员会的态度和做法

美国联邦贸易委员会对皇冠宝石条款持肯定态度，实践中最早适用了皇冠宝石规则。19 世纪 80 年代中期，委员会首次将皇冠宝石条款应用于经营者集中案件。1987 年，委员会合并与管理局（Mergers and Administration）局长 Barbara A. Clark 撰文称，近来的案例表明，委员会已将他们新的替代救济措施（Alternative remedies）的思想付诸实践。② 此后，委员会对适用皇冠宝石条款采取更积极的态度，③ 但相当长时间内并未将该规则书面化。

1999 年，联邦贸易委员会竞争局以其职员名义发布的《关于剥离程序的研究报告》回顾了委员会适用皇冠宝石条款的历史，报告对委员会适用皇冠宝石条款的效果持肯定态度，认为皇冠宝石条款可以对剥离义务人产生积极影响，迫于剥离皇冠宝石资产的压力，剥离义务人有动机提出足以创造可行竞争者的首选剥离资产包，并在规定时间内找到适格买家。报告将皇冠宝石规则与任命监督受托人、剥离义务人过渡期供应失败的赔偿责任并列为“提高剥离义务人剥离动机”的有效措施。此后，委员会在和解同意令中更为广泛地使用皇冠宝石条款，前竞争局局长 William J. Baer 明确表示，偏爱买家前置、确定合适的剥离资产包、广泛适用皇冠宝石条款、更短的剥离时间、强大的分持协议及剥离后续跟踪监管是委员会又快又好地开展合并救济的基

---

① See Competition Commission, *Merger Remedies: Competition Commission Guidelines*, November 2008, p. 9. 我们认为，英国竞争委员会的《合并救济指南》主要是考虑到在实际适用中，皇冠宝石规则已经超出了皇冠宝石所喻含的意义，即替代救济方案未必是更好的方案，未必是皇冠上的宝石，但通常是执行风险更小、当事方更不愿意接受的方案。实际上，替代救济方案甚至可能不是剥离资产包，而是行为救济方案或结构救济措施和行为救济措施的结合。因此，替代救济方案或措施是最适当的表述，但因皇冠宝石已被广泛使用和接受，含义已约定俗成且与替代救济无实质区别，本书对两者不再区分。

② Barbara A. Clark, *Merger investigations at the Federal Trade Commission: An Insider's view*, Antitrust Law Journal, Vol. 56: 3, p. 776 – 777 (1987). 文中所称案例涉及两家连锁超市合并，当事方同意剥离合并后重叠区域内的部分超市。委员会坚持将皇冠宝石条款写入和解同意令，即如果当事方未能在规定时间内剥离原定的 12 家超市，将额外增加剥离 60 家超市以增强对潜在买家的吸引力。

③ Carl Shapiro & Michael Sohn, "*Crown Jewel*" *Provisions in Merger Consent Decrees*, Antitrust, Fall 1997, p. 27.

本因素。[①]

尽管如此，联邦贸易委员会竞争局2003年声明只有寥寥数语简单提及皇冠宝石条款。例如，在“An Acceptable Buyer”部分规定：执法经验表明，在诸如食品杂货零售业等行业中，待剥离资产存在贬值风险，这使竞争更难保持或修复，因此委员会近来要求当事方采取买家前置，然而执法人员希望根据个案情况考虑，而不管诸如资产分持和保值、皇冠宝石条款及其他监督措施能否减少对买家前置的依赖。[②] 又如，在“Divestiture Applications”部分的脚注中解释了皇冠宝石条款，即委员会执法人员对当事方准时剥离首选资产包表示担忧，仍可接受当事方提议的剥离资产包，前提是如果当事方在规定时间内剥离首选资产失败，则任命受托人剥离称为“皇冠宝石”的替代资产包。皇冠宝石资产可能包括首选剥离资产但比其更多的资产包，也可能是不同的资产包，例如合并另一方的资产。无论如何，执法人员认为它是更容易剥离的资产包，原因之一就是有更多的潜在买家。[③] 2012年声明基本延续了2003年声明的规定，没有增加皇冠宝石条款的实质内容，只是在结构上进行了调整。[④]

（三）美国司法部的态度和做法

美国司法部的立场与联邦贸易委员会大相径庭。历史上，尽管美国司法部也适用皇冠宝石条款附条件批准过经营者集中，[⑤] 在公开场合，其反垄断部门高级官员也描述过皇冠宝石条款的好处，并表示司法部在剥离过程复杂或剥离资产困难的案例中使用了皇冠宝石条款，[⑥] 但司法部2004年救济指南却

---

① William J. Baer, *Reflections on twenty Years of Merger Enforcement Under the HSR Act*, Antitrust Law Journal, Vol. 65, 1997.

② Joseph J. Simons Director, *Negotiating Merger Remedies Statement of the Bureau of Competition of the Federal Trade Commission*, April 2, 2003, p. 11.

③ Joseph J. Simons Director, *Negotiating Merger Remedies Statement of the Bureau of Competition of the Federal Trade Commission*, April 2, 2003, Note 31.

④ 2003年声明“An Acceptable Buyer”规定的内容改在“Proposed Divestiture”之下，“Divestiture Applications”脚注中的内容改在正文中表述。See Richard Feinstein Director, *Negotiating Merger Remedies Statement of the Bureau of Competition of the Federal Trade Commission*, January 2012, p. 7, 21.

⑤ See United States v. Imetal, 2000 WL 33115577, *18 (D. D. C. May 25, 2000).

⑥ Deborah Platt Majoras, *Houston, we have a competitive problem: How can we remedy it?*, Before The Houston Bar Association Antitrust and Trade Regulation Section Houston, Texas, The United States Department of Justice (Apr. 17, 2002), http://www.usdoj.gov/atr/public/speeches/11112.htm.

明文反对皇冠宝石条款，该指南第Ⅳ章第H部分的标题即“皇冠宝石规则极其不受欢迎”。[①] 司法部反对适用皇冠宝石条款的主要原因是：

一是，适用皇冠宝石条款意味着要么接受救济效果较差的首选方案，要么采取不必要的额外措施解决竞争问题。在这种情况下，执法机构不得不进行如下权衡取舍：第一，剥离规模更小、价值更低的资产包，但承受救济可能不充分、不适当的风险；第二，要求采取更实质的剥离措施，以便最大程度地确保维持合并后的市场竞争。美国司法部反垄断部门认为，前者可能救济不足，后者则可能救济过度，无论哪种情况都可能损害消费者利益。

二是，司法部认为，皇冠宝石资产超出了解决竞争问题需要剥离的资产范围，剥离皇冠宝石资产意味着惩罚当事人，这与救济措施恢复竞争的目标相悖。不仅如此，皇冠宝石条款还给潜在买家操纵剥离资产购买价格提供了机会，如果只有少数几个潜在买家且他们都知道适用了皇冠宝石条款，他们就会故意拖延出售剥离资产的谈判，以使其随后能以更有利的价格购买。

三是，司法部认为，执法机构必须确保资产剥离能够解决竞争问题并对适格买家有足够吸引力。如果首选方案满足上述要求，就不必按皇冠宝石条款另行提供替代救济措施。极少数情况下，司法部也同意当事方同时提交两份不同但均能解决竞争问题的剥离资产包，然而这两份资产包不是先后顺序而是平行的解决方案，因此不会引发适用皇冠宝石条款，[②] 例如，在Reed Elsevier, Inc. 收购Harcourt General, Inc. 测试业务案中，司法部要求Thomson公司对两个资产包招标，除包含第一个资产包的资产外，第二个资产包增加了额外资产。[③] 时任司法部首席副部长助理Deborah Platt Majoras 2002年表示该案适用了皇冠宝石条款，[④] 但2004年救济指南否认了这一点。

尽管司法部2004年救济指南反对适用皇冠宝石条款，但司法部在个案中仍有适用该规则，例如，在2007年的Monsanto收购Delta and Pine Land案

---

① 原文表述为：Crown Jewel Provisions Are Strongly Disfavored。

② U. S. Department of Justice Antitrust Division, *Antitrust division policy guide to merger remedies* (*October* 2004), IV. B.

③ See U. S. v. the Thomson Corporation, et al., Final Judgment, The United States Department of Justice (Oct. 31, 2001), http://www.justice.gov/atr/cases/f223700/223703.htm.

④ Elai Katz & Lauren Perlgut, *Appraising Crown Jewel Provisions in the United States, Canada, and Europe*, The Threshold Volume X, Number 1, Fall 2009.

中，司法部的和解同意令要求，如果 Monsanto 公司没在规定时间内出售 Enhanced Stoneville 资产包，则需书面报告司法部并在规定时间内自行剥离 Delta and Pine Land 公司，如果届时未能完成剥离则应书面报告司法部，法庭将根据司法部的请求任命 Monsanto 公司推荐并经法庭认可的受托人剥离 Delta and Pine Land 公司。[①] 再如，2009 年，在 Sapa Holding AB 收购 Indalex Holdings Finance Inc.，案中，和解同意令要求 Sapa 和 Indalex 90 天内自行剥离 Sapa 在北卡罗来纳州的卡托巴生产设施（Catawba facility）或 Indalex 在北卡罗来纳州的伯灵顿铝壳生产设施（Burlington aluminum sheathing facility），如上述剥离失败则由受托人出售 Indalex 在伯灵顿的全部铝设施，除存在竞争问题的铝壳生产厂外，还增加了生产各种焊接铝产品的设施。[②] 司法部为该案适用皇冠宝石条款辩解称：该收购通过破产程序进行，集中审查和破产法院的时间表可能冲突，司法部执法人员与当事方接洽机会减少，适用皇冠宝石条款可提供必须的灵活性，[③] 司法部的辩解意在表示适用皇冠宝石条款只是例外，但司法部的执法实践与其发布的 2004 年救济指南相悖已是不争的事实，这也预示着司法部可能在将来的立法文件中调整立场。

2011 年美国司法部修订发布的《合并救济反垄断政策指南》即改变了此前反对皇冠宝石条款的立场。2011 年救济指南删除了 2004 年救济指南“皇冠宝石条款极其不受欢迎”的标题和相关内容，两次正面提及皇冠宝石条款：一是“剥离现存商业实体”部分规定，尽管偏好剥离现存的完整业务，但司法部反垄断部门也可能考虑接受比现存业务少的剥离，前提是来自合并双方

---

① Stoneville 是指 Stoneville Pedigreed Seed Company 在美国业务的相关资产，Enhanced Stoneville Assets 则是在 Stoneville 的基础上额外增加了一些其他资产和权利；Delta and Pine Land 公司是相关市场上主要的棉籽培育商，也是这次收购的目标公司。See U. S. v. Monsanto Co. and Delta and Pine Land Co.，Final Judgment，The United States Department of Justice（Nov. 6，2008），http：//www. justice. gov/atr/cases/f239400/239476. htm.

② 该案中，Sapa Holding AB 和 Indalex Holdings Finance Inc. 是美国仅有的两家生产用于同轴电缆的铝防护外壳的厂商，产品的买家是有限电视提供商，司法部认为该交易削弱了竞争，必须采取救济措施。See U. S. v. Sapa Holding AB and Indalex Holdings Finance，Inc.，The United States Department of Justice（Jan. 15，2010），http：//www. justice. gov/atr/cases/f257400/257499. htm.

③ Panel Discussion sponsored by the American Bar Association Section of Antitrust Law，Mergers and Acquisitions Committee，*Merger Remedies Forum*：*Current Agency Practice on Crown Jewels*，ABA（Oct. 27，2009），http：//www. abanet. org/antitrust/atbb/audio/09/10 – 09. shtml.

的资产能够组合出可行的实体以维持有效竞争，这种情况下，反垄断部门可能要求适用买家前置条款或皇冠宝石条款，以确保接受剥离资产包的买方能够维持市场竞争。[①] 二是“集中完成后再出售资产的标准同意令”部分规定，司法部必须确保剥离资产足以吸引能利用这些资产的适格买家以维持有效竞争，下述情形可能会适用皇冠宝石条款：第一种情形是，执法机构和当事人就剥离资产内容出现争议，只有当事人附加了更高价值的资产，即皇冠宝石资产，以增加找到适格买家的可能性时，才可能接受当事人提议的有争议的剥离资产包。第二种情形是，当事人提出创造性解决方案，但该方案最终可能失败，司法部可能援用皇冠宝石条款以确保维持有效竞争。[②] 这表明司法部已接受皇冠宝石条款。

（四）欧盟委员会的态度和做法

欧委会在执法中适用皇冠宝石规则迟于美国，却早于美国在成文法中规定皇冠宝石规则。《关于可接受的救济措施的通告（2001）》首次规定了替代剥离承诺，并未使用皇冠宝石规则及类似措辞，所谓替代剥离承诺，是指委员会为了规避资产剥离失败的风险，而要求当事人提供的能够解决竞争问题的额外替代承诺及实施计划，其目的是确保在首选剥离失败的情况下，可以实施替代剥离方案，以便能够同样或更好地解决竞争问题。[③]

类似美国联邦贸易委员会，欧委会竞争总司于 2005 年 10 月发布《合并救济研究（公开版）》，实证研究了其合并救济案例。报告同时使用了“替代剥离承诺”和“皇冠宝石”，汇总分析了欧盟替代剥离承诺的实践，具体包括采取替代剥离承诺的原因、对首选剥离和替代剥离有效性和可行性的要求、适用替代剥离承诺的具体案件及不适用替代剥离承诺的情形等。该报告对皇

---

① U. S. Department of Justice Antitrust Division, *Antitrust division policy guide to merger remedies*, June 2011, p. 9.

② U. S. Department of Justice Antitrust Division, *Antitrust division policy guide to merger remedies*, June 2011, p. 24.

③ 《关于救济措施的通告》第 22 段规定：某些情况下，考虑到诸如第三方的先买权或转让关键合同、知识产权或雇员等因素，当事方建议的剥离（能成活的业务以解决竞争问题）的执行可能不确定或困难。尽管如此，当事方仍可考虑他们能否在短期内剥离该业务。第 23 段规定：这些情况下，委员会不会承担有效竞争最终不能恢复的风险，因此，当事方应决定是否在承诺中包括一项替代建议，该建议对恢复有效竞争至少应同等合适，同时还要就该替代建议如何及何时执行提出清晰时间表。

冠宝石规则持肯定态度，认为适用替代剥离承诺能够向剥离义务人施加压力，增强其尽快实施首选剥离的动机；避免出现找不到首选剥离资产合适买家的僵局；[①] 降低首选剥离资产范围不适当导致的实施风险[②]等；报告同时发现，适用替代剥离承诺会使过渡期内剥离资产维护监督支出成倍增加，包括维持两份资产分持独立、正常运营及受托监督等，从而大幅度增加剥离义务人负担，此外，还可能损害涉案公司的稳定性与安全感，拖长竞争力恢复的时间等。[③]《合并救济研究（公开版）》为欧盟修订《关于可接受的救济措施的通告（2001）》提供了事实基础。

欧委会2008年发布的《关于可接受的救济措施的通告（2008）》[④] 即同时使用了“替代剥离承诺”和“皇冠宝石”，[⑤] 此处的皇冠宝石资产（规则）是指，如当事方坚持剥离存在不确定性的资产解决竞争问题，则只有在当事方同时提供包含其最宝贵资产（即所谓皇冠宝石资产）的替代剥离方案的情况下，欧委会才可能接受该救济措施，当事方不能在规定时间内执行首选方案，将强制执行替代剥离方案。《关于可接受的救济措施的通告（2008）》作为《关于可接受的救济措施的通告（2001）》的修订版，使用三大段文字完善了皇冠宝石规则，主要体现在：一是明确规定了首选剥离方案的条件，首选剥离方案能够解决竞争问题，但存在实施方面的不确定性，包括存在第三方优先购买权、不确定的关键合同、知识产权转让能否顺利进行及不确定能否找到合适买方等。二是明确规定了替代剥离方案的条件，替代剥离方案可以是在首选剥离方案基础上增加更多业务或资产的资产包，也可以是完全不同的剥离业务，但在执行时间和效果上必须具有确定性，替代剥离方案一旦执行必须能够在规定时间内完成剥离，创造出至少和首选方案一样优秀的有活

---

① European Commission, *DG Competition*: *Merger Remedies Study* (*Public version*), October 2005, p. 56.

② Ibid., p. 147.

③ Ibid., p. 157.

④ Commission Notice on remedies acceptable under Council Regulation (EC) No. 139/2004 and under Commission Regulation (EC) No. 802/2004, C267 Official Journal of the European Communities (2008).

⑤ Commission Notice on remedies acceptable under Council Regulation (EC) No. 139/2004 and under Commission Regulation (EC) No. 802/2004, C267 Official Journal of the European Communities (2008). Ⅲ. 1.4 Alternative divestiture commitments: Crown Jewels.

力的竞争者。[1]

（五）其他司法辖区的态度和做法

加拿大、英国和法国等国家也有类似制度。加拿大竞争局 2006 年 9 月发布的《合并救济信息公告》规定了皇冠宝石条款（“Crown Jewel” Provisions），[2] 规定只有在集中案件符合规则的目的时，加拿大竞争局才会谨慎地引入皇冠宝石条款，因此最终适用的案件没有预期的那样多。[3] 英国竞争委员会 2008 年 11 月发布的《合并救济指南》也规定了皇冠宝石规则：如果对首选剥离资产包可销售性存疑，业务存在资产风险，对资产剥离有严格速度要求，确定替代剥离资产包是合适的；如果首选剥离资产包在规定时间内没有售出，委员会会要求当事方出售替代剥离资产包。[4] 法国 2007 年 4 月发布的《法国企业合并指南》提及皇冠宝石资产，即不论何种原因（第三人优先购买权、第三方认可合同转让、找到合适买家面临困难等）导致完成首选救济面临不确定性或困难，当事方都有责任提供至少与首选救济承诺具有相同效用的替代解决方案（皇冠宝石资产），包括规定实施方式和条件的时间表。[5]

综上，各司法辖区关于皇冠宝石规则的规定大致相同，都是在当事人提议的首选剥离方案存在实施失败风险时，执法机构要求或当事人自愿提出比首选剥离方案更具执行性的替代救济方案，一旦首选剥离失败即强制剥离替代资产包。皇冠宝石规则发端于美国联邦贸易委员会执法，在实践中逐步得以完善并为其他司法辖区所借鉴。同为美国执法机构的司法部却反对皇冠宝石条款，特别是司法部早期的指南文件直言不讳地反对皇冠宝石条款。有观

---

① *Commission Notice on remedies acceptable under Council Regulation (EC) No. 139/2004 and under Commission Regulation (EC) No. 802/2004*, C267 Official Journal of the European Communities paras. 44 – 46 (2008).

② See Competition Bureau Canada, *Information Bulletin on Merger Remedies in Canada*, (Sep. 22, 2006), paras. 36 – 38.

③ Elai Katz & Lauren Perlgut, *Appraising Crown Jewel Provisions in the United States, Canada, and Europe*, The Threshold Volume X, Number 1, Fall 2009. 根据加拿大竞争局发布的《加拿大合并救济信息公告》，皇冠宝石条款的目的是：一是为剥离义务人出售首选资产包提供动机；二是确保首选资产包剥离失败时，竞争局仍有可行的救济措施采用。

④ See Competition Commission, *Merger Remedies: Competition Commission Guidelines*, November 2008, p. 9.

⑤ Direction Générale de la Concurrence, de la Consommation et de la Répression des Fraudes, Lignes directrices relatives au contrôle des concentrations procedure et analyse, Version of April 30th, 2007, p. 503.

点认为，美国两执法机构的核心差异在于：司法部更关注确定合适的能够尽快剥离的资产包，而不是确定可接受的合适买家；委员会更关注找到合适的可接受的买家，当找不到合适买家时，可依靠皇冠宝石条款救济，[1] 从两机构实践及其执法官员的公开评论看，这些分歧未对执法活动产生实质影响，特别是目前司法部已转变立场，美欧等主要执法机构做法已无实质区别，[2] 皇冠宝石规则已成为各司法辖区解决当事方提议救济方案实施风险过大的重要法律工具，但因适用该规则成本较高，负面影响较大，所以美欧执法机构对适用皇冠宝石规则持谨慎态度，实践中实际适用的案件数量较为有限。

二、皇冠宝石规则的价值和功能

（一）价值功能的定位

皇冠宝石规则作为附条件批准经营者集中的保障措施，其价值在于消除执法机构对首选剥离方案实施风险的担忧，提高执法机构采纳首选剥离方案的概率，在当事方提供替代剥离方案担保的前提下，附条件批准存在反竞争影响的经营者集中。皇冠宝石规则不是救济措施，不是限制性条件，其功能不在于提出或测试何种方案能够解决拟议集中存在的竞争问题，而是确保救济措施或条件得以实施的程序规则。正因如此，美国通常将皇冠宝石条款视为降低资产剥离失败风险的条款，[3] 是确保资产剥离得以适当实施的保障措施。尽管广义上也可将其视为救济措施或条件的组成部分，但精准地定位于保障措施有利于理论上制度构建，也有利于实践中执行把握。[4]

皇冠宝石规则的价值和功能源于经营者集中反垄断控制制度本身的特点和需要。参与集中的当事人作出或执行救济措施存在如下动机：一是尽可能

---

① Elai Katz & Lauren Perlgut, *Appraising Crown Jewel Provisions in the United States, Canada, and Europe*, The Threshold Volume X, Number 1, Fall 2009.

② ［美］伊莲·K. 格茨主编：《美国并购审查程序暨实务指南》（第 3 版），李之彦、王涛译，北京大学出版社 2011 年版，第 282 页。

③ Casey R. Triggs, *Shielding Consumers from Risk: FTC Divestiture Policy*, 17 - Fall Antitrust 75, 2003.

④ 准确定位性质有利于判断行为的法律责任，例如以行政裁决为中心的执法体制下，不执行条件通常不会被行政处罚，也不会被强制执行，但可能导致附条件批准决定无效或被撤销；违反保障措施下的义务则不同，通常不会导致附条件批准决定无效或被撤销，但可能承担责令改正、罚款等行政处罚责任，如拒不改正还可能被强制执行。

剥离数量少、质量差的资产；二是削弱剥离资产的价值和竞争力；三是剥离给竞争实力相对较弱的买家。执法机构通常采取如下措施应对：一是评估测试当事人提议的剥离资产包；二是尽可能缩短剥离时间；三是任命监督受托人和剥离受托人；四是采取必要的保障措施，包括买家前置、资产分持、资产保值和替代剥离等。这些保障措施的功能在于平衡当事人和执法机构的不同诉求，合理分配救济失败的风险。皇冠宝石规则主要解决当事人提议的资产包剥离失败的风险问题。此处剥离失败的风险不是实体风险，不是剥离资产包能否解决竞争问题的风险，而是程序风险，是不能适当出售剥离资产包的风险。

（二）资产增加型和激励配合型

为消除或降低这种风险，皇冠宝石规则采取如下方式事先确定替代剥离资产：一是在首选剥离资产基础上增加剥离资产的内容，二是更换为不同的另外一套剥离资产。有学者将此概括为资产增加型皇冠宝石资产和激励配合型皇冠宝石资产。①

资产增加型皇冠宝石资产主要针对首选剥离资产的成活性缺陷创设，例如 Ahold 收购 Stop & Shop 案②的皇冠宝石条款要求，如果当事方未能在规定时间内剥离首选的超市资产，受托人可以自行或根据委员会指示，剥离当事方在重合区域内各自的任何超市。尽管在理论上剥离首选资产能够消除重合区域内的反竞争影响，但如果在这些区域内不能拥有足够的超市，买方可能因缺乏规模效应而无法与当事方展开竞争，甚至剥离的超市也不能有效存活。因此，皇冠宝石资产增加了首选资产附近当事方的任何超市资产，以确保能够吸引更多潜在买家，确保剥离资产的有效成活。

激励配合型皇冠宝石资产主要针对当事方承担的可能怠于履行或难以监

---

① Carl Shapiro & Michael Sohn, "*Crown Jewel*" *Provisions in Merger Consent Decrees*, Antitrust, Fall 1997.

② Koninkdijke Ahold N. V., FTC Docket No. C – 3687. 在该案中，Ahold 和 Stop & Shop 在新英格兰的某些区域都有超市业务，联邦贸易委员会认为拟议交易将导致一些重合区域竞争减损，该案和解同意令要求 Ahold 在 30 天内剥离重合区域内的部分门店，如果届时未能剥离，委员会将任命受托人执行皇冠宝石条款。

管的特殊义务或负担。[①] 例如 Baxter/Immuno 案[②]的和解同意令要求，Baxte 在4个月内剥离 Autoplex 资产（生产用于血友病的 Factor Ⅷ抑制剂），在买家寻求美国食品药品监督管理局（Food and Drug Administration，FDA）批准其进入市场前，Baxter 承担如下义务：向买家以成本价供应该产品，有义务提供合理必要的建议和协助以完成 FDA 批准程序。如 Baxter 履行上述义务失败或委员会因买方无法取得 FDA 批准而终止初始剥离协议，受托人可以剥离 Autoplex资产或 Immuno 的 Factor Ⅷ资产。该案中，剥离任何一方的 Factor Ⅷ资产均可解决竞争问题，皇冠宝石条款将 Immuno 的 Factor Ⅷ资产纳入替代剥离范畴，意在向当事方施加压力，促其履行上述义务。

（三）替代作用和保障作用

无论是资产增加型还是激励配合型的皇冠宝石规则，作为实施剥离救济的保障措施，在实践中，皇冠宝石规则能够发挥如下替代和保障作用：

一是，消除执法机构对首选剥离方案执行性的担忧。执法机构对当事方提出的剥离方案有不同看法并不鲜见。即使当事方提出的剥离方案能够解决竞争问题，但如果不能确保顺利实施，执法机构也不会接受，因为执法机构通常不愿承担实施失败的风险。如果当事方不能提供令执法机构满意的解决办法，执法机构只能拒绝首选剥离方案，[③] 禁止经营者集中。适用皇冠宝石规则可大幅度降低这种风险，消除执法机构对首选剥离方案执行失败的担忧，因为即便首选方案实施失败，还有更具执行力的替代剥离方案备用。

二是，提高首选剥离方案的被采纳的概率，降低救济措施对经济活动的过度干预。通常认为，当事方提议的首选剥离方案对经济干预最小，但因其存在不能顺利实施的风险而被执法机构弃之不用，这既不利于当事方的商业

---

① 这些义务或负担包括转移技术诀窍、共享基础设施、履行供应协议及协助取得其他监管部门审批许可等。

② Baxter International，Inc.，FTC Docket No. C－3726. 在该案中，收购方 Baxter International，Inc. 和被收购方 Immuno International AG 均从事人体血浆提炼生物制品业务。委员会对如下两个领域的竞争减损提出担忧：一是用于血友病的 Factor Ⅷ抑制剂，二是用于控制外科手术出血的纤维蛋白粘合剂。

③ *Commission notice on remedies acceptable under Council Regulation*（*EEC*）*No. 4064/89 and under Commission*，*Regulation*（*EC*）*No. 447/98*，C68 Official Journal of the European Communities paras. 22－23（2001）.

活动，也不利于社会经济发展。适用皇冠宝石规则，可确保在消除或减弱反竞争影响的前提下，为当事方争取到尝试实施首选剥离方案的机会，最大限度地减少救济措施对当事方权益和经济活动的过度干预，降低集中交易成本，提高社会福利。

三是，反向验证首选方案的执行风险，为首选方案顺利实施提供激励和担保。如果当事方能够确保首选方案顺利执行，通常不会在乎提供更加严苛的备选方案；如果当事方没有合理理由反对适用皇冠宝石规则，则反向验证了首选方案的执行性可能存在较大风险。[①] 适用皇冠宝石规则，事先创设更为苛刻的替代方案，不仅能够内在地激励当事方积极实施首选方案，也为首选方案实施失败提供了担保。美国联邦贸易委员会的执法官员表示，委员会愿意在同意令中附加皇冠宝石条款，这可促使剥离义务人在规定时间内顺利完成资产剥离，也能在剥离不成功时提供价值更大、理论上更有吸引力的资产包。[②]

三、对皇冠宝石规则缺陷的批评

对皇冠宝石规则，无论是执法机构还是专家学者，从来不乏持批评声音，概括起来主要包括：一是认为适用皇冠宝石规则要么导致救济不足（首选方案），要么导致救济过度（替代方案）；二是认为皇冠宝石规则极少触发，没有发挥实际作用；三是认为皇冠宝石规则实际具有惩罚功能，让当事方对其不能左右的事项承担责任，对当事方不公平；四是适用皇冠宝石规则容易导致潜在买家操纵剥离价格，损害剥离义务人利益；五是适用皇冠宝石规则的成本过高。

（一）救济不足和救济过度

此观点和做法的典型代表首推美国司法部2004年的《合并救济反垄断政策指南》。该指南认为，适用皇冠宝石条款意味着，要么接受救济效果较差的首选方案，要么采取不必要的额外措施解决竞争问题，前者救济不足，后者

---

① William J. Baer, *Reflections on 20 Years of Merger Enforcement under the Hart - Scott - Rodino Act*, Antitrust Law Journal, Vol. 65, 1997.

② William J. Baer, *Reflections on 20 Years of Merger Enforcement under the Hart - Scott - Rodino Act*, Antitrust Law Journal, Vol. 65, 1997.

救济过度，无论哪种情况都可能对消费者造成损害。美国司法部首席反垄断经济学家 Carl Shapiro 认为，美国联邦贸易委员会的皇冠宝石条款，超越了其所声称的良好政策目标的需要。[①] 我国国内也有观点对此附议，认为引入皇冠宝石规则可能加剧剥离义务人倾向缩小剥离范围和执法机构倾向扩大剥离范围的矛盾，皇冠宝石资产意味着首选资产扩大，一方面可能导致首选剥离资产包界定不足，另一方面替代方案可能超出解决竞争问题需要的限度。[②] 事实上，这多有对皇冠宝石规则的误解，也脱离了经营者集中反垄断执法的实际。

一是，按规则要求，无论是首选剥离方案，还是替代剥离方案，实体上都必须满足解决竞争问题的基本要求，不存在救济不足问题，也不存在救济过度问题。执法机构不接受首选方案的原因是剥离首选资产失败的风险过大，而不是首选资产不能解决竞争问题。

二是，实践中，需结合案情及相关市场设计剥离方案，很难精确抽象剥离资产包的标准。受各种因素影响，首选资产包范围是适当的，首选资产包基础上增加资产后的替代剥离资产包也是适当的。例如 J. C. Penney 收购 Eckerd 案[③]的和解同意令要求，Penney 自行剥离在北卡罗来纳和南卡罗来纳的某些 Rite Aid 零售资产以及在北卡罗来纳特定的 Thrift drug 零售药店。如上述剥离失败，委员会将任命受托人在上述 Rite Aid 零售门店剥离包的基础上，增加剥离更多的 Rite Aid 零售门店。该案中，首选剥离消除了重合区域中可能引发反竞争影响的门店，对消除反竞争影响而言是适当的，但能否找到适当买家，确保这些门店剥离后继续作为竞争力量存在，要视买家情况而定。如果有在位竞争者或其他强有力的经营者作为买家，通常能够维持剥离零散门店的持续运营和竞争力；如果没有这样的买家，为维持首选剥离门店的生存和

---

① Carl Shapiro & Michael Sohn, "*Crown Jewel" Provisions in Merger Consent Decrees*, Antitrust, Fall 1997. 1995—1996 年、2009—2011 年，Carl Shapiro 担任美国司法部首席反垄断经济学家，司法部对皇冠宝石条款持否定态度不排除与 Carl Shapiro 个人立场有关。

② 刘武朝：《论经营者集中反垄断审查中的皇冠宝石制度——兼评〈关于经营者集中附加限制性条件的规定（征求意见稿）〉第 19 条》，载《法政探索》2014 年第 3 期；陶琦：《皇冠明珠条款——欧美实践与中国移植》，载《广西政法管理干部学院学报》2012 年第 6 期。

③ J. C. Penney Co., and Thrift Drug, Inc., FTC Docket Nos. C－3721, C－3722. 该案源于 Penney 收购 Eckerd 公司及其在北卡罗来纳州和南卡来罗那州的 190 个 Rite Aid 门店。Penney 通过子公司 Thrift Drug 在美国 17 个州已持有 1089 家门店，Eckerd 则在 13 个州拥有 1724 家门店。联邦贸易委员会认为，拟议交易将会在一些地区市场上实质减损药店之间的竞争。

竞争力，就必须剥离更多附近的门店，以吸引那些实力较弱的在位竞争者或新进入者购买这些资产，即使这些新增剥离门店不在重叠区域，也没有引发竞争问题。

三是，有观点提出，为确保合并后竞争状态，执法机构故意将首选剥离资产设计得更小、价值更低以使其不能顺利剥离，那么执法机构就可名正言顺地要求剥离更多远超正好维护竞争状态所需要的资产。[①] 我们认为，这种情形基本上是执法实践中不可能存在的理论猜想。事实上，价值较低、规模较小、不足以解决竞争问题的剥离资产包的可销售性也可能很高，但执法机构不会冒这样的风险：允许当事人剥离不能解决竞争问题的资产包。

（二）皇冠宝石条款有用和无用

有观点认为，适用皇冠宝石条款的任何好处，都会因为实际剥离替代资产的概率很低而大打折扣。[②] 从各司法辖区执法情况看，适用皇冠宝石规则的比率和实际剥离替代资产的比率（触发率）[③] 都不高。加拿大竞争局在其《合并救济研究报告》中称，在纳入报告的1995—2005年的23件采取救济措施的案件中，有5件适用了皇冠宝石条款，均在规定时间内完成首选剥离，未触发替代剥离。[④] 根据 Elai Katz 和 Lauren Perlgut 的梳理，截至2009年，即便是积极适用皇冠宝石规则的美国联邦贸易委员会，也只在 Hoechst AG 公司和 Rhône – Poulenc S. A. 合并案中触发了皇冠宝石条款，剥离了皇冠宝石资产，[⑤] 对皇冠宝石规则持反对立场的美国司法部，只在 Mittal Steel Co. N. V.

---

① 陶琦：《皇冠明珠条款——欧美实践与中国移植》，载《广西政法管理干部学院学报》2012年第6期。

② Carl Shapiro & Michael Sohn, "*Crown Jewel*" *Provisions in Merger Consent Decrees*, Antitrust, Fall 1997.

③ 此处的触发率是指适用皇冠宝石规则的案件中，最终强制执行替代救济方案的案件比率。

④ See Competition Bureau Canad, *Competition Bureau Merger Remedies Study Summary*, Government of Canada (Aug. 11, 2011), https: //www. competitionbureau. gc. ca.

⑤ 该案系 Hoechst AG 公司和 Rhône – Poulenc S. A. 合并为 Aventis S. A. 公司，Docket No. C – 3919。在该案中，委员会要求合并方剥离包括 Revasc 药厂在内的资产，如果 Aventis S. A. 公司未能在规定时间内找到合适买家，将任命受托人剥离 Revasc（主要在欧洲销售）或 Refludan（主要在美国销售）资产，前者的产品尚未在美国上市，但有望短时间内拿到 FDA 批准，后者是美国市场上唯一的凝血酶抑制剂提供商。受托人最终找到了 Refludan 的买家。See Hoechst AG and Rhone – Poulenc S. A., to be renamed Aventis S. A., FTC, http: //www. ftc. gov/os/1999/12/hoechst. do. htm.

和 Arcelor SA 合并案中触发了皇冠宝石条款。[①]

我们认为，适用皇冠宝石规则的案件是否实际剥离了皇冠宝石资产，与皇冠宝石规则的价值没有直接关系。皇冠宝石规则创设的是一种保障机制，只有在首选剥离失败的情况下才会实际剥离替代资产包。实践中，绝大多数首选剥离没有失败，就不会触发皇冠宝石条款。之所以首选剥离成功，没有触发皇冠宝石条款不外乎两种原因：一是首选剥离失败的风险没有预想得大，即使没有皇冠宝石条款，首选剥离也不会失败；二是首选剥离方案之所以成功实施，正是皇冠宝石条款成功遏制了首选剥离失败的风险，激发了当事人积极主动实施首选剥离的原因。个案中触发皇冠宝石条款，剥离皇冠宝石资产凸显了皇冠宝石规则备份剥离的作用；没有触发皇冠宝石条款，即成功实施首选剥离，则体现了皇冠宝石规则的担保和激励作用。执法机构的任务是准确评估首选剥离失败的风险，决定是否适用皇冠宝石规则，并据此配备适当的替代剥离资产。正确适用皇冠宝石规则的情况下，即使没有触发皇冠宝石条款，也可证明该规则激励当事方积极履行首选剥离的价值，[②] 单纯用皇冠宝石规则触发率的高低评价皇冠宝石规则的价值不恰当。

（三）救济功能和惩罚功能

美国司法部曾认为，皇冠宝石资产超出了解决竞争问题所需要剥离的资产范围，剥离皇冠宝石资产意味着对当事人的惩罚，这与救济措施恢复竞争的目标相悖，[③] 甚至有观点认为，如果任意使用皇冠宝石条款，相当于对当事

---

① United States of America v. Mittal Steel Company N. V. , Final Judgment, the United States Department of Justice, https://www.justice.gov/atr/case-document/file/504756/download; Department of Justice Press Release, *Justice Department Requires Divestiture in Mittal Steel's Acquisition of Arcelor*, the United States Department of Justice (Aug. 1, 2006), https://www.justice.gov/archive/atr/public/press_releases/2006/217516.htm; Department of Justice Press Release, *Justice Department Requires Mittal Steel to Divest Sparrows Point Steel Mill*, the United States Department of Justice (Feb. 20, 2007), https://www.justice.gov/archive/atr/public/press_releases/2007/221503.htm. 该案的和解同意令要求 Mittal 尽最大努力剥离 Dofasco 公司，但因交易最初遭到目标公司抵制，作为防御措施，Arcelor 将其子公司 Dofasco 放进了一个荷兰的基金。司法部认识到剥离 Dofasco 公司存在法律障碍，为消除因该障碍导致剥离失败的风险，和解同意令同时要求，如果剥离 Dofasco 失败，可选择剥离 Sparrows Point 或 Weirton facilities。最终选择剥离了 Sparrows Point 的工厂。

② William J. Baer, *Reflections on 20 Years of Merger Enforcement Under the HSR Act*, *Remarks Before the Conference Board*, 65 Antitrust Law Journal 28, (1997).

③ U. S. Department of Justice Antitrust Division, *Antitrust division policy guide to merger remedies*, October 2004.

方"征税"。[①] 笔者认为，皇冠宝石规则作为一种担保和激励措施，必然包含如果当事方不能完成首选剥离则可能面临更为不利的剥离内容，但不是对当事方的惩罚。

一是，从创设和适用规则的目的看，要求当事方承担更为不利的法律后果，剥离其不愿意剥离的皇冠宝石资产，恰是为了确保落实剥离救济措施，消除集中对市场竞争的损害，而不是单纯惩罚当事方。例如加拿大竞争局认为皇冠宝石条款的本质并不意味着惩罚，要求皇冠宝石资产应尽可能与合并引发的反竞争损害相联系，[②] 美国联邦贸易委员会在恢复竞争的目标下，对皇冠宝石资产与反竞争影响的关系要求更为宽松，在有些案例中，和解同意令要求的皇冠宝石资产甚至超出了引发反竞争影响的相关市场范畴，但委员会仍坚持认为，皇冠宝石条款不是为剥离失败设计的惩罚，只是剥离义务人看到皇冠宝石条款对其收购价值产生的威胁，而启动剥离程序以确保不会引起更大价值的资产剥离。[③] 例如 Ciba – Geigy/Sandoz（Novartis）案[④]的皇冠宝石条款规定，如果 Novartis 未能剥离 Sandoz 的玉米除草剂业务，将任命受托人剥离 Sandoz 的化学农药业务，除了存在竞争问题的玉米除草剂业务外，还包括其他除草剂、杀虫剂以及杀菌剂等业务。该案皇冠宝石资产中的其他除草剂、杀虫剂和杀菌剂业务没有竞争问题，将其纳入皇冠宝石资产的目的是激励 Novartis 及时完成首选的 Sandoz 玉米除草剂业务剥离。

二是，是否适用皇冠宝石规则取决于对首选剥离方案实施失败风险的评估。如前所述，此类风险可能源于首选剥离资产包本身，例如首选剥离资产是零散资产的组合，其风险高于正在运行的整体业务；该风险还可能源于相关市场的特点，例如所在市场潜在买家稀缺等；该风险通常不包括剥离义务

---

① Carl Shapiro & Michael Sohn, "*Crown Jewel*" *Provisions in Merger Consent Decrees*, Antitrust, Fall 1997.

② Competition Bureau Canada, *Information Bulletin on Merger Remedies in Canada*, (Sept. 22, 2006) para. 37.

③ William J. Baer Director, *A study of the commission's divestitures process* (*public version*), FTC (Aug., 1999), https://www.ftc.gov/reports/study – commissions – divestiture – process.

④ Ciba – Geigy, FTC File No. 961 – 0055, accepted for public comment December 5, 1996. 在该案中，美国联邦贸易委员会认为，交易将在玉米除草剂市场上减少竞争并导致高价，和解同意令要求合并后实体 Novartis 在 10 天内将 Sandoz 的玉米除草剂业务剥离给 BASF。

人的道德风险。因此确定适用皇冠宝石规则不是当事方对其过错行为承担的法律责任，而是执法机构和当事方就首选剥离方案实施失败风险创设的一种预防机制和保障机制。

三是，从皇冠宝石资产包的设计看，无论是资产增加型还是激励配合型皇冠宝石资产，首要考虑的是提高资产剥离的可能性和成活性，及将来参与市场竞争以平衡拟议交易反竞争影响的能力。即便皇冠宝石资产增加了与引发反竞争影响没有直接关系的资产，也不是为了惩罚当事方，例如在重叠区域内剥离一方的超市资产即可解决竞争问题，但因剥离超市资产过少、成活性较差难以找到合适买家，就有可能要求增加重叠区域内另一方的超市资产，或临近非重合区域内两方的超市资产，[①] 其目的是增强剥离资产的可销售性，培养有实力的竞争者以抵消反竞争影响。

四是，如果说皇冠宝石规则是对当事方的“惩罚”或“征税”，那么受托剥离情形下的减价销售（fire sale）则是对当事方更大的“惩罚”和“征税”。因为替代剥离要求当事方剥离更多的资产，剥离当事方不情愿剥离的资产，但未必是减价销售，当事方在经济上未必遭到直接损失。综上，批评皇冠宝石规则具有惩罚功能，理论上不适当，也不符合实际情况。

（四）道德风险和操纵剥离资产价格

美国司法部曾认为，皇冠宝石条款给潜在买家操纵剥离资产价格提供了机会，如果只有少数潜在买家，且他们知道适用了皇冠宝石条款，就会故意拖延出售剥离资产的谈判，以使其随后能以更有利的价格买到皇冠宝石资产。[②] 我国国内也有观点认为，适用皇冠宝石规则容易引发买家道德风险，导致买家采取策略行为，因为有限的潜在买家一旦知道存在比首选剥离更有利的替代方案时，就可能故意观望、拖延首选剥离资产的谈判，坐等剥离失败，以便稍后以更有利的价格获得更优质的资产，从这个意义上讲，替代方案的

---

① 美国联邦贸易委员会就使用过这样的皇冠宝石条款：如果首选剥离的 12 家超市门店没有在规定时间内剥离，将增加额外的 60 家超市门店到首选剥离资产包中作为皇冠宝石资产，以增强对潜在买家的吸引力。See Barbara A. Clark, *Merger investigations at the Federal Trade Commission: An Insider's view*, Antitrust Law Journal, Vol. 56: 3, p. 765 – 778 (1987).

② U. S. Department of Justice Antitrust Division, *Antitrust division policy guide to merger remedies*, October 2004.

存在反而成为首选方案失败的诱因。[①]

理论上这种情形似乎很容易发生，因为适用皇冠宝石规则的案件通常潜在买家稀缺，少数潜在买家通过策略行为，既可以打击作为竞争对手的剥离义务人，又能够低价买到优质资产。因此，对买家吸引力更大的替代剥离资产包，反而可能加剧首选剥离失败的风险，然而，实际情形并非如此。联邦贸易委员会竞争局前副局长 Daniel P. Ducore 曾表示，委员会没有发现买家利用皇冠宝石条款操纵价格的证据，且买家也没有延迟程序以图逼迫皇冠宝石资产出售，因为如果这样做的话，最终会使受托人将资产卖给其他买家。[②]

事实上，只有少数剥离资产潜在买家的情形下，即使没有适用皇冠宝石规则，理论上，少数买家也可能采取策略行为，拖延谈判、怠于达成剥离资产购买协议，因为一旦自行剥离失败，就会进入受托剥离，受托人将对剥离资产减价出售。剥离资产所在相关市场上的合格买家（通常是在位竞争者）往往不会太多，如果合格买家众多，一般也不会引发严重的竞争问题。然而，绝大多数情形下，当事方都能顺利自行剥离而不需要进入受托剥离，主要原因在于：一是剥离义务人会采取相应措施避免潜在买家协调对策，例如与潜在买家签署保密协议逐个商谈；二是剥离资产通常是业内的重要资产，在行业内往往有相对公认的估值，或有业内认可的交易评估程序，实际交易价格不会偏离太多；三是买家和卖家通常都是业内享有盛誉的大公司，一般不会滥用剥离程序获取不当利益。

尽管如此，制度上仍有必要事先设计防范这种风险的机制，即执法机构适用皇冠宝石规则，应根据个案评估潜在买家采取策略行为的可能性，并据此决定是否对适用皇冠宝石规则及皇冠宝石资产的内容予以保密。加拿大竞争局 2006 年的《加拿大合并救济信息公告》规定，皇冠宝石条款虽然在受托

---

① 参见刘武朝：《论经营者集中反垄断审查中的“皇冠宝石”制度——兼评〈关于经营者集中附加限制性条件的规定（征求意见稿）〉第 19 条》，载《法政探索》2014 年第 3 期；陶琦：《皇冠明珠条款——欧美实践与中国移植》，载《广西政法管理干部学院学报》2012 年第 6 期。

② Panel Discussion sponsored by the American Bar Association Section of Antitrust Law, Mergers and Acquisitions Committee, *Merger Remedies Forum*: *Current Agency Practice on Crown Jewels*, ABA (Oct. 27, 2009), http: //www. abanet. org/antitrust/atbb/audio/09/10 – 09. shtml. 转引自 Elai Katz and Lauren Perlgut, Appraising Crown Jewel Provisions in the United States, Canada, and Europe, The Threshold Volume X, Number 1, Fall 2009。

剥离期间开始前就已经决定，但只有在受托剥离开始后才会触发，在受托剥离开始前，皇冠宝石条款的存在和内容都是保密的。[①] 欧盟虽然没有明文规定，但在其发布的案例中也曾对替代方案采取保密措施，甚至在欧盟后期的访谈中，买方声称此前并不知道还有其他的替代选择。[②] 英国竞争委员会2008年发布的《合并救济指南》要求在案件报告中确定替代剥离资产包，但在报告公开版中会隐去替代剥离资产包，以防止因替代剥离资产包的存在削弱首选资产包的剥离。[③] 我们建议，应采取依申请有条件的替代救济保密制度，对替代救济保密的主要目的是保护剥离义务人利益，如果剥离义务人提出保密请求且有合理理由，执法机构应采纳并采取必要保密措施；如果剥离义务人未提出申请，意味着其能自行应对潜在买家的策略行为，执法机构可不必主动采取保密措施。

（五）增加交易成本和执法成本

皇冠宝石规则要求提供两套救济方案显然会增加成本，损害或迟延效率，具体体现在：

一是增加了商谈难度，提高了商谈成本。尽管在以行政裁决为中心的执法体制下，执法机构可单方面作出行政裁决，但如果要适用皇冠宝石规则，执法机构通常需要向当事方说明首选方案存在的剥离风险并要求其提供替代方案，执法机构通常不会自行确定首选方案，更不会自行确定替代方案。[④] 这需要执法机构和当事方就两套方案分别商谈和市场测试，无疑会增加商谈难度，提高交易和执法成本。

二是增加了经营风险，提高了监管成本。一旦确定适用皇冠宝石规则，剥离过渡期内，两个剥离资产包通常都需分持，都需脱离当事方而由分持管理人运营。一方面，当事方需支付更多的分持和监管费用，执法机构也需耗

---

① Competition Bureau Canada, *Information Bulletin on Merger Remedies in Canada*, (Sept. 22, 2006), para. 38.

② See European Commission, *DG Competition: Merger Remedies Study* (*Public version*), October 2005.

③ See Competition Commission, *Merger Remedies: Competition Commission Guidelines*, November 2008, p. 9.

④ 理论上，执法机构有权自行确定条件，但基于熟悉行业、便利后期执行等方面的考虑，执法机构通常会要求当事方提出方案，由其评估测试后再提出调整要求。

费更多的执法资源监管；另一方面，更多的资产处于待剥离的不稳定状态，关键员工可能离职、当事方对剥离资产的支持力度可能削弱，都会降低两个资产包的运营效率。

三是迟延了集中实施和资产融合，皇冠宝石资产一旦确定，即使最终不被剥离，在剥离过渡期内也不能与当事方其他资产融合，集中预期取得的效率因此迟延甚至削弱。欧委会进行合并救济实证研究回访时，皇冠宝石资产的卖家称，替代救济比单一救济要承担更高成本，过渡期内，维持资产和监督受托人的花费都翻番了，参与公司的不确定性提高了，合并带来的成本节省和效率提高都迟延了。①

笔者认为，适用皇冠宝石规则需要确定两套剥离资产包，但最终剥离一套，显然会占用更多执法资源，提高当事方成本，增加不确定性，迟滞和降低集中带来的效率，但执法机构不能因噎废食，而要审时度势谨慎适用，一方面，要平衡适用皇冠宝石规则的不利后果和首选剥离失败损害间的关系，如果首选剥离失败而导致的损害过大，仍可适用皇冠宝石规则；另一方面，根据个案情况积极考虑负面影响更小的替代办法，例如适用买家前置规则。只有在无法通过其他更少弊端的方法解决问题的情况下，才有必要适用皇冠宝石规则，如果当事方自己能够找到首选剥离资产包的合格买家，作为回报可考虑不再适用皇冠宝石规则。②

尽管存在种种争议，但皇冠宝石规则的功能和价值逐渐被各执法机构认可，即便是持反对观点的典型代表美国司法部，也在适用皇冠宝石规则并在其 2011 年救济指南中改变反对立场，转而承认该规则，这从另一侧面说明皇冠宝石规则的功能和价值得到承认，各种指责和批评立场破产。

四、皇冠宝石规则的构建和适用要求

19 世纪 80 年代中期，美国联邦贸易委员会就已开始适用皇冠宝石条款。我们见到最早关于该规则的委员会文件是 2003 年声明，声明中相关规定寥寥

---

① See European Commission, *DG Competition*: *Merger Remedies Study* (*Public version*), October 2005.

② Carl Shapiro & Michael Sohn, "*Crown Jewel*" *Provisions in Merger Consent Decrees*, Antitrust, Fall 1997.

数语，不具有法律约束力。无论是在委员会还是在司法部，皇冠宝石规则都不是执法机构审查案件的裁判规则，而是执法机构与当事人达成和解协议的指南。指南与裁判规则的不同在于，包含皇冠宝石条款的和解协议需要得到执法机构和当事人认可，需要经过法院批准并公示接受公众评议。在美国，执法机构发布指南的目的是提供参考，协助当事人了解执法机构立场，增强可预见性，为商谈救济提供指引，提高调查效率，[①] 但这些文件不能实质约束当事人和法院。

在以行政裁决为核心的执法体制下，适用皇冠宝石规则尽管也需要与当事人商谈并达成一致，但执法机构不需要与当事人达成和解协议，而是由执法机构以当事人提交的承诺为基础单方作出行政裁决。皇冠宝石规则成为执法机构事实上的审查裁判规则，但这类规则通常不能约束法院的司法审查。例如欧委会《关于可接受的救济措施的通告（2008）》规定，欧委会可对存在竞争问题的集中附加条件和义务，确保相关企业遵守其向欧委会作出的承诺，欧委会将在个案中适用、发展和修正本通告包含的原则，通告不影响欧洲共同体法院或初审法院的解释。[②]

我国借鉴和移植了国外反垄断规则，结合本国情况创设了以行政裁决为中心的执法机制。这决定了我们的反垄断规则不是自然产生发展于实践，而是源于国外规定或做法。这要求我们在系统研究国外做法的基础上，结合我国国情创设相应规则，明确适用条件、替代救济方案的要求、替代救济的触发条件和执行等要素。

（一）对经营者集中的要求

适用皇冠宝石规则的集中，必须是执法机构认为其存在竞争问题，当事方据此向执法机构提出了救济措施建议，希望执法机构通过附条件方式予以批准的集中。相关竞争问题可采取救济措施通过附条件批准方式解决。如果拟议集中不存在竞争问题，或即使存在竞争问题，但难以附条件方式解决的，

---

① 联邦贸易委员会竞争局2003年声明开始即称，起草声明旨在为有关并购救济谈判提供指引，竞争局希望指引能回答谈判过程中发生的一些问题并提高程序效率。

② *Commission Notice on remedies acceptable under Council Regulation* （*EC*） *No. 139/2004 and under Commission Regulation* （*EC*） *No. 802/2004*, C267 Official Journal of the European Communities paras. 1 – 2 （2008）.

均不能适用皇冠宝石规则。

至于可能采取的救济措施，根据美欧指南文件仅限于资产剥离。首选剥离资产（初始剥离资产）和替代剥离资产（皇冠宝石资产）[①] 及类似术语充斥着绝大部分指南文件和学术文献。然而，执法实践早已突破资产剥离的范畴，没有完全按照指南执行。实际情况是，皇冠宝石规则不仅适用于采取资产剥离的集中，还适用于采取其他结构救济的案件，甚至适用于采取行为救济的案件，这被我国学者形象地称为“实践中的异化”。[②]

美国司法部首席经济学家将皇冠宝石条款划分为资产增加型和激励合作型，其中后者即针对首选救济方案包含如下内容的情况：需要集中后实体对剥离业务持续技术诀窍转移，或履行持续供应协议，需要集中后实体协助剥离业务买家取得行业管制许可。[③] 在首选救济方案中的这些内容实际上已包含行为条件。如果集中后实体未能适当履行这些行为条件，则可能被强制执行替代救济方案，包括剥离皇冠宝石资产。

欧盟有类似情形，例如，在 Nestlé / Ralston Purina 案中，Nestlé 取得 Ralston Purina 的单独控制，欧委会认为，拟议交易会在西班牙、希腊和意大利市场上引发反竞争影响。欧委会接受了当事人提议的消除西班牙市场反竞争影响的承诺，包括：剥离 Nestlé 旗下在西班牙的干猫粮和干狗粮业务，其中包含 3 年内 Friskies 和 Vital Balance 品牌的独家许可等；如果上述救济失败，作为替代救济措施，Nestlé 将剥离 Ralston Purina 在西班牙与 Agrolimen S. A. 的合营企业 Gallina Blanca Purina JV 50% 的股权。[④] 显然，该案的首选救济方案既包括资产剥离的结构救济，也包括品牌许可的行为救济。欧委会在其《合并救济研究报告》中总结过类似案例：当事方承诺通过以下方法解决在某国

---

① 相关术语包括：首选剥离资产包或初始剥离资产包（original divestiture package），替代剥离资产（alternative divestiture assets / alternative package of assets / alternative assets），皇冠宝石资产（crown jewels / a crown jewel / crown jewel assets），等等。

② 参见刘武朝：《论经营者集中反垄断审查中的皇冠宝石制度——兼评〈关于经营者集中附加限制性条件的规定（征求意见稿）〉第 19 条》，载《法政探索》2014 年第 3 期。

③ Carl Shapiro & Michael Sohn, "*Crown Jewel*" *Provisions in Merger Consent Decrees*, Antitrust, Fall 1997.

④ Case No COMP/M. 2337 – Nestlé / Ralston Purina (Public version), Para. 12. Available in the CELEX database. Document No 301M2337.

市场上的竞争问题：让渡供应协议；授予独家经营许可，如果以上两点没有做到，则剥离替代的全部业务。①

加拿大也有类似案件，Asea Brown Boveri 与 Westinghouse 合并案，竞争局认为拟议合并将实质减少加拿大电力设备市场上的竞争。首选救济措施要求 Asea Brown Boveri 公司积极向加拿大财政部申请降低或减免电力设备进口关税；皇冠宝石条款要求 Asea Brown Boveri 公司如果不履行上述承诺或申请未被加拿大财政部批准，则应在 120 天内剥离合并后公司的任意有效消除竞争的资产或业务。②

皇冠宝石规则是美欧执法实践中发展起来的操作性很强的规则，我国创设皇冠宝石规则或类似制度，已无法从实践操作中自发进行，现实做法是在层级较低的法律文件中作出规定。我们建议，这种纸面制度的移植不应囿于美欧指南文件的书面规定，而应重视美欧执法实际操作情况，借鉴规则的原则和精神，拓宽替代救济措施的应用范围。皇冠宝石规则的核心价值在于，给当事方实施首选救济方案机会的同时，为执法机构提供确保竞争问题得以解决的保障。与首选救济方案相比，替代救济方案的执行风险必须比首选救济方案小，替代救济方案必须能够给当事人施加积极实施首选救济方案的压力。从这个角度讲，无论是首选救济方案，还是替代救济方案，都不必须是结构剥离，也不必须是行为救济。皇冠宝石规则作为救济措施的执行保障措施，可以普遍适用于各种救济措施。即首选方案可以是行为的，如知识产权许可，替代救济措施也可以是行为的，如更多的知识产权许可，还可以是结构的，如转让许可失败的知识产权。

（二）对首选救济方案的要求

一是，首选救济方案须实体评估合格，不存在救济不足的问题。

首选救济方案必须能够解决拟议集中存在的竞争问题，不存在救济不足问题。对此有不同看法认为，执法机构之所以否定首选方案，是首选方案对

---

① See European Commission, *DG Competition*: *Merger Remedies Study* (*Public version*), October 2005, p. 54.

② Canada (Director of Investigation and Research) v. Asea Brown Boveri Inc., [1989] C. C. T. D. No. 35 (QL) (Comp. Trib.).

解决竞争问题根本无效，而不是执行的不确定性或执行中存在困难。[①] 我国也有观点认为，初始剥离的不确定性包括剥离资产的竞争性存在不确定性，因为市场竞争瞬息万变，剥离方案确定时的剥离资产竞争性可能在剥离执行时已经发生重大变化，此时如果不对剥离资产的竞争性进行修正，资产剥离维护合并后竞争状态的制度目的将根本落空。[②]

我们认为，此处的不确定性是指首选方案实施的不确定性，不包括是否能够解决竞争问题。皇冠宝石规则是程序规则，不是实体评估规则，不解决救济措施的实体有效性的问题。欧委会两次发布的《关于救济措施的通告》对当事人提议的首选剥离方案都明确注明："（首选剥离方案）对解决竞争问题而言是可行的"，[③] 尽管美国司法部反托拉斯局2004年救济指南批评皇冠宝石规则的重要理由之一是首选方案对竞争问题救济不足，但2011年救济指南改变了立场。无论是美国司法部，还是联邦贸易委员会的实践都表明，首选救济方案本身都能解决竞争问题，只是对其执行性存疑。事实上，如果执法机构认为首选方案不能解决竞争问题，就不会认可其救济方案，不会给予任何实施的机会，更不会与其商谈替代救济的问题。

至于因市场变化过快，导致先前确定的救济方案不能解决后来变化了的市场竞争问题，我们认为，这也不能作为适用皇冠宝石规则的理由，在其他司法辖区也无此先例，主要理由在于：第一，从实践来看，尽管存在长短不同的剥离过渡期，但市场变化如此之快，导致同一救济方案在过渡期开始和结束两个时间点对竞争问题的救济效果截然不同，这样的案例在实践中尚未见到。第二，如果存在竞争状况变化如此之快的市场，这种迅速变化的情形应在竞争分析中考虑，考虑的结果通常是：如果竞争优势可以迅速取得，也

---

① Luc Gyselen, *Merger Remedies Policy in the EU and USA*, Practical Law Company's Cross – border Competition Handbook 2006/07, Arnold & Porter (July 2006), https://www.arnoldporter.com/en/perspectives/publications/2007/10/merger – remedies – policy – in – the – eu – and – usa.

② 参见陶琦：《皇冠明珠条款——欧美实践与中国移植》，载《广西政法管理干部学院学报》2012年第6期。

③ See *Commission notice on remedies acceptable under Council Regulation (EEC) No. 4064/89 and under Commission, Regulation (EC) No. 447/98*, C68 Official Journal of the European Communities para. 22 (2001); *Commission Notice on remedies acceptable under Council Regulation (EC) No. 139/2004 and under Commission Regulation (EC) No. 802/2004*, C267 Official Journal of the European Communities para. 44 (2008). 英文原文表述均为：of a viable business solving the competition concerns。

可以迅速失去，那么在这样的市场上，集中引发的竞争问题通常不会过于严重；既然在审查时就已预见到市场竞争状况可能迅速变化，在设计救济方案时就应当考虑这种因素。第三，在案件审查过程中，如果市场竞争状况或当事人状况发生重大变化，应报执法机构并基于新情况审查。然而，一旦执法机构与当事人达成和解协议并经法院认可或执法机构作出审查决定且生效，即便市场竞争状况发生变化，也不能据此再行调整救济措施，救济措施只能依据集中发生时的市场竞争状况分析作出。

二是，首选救济方案的执行性，须存在不可接受的瑕疵。

美国联邦贸易委员会竞争局 1999 年发布的《关于剥离程序的研究报告》使用了“将无法找到可接受的剥离资产的买家”的措辞，[①] 但美国司法部和联邦贸易委员会发布的指南文件均未对此明确规定。欧委会 2005 年发布的《合并救济研究（公开版）》将此总结为：“卖方不能在可预见的期限内找到合适的买家”，[②] 欧委会两次发布的关于救济措施的通告表述为：“执行当事人提议的救济方案可能存在不确定性（或困难）。”[③]

笔者认为，皇冠宝石规则适用于剥离救济，执法机构不认可首选剥离方案的原因应表述为“找不到剥离资产的可接受的买家”；适用于其他救济措施时，适用范围则可表述为“首选救济方案的执行性存在不可接受的瑕疵”。至于瑕疵程度，只要执法机构认为首选救济方案难以或无法实施即可。实践中最常见的表现是：当事人在规定时间内找不到剥离资产的适当买家或存在其他实施障碍。当事人可能认可或不认可执法机构的观点，如果当事人不认可

---

① William J. Baer Director, *A study of the commission's divestitures process*（*public version*）, FTC（Aug., 1999）, https://www.ftc.gov/reports/study - commissions - divestiture - process. 英文原文表述为：no acceptable buyer be found for the to - be - divested assets。

② See European Commission, *DG Competition*: *Merger Remedies Study*（*Public version*）, October 2005, p. 54. 英文原文表述为：sellers are unable to divest to a suitable purchaser within the foreseen deadline。

③ *Commission notice on remedies acceptable under Council Regulation*（*EEC*）*No. 4064/89 and under Commission*, *Regulation*（*EC*）*No. 447/98*, C68 Official Journal of the European Communities para. 22（2001）. 英文原文表述为：the implementation of the parties' preferred divestiture option might be uncertain or difficult。*Commission Notice on remedies acceptable under Council Regulation*（*EC*）*No. 139/2004 and under Commission Regulation*（*EC*）*No. 802/2004*, C267 Official Journal of the European Communities para. 44（2008）. 英文原文表述为：the implementation of the parties' preferred divestiture option might be uncertain。

执法机构的观点，不采取措施消除首选方案的执行瑕疵，那么在以司法裁决为中心的执法机制下，例如美国，执法机构和当事人将无法达成和解协议。执法机构如果坚持自己的观点，只能诉诸法院，请求法院禁止拟议交易。在以行政裁决为中心的执法机制下，例如欧盟和我国，执法机构有权直接作出禁止拟议交易的审查决定。因此，首选方案执行瑕疵的判断，首先由执法机构和当事方协商，如果达不成一致意见，执法机构往往有更大主动权，或提起诉讼禁止拟议交易，或直接裁决禁止拟议交易。当然，执法机构的做法也会面临起诉法院不支持或当事方不服行政裁决诉至法院的风险。

当事方提议的救济方案是否存在不可接受的执行瑕疵，通常由执法机构根据个案认定。为增强可预见性，防止滥用而导致增加交易成本或过度干预市场，各国执法机构通常以发布指南文件或研究报告的方式规定一些情形供参考。例如美国联邦贸易委员会竞争局1999年发布的《关于剥离程序的研究报告》提到了最典型的情形：将要剥离的资产无法找到可接受的买家，但存在价值更大、更具可售性且能找到可接受买家的资产包。① 加拿大竞争局2006年发布的《加拿大合并救济信息公告》也有类似规定，救济是否可行存在不确定性，例如剥离是否能够完成。② 英国竞争委员会2008年发布的《合并救济指南》规定，最初提议的资产包的可销售性存疑或是业务存在重大资产风险需要迅速剥离。③ 国内有观点将此总结为：首选剥离业务或资产包的核心部分可能涉及第三方权利，并需经第三方同意或认可的情形；首选剥离资产或业务存在可售风险；存在潜在适格买家稀缺的风险；待剥离期间被剥离业务或资产存在大幅贬值的风险；当事人存在较大可能违约的道德风险。④ 还有总结为：初始剥离执行存在不确定性，包括剥离资产的竞争性存在不确定性和剥离资产的可存活性存在不确定性；合并方缺少激励、消极履行剥离义

---

① William J. Baer Director, *A study of the commission's divestitures process* (*public version*), 1999, para. 30.

② Competition Bureau Canada, *Information Bulletin on Merger Remedies in Canada*, (Sept. 22, 2006), para. 36.

③ See Competition Commission, *Merger Remedies*: *Competition Commission Guidelines*, November 2008, p. 19.

④ 参见刘武朝：《论经营者集中反垄断审查中的皇冠宝石制度——兼评〈关于经营者集中附加限制性条件的规定（征求意见稿）〉第19条》，载《法政探索》2014年第3期。

务或阻挠剥离执行。[①] 上述观点多半可取，个别也有误解之处，笔者认为，应主要从如下四方面判断首选方案是否存在不可接受的执行风险。

第一，实施首选剥离方案可能引发第三人异议或需要第三人配合。具体包括：(1) 第三人对剥离资产享有优先购买权、所有权或其他物上负担主张；(2) 剥离业务的主要资产为第三人实际占有；(3) 剥离业务的核心技术来源于第三人授权；(4) 剥离业务的供应或销售主要由少数第三人主导等。迫于时间压力，当事人无法在审查期间内获得第三人授权、许可或同意，或即使取得第三人授权、许可或同意，实施过程中第三人是否完全配合存在很大不确定性。欧委会《关于可接受的救济措施的通告（2008）》第 44 段规定的“存在第三方优先购买权”、“关键合同”和“知识产权”转让等情形即属此列。欧盟实践中，当事人退出合营企业需合营对方同意的情形发生较多。欧委会 2005 年发布的《合并救济研究（公开版）》中纳入统计的 4 个采取替代承诺的案件，有 3 个是为了解决从合营企业退出的不确定问题，从合营企业退出需作为第三人的合营对方配合才能实现。[②] 这些不确定性都有可能导致剥离资产无法按要求剥离，或即使能够剥离日后也难以顺利运营。

第二，难以找到首选剥离资产的合适买家。是否能找到适格买家是判断首选剥离救济是否存在不可接受的执行风险的常见情形，欧盟《关于可接受的救济措施的通告（2008）》第 44 段即规定“不确定是否能够找到合适的买方”是适用皇冠宝石规则的情形之一。难以找到首选剥离资产的合适买家是执法机构预判的情形，这种预判通常基于如下事实：(1) 剥离资产本身的原因，即剥离资产可售性和存活性不强，例如剥离资产由零散资产组成，剥离资产过于依赖当事方资源支持，运营剥离资产需要特定技术、资金或其他基础设施，剥离资产价值巨大等。(2) 潜在买家的原因，例如在位竞争者过少或对剥离资产没有兴趣，潜在竞争者对剥离资产不感兴趣，或有兴趣的买家可能不会将其用于与当事方竞争等。(3) 相关市场的原因，例如相关市场进入门槛过高等。上述因素通常需综合考虑，以确定是否难以找到合适买家，

---

① 参见陶琦：《皇冠明珠条款——欧美实践与中国移植》，载《广西政法管理干部学院学报》2012 年第 6 期。

② See European Commission, *DG Competition: Merger Remedies Study* (*Public version*), October 2005, p. 54.

例如市场门槛过高和在位竞争者过少两者结合通常会导致很难找到合适买家。有观点将剥离资产可销售性风险和潜在适格买家稀缺作为两个独立因素分别讨论,[①] 我们认为,剥离资产、潜在买家及相关市场三方面的某些特点共同决定了找到适格买家的可能性,从而决定了首选救济方案的执行性,三方面的因素应当综合考虑,以判断是否容易找到剥离资产的合适买家。

第三,实施首选方案需其他政府部门审批且存在不确定性。美国司法部 2011 年救济指南规定,如果提议的救济措施涉及第三方许可,比如某个政府部门审批,而这一许可无法在同意令颁布前获得时,同意令应包含创设替代救济措施的附属条款,以防所需审批最终无法获得。[②] 该等批准包括两种情况:(1)资产转让本身需要其他政府部门批准,例如预计剥离资产可能转让给外国投资者,外国投资者取得该资产需要得到外资或国家安全管理部门批准。笔者认为,反垄断审查决定作出前,如果没有证据表明其他政府部门将确定批准资产转让,即可认为实施首选方案存在不确定性。如果仅因其他政府部门的批准不确定而适用皇冠宝石规则,在实施首选方案过程中,其他政府部门作出批准决定的,当事人可申请解除对替代资产的约束;或在附条件审查决定中事先规定,其他政府部门一旦批准,将自动解除对替代资产的约束。(2)资产转让无须批准,但买家获得剥离资产欲从事相关生产经营并进入相关市场与当事方竞争,则需其他政府部门批准或许可。这主要发生在市场进入存在资质管制或品质控制的行业,如制药行业、爆炸物品行业等。美国联邦贸易委员会曾在多个此类案件中适用皇冠宝石条款,例如,在 Baxter/Immuno 案中,买家取得 Autoplex 资产生产用于血友病的 Factor Ⅷ抑制剂,需要获得美国 FDA 的批准,如果因买家无法取得 FDA 批准而终止首选剥离协议,受托人可以剥离 Autoplex 资产,也可以剥离 Immuno 的 Factor Ⅷ资产。

然而,上述立场遭到时任美国司法部首席经济学家 Carl Shapiro 的抨击。Carl Shapiro 认为,根据经济学和合同法原理,只能对当事人能够控制的事项施加义务,如果要求当事人对其控制范围以外的事项承担责任,即当事人已

---

① 参见刘武朝:《论经营者集中反垄断审查中的“皇冠宝石”制度——兼评〈关于经营者集中附加限制性条件的规定(征求意见稿)〉第 19 条》,载《法政探索》2014 年第 3 期。

② U. S. Department of Justice Antitrust Division, *Antitrust division policy guide to merger remedies*, June 2011, p. 27 – 28.

做了所有要求他做的事还可能会承担责任，就可能损害正常的商业运营。[①] 例如，在 American Home Products Corporation（AHP）收购 Solvay S. A. 动物医疗业务案[②]中，联邦贸易委员会认为，两者相互重叠的某些猫科动物和犬科动物疫苗存在反竞争影响。和解同意令要求剥离重叠的 Solvay S. A 疫苗业务，在剥离业务买家生产的疫苗获得美国农业部批准前，AHP 应以 Solvay S. A 的成本价向买家供应 Solvay S. A 的产品，AHP 应提供必要信息以便于买家自产的疫苗获得美国农业部批准。在与委员会协商过程中，AHP 推荐了买家 Schering - Plough，该公司承诺购买重叠部分疫苗。委员会坚持加入皇冠宝石条款，如果当事方不能成功实施上述救济，则增加剥离 Solvay S. A 的马类疫苗相关生产设施和资产。Carl Shapiro 认为，如果合并当事方履行了协助义务，但仍没能获得美国农业部的批准，当事方并没有过错，要求其承担剥离更多资产的义务没有根据，如果要求合并当事方承担所有的风险，可能损害合并取得的效率。

我们认为，联邦贸易委员会关注的是竞争损害能否恢复，如果当事方提议的救济方案存在实施失败的风险，则应由当事方提供相应的补救措施来消除这些风险。这些实施失败的风险可能归责于当事方，例如当事方没有提供必要的信息和协助，导致买家无法获得美国农业部的准入许可；也可能是超出当事方控制与当事方无关的事由，例如买家自身的缺陷导致无法获得美国农业部的准入许可。要求执法机构承担这些风险，即要求执法机构在事先清楚实施失败风险过大的情形下，仍然同意接受有实施缺陷的救济方案，且不采取必要措施消除或降低这些风险，在实践中是不现实的。执法机构必然会要求当事方提供必要措施，包括适用皇冠宝石条款、采取买家前置等，消除或降低这种风险。事实上，在经营者集中反垄断控制制度中，当事方没有过错而承担不利后果的情形并不鲜见，例如当事方已尽力出售资产，但在规定期限内仍未完成剥离而被受托人减价出售。尽管当事方对救济措施实施失败没有过错，但仍有义务补救其提议救济方案实施的失败，这在经济学和合同

① Carl Shapiro & Michael Sohn, "*Crown Jewel*" *Provisions in Merger Consent Decrees*, Antitrust, Fall 1997.

② American home Products (American home Products, FTC File No. 971 - 0009. accepted for public comment February 25, 1997).

法上并无不妥。

第四，首选救济方案包含的义务容易引发当事方道德风险，执法机构难以监督查明当事方是否适当履行了该类义务。这些义务通常包括：技术诀窍（Know how）的转移及其他附带协助义务的知识产权许可；当事方与买家间有持续供应协议或当事方以其经营资源承担其他支持义务；保证技术管理队伍特别是关键人员在剥离资产中留任；提供必要的信息资料等。这些义务有些是独立的，例如转让技术诀窍，但多数附属于资产或业务剥离，例如在资产剥离中，要求当事方在规定时间内，确保对买家的持续供应、经营支持、人员留任等。当事方是否适当履行这些义务很难监管，当事方甚至可以利用不履行或不适当履行这些义务，损害剥离资产或业务的价值和竞争力。这些义务的履行情况决定了剥离资产的成活性，卖方有能力损害资产剥离，如不转让必要的技术或专门技能，此时适用皇冠宝石条款将格外有价值。[①] 这种情况下，尽管资产剥离表面成功，但没有适当履行这些附属义务，也可能导致剥离失败，例如在以人才为核心竞争力的高科技行业，尽管资产和业务成功剥离，但关键技术人员没能留任，这样的剥离很可能失败。再如，以生产诀窍为核心竞争力的生产行业，即便业务和资产转让成功，签署了知识产权许可协议，但没对买家生产队伍培训，传授生产技巧，导致买家良品率过低，也可能被视为剥离失败。

需要特别注意的是，容易引发当事方道德风险的义务不同于当事方本身的道德风险，前者是当事方在实施救济措施中承担的义务，后者是对当事方信誉等因素的道德评估。我们认为，能否适用皇冠宝石规则，应坚持从拟议集中和当事方提议的救济措施出发评估，而不应以当事方市场表现和信誉为基础的道德风险进行评估。国外有观点认为，只有当合并企业的诚信存在疑问时采用皇冠宝石规则才是适当的，[②] 国内也有观点将“合并企业的道德风险”和“当事人存在较大可能违约的道德风险”列为适用皇冠宝石规则的情

---

① William J. Baer, *Reflections on 20 Years of Merger Enforcement under the Hart - Scott - Rodino Act*, 65 Antitrust Law Journal 33 (1997).

② Joe Sims, *Negotiated Merger Remedies: How well do They Solve Competition Problems?*, The George Washington Law Review, Vol. 69, October/December, 2001.

形之一。[①] 然而，美欧执法机构的研究报告和指南文件均未将当事方道德风险列为适用皇冠宝石规则的情形。我们认为，适用皇冠宝石规则的前提是当事方提议的首选救济方案执行性存在不可接受的瑕疵，这种瑕疵源于救济方案本身，不包含当事方信誉及由此引发的道德风险。前者是对首选方案执行性的评估，后者是对经营者本身道德风险的评估。是否适用皇冠宝石规则应立足对首选方案执行风险的评估，主要考虑剥离资产或其他救济措施本身及相关市场竞争状况等因素，不应考虑当事方的道德风险。如果考虑经营者的道德风险，一方面，对不同经营者待遇不公平；另一方面，执法机构需评价经营者的信誉，确定其信誉可能引发道德风险的高低，这不仅需要花费额外成本，还可能给执法机构带来额外风险。

当然，信誉差的当事方确实存在引发救济方案实施失败的风险，具体表现为：消极维护剥离资产甚至放任贬值，实施对剥离业务不利的运营方案，实施不利于剥离业务留任员工的人事计划，怠于寻找适当买方，迟延交割进程等。当事方的上述道德风险并非完全源于当事方职员的个人品质，而主要源于当事方与潜在买家间的利益冲突。剥离业务买家通常是在位竞争者或潜在竞争者，剥离业务将来会与当事方竞争，从商业动机来看，卖方对剥离资产具有信息优势，卖方会利用这种优势使买方在未来业务经营或市场竞争中处于不利地位。[②] 法律对这种道德风险并非熟视无睹，但不是通过皇冠宝石规则，而是主要通过监督受托制度、受托剥离制度、资产保值和资产分持制度解决。在监督受托制度下，当事方将不得不接受监督人的监督，自行依法尽快剥离相关资产，如果在规定期限内自行剥离失败，将由剥离受托人以减价方式拍卖剥离资产，从而可有效制约当事方懈怠剥离和故意贬损剥离资产的行为。资产保值和资产分持则要求当事方承担剥离资产保值的责任，在剥离期内，当事方的保留业务和剥离资产相互分离，独立经营，可有效防止当事人贬损剥离资产的价值和竞争力。

---

① 参见韩伟：《美国、欧盟反垄断法中的皇冠宝石规则及启示》，载《经济纵横》2012 年第 11 期；刘武朝：《论经营者集中反垄断审查中的“皇冠宝石”制度——兼评〈关于经营者集中附加限制性条件的规定（征求意见稿）〉第 19 条》，载《法政探索》2014 年第 3 期。

② 尚明主编：《企业并购反垄断控制——欧盟及部分成员国立法执法经验》，法律出版社 2008 年版，第 87 页。

最后，适用皇冠宝石规则还需当事方和执法机构达成一致。当事方和执法机构就适用皇冠宝石规则达成一致通常有两种方式：一种是当事方在确保首选救济方案顺利实施的同时提出替代救济方案的建议，请求执法机构援用皇冠宝石规则附条件批准经营者集中，执法机构予以认可；另一种是当事方应执法机构要求提交替代救济方案，执法机构予以认可并适用皇冠宝石规则附条件批准经营者集中。至于当事方坚持认为其能够克服首选救济方案的执行瑕疵，还是认为首选救济方案没有执行瑕疵，可在所不问。

（三）对替代救济方案的要求

无论是应执法机构要求，还是当事方自行提出的替代救济方案，都必须能够打消执法机构对首选方案执行失败的担忧。形式上，替代救济方案可以是在首选救济方案基础上的调整，也可以是完全不同的另外一套救济方案；实质上，替代救济方案必须同样能够解决竞争问题，且能够克服首选救济方案执行性不足的缺陷，有利于促使当事方积极实施首选方案。

形式上，国外执法机构的指南文件将替代救济分为资产增加型和完全替代型。① 所谓资产增加型，即在首选剥离资产基础上增加更多资产形成皇冠宝石资产。这种类型的替代救济方案不仅体现为增加额外资产，还可以增加资产以外的其他救济措施，我们不妨称之为救济措施增加型。例如欧委会2005年发布的《合并救济研究（公开版）》记载的C13案②中，首选救济措施是：剥离生产工厂及支持产品生产和销售的全部商业及技术诀窍资产包；替代救济措施是：如果找不到上述资产包的合适买家，就把与剥离产品有关的客户和订单纳入剥离资产包，③ 该案的替代救济方案增加的就不是资产而是客户和订单。所谓完全替代型，即将首选剥离资产换成完全不同的替代剥离资产。这既可以是完全不同资产的替代，也可以是不同救济措施的替代，我们不妨称之为救济措施完全变更型。美国司法部2006年办理的Mittal Steel Co.

---

① 联邦贸易委员会竞争局2012年声明规定，皇冠宝石资产除了在首选剥离资产之上增加资产外，也可以是完全不同的资产，如合并另一方的资产。加拿大竞争局2006年发布的《加拿大合并救济信息公告》规定，皇冠宝石条款允许在首选剥离资产包基础上增加特殊资产或取代首选剥离资产。

② 《合并救济研究（公开版）》隐去了案件名称和参与企业的名称，改以代号标识。

③ See European Commission, *DG Competition*: *Merger Remedies Study* (*Public version*), October 2005, p. 54.

N. V. Arcelor SA 合并案采取了完全不同剥离资产替代的办法，该案首选救济方案是剥离 Dofasco 业务，替代救济方案是剥离完全不同的 Sparrows Point 业务或者 Weirton 业务。[①] 我国商务部2009 年办理的日本三菱丽阳公司收购璐彩特国际公司案，也采取了不同救济措施的替代，该案首选救济方案是产能剥离，替代救济方案则是股权剥离。

无论是首选救济方案，还是替代救济方案，都必须能够解决集中的竞争问题。解决竞争问题是执法机构接受救济措施的实质要求，例如欧委会提出，替代救济方案的目的是确保消除竞争顾虑，如果不能使竞争状况比合并前更好，至少也要维持合并前的有效竞争水平。[②] 至于替代救济方案中剥离资产的价值是否必须比首选救济方案更高，解决竞争问题的能力是否必须比首选救济方案更强，各司法辖区并未有实质要求。笔者认为，从创设和适用皇冠宝石规则的初衷看，替代救济措施是比首选救济措施更具执行性的救济方案，各司法辖区通常要求替代救济措施中的剥离资产可售性更强、潜在买家更多、更容易找到适格买家。[③] 客观上，替代救济措施的救济力度可能更大，然而这并不意味着要求替代救济方案的救济能力必须高于首选救济方案。此前，美国司法部反对皇冠宝石条款的理由之一就是：如果首选救济方案资产更少，

① United States of America v. Mittal Steel Company N. V. , Final Judgment, the United States Department of Justice, https://www.justice.gov/atr/case-document/file/504756/download; Department of Justice Press Release, *Justice Department Requires Divestiture in Mittal Steel's Acquisition of Arcelor*, the United States Department of Justice (Aug. 1, 2006), https://www.justice.gov/archive/atr/public/press_releases/2006/217516.htm; Department of Justice Press Release, *Justice Department Requires Mittal Steel to Divest Sparrows Point Steel Mill*, the United States Department of Justice (Feb. 20, 2007), https://www.justice.gov/archive/atr/public/press_releases/2007/221503.htm. 该案的和解同意令要求 Mittal 尽最大努力剥离 Dofasco 公司，因为交易最初遭到目标公司抵制，作为防御措施，Arcelor 将其子公司 Dofasco 放进了一个荷兰的基金。司法部认识到剥离 Dofasco 公司存在法律障碍，为消除该障碍导致的剥离失败风险，和解同意令同时要求，如果剥离 Dofasco 失败，可选择剥离 Sparrows Point 或者 Weirton facilities。最终选择剥离了 Sparrows Point 的工厂。

② See European Commission, *DG Competition: Merger Remedies Study (Public version)*, October 2005, p. 54.

③ 美国联邦贸易委员会竞争局发布的《关于剥离程序的研究报告》认为，替代剥离资产包应当价值更大、更具可售性且能找到可接受的买家。委员会竞争局 2012 年声明规定，皇冠宝石资产是更容易迅速剥离的资产，可接受的买方范围更大。美国司法部反托拉斯局 2011 年救济指南规定，皇冠宝石资产应当增加了合适买方出现的可能性。欧盟的《合并救济研究（公开版）》认为，替代承诺应有更广泛的交易方，对潜在买家更有吸引力。英国竞争委员会 2008 年发布的《合并救济指南》规定，替代救济资产包应该内容更多或更具可销售性。

替代剥离的资产更多，后者比前者救济能力更强，那么就可能导致前者救济不足，后者则救济过度。因此，替代救济方案只要能够解决竞争问题即可，不应要求替代救济方案具有更高解决竞争问题的能力。至于为了增强替代救济方案的执行性而增加资产或采取其他措施，客观上导致替代方案解决竞争问题的能力增强则在所不问。

替代救济方案既是首选救济方案的备份，也是首选救济方案的担保，具有担保作用的替代方案必须能够促使当事方积极主动地实施首选救济方案。出于商业考虑，当事方希望执法机构接受首选救济方案，替代救济方案是在执法机构认为首选救济方案执行风险过大而提出的替代方案，因此替代救济方案并非当事方首选，是当事方尽力避免实施的救济方案。为避免被强制实施替代救济方案，当事方须积极实施首选救济方案。美国司法部首席经济学家将联邦贸易委员会适用的替代救济措施分成资产增加型和鼓励合作型。资产增加型是在首选剥离资产的基础上增加更多资产形成皇冠宝石资产，增加的资产通常是与首选剥离资产相关的资产以提高可售性。鼓励合作型也可能是在首选剥离资产基础上增加更多资产形成皇冠宝石资产，但增加的资产可能与首选剥离资产关联度不大，甚至与解决竞争问题关系不大，增加资产的目的主要是给当事方施加压力，促使其积极实施首选救济方案。[①] 实际上，无论哪种类型的替代救济方案，相对于首选救济方案而言都是当事方不愿意实施的，因为前者将剥离更多资产，后者则是直接对当事方施加压力，促使其在执行首选救济方案过程中更好地与执法部门合作。[②] 例如 Sapa Holding AB 收购 Indalex Holdings Finance Inc. ，案的和解同意令要求，Sapa 和 Indalex 在 90 天内出售 Sapa 在北卡罗来纳州的卡托巴生产设施（Catawba facility）或者 Indalex 在北卡罗来纳州的伯灵顿铝壳生产设施（Burlington aluminum sheathing facility）（首选剥离资产）；如果上述剥离失败，将任命受托人出售 Indalex 在伯灵顿的全部铝设施（替代剥离资产）。Indalex 在伯灵顿的全部设施，除存在竞争问题的铝壳生产厂外，还有生产各种焊接铝产品的设施，如铝导管和

---

① Carl Shapiro & Michael Sohn, "*Crown Jewel*" *Provisions in Merger Consent Decrees*, Antitrust, Fall 1997.

② 韩伟：《美国、欧盟反垄断法中的皇冠宝石规则及启示》，载《经济纵横》2012 年第 11 期。

其他铝成型产品的设施。[①]

创设和适用皇冠宝石规则的直接原因是，首选救济方案的执行性过于不确定，为消除执法机构对首选救济方案执行性的担忧，才适用皇冠宝石规则提供备用的替代救济方案。因此，替代救济方案在能够解决竞争问题的基础上，务必具有更强的可执行性，必须能够消除或者大幅度降低首选救济方案存在的执行风险。美欧执法机构通常要求，一旦首选方案执行失败即可迅速实施替代方案，如果是资产剥离，替代救济方案通常包含的资产更多、价值更大、销售性更强、潜在买家更多，更容易迅速找到适格买家，将资产剥离出去。上述要求通常通过如下途径实现。

一是提高剥离资产的数量，从而提高剥离资产的成活性，增加潜在买家的兴趣。这类做法通常适用于零售业态，例如连锁超市、加油站等。美国联邦贸易委员会2001年处理的Chevron Corporation合并Texaco Inc. 案中，和解同意令要求合并后实体把Texaco在14个州的普通航油业务卖给前置买家Avfuel，如果上述首选剥离失败，则把Texaco在美国的整个航油业务剥离，因为其他买家可能需要整个业务才能生存。[②] 再如，前述美国联邦贸易委员会处理的Ahold收购Stop & Shop案的皇冠宝石条款要求，首选剥离失败的情况下，受托人可自行或根据委员会指示，剥离当事方在重合区域内各自的任何超市，其理由在于，仅出售重合部分的超市，可能规模不足，难以成活，替代救济方案增加了临近区域超市的数量，将会吸引更多潜在买家。

二是纳入更多更优质业务，以增加潜在买家兴趣，常见情形是将集中当事方重叠业务中较强的一方的业务作为替代剥离资产。在当事方重叠业务中，提议的首选剥离通常是较弱当事方的业务，保留的则是竞争力较强一方的业

---

① 本案中，Sapa Holding AB和Indalex Holdings Finance Inc.，是美国仅有的两家生产同轴电缆的铝防护外壳的厂商，产品的买家是有限电视供应商，司法部认为该交易削弱了竞争，必须采取救济措施。See U. S. v. Sapa Holding AB and Indalex Holdings Finance, Inc., Final Judgment, the United States Department of Justice (Jan. 15, 2010), https://www.justice.gov/atr/case-document/final-judgment-163.

② FTC Docket No. C-4023 (Consent Agreement Initially Accepted Sept. 7, 2001), https://www.ftc.gov/sites/default/files/documents/cases/2001/09/ftc.gov-chevtexagree.htm; FTC Docket No, C-4033 (Consent Agreement Initially Accepted Dec. 20, 2001), https://www.ftc.gov/sites/default/files/documents/cases/2001/12/inafagconsent.

务。如果提议的首选方案不仅竞争力较弱，且剥离失败的可能性较大，通常会适用皇冠宝石规则，将竞争力较强的另一方的业务作为替代救济方案。例如，在 Hoechst AG 公司和 Rhône – Poulenc S. A. 合并为 Aventis S. A. 公司案[①]中，和解同意令要求合并方剥离包括 Revasc 药厂在内的资产，如果 Aventis S. A. 公司未能在规定时间内找到合适买家，将任命受托人剥离 Revasc 资产或者 Refludan 资产。Revasc 资产和 Refludan 资产分属合并前双方，均生产直接凝血酶抑制剂，前者产品尚未在美国上市，但有望很快拿到 FDA 批准，后者则是美国市场上唯一的凝血酶抑制剂提供商。最终，当事方剥离前者失败，受托人剥离了 Refludan 资产，显然实力更强一方的资产更受买家欢迎。

三是将难以监督执行的行为条件调整为结构救济措施。因后期监督执行成本过高、执行不确定性过大等原因，行为条件不受国外执法机构欢迎。首选救济方案主要是行为救济措施的可能会适用皇冠宝石规则，这种情况下的替代救济方案，往往会调整为执行性更强的结构救济措施。例如，在欧委会处理的 Nestlé / Ralston Purina 案中，欧委会接受了当事方提议的消除西班牙市场反竞争影响的一揽子首选救济措施，既包括结构措施，剥离 Nestlé 旗下在西班牙的干猫粮和干狗粮业务，也包括行为措施，Friskies 和 Vital Balance 品牌的独家许可等。如果实施上述首选救济措施失败，作为替代救济措施，Nestlé 将剥离 Ralston Purina 在西班牙与 Agrolimen S. A. 的合营企业 Gallina Blanca Purina JV50% 的股权，[②] 更容易执行的剥离合营企业股权措施被纳入替代救济方案中。再如，商务部处理的日本三菱丽阳公司收购璐彩特国际公司案中，首选救济措施是产能剥离，属于行为救济，替代救济措施则变更为结构的股权剥离。

（四）替代救济方案的触发和执行

在皇冠宝石规则下，替代救济方案可以视为一种附生效条件的法律行为，其条件是首选救济方案未能在规定期限内适当实施，即首选救济方案实施失败。在国外文献中，这被称为触发（trigger），皇冠宝石规则一旦被触发，即

---

① FTC Docket No. C – 3919，FTC，http：//www. ftc. gov/os/1999/12/hoechst. do. htm.

② Case No COMP/M. 2337 – Nestlé / Ralston Purina （Public version），para. 12. Also available in the CELEX database. Document No 301M2337.

具有执行效力。首选救济方案是否确定实施失败，皇冠宝石规则是否被触发，关系到当事方的重大权益，反垄断执法应当创设并执行合理、统一确定的判定标准和规则。

首先，是否适当实施了首选救济方案是替代救济方案生效的首要条件。当事方应当按照审查决定及实施方案明确规定的要求和方式实施首选救济方案。① 是否适当实施首选方案应由执法机构根据上述要求及个案具体情况判断，任命了监督受托人的场合，通常会由监督受托人监督实施情况并出具监督报告，协助执法机构作出判断。实践中，通常还要综合考虑相关市场、剥离业务等具体因素。对剥离救济而言，剥离义务人在规定期限内找到执法机构认可的买家、签署资产转让协议、完成资产所有权转移、协助买方熟悉标的资产运营等，均可作为认定首选救济方案适当实施的证据。通常情况下，完成剥离资产所有权转移即意味着首选方案已经实施。

其次，是否适当实施首选救济方案应以客观行为是否发生为准，不应考虑对反竞争影响的抵消效果。首选救济方案实施失败的原因，是客观上实施不能或实施困难，还是当事方主观上实施懈怠，抑或案外人的策略行为均在所不问，只要客观上没有适当实施均可认定为实施失败。因此，实施失败是针对实施行为本身而不是实施效果而言的，首选救济方案未能适当实施与实施后能否解决竞争问题应严格区分，当事方依照承诺和执法机构要求实施了首选救济方案，即使实施效果没有达到预期目的，没有按照预想设计抵消或者减少反竞争影响，也不能因此强制当事方实施替代救济措施。

最后，没有在规定期限内实施完毕，也可能意味着首选救济方案实施失败。替代救济措施从何时开始具有执行效力必须有明确时间标识，当事方应承诺首选救济方案的实施期限，执法机构作出的审查决定也应注明实施期限。在审查决定得到适当履行前，首选救济方案和替代救济方案所涉资产均处于不确定状态，这种状态既不利于当事方和资产受让方，也不利于维持剥离资产的价值和竞争力，最终影响救济措施抵消反竞争影响的效力，因此履行期

---

① 在以行政裁决为中心的执法体制下，例如我国，履行首选救济方案的内容、要求和方式等主要体现在审查决定、实施方案和承诺文件中，严格讲有法律约束力的是审查决定。在以司法裁决为中心的执法机制下，例如美国，履行首选救济方案的内容、要求和方式主要体现在和解同意令等文件中。

限不宜过长。同时，首选救济措施实施失败，执行替代措施还需要额外时间，执法机构通常不会给首选救济措施太长实施时间。超过规定实施期限没有实施完毕即为实施失败。我们认为，在执行过程中，还应赋予执法机构一定灵活性，通常应在规范性文件或审查决定中允许当事方申请延长，符合一定条件，执法机构可同意延长，例如美国联邦贸易委员会对当事方在规定时间内未完成剥离，但很快就完成的情况，会推迟指派受托人，给当事方以时间完成剥离，但这不会改变当事方违反命令的事实，委员会据此会对当事方处以民事罚款。[①]

替代救济本质上也是符合条件的救济措施，其实施与监管与一般救济措施并无本质不同，但替代救济是在首选救济失败后生效并强制实施的，因此替代救济的实施和监管又有如下特殊性。

一是替代救济实施期限通常更短。与一般救济措施不同，替代救济在首选救济实施失败后才开始实施，替代措施开始实施前，已经经历了首选救济的实施过程，因此救济措施的整体实施期限被拖长。实施期限拖长会增加救济成本，不利于参与集中的经营者、剥离资产的稳定和发展，也不利于维护经济秩序。另外，在资产增加型替代救济方案下，首选救济方案虽然实施失败，但已为实施替代救济做了铺垫，可节省替代救济的实施时间。欧盟的做法是考虑缩短替代剥离措施的剥离期限，[②] 我们认为，设计替代救济措施应在审查决定中确定更短的执行期限，具体时间应在综合考虑剥离资产、相关市场和潜在买家等因素后确定。

二是替代剥离由受托人实施而不是由当事方自行实施。通常剥离救济措施首先由义务人自行履行，只有在没有适当履行的情况下，例如期限届满没有按要求完成资产剥离，才由剥离受托人对剥离资产减价拍卖。替代剥离不同，第一，受时间因素约束，在皇冠宝石规则下，已经经历了首选剥离，如果再允许替代剥离由当事方自行执行，可能导致剥离时间过长；第二，替代剥离并非当事方情愿实施的救济方案，可能缺乏自行剥离的积极性和主动性。

---

① Richard Feinstein Director, *Negotiating Merger Remedies Statement of the Bureau of Competition of the Federal Trade Commission*, January 2012, p. 20.

② See European Commission, *DG Competition*: *Merger Remedies Study* (*Public version*), October 2005, p. 148.

因此，替代剥离通常由执法机构任命的受托人实施，不再由当事方自行剥离。在美国，通常是在首选剥离实施失败后，指定受托人对替代剥离资产受托剥离。我国商务部已公告的附条件批准案件，也有明确规定由受托人对替代资产剥离的做法。[①]

五、实践中适用皇冠宝石规则应注意的问题

适用皇冠宝石规则不可避免地会提高救济成本，但该规则可有效降低救济失败风险，为执法机构和当事人提供了一个打破救济商谈僵局的法律工具，因此不能因其缺陷简单否定，要综合考虑，谨慎选择，防止滥用。反垄断法上还有受托人制度、分持规则及买家前置规则等法律工具。在效果和作用上，这些法律工具与皇冠宝石规则有或多或少重叠，又各有侧重，不能完全替代，适用时要根据具体案件准确把握，灵活适用。

（一）皇冠宝石规则和买家前置规则

买家前置和皇冠宝石规则可以相互补充，也可以部分替代，但难以完全替代。两规则在功能和适用条件方面有类似之处。实践中，根据案件具体情况，有些案件需要在两者之中择一适用，个别案件不排除两规则同时适用，还有些只能适用皇冠宝石规则。

一是，两规则任何均可解决问题，是可相互替代的解决方案。[②] 买家前置可解决多数情形下买家不确定的问题，同时可避免替代救济导致的高成本，即买家前置可替代皇冠宝石规则。然而，适用买家前置可能需要较长时间找寻买家，如果替代救济方案比较容易确定，且当事方急于实施交易，适用买家前置就不如适用皇冠宝石规则。皇冠宝石规则允许当事方在找到合适买家前就实施集中，有利于减轻对经济生活的干预，满足当事方对实施时间的要

---

① 在日本三菱丽阳公司收购璐彩特国际公司案中，审查决定要求，当事方未能在规定时间内完成产能剥离，商务部有权指派独立受托人将璐彩特中国公司的100%股权出售给独立第三方；在嘉能可收购斯特拉塔案中，嘉能可未在规定期限内完成资产剥离，商务部即有权委任剥离受托人无底价拍卖指定项目权益。参见《关于附加限制性条件批准嘉能可国际公司收购斯特拉塔公司经营者集中反垄断审查决定的公告》（商务部公告2013年第20号），载商务部网2013年4月16日，http：//fldj. mofcom. gov. cn/article/ztxx/201304/20130400091222. shtml。

② Casey R. Triggs, *Shielding Consumers from Risk*: *FTC Divestiture Policy*, Antitrust, Fall, 2002, p. 75－79.

求，但要求当事方提交更加严苛的替代救济方案，无疑会增加当事方负担和执法成本。在实践中，如果实施时机最为关键，当事方不惜为此提出替代救济方案，或者替代救济方案很容易提出，不会增加过多成本，这种情况下以适用皇冠宝石规则为宜。如果当事方很难提出令执法机构满意的替代救济方案，但对实施时间并不敏感或找到适格买家并不困难，这种情况下就可适用买家前置。实践中，由执法机构与当事方商谈确定适用何种规则，商谈遵循以下基本原则：第一，执法机构同意且认为能够解决竞争问题；第二，当事方同意且认为对其商业活动干预最小；第三，如果执法机构与当事方无法达成一致，执法机构可能作出禁止集中的决定，或向法院起诉要求禁止拟议交易。

二是，极个别案件可能需要同时适用两规则。两规则能否同时适用有两种相左的观点。一种以美国联邦贸易委员会为代表，认为两规则可在同一案件中同时适用。虽然委员会的指南没有明确提及此问题，但前竞争局副局长 George S. Cary 曾指出，买家前置不能代替皇冠宝石条款，因为买家前置的买家购买协议可能落空，或前置买家可能有其他方面不符合资质，不能成功取得必须的批准或许可。① 另一种意见表示反对，认为联邦贸易委员会同时要求买家前置和皇冠宝石的做法似乎画蛇添足。皇冠宝石条款是为了在没有前置买家时，给委员会提供信心确保救济成功。坚持两者并用显然忽视了由此给被告增加的成本，皇冠宝石条款增加了某些资产是否会被剥离的不确定性，也延迟实现资产重组和基本交易带来的效率，所以只有在必需的情况下才能适用皇冠宝石条款。②

根据美国联邦贸易委员会的买家前置规则，和解同意令一旦发布，当事人即可实施集中交易，此时，当事人只与经委员会认可的买家签署了有约束力的资产转让协议，资产转让协议并未履行；根据欧委会的买家前置规则，欧委会适用买家前置规则作出附条件批准决定，决定要求当事人在与买家签

---

① George S. Cary, Senior Deputy Director Bureau of Competition, Federal Trade Commission, Prepared Remarks before the American Bar Association Antitrust Spring Meeting, Washington, D. C., FTC (Apr. 10, 1997), https: //www. ftc. gov/public - statements/1997/04/merger - remedies.

② William J. Baer & Ronald C. Redcay, *Solving Competition Problems in Merger Control: The Requirements For an Effective Divestiture Remedy*, George Washington Law Review, October/December 2001.

订有约束力的资产转让协议并经欧委会审核同意后，就可实施集中。简言之，委员会要求在发布同意令前，当事方与执法机构认可的买家签署资产转让协议，欧委会则要求作出附条件批准裁决后，实施集中前，当事方与执法机构认可的买家签署资产转让协议。无论哪种做法，实施集中均在履行剥离资产转让协议前，集中实施后，资产转让协议最终能否得到履行仍有风险。如果执法机构认为这种风险过大，或在资产转让协议中还规定了一些难以监控的附随义务，例如原材料或产品供应、技术转让、人员培训及获得行业监管许可等，仍会提出消除风险或保障义务履行的要求，皇冠宝石规则可能成为解决问题的选项。例如 Chevron Corporation 合并 Texaco Inc. 案适用了买家前置条款，要求合并后实体把 Texaco 在 14 个州的普通航油业务卖给前置买家 Avfuel，同时也适用了皇冠宝石条款，如果上述剥离失败，则把 Texaco 在美国的整个航油业务剥离。① 由此看来，执法机构对前置买家 Avfuel 是否能够顺利接手 Texaco 在 14 个州的普通航油业务存疑，并因此适用了皇冠宝石条款以担保。

三是，有些案件只能适用皇冠宝石规则，无法用买家前置规则替代。在皇冠宝石规则创设之初，其适用范围局限于资产剥离。目前，各司法辖区的指南文件仍将其适用范围局限于资产剥离。实践中，皇冠宝石规则已适用于非剥离性质的救济措施，然而，买家前置只能适用于资产剥离的情形。因此，执法机构对一些行为条件执行性存疑的案件，无法通过适用买家前置规则解决，而只能适用皇冠宝石规则。

（二）皇冠宝石规则和资产分持保值规则

创设适用资产分持保值规则与皇冠宝石规则的目的及适用情形有很大差别，但仍有观点认为，强大的分持条款也是皇冠宝石规则的替代选择。该观点理由在于，如果没有现成的买家，剥离资产和收购资产都应分持隔离直到

---

① Analysis of Proposed Consent Order to Aid Public Comment, Chevron Corporation and Texaco Inc. FTC Docket No. C－4023（Consent Agreement Initially Accepted Sept. 7, 2001）, https：//www. ftc. gov/sites/default/files/documents/cases/2001/09/ftc. gov－chevtexana. htm；Analysis of Agreement Containing Consent Orders to Aid Public Comment, INA－Holding Schaeffler KG and FAG Kugellischer Georg Schafer AG, FTC Docket No, C4033（Consent Agreement Initially Accepted Dec, 20. 2001）, https：//www. ftc. gov/sites/default/files/documents/cases/2001/12/inafaganalysis.

找到买家，这可以强化迅速成功寻找买家的动机，也能直接防止合并后公司损害剥离资产，很多情形下，这些条款将避免使用皇冠宝石规则。[①] 我们认为，美欧反垄断立法和执法中的资产分持规则，适用于剥离资产和保留资产价值在剥离过渡期内相互独立、分别运营管理的情形，其目的在于避免剥离资产和过渡期内的竞争遭到贬损。适用分持规则可在一定程度上促使当事方尽快找到买家，但这不是分持规则的主要作用，分持规则并不能解决无法找到合适买家的问题。如果找不到合适买家就一直让剥离资产分持，不仅无益于解决竞争问题，还会损害剥离资产的价值和竞争力，增大监管成本。

上述观点还提到，收购资产也应当分持，[②] 如果收购资产也分持，相当于交易不能实施，或实施后在两方资产之间设置防火墙，这和买家前置规则作用类似，即在找到合适买家并签署资产转让协议前，集中不能实施。笔者认为，严格来讲，资产分持规则与皇冠宝石规则之间替代关系很弱，主要是配合适用的关系，例如适用皇冠宝石规则情形下，会有更多资产经历更长的剥离过渡期，执法机构需承担更重的监管责任，确保首选剥离措施和替代剥离措施所涉全部资产价值和竞争力不会贬损，为解决此问题，执法机构可能会要求对首选剥离资产采取分持和保值措施，也可能要求同时对替代剥离资产采取分持和保值措施。

（三）皇冠宝石规则和受托人制度

受托人制度是附条件执行的一般保障制度。受托人制度下，通常有监督受托人和剥离受托人两种，前者负责监督当事方的自行剥离及履行其他义务，后者是在自行剥离失败的情况下，负责以减价销售方式直接将剥离资产出售。[③]

根据美欧做法，适用皇冠宝石规则的案件中，当事方自行剥离首选剥离资产时，通常会任命监督受托人监督其剥离；如果当事方不能在规定时间内自行剥离首选剥离资产，则任命剥离受托人执行替代剥离方案。从此角度看，

---

① Carl Shapiro & Michael Sohn, "*Crown Jewel*" *Provisions in Merger Consent Decrees*, Antitrust, Fall 1997.

② 收购资产分持已非美欧反垄断立法执法中原本意义上的分持了。

③ 这是包括我国在内的各司法辖区的通行做法，参见《关于经营者集中附加限制性条件的规定（试行）》《经营者集中审查暂行规定》。

受托人制度是一般规则，适用受托人规则的场合未必一定适用皇冠宝石规则；然而，适用皇冠宝石规则的案件中，必须适用受托人制度，包括在实施首选剥离方案时任命监督受托人（有司法辖区不任命监督受托人，而由当事方自行履行），在执行替代剥离方案时任命剥离受托人（因为绝大多数案件不会走到执行替代剥离的地步，所以剥离受托人多半是制度上的设计，真正任命并执行受托剥离的不多）。

有观点认为，受托人制度可在一定程度上替代皇冠宝石规则。笔者认为，尽管监督受托人会监督当事方实施救济措施的努力程度，在自行剥离期限内不能完成剥离的，剥离受托人将对剥离资产实施减价销售，以确保剥离成功，如果有必要的话，还可以建议执法机构对怠于履行义务的当事方实施处罚（主要是美国的做法）。然而，这种受托人监督是外在的监督，不能内在地增加当事方积极实施救济措施的动力，虽然减价剥离、罚款都可以对当事方起到一定程度的促进作用，但执法机构关注的问题并没有得到根本解决。例如对超市资产的剥离，尽管在受托剥离减价销售的情况下也能够将其售出，但买家维持原有业务无利可图，可能转而将购得的资产更改用途，结果难以维持剥离资产的成活和竞争力。如果适用皇冠宝石规则，则可增加更多超市资产，既能吸引更多潜在买家确保成功剥离，又可保证剥离资产的成活性和竞争力。总之，受托人制度和皇冠宝石规则之间主要是在必要的情况下配合适用，而不是替代的关系。

六、皇冠宝石规则在我国的应用和立法解析

作为移植反垄断法的后发国家，我国需要尽快引进消化吸收这类规则，用以解决我们执法实践中遇到的具体问题。在这个过程中，应当充分发挥后发优势，避免美欧先发司法辖区的弯路，结合我国具体情况吸收其经过实践检验的成果。在缺乏立法和理论研究支撑的情况下，我国执法实践大胆开拓，不仅适用了皇冠宝石规则，而且没有囿于美欧规定，走在了执法的前沿。例如，日本三菱丽阳公司收购璐彩特国际公司案的审查决定要求，在剥离期限内未能完成产能剥离，商务部有权指派独立受托人将璐彩特中国公司的100%

股权出售给独立第三方。[①] 或许因缺乏明文规定，审查决定没有提及皇冠宝石规则或类似术语，然而，该案不仅事实上适用了皇冠宝石规则，还突破了美欧将皇冠宝石规则局限于资产剥离的规定，与美欧将该规则适用于行为救济的最新实践相一致。又如，嘉能可国际公司收购斯特拉塔公司案则采用了更为灵活的处理方式，该案首选剥离方案是出售位于秘鲁的拉斯邦巴斯（Las Bambas）铜矿项目中持有的全部权益，替代剥离方案既不是首选剥离方案基础上的资产增加，也不是另外一项不同的资产，而是另外 4 项资产坦帕坎、芙蕾达河、埃尔帕琼或阿伦布雷拉中，商务部指定的任一项目中的全部权益。据了解，拉斯邦巴斯铜矿项目正在建设中，替代剥离的 4 个铜矿项目尚未开发，显然从削弱合并方市场力、创造新竞争者、恢复市场竞争角度看，前者比后者具有明显优势。但从替代方案实施方式看，商务部可从候选的 4 个项目中任意指定并无底价拍卖，显然替代剥离方案可给当事方以较大压力去积极实施首选剥离方案。相对于美欧关于皇冠宝石规则的规定和实践，这都是开创性的做法。

与执法实践相比，我相关规则的创设则相对滞后，内容也相对原则。2010 年 7 月 5 日商务部发布的第一个关于救济措施的文件《关于实施经营者集中资产或业务剥离的暂行规定》没有规定皇冠宝石规则。[②] 2013 年 3 月 27 日商务部公布的《关于经营者集中附加限制性条件的规定（征求意见稿）》第一次出现皇冠宝石规则的内容，[③] 但内容稍差人意，似乎仅在征求意见，抛砖引玉。2014 年 12 月 4 日发布的《关于经营者集中附加限制性条件的规定

① 参见《商务部关于附加限制性条件批准日本三菱丽阳公司收购璐彩特公司审查决定的公告》（商务部公告 2009 年第 28 号），载商务部网 2009 年 4 月 24 日，http：//www. mofcom. gov. cn/aarticle/b/fwzl/200904/20090406198963. html。该案公告要求：璐彩特中国公司在 5 年剥离期内，将其年产能中的 50% 剥离出来，一次性出售给一家或多家非关联的第三方购买人（首选救济方案）；如果在剥离期限内产能剥离未能完成，集中双方同意商务部有权指派独立的受托人将璐彩特中国公司的 100% 股权出售给独立第三方（替代救济方案）。

② 参见《关于实施经营者集中资产或业务剥离的暂行规定》（商务部公告 2010 年第 41 号），载商务部网 2010 年 7 月 5 日，http：//www. mofcom. gov. cn/article/b/c/201007/20100707012066. shtml。

③ 参见《商务部关于经营者集中附加限制性条件的规定（征求意见稿）》，载商务部网 2013 年 3 月 27 日，http：//tfs. mofcom. gov. cn/article/as/201303/20130300068492. shtml。该征求意见稿第 19 条规定，集中实施之前难以确定买方的，商务部可以在审查决定中要求剥离义务人在首选方案基础上提出备选方案。备选方案应比首选方案的条件更为严格，可以包括有形资产、知识产权或相关权益。

（试行）》取代此前的《关于实施经营者集中资产或业务剥离的暂行规定》第一次创设皇冠宝石规则。[①]《关于经营者集中附加限制性条件的规定（试行）》修正了《关于经营者集中附加限制性条件的规定（征求意见稿）》中的部分缺陷，尽管尚有多处值得商榷，但仍不失为我国经营者集中立法上具有里程碑意义的事件。2020 年 1 月 7 日，为进一步完善反垄断法律制度体系，规范经营者集中反垄断审查工作，市场监管总局起草了《经营者集中审查暂行规定（征求意见稿）》向社会公开征求意见。该征求意见稿第 45 条规定了皇冠宝石规则，[②] 遗憾的是，其内容照搬了《关于经营者集中附加限制性条件的规定（试行）》第 7 条，只是把商务部改为市场监管总局。2020 年 10 月 23 日，市场监管总局公布《经营者集中审查暂行规定》并自 2020 年 12 月 1 日起施行，《经营者集中审查暂行规定》调整了征求意见稿的相关内容，在第 34 条更为原则地规定了皇冠宝石规则。[③]

（一）现行规则未限制可适用的救济措施种类

现行《经营者集中审查暂行规定》第 34 条采用了“承诺方案”、“首选方案”和“备选方案”的措辞，未限制可适用的救济措施种类，理论上可适

---

① 参见《关于经营者集中附加限制性条件的规定（试行）》（商务部令 2014 年第 6 号），载商务部网 2014 年 12 月 4 日，http：//www. mofcom. gov. cn/article/b/c/201412/20141200835207. shtml。该试行规定第 7 条规定，申报方在规定期限内提出附条件建议的，商务部应与申报方进行协商，对附条件建议的有效性、可行性和及时性进行评估，并将评估结果通知申报方。申报方提出的附条件建议首选方案存在不能实施的风险的，商务部可以在审查决定中要求申报方在首选方案基础上提出备选方案。备选方案应比首选方案的条件更为严格，可以包括不同核心资产，包括有形资产、知识产权等无形资产或相关权益等。

② 《经营者集中审查暂行规定（征求意见稿）》第 45 条规定，在审查过程中，为消除或减少经营者集中具有或者可能具有的排除、限制竞争效果，国家市场监督管理总局和参与集中的经营者均可以提出对限制性条件进行修改的意见和建议。参与集中的经营者在规定期限内提出附条件建议的，国家市场监督管理总局应与申报方进行协商，对附条件建议的有效性、可行性和及时性进行评估，并将评估结果通知申报方。参与集中的经营者提出的附条件建议首选方案存在不能实施的风险的，国家市场监督管理总局可以在审查决定中要求参与集中的经营者在首选方案基础上提出备选方案。备选方案应比首选方案的条件更为严格，可以包括不同核心资产，包括有形资产、知识产权等无形资产或相关权益等。

③ 《经营者集中审查暂行规定》第 34 条规定，承诺方案存在不能实施的风险的，参与集中的经营者可以提出备选方案。备选方案应当在首选方案无法实施后生效，并且比首选方案的条件更为严格。承诺方案为剥离，但存在下列情形之一的，参与集中的经营者可以在承诺方案中提出特定买方和剥离时间建议：（1）剥离存在较大困难；（2）剥离前维持剥离业务的竞争性和可销售性存在较大风险；（3）买方身份对剥离业务能否恢复市场竞争具有重要影响；（4）市场监管总局认为有必要的其他情形。

用于包括剥离在内的各种救济措施，相比此前立法是重大进步。

首次出现皇冠宝石规则内容的《关于经营者集中附加限制性条件的规定（征求意见稿）》第19条曾将适用的救济措施局限于资产剥离，范围显然过窄，既没有充分汲取美欧经验重走美欧弯路，[①] 甚至都没有体现中国自己的执法经验，事实上，商务部在三菱丽阳公司收购璐彩特国际公司案中，就已将皇冠宝石规则适用于行为救济了。特别应看到的是，在美欧国家，没有约束力的指南文件将皇冠宝石规则局限于剥离救济，执法机构和当事方可不受这些约束，这也正是美欧实践突破指南规定而无须修改指南的原因。我国执法机构发布的是有强制约束力的部门规章，规定范围过窄将使其失去适用的灵活性。对此，国内已有学者著文提出异议。[②] 正式发布的《关于经营者集中附加限制性条件的规定（试行）》第7条做了微调，尽管仍保留了“可以包括不同核心资产，包括有形资产、知识产权等无形资产或相关权益等”资产剥离特征的用语，但删除了“难以确定买方”和“剥离义务人”的措辞，将适用条件由“难以确定买方”调整为“申报方提出的附条件建议首选方案存在不能实施的风险”，从而可以认为各种救济措施都能适用该条规定。《经营者集中审查暂行规定（征求意见稿）》第45条完全沿袭了《关于经营者集中附加限制性条件的规定（试行）》的措辞，但在发布时做了微调，简化了表述，使其可适用于各类救济措施。

（二）现行规则未限制替代方案内容，仅要求比首选方案严格

《关于经营者集中附加限制性条件的规定（征求意见稿）》、《关于经营者集中附加限制性条件的规定（试行）》和《经营者集中审查暂行规定（征求意见稿）》均采用了“在首选方案基础上提出备选方案”[③] 的措辞，这导致替代救济方案来源过窄。根据美欧做法，替代方案可在首选方案基础上调整增加而成，也可是完全不同于首选方案的另外一套救济措施，即便是商务部的实际做法也已不限于在首选方案基础上提出替代方案，例如嘉能可国际公司

---

① 如前所述，尽管美欧在指南性文件中规定皇冠宝石规则适用于资产剥离，但其实践已经突破了指南性文件的规定，既适用于结构性救济也适用于行为性救济。

② 参见刘武朝：《论经营者集中反垄断审查中的“皇冠宝石”制度——兼评〈关于经营者集中附加限制性条件的规定（征求意见稿）〉第19条》，载《法政探索》2014年第3期。

③ 本书中对“备选方案”和“替代方案”含义类似，表述不再区分。

收购斯特拉塔公司案中的替代剥离方案就完全不同于首选剥离方案。不过《关于经营者集中附加限制性条件的规定（试行）》同时规定（替代方案）“可以包括不同核心资产”，似可认为替代方案可不在首选方案基础上提出，可解读出另行提出替代方案的依据，从而弱化将替代方案限于在首选方案基础上提出的缺陷。

现行有效的《经营者集中审查暂行规定》删除了在首选方案基础上提出的要求，仅要求备选方案应当比首选方案的条件更为严格。由此，从备选方案的内容上看，可包含多种可能性，与此前相比是一大进步。

（三）现行规则删除了替代方案提交时间的要求

根据我国及美欧实践做法，执法机构会提出竞争问题，但通常不会主动提出解决方案。当事方对执法机构提出的竞争问题或抗辩或认可，但无论认可与否都可提交解决方案，并在此基础上与执法机构达成和解协议或附条件批准。如果执法机构认为当事方提交的解决方案执行风险过大，可以拒绝，也可以要求当事方提交替代方案；当事方可以应执法机构要求提交替代方案，也可以主动提交替代方案。

《关于经营者集中附加限制性条件的规定（征求意见稿）》、《关于经营者集中附加限制性条件的规定（试行）》和《经营者集中审查暂行规定（征求意见稿）》规定，“商务部”“国家市场监管总局”可以在“审查决定”中要求申报方提出备选方案。一方面，该规定限制了当事方自行提交替代方案的可能性，与执法实践不符；另一方面，审查决定是载明最终审查结论的文件，如果适用皇冠宝石规则，审查结论不仅要载明首选方案，还要载明替代方案，甚至还要载明替代方案的执行条件等事项，这在国内外执法案例中均有体现。上述文件规定在“审查决定”中要求申报方提出备选方案，时间逻辑上，既与美欧的做法不符，又与我国的执法实践相左，不具有操作性。

现行有效的《经营者集中审查暂行规定》删除了在审查决定中要求提出备选方案的表述，仅规定在“承诺方案存在不能实施的风险的”情况下，“参与集中的经营者可以提出备选方案”，这使得执法机构和当事人可以在审查过程中解决备选方案问题，相比此前规定有重大进步。

（四）正确理解替代方案比首选方案更严格的要求

《关于经营者集中附加限制性条件的规定（征求意见稿）》《关于经营者

集中附加限制性条件的规定（试行）》《经营者集中审查暂行规定（征求意见稿）》《经营者集中审查暂行规定》均要求“备选方案应比首选方案的条件更为严格”，“更为严格”的要求过于模糊，未触及替代救济方案的实质，容易引发误解。

《关于经营者集中附加限制性条件的规定（征求意见稿）》将“更为严格的条件”解释为“可以包括有形资产、知识产权或相关权益”，显然这不是替代救济方案相对于首选救济方案的本质区别，首选救济方案也可以包括有形资产、知识产权或相关权益。《关于经营者集中附加限制性条件的规定（试行）》将“更为严格的条件”解释为“可以包括不同核心资产，包括有形资产、知识产权等无形资产或相关权益等”，虽略有改进，但仍未体现替代救济方案的本质特征。此外，上述解释还容易产生替代救济方案仅指资产剥离或与资产有关的方案的误解。

现行有效的《经营者集中审查暂行规定》仅保留了“备选方案比首选方案条件更为严格”的内容，规定相对原则。笔者理解，这并不意味着备选方案在每个方面都比首选方案更为严格，“更为严格的条件”不应当理解为对竞争问题更大的补救力度，首选方案和替代方案都必须能够解决竞争问题；更为严格的条件应当是：在首选方案基础上剥离更多资产或增加更多限制，或完全不同的更具执行性的替代方案，或替代方案是能够对当事方施加更大压力的方案。

第四节　其他辅助保障措施的理论和应用分析[①]

除了前述保障措施之外，还有些保障措施理论上讨论不多，但实践中使用比较普遍，即便立法上没有明确规定的司法辖区，实践中也在使用，本节择要讨论如下。

---

① 本节内容有张晋的贡献，特别是重要案例的搜集整理工作。

一、便利尽职调查

便利尽职调查几乎是美欧资产剥离的标配措施，其内容主要是要求资产剥离义务人为潜在购买人提供必要便利，以便潜在购买人调查剥离资产及相关情况。便利尽职调查的目的是确保潜在买家能够接触足够信息，以便其评估剥离资产商业价值和发展潜力，并据此作出相应商业决定，确保剥离资产能够顺利售出。便利尽职调查措施的底线是不能因潜在买家无法足够了解剥离资产而致剥离失败。我国在多个案件中已经适用便利尽职调查措施。综合各国实践情况，便利尽职调查包括但不限于如下内容：

（一）提供与剥离资产相关的必要信息

剥离义务人应向潜在购买人提供与剥离资产相关的必要信息。例如，在赛默飞世尔科技公司收购立菲技术公司案中，赛默飞世尔科技公司向商务部提交的《赛默飞收购立菲的救济方案》第 9 条规定："公司应向潜在买方提供与被剥离业务相关的足够信息"；美国百特公司收购瑞典金宝公司案中，百特公司向商务部提交的《百特收购金宝的救济承诺方案》第 12 条规定："百特应向潜在买方提供有关剥离业务的充足信息。"

潜在买家的范围。上述两案剥离义务人承诺向潜在买家提供充足信息，但未明确潜在买家的范围和标准。显然，有关剥离资产的信息并非可以随意提供，实践中会根据案件和市场的具体情况而有不同做法。有些案件的相关信息可向不特定第三人公开，这些信息通常比较有限，公布的目的主要是招徕买家。有些案件只能在一定范围内提供相关信息，例如剥离资产的信息可能包含商业秘密或敏感信息，如果披露范围过大可能损害剥离资产价值，最终不利于成功剥离，还可能损害市场竞争。在此情形下，通常只向具备一定条件或履行一定手续的潜在买家提供。无论如何，资产剥离义务人至少应向某一家或某几家有意向的买家提供相关必要信息。无论剥离义务人以何种理由不向任何潜在买家提供相关必要信息都是错误的，因为那很可能导致剥离失败。

必要信息的范围。上述两案均要求剥离义务人提供"足够"或"充足"信息，然而，这样抽象的表述显然无法界定必要信息的范围。就实践看，执法机构通常不会要求资产剥离义务人事先承诺应提供哪些必要信息。因为执法机构不是业内人士，更不是买家，难以就此事先提出具体要求。符合实际情况的做法通常是由剥离义务人提供初步信息，潜在买家评估后如有购买意向，则要求剥离义务人进一步提供相关信息。这个过程实际是资产交易的商业谈判过程，只不过资产剥离义务人额外承担了必须卖出的义务。如果资产剥离义务人拒绝提供相关必要信息，潜在买家可向执法机构或监督受托人投诉，由其根据个案作出裁判或解释。

获取信息的平等性。多数资产剥离案件未提及信息获取的平等性问题，个别案件要求确保潜在买家能够以公平合理方式获得剥离资产的信息。例如，在商务部附条件批准的贝克顿—迪金森公司与美国巴德公司合并案①中，公告附件《附加限制性条件建议最终稿（公开版）》规定，确保潜在买方能够以公平合理的方式获得有关剥离业务的充分信息，以使得潜在买方能够评估剥离业务的商业价值和发展潜力。从监管角度看，确保所有潜在买家公平获得信息，有利于最有竞争力的买家获得剥离资产，避免剥离义务人策略性地将资产剥离给相对弱势的第三方。执法机构应当根据相关市场具体情况，决定是否需要在批准文件中要求剥离义务人承担平等提供相关信息的义务。

（二）提供与剥离人员相关的必要信息

在相关员工随剥离资产一并转移的情形下，剥离义务人应提供与剥离资产人员有关的信息。上述两案所称的与剥离业务相关的信息，应理解为包括剥离业务人员的信息。剥离义务人提供相关人员信息的范围，以潜在买家能够判断是否有足够的人力资源支撑剥离业务运营为限，特别是在剥离资产需要特殊关键人员，且潜在买家缺乏相应专业人士，或即便有可替代专业人士，但适应剥离资产需要一定时间的情形下，向潜在买家提供剥离人员的信息尤

---

① 本案中，商务部认为，此项经营者集中对中国粗针穿刺活检器械市场可能具有排除、限制竞争的效果，决定附条件批准，要求贝克顿、巴德和集中后实体履行如下义务：剥离贝克顿在全球范围的软组织粗针穿刺活体组织检查产品线及其软组织粗针穿刺活体组织检查研发产品，包括研发产品 A 以及与贝克顿的软组织粗针穿刺活体组织检查产品线相关的有形和无形资产，包括但不限于成品库存、知识产权、指定人员、贝克顿用于生产其软组织粗针穿刺活体组织检查产品的生产设备及机器，仅不包括附录中明确列出的诸项保留资产。剥离业务截至目前的运营结构如附录所述。参见《关于附加限制性条件批准贝克顿—迪金森公司与美国巴德公司合并案经营者集中反垄断审查决定的公告》（商务部公告 2017 年第 92 号），载商务部网 2017 年 12 月 27 日，http：//fldj. mofcom. gov. cn/article/ztxx/201712/20171202691390. shtml。

为必要。

由于提供信息涉及剥离资产人员的第三人，可能涉及这些人员的隐私等问题，还可能涉及剥离资产的商业秘密等问题，剥离义务人在向潜在买家提供这些人员的信息尤为谨慎。一方面，不能超过必要限度，以满足潜在买家知悉足够人力资源运营剥离资产即可；另一方面，如果涉及个别员工隐私等应事先征询其意见，如果涉及剥离业务的商业秘密或敏感信息，可能损害剥离资产价值或市场竞争力的，需要签署保密协议，或者需要经过执法机构或监督受托人批准。

（三）提供接触剥离资产和相关人员的机会

除提供必要信息外，剥离义务人还需要提供必要的机会和场合，以使潜在买家能够接触剥离资产及其关键人员。潜在买家了解剥离资产，除剥离义务人提供资产信息外，多数情况下还需要实地调查资产情况，需要接触与资产有关的关键人员，包括技术人员、管理人员及财务人员等。

关于接触相关资产。剥离资产通常包括的土地、厂房设备、店铺、存货、原料等固定资产，潜在买家需要现场察看；通常包括的房产、车辆及知识产权等以登记作为公示手段的资产，潜在买家还可能需要查验相应权利证书。此外，剥离资产还可能包括产品销售渠道、原料进货渠道等，潜在买家也可能需要以某种方式了解。剥离义务人应按照资产买卖的惯常做法，向潜在买家提供了解、接触、实地勘验等机会。允许潜在买家接触资产与向其提供资产信息一样，需要平衡好确保潜在买家知情权以便利资产出售与保护剥离资产商业秘密和敏感信息之间的关系。

关于接触相关人员。虽然剥离的目标是资产，不包括相关的人员，但如果关键人员不能留任，运营剥离后资产可能面临困难，难以达到预期救济效果。因此，潜在买家可能需要了解现有负责剥离资产运营的人员信息，剥离义务人应当提供；对其中部分关键人员，潜在买家可以面对面接触了解有关情况，剥离义务人应提供必要机会和便利，包括解除对相关人员的约束，提供见面场所等。多数附条件批准的资产剥离案件都对此有所规定。赛默飞世尔科技公司收购立菲技术公司向商务部提交的《赛默飞收购立菲的救济方案》第 9 条规定："公司应向潜在买方提供与人员相关的足够信息，并使其可以以合理途径接触关键人员。" 百特公司收购金宝公司向商务部提交的《救济承诺》第12条规定："百特应向潜在买方提供有关人员的充足信息，允许他们合理接触人员。"

二、提供过渡期支持

资产剥离后，为确保剥离资产成活并有效开展竞争，执法机构可能要求集中后实体（也可能与资产剥离义务人、参与集中的经营者或参与交易的经营者等共同承担）在剥离后的合理期限内，向买家提供相关产品或原材料、销售渠道、基础设施使用许可、品牌使用许可以及代工服务等等。这些支持措施通常由集中后实体与买家以签署协议的方式进行，因此也称作过渡期协议。

（一）向资产买家提供相关产品

买家收购剥离资产后，如果需要一段时间整合、调试才能向市场正常提供相关产品或服务，就存在产品供应的断档期。断档期对剥离业务成活并有效参与市场竞争至关重要，因为在此期间客户可能流失。为确保买家持有的剥离资产持续向客户提供相关产品或服务，执法机构可能要求剥离义务人和买家签署协议，以低价或成本价向买家供应相关产品或提供代工服务。美国司法部2011年救济指南提及的短期供应协议即属此类，该指南规定，如果在过渡期内，因为工厂重置或产品组合变化等原因，导致资产剥离买家无法生产相关产品，反垄断局可能要求剥离义务人与买家签署一项供应协议，与资产剥离相配套适用。① 通常此类供应应满足买家一年期以内的任何客户合同要求的产品需求。②

美欧执法机构已较多适用该措施。例如，在Bombardier/ADtranz案③中，Bombardier承诺，在过渡期内维持剥离的合营企业Stadler Pankow GmbH工厂

---

① U. S. Departmentof Justice Antitrust Division, *Antitrustdivisionpolicy guide to merger remedies* (June 2011), Ⅱ, C, p18.

② United States v. Bemis Co., Inc., 2010－2 Trade Cas. ¶77, 096 (D. D. C. 2010).

③ 本案中，收购方Bombardier主要从事飞机，铁路运输设备和娱乐产品生产，被收购方ADtranz主要生产铁路车辆和信号设备。拟议收购将使Bombardier成为世界上最大的铁路设备综合生产商，领先法国阿尔斯通和德国西门子，在德国区域列车和有轨电车市场上占据主导地位。Bombardierr承诺将ADtranz在合营企业Stadler Pankow GmbH中的股权全部出售给另一合营方Stadler。Bombardier/ADtranz, Case Ⅳ/M. 2139, Commission decision of April 3, 2001, European Commission (Apr. 3, 2001), http://europa. eu/rapid/press－release_ IP－01－501_ en. htm.

运力负荷并按当前商业条款向后者供应某些部件。在 Campina 和 Friesland Foods 合并案①中，两公司均为荷兰乳制品公司，活跃于乳制品产品链多个市场，欧委会认为，拟议合并会对新鲜乳制品、鲜奶市场及奶酪市场产生反竞争效果，据此要求剥离相关业务，并达成过渡期供应协议，确保剥离业务买家能在一段时间内获得集中后实体的原料奶供应。中国执法机构也已在实践中运用此类保障措施，例如美国百特公司收购瑞典金宝公司案的审查决定公告附件《百特收购金宝的救济承诺方案》第 4 条规定，为帮助剥离业务顺利过渡，百特承诺根据买方意愿，在过渡期内安排百特或关联企业提供以下产品或服务：百特已准备好按照与买方商定的合理成本加成的基础，按照良好的行业惯例，与买方签订 Accusol 和 Monosol 液剂和乳酸盐的委托生产协议；百特已准备好根据一个过渡服务协议，按合理报酬向买方提供某些过渡服务。②

供应协议的具体条款需要根据个案情况确定，执法机构应全面考虑如下因素确定持续供应的合理期限。一是期限不能太短，否则难以让买家有足够时间整合剥离资产并开始正常运营以提供有竞争力的产品和服务，有损实现救济目标；二是期限也不能太长，否则可能减轻买家作为独立竞争者参与有效竞争的压力，过长的供应协议导致竞争者间密切联系，便于合谋，还可能引发其他竞争问题；三是要求集中后实体以成本价提供产品的方式支持竞争者，不符合集中后实体的商业利益，集中后实体不太可能尽力提供高品质产品，期限过长也不利于消费者。因此，供应协议必须是过渡性和暂时性的并受到执法机构随时监管。③ 执法机构对此类协议应保持高度警惕。如果此类协议关于协议期限和供需双方联系的紧密程度等方面存在的竞争损害风险过大，执法机构可作出买家不适格的判断。

---

① Campina/Friesland Foods, Case Comp/M. 5046, Commission decision of December 17, 2008, European Commission (Dec. 17, 2008), https://ec. europa. eu/competition/mergers/cases/decisions/m5046_ 20081217_ 20600_ en. pdf.

② 根据买方的选择，该等服务包括：（1）人力资源功能，例如人力资源支持、薪水册、养老金管理；（2）财务功能，例如银行业务、供应商付款、信贷、增值税、财政、税务、内部审计、法定会计；（3）信息技术，例如电子邮件、企业管理软件、服务支持、服务器托管、电信等；（4）销售和客户支持功能，例如客户服务支持、零部件订货处、客户支持服务帮助台、库存管理等；（5）其他行政功能，如保险、法律和出口合规、差旅服务等。

③ 美国司法部反托拉斯局 2011 年救济指南在注释 41 中表达了类似观点。

（二）采购资产买家的相关产品

买家购买剥离资产后，如果短时间内难以开拓市场，可能需要继续通过集中后实体销售其产品或者服务，特别是在剥离资产不包括销售渠道的情形下。执法机构可能会要求签署采购资产买家相关产品的过渡期协议，以确保剥离资产的相关产品或服务在过渡期内能够通过集中后实体继续销售，帮助剥离资产成活并有效参与市场竞争。例如，在 VEBA/VIAG 案①中，集中实施后，市场上将出现 VEBA/VIAG 和 RWE/VEW 的双寡头垄断，当事人同意剥离在东德的关联公司 VEAG 中的股权，使 VEAG 公司成为独立的竞争者，同时，为确保 VEAG 的竞争力，当事人承诺在 7 年过渡期内，从 VEAG 公司购买不低于 VEAG 公司总产能 50% 的电能。再如，在 Lagardere/Natexis/VUP 案②中，欧委会认为，集中后实体在图书杂志分销市场上市场份额过大，可能导致反竞争效果。最终，附加了剥离 VUP 分销网络的条件。为维持 VUP 分销网络业务的存活性，当事人承诺在过渡期内继续使用 VUP 分销网络。

（三）许可资产买家使用基础设施

如果剥离资产需要借助于特定基础设施才能运营，但基础设施资产无法从剥离义务人处剥离，买家自行建立基础设施不现实或不经济，寻求其他基础设施提供商不现实或需要较长时间，执法机构可能会要求剥离义务人和买家签署基础设施许可协议，以确保集中后实体在过渡期内向剥离资产提供基础设施使用许可。例如，在 Hutchison/VimpelCom 合营案③中，双方均为意大利网络运营商，执法机构认为，集中将消除两大竞争者间的竞争，产生单边效应，妨碍移动虚拟运营商参与竞争的能力，还可能导致剩余几家运营商与其一同提高产品价格，产生协调效应。最终，欧委会同意其剥离一部分资产给法国电信运营商 Iliad，并允许 Iliad 使用合营企业的网络为消费者提供全球范围的移动服务，直到 Iliad 建立起自己的移动网络。某些必要的知识产权也有类似特点，即运营剥离资产需要某些知识产权，集中后实体运营剩余资产

---

① VEBA/VIAG, Case COMP /M. 1673, Commission decision of June 13, 2000 (2001 O. J. L88/1), paras. 215 – 225.

② Lagardere/Natexis/VUP, Case COMP /M. 2978, Commission decision of January 7, 2004.

③ Hutchison/VimpelCom, Case COMP/M. 7758, Commission decision of September 1, 2016, European Commission, http://europa. eu/rapid/press – release_ IP – 16 – 2932_ en. htm.

也需要该知识产权。处理办法通常是集中后实体保留知识产权，同时授权剥离资产买家使用；或将知识产权连同剥离资产一并出售给买家，同时买家授权集中后实体使用。

（四）向资产买家提供技术支持

运营剥离资产产出能有效参与市场竞争的相关产品，有时候需要卖家的综合技术支持。在此情况下，执法机构可能在附条件批准时直接规定技术支持义务，或要求集中后实体与资产买家签署过渡期协议提供技术支持，或二者兼而有之。需要注意的是，技术支持不仅包括专利技术等知识产权的转移，还包括为生产出合格的具有竞争力的相关产品所必须的各种技术支持。其衡量标准可能是结果导向的，即以生产出合格的具有市场竞争力的产品为标准，这可能包括传授技术诀窍，提供技术使用的咨询服务等。例如，在商务部附条件批准辉瑞公司收购惠氏公司案中，要求剥离在中国境内（指中国大陆地区，不包括香港、澳门及台湾）辉瑞旗下品牌为瑞倍适（Respisure）及瑞倍适－旺（Respisure One）的猪支原体肺炎疫苗业务，尽管同时要求剥离为确保存活性和竞争性所需的有形资产和无形资产（包括知识产权），仍然要求在剥离后3年内，根据购买人请求，辉瑞公司有义务向购买人提供合理技术支持，包括协助其采购生产猪支原体肺炎疫苗所需的原材料，并对购买人的相关人员提供技术培训和咨询服务。

（五）向资产买家提供综合服务

剥离业务往往获益于所在集团的各种支持才能有效参与市场竞争，然而，支持服务通常无法随资产一同剥离。如果买家一时难以满足剥离资产的需求，则可能需要剥离义务人或集中后实体在合理过渡期内提供此类服务。这类服务的内容因个案剥离资产及其需求不同而有所不同。例如，在商务部附条件批准恩智浦收购飞思卡尔全部股权案①中，公告附件《恩智浦向商务部提交的

---

① 参见《关于附加限制性条件批准恩智浦收购飞思卡尔全部股权案经营者集中反垄断审查决定的公告》（商务部公告2015年第64号），载商务部网2015年11月27日，http：//www.mofcom.gov.cn/article/b/c/201511/20151101196189.shtml。本案中，商务部认为，经营者集中可能会对全球射频功率晶体管市场产生排除、限制竞争的效果，要求恩智浦完全剥离其射频功率晶体管业务；严格按照其向商务部提交的《关于桑巴控股荷兰有限公司股份资本中发行并流通在外的全部股份的出售与购买协议》向北京建广资产管理公司出售上述业务。

最终承诺》第4条规定，在交割后的一段过渡期间依照《制造服务协议》规定向剥离业务提供一些制造服务，以及依照《过渡服务协议》规定提供其他信息技术、营销和销售、财务和会计、养老金、供应链管理、采购、研发、不动产、质量及可靠性、人力资源、知识产权方面及其他过渡期间的服务。又如，在商务部附条件批准雅培公司收购圣犹达医疗公司股权案[①]中，在《雅培和圣犹达向商务部提交的限制性条件最终方案》第5条规定，雅培承诺在过渡期内向剥离业务提供与泰尔茂达成一致的、为保证剥离业务竞争性的过渡期服务：质量保证、物流、人力资源、监管、合规、信息技术、共享服务、供应链、工厂作业、生产工程、环境控制、财务与会计、税务管理、销售和营销以及客户支持服务。

三、协助雇佣和雇佣限制

剥离资产转移给买家后，要继续保持其市场竞争力，通常需要确保管理运营剥离资产的有关人员，特别是核心管理人员、技术人员等，能够随剥离资产一起转移，能够为剥离资产买家所雇佣。如果有效管理运营剥离资产严重依赖关键人才或相应团队，要求剥离义务人承担协助雇佣和雇佣限制义务就更为重要。

（一）协助雇佣措施

协助雇佣是指剥离义务人有义务采取必要措施，协助买家雇佣剥离资产的核心职员，确保剥离资产的有关人员能够留任，以维持剥离资产的正常运营并参与市场竞争。协助雇佣义务通常包含如下内容：一是，向买家提供剥离资产相关人员的详细信息，为买家与这些员工雇佣谈判提供便利条件，不得干预甚至破坏雇佣谈判。二是，合理期限内不得调离关键员工，包括剥离前的合理期间内，不得通过任何方式引诱、鼓励或激励剥离资产职员调往或

---

① 参见《关于附加限制性条件批准雅培公司收购圣犹达医疗公司股权案经营者集中反垄断审查决定的公告》（商务部公告2016年第88号），载商务部网2016年12月30日，http：//fldj. mofcom. gov. cn/article/ztxx/201612/20161202440204. shtml。本案中，商务部认为，此项经营者集中对中国小腔血管闭合器市场具有排除、限制竞争的效果，根据雅培向商务部提交的限制性条件最终方案，商务部决定附加限制性条件批准此项集中，要求雅培和圣犹达剥离圣犹达的小腔血管闭合器业务，严格按照《购买协议》向泰尔茂出售剥离业务并提供过渡期服务。

留任在剥离义务人的其他部门，或者离开剥离资产；也不得引诱、鼓励或激励前述雇员拒绝买家雇佣要求，或为这些雇员提供其他雇佣渠道。三是，一旦相关人员为买家雇佣留任剥离业务，剥离义务人应确保该雇员享受应得权益，解除相关义务排除相关障碍，包括发放或给予应得的养老金、股权和其他福利，撤销、解除或变更竞业禁止及保密义务等限制障碍。四是，如有必要，剥离义务人还应采取其他足够激励措施，确保关键员工留在剥离资产中工作。激励计划可能各具特色。执法机构通常限于提出确保经营管理团队或关键职员留任的目标或要求，具体激励措施由剥离义务人提出并经监督受托人、执法机构审查同意。原则上，只要不违反禁止性法律规定的激励措施都可以采取，例如，在 BP Amoco/ARCO 案中，拟合并企业提供的激励计划包括向关键雇员支付不少于他们底薪 35% 的奖金，以确保他们留任剥离资产。

（二）雇佣限制措施

雇佣限制是指对剥离义务人雇佣剥离业务相关人员施加的限制，通常是在一定期限内，不允许剥离义务人雇佣或试图雇佣在剥离业务工作的人员，其目的是确保这些人员不受剥离义务人影响，继续留在剥离业务工作。实践中，是否需要采取协助雇佣和雇佣限制措施，需根据个案情况具体分析。一般而言，对技术、管理要求高的行业及轻资产行业，例如设计、医疗、会计、律师等行业，还有买家是新入市场竞争者的情形，剥离资产对原雇员依赖度较高，更需要协助雇佣和雇佣限制措施；反之，一些重资产行业，例如矿产等资源类行业，技术和管理人员市场供应充足的一般制造业，及买家是重要在位竞争者等情形，对协助雇佣和雇佣限制措施的需求相对较低，甚至不需要规定协助雇佣和雇佣限制措施，个别的还要求资产剥离义务人接受部分员工。

（三）国外执法实践的情形

从国外执法实践看，协助雇佣和雇佣限制是多数资产剥离救济的标配措施。因为绝大多数剥离资产需要保持运营队伍稳定，即便是买家自己拥有或很容易从市场上找到相应技术和管理人员，这些人员熟悉剥离资产还需要一个过程，需要磨合时间和成本。当然也有个别案件既没有规定协助雇佣也没有规定雇佣限制。例如，在 Clear Channel 与 Fairway 资产互换案①中，为确保资产剥离效果，该案适用了一系列辅助保障措施，但与其他资产剥离案件不同，该案没有适用协助雇佣和雇佣限制措施，究其原因，该案剥离救济的核心是户外广告牌资产，相关剥离条款重点强调了剥离资产的范围、行政许可、合同安排等，但管理户外广告牌资产不需要专门的技术人才和团队。我国采取资产剥离的案件较少，附条件批准案件公告内容简单，特别是早期公告几乎没有规定协助雇佣和雇佣限制义务。

在采取雇佣保障措施的案件中，也因案件具体情况而有较大不同，整体看主要有两种情况。一是同时规定了协助雇佣和雇佣限制。例如，在 TransDigm 收购 SCHROTH 案②中，司法部要求 TransDigm 协助买家继续雇佣剥离资产相关人员，具体包括：要求 TransDigm 向买家提供剥离业务人员的相关信息，不得干预买家与这些人员的聘用谈判；对接受买家雇佣的雇员，Trans-

---

① Clear Channel Outdoor Holdings, Inc.（简称 Clear Channel）与 Fairway Media Group, LLC（简称 Fairway）拟进行资产互换交易。Clear Channel 将收购 Fairway 位于亚特兰大的广告牌业务，Fairway 将收购 Clear Channel 位于印第安纳波利斯大都市区等区域的广告牌业务。司法部认为，户外广告牌有独特的不同于其他媒体的属性，选择此业务的广告主有其特殊需求，如性价比高，不会考虑其他替代类型。户外广告牌业务间的竞争与地理位置密切相关，Clear Channel 与 Fairway 均在亚特兰大和印第安纳波利斯大都市区拥有并经营广告牌业务且二者广告牌位置邻近彼此竞争。该地区户外广告牌业务相当集中，且因当地政府限制新建户外广告牌等原因，市场进入壁垒很高。拟议资产互换将实质减少市场竞争，给户外广告市场带来价高质次的风险。鉴此，司法部与双方达成协议，要求双方均剥离部分资产。U. S. v. Clear Channel outdoor Holdings Inc. and Fairway Media Group LLC. , Case1：16 – cv – 02497 Competitive Impact Statement and Proposed Final Judgment, The United States Department of Justice (Dec. 22, 2016), https：//www. justice. gov/opa/pr/clear – channel – outdoor – and – fairway – media – group – required – divest – billboards – order – complete – asset.

② 根据美国司法部 2017 年 12 月 21 日发布的公告及附件文档，TransDigm Group Incorporated（简称 TransDigm）需剥离此前收购的原 Takata Corporation（简称 Takata）所有的机场约束系统业务（该案属事后救济）。2017 年 2 月，TransDigm 以 9000 万美元收购原属 Takata 的 SCHROTH Safety Products GmbH 和 SCHROTH Safety Products LLC（合称“SCHROTH 业务”），根据哈特 – 斯科特 – 罗迪诺反垄断改进法，可不予事先申报。TransDigm 的子公司 AmSafe 是全球最大的商用飞机约束系统供应商。商用飞机约束系统是用以保护座椅乘员、防止颠簸和碰撞中受伤的安全装置。商用飞机所有座椅均应安装经 FAA 认证的约束系统，FAA 认证过程复杂且用时较长。SCHROTH 是唯一能够与 AmSafe 竞争的市场主体。因此该交易很可能导致价格升高和创新减少。为此，司法部要求 TransDigm 剥离全部 SCHROTH 业务并在调查期间保持 SCHROTH 业务与 AmSafe 业务互相独立。U. S. v. Transdigm Group Incorporated, Case 1：17 – cv – 02735, Competitive Impact Statement and Proposed Final Judgment, The United States Department of Justice (Dec. 21, 2007), https：//www. justice. gov/opa/pr/justice – department – requires – transdigm – group – divest – airplane – restraint – businesses – acquired.

Digm 应取消所有竞业禁止和保密协议，[①] 支付所有尚未发放的养老金、股权及应得的所有福利。同时规定了雇佣限制，未经买家同意，TransDigm 两年内不得试图雇佣或雇佣受雇于买家的雇员，除非该雇员已与买家终止雇佣或被买家解雇。再如，在拜耳收购孟山都案[②]中，为确保资产剥离有效解决竞争问题，拜耳 4000 多名与剥离资产相关的雇员将成为巴斯夫雇员。司法部与拜耳达成协议，实施包括协助雇佣及雇佣限制在内的一揽子保障措施，确保这些雇员顺利转移到巴斯夫，维持剥离资产的市场竞争力，确保巴斯夫成为与拜耳相当的竞争对手和创新者。协助雇佣包括：拜耳应在收到巴斯夫请求 10 个工作日内，向巴斯夫、美国执法机构和监督受托人提供相关人员信息，包括姓名、职务、报告关系、Hay 积分、过去经验、从 2015 年 1 月 1 日（这意味着达成协议之前一段时间内的信息仍需提供）到资产剥离截止日的职责、培训和受教育历史、获得的相关证书、工作绩效评估、当前工资和福利等，但须遵守隐私和保密条款。拜耳应为相关雇员在工作时间与巴斯夫雇佣谈判提供便利，且不得干扰雇佣谈判。巴斯夫决定雇佣的相关人员，除非判决另有规定，拜耳应放弃所有竞业禁止和保密协议。[③] 拜耳应支付所有尚未发放的养老金、股权及所有应得福利。同时也规定了雇佣限制，拜耳两年内不得雇佣或试图雇佣受雇于巴斯夫的雇员，除非经巴斯夫书面同意或该雇员已与巴斯

---

① 免除保密义务的例外：TransDigm 有权要求接受买家雇佣的员工对下列非公开信息承担合理保密义务：终局判决未要求公开的；仅关乎 TransDigm 的业务及客户的；与剥离资产无关的。

② 2018 年 5 月 29 日，美国司法部公告称，Bayer AG（简称拜耳）拟以 660 亿美元收购 Monsanto Company（简称孟山都），拜耳和孟山是世界最大的两家农业公司，他们在种子、农作物保护产品及农业技术方面竞争。司法部认为，集中会损害上述市场竞争，可能导致更高价格、更低质量和更少选择，扼杀给农业技术创新。司法部和拜耳达成一致，同意拜耳剥离总价值约 90 亿美元的资产给 BASF SE（简称巴斯夫，巴斯夫拥有丰富的农作物保护业务经验，是司法部评估认为唯一合适的买家），包括一整套相关业务及支持资产的剥离计划：与孟山都激烈竞争的业务，包括拜耳的棉花、菜籽油、大豆和蔬菜种子业务及除草剂业务；种子处理业务；相关知识产权和研究能力，包括管道项目以使巴斯夫取代拜耳成为相关市场的领先创新者；作为补充的额外资产，以确保巴斯夫拥有作为拜耳独立竞争对手应有的同等创新激励、能力和规模，补充资产甚至包括拜耳初创的新兴数字农业业务。U. S. v. Bayer AG and Monsanto Company, Case 1：18 – cv – 01241, Competitive Impact Statement and Proposed Final Judgment, The United States Department of Justice（May. 29, 2018）, https://www. justice. gov/opa/pr/justice – department – secures – largest – merger – divestiture – ever – preserve – competition – threatened.

③ 拜耳有权要求接受巴斯夫雇佣的员工对下列非公开信息承担合理保密义务：终局判决未要求公开的；仅关乎拜耳业务及客户的；与剥离资产无关的。

夫终止雇佣或被巴斯夫解雇。

二是只规定了协助雇佣义务未规定雇佣限制责任。例如，在 Martin Marietta 收购 Bluegrass 案中，司法部只要求 Martin Marietta 协助买家雇佣剥离业务相关人员，包括向买家和司法部提供在剥离业务工作人员的有关资料，不得干预买家与这些雇员雇佣谈判。在 BBA Aviation 收购 Landmark Aviation 案[①]中，司法部只要求剥离义务人协助买家雇佣剥离业务相关人员，包括向买家提供参与该系统设计、开发、生产、销售等各领域人员的信息，不得干涉买家与这些人员雇佣谈判。在 GE 收购 Alstom 案[②]中，司法部要求当事方向买家和司法部提供 PSM 员工信息，以便买家能够发出雇佣要约，同时当事方不

① 根据美国司法部 2016 年 2 月 3 日发布的公告及附件文档，BBA Aviation plc（简称 BBA）与 Landmark U. S. Corp LLC 和 LM U. S. Member LLC（合称 Landmark）签署股权收购协议，BBA 以 20. 65 亿美元收购 Landmark 的所有权益。BBA 是 Signature Flight Support Corporation（简称 Signature）的母公司，Signature 是为机场提供全方位服务的固定基地运营商，拥有美国及世界上最大的 FBO 网络。Landmark 则拥有美国第三大 FBO 网络。在案涉 6 个机场中，Signature 和 Landmark 要么是仅有的两家竞争者，要么是三家竞争者中的两家。建立 FBO 供应系统需较长间和大量资金，尤其需占用土地并经机场管理方许可，短期内不会有新竞争者进入。因此拟议合并将实质性减损 6 个机场的相关服务的竞争。美国司法部与交易双方达成协议，要求在规定时间内，剥离 6 个机场中 Landmark 的 FBO 业务。U. S. v. BBA Aviation plc, Landmark U. S. Corp LLC and LM U. S. Member LLC, Case 1：16 – cv – 00174, Competitive Impact Statement and Proposed Final Judgment, The United States Department of Justice（Feb. 3, 2016）, https：//www. justice. gov/opa/pr/bba – aviation – divest – facilities – six – airports – landmark – aviation – acquisition.

② 根据美国司法部 2015 年 9 月 8 日发布的公告及附件文档，General Electric Company（简称 GE）以 138 亿美元收购 Alstom S. A.（简称 Alstom）的全部电力业务，包括 Alstom 的全资子公司 Power Systems Mfg. , LLC（简称 PSM）。司法部调查发现，在开发、制造和销售新的用于维修保养安装在美国的 GE 7FA 燃气轮机售后零件领域，包括 GE 和 PSM 在内只有三家公司竞争，且 PSM 是 GE 的主要竞争对手。PSM1998 年进入售后零件和服务市场后导致价格普遍下降，其中 GE 7FA 燃气轮机零件更换价格下降 60% 至 70%。此外，PSM 进入促使许多新零件开发，这些零件改善了 GE 7FA 燃气轮机性能。拟议合并将消除 GE 的主要竞争对手，损害 GE 涡轮机的所有者并最终损害美国消费者利益。鉴此，司法部要求 GE 将 PSM 相关资产全部剥离。司法部和欧委会密切合作，欧委会同日发出公告也要求 GE 剥离。U. S. v. General Electric Company, Alstom S. A. , and Power Systems Mfg. , LLC, Case 1：15 – cv – 01460, Competitive Impact Statement and Proposed Final Judgment, The United States Department of Justice（Sep. 8, 2015）, https：//www. justice. gov/opa/pr/justice – department – requires – general – electric – divest – aftermarket – business – order – complete.

得干预买家和 PSM 及 Alstom 员工的雇佣谈判。在 UTC 收购 Rockwell Collins 案①中，司法部要求剥离义务人向买家和司法部提供参与气动防冰系统设计、开发、生产、分销、销售以及产品服务等领域人员的信息，以便买家提出雇佣要约，且剥离义务人不得干涉买家与上述人员雇佣谈判。

（四）我国做法的精细化演进

我国执法机构公布的附条件批准案件公告正文鲜见协助雇佣和雇佣限制的内容。在商务部执法后期，当事方提交的救济承诺文件作为公告附件一并公布。在这些附件中，开始出现相关内容，但仅简单提及。例如商务部附条件批准嘉能可国际公司收购斯特拉塔公司案公告附件《嘉能可国际公司收购斯特拉塔公司全部已发行股本的交易救济承诺方案》（以下简称《嘉能可救济承诺方案》）中，开始简单提及，《嘉能可救济承诺方案》第 39（b）规定，完成资产剥离前，嘉能可不得从事可能不利影响剥离资产的行为，如雇佣其员工或获取其商业秘密或其他保密信息。再如，商务部附条件批准陶氏化学公司与杜邦公司合并案公告的附件《陶氏化学公司和杜邦公司合并案附加限制性条件建议及相关附件最终稿（公开版）》第 20 段仅原则规定，所有保证剥离业务存活性和竞争力所必需的资产和员工须一同转移。

也有些案件开始全面规定协助雇佣和雇用限制。例如商务部附条件批准的赛默飞世尔科技公司收购立菲技术公司案中，赛默飞世尔科技公司向商务部提交的《赛默飞收购立菲的救济方案》第 4 条规定了协助雇佣，公司承诺：采取包括适宜的激励计划（基于行业实践）在内的所有合理手段，鼓励所有关键人员继续留在被剥离业务中。第 8 条规定了雇佣限制，“公司承诺：在交割后的［…］年内，不会拉拢或确保关联经营者不会拉拢那些转移给被剥离

---

① 2018 年 10 月 1 日，美国司法部公告称，United Technologies Corporation（简称 UTC）以 300 亿美元收购 Rockwell Collins, Inc.（简称 Rockwell Collins）的全部股份，该收购是美国历史上最大的航空领域收购案之一。UTC 和 Rockwell Collins 均从事与飞行器安全驾驶相关的业务，在气动防冰系统和可调水平稳定器执行系统的生产销售存在重叠。UTC 和 Rockwell Collins 是全球仅有的 3 家气动防冰系统供应商中的两家，是世界领先的两家可调水平稳定器执行系统生产商。这两类业务专业性强，市场进入非常困难，集中将实质损害市场竞争。司法部与双方达成协议，剥离 Rockwell Collins 前述两产品相关业务。U. S. v. United Technologies Corp. and Rockwell Collins, Inc. Case 1：18 – cv – 02279, Complaint and Proposed Final Judgment, The United States Department of Justice (Oct. 1, 2018), https：//www. justice. gov/opa/pr/justice – department – requires – utc – divest – two – aerospace – businesses – proceed – acquisition – rockwell.

业务的关键人员”。

还有一些案件，不仅全面规定了协助雇佣和雇用限制，还对涉及的人员作出了详细的不同安排。例如商务部附条件批准美国百特公司收购瑞典金宝公司案，百特公司向商务部提交的《百特收购金宝的救济承诺方案》第6条规定：采取所有合理措施，包括适当的激励计划（基于行业惯例），以鼓励所有主要人员留在剥离业务内；在第11条，百特承诺：交割后两年内，不诱聘（并促使关联企业不诱聘）与剥离业务一起转让的主要人员。第2条规定，除非当地法律有禁止规定，百特会确保某些特定员工①转聘至买方。再如，商务部附条件批准恩智浦收购飞思卡尔全部股权案中，《恩智浦向商务部提交的最终承诺》规定，恩智浦要采取所有合理的措施或确保已采取所有合理的措施鼓励核心员工留任剥离业务，不寻求或调离人员到恩智浦留存业务任职。该承诺将相关人员分两类处理：一类是“核心人员”，是指维持剥离业务可行性和竞争性所需的所有人员，包括附件1列明的高级管理人员。对这类人员，要求恩智浦采取所有合理的措施或确保已采取所有合理的措施鼓励留任剥离业务。另一类是“人员”，是指目前从事剥离业务的所有员工（包括调任至剥离业务的员工），以及附件3列明的共享员工和额外员工。对这类人员，要求恩智浦不寻求或调离其到恩智浦留存业务任职。

四、协助取得第三方同意或政府许可

协助取得第三方同意或政府许可，是指买家利用剥离资产生产销售相关商品，有取得相关资质、政府许可等监管要求，或取得第三方同意等商业要求，按照附条件批准文件的规定，剥离义务人应协助买家取得该等许可或同意，以便买家尽快进入相关市场，有效参与市场竞争，消除或降低集中引发的反竞争影响。此类协助通常包括申请流程、申请文件、申请方法等形式方面的协助，也可能包括资产、技术等方面的实质性协助；如果获得此类许可需较长时间，可能妨碍买家及时进入市场，执法机构还可能要求剥离义务人

---

① 包括以下人员（包括主要人员）：目前从事剥离业务的人员，包括（i）专属CRRT生产的技师/工程师，（ii）研发/监管人员，和（iii）营销和销售人员。截至2013年4月，这些人员包括亚太区的约30名员工、欧盟和瑞士的17名员工，以及拉丁美洲的4名员工。

依法允许买家分享其资质，或在一定时间内许可买家使用。

商务部附条件批准美国百特公司收购瑞典金宝公司案中，百特公司向商务部提交的《百特收购金宝的救济承诺方案》第2条规定了许可、批准和授权问题，具体包括：转让（如果在法律上不可能，则提供适当的途径使用）百特持有的剥离业务所有当前和未决的CE标志，[①] 包括剥离业务当前和未决CE标志的所有百特可取得的相关卷宗，并在必要时，就任何必要监管申报和必要授权向买方提供合理协助；转让（如果在法律上不可能，则提供适当的途径使用）百特持有的政府机构签发的对生产销售剥离业务产品必需的所有许可、批准及授权，包括当前或未决授权的所有百特可取得的相关卷宗，并且在必要时，在向买方转让剥离业务的相关许可、批准及授权方面向买方提供合理协助，就任何必要监管申报和必要授权向买方提供合理协助。

在美国司法部办理的Entercom收购Lincoln案[②]中，司法部要求Entercom剥离三个位于MSA地区的广播电台至Bonneville International Corporation（司

---

① CE标志是一种安全认证标志，加贴CE标志表明产品符合欧盟《技术协调与标准化新方法》指令基本要求，可在欧盟各成员国内销售，无须符合每个成员国的要求，从而实现商品在欧盟各成员国自由流通。

② 根据美国司法部2015年7月14日发布的公告及附件文档，Entercom Communications Corp.（简称Entercom）拟以1.05亿美元收购Lincoln Financial Media Company（简称Lincoln）。在Denver MSA地区，Entercom和Lincoln均为当地及全国公司提供英语广播电台广告服务，二者各自拥有的许多电台面向同类客户，竞争激烈。对广告主来说，通过广播电台发布广告经济实惠，并能带来其他媒体无法提供的深度机会，因此广播电台广告被认为是一种必要的广告媒介，是其他广告媒介的必要补充。当地及全国公司认为，英语广播电台在吸引目标客户方面有独特效果，从而不考虑其他语种电台。即使英语广播电台广告业务价格小幅但显著上涨，亦不会促使广告主转向其他市场。另外，广播电台与每个广告主单独议价，对不同类型的广告主适用不同价格。因此，合并后Entercom和Lincoln有动机对将英语广播电台广告作为必需品的客户提价。在Denver MSA地区，拟议合并将使Entercom占当地英语广播电台广告业务37%，使当地已非常集中的广播电台市场更加集中，造成质次价高局面。U. S. v. Entercom Communications Corp. and Lincoln Financial Media Company，Case 1：15 - cv - 01119，Competitive Impact Statement and Proposed Final Judgment，The United States Department of Justice（Jul. 14，2015），https：//www. justice. gov/opa/pr/entercom - required - divest - three - denver - radio - stations - part - lincoln - acquisition.

法部预先核准的买家），方能完成拟议集中。在 Entercom 收购 CBS Radio 案①中，司法部要求剥离 Entercom 和 CBS 拥有的 13 个广播电台，其中要求将 WBZ AM、WRKO AM、WZLX FM 和 WKAF FM 剥离至前置买家 iHeartMedia，将 WBZ FM 剥离至前置买家 Beasley Broadcasting。另外 8 个电台在与买家达成剥离协议前，交由 Bonneville International 托管。经营广播电台资产需广播许可，转让广播许可须经 FCC（美国联邦通讯委员会）批准，因此司法部特别要求剥离义务人尽最大努力协助买家尽快获得 FCC 批准。

在 Alimentation Couche – Tard Inc. 收购 Holiday Companies 燃油零售店案②中，美国联邦贸易委员会要求，剥离义务人应于剥离完成日前，自费获取剥离资产及买家运营剥离资产所需的第三方同意和政府许可。剥离义务人应向委员会提供买家已与第三方签署授权协议、已获得相应同意或弃权的证明。如果相关政府许可不能转让，在买家获取政府许可前，应允许买家以剥离义务人名义在其政府许可项下运营剥离资产，剥离义务人应对买家申请政府许可提供合理协助。

商务部附条件批准雅培公司收购圣犹达医疗公司股权案中，商务部认为，此项集中对中国小腔血管闭合器市场具有排除、限制竞争的效果。雅培和圣犹达履行如下义务：剥离圣犹达的小腔血管闭合器业务。《雅培和圣犹达向商务部提交的限制性条件最终方案》规定，在适用法律允许的情况下，任何政府机构签发的、圣犹达持有的在波多黎各生产 Angio – Seal 和 FemoSeal 小腔

---

① 根据美国司法部 2017 年 11 月 1 日发布的公告及附件文档，Entercom Communications Corporation（简称 Entercom）拟收购 CBS Corporation（简称 CBS）拥有的全部广播电台。在特定市场区域内，Entercom 与 CBS 都为当地及全国公司提供英语广播电台广告服务，二者互相竞争。司法部认为，拟议合并将减损市场竞争，导致英语广播电台广告服务价格上涨。U. S. v. Entercom Communications Corp. and CBS Corp.，Case 1：17 – cv – 02268，Competitive Impact Statement and Proposed Final Judgment，The United States Department of Justice（Nov. 1，2017），https：//www. justice. gov/opa/pr/justice – department – requires – divestitures – radio – stations – boston – san – francisco – and – sacramento.

② Alimentation Couche – Tard Inc.（简称 ACT）拟通过其全资子公司（Oliver Acquisition Corp.）收购 Holiday Companies 在 10 个州约 380 家附带便利店的燃油零售店。汽油和柴油零售燃料市场很小，且高度本地化，拟议收购将导致相关区域市场中的独立竞争者由 3 变 2 或由 4 变 3，严重影响竞争。ACT 及其分支机构 Cross America Partners LP 同意剥离位于 Minnesota and Wisconsin 的 10 个加油站以解决委员会对拟议收购的竞争指控。See *Alimentation Couche – Tard and CrossAmerica Partners*，*In the Matter of*，FTC（Jun. 19，2018），https：//www. ftc. gov/enforcement/cases – proceedings/1710207/alimentation – couche – tard – crossamerica – partners.

血管闭合器和/或销售 Angio - Seal 和 FemoSeal 小腔血管闭合器所需的所有许可、执照和授权；必要时，在向泰尔茂转移涉及 Angio - Seal 和 FemoSeal 小腔血管闭合器的许可、执照和授权时的合理协助，以及，向泰尔茂提供合理的协助以有助于泰尔茂提交任何必要的监管申请获得任何必要的授权。任何与转移许可、执照和授权有关的成本应当由雅培承担（与泰尔茂另有约定的除外）。

五、回购和重组限制

回购或重组限制，是指在一定期限内，限制资产剥离义务人买回已剥离的资产，或以重组等其他任何方式与剥离资产发生关联关系。资产剥离是永久改变市场结构的救济措施，买家取得资产后须在相当长时间内运营资产，以使其在相关市场内作为独立竞争力量发挥制约合并后实体反竞争影响的效果。集中后实体不得在剥离后再行回购剥离资产，也不得以其他任何方式重组与剥离资产发生关联关系是资产剥离措施应有之义，理论上，凡是资产剥离均须遵守回购和重组限制的义务。

美国通常在包含资产剥离措施的同意令中加入该条款。例如，在 TransDigm 收购 SCHROTH 案、GE 收购 Alstom 案、Martin Marietta 收购 Bluegrass 案、Martin Marietta 收购 Bluegrass 案、Clear Channel 与 Fairway 资产互换案中，美国司法部均要求剥离义务人在最终判决有效期内（通常为 10 年）不得回购任何部分的剥离资产。有些最终裁决还可能有进一步的要求，例如，在 BBA Aviation 收购 Landmark Aviation 案中，要求在最终判决有效期（10 年）内，不得重新取得、管理、经营任何部分的剥离资产。在 UTC 收购 Rockwell Collins 案中，不仅要求剥离义务人在最终判决有效期（10 年）内不得回购剥离资产，还要求买家也不得从剥离义务人处购买与剥离有竞争关系的资产或设施。个别案件不仅对资产回购提出要求，还对其他重组合作提出要求。例如，在 Bayer 收购 Monsanto 案[①]中，美国司法部要求，在最终判决期间内，

---

① U. S. v. Bayer AG and Monsanto Company，Case 1：18 - cv - 01241，Competitive Impact Statement and Proposed Final Judgment，The United States Department of Justice（May. 29，2018），https：//www. justice. gov/opa/pr/justice - department - secures - largest - merger - divestiture - ever - preserve - competition - threatened.

拜耳不得重新获得任何部分的剥离资产；除了根据第Ⅳ（f）段进行可能的收购外，[①] 巴斯夫不得在最终判决有效期间，从拜耳收购与剥离资产竞争的任何资产或业务。此外，未经美国司法部事先书面同意，在最终判决期间，拜耳和巴斯夫不得进行与剥离资产有关的任何新的合作，或扩大涉及剥离资产的现有合作范围。在收到拜耳和巴斯夫关于拟议新的或扩大合作的书面申请后60个日历日内，美国司法部将自行决定是否同意并通知拜耳和巴斯夫。在Entercom收购Lincoln案中，美国司法部要求，在资产剥离完成后，被告不得重新收购剥离资产的任何部分；不得获得重新收购剥离资产的任何部分或将剥离资产转让给任何其他人的任何选择权；不得签订任何经纪协议、本地营销协议、联合销售协议、其他合作销售安排或共享服务协议[②]，或与买家进行其他业务谈判。

我国早期的资产剥离案件基本没有规定回购重组限制或禁止。例如2009年在辉瑞公司收购惠氏公司案中，要求剥离在中国境内辉瑞旗下品牌为瑞倍适及瑞倍适－旺的猪支原体肺炎疫苗业务；在松下公司收购三洋公司案中，要求剥离三洋公司目前全部的硬币型锂二次电池业务，剥离三洋公司或松下公司其中一方的民用镍氢电池业务，剥离松下公司车用镍氢电池业务，但未有规定限制禁止回购重组义务；2011年在佩内洛普收购萨维奥案中，[③] 要求Alpha Private Eqmty FundV的最终控制实体Apef Management Company 5 Limited将其持有乌斯特的股份转让给独立第三方；2012年在联合技术收购古德里奇案[④]中，要求剥离古德里奇的电源系统业务，均未规定限制禁止回购重组。

---

① 该段为巴斯夫创设了为期一年的窗口期，在剥离完成后一年内，为确保剥离业务的持续竞争力，巴斯夫可要求剥离其所需要的任何合理必要的额外资产，最终由美国司法部决定。

② 由美国司法部事先批准的，签订或延续的任何与销售无关的共享服务协议不在禁止之列。

③ 参见《关于附条件批准佩内洛普有限责任公司收购萨维奥纺织机械股份有限公司反垄断审查决定的公告》（商务部公告2011年第73号），载商务部网2011年10月31日，http：//fldj. mofcom. gov. cn/article/ztxx/201111/20111107855585. shtml。

④ 参见《关于附加限制性条件批准联合技术收购古德里奇经营者集中反垄断审查决定的公告》（商务部公告2012年第35号），载商务部网2012年6月15日，http：//fldj. mofcom. gov. cn/article/ztxx/201206/20120608181083. shtml。

在商务部附条件批准的加阳公司与萨斯喀彻温钾肥公司合并案[①]中，商务部审查认为，此项经营者集中对全球及中国氯化钾市场可能具有排除、限制竞争的效果，要求合并后实体根据规定的时间表，剥离萨钾持有的以色列化工、阿拉伯钾肥和智利化学矿业的股权。特别强调：合并后实体及其关联公司不得通过任何形式回购上述剥离的股权，并应将剥离进展及时向商务部汇报。

六、担保及融资限制

担保及融资限制，是指剥离义务人及其关联方不得为买家购买剥离资产提供担保及融资。融资关系本身意味着存在反垄断法上的关联关系，如果允许剥离义务人为买家提供担保融资，则两者之间可能被视为存在关联关系。而资产剥离措施要求，买家必须独立于集中后实体及其关联公司，必须具有足够的实力和财务能力。据此，附条件批准通常禁止集中当事方及其关联公司为买家购买剥离资产提供担保融资。

美执法机构公布的多数资产剥离案件提出了禁止担保融资的要求，且基本形成了固定的格式化条款。例如美国司法部公布的 Martin Marietta 收购 Bluegrass 案、BBA Aviation 收购 Landmark Aviation 案、GE 收购 Alstom 案、Clear Channel 与 Fairway 资产互换案、UTC 收购 Rockwell Collins 案、Entercom 收购 Lincoln 案中都包含了融资禁止条款。该条款绝大多数在同意令的Ⅶ条款，内容简单明确，主要是禁止原告向买家提供全部或部分融资。国内执法机构包括此前的商务部和目前的市场监管总局发布的附条件批准公告，截至目前，尚未见担保融资禁止的表述。

---

① 参见《关于附加限制性条件批准加阳公司与萨斯喀彻温钾肥公司合并案经营者集中反垄断审查决定的公告》（商务部公告 2017 年第 75 号），载商务部网 2017 年 11 月 6 日，http：//www. mofcom. gov. cn/article/b/e/201711/20171102666646. shtml。本案中，加阳公司主营生产经销农作物营养素，萨钾公司生产供应钾肥、磷肥和氮肥等农业肥料，两公司均通过加拿大钾肥出口公司（简称 Canpotex）向中国销售氯化钾。加阳和萨钾 2016 年 9 月 11 日签订协议，两公司将以成立新母公司方式合并，合并后加阳和萨钾成为新母公司的全资子公司，其原有股东将分别持有新母公司 48% 和 52% 的股权。

七、受托人和无底价拍卖

委托受托人和无底价拍卖已是美欧采取资产剥离措施标配的保障措施。该措施通过事先设定剥离义务人委托受托人的义务，或执法机构有权在符合条件情况下指定受托人的权利，同时，授权剥离受托人在满足规定条件的情况下，有权无底价拍卖剥离资产，以确保剥离资产剥离成功。经营者集中反垄断控制制度中有两种受托人：一种是监督受托人，其职责主要是监督条件实施；另一种是剥离受托人，其职责主要是在规定时间内，剥离义务人未能出售剥离资产的情况下，以无底价拍卖方式售出剥离资产。委托剥离受托人并授权其无底价拍卖，主要目的是创设一种激励剥离义务人按照规定剥离资产的机制。无底价拍卖，一方面意味着一定能够将剥离资产售出，另一方面意味着剥离义务人的收益有可能受到极大损害。实践中，真正交由受托人无底价拍卖的情形极少见，但这不意味着剥离受托人和无底价拍卖措施没有实际作用，相反，正是该措施的存在激励剥离义务人自行剥离成功。

商务部2010年发布的《关于实施经营者集中资产或业务剥离的暂行规定》，2014年发布的《关于经营者集中附加限制性条件的规定（试行）》以及2020年市场监管总局最新公布的《经营者集中审查暂行规定》都规定了受托人制度，包括受托人的种类、条件、产生、职责等内容。商务部反垄断局2015年还发布了《监督受托人委托协议（示范文本）》，供委托人和监督受托人（包括剥离受托人）签约时参照适用。

根据我国现行有效的《经营者集中审查暂行规定》，剥离受托人是指受义务人委托并经市场监管总局评估确定，在受托剥离阶段负责出售剥离业务并向市场监管总局报告的自然人、法人或者其他组织。受托人应当符合下列要求：独立于剥离义务人和剥离业务的买方；具有履行受托人职责的专业团队，团队成员应当具有对限制性条件进行监督所需的专业知识、技能及相关经验；能够提出可行的工作方案；过去5年未在担任受托人过程中受到处罚；市场监管总局提出的其他要求。剥离义务人应当在进入受托剥离阶段30日前向市场监管总局提交剥离受托人人选名单。市场监管总局评估确定受托人后，剥离义务人应当与受托人签订书面协议，明确各自权利和义务，并报市场监管总局同意。受托人应当勤勉、尽职地履行职责。剥离义务人支付受托人报酬，并为受托人提供必要的支持和便利。剥离义务人未能在规定期限内完成剥离的，市场监管总局可以要求剥离义务人委托剥离受托人在规定的期限内寻找合适的剥离业务买方。

在我国执法机构公布的资产剥离案件中大都适用了受托人制度，即便在缺乏相关立法支撑的情况下，执法实践也已经开始适用。例如2009年在商务部附条件批准辉瑞公司收购惠氏公司案中，审查决定规定：如果辉瑞公司在商务部批准此项集中后6个月内未能找到购买人，商务部有权指定新的受托人以无底价方式处置被剥离业务。此处“新的受托人”即为剥离受托人。然而，此种由执法机构指定的做法并不多见，此后商务部发布的规章文件中，均规定剥离受托人由剥离义务人委托。不过该案发生于2009年，当时的法律文件对此尚无明确规定。

2013年商务部附条件批准美国百特公司收购瑞典金宝公司案中，百特公司向商务部提交的《百特收购金宝的救济承诺方案》专章规定了受托人，要求百特在满足要求的情况下，既要委任一名监督受托人，也应委任一名剥离受托人。百特应当与剥离受托人签署排他性剥离受托人授权委托协议，授予剥离受托人向买方出售剥离业务的排他性授权。

2014年商务部附条件批准嘉能可国际公司收购斯特拉塔公司案中，审查决定要求：如嘉能可未能于2014年9月30日之前按上述要求与经商务部同意的买方签订具有约束力的出售协议，或者签署协议但未于2015年6月30日之前完成协议项下拉斯邦巴斯项目的转让交割，除非经商务部同意，嘉能可应当委任剥离受托人，分别自2014年10月1日或者2015年7月1日起3个月内，无底价拍卖商务部指定的其在下述任一项目中的全部权益：坦帕坎（Tampakan）、芙蕾达河（Frieda River）、埃尔帕琼（El Pachón）或阿伦布雷拉（Alumbrera）。审查决定的附件《嘉能可救济承诺方案》第31条规定，在适用剥离受托人的情况下，嘉能可应授权剥离受托人全权负责剥离事务。剥离受托人应以无底价拍卖的方式以最利于快速出售的条款和条件出售商务部指定资产。在此后的附条件批准决定中，例如赛默飞世尔科技公司收购立菲技术公司案、陶氏化学公司与杜邦公司合并案等都在当事人提交的承诺文件中详细规定了受托人事宜。

市场监管总局在2018年11月附条件批准联合技术公司（United Technologies Corporation）收购罗克韦尔柯林斯公司（Rockwell Collins, Inc.）股权案①中，审查决定要求，联合技术、罗克韦尔柯林斯以及交易后的实体在本决定生效日起6个月内找到符合法律规定的一个或多个买方签订出售协议，在经市场监管总局批准后完成所有权转移等相关法律程序。如果未能在上述6个月期限内找到一个或多个合格买方并签订出售协议，由剥离受托人在上述期限届满后6个月内寻找买方，并以无底价拍卖方式出售被剥离业务、项目。

市场监管总局在2018年9月附条件批准的林德集团（Linde AG）与普莱克斯公司（Praxair, Inc.）合并案②中，要求林德、普莱克斯及集中后实体将在本决定公告日起6个月内找到符合法律规定的氦气气源合同和广东省4家合营企业各股权的买方人选并向市场监管总局提交相应的协议，在经市场监管总局批准后完成所有权转移等相关法律程序。如果未能在上述规定期限内提出买方人选并提交相应的协议，将由剥离受托人在上述期限届满后6个月内寻找买方，并以无底价拍卖方式出售被剥离氦气气源合同和广东省4家合营企业的股权。

---

① 参见《市场监管总局关于附加限制性条件批准联合技术公司收购罗克韦尔柯林斯公司股权案反垄断审查决定的公告》，载搜狐网2018年11月23日，https：//www. sohu. com/a/277518412_ 733746。本案中，联合技术公司1934年在美国设立，纽交所上市，主要从事飞机发动机等航空零部件、建筑环境、控制与安防系统等生产和销售。罗克韦尔柯林斯公司2001年在美国设立，纽交所上市，主要从事飞机零部件、国防产品生产和销售。根据协议，联合技术拟收购罗克韦尔柯林斯全部股份取得单独控制权。市场监管总局认为，集中对全球可调水平安定面作动器、油门弧座组件、方向舵制动踏板、机翼防冰系统、供氧系统、航电设备、发动机短舱、辅助飞控作动器、探冰系统、发电系统、防火系统以及大气数据传感器、大气数据计算机、综合大气数据系统市场，具有或可能具有排除、限制竞争效果。决定要求：剥离罗克韦尔柯林斯全部可调水平安定面作动器业务、飞行员控制系统业务（包括油门弧座组件业务、方向舵制动踏板系统业务等）、SMR技术（应用于制造机翼防冰系统等）业务，剥离内容包括参与当前运营的所有资产和员工，或者为确保被剥离业务存续性和竞争性而必需的所有资产和员工，特别是所有相关的有形和无形资产、员工、执照、许可和授权、合同等；剥离联合技术的供氧系统全部研发项目，剥离内容包括参与当前运营的所有资产和员工，或者为确保被剥离项目存续性和竞争性而必需的所有资产和员工，特别是所有相关无形资产包括知识产权、员工、研发合同等。

② 参见《市场监管总局关于附加限制性条件批准林德集团与普莱克斯公司合并案反垄断审查决定的公告》，载中国质量新闻网2018年9月30日，http：//www. cqn. com. cn/zj/content/2018－09/30/content_ 6311297. htm。市场监管总局认为，此项集中对全球氦气、全球惰性稀有气体混合气、全球含氟稀有气体混合气、全球氯化氢稀有气体混合气、广东省液氧、广东省液氮市场，具有或可能具有排除、限制竞争效果。要求林德、普莱克斯及集中后实体履行如下义务：剥离总计每年9000万标准立方英尺的氦气资源并承诺一定的增长量；根据买方选择，在客户同意的情况下向买方转让接近9000万标准立方英尺的氦气客户合同；向买方提供其所需的辅助支持，以促使其能够将被剥离氦气气源合同项下采购的氦气运输至中国进行处理和销售；剥离林德在广东省与A公司设立的甲公司、乙公司、丙公司和丁公司等共计4家合营企业中分别持有的股权。

第六章

限制性条件的比较和适用分析[①]

附条件批准是反垄断执法机构施行经营者集中控制的重要法律工具。据此，执法机构可在维持市场竞争的同时，允许集中继续实施，以保留集中带来的效率。附条件批准也因此成为经营者集中反垄断控制制度的核心内容。业界通常把附加的条件分为结构条件和行为条件，不同的执法机构适用不同的条件各有特点和侧重，然而，多年来，理论界和实务部门对两种条件孰优孰劣争论不休。本章试图追溯偏好结构救济的源头，比较分析结构条件和行为条件[②]的利弊，澄清主要执法机构的做法，提出我们解决竞争问题的可选方案。

第一节　两种条件优劣的争论和偏好

一、两种条件优劣争论的缘起

结构救济主要是资产剥离，行为救济则是限制集中后经营者的行为，这

---

① 本章公开发表于《中外法学》2019 年第 4 期，进行必要修改补充后收入本书。

② 结构条件和行为条件的术语常见美欧立法和指南文件，我国《反垄断法》未予规定，执法机构的规章采此分类，但未见正式定义。如何划分结构救济和行为救济，细节上虽仍有争议但实践中已广泛使用这种分类。本书所称结构救济，是通过资产剥离等方式创造新竞争者或强化在位弱势竞争者，以维持市场竞争结构，补救竞争损害的救济措施类型；行为救济是通过限制集中后经营者的行为或效果的方式，以避免或减轻竞争损害的救济措施类型。

些限制针对不同竞争问题表现为不同具体形式。[①] 无论是学术界、执法机构，还是反垄断律师、经济学家，对两种救济方式孰优孰劣长期存在争论。总体来看，偏好结构救济的意见似乎占据优势，但其他声音和做法从未销声匿迹。

（一）美国做法的反复

上述争论可谓源远流长。反垄断的鼻祖美国在不断调整做法，业界对其规定也有不同理解。传统上，美国联邦贸易委员会和司法部都不赞成适用行为救济，理由是设计、组织、管理和监督行为救济非常困难。[②] 美国在为数不多的案件中适用过行为救济，几乎都属于已有政府监管的行业，除此之外，单独适用行为救济的情形非常少见。[③] 后来，美国联邦贸易委员会和司法部开始对纵向集中和已完成集中开展调查，行为救济因此被广泛频繁地用于解决竞争问题。[④] 特别是美国司法部 2011 年救济指南，调整了救济措施的适用原则，认为有效的救济应包括结构救济、行为救济或两者的结合。美国司法部开始对某些纵向集中有针对性地施加行为救济，以阻止可能损害消费者利益的行为，同时确保实现集中的特有效率；在结构救济会消除集中的潜在效率，不采取救济措施又会严重损害竞争的情况下，行为救济成为特别有效的选择。[⑤]

尽管美国司法部 2011 年救济指南规定得如此清晰，但反垄断律师和经济学家们围绕哪种救济更优的争论并未平息，[⑥] 甚至对该指南的调整仍有不同见解。例如，有观点就认为，美国司法部 2011 年救济指南删除了结构救济优先

---

① 执法实践中曾适用的行为救济有：限制集中后经营者内部管理的措施，如建立防火墙；限制集中后经营者特定行为的措施，如调整现有合同、限制雇佣；限制集中后经营者对特定当事人或资产行为的措施，如禁止报复、收购和扩产限制；限制集中后经营者对不特定第三人行为的措施，如资产开放、非歧视供应或购买、透明度等。

② See U. S. Department of Justice Antitrust Division, *Antitrust Division Policy Guide to Merger Remedies*, October 2004; Trade Commission Bureau of Competition, *Negotiating Merger Remedies*, January 2012.

③ U. S. Department of Justice Antitrust Division, *Antitrust Division Policy Guide to Merger Remedies*, October 2004, p. 20.

④ Catherine Fazio, *Merger Remedies: the Greater Use by the DOJ and FTC of an Expanding Toolkit*, Aspatore, 2013 WL 3773855, June, 2013.

⑤ U. S. Department of Justice Antitrust Division, *Antitrust Division Policy Guide To Merger Remedies*, June 2011, p. 5, 7.

⑥ Ken heyer, *Optimal Remedies for Anticompetitive Mergers*, Antitrust, Vol. 26, No. 2, spring 2012, p. 26 – 31.

的表述，是将行为救济与结构救济置于平等地位。[①] 还有观点认为，2011 年救济指南调整仅表明将行为救济纳入执法者的救济选项，之前根本未将其视为选项之一，此举至多是丰富了执法机构与当事人的协商方式，美国并未将结构救济与行为救济等同对待，只是更多考虑行为救济，在此前的模糊地带更多适用结构救济，行为救济的适用范围依然非常有限。[②]

此后几年，司法部似乎又开始调转 2011 年救济指南确立的执法原则。2017 年 11 月，美国助理司法部长 Makan Delrahim 在美国律师协会的主题演讲中指出，司法部希望削减已确立的长期同意令，回归到以结构救济为偏好的核心策略，以纠正那些违法并损害美国消费者利益的合并。[③] 这似乎回到 2004 年救济指南结构救济优先的立场了。特别是 2018 年 9 月 26 日，Makan Delrahim 宣布撤销 2011 年救济指南，在发布更新的指南之前，重新启用 2004 年救济指南。[④] Makan Delrahim 引用美国最高法院已故大法官时任美国司法部助理司法部长 Robert Jackson 的话称“反垄断法努力的目标是，通过保持竞争来控制价格，从而避免政府对商业的繁复监管”[⑤]。行为救济本质上具有监管性质，即用中央决策取代自由市场。[⑥] 这项具有强烈 Makan Delrahim 个人印记[⑦]的决定表明，美国司法部对行为救济退回到了更为保守的立场。

（二）经济合作组织的争论

经济合作与发展组织（OECD，以下简称经合组织）2011 年召开圆桌会

---

① Catherine Fazio, *Merger Remedies: the Greater Use by the DOJ and FTC of an Expanding Toolkit*, Aspatore, 2013 WL 3773855, June, 2013.

② 臧俊恒：《合并救济措施类型化研究》，载《经济法论丛》2017 年第 1 期。

③ Makan Delrahim, *Antitrust and Deregulation*, *Remarks as Preparered for Delivers at American Bar Association Antitrust Section Fall Forum* (2017), The United States Department of Justice (Nov. 16, 2017), https: //www. justice. gov/opa/speech/file/1012086/download.

④ Ibid.

⑤ Robert H. Jackson, *Should the Antitrust Laws Be Revised*?, 71 U. S. L. Rev. 575 (1937), Robert H. Jackson Center (Dec. 17, 1937), https: //www. roberthjackson. org/speech - and - writing/should - the - antitrust - laws - be - revised/.

⑥ Maken Delrahim: *Life in the Fast Lane: Antitrust in a Changing Telecommunications Landscape*, The United States Department of Justice (Nov. 7, 2018), https: //www. justice. gov/opa/speech/file/1108606/download.

⑦ Makan 本人更倾向适用结构救济解决竞争问题而不喜欢行为救济，此外，Makan 在 2017 年 9 月新任美国司法部助理司法部长负责反垄断之前，曾在反垄断局短暂任职，在其任内刚好出台 2004 年救济指南，此次撤新用旧不排除有其主观偏好的因素。

议，将救济措施的类型选择列为重要讨论内容，讨论显示主要发达经济体对此问题的立场并不一致。会议提出，各执法机构解决竞争问题面临的首要任务，是在结构救济和行为救济之间如何取舍。通常认为，两者各有利弊，横向集中和纵向集中往往涉及不同的竞争问题，设置救济方案必须考虑这些因素的差异；横向集中的竞争问题通常最适合通过结构救济处理，纵向集中的竞争问题则往往适合通过行为救济或者行为救济与结构救济结合处理。很多执法机构认为，资产剥离等结构救济更为有效，因为它直接针对竞争损害的源头且监督成本低，对市场扭曲的可能性小；同时，也承认行为救济的适用空间，特别是作为结构救济补充措施的情形下。[①]

工商顾问委员会（BIAC）[②] 在圆桌会上对此提出不同看法：想当然地认为结构救济更适合横向集中的观点并不合理，虽然行为救济有其固有缺陷，但它能够避免结构救济的某些不足。该委员会代表提醒各执法机构，不要先入为主地推定横向集中应该适用结构救济，纵向集中应该适用行为救济，从实践看，结构救济应当是最后的手段。[③] 值得注意的是，工商顾问委员会的观点并不孤立，澳大利亚代表称，其梳理评估 2002 年以来的集中救济案件发现，实际适用的救济措施绝大多数是行为救济，单纯适用结构救济的案件只有 10%，同时适用结构救济和行为救济的只有 15%。[④]

（三）中国的实践和争论

与美欧执法实践不同，中国执法机构[⑤]更多适用行为条件并因此多遭诟病。截至 2019 年 2 月底，中国执法机构附条件批准 40 件经营者集中（不包括变更决定 2 件，解除决定 4 件，禁止决定 2 件），其中单纯结构救济 7 件，

---

① 韩伟：《经合组织 2011 年合并救济论坛介评》，载《经济法研究》2014 年第 1 期。

② 工商顾问委员会（BIAC）是一家主要致力于为经合组织成员国政府或机构提供有关经济全球化议题建议的国际商事组织。

③ OECD Policy Roundtables 2011, *Remedies in Merger Cases*, DAF/COMP（2011）13, p. 294, http：//www. oecd. org/daf/competition/RemediesinMergerCases2011. pdf.

④ OECD Policy Roundtables 2011, *Remedies in Merger Cases*, DAF/COMP（2011）13, p. 46, http：//www. oecd. org/daf/competition/RemediesinMergerCases2011. pdf.

⑤ 中国商务部 2008 年组建反垄断局，开始依据《反垄断法》和《国务院关于经营者集中申报标准的规定》等受理审查经营者集中案件。2018 年年底，中国国务院机构改革，商务部、发展改革委的反垄断职能划归到在国家工商总局基础上组建的市场监管总局，后者成立反垄断局负责垄断协议、滥用市场支配地位查处和经营者集中反垄断控制等工作。

单纯行为救济 22 件，结构救济加独立行为救济 10 件，结构救济加辅助行为救济 1 件。[①] 有文献曾统计分析商务部附条件批准集中的公告，结果表明商务部高度偏好行为救济，在与境外执法机构同时期采取救济措施的可比案件中，商务部采取行为救济的接近九成，该比例远超美欧。[②] 相比之下，美国较少适用行为救济，例如，在 2009—2011 年，美国采取救济措施的案件中，有 13% 施加了行为救济，78% 采用了结构救济，9% 是两种类型的结合。[③] 与此类似，欧盟在 2007—2009 年，只有 12% 采取了行为救济，42% 适用结构救济，其余 46% 是行为救济和结构救济结合适用，且行为救济是当事人履行结构救济的辅助措施。[④] 外界对中国执法严重依赖行为救济的印象可能由此而来。特别是，只有横向关系的集中交易也经常适用行为救济，这与美欧明显不同，后者通常不将行为救济适用横向集中，而只适用于纵向集中或作为结构救济的临时辅助措施。[⑤]

由此，在国内也引发哪些情形可适用行为救济，以及更多适用结构救济为宜，还是更多适用行为救济合适的争论。争论中，有观点反对大量适用行为救济的做法，主张原则上一律适用结构救济，甚至认为由于缺乏相关理论研究导致我国适用大量行为救济，而各国普遍借助结构救济解决问题，我国作为一个反垄断法新进国家，未免过于特立独行。[⑥] 有观点认为，附条件批准经营者集中应当符合中国的特殊情况，当前中国适用行为救济案件占比较高，只是特殊历史阶段的现象。

---

① 根据《反垄断法》第 30 条，国务院反垄断执法机构应当将禁止经营者集中的决定或者对经营者集中附加限制性条件的决定及时向社会公布。参见商务部官方网站：http：//fldj. mofcom. gov. cn/article/ztxx/；市场监管总局官方网站：http：//www. samr. gov. cn/。

② 参见李俊峰：《全球平行审查背景下的中国经营者集中救济》，载《当代法学》2015 年第 2 期。

③ Elizabeth Xiao – Ru Wang, Joanna Tsai & Sandra Chan, *Merger Remedies with Chinese Characteristics*, CPI Antitrust Chronicle, August 2013, p. 10.

④ See Sergio Sorinas & Christine Jorns, *European Union: EU merger remedies*, INT' L FIN. REV., 8 – 9, Iflr (Oct. 1, 2009), http://www. iflr. com/Article/2324298/European – Union – EU – merger – remedies. html.

⑤ 在超过 65% 的采取行为救济的案件中，商务部表示主要或仅存在横向问题，这表明行为救济是商务部事实上倾向适用的救济方式。See Fei Deng & Cunzhen Huang, *A Five Year Review of Merger Enforcement in China*, the antitrust source, October, 2013.

⑥ 参见臧俊恒：《合并救济措施类型化研究》，载《经济法论丛》2017 年第 1 期。

综上，国内理论和中外执法实践的差异，焦点不外乎是在结构条件还是行为条件之间非此即彼的选择，至多是以其中一个为主，另外一个为辅的选择。

二、偏好结构条件的实务和理论现状

争议虽然持续存在，理论界和主要执法机构明显偏好以资产剥离为代表的结构救济，似乎是不争的现实。很多执法机构甚至武断地假设，结构救济比行为救济更可取、更有效，理由是结构救济直接针对引发竞争损害的原因，监督执行结构救济的成本更小，可能导致的市场扭曲也更小。[①]

（一）美欧执法机构均曾偏好结构救济

美欧等重量级执法机构均偏好结构救济。美国联邦贸易委员会和司法部先后分别发布两份关于救济措施的指南文件，前期发布的文件明显推崇结构救济。委员会竞争局 2003 年声明，其内容全部是结构救济的资产剥离，包括应剥离的资产、合格买方、剥离协议、附加命令条款、资产独立及保值命令、剥离申请和时间安排等均围绕资产剥离展开。[②] 司法部反垄断局 2004 年救济指南第Ⅲ部分“救济方案的设计”专列标题“A 结构救济优先”，偏好结构救济的立场彰显无遗。该指南认为，救济措施的速度、明确性、成本和效力是衡量其潜在作用的重要指标，结构救济之所以优先行为救济，是因为前者比较简洁明确，通常可以避免政府高成本地直接介入市场。经过精心设计的资产剥离不仅能维持竞争，而且内容简单、确定性高且容易实施。相比而言，行为救济设计难度较大，执行烦琐且成本更高，更容易规避。该指南总结了行为救济相对结构救济的四大潜在成本：一是监督集中后经营者行为及确保其遵守裁决的直接成本；二是集中后经营者力图规避救济措施的精神而又不违反字面规定引发的间接成本；三是行为救济可能限制潜在促进竞争效果的行为；四是即便对经营者未来行为的有效规制措施也可能妨碍经营者有效应

---

① ICN Merger Working Group, Analytical Framework Subgroup, *Merger remedies review project: report for the fourth ICN annual conference in Bonn*, Germany (June 2005).

② Joseph J. Simons Director, *Negotiating Merger Remedies Statement of the Bureau of Competition of the Federal Trade Commission*, April 2, 2003.

对市场变化。[1]

欧委会先后于2001年和2008年发布的《关于可接受的救济措施的通告》均表明其偏好结构救济。前者第13段规定，在经营者集中可能产生或加强妨碍有效竞争的支配地位时，恢复有效竞争的最有效方式，除禁止集中外，就是通过剥离创造条件以创设新的竞争实体或强化现存竞争者的竞争力；[2] 后者延续了前者立场，认为承诺的目的是为确保竞争性的市场结构，相应地，结构承诺如剥离某项业务是采取救济措施的原则，因为从第139/2004号条例的目标来看，结构承诺可以一劳永逸地解决竞争问题且不需要中期或长期的监控措施。[3]

（二）其他主要司法辖区也多结构救济优先

绝大多数重要司法辖区的指南文件和执法实践倾向优先选择结构救济，甚至排除适用行为救济。英国的指南文件和执法实践均倾向结构救济。[4] 英国竞争委员会2008年发布的《合并救济指南》称，竞争委员会偏好结构救济，例如剥离或禁止，而不是行为救济。因为结构救济更有可能解决集中对竞争的实质损害，从源头上解决集中对竞争造成的直接和全面的负面影响，一旦实施即告完成，通常不需监督；反观行为救济不仅可能无法有效解决集中对竞争的实质损害，还可能引发高成本的严重市场扭曲。[5] 此前，英国公平贸易办公室负责案件的第一阶段审查，第一阶段审查未经深入调查通常只接受结构救济，英国公平贸易办公室有95%以上的附条件批准案件采取了结构救济；

---

① U. S. Department of Justice Antitrust Division, *Antitrust Division Policy Guide to Merger Remedies*, October 2004, § Ⅲ. A.

② See *Commission Notice on remedies acceptable under Council Regulation (EEC) No. 4064/89 and under Commission, Regulation (EC) No. 447/98*, C68 Official Journal of the European Communities para. 13 (2001).

③ *Commission Notice on remedies acceptable under Council Regulation (EC) No. 139/2004 and under Commission Regulation (EC) No. 802/2004*, C267 Official Journal of the European Communities para. 15 (2008).

④ 2013年10月1日，英国竞争委员会（Competition Commission）和公平贸易办公室（Office of Fair Trading）合并为竞争和市场管理局（Competition and Markets Authority），后者从2014年4月1日起行使反垄断执法职能，此前的经营者集中自愿申报制度和《合并救济指南》继续有效。

⑤ See Competition Commission, *Merger Remedies: Competition Commission Guidelines*, November 2008, p. 14–15.

竞争委员会负责第二阶段审查，对绝大部分案件（81%）采取了结构救济。[①] 除英国（2020 年英国脱欧，不再属于欧盟成员国）外，意大利、荷兰、葡萄牙、爱尔兰、匈牙利、波兰、保加利亚、罗马尼亚等欧盟国家均持结构救济优先的立场。[②]

加拿大竞争局（CCB）发布的《加拿大合并救济信息公告》称，相比行为救济，加拿大竞争局和法院更偏好结构救济，因为结构救济条款更清楚确定，管理成本更低，更易执行。[③] 加拿大竞争局发布的《合并救济研究报告》进一步指出：如果拟采取的行为救济需要监督，竞争局将不会考虑单独适用行为救济。[④] 加拿大在执法实践中有 80% 附条件批准的案件采取了结构救济。[⑤]

韩国公平贸易委员会（KFTC）采取救济措施，主要考虑如何以最小成本恢复或维持竞争以及相关企业能否实施救济措施，因此资产剥离等结构救济通常优先行为救济适用。韩国公平贸易委员会 2011 年 7 月修订发布的《合并救济指南》明确规定，原则上，委员会首选结构救济，行为救济限用于确保执行结构救济；只有结构救济无效或不可行时，委员会才可能单独适用行为救济。[⑥]

有些司法辖区甚至规定原则上排除适用行为救济，例如德国《反限制竞争法》第 40 条第 3 款要求，附条件或附负担批准经营者集中，不得以执法机构持续监督集中后经营者为宗旨。这被认为是事实上排除适用行为救济。德国卡特尔局公布的救济承诺示范文本，列举了剥离企业、股份、生产线、营

---

① OECD Policy Roundtables 2011, *Remedies in Merger Cases*, DAF/COMP（2011）13, p. 207, http://www.oecd.org/daf/competition/RemediesinMergerCases2011.pdf. 英国竞争委员会在 2003—2011 年认定 26 件经营者集中存在反竞争问题，对其中 21 件采取了结构救济，包括禁止集中、资产剥离、部分资产剥离或附加辅助措施的资产剥离。

② OECD, Policy Roundtables 2011, *Remedies in Merger Cases*; OECD, *Policy Roundtable on Merger Remedies*, 2003.

③ Competition Bureau Canada, *Information Bulletin on Merger Remedies in Canada*, Ⅱ. A. 10 (Sept. 22, 2006).

④ Competition Bureau Canada, *Competition Bureau Merger Remedies Study Summary*, section 3, (Aug. 11, 2011), https://www.competitionbureau.gc.ca/eic/site/cb-bc.nsf/eng/03392.html#s30.

⑤ OECD, Policy Roundtables 2011, *Remedies in Merger Cases*, p. 50.

⑥ Korea Fair Trade Commission, *Guidelines for M&A Remedies*, June 22. 2011, Ⅳ. 1, A.

业、资产等主要救济形式，其他的被称为附属承诺。在执法实践中，德国卡特尔局很少单纯适用行为救济。[①] 再如，新西兰商业委员会声称其在实践中只采用结构救济解决经营者集中的竞争问题。[②] 尽管主要司法辖区的指南文件大都偏好结构救济，但当合并企业提出一项具有可执行性且监督难度不大的行为承诺时，这些文件和优先适用结构救济的观点并没有提供充足理由说明执法机构不予积极考虑的原因。[③]

（三）国内外理论界的主要争议

在理论界，美国早期的学者多关注结构救济，结构救济几乎是唯一考虑的救济措施。例如，Kenneth G. Elzinga 认为，按照法律确定的结构标准预测可能存在的反竞争影响及采用合适的救济措施只能是结构性的。[④] Malcolm R. Pfunder 等认识到，资产剥离并非总能结构性地解决竞争问题，特别是在高度集中或纵向一体化的市场中，但仍仅将非结构救济作为剥离救济的辅助措施。[⑤] 同时期，美国最高法院的 Wilson 大法官也认为，资产剥离并非都是有效的救济措施，却仍按照与其一样的假设（临时禁令总是有效的）行事。[⑥]

不过，此后非结构救济日益得到重视，例如 David Went 提出，尽管结构救济是最合适的解决方案，但执法机构对当事方提出的非结构承诺不应当自动排除，除非承诺很明显不能产生结构性效果。[⑦] 此时结构救济虽然不是唯一考虑，但仍然是唯一标准。[⑧]

---

① 王炳：《反垄断法中的经营者集中附条件许可问题研究：争议与反思》，中国政法大学出版社 2015 年版，第 129 页。

② OECD, *Policy Roundtables 2011*, *Remedies in Merger Cases*, DAF/COMP（2011）13, p. 292, http://www.oecd.org/daf/competition/RemediesinMergerCases2011.pdf.

③ Philip Marsden, *Handbook of research in trans-Atlantic antitrust*, Cheltenham: Edward Elgar Publishing Limited, 2006, p. 134.

④ Kenneth G. Elzinga, *The Antimerger Law: Ppyrrhic Victories?*, The Journal of Law & Economics, Vol. 12: 1, p. 43-78 (1969).

⑤ Malcolm R. Pfunder, Daniel J. Plaine & Anne Marie G. Whittemore, *Compliance with Divestiture Orders under Section 7 of the Clayton Act: An Analysis of the Relief Obtained*, 17 The Antitrust Bulletin 19 (1972).

⑥ Federal Trade Commission v. Dean Foods Co., 384 U. S. 597, 606-607 n. 5 (1966).

⑦ David Went, *The acceptability of remedies under the EC Merger Regulation: structural versus behavioural*, European Competition Law Review, 2006, 27 (8), p. 455-475.

⑧ 王炳：《反垄断法中的经营者集中附条件许可问题研究：争议与反思》，中国政法大学出版社 2015 年版，第 105 页。

目前，多数观点认为，执法机构本能地偏好结构救济，即便结构救济会救济过度或效果不如行为救济。[①] 有研究者分别分析了欧盟、英国和荷兰等适用救济措施的执法实践，结论认为，执法机构显然偏好结构救济并会继续青睐适用结构救济。[②] 总体而言，美国、欧盟以及加拿大的研究认为，尽管结构救济存在局限，但对实现救济目标而言，结构救济更为有效，显然胜过其他替代选择方案。[③]

在我国国内学界，对此为数不多的研究已认识到各司法辖区优先使用结构救济的倾向，例如有学者认为从世界各国执法实践看，以资产剥离为代表的结构救济最受青睐，[④] 有提及由于执行行为条件比较复杂，持续期限较长，有时期限还不确定，潜在市场变化还可能影响行为条件的最终效果，所以美欧等司法辖区一直都不太愿意适用行为条件；[⑤] 还有认为，经营者集中带来的竞争问题不完全是市场结构问题，消除竞争问题不一定完全采取结构方法，只要能解决竞争问题，选择何种条件并不重要。[⑥]

在国际上，早有学者对结构救济更具可执行性而优先于行为救济适用的主流观点提出质疑，认为结构救济面临诸多问题和风险，未必是最优的救济措施。[⑦] Penelope Papandropoulos 详细分析了资产剥离不足的构成风险（composition risk）[⑧]、买家适格风险、资产保值风险以及过渡期可能引发竞争问题

---

① See Ariel Ezrachi *Under (and Over) Prescribing of Behavioural Remedies*, Ssrn Electronic Journal (2006); Ariel Ezrachi, *Behavioural Remedies in EC Merger Control: Scope and Limitations*, World Competition, 29 (3): p. 459 – 479, 2006.

② Thomas Hoehn & Suzanne Rab, *UK Merger Remedies: Convergence or Conflict with Europe? A Comparative Assessment of Remedies in UK mergers*, 2 European Competition Law Review 74, 2009, Marieke Baarslag, Gulbahar Tezel & Saskia Weerheim, *The Dutch merger remedy experience*, European Competition Law Review, 2009, p. 447 – 469.

③ John E. Kwoka & Diana L. Moss, *Behavioral Merger Remedies: Evaluation and Implications for Antitrust Enforcement*, 57 Antitrust Bulletin, 979 (2012).

④ 种明钊主编：《竞争法学》，高等教育出版社 2012 年版，第 307 页。

⑤ 韩伟：《经营者集中附条件法律问题研究》，法律出版社 2013 年版，第 91 页。

⑥ 王炳：《反垄断法中的经营者集中附条件许可问题研究：争议与反思》，中国政法大学出版社 2015 年版，第 149 页。

⑦ Patrick Rey, *Economic Analysis and the Choice of Remedy*, in Merger Remedies in American and European Union Competition Law, François Lévêque and Howard A. Shelanski eds., Cheltenham: Edward Elgar Publishing, 2004.

⑧ 构成风险是指因剥离资产的组合不适当导致剥离救济失败的风险。

的风险等。[①] 更为细致的行业案例研究表明，传统的批发零售业优先选择适用了结构救济（占比63%），[②] 而作为高新技术业的信息通信业则较少选择结构救济（占比仅为26%），[③] 优先选择行为救济的倾向比较明显。[④]

目前，结构救济和行为救济的二分法已成主流，然而有学者也明确提出，虽然结构救济效果通常不错，但并不意味着总是比行为救济更好，问题的关键是，在个案背景下分析拟施加的救济措施如何影响竞争。在全球市场、小经济体执法以及迅速发展的高技术行业，并非所有人都同意结构救济总具有优势。[⑤] 国际竞争网络（ICN）2005年发布的《合并救济工作报告》分析了行为救济更有优势的情形。报告认为，尽管结构救济直接针对可能引发竞争损害的源头且监督成本低，对扭曲市场的可能性小，很多司法辖区因此认为资产剥离等结构救济更有效，但与此同时，各司法辖区执法机构也承认，在特定环境下，行为救济仍有适用空间，特别是行为救济作为结构救济补充措施的情形下。[⑥] 由此有专家总结称，结构救济预期效果不好，并不意味着行为救济就是最好的解决方案；在行为救济不是最佳选择的情况下，次优的解决方案也很少是结构救济，尽管具有或者可能具有排除限制竞争的效果，但在某些情况下，任何救济方案包括行为救济和结构救济，甚至包括禁止集中，可能比竞争问题本身更糟糕。[⑦]

---

① Penelope Papandropoulos & Alessandro Tajana, *The Merger Remedies Study: in Divestiture we Trust?*, European Competition Law Review, 2006, p. 443.

② Thomas Hoehn, Suzanne Rab & Grant Saggers, *Retail Therapy: A Cross - Country Comparison Of Merger Control Remedies Practice And Experience In The Wholesaling And Retailing Sectors Of France, Germany, Italy, The Netherlands, Spain And The United Kingdom*, European Competition Law Review, Vol. 40: 4, p. 153 - 175 (2009).

③ Thomas Hoehn, Suzanne Rab & Grant Saggers, *"Breaking Up Is Hard to Do": National Merger Remedies in The Information and Communication Industries*, European Competition Law Review, Vol. 30: 5, p. 255 - 276 (2009).

④ Ibid., p. 260.

⑤ Stephen Davies & Bruce Lyons, *Mergers And Merger Remedies In The EU: Assessing The Consequences For Competition*, Edward Elgar Publishing limited, 2007.

⑥ ICN Merger Working Group, Analytical Framework Subgroup, *Merger remedies review project: report for the fourth ICN annual conference in Bonn*, Germany (June 2005).

⑦ Ken Heyer, *Optimal Remedies for Anticompetitive Mergers*, Antitrust, Vol. 26, No. 2, Spring 2012, p. 26 - 31.

第二节 执法机构偏好结构救济的缘由

结构条件之所以得到各方青睐，成为多数主要执法机构的首选，这既有案件办理的现实需求，也有执法机构及其运行机制方面的原因。此外，结构条件本身的优势，以及行为条件与生俱来的弊端更是不可忽视原因。

一、案件性质对救济偏好的影响

需向执法机构申报的多数案件是横向集中，其中绝大多数存在竞争问题的也是横向集中，这是执法机构偏好结构条件的事实基础。因为结构条件特别是资产剥离，被视为解决横向集中竞争问题的首选救济措施，美国司法部对绝大部分涉及横向集中的案件，就是采取剥离重叠资产的方式恢复和维持拟议集中消除掉的竞争。① 上述事实给人以如下假象：一是对横向集中而言，结构救济比行为救济更可取；二是结构救济成为解决所有竞争问题的优选方案。然而上述假象忽视了如下事实：

一是，在具体案件中，解决横向集中竞争问题的适当措施未必当然是结构救济。尽管理论上结构救济可能非常合适，但结构救济可能要求当事人放弃重大效率，甚至使效率低于集中之前。放弃这些效率不但会损害当事人利益，还可能打消其集中念头，甚至损害消费者利益。这种情形下，需要执法机构认真考虑适用行为救济解决问题的可能性。

二是，执法机构解决纵向集中和混合集中的竞争问题需要行为救济。结构救济也能够解决纵向集中和混合集中的竞争问题，然而行为救济通常是解决这类问题的最优方案。事实证明，用结构方法解决纵向集中的竞争问题会产生消极后果，例如要求当事人剥离纵向环节的资产给第三人，往往导致纵向集中方期待的重大协同效应无法实现。②

---

① U. S. Department of Justice Antitrust Division, *Antitrust division policy guide to merger remedies*, June 2011, p. 4 – 5.

② Ken Heyer, *Optimal Remedies for Anticompetitive Mergers*, Antitrust, Vol. 26, No. 2, Spring 2012, p. 26 – 31.

三是，执法机构解决已实施完毕的集中的竞争问题需要行为救济。对已实施完毕的集中施加结构救济非常困难，特别是已完成整合的集中，再行拆分在经济上多数不可行，在此情况下，行为救济常常是不错的选择。

二、执法理念和运行机制对救济偏好的影响

各执法机构多偏好结构救济，也有个别执法机构青睐行为救济，这既有认识和理念方面的原因，也有执法水平、执法机制及相关市场具体情形等方面的原因。美欧等西方市场经济体推崇自由竞争理念，无论是理论界还是执法机构，显然更认可市场自由竞争的行为和结果，而不认同由所谓专家监督的结果。[①] 反垄断是对自由市场和私人领域的有限干预，目的是让后者保持自由，因此执法机构采取救济措施的目标，是让竞争充分发挥作用而不是取代竞争。[②] 施行结构救济剥离资产后，执法机构无须继续直接干预企业的市场行为，而是任由其自行竞争，这显然比施行行为救济在一定期间内不断监督纠偏企业商业行为更符合上述理念。此外，即便在执法水平较高、专家型执法官相对聚集的发达国家，也并非所有执法官都拥有专业背景并接受过足够专业培训，[③] 这些机构往往缺乏良好的配套系统设计和实施对集中后经营者行为的监督和限制。[④]

统计结果显示，一些新兴国家执法机构，例如中国商务部和国家市场监管总局即偏好行为救济，大多数附条件批准案件采取了纯粹的行为救济措施。有观点认为，中国执法机构偏好行为救济的原因，可能是行为救济更容易解决不同利害关系方的关注，例如下游企业和其他政府部门对集中交易的不同看法。在乌钾吸收合并谢钾案中，在没有明定任何纵向市场的情况下，商务

---

① Ken Heyer, *Optimal Remedies for Anticompetitive Mergers*, Antitrust, Vol. 26, No. 2, Spring 2012, p. 26 - 31.

② Makan Delrahim, *Antitrust and Deregulation*, *Remarks as Preparered for Delivers at American Bar Association Antitrust Section Fall Forum* (*2017*), The United States Department of Justice (Nov. 16, 2017), https://www.justice.gov/opa/speech/file/1012086/download.

③ 据了解，日本公平交易委员会招录的执法官就涵盖各种其他专业背景的人才，只是在录用后才进行相应的反垄断执法业务培训。

④ Ken heyer, *Optimal Remedies for Anticompetitive Mergers*, Antitrust, Vol. 26, No. 2, Spring 2012, p. 26.

部对合并市场份额过高表示担忧并适用行为救济以确保对中国市场稳定、可信赖和充分的钾肥供应。①

此外，狭小的国内市场也可能是适用行为救济的原因。澳大利亚竞争与消费者委员会发现，虽然其大量适用行为救济的原因尚不完全明确，但国内市场规模狭小可能是难以适用结构救济的原因之一，因为在规模狭小的国内市场上往往难以找到合格的买家。② 上述事实表明，执法理念、执法水平和现实执法环境等因素都可能影响对救济类型的选择适用。这些因素并非完全出于竞争考虑，不完全是从哪一类救济措施更有利于解决竞争问题的角度出发作出的选择。

三、结构条件的突出优势对救济偏好的影响

结构条件成为美欧执法机构的首选，有其执行角度的本身优势，这也是结构救济优先观点的主要理由。这些优势包括：

（一）结构条件针对性强

结构条件针对性强，效果明显。资产剥离是最主要的结构条件，资产剥离通常要求将参与横向集中一方的重叠资产，出售给没有关联关系的第三方。资产剥离一旦成功实施，即可对市场结构产生长期直接影响。资产剥离可以使潜在竞争者迅速进入市场成为新的市场竞争者，或增强在位弱势竞争者的市场竞争力。无论哪一种情形，都可以一劳永逸地恢复因经营者集中引发的市场结构变化，从根源上削弱甚至彻底消除可能引发的竞争问题。因此，结构救济之于横向集中，直接针对引发竞争问题的原因，针对性强，预期效果好且见效快。

（二）结构条件内容确定

结构条件内容确定，便于执行。结构条件通常要求剥离独立业务或其他资产包。其中，最受欢迎的剥离标的是具备诸项市场要素，能够独立运营、独立参与市场竞争的业务，例如独立运营的子公司，这类业务剥离交割后，

---

① Fei Deng & Cunzhen Huang, *A Five Year Review of Merger Enforcement in China*, Antitrust Source, Vol. 13：1, p. 13（2013）.

② OECD Policy Roundtables 2011, *Remedies in Merger Cases*, DAF/COMP（2011）13, p. 46, http：//www. oecd. org/daf/competition/RemediesinMergerCases2011. pdf.

通常不需要附随支持义务，最受执法机构欢迎。如果剥离标的是不同资产组成的资产包，剥离完成后通常需要附随支持义务，以确保剥离业务成活和竞争力，不过此类义务通常期限较短，且义务内容相对明确具体，满足一定条件的情况下，执法机构也可接受。总之，无论哪类资产剥离，剥离资产范围和期限及支持义务内容和履行期限都具体明确。总体而言，结构条件内容确定，可执行性强，不易发生履行争议，满足执法机构对条件确定性的要求。①

（三）结构条件便于监管

结构条件执行迅速，便于监管。结构条件属于积极义务，即要求当事人为一定行为，因此判断义务人的履行行为是否满足裁决或和解协议相对容易，且通常能在较短时间内一次性履行完毕，基本不需要执法机构持续监督集中后经营者的行为。美国司法部2004年救济指南即明确指出，结构救济更加有效，因为其相对清晰确定，总体上可以避免执法机构在市场上高成本纠缠。②国际竞争网络（ICN）的报告也认为，结构救济的监督成本和可能造成的市场扭曲更小。③

综上，从执法机构角度看，结构条件针对性强、内容明确、执行标准清晰、一次性实施完毕、监督成本较低，在这些方面相比于行为救济优势明显。

四、行为条件的明显弊端对救济偏好的影响

执法机构和理论界偏好结构救济歧视行为救济，还与行为救济自身的缺陷密切相关。行为救济针对集中后可能发生的反竞争行为或效果设计，表现为禁止或限制集中后经营者的某些行为。这些禁止或限制通常与经营者的商业利益相悖，且界定模糊、履行期限较长、需持续监督，容易引发过度干预、

---

① 欧委会2008年发布的《可接受的救济措施的通告》第14段规定，当事方提交的救济措施建议不能过于宽泛复杂，以至于欧委会裁决时无法以相当程度的确定性确认其能够完全执行且有可能维持市场的有效竞争。有学者总结欧盟案例发现，救济措施尽可能具有确定性是欧委会评估救济措施有效性考虑的重要因素之一。See R. G. Parker & D. A. Balto, *The Evolving Approach to Merger Remedies*, Antitrust Report, May 2000.

② Logan M. Breed & David J. Michnal, *Merger remedies: The DOJ'S new guide to old differences with the FTC*, Antitrust, Spring, 2005.

③ ICN Merger Working Group, Analytical Framework Subgroup, *Merger remedies review project: report for the fourth ICN annual conference Bonn*, June 2005, p. 7.

道德风险和腐败俘获。

（一）行为条件通常比结构条件表述模糊

在个案裁决中，关于行为救济的表述看起来相对明确，然而一旦落实到商业实践中，就会发现界限并不清晰，判断是否适当履行义务的弹性较大。行为条件以禁止或限制反竞争行为或效果发生为目的，通常表现为对相关产品价格、质量、种类以及义务人与其他市场主体的关系等设限。

由于信息不对称和复杂的市场竞争关系，使执法机构难以精确设计行为条件，附条件批准文件难以对前述限定作出精确的量化表述，而常常采用确保价格不提高、质量不下降、持续创新投入等模糊用语。即使当事人和执法机构试图作出精确的量化表述，如详细规定产品价格或价格计算方式，但与之相关的产品质量、供货时间以及售后服务等一系列因素仍然难以面面俱到，这种精确的量化要求是否符合动态变化的市场情形也存疑问。

在商务部附条件批准希捷科技公司收购三星电子硬盘驱动器业务案中，希捷承诺，审查决定作出后 3 年内每年投资至少 8 亿美元，且将以希捷近年一贯的速度，继续在创新领域投入研发资金，以确保给客户带来更多创新性产品和解决方案。大约 3 个月后，商务部附条件批准西部数据收购日立存储案，两案都发生于计算机硬盘驱动器市场，然而，后案公告同样对创新提出了要求但未有量化标准：西部数据和 Viviti 公司将以近年一贯的速度，继续在创新领域投入研发资金，以确保给客户带来更多创新性产品和解决方案。

美国司法部 2011 年救济指南认识到，因过于模糊而无法执行或很容易曲解规避的行为，救济条款难以达到救济目的。① 该指南指出，同意令应明确清晰地列明被告的义务，以使其在遵行过程中对哪些能做或不能做非常清楚。模糊非审慎的同意令可能诱使被告规避同意令，因此同意令应避免模糊语言或引发规避的潜在漏洞。②

解决上述问题的常用方法，通常是兼顾考虑更多因素设计行为条件。兼顾考虑得越周全、表述越清晰，防止规避、消除或抵消反竞争影响的效果就

---

① U. S. Department of Justice, *Antitrust division policy guide to merger remedies*, *June* 2011, Ⅱ. Types of Remedies, B. Conduct Remedies, para. 3.

② U. S. Department of Justice, *Antitrust division policy guide to merger remedies*, June 2011, Ⅱ. Types of Remedies, B. Conduct Remedies, paras. 3 – 4.

越好。然而，考虑过多因素又可能导致行为条件过于复杂，操作性降低。因此，执法机构不得不在施行效果和复杂程度之间平衡取舍，其结果往往导致条件的内容相对模糊，履行期限相对较长，以便保留相应弹性，为将来应对复杂局面预留空间。例如，在乌钾吸收合并谢钾案中，执法机构附加的 3 项主要条件均有极大弹性：一是保持目前氯化钾销售做法和程序；二是保证对中国市场氯化钾产品种类和数量的供应；三是维持惯常协商程序，价格谈判应充分考虑与中国客户交易的历史与现状及中国市场的特殊性。

（二）行为救济通常需要较长的履行期限

行为救济针对可能发生的反竞争行为和效果，而非引发反竞争问题的集中行为，因此只要发生反竞争行为和效果的可能性存续，行为救济措施就应存续。通常而言，此类集中实施完毕后，只有集中后的经营者或者相关市场发生变化，前者如集中后经营者因经营不善等原因丧失原市场地位，后者如市场进入和技术创新等发生实质变化，才能抵消反竞争影响。然而，准确预期这些变化发生的时间非常困难，由此导致在附条件批准决定中确定行为条件的履行期限也非常困难。

在这种情况下，执法机构倾向于创设较长履行期限以维护市场竞争，例如商务部对赛默飞世尔科技公司收购立菲技术公司附加了为期 10 年的行为条件。[①] 有的案件甚至未规定履行期限，例如商务部对美国通用汽车有限公司收购美国德尔福公司附加了无歧视供货、竞争信息保密等行为条件，但没有规定条件的期限。此类没有设置期限的行为条件，在法律上，通常理解为附加了不确定的期限，除非执法机构决定解除或变更条件，否则条件应一直存续。例如，在沃尔玛收购纽海控股 33.6% 股权案、希捷科技收购三星电子硬盘驱动器业务案和西部数据收购日立存储案中，商务部发布的公告均未规定履行

---

① 参见《关于附加限制性条件批准赛默飞世尔科技公司收购立菲技术公司案经营者集中反垄断审查决定的公告》（商务部 2014 年第 3 号公告），载商务部网 2014 年 1 月 15 日，http：//www. mofcom. gov. cn/article/b/e/201401/20140100463733. shtml。该公告中不仅规定了为期 10 年的 SSP 试剂盒和 SDS－PAGE 蛋白质标准品的降价义务，也规定了以代工协议（OEM）方式向第三方供应上述产品或给予第三方永久非排他性技术许可的义务。

期限，但在履行几年后，经申请复审解除或变更了条件。[①]

（三）适用行为救济需承担监督执行的高昂成本

在法律上，经营者一旦作出承诺，执法机构作出相应裁决或者达成和解协议，经营者就必须遵行，然而，事实上，经营者都倾向于不遵守其作出的承诺。[②] 因为经营者都是以利益最大化为目的的盈利实体，限制性条件则要求经营者以违背其利益最大化的方式行事。

尽管结构条件须短时间内一次性履行完毕，经营者规避条件的问题因此弱化，执法机构仍不得不创设各种保障措施，以确保义务人执行与其利益相悖的条件，例如为保障剥离措施实施，创设了剥离受托人、买家前置、皇冠宝石（替代剥离）、资产分持等制度和保障措施。行为条件因为表述模糊、施行时间长，经营者不仅有天然动机，也有足够时间利用行为条件的缺陷，绕开救济措施的实质要求实现其利益最大化。这导致执法机构不得不持续监管行为条件的履行，一般要求经营者向执法机构提交报告或干预集中后经营者的商业决定，[③] 否则经营者认为监督薄弱，就不会有充分动力执行救济措施[④]。

美国司法部因此认为，行为救济将事实上导致对集中后经营者商业行为的监管，[⑤] 通常是要求义务人向执法机构提交报告，或者执法机构直接干预集中后经营者商业行为。这类监管需要投入更多执法资源，[⑥] 要么其他执法活动

---

① 参见《关于解除沃尔玛收购纽海控股33.6%股权经营者集中限制性条件的公告》（商务部公告2016年第23号），载商务部网2016年6月8日，http：//fldj. mofcom. gov. cn/article/ztxx/201606/20160601335200. shtml；《关于变更希捷科技公司收购三星电子有限公司硬盘驱动器业务经营者集中限制性条件的公告》（商务部公告2015年第43号），载商务部网2015年10月22日，http：//fldj. mofcom. gov. cn/article/ztxx/201510/20151001144105. shtml；《关于变更西部数据收购日立存储经营者集中限制性条件的公告》（商务部公告2015年第41号），载商务部网2015年10月19日，http：//fldj. mofcom. gov. cn/article/ztxx/201510/20151001139040. shtml。

② Ken Heyer, *Optimal Remedies for Anticompetitive Mergers*, Antitrust, Vol. 26, No. 2, Spring 2012, p. 26 – 31.

③ John E. Kwoka & Diana L. Moss, *Behavioral Merger Remedies*: *Evaluation and Implications for Antitrust Enforcement*, Ssrn Electronic Journal, Vol. 57, No. 4, 2011.

④ ICN Merger Working Group, Analytical Framework Subgroup, *Merger Remedies Review Project*: *Report for the fourth ICN annual conference*, Bonn, June 2005.

⑤ U. S. Department of Justice Antitrust Division, *Antitrust Division Policy Guide to Merger Remedies*, October 2004, p. 5.

⑥ Katri Paas, *Non – Structural Remedies in EU Merger Control*, European Competition Law Review, Vol. 27：5，p. 209（2006）.

为此妥协让步，要么政府负担额外支出，无论如何都将产生高昂成本。实践中，执法机构常委托监督受托人以节省执法成本，但监督受托人按市场原则收取监督费，费用最终由被监督的经营者负担，其成本甚至高于执法机构自行监督。这不仅会抵消集中增加的效率，还可能因高昂的监督费用引发受托人和经营者之间的纠纷，衍生额外成本。

（四）适用行为救济难免恶意规避和道德风险

同一商业目的可经由不同商业行为达到，经营者总能找到规避行为条件的合理理由，即便执法机构付出高昂的监管代价，也难以避免经营者实质规避行为救济的要求，又不违反行为条件的字面规定。例如，面对价格限制的行为条件，经营者可在维持价格的情况下，通过降低品质、调整规格、改变包装、交付及时性及售后服务等方面“合理”缩水、非法牟利，导致反竞争的“品质调节”（quality adjusted）[①] 或“规格调节”下的价格实质提高。再如，经营者不会明目张胆地“拒绝供应”或“歧视待遇”，但完全可在实际交付的各环节以及配套服务等方面“合理”刁难；经营者当然不会承认违反审查决定进行报复，但很容易对其实际上实施报复的动机和行为找到各种非报复的“合理”解释。

上述行为与救济目标背道而驰，然而，因为信息不对称，执法人员即使内心确认经营者恶意规避，实践中也难以查证，最终不得不接受经营者各种貌似合理的理由，这反过来又加剧了引发道德风险的可能性。执法机构监督这类义务执行的难度更大，监督时间更长，监督成本更高，即便投入大量资源，执法机构和监督受托人仍旧难以跟踪履行行为条件的全部环节，即使跟踪发现了恶意规避行为也难以查处，引发道德风险的概率大大高于结构救济，例如西部数据公司即因违反行为条件两次受到处罚。[②]

（五）适用行为救济可能过度干预市场，扭曲市场竞争，引发腐败俘获

即使行为条件能够有效解决竞争问题，但长期直接干预集中后经营者的

---

① U. S. Department of Justice Antitrust Division, *Antitrust Division Policy Guide to Merger Remedies*, October 2004, p. 5.

② 商务部行政处罚决定书（商法函〔2014〕786 号），fcom. gov. cn/article/xzcf/201508/20150801082800. shtml；商务部行政处罚决定书（商法函〔2014〕787 号），http：//tfs. mofcom. gov. cn/article/xzcf/201508/20150801082806. shtml。

商业行为，可能扭曲市场竞争，产生低效率。[①] 一方面，行为条件妨碍经营者有效应对市场变化。美国司法部此前就认为，监督经营者未来行为可能使经营者不能有效应对不断变化的市场状况，[②] 特别是有些案件附加大量消极义务，[③] 压缩了经营者应对市场变化的选择空间。该等情形在新兴市场国家及科技迅速发展的高动态市场上的负面效应更明显。另一方面，某些行为条件可能引发竞争者间合谋。例如技术支持和产品供应可能引发集中后经营者和剥离资产买家间的合谋；知识产权许可和基础设施准入可能导致竞争对手间的信息交换，增加合谋风险。

此外，行为条件是否履行受到执法机构（包括监督受托人）和第三人（如被许可人、买方等）的制约，其中执法机构有权确定监督受托人，有权裁判行为条件是否适当履行，甚至有权裁决集中后经营者和第三人间的争议。如果缺乏对执法机构及工作人员的必要监督制约，集中后经营者有动机利用各种机会削弱限制性条件的约束，特别是在缺乏强有力的第三人制约的情形下，行为救济引发的大型私营企业和执法机构间越来越多的互动，大大增加了执法机构及工作人员被当事方经济利益“俘获”的风险。[④]

第三节　争议问题的本源和问题的另一方面

抽象地讨论结构条件和行为条件孰优孰劣价值不大，甚至可以说就是一个伪命题。事实上，多数执法机构偏好的结构救济也有其弊端，行为救济也

---

① Ariel Ezrachi, *Under (and Over) Prescribing of Behavioural Remedies*, University of Oxford, Centre for Competition Law and Policy Working Paper, No. (L) 13/5, 2006.

② U. S. Department of Justice Antitrust Division, *Antitrust Division Policy Guide to Merger Remedies*, October 2004, p. 8.

③ 中国商务部对英博集团公司收购 AB 公司案附加的 4 项行为条件：（1）不得增加 AB 公司在青岛啤酒股份有限公司现有 27% 的持股比例；（2）如果英博公司的控股股东或控股股东的股东发生变化，必须及时通报商务部；（3）不得增加英博公司在珠江啤酒股份有限公司现有 28.56% 的持股比例；（4）不得寻求持有华润雪花啤酒（中国）有限公司和北京燕京啤酒有限公司的股份，其中有三项属于消极义务。参见商务部公告 2008 年第 95 号，载商务部网 2008 年 11 月 18 日，http://fldj.mofcom.gov.cn/article/ztxx/200811/20081105899216.shtml。

④ 王李乐：《经营者集中行为救济制度研究》，对外经贸大学 2015 年博士学位论文，第 54 页。

有其特殊优势。我们需要看到两者的另外一方面，并在具体案件中灵活运用。

一、两种条件孰优孰劣是错误命题

对结构条件和行为条件简单的优劣讨论本身就是错误命题。分类主要是为了研究表述方便而对外延进行描述，结构条件和行为条件的分类本身不包含孰优孰劣的价值判断。有观点提出，行为条件的共同显著特征是试图要求并购企业以与其利润最大化动机不一致的方式运营，[①] 并以此为出发点阐释行为条件的弊端。事实上，无论结构条件，还是行为条件，都与并购企业利益最大化相悖，只不过前者是一次性措施，后者则伴随企业运营持续一段时间。执法实践中，结构条件和行为条件各有特点，本身并无优劣之分，只有在解决个案的竞争问题时，讨论结构条件和行为条件的适当性才有必要。正如美国反垄断经济学家指出的：解决竞争问题的有效率的决定，并非基于结构救济抽象地优于行为救济作出，反之亦然。[②] 与其说结构救济优于行为救济，倒不如说多数执法机构对行为救济的研究运用远逊于结构救济，美国的研究表明，结构救济在很大程度上被验证可行有效，[③] 尽管结构救济也有局限性，但这些缺陷已被识别甚至在某种程度上得以解决，行为救济的显著不利影响能否得到类似解决则不是那么清晰。[④]

对行为救济的偏见还可能来自对经济监管和发展模式的成见。行为救济会引发行政机关管理或监管集中后经营者的商业行为，[⑤] 由此产生类似传统产业监管的问题。西方国家执法机构和理论界多认为，反垄断语境下的行为救

---

① 王李乐：《经营者集中行为救济制度研究》，对外经贸大学 2015 年博士学位论文，第 49 页。

② Ken Heyer, *Optimal Remedies for Anticompetitive Mergers*, Antitrust, Vol. 26, No. 2, Spring 2012, p. 26.

③ 美国联邦贸易委员会发布的《联邦贸易委员会并购救济研究报告（2006—2012）》称，研究发现剥离持续性业务的救济措施都获得成功，这表明剥离措施最有可能维持或恢复竞争。See *The FTC's Merger Remedies 2006 - 2012*, FTC (Jan., 2017), https://www.ftc.gov/system/files/documents/reports/ftcs - merger - remedies - 2006 - 2012 - report - bureaus - competition - economics/p143100_ftc_ merger_ remedies_ 2006 - 2012. pdf.

④ John E. Kwoka & Diana L. Moss, *Behavioral Merger Remedies: Evaluation and Implications for Antitrust Enforcement*, Ssrn Electronic Journal, Vol. 57, No. 4, 2011.

⑤ U. S. Department of Justice Antitrust Division, *Antitrust division policy guide to merger remedies*, October 2004, Ⅲ. Fashioning the Remedy, para. 1.

济类似传统产业监管的假定、目标和手段，传统产业监管理念认为，行政监管可通过可操作性规则，有效约束追求利益最大化企业的商业行为，[①] 而这与西方主流自由市场经济理论背道而驰。然而，优先适用结构条件的主张也未能提供充足理由说明，当经营者提出一项可执行的、监督难度不大的行为条件建议时，执法部门为何不能积极予以考虑。[②]

适用救济措施效果优劣的关键要看能否妥善解决竞争问题，与条件是结构或行为没有简单对应关系。过于强调行为救济和结构救济之间的区别可能具有误导性，尽管剥离更有针对性地解决市场结构问题，但行为救济也可用于恢复竞争，在这种意义上，两者均可提供“结构性的”解决方案[③]。经合组织2003年发布的合并救济报告提到，丹麦代表指出结构救济也存在很多问题，由于救济措施面临的现实环境太过复杂，我们不能简单地说哪一种救济方式更为优越。[④] 对需要解决具体竞争问题的特定经营者集中而言，只有更合适的附条件解决方案，很难一般性地得出哪类条件最好的结论。条件选择优先性是一个伪命题，[⑤] 对结构条件和行为条件孰优孰劣的非此即彼的简单回答极具误导性。对结构救济的偏好不仅忽视了结构救济的缺陷和行为救济的优势，误导执法机构过度依赖结构救济，追求更多适用结构救济，永久性地破坏市场竞争结构，[⑥] 还可能误导那些移植反垄断制度的后发国家执法机构忽视两者之外禁止和无条件批准的解决方案。

二、结构救济也有其弊端

流行观点和做法似乎已默认结构条件是首选救济措施，结构条件是比行

---

① John E. Kwoka & Diana L. Moss, *Behavioral Merger Remedies: Evaluation and Implications for Antitrust Enforcement*, Ssrn Electronic Journal, Vol. 57, No. 4, 2011.

② Philip Marsden, *Handbook of research in trans – Atlantic antitrust*, Cheltenham: Edward Elgar Publishing Limited, 2006, p. 108 – 152.

③ C. Newton & D. Parker: *Surgery or medicine? The use of behavioural remedies in merger control*, Frontier Economics Bulletin, September 2005.

④ Policy Roundtables: Merger Remedies (2003), OECD, http: //www. oecd. org/dataoecd/61/45/34305995. pdf.

⑤ 王炳：《反垄断法中的经营者集中附条件许可问题研究：争议与反思》，中国政法大学出版社2015年版，第152 – 153页。

⑥ Ariel Ezrachi, *Under (and Over) Prescribing of Behavioural Remedies*, Ssrn Electronic Journal, 2006.

为条件更好的解决方案,[①] 甚至有观点认为，原则适用结构救济更像一种经验性规则，并非基于逻辑的必然性，更多的是经验的累积叠加、不断检验、证伪和修正。[②] 这种结论往往掩盖了结构救济本身也存在缺陷，也可能失败的重要事实。认为执法机构是基于充分的执法经验和仔细调查，适用行为救济的效益不会超过资产剥离，将适用结构救济作为原则成为有限财政供给下理所当然的事情,[③] 并未全面反映救济措施选择适用的现实。事实上，准确预测资产剥离给第三方后带来的竞争约束非常困难，任何资产剥离都无法确保竞争恢复到集中发生前的水平，除非完全剥离整个合并一方，但这相当于禁止经营者集中。[④]

现有研究成果表明，结构救济的效果未如想象般尽如人意。欧盟对其1996—2000 年 64 项转变市场地位措施[⑤]评估的结论是只有 56% 的救济有效。[⑥]美国联邦贸易委员会对其 2006—2012 年 40 件横向集中结构救济的 48 个买方的评估结论是 65% 的救济成功。[⑦] Kwoka 和 Greenfield 的抽样研究发现，在施加结构救济的市场上，集中后的价格上涨了 9% 。尽管抽样不能证明救济措施没有发挥其应有作用，但数据在很大程度上显示，抽样的集中交易具有反竞争性。[⑧] 实际上，任何集中评估都是对未来的预设，任何救济措施都有失败的可能。学者此前已发现，结构救济可能引发更大潜在风险，其致命缺陷是一旦救济无效或者失败，已剥离的资产无法恢复原状，像摊开的鸡蛋饼无法复

---

① 工商顾问委员会（BIAC）在 2011 年经合组织召开的圆桌会议上提出现在几乎不关注结构救济的缺陷。

② 臧俊恒:《合并救济措施类型化研究》，载《经济法论丛》2017 年第 1 期。

③ 臧俊恒:《合并救济措施类型化研究》，载《经济法论丛》2017 年第 1 期。

④ Ken Heyer, *Optimal Remedies for Anticompetitive Mergers*, Antitrust, Vol. 26, No. 2, Spring 2012, p. 26 -31.

⑤ 转变市场地位救济措施的目的是使某项业务在合适的能够对合并方施加足够竞争约束的买方手中重塑竞争力，包括：剥离单独运营业务的控制性股份；剥离业务部门；剥离包含多方资产的资产包；授予无期限限制或期限截至专利保护期的长期独占许可。

⑥ See European Commission, *DG Competition: Merger Remedies Study* (*Public version*), October 2005, p. 135.

⑦ Federal Trade Commission, *The FTC's Merger Remedies 2006 -2012: A Report of the Bureaus of Competition and Economics*, January 2017, p. 18.

⑧ Kwoka, Jr. & John E. , *Does Merger Control Work? A Retrospective on U. S. Enforcement Actions and Merger Outcomes* (*April 4, 2012*), Antitrust Law Journal, Vol. 78, 2013.

原成鸡蛋,[①] 相关损失难以挽回。尽管结构救济具有快刀斩乱麻的优势，但乱麻一旦斩断就无法恢复，即使发现斩错了。在经合组织的圆桌讨论会上，工商顾问委员会曾提出，结构救济影响的长期性和后果的不可逆性问题。[②] 这对结构条件的有效性提出了更高要求，然而，结构救济机制及其实施本身表明，无论如何精致地设计、周密地实施，结构条件总是难免救济无效或救济失败。结构救济失败的可能性很大程度上源于结构救济及其实施本身：

（一）剥离义务人有动机削弱剥离资产的竞争能力

资产成功剥离后必然与剥离义务人竞争，剥离义务人天然有削弱剥离资产竞争能力的动机，剥离失败的风险因此增加。

如果剥离资产属于独立业务，横向集中的当事方通常倾向剥离竞争实力较弱、价值较低的一方的重叠资产。横向集中因双方资产在同一相关市场上重叠引发竞争问题，理论上，剥离任何一方的资产都可以消除重叠，从而能够“彻底”解决竞争问题。执法机构似乎没有理由要求其剥离竞争实力较强、价值更大的重叠业务，实践中也未见此种做法。然而，正是这种看似合理的做法导致剥离业务竞争力先天不足。

相比于独立业务，当事方更倾向剥离混合资产包。对于剥离的混合资产包，参与集中的经营者不仅没有动机将更有竞争力的资产组合出售给将来或现在已经作为竞争对手的买方，而且没有动力主动优化资产包内的资产组合，反而会以策略方式行事配置竞争力较弱，甚至有意削弱竞争力的资产包。由于案件涉及的相关领域通常专业性较强，加之信息不对称，执法机构和买方往往难以发现资产包配置不当的问题。这导致剥离资产竞争力先天不足，难以吸引合适买家或剥离后难以有效运营，ICN 的研究报告认识到这种风险并将其称为构成风险（composition risk）。[③] 欧盟研究了 84 个剥离案例，发现有

---

① Keith R. Fisher, *Transparency in Global Merger Review: A Limited Role for the WTO?*, Stanford Journal of Law, Business & Finance, Spring, Vol. 11, No. 327, 2006.

② OECD Policy Roundtables 2011, Remedies in Merger Cases, DAF/COMP (2011) 13, p. 294, OECD, http://www.oecd.org/daf/competition/RemediesinMergerCases2011.pdf.

③ ICN Merger Working Group & *Analytical Framework Subgroup*: *Merger remedies review project*: *report for the fourth ICN annual conference Bonn*, June 2005, p. 8.

79%存在剥离资产范围问题。[1]

执法机构认识到剥离义务人可能会采取策略性剥离，但囿于信息不对称和专业知识缺乏导致的判断力不足，转而依赖熟悉行业的买方，认为买方有能力维护自身利益，从而实现促进竞争的效果。事实上，尽管买方通常是相关市场或邻近市场的竞争者，但因信息不对称，买方也很难准确判断剥离资产范围的适当性。一些执法机构认识到这个问题并相应采取过措施，例如欧委会在其发布的资产剥离承诺示范文本中，规定了各方的一般性义务，其中为使潜在购买者能够对剥离业务进行合理的尽职调查，要求各方应向潜在购买者提供关于剥离资产和人员的足够信息。[2] 遗憾的是，这些抵消性措施无法根本改变剥离义务人削弱剥离资产竞争力的动机，施行效果仍然可能大打折扣。事实上，只有在资产转移至买方并运营一段时间后，此类原因对救济措施有效性的影响才会逐渐显现出来，但届时往往为时已晚。

（二）软实力支持缺失是结构救济失败的重要原因

剥离资产均能够从原所在企业规模经济和范围经济中获益，而这种规模经济和范围经济常常来自企业对稀缺且具互补性的劳动力、资金以及知识和专门技术等无形资产的控制。[3] 原所在企业对剥离资产存活和竞争力的支持，包括提供必要服务和原材料、知识产权和基础设施许可使用、融资担保等信用支持、销售网络和渠道等等。即使独立运营的业务也并非绝对独立于所在企业集团，而是仍然或多或少地、直接或者间接地受益于所在企业集团在人力资源、品牌文化、信用担保等方面的支持。

剥离资产在转移给买方后，往往难以获得相同水平的支持，从而使剥离资产处于“软实力支持缺陷”的状态。即便经过市场测试，执法机构认为其能够有效存活并发挥必要的竞争约束，也只是纸面上的论证并非经过现实市场竞争的测试。剥离后的资产将置于境况不同的买家手中，能否有效存活并

---

① See European Commission, *DG Competition*: *Merger Remedies Study* (*Public version*), October 2005, p. 23.

② European Commission, *Model text for divestiture commitments*, 5 December 2013, Para. 14, http://ec. europa. eu/competition/mergers/legislation/template_ commitments_ en. pdf.

③ Ken Heyer, *Optimal Remedies for Anticompetitive Mergers*, Antitrust, Vol. 26, No. 2, Spring 2012, p. 26 – 31.

产生足够的竞争约束，将受制于更多不确定因素。即便执法机构认为买家能够提供必要的软实力支持，在实施中还面临有效对接的风险。

遗憾的是，剥离资产被削弱、软实力支持更换和对接的风险叠加，通常导致资产的竞争力在剥离后比剥离前更弱，对在位竞争者的约束更小而不是更强。欧盟的研究表明，与转变市场地位相比，退出合营企业是最有效的救济类型,① 其原因在于，合营企业的股东未全部更换，留存股东仍然能够像交易前一样，继续对合营企业施以软实力支持。

（三）买家不适合或与剥离义务人勾结都可能导致结构救济失败

只有转移到合格买家手中，剥离资产才可能实现救济预期。然而在实践中，因为买方问题至少存在如下风险，可能导致救济失败或无法采取结构救济：

一是可能找不到合适的买方。欧美执法机构创设买家前置措施和皇冠宝石条款，就是为了解决找不到合格买方的问题，这也表明找不到合格买方的风险现实存在。此外，在金融危机、经济疲软及复苏时期，对剥离资产感兴趣的买家可能更少；在经贸摩擦加剧、逆全球化甚嚣尘上的环境下，感兴趣的买家还可能被以各种理由拒之门外；在同行业竞争者之间关联度很高的小规模经济体内，大部分行业内企业无法成为合格买家。② 这些都会加剧剥离失败的风险，甚至导致无法采取结构救济。

二是执法机构对买家适格性审查的权限有限。③ 尽管执法机构有权审查买家是否适格，但仍难以阻止剥离义务人将剥离资产卖给竞争实力较弱，甚至某些方面不适当的买家。执法机构甚至无权要求剥离义务人将剥离资产出售给若干合格买方中更有竞争力的买家。④ 欧盟的研究表明，当事方具有强烈的动机提议不能与其进行有效竞争的不合适的买方。在欧盟分析研究的 84 例剥

---

① See European Commission, *DG Competition*: *Merger Remedies Study* (*Public version*), October 2005, p. 135.

② 韩伟:《经合组织 2011 年合并救济论坛介评》，载《经济法研究》2014 年第 1 期。

③ 此项审查通常限于买家独立性、资产成活性、是否引发新的反竞争效果等问题。

④ 有观点认为，执法机构应审核买家实力，并有权从最有利于竞争的角度出发，要求将剥离资产出售给竞争实力较强的买家；也有观点认为，只要买家独立于卖家、能够确保剥离资产成活就符合要求，执法机构不能强制要求剥离给更强大的买家。实践中似更多遵从后者，这使卖家得以选择竞争实力较弱、对其威胁更小的买家出售资产。

离协议中，有40例由于剥离资产买方合适性引发问题。[①] 这与当事方提议无法与其有效竞争的买方的强烈动机、执法机构的行业知识和信息不对称，以及有限的审查权有关。经验有限或不适格的买家购入剥离资产后，很可能无法成功竞争，剥离资产不得不退出相关市场转投其他领域，结构救济因此失败。

三是剥离资产的卖家和买家有限制竞争的共同利益，如果市场实现竞争均衡，那么他们能够分得的蛋糕将相当有限[②]。这导致买方行事的出发点与执法机构的期待大相径庭。一方面，买方即便发现取得剥离资产也无法与卖方有效竞争，但仍然愿意购买，因为低价取得剥离资产对其有利，[③] 购买后可用于其他方面。另一方面，买家可能会与卖家达成某种限制市场竞争的协议或者默契，特别是在剥离资产需要剥离义务人履行后续支持义务的情形下，双方均有达成限制市场竞争默契的动机。基于上述考虑，执法机构应慎重考虑买方的动机，不要过于依赖潜在买方确认剥离资产的适当性。

（四）剥离期可能恶化剥离资产的竞争力和价值

结构救济虽然不像行为救济一样需要持续监管，但即便是一次性救济的资产剥离也难一蹴而就，多数剥离需要或长或短的剥离期，个别案件的剥离期还相当长，[④] 剥离期内是否能够进行有效监管事关结构救济的成败。ICN的研究已表明，主观上，剥离义务人有损害剥离资产价值和未来竞争力的动机，[⑤] 过长的剥离过渡期导致动机变为行为的可能性增大；客观上，剥离义务

---

① See European Commission, *DG Competition*: *Merger Remedies Study* (*Public version*), October 2005, p. 159.

② J. Farrell, *Negotiation and Merger Remedies*: *Some Problems*, in Merger Remedies in American and European Union Competition Law (F. Levéquê and H. Shelanski, eds, 2003).

③ See European Commission, *DG Competition*: *Merger Remedies Study* (*Public version*), October 2005, p. 149.

④ 商务部附条件批准嘉能可国际公司收购斯特拉塔公司，嘉能可自行资产剥离的期间为两年两月有余。参见《关于附加限制性条件批准嘉能可国际公司收购斯特拉塔公司经营者集中反垄断审查决定的公告》（商务部公告2013年第20号），载商务部网2013年4月16日，http://fldj.mofcom.gov.cn/article/ztxx/201304/20130400091222.shtml。

⑤ ICN Merger Working Group, Analytical Framework Subgroup, *Merger Remedies Review Project*, 2005.

人追求或放任剥离资产价值和竞争力贬损，剥离资产确实存在恶化风险，[①] 客户和重要职员可能在剥离期间流失。[②] 这些因素导致结构救济的效果大打折扣甚至失败。

（五）剥离期内监管不当还可能引发额外竞争问题

结构救济需要或长或短的剥离过渡期，尽管执法机构在过渡期内对当事方行为进行监管，但仍然难以避免下述问题：一是引发过渡期内的竞争问题。在过渡期内，经营者集中可能已实施完毕，但资产剥离尚未完成，引发竞争问题的重叠资产由同一人控制，反竞争效果可能在剥离期内发生。二是强化过渡期结束后的合谋。过渡期内买家和卖家的接触，以及过渡期内外的相关措施，为双方的合谋提供了条件。已有经济学家警告称：不合适的剥离可能以更对称的方式重构行业，从而促进合谋或大量增加多市场接触。[③]

为避免上述问题，有观点建议，资产剥离完成后，由执法机构对相关市场再行竞争评估，以考察新的市场结构是否会产生新的竞争问题。然而，再行评估无疑会增加成本，而且如果再行评估的结果是竞争受损，是否能够进行二次救济，这些都是难以解决又无法回避的问题。为此，美欧执法机构创设了保值义务和分持义务，但这些措施本身也增加了监管成本。欧盟的研究报告表明，当事方退出合营企业是最有效的救济类型，有效比例高达 77%，比转变市场地位高出 21 个百分点。退出合营企业救济成功率高企的原因是，合营企业其余股东继续持有合营企业，这些股东非常了解合营企业从事的行业，且与当事方没有了关联关系，能确保在当事方退出期间合营企业正常运营，并对当事方施加有效竞争约束。[④]

此外，结构救济的重大缺陷还在于可能迫使当事方放弃重大效率，甚至

---

① 欧美执法机构通常要求剥离义务人在剥离期间承担剥离资产的保值义务和分持义务，这说明剥离义务人确有贬损剥离资产价值和竞争力，以及引发竞争问题的现实可能性。特别应当看到，监督剥离义务人的积极贬损行为较容易，监督消极贬损行为则比较困难。

② ICN Merger Working Group, Analytical Framework Subgroup, *Merger remedies review project: report for the fourth ICN annual conference Bonn*, June 2005, p. 8.

③ Motta M, Polo M & Vasconcelos H, et al. *Merger Remedies in the European Union: An Overview*, The Antitrust bulletin, 2007, p. 603 – 631. 多市场接触，是指企业在不同市场上面临相同竞争者时，竞争会相对克制，从而导致竞争强度削弱。

④ See European Commission, *DG Competition: Merger Remedies Study (Public version)*, October 2005, p. 135.

使其效率低于集中前，放弃这些效率不但损害当事方利益，甚至可能使其不得不放弃集中，这会损害消费者利益，在纵向集中情形下尤为明显。[①]

三、行为救济的特殊优势

此前，对两类救济措施的对比讨论主要聚焦于结构救济的优势和行为救济的缺陷，而有意无意地忽略了行为救济的优势。事实上，行为救济针对集中可能引发的反竞争行为和结果设计，不改变集中交易，在解决竞争问题的同时不贬损集中带来的效率，与结构救济相比有其特有优势。在 2011 年救济指南中，美国司法部也承认，行为救济是保存潜在效率的同时避免竞争损害的有价值的工具。[②]只有全面了解行为救济的优势，才能准确讨论和适用不同类型的救济措施。

（一）行为救济更适合解决不确定的竞争问题

作为移植域外反垄断法不久的后起法域，与刑法、民法等传统部门法不同，我国《反垄断法》尚未形成相对稳定的法律教义，执法实践的稳定性和确定性不高。这个问题在反垄断法的发源地美国也是如此。在不同案件中，对同一法律问题的确认不同，根本无法直观地从现象本身来认定或判定，常常需要在具体语境下，通过经验数据或材料，甚至通过专门的经验研究才能进行判定。在这个过程中，还常常伴随执法者或裁断者的其他诸多政策考量。换言之，在经验世界中，这些教义并没有持久稳定且易于识别并与之一一对应的对象。[③]

法律对经营者集中、滥用市场支配地位和垄断协议的反垄断管制最大的不同在于，前者是对尚未发生行为可能引发问题的预防，后两者则是对已发生违法行为的查处。经营者集中反垄断控制的竞争评估具有明显的预判性和不确定性，主要表现在：

一是，竞争评估存在不确定性。经营者集中竞争评估是基于当前尚未实

---

① Ken heyer, *Optimal Remedies for Anticompetitive Mergers*, Antitrust, Vol. 26, No. 2, Spring 2012, p. 26 – 31.

② Kwoka, John E. and Moss, Diana L. , *Behavioral Merger Remedies: Evaluation and Implications for Antitrust Enforcement* SSRN (Nov. 14, 2011), http: //ssrn. com/abstract = 1959588.

③ 苏力：《中国法学研究格局的流变》，载《法商研究》2014 年第 5 期。

施的集中行为对未来影响的预估，而非对已发生行为的查处。控制经营者集中的目的是预防将来可能引发的竞争问题。为此进行的竞争评估是基于此前的数据、信息和行为，使用各种分析工具预判将来可能发生的行为和影响。这种评估受主观因素影响大，误差和不确定性在所难免。欧委会就曾指出：事实证明，一些案例的市场实际发展状况与施加救济措施时的预期有所不同，例如预期的新兴市场快速发展并没有发生①。

二是，判断是否具有竞争问题的标准不明确，不清晰，难以量化。历史上，审查标准有 3 个：即公共利益标准、② 产生或加强市场支配地位标准③和实质减少和排除竞争标准。④ 当前，包括我国在内的多数司法辖区均采纳实质减少和排除竞争标准，然而，实质减少和排除竞争不是严格的法律概念，没有明确清晰的法律内涵，也无从列出满足该标准的法定条件，更没有量化的考察指标。

三是，采取救济措施并不要求竞争问题确实存在。执法机构作出禁止或附条件批准决定，并不要求经营者集中必然具有排除限制竞争问题。“可能”具有排除限制竞争影响的经营者集中也可能被禁止或者附条件。⑤ 因此，即便是那些执法机构决定采取救济措施的集中，可能实际上并不具有排除限制竞争问题。在法律上，对可能没有违法问题的行为施加不利的法律后果是不可想象的。

综上，上述不确定因素决定了解决竞争问题没有唯一正确的方案，最终采取的方案是以各种因素为基础综合考量的结果。据以作出禁止或附条件决定的竞争问题，可能发生也可能根本不会发生，错误救济和过度救济在所难免。从挽回错误的角度看，不可逆的结构救济并非最优选择，因为结构救济

---

① See European Commission, *DG Competition: Merger Remedies Study* (*Public version*), October 2005, p.115, 164.

② 公共利益标准由英国 1973 年的《公平贸易法》确立，公共利益标准考虑政治、经济、社会、产业、就业等诸多因素。英国 2002 年的《企业法》以实质减少竞争标准替代了公共利益标准。

③ 产生或加强市场支配地位标准以 2004 年 5 月 1 日前的欧盟及其多数成员国立法为代表。

④ 实质减少和排除竞争标准以美国《克莱顿法》、欧盟《合并控制条例》（第 139/2004 号）及《日本禁止私人垄断及确保公正交易法》等多数司法辖区立法为代表。

⑤ 例如，我国《反垄断法》第 28 条规定，经营者集中具有或者可能具有排除、限制竞争效果的，国务院反垄断执法机构应当作出禁止经营者集中的决定。

一旦实施就很难取消或者恢复原状，与此相反，根据市场竞争情形，可以随时调整的行为救济则非常适合应对上述不确定性。

（二）行为救济更适应市场竞争和集中后经营者变化

反垄断执法机制决定了救济过度甚至救济错误在所难免。实际审查期限的长短对商业计划至关重要，冗长的审查期间可能给当事方带来致命的不确定性，包括客户和关键岗位员工流失，投资和研发实施延迟，以及由此引发的争议诉讼等各种支出。以美国为例，考虑到冗长的审查和诉讼可能导致的不确定性和高额成本，大多数当事人面对执法机构的挑战，会与司法部或联邦贸易委员会协商解决方案以避免诉讼。① 相当比例的当事人因无法承受执法机构挑战给商业计划施加的压力，违心接受执法机构的观点和附条件的结果，因为从商业利益角度看，打一场近似消耗战的诉讼毫无必要，即使胜诉仍有可能放弃经过批准的交易。② 巨大的执法压力有利于以附条件方式高效解决反竞争问题，但救济过度甚至救济错误的可能性却因此大大增加。

上述情况要求施加的救济措施应当具有相当弹性，能根据市场竞争状况、集中后经营者运营情况等因素随时调整，以保护集中当事方权益，避免过度干预商业行为和市场竞争。特别是在高技术市场、新兴市场、短期竞争损害、发生可能性不高以及其他市场可能剧变的情形下，即使当时看来适当的救济措施，也可能因市场变化而显得毫无必要，是故保持救济措施的弹性更加必要。经合组织的工商顾问委员会曾指出，集中引发的竞争损害通常是暂时的，结构救济的影响却是长期的，③ 不适当的结构救济一旦实施就难以挽回，④ 不适当的行为救济却可以随时调整。⑤ 行为救济虽然实施期限较长，甚至可能附

---

① *Working Party No. 3 on Co – operation and Enforcement*, Directorate for Financial and Enterprise Affairs, Competition Committee, Organization for Economic Co – operation and Development, Remedies in Merger Cases, The United States Department of Justice（Jun. 28, 2001）, https：//www. justice. gov/sites/default/files/atr/legacy/2011/07/29/273459. pdf.

② Catherine Fazio, *Merger Remedies*：*the Greater Use by the DOJ and FTC of an Expanding Toolkit*, Aspatore, 2013 WL 3773855, June, 2013.

③ OECD Policy Roundtables 2011, *Remedies in Merger Cases*, DAF/COMP（2011）13, p. 294, OECD, http：//www. oecd. org/daf/competition/RemediesinMergerCases2011. pdf.

④ 各司法辖区对过往案例分析研究的事实表明结构救济不适当的情形相当可观。

⑤ 执法机构可以依职权主动调整，也可以依当事人申请调整。中国商务部此前在西部数据收购日立、希捷收购三星移动硬盘业务等多个案中均变更过行为条件。

加不确定的期限，但却可以根据市场竞争情况的变化、集中后经营者的运营情况等因素，随时调整行为救济的内容，及时修正过度救济和救济错误，避免损害集中当事方权益、过度干预商业行为和市场竞争。执法机构通常通过赋予当事方复审申请权解决这个问题，即符合规定条件，当事人可以向执法机构申请提前终止或变更条件。

（三）开放的行为救济可与时俱进地创设更适用的法律工具

与结构救济主要限于资产剥离不同，行为救济一直处于推陈出新的发展之中。从救济措施的适用历史来看，最初可适用的行为救济方式较少，例如美国司法部2004年救济指南只规定了防火墙条款（Firewall Provisions）、公平交易条款（Fair Dealing Provisions）、透明度条款（Transparency Provisions），还简单提及了合营企业竞争规则（competitive - rule joint ventures）、竞业禁止条款（non - compete clauses）、长期供应合同（long - term supply contracts）和对稀缺人才资产再收购的限制（restrictions on reacquisition of scarce personnel assets）。①

随着经验积累和执法需要，行为救济的法律手段逐渐丰富，例如2011年救济指南扩展规定了非歧视条款（Non - Discrimination Provisions）、强制许可条款（Mandatory Licensing Provisions）、禁止报复条款（Anti - Retaliation Provisions）、禁止特定合同做法（Prohibitions on Certain Contracting Practices），简单提及部分增加了申报不需要报告的合并（notice of otherwise non - reportable mergers）、供应合同（supply contracts）、仲裁条款（arbitration provisions）。②

上述方式是美国司法部明文规定可接受的行为救济方式，但并未限制根据案件需要创设和适用新的行为救济方式。我国《反垄断法》及其配套规定也采取了非穷尽列举的方式，然而，执法实践中实际适用的行为救济已远超规定列举的措施。德国联邦卡特尔局就曾经接受过出售机场起降时段、终止独家销售协议、授予终止长期供应合同权、提供基础设施、提供知识产权许

---

① U. S. Department of Justice Antitrust Division, *Antitrust division policy guide to merger remedies*, October 2004, p. 22 - 26.

② U. S. Department of Justice Antitrust Division, *Antitrust division policy guide to merger remedies*, June 2011, Introduction p. 12 - 18.

可、责令在公共运输许可证到期后采用正式招标程序以开放市场竞争、接纳竞争者作为公费医疗服务提供者以及披露计算方法等若干灵活的行为救济方式。[①]

事实上，具有开放特点的行为救济赋予当事人和执法机构以广阔的想象空间，灵活创设和选择符合实际需要的行为救济方式，在兼顾消除竞争隐患的同时，可以最小限度地干预商业行为，最大限度地保留集中的预期效率。可以预见，根据具体市场情况和具体案件的需要，将来还会不断创设更具创造力、更能够兼顾各方需求的行为救济方式。

（四）有些行为救济具有结构救济效果，可在一定程度上替代补充后者

某些行为救济可能具有结构救济的效果，在某些案件中，可以作为结构救济的有效替代、必要补充和支持。

首先，除了以剥离为代表的结构救济能够从市场竞争结构角度解决竞争问题外，某些行为救济也能发挥结构救济的类似效果。[②] 虽然行为救济直接约束集中后经营者的行为，但有些行为救济一经实施便可产生类似结构救济的效果，例如要求集中后经营者非歧视地许可第三人使用基础设施，或向第三人授予知识产权许可。有些行为救济已被指南文件纳入结构救济范畴，例如，在欧盟，一项排他的、不可撤销的、无期限的、无须持续缴纳使用费的强制许可能被视为结构救济，[③] 持续依赖许可方提供升级、供给及其他支持的强制许可则很可能被视为混合救济[④]。这些行为救济一旦实施，就可能强化其他在位竞争者的竞争力或引入新的竞争者，与结构性的资产剥离只能强化或引入特定买家相比，这类行为救济对市场结构的影响范围更广、时间更长，在合适的案件和相关市场上，可能更有利于维持和促进竞争。

---

① 王李乐：《经营者集中行为救济制度研究》，2015 年对外经贸大学博士学位论文。

② 行为救济和结构救济尚有不同分类标准的争议，因此两者之间的界限并不清晰，在此基础上讨论两种救济类型的利弊可能误导。

③ 欧委会《关于可接受的救济的通告（2008）》将“准予获得关键基础设施或以非歧视的条件投入”归入“其他结构救济”。See *Commission Notice on remedies acceptable under Council Regulation*（*EC*）*No. 139/2004 and under Commission Regulation*（*EC*）*No. 802/2004*, C267 Official Journal of the European Communities para. 17（2008）.

④ ICN Merger Working Group & Analytical Framework Subgroup, *Merger Remedies Review Project*, 2005.

其次，行为条件是结构条件不可行时的有效替代。结构救济固然是执法机构的首选，然而，执法机构有时会面临难以采取结构条件的情形，包括：一是如果采取结构条件解决竞争问题，则需要剥离全部目标公司，这无异于禁止集中；二是集中已实施完毕，包括达到申报标准未经批准违法实施完毕的，也包括未达申报标准无须申报实施完毕。对上述情形施加结构救济，要么效率低，要么依据不足、容易引发争议，如果执法机构能选择适用适当的行为救济，既可以解决竞争问题，又能保留集中带来的效率，摆脱左右为难的困境。例如，在乔治食品公司案①中，鸡肉加工商 George's Foods 收购 Tyson's 加工厂的交易未达申报标准，在司法部调查过程中完成交易。司法部最初要求剥离收购的加工厂，最终同意 George's Foods 作出的投资修缮加工厂等行为承诺。②

最后，行为条件能为结构条件提供必要的支持和补充。即便信奉结构救济优先的执法机构，也承认行为条件是结构条件的支持和补充。事实上，行为条件最早就是作为资产剥离的替代和补充出现的，美国反垄断执法机构从 20 世纪 90 年代开始，即使用行为救济代替剥离或作为剥离的补充。③ 目前，在诸多结构和行为条件结合使用的案件中，行为条件多半发挥支持补充结构条件的作用。

（五）监督执行成本没有预想得高，弊端没有预想得明显

理论上，行为救济执行成本高、缺陷多，实践中，根据个案情况，可通过针对性设计有效降低执行成本、抑制弊端转化为现实。

首先，行为救济的某些弊端只是理论假设，实践中，没有预想的那么严重，甚至不可能发生。美国司法部 2004 年救济指南曾大篇幅列举了行为救济四方面成本。在没有任何论证说明的情况下，2011 年救济指南即删除了这些

---

① Complaint, United States v. George's Foods, LLC, et al., 76 Fed, Reg. 38, 419 (Jun. 30, 2011), available at http://www.gpo.gov/fdsys/pkg/FR-2011-06-30/pdf/2011-16354.pdf.

② George's Foods 承诺购买两件大型设备以扩大加工家禽产品种类增加产能和产量，大面积修缮所收购工厂的屋顶。这些承诺旨在激励 George's Foods 进入更高潜在利润的鸡肉加工细分市场，同时降低 George's Foods 向肉鸡养殖者减少支付或降低其他条件的可能性。预计所需投资高于 George's Foods 收购工厂的花费。为降低投资成本并获得利润，George's Foods 必须以更高价格出售更多的鸡，这要求 George's Foods 从养殖者那里购买更多鸡并加强与其他加工者间的竞争。

③ William J. Kolasky, Jr., *Practical Suggestions for Settling a Merger Investigation*, Antitrust, Fall 1997, p. 33.

段落。有观点猜测，这是因为在大多数情况下，指南中列出的行为救济问题很少发生。

其次，合理创设的行为条件自身具有威慑力，当事方有动机自觉履行。附条件批准的当事方通常是高知名度大公司，尽管公司有追求利润最大化的内在冲动，但也看重信守承诺、遵守法律、尊重反垄断裁决的声誉；具体负责的专业经理人没有必要拿自身声誉和职业生涯以身试法换取公司的非法利益；即便从经济角度，公司也需要评估违反反垄断法可能面临的高额罚款，因此自觉履行更符合当事人的利益最大化。

再次，利害关系人事实上承担了免费监督条件执行的责任。市场中特定或不特定的第三人，可以从公平对待、反歧视、开放基础设施、禁止报复、强制许可等行为条件中获益。如果当事方未适当履行，潜在受益人权益将因此受损，因此其有动力通过投诉、举报、诉讼等方式监督当事方的执行。此外，与当事方有利益冲突的其他经营者，甚至一般公民、法人都可以投诉举报，从而发挥制衡作用，督促当事方自觉履行，这些制约因素甚至可以替代受托人监督。例如，在 Ticketmaster – Live Nation 案中，美国司法部就没有要求设立监督人或受托人。①

最后，可以通过创设纠纷解决机制，以减少争议、降低争议解决成本。执法机构通常要求创设仲裁条款，避免自身介入行为条件是否适当履行的纠纷。例如美国司法部 2011 年救济指南规定，采取非歧视条款、强制许可条款等行为救济时，反垄断局可能要求设置仲裁条款，以便在反垄断局不直接干预的情况下，投诉人与经营者可依据仲裁条款解决争议，反垄断局仅负责监督仲裁条款执行。② 在创设仲裁条款和法院管辖条款的绝大多数案件中，在没有司法和仲裁介入的情况下，当事方对许可费率等达成一致，通过司法途径设定费率作为威慑是符合不干预主义且有效的救济措施。③

---

① 该案中，司法部可以不时检查经营场所并采访员工以确保其合规，还可能要求当事方提交履行行为条件的书面报告以解决行为条件监督问题。最重要的是该案施加的行为条件均有特定的或不特定的受益人，他们能够承担有效监督的责任。

② U. S. Department of Justice Antitrust Division, *Antitrust division policy guide to merger remedies*, June 2011, p. 14 – 15.

③ Daniel A. Crane, *Bargaining In the Shadow of Rate – Setting Courts*, 76 Antitrust L. J. 307 (2009), p. 326.

第四节　主要执法机构立场的调整和做法的澄清

作为最重要的司法辖区，美国的做法曾引领全球立法和执法的动向。此前，认为结构救济显然优于行为救济的“公论”即源自美国司法部2004年救济指南关于结构救济优先的规定，然而，2011年美国司法部修订指南，删除了结构救济优先的措辞，执法实践也作出了相应调整。事实上，中国、法国和澳大利亚等不少国家一直未如美国此前一样强调结构救济优先，而是基本同等重视行为救济与结构救济，甚至更多适用行为救济。从这个角度看，美国司法部2011年对其指南的调整，与其说是立场转变，倒不如说是返璞归真。[①] 当然，2018年美国司法部助理司法部长Makan Delrahim破天荒宣布撤销2011年救济指南，在发布新指南前重新启用2004年救济指南，给全球业界一巨大惊奇，美国执法是否由此急剧转向，世界是否会如前随之起舞，尚不得知。不过，美国司法部态度的反复调整和各国不同的做法，[②] 也恰恰说明结构救济和行为救济难有一般意义上的优劣之分，有效适用不同救济措施，还需不断研究探索。

一、美国奉行结构救济优先的做法

美国司法部以2004年救济指南为标志，确立了结构救济优先的做法。该指南认为，救济措施的速度、确定性、成本和效率是衡量救济措施潜在有效性的重要指标。指南认为，行为救济设计难度大，监督执行烦琐、成本更高，容易规避；相比而言，结构救济简洁明确、易于监督、能确保维持竞争、可避免政府高成本干预市场，至少可避免行为救济的四种潜在重大成本，应当

---

① 2018年美国司法部助理司法部长Makan Delrahim破天荒宣布撤销2011年救济指南，在发布新指南前重新启用2004年救济指南，给全球业界一巨大惊奇。此内容参见本书第一章第一节“美国司法部在合并救济政策上的反复”。

② 美国律师协会反垄断部门在2017年的两党总统过渡报告中恰如其分地将行为救济表述为“有争议”。See Makan Delrahim, *Antitrust and Deregulation*, Remarks as Prepared for Delivers at American Bar Association Antitrust Section Fall Forum (2017), The United States Department of Justice (Nov. 16, 2017), https://www. justice. gov/opa/speech/file/1012086/download.

优先适用。[①]

指南指出，行为救济仅可适用于如下两种情形：第一种，是需要行为救济过渡到或支持结构救济的情形，即需要集中后经营者修正自己的行为才能使结构救济产生效果。在这种情形下，行为救济是结构救济的辅助措施，集中后经营者需实施行为措施才能使结构救济产生效果，[②] 例如，集中后经营者与剥离资产买家的短期供货协议。如果剥离资产的买家短期内无法生产相关产品，短期供货协议有助于防止剥离资产的客户流失，有助于剥离资产作为竞争力量留在市场内。[③] 又如，限制集中后经营者雇佣剥离业务的雇员。由于掌握特殊技艺等原因，剥离业务雇员是剥离业务有效运营不可或缺的因素。短时间内失去某些雇员可能严重削弱剥离业务参与有效竞争的能力。为防止这种损害，司法部反垄断局可以禁止集中后经营者在一定期限内雇佣这些人员。[④] 第二种，是禁止集中或采取结构救济均会牺牲重大效率或不可行的情形。在此情形下，符合如下严格条件，可以独立适用行为救济：禁止集中或结构救济均会牺牲重大效率（针对横向集中）或完全不可行（针对纵向集

---

① 四种潜在重大成本分别是：监督集中后经营者以确保其遵守裁决引发的直接成本；集中后经营者试图规避救济措施精神而又不违反字面规定引发的间接成本；行为救济可能限制潜在促进竞争的行为；有效的行为救济也可能妨碍经营者有效率应对市场变化。U. S. Department of Justice Antitrust Division, *Antitrust division policy guide to merger remedies*, October 2004, p. 7 – 8, The United States Department of Justice, http：//www. justice. gov/atr/public/guidelines/205108. pdf.

② 严格而言，这类救济措施性质上应属于结构救济的辅助措施，不是独立的行为救济。

③ 如果买家短期内无法生产相关产品，该协议有助于防止剥离资产的客户流失，确保剥离资产作为竞争力量留在市场内。但美国司法部认为，集中后经营者不愿意与自身竞争，从长远看依赖其提供产品或关键投入品的竞争者将处于不利地位，即便采取行为救济，在外力强制下帮助竞争对手，集中后经营者也不太可能花大力气确保提供产品或投入品的高质量、如期交货、符合订货要求及满足恢复竞争所需的其他条件。此外，两个或多个竞争者之间因协议保持密切关系，可能有助于加强信息沟通协调，促进合谋或损害其他竞争者或客户利益。因此这种协议可能存在反竞争问题，只能作为结构救济的辅助措施短期存在。

④ 因掌握特殊技艺等原因，剥离业务雇员是剥离业务有效运营不可或缺的因素。短时间内失去这些雇员可能严重削弱剥离业务的有效竞争力。为防止这种损害，司法部反垄断局可禁止集中后经营者在一定期限内雇佣这些人员。与此同时，如果少数关键员工对任何在市场上开展有效竞争的收购者来说都至关重要，司法部反垄断局会考虑资产剥离救济是否适当。如果反垄断局认为，这些关键人员不太可能长期供职于收购方，更为妥当的办法可能是阻止整个交易。See United States v. Alliedsignal, Inc. , 2002 2 Trade Cas. 173, 023 （D. D. C. 2000）, p. 16, The United States Department of Justice, https：//www. justice. gov/atr/case/us – v – alliedsignal – inc – and – honeywellinc; United States v. Aetna, Inc. , 1999 2 Trade Cas. 172, 730 （N. D. Tex. 1999）, Page 11, The United States Department of Justice, https：//www. justice. gov/atr/case/us – v – aetna – and – prudential – insurance – company.

中)；行为救济能解决反竞争问题，且能够保留结构救济导致的效率损失；与实行行为救济的预期利益相比较，行为救济的成本须可接受。[①]

指南在认可行为救济有限适用的同时指出，防火墙、公平交易条款和透明度条款都可能产生重大的政策和实际问题，[②] 防火墙需要时间和精力监督实施，公平交易条款可能利弊兼具，透明度条款可能被当事方规避，过于消耗执法机构和法院监督实施的资源。[③]

事实上，在指南之前的实际执法中，美国司法部就很少单独适用行为救济。在 1993 年 10 月—2003 年 9 月 10 年间，美国司法部认为存在竞争问题并反对的 113 起交易中，只有行为救济而无任何结构救济的案件不到 10 起，且多数涉及受政府严密管制的电信业和国防业。适用的行为条件包括透明度条款、公平交易条款、公平交易和防火墙条款、防火墙条款和禁止某些联合竞标协议、防火墙条款和禁止某些联合定价条款。[④] 之所以在政府监管行业独立适用行为救济较多，是因为基于监督执行救济措施的成本，美国司法部反垄断局认为，在已实施管制监督的市场上，即使没有行为救济，监管部门也会定期收集集中后经营者的行为数据，相关市场透明度较高，监督和执行行为救济会因此变得容易，从而降低反垄断局和法院的监督执行成本。

二、美国调整结构救济优先的立场

(一) 美国司法部新指南改变结构优先立场

在 20 世纪 90 年代早期，美国执法机构就已经在使用行为救济，尽管主要局限于纵向集中领域，然而，美国司法部反垄断局调整其结构救济优先的政策和做法，转变对行为救济的态度，则要到 2011 年 6 月修订发布新的《合

① 2017 年 11 月，美国司法部助理司法部长 Makan Delrahim 在美国律师协会反垄断论坛上的主题演讲中提出了更为苛刻的适用条件：如果存在反竞争问题的纵向集中能够产生如没有该集中或通过结构救济就无法取得的显著效率，且行为救济能够彻底消除反竞争损害，那么可以考虑适用行为救济。See Makan Delrahim, *Antitrust and Deregulation*, *Remarks as Preparered for Delivers at American Bar Association Antitrust Section Fall Forum* (*2017*), The United States Department of Justice (Nov. 16, 2017), https: //www. justice. gov/opa/speech/file/1012086/download.

② U. S. Dept. of Justice, *Antitrust Division Policy Guide to Merger Remedies*, October 2004, p. 22.

③ Ibid., p. 23 – 25.

④ U. S. Dept. of Justice, *Antitrust Division Policy Guide to Merger Remedies*, October 2004, p. 20.

并救济反垄断政策指南》。有观点认为，与其说2011年救济指南体现了美国司法部对行为救济的态度转变，倒不如说是其对救济类型、执法机制等因素更深刻细致认识的结果。2003年救济指南在未有说明实证证明和检验的情况下，列举了行为救济的四大成本，2011年救济指南删除了相关表述，也未提供实践做法和经验性证据，甚至没有说明任何理由。这被理解为执法当局认识到相关成本只是理论推论，在个案执法实践中可以弱化甚至避免。

2011年救济指南删除了结构救济优先的表述，明确支持适用行为救济，认为适当的救济措施包括资产剥离，以限制集中后经营者运用整合后资产损害竞争的能力，也包括行为救济，以限制集中后经营者的行为，确保消费者不被反竞争行为伤害。① 2011年救济指南在引言部分指出，集中控制的主要目标，即救济措施的评估标准，是成功的救济措施必须能有效维持相关市场竞争，因此，反垄断局对各种潜在救济措施都会予以考虑，以确保采用适当有效的救济措施。②

2011年救济指南似乎转变了分析思路，不再纠结于何种类型的救济措施更好，而是转为问题导向，在具体案件中评估何种救济措施最能解决反竞争问题。2011年救济指南在第一部分的“核心原则”中强调，指南相应调整了救济措施设置的原则和方法。司法部反垄断局基于集中可能导致的竞争损害理论谨慎设计救济方案，能够有效解决反竞争问题的救济措施才是可接受的救济建议。该指南要求建议的救济措施必须与涉嫌违法行为之间存在紧密的逻辑联系，救济措施应符合竞争损害理论推导出的相应违法性。有效的救济措施应在不损害市场竞争的前提下最大限度地维持集中产生的效率，某些情形下结构救济是最佳选择，某些情形下行为救济却是最佳选择，另外情形下行为救济与结构救济的混合可能是适当方案。③ 对所有案件而言，关键是找到有效的救济方案，以促进创新和消费者福利为目的有效地维持竞争。

---

① U. S. Department of Justice Antitrust Division, *Antitrust division policy guide to merger remedies*, June 2011, Introduction, p. 2.

② U. S. Department of Justice Antitrust Division, *Antitrust division policy guide to merger remedies*, June 2011, Introduction, p. 1.

③ U. S. Department of Justice Antitrust Division, *Antitrust division policy guide to merger remedies*, June 2011, I. Tailoring Effective Remedies, A. Key Principles, p. 3 -4.

在不同类型的经营者集中案件中，有效的救济措施并不相同。2011 年救济指南在“合并类型”中指出，横向集中的反竞争问题源于对类似资产的全部或部分控制，因此绝大部分横向集中首选结构救济剥离重叠资产即可有效维持竞争。[①] 纵向集中不改变竞争者数量，但改变市场激励，从而提升集中后经营者损害竞争的能力，因此能够抵消激励或消除集中后经营者依据激励行事能力的救济都是适当的。对纵向集中有针对性地适用行为救济，能够在阻止可能损害消费者利益行为的同时实现集中特有的效率，如果纵向集中是大型集中交易的一小部分，结构救济可能会非常有效。[②] 同时涉及横向与纵向的集中，有效的救济方式可能是对多个市场分别采取行为救济和结构救济。[③]

综上，2011 年救济指南并未贬损结构救济的价值，而是对行为救济的效果更为乐观，行为救济自此被视为抵消反竞争影响的同时保持集中潜在效率的得力工具。[④] 该指南从重点适用结构救济，转变为具体案件具体分析，两种类型救济结合适用的新模式。[⑤]

此外，2011 年救济指南不仅提升了行为救济之于结构救济的相对地位，还拓展了救济的类型和适用范围，提升了行为救济的绝对地位。在类型上，2011 年救济指南声称，会提供更复杂的带有干涉主义色彩的持续性限制的行为救济。这与过去行为救济局限于特定范围且通常作为其他条款附属的做法形成鲜明对比，除了此前的防火墙条款、公平交易条款、透明度条款，该指南还明确规定了非歧视条款、强制许可条款、禁止报复条款、禁止特定合同做法等行为救济，这些都远远超出司法部过去关于行为救济的表述和做法。在适用范围上，美国司法部突破了过去行为救济限于纵向集中、网络或基础

---

① U. S. Department of Justice Antitrust Division, *Antitrust division policy guide to merger remedies*, June 2011, I. Tailoring Effective Remedies, B. Types of Mergers, 1. Horizontal Mergers, p. 5.

② U. S. Department of Justice Antitrust Division, *Antitrust division policy guide to merger remedies*, June 2011, I. Tailoring Effective Remedies, B. Types of Mergers, 2. Vertical Mergers, p. 5.

③ U. S. Department of Justice Antitrust Division, *Antitrust division policy guide to merger remedies*, June 2011, I. Tailoring Effective Remedies, B. Types of Mergers, 3. Mergers with Both Horizontal and Vertical Dimensions, p. 5 – 6.

④ U. S. Department of Justice Antitrust Division, *Antitrust division policy guide to merger remedies*, June 2011, p. 6 – 7.

⑤ John E. Kwoka & Diana L. Moss, *Behavioral Merger Remedies: Evaluation and Implications for Antitrust Enforcement*, The Antitrust Bulletin, Vol. 57, Issue 4, Dec. 2012.

设施行业的做法，开始适用于横向集中、传统行业。

（二）美国司法部适用行为救济的实践做法

有观点认为，美国司法部适用行为救济的案件增加，其原因是纵向集中增多而非救济政策的转变，因为行为救济最适合救济纵向集中。此外，行为救济可以减少某些案件剥离资产的范围，特别是在司法部认为胜诉把握不大时，与其输掉诉讼，倒不如通过差强人意的救济措施达成和解。事实上，美国司法部在修订指南的同时，就已开始调整和扩大适用行为救济，包括在横向集中、纵向集中和已实施完成的集中案例中适用行为救济。此前，通常认为，横向集中引发反竞争问题的风险远大于纵向集中。美国司法部助理司法部长 Christine Varney 就曾称，法学家和经济学家普遍认为纵向集中比横向集中更有利，因为纵向关联的公司共同制造最终产品，在供应链某个环节占主导地位的企业将从另外层面受益和促进竞争。[①]

然而，在 2011 年救济指南发布前后，业界越来越认识到，纵向集中引发的封锁效应损害市场竞争的风险，即纵向集中消除收购方实际或潜在竞争对手的上游供应商或下游客户的风险。执法机构采用更细致的方法审查纵向集中是否会激励集中后经营者提高竞争对手成本或进入门槛，而非简单假设纵向一体化将引发促进竞争或竞争中立的效应。[②] 解决纵向集中反竞争问题的最好办法是针对特定问题量身定制救济措施，例如纵向集中可能导致不恰当地使用和分享敏感竞争信息，则需要创设适当的防火墙。

美国司法部在 Ticketmaster – Live Nation 案中，为解决纵向集中部分的反

---

① Assistant Attorney General Christine A. Varney, Antitrust Division of the U. S. Dept. of Justice, "The Ticketmaster/Live Nation Merger Review and Consent Decree in Perspective, Remarks as Prepared for the South by Southwest", Austin Texas, March 18, 2010. at 3 (citations omitted), https://www. justice. gov/atr/speech/ticketmasterlive – nation – merger – review – and – consent – decree – perspective.

② Catherine Fazio, *Merger Remedies: The Greater Use by the DOJ and FTC of an Expanding Toolkit*, in Recent Developments in Antitrust Law: Leading Lawyers on Understanding the Impact of Revised Merger Guidelines, Responding to Investigations, and Anticipating Future Changes in Antitrust Enforcement, Thomson Reuters/Aspatore, 2013.

竞争问题适用了为期10年的行为救济。① 这些行为救济包括：一是培养Anschutz Entertainment Group（AEG）② 在主要音乐会主要票务服务市场上成为新的、独立的、经济上可行的、垂直整合的竞争对手。要求LNE授权AEG使用其票务软件5年，允许AEG访问Ticketmaster核心票务平台，AEG可使用该平台服务自己的平台并向第三方平台提供主要票务服务。为支持AEG作为竞争对手成长，禁止LNE在5年后继续将平台授权给AEG；如果AEG没有开发自己的独立平台，允许AEG在4年后购买LNE平台，包括源代码许可。二是禁止当事方从事妨碍竞争对手公平有效竞争的某些行为。如果场馆只邀请当事方管理的艺术家举办音乐会或艺术家自行举办音乐会，则当事方不得要求场馆必须购买其票务服务；如果场馆只购买其票务服务，则当事方不得要求场馆参加其举办的音乐会或其管理的艺术家举办的音乐会。三是当事方不得对选择使用竞争公司票务或促销服务的场地所有者打击报复。当事方不得要求场馆同时使用其票务和促销服务，场馆可以只选择当事方的某一种服务。当事方须确保使用其促销服务的艺术家可以选择不同的一级票务供应商并允许他们将销售数据传给该供应商。如果当事方的客户选择不与其续签票务合同，应客户要求当事方应立即提供该客户的票务数据，确保客户更换票务服务提供商时不会被迫放弃宝贵数据，以降低场馆转换成本，降低其他公司为争夺当事方票务客户的障碍。四是当事方应创建防火墙，防止其在促销或艺术家管理业务的日常操作中利用票务业务的机密数据。上述限制旨在防止竞争对手在促销或票务服务业务中被排除。虽然繁重的行为救济将严重限制当事方未来10年的业务开展方式，但解决了司法部在纵向合并上的担忧。

令人惊讶的是，美国执法机构甚至开始适用行为救济解决横向集中的竞争问题。与主流观点不同，此时适用行为救济不限于辅助剥离，而是作为救济的主要措施；某些情况下，执法机构寻求的不仅是维持集中前的竞争而是

---

① 此外该案还同时施加了一项结构救济：要求Ticketmaster将其Paciolan业务（场馆在自己网站上出售门票的业务），包括Paciolan平台的所有知识产权、平台与场地和主要票务公司的所有合同，剥离给Comcast – Spectacor公司。

② AEG是美国仅次于Live Nation的第二大推广机构，由于其在促销、场地和艺人管理方面的重要地位，AEG是最有可能达到必要规模、能够与合并后公司成功竞争的公司。

提升竞争水平。[①] Verizon 公司合营案[②]是司法部以行为救济为主要手段，解决横向集中反竞争问题的范例。该案同意令要求当事方修改 JOE 协议，以便在协议 5 年有效期满后放松限制，使其成员能开发 JOE 不追求的潜在无线有线集成技术；有线电视方退出 JOE 后可以自由与其他无线提供商合作。为维持目前 Verizon 与其有线合作伙伴间的有线电视竞争，同意令允许 Verizon 在其目前提供 DSL 的地区销售其有线电视合作伙伴的服务，但在 2016 年 12 月后禁止 Verizon 转售其有线合作伙伴在售产品，且有义务开发或授权开发其FIOS 有线服务。

值得注意的是，在该案中，司法部同时决定随时监控竞争和市场动态，并根据市场动态和技术发展情况，审查行为救济对竞争的影响。该案不仅表明，司法部扩大了适用行为救济的范围和意愿，而且承诺进行长期监督和反复干预，根据动态市场发展变化相应调整行为条件，[③] 事实上，美国联邦贸易

---

① Catherine Fazio, *Merger Remedies: the Greater Use by the DOJ and FTC of an Expanding Toolkit*, Aspatore, 2013 WL 3773855, June, 2013.

② 该案中，Verizon 通讯公司和多家有线电视节目提供商组建联合运营体（the Joint Operating Entity, JOE）开发无线有线一体化技术，以便将来提供捆绑有线电话、互联网，有线和无线服务的四重服务（quad - play）。合营协议规定，有线电视方可将 Verizon 的无线服务与其当前的捆绑服务一起转售；Verizon 可以转售其他合营方的有线电视服务。司法部担忧合营协议会阻碍 Verizon 推广建设其有线电视产品 FIOS，因为 Verizon 将致力于销售其他合营方的有线产品并收取销售佣金。此外，JOE 有效期内会阻止各方从事如下活动：（a）与自己的服务捆绑和转售任何其他无线提供商的服务；（b）与其他第三方开发无线有线集成技术。JOE 和合营协议数年后会自动更新，故其影响实际无期限。尽管司法部认识到 JOE 开发有利于消费者的技术、产品和服务，但从长远看也担心其无限存续、排他性条款和转售限制可能会削弱竞争。JOE 及相关协议可能削弱有线电视竞争，在四重服务成为未来潮流方面，妨碍竞争性的无线电视提供商找到有线电视服务提供商作为合作伙伴，抑制技术整合方面的竞争，促成串通行为。See United States, et al. v. Verizon Communications, Inc., et al., 77 Fed. Reg 51, 048, Federal Register (August 23, 2012), https://www.federalregister.gov/documents/2012/08/23/2012 - 20740/united - states - et - al - v - verizon - communications - inc - et - al - proposed - final - judgment - and - competitive.

③ Catherine Fazio, *Merger Remedies: The Greater Use by the DOJ and FTC of an Expanding Toolkit*, in Recent Developments in Antitrust Law: Leading Lawyers on Understanding the Impact of Revised Merger Guidelines, Responding to Investigations, and Anticipating Future Changes in Antitrust Enforcement, Thomson Reuters/Aspatore, 2013.

委员会历史上就曾将行为救济独立适用于横向集中以解决其竞争问题。[①] 此外，在美国，无论是达到申报标准的集中，还是未达到申报标准的集中，如果执法机构在集中实施前不知道这些交易，或者各方在调查过程中自行完成交易，执法机构认为已完成的交易存在反竞争问题，仍然可采取必要行动。[②] 2011 年救济指南颁布前后，越来越多已实施完成的经营者集中受到调查，执法机构频繁地适用行为救济，对此类案件的调查已经成为经营者集中控制执法的重要组成部分。[③]

在乔治食品公司案中，鸡肉加工商 George's Foods 收购了竞争对手的加工厂，该收购将导致本地区竞争者数量从三家减少到两家。司法部知悉后主动调查，因交易未达申报标准，不需要申报，在调查过程中，交易实施完毕。交易完成 3 天后，司法部担心 George's Foods 垄断而提起诉讼。司法部认为，交易使市场上的鸡肉加工商从三家减少为两家，作为该地区仅有的两家鸡肉加工商之一，合并后的 George's Foods 有能力单独降低肉鸡收购价。司法部最初要求结构剥离，但 6 个星期后，George's Foods 签署了一项只包含行为救济的同意令，同意令要求 George's Foods 作出重大投资以修缮其收购的工厂等。此外，George's Foods 还承诺：购买两件大型设备，在扩大加工家禽产品种类的同时，增加产能和产量；大面积修缮收购的工厂屋顶。这些措施旨在激励 George's Foods 进入更高潜在利润的鸡肉加工细分市场，同时降低 George's Foods 本来不得不向肉鸡养殖者减少支付或降低其他条件的可能性。所需投资预计高于 George's Foods 收购工厂花费的总额。为了减少投资成本并获得利润，George's Foods 不得不以更高价格出售更多鸡肉。这反过来要求 George's

---

① 1982 年，美国联邦贸易委员会附条件批准通用汽车和日本丰田组建合营企业“新联合汽车制造公司”（NUMMI），所附条件为合营企业事前所涉的反不正当竞争诉讼继续进行，委员会与通用汽车、丰田签署和解协议，要求通用汽车和丰田不得利用合营企业共享非合营必需的信息。See John K. Kwoka, *International Joint Venture: General Motors and Toyota (1983)*, in the Antitrust Revolution 46 (John E. Kwoka & Lawrence J. White eds., 2nd ed. 1994).

② ［美］伊莲·K. 格莰主编：《美国并购审查程序暨实务指南》，北京大学出版社 2011 年版，第 217 - 227 页。

③ *Consummated Merger Challenges - The Past Is Never Dead*, Remarks of J. Thomas Rosch, Commissioner, Federal Trade Commission, before the ABA Section of Antitrust Law Spring Meeting, FTC (Mar. 29, 2012), https://www.ftc.gov/sites/default/files/documents/public_statements/consummated-merger-challenges-past-never-dead/120329springmeetingspeech.pdf.

Foods 从养殖者那里收购更多肉鸡并加强与该地区其他加工者间的竞争。在该案中，集中虽已完成实施，但司法部仅在集中完成实施 3 天后即提出诉讼，“复原摊成蛋饼的鸡蛋”似乎没有任何问题，[①] 然而，司法部最终对这项刚刚完成实施的横向集中未采取结构救济，且采取的行为救济也不是传统典型的行为救济，显示出司法部适用行为救济上的极大灵活性。

（三）美国司法部立场的反复

有意思的是，在 2011 年救济指南施行后不久，司法部重视结构救济立场的苗头重新出现。2016 年美国司法部助理部长 Bill Baer 在参议院作证时指出，司法部会质疑那些只能部分解决竞争损害的行为救济措施或资产剥离措施，如果不能简单地解决一项集中交易的竞争问题，司法部会毫不犹豫地请求法院予以禁止。[②]

Bill Baer 的继任者 Makan Delrahim 回归结构救济优先的立场更为鲜明。2018 年 4 月，Makan Delrahim 在芝加哥大学的演讲中称，行为救济只是在纸面上试图消除那些激发追求利润最大化企业动力的巨大经济激励，往往容易失败，实证表明，行为救济的可靠性值得怀疑，因其往往无法限制集中后经营者为获得经济激励而付诸行动，高估了受害方站出来举报的意愿。[③] 目前，司法部反垄断局正在采取若干措施强调适用结构救济解决反竞争问题，甚至成立了裁判执行办公室（Office of Decree Enforcement）终止过时的反垄断裁决。[④] 具体内容可见本书第一章第一节“美国附条件批准经营者集中的历史演

---

① Complaint, United States v. George's Foods, LLC, et al. , 76 Fed. Reg. 38, 419, 38, 419 (Jun. 30, 2011).

② Assistant Attorney General Bill Baer of the Antitrust Division Testifies Before Senate Judiciary Subcommittee on Antitrust, Competition Policy and Consumer Rights (2016), the United States Department of Justice (Apr. 19, 2018), https://www.justice.gov/opa/speech/assistant – attorney – general – makan – delrahim – delivers – keynote – address – university – chicagos.

③ Assistant Attorney General Makan Delrahim Delivers Keynote Address at the University of Chicago's Antitrust and Competition Conference (2018), the United States Department of Justice (Apr. 26, 2018), https://www.justice.gov/opa/speech/assistant – attorney – general – makan – delrahim – delivers – remarks-antitrust – divisions – second.

④ Assistant Attorney General Makan Delrahim Delivers Remarks at the Antitrust Division's Second Roundtable on Competition and Deregulation (2018), the United States Department of Justice (Apr. 26, 2018), https://www.justice.gov/opa/speech/assistant – attorney – general – makan – delrahim – delivers – remarks – antitrust – divisions – second.

进”中“司法部在合并救济政策上的反复”部分。

三、欧盟结构救济优先但不排斥行为救济

欧盟的规定和做法未如美国一般波动，先后发布的两个有关救济措施的文件均优先适用结构救济，同时重视适用行为救济。欧委会《关于可接受的救济措施的通告（2001）》规定，除禁止合并外，通过剥离创造新竞争者或加强现存竞争者地位是恢复竞争最有效的方式；同时，由于存在不可能剥离或竞争问题可能来自排他性合同、网络效应或关键专利联合等情形，结构救济不是委员会接受的唯一形式，委员会须判断其他类型的救济是否更有利于恢复市场竞争。①

欧委会《关于可接受的救济措施的通告（2008）》基本延续了《关于可接受的救济措施的通告（2001）》的立场：资产剥离在有效性和效率方面仍然是主要的救济措施，是其他救济措施的标尺。② 同时，通告积极认可行为条件的功能，③ 认为尽管原则适用结构救济，但其他类型的承诺也有可能阻止对有效竞争的重大妨碍，不应自动排除这一可能性。

事实上，欧委会已有淡化结构救济和行为救济二元划分的趋势，④ 欧盟法院也持类似立场。法院在 Lufthansa/SNAirHolding 案中提出，依据判例法，欧委会只接受那些能阻止集中产生或加强支配地位的承诺，执法部门应根据个案评估选择适用救济措施，而不论其属于行为救济还是结构救济。只要承诺能一次性完全或持续一段时间能阻止支配地位的产生或加强而不需中期或长期监督，即使承诺属于行为救济，其适用也不能自动排除。⑤

---

① *Commission Notice on remedies acceptable under Council Regulation*（*EEC*）*No. 4064/89 and under Commission*, *Regulation*（*EC*）*No. 447/98*, C68 Official Journal of the European Communities para. 13, 26（2001）.

② *Commission Notice on remedies acceptable under Council Regulation*（*EC*）*No. 139/2004 and under Commission Regulation*（*EC*）*No. 802/2004*, C267 Official Journal of the European Communities p. 1 – 27（2008）.

③ 韩伟：《经营者集中附条件法律问题研究》，法律出版社 2013 年版。

④ Gencor v. Commission, Case T – 102/96, Judgment of the Court of First Instance, 25 March, 1999, para. 319; Papandropoulos P, Tajana A. The Merger Remedies Study: in Divestiture we Trust?. European Competition Law Review, 2006, p. 443.

⑤ See ARD v. Commission, Case T – 158/00, 2003 E. C. R. Ⅱ – 3825, para. 193.

在执法实践中，欧委会已经在积极适用行为条件。2009 年的 Lufthansa/SNAirHolding 案是欧委会适用行为条件的典范。2008 年 9 月 15 日，德国汉莎航空 Deutsche Lufthansa AG（LH）和比利时布鲁塞尔航空公司控股母公司 SN Airholding SA/NV（SNAH）签订协议。根据协议，交易将分两阶段完成，第一阶段完成后，LH 将收购 SNAH 45% 的股份，对后者直接控制，其余股份的认购期权可于 2011 年第一季度行使。2008 年 11 月 26 日，欧盟委员收到申报，评估结论为该交易将对布鲁塞尔 - 法兰克福、布鲁塞尔 - 慕尼黑、布鲁塞尔 - 汉堡和布鲁塞尔 - 苏黎世航线的有效竞争造成重大阻碍。申报方为此提交了一套减少进入障碍，便利新竞争者进入上述航线市场的措施，包括在布鲁塞尔、法兰克福、慕尼黑、汉堡和苏黎世的机场转让时段和辅助措施。欧委会的市场测试表明，有第三方航空公司对上述航线感兴趣，评估认为当事方提议的承诺能够降低市场进入壁垒，有可能导致新竞争者进入相关市场，从而使集中不会严重损害相关市场的竞争。

四、结构救济优先并非普遍做法

美国的影响过于强大，以至于其做法被当然视为世界范围内的通行做法，让我们有意无意地忽略了其他司法辖区的不同解决方案。事实上，即便在美国司法部明确秉持结构救济优先的年代，也有司法辖区的做法截然不同，结构救济优先远非世界反垄断执法共识。

一是，仍然有国家明确偏好行为救济。例如俄罗斯法律虽未有明确规定优先适用救济措施的类型，但其执法显然极其偏好以行为措施解决经营者集中的反竞争问题。在俄罗斯 2007—2011 年的 303 个案例样本中，只有 18 个（占比 6%）采取了结构救济，有 285 个（占比 94%）采取了行为救济。① 再如，印度虽承认行为救济存在执行方面的困难，但考虑到行为救济的灵活性，避免直接禁止经营者集中，印度竞争委员会认为，行为救济应当优先。②

---

① See Anastasiya Redkina, *Using Remedies in Russian Merger Control*,（September 16, 2014）National Research University Higher School of Economics（Perm, Russia）Research Paper No. WP BRP 62/EC/2014, SSRN, https：//papers. ssrn. com/sol3/papers. cfm？abstract_ id = 2497420.

② 王炳：《反垄断法中的经营者集中附条件许可问题研究：争议与反思》，中国政法大学出版社 2015 年版，第 140 页。

二是，有些国家在理论或立法上偏好结构救济，但实际执法却是偏好行为救济。例如法国实际适用行为救济的比例就比较高。在法国，《法国商法典》没有规定法国竞争管理局为消除反竞争效果可采取救济措施的类型，但当事方的承诺需要得到竞争管理局认可，通常只有承诺的救济措施不足以或不能够消除反竞争影响时，竞争管理局才拒绝接受。竞争管理局评估承诺是否适当的标准是：承诺须能切实有效地消除对竞争的限制，且能够迅速无疑地实施。从评估标准看，法国竞争管理局应偏好结构救济，但执法情况并非如此。

第一，法国竞争管理局认为行为救济可能同样有效，特别是在与结构救济一起适用的情形下。如果行为救济能够有效解决集中引发的反竞争问题，且适合具体市场情况，法国竞争管理局也可能接受只有行为救济的承诺。

第二，法国竞争管理局在适用结构救济时，同时大量适用行为救济。在2001—2011的10年，在采取救济措施的62项经营者集中案件中，法国竞争管理局有53%适用了结构救济，其中适用结构救济的案件中，有64%同时包含行为救济。上述62项经营者集中，有36项属于横向集中，有61%的横向集中适用了结构救济，其中有2/3同时适用了行为救济。62项经营者集中同时产生横向、纵向、混合效应的17项经营者集中，有53%采取了结构救济，其中有一半既包含结构救济也包含行为救济。

第三，法国竞争管理局有近半数的案件单独适用了行为救济。在2001—2011的10年，法国竞争管理局采取救济措施的62项经营者集中，有47%只适用了行为救济。62项经营者集中有9项属于纵向或混合集中，这9项集中几乎都采取了行为救济，只有一项同时采取了结构救济和行为救济。①

此外，当前多数国家开始从结构救济优先逐步向同时重视行为救济转变，与我国和法国类似，还有些国家此前就频繁适用行为救济，例如澳大利亚在过往执法中便普遍适用行为救济，希腊在执法初期也是以行为救济为主。②

---

① OECD Policy Roundtables 2011, *Remedies in Merger Cases*, DAF/COMP（2011）13, p. 73－75, OECD, http://www.oecd.org/daf/competition/RemediesinMergerCases2011.pdf.

② 韩伟：《经合组织2011年合并救济论坛介评》，载《经济法研究》2014年第1期。

第五节　我们应当采取的解决方案

以美国为代表的西方反垄断界秉持少干预甚至不干预市场的原则，这在一定程度上导致其经营者集中控制救济制度陷入一系列看起来很美的原则之中，例如过于追求后期少监管、低成本，过于追求一次性干预、反对持续监督等。然而，经营者集中反垄断控制本身就是公权力对市场的直接干预，在是否需要进行反垄断干预方面，各司法辖区的立场并无二致，分歧主要在于怎么做才是更好的干预，如何实现更好的干预。我们认为，最少的干预未必是更好的干预。从经济学角度看，最好的干预应当是成本最低、效率最高的干预；从法律角度看，最好的干预应当是公平、合理的干预。

一、全面考虑解决问题的可能方案

结构救济是解决横向集中反竞争问题的重要措施，但执法机构不宜预先作出结构救济优先的结论，也不宜简单评价结构救济和行为救济孰优孰劣。事实上，两者各有利弊，且两者并不是非此即彼的选项。通常认为，解决反竞争问题只有结构救济和行为救济两种解决方案，① 至多衍生出两者结合的第三种方案。其实，如果稍微开阔思路就会发现，除附条件批准外，无条件批准和禁止集中可能是更适合的选项，执法机构应全面评估各种可能选项。如果结构救济不能理想地消除反竞争影响，又不能确保没有显著的效率损失，适用结构救济就不会产生好的效果。当然，结构救济预期效果不好，并不意味着行为救济就是最好的解决方案；在行为救济不是最佳选择的情况下，次优的解决方案也很少是结构救济。② 因此，设计救济措施、评估解决方案，应当跳出是“结构”还是“行为”的两难选择，而应当从消除反竞争影响和效率损失的角度评估成本收益，从更广阔的视角选择解决方案。

---

① Keith R. Fisher, *Transparency In Global Merger Review: A Limited Role for the WTO?*, Stanford Journal of Law, Business & Finance, Spring, 2006.

② Ken Heyer, *Optimal Remedies for Anticompetitive Mergers*, Antitrust, Vol. 26, No. 2, Spring 2012, p. 26 – 31.

（一）禁止经营者集中

从法律逻辑上看，对排除限制竞争的经营者集中，执法机构的第一选项是应当予以禁止。我国《反垄断法》第28条即规定“经营者集中具有或者可能具有排除、限制竞争效果的，国务院反垄断执法机构应当作出禁止经营者集中的决定”。应当禁止的经营者集中符合法定条件可以不予禁止，不予禁止是例外情形。因此，《反垄断法》第28、29条接着规定“经营者能够证明该集中对竞争产生的有利影响明显大于不利影响，或者符合社会公共利益的，国务院反垄断执法机构可以作出对经营者集中不予禁止的决定”，“对不予禁止的经营者集中，国务院反垄断执法机构可以决定附加减少集中对竞争产生不利影响的限制性条件”。符合《反垄断法》规定的例外条件才可能附条件批准。如果当事方提不出合适的条件建议，或者执法机构和当事方无法就条件达成一致，执法机构仍可作出禁止集中的决定。有些案件甚至无法找到解决竞争问题的条件，例如主交易所在的相关市场存在竞争问题，采取结构救济需要剥离其中一方的全部资产，结果相当于禁止集中；同时，囿于案件和相关市场的具体情况，行为条件由于不具操作性或无法监管等原因而难以采取行为救济。有观点据此认为，尽管有时结构救济是最佳解决方案，结构救济不可行时行为救济可能是理想选择，但任何救济都有无法完全解决竞争问题风险，因此禁止集中在很多情况下是最令人满意的选择。①

委员会愿意就一项集中引起的竞争问题探讨解决方式，只要这些解决方式是令人信服的和有效的。但是，对于有些集中来说，消除共同市场内竞争

① Ken Heyer, *Optimal Remedies for Anticompetitive Mergers*, Antitrust, Vol. 26, No. 2, Spring 2012, p. 26 –31.

关切的合适的救济手段不可能找到[①]。在这样的情况下，唯一的可能性就是禁止集中。

美国司法部助理司法部长 Makan Delrahim 称国会在《克莱顿法》第 7 条中没有要求对非法集中进行监管而是要求禁止它们。[②] ICN 的报告也认为，对有些经营者集中可以建议剥离措施，但可能需要对剥离措施采取重大限制，这些限制会严重影响救济措施的设计和适用，在此情形下最好的替代方法就是禁止集中。[③]

在美国，司法部无权禁止经营者集中，而是代表政府以原告的身份提起诉讼，请求法院裁决禁止集中；联邦贸易委员会可以像司法部一样，通过提起诉讼请求法院作出禁止集中的裁决，也有权通过委员会的内部行政程序作出审查裁决。然而，联邦贸易委员会的行政裁决需要履行冗长的类似诉讼的行政程序，且当事人仍可以将行政审查裁决诉至法院；如果通过司法程序解决，委员会与司法部一样，都需以原告身份向法院起诉并负担举证责任，且可能面临败诉的风险，在此机制下，美国执法机构往往遭到批评，被认为批准了那些本该禁止的集中。[④]

与美国以司法裁决为中心的执法机制不同，中国和欧盟实行以行政裁决

---

① 第 94/922/EC 号委员会决定（MSG Media Service，欧洲共同体公报 L 364，1994 年 12 月 31 日，第 1 页）；第 96/177/EC 号委员会决定（Nordic Satellite Distribution，欧洲共同体公报 L 53，1996 年 3 月 2 日，第 20 页）；第 96/342/EC 号委员会决定（RTL/Veronica/Endemol，欧洲共同体公报 L 134，1996 年 6 月 5 日，第 32 页）；第 1999/153/EC 号委员会决定（Bertelsmann/Kirch/Premiere；欧洲共同体公报 L 53，1999 年 2 月 27 日，第 1 页）；第 1999/154/EC 号委员会决定（Deutsche Telekom BetaResearch；欧洲共同体公报 L 53，1999 年 2 月 27 日，第 31 页）；第 97/610/EC 号委员会决定（St Gobain/Wacher Chemie/NOM；欧洲共同体公报 L 247，1997 年 9 月 10 日，第 1 页）；第 91/619/EEC 号委员会决定（Aerospatiale/Alenia/De Havilland，欧洲共同体公报 L 334，1991 年 12 月 5 日，第 42 页）；第 97/26/EC 号委员会决定（Gencor/Lonrho，欧洲共同体公报 L 11，1997 年 1 月 14 日，第 30 页）；第 2000/276/EC 号委员会决定（M. 1524 – Airtours/First Choice；欧洲共同体公报 L 93，2000 年 4 月 13 日，第 1 页）。

② *Assistant Attorney General Makan Delrahim Delivers Remarks at the Antitrust Division's Second Roundtable on Competition and Deregulation (2018)*, the United States Department of Justice (Apr. 26, 2018), https://www.justice.gov/opa/speech/assistant-attorney-general-makan-delrahim-delivers-remarks-antitrust-divisions-second.

③ ICN Merger Working Group, Analytical Framework Subgroup, *Merger remedies review project: report for the fourth ICN annual conference Bonn*, June 2005, p. 7.

④ Ken Heyer, *Optimal Remedies for Anticompetitive Mergers*, Antitrust, Vol. 26, No. 2, Spring 2012, p. 28 – 29.

为中心的执法机制，在理论上，中欧的执法机制更容易挑战具有反竞争问题的集中,[①] 然而，在中国执法机构依据《反垄断法》实施经营者集中反垄断审查以来，在长达10余年的执法历史中，只禁止了两件经营者集中。[②] 由此看来，忽视禁止集中选项似乎不独一家执法机构专有。[③] 有权自行作出禁止集中的行政裁决是中国执法机构的制度优势，同时作为有世界影响力的主要司法辖区，中国的执法机构应当充分利用好这一优势，对排除限制竞争的经营者集中坚持首选禁止选项。一方面，这有利于提高执法人员的专业审查评估水平，提高评估结论的明确化和透明度，有利于执法机构向当事方提出明确反对意见；另一方面，也有利于执法机构要求或者当事方自愿及时提出救济方案建议，有利于顺利开展附条件商谈，尽快找到各方均可接受的救济方案。即便难以找到合适的救济方案，或者无法就条件达成一致，也有利于执法机构尽快作出审查决定，结束商业活动的不确定状态。

（二）无条件批准经营者集中

尽管具有或者可能具有排除限制竞争的效果，但在某些情况下，任何救济方案包括行为救济、结构救济，甚至包括禁止集中，可能都比竞争问题本身更糟糕。[④] 在此情况下，无条件批准也许是最好的选择。这些情形主要包括：

一是，挑战经营者集中花费的成本和无条件批准经营者集中带来的负面

---

① 在欧盟和中国等以行政裁决为中心的司法辖区，尽管当事人对禁止集中的行政裁决不服可以向法院提起诉讼，但从实践来看这种诉讼少之又少，例如中国执法机构10余年执法无一裁决遭到司法挑战。

② 这两件分别是：禁止可口可乐公司收购中国汇源公司案，参见《商务部关于禁止可口可乐公司收购中国汇源公告审查决定的公告》（商务部公告2009年第22号），载商务部网2009年3月18日，http://fldj.mofcom.gov.cn/article/ztxx/200903/20090306108494.shtml；禁止马士基、地中海航运、达飞设立网络中心案，参见《商务部关于禁止马士基地中海航运、达飞设立网络中心经营者集中反垄断审查决定的公告》（商务部公告2014年第46号），载商务部网2014年6月17日，http://fldj.mofcom.gov.cn/article/ztxx/201406/20140600628586.shtml。理论上，还有无法解决反竞争问题又不愿被禁止的集中，当事人选择取消交易撤回申报的未计算在内。参见《市场监管总局关于禁止虎牙公司与斗鱼国际控股有限公司合并案反垄断审查决定的公告》，载市场监管总局网2021年7月10日，https://www.samr.gov.cn/fldj/tzgg/ftjpz/202107/t20210708_332421.html。

③ 相比而言，中国商务部禁止集中的数量应属少数，例如比中国经济体量小得多的意大利竞争当局在2000年到2010年10年间禁止了10件集中。

④ Ken Heyer, *Optimal Remedies for Anticompetitive Mergers*, Antitrust, Vol. 26, No. 2, Spring 2012, p. 30.

效果基本相等。这在以美国为代表的司法裁决为中心的机制下尤为明显。美国执法机构挑战经营者集中通常需要以诉讼方式进行，执法机构、当事人以及法院均需负担很高的成本。如果集中的规模不大，或者存在反竞争问题的部分占比较小，起诉当事人请求法院禁止集中的做法，可能不符合成本效益原则。即便在以行政裁决为中心的司法辖区，执法机构贸然作出禁止集中决定，一旦当事方向法院提起诉讼，也同样需要承担较高成本。在权衡耗费的社会成本和禁止集中避免的竞争损失基础上，执法机构无条件批准此类集中可能更为经济合理。

二是，基于综合评估的或然性，而非仅评估反竞争影响和集中可能取得效率的结果。竞争评估认为“经营者集中具有或可能具有排除限制竞争的效果”即应当予以禁止，该评估是对未来可能性的预测，在证明要求上，只要达到“可能具有”的程度即可，并不要求必然发生。反竞争效果的发生具有或然性，集中能否实现预期的特定效率也存在或然性。执法机构不仅需要平衡反竞争效果等负面影响和集中效率等正面影响之间的关系，还需要评估各自发生的或然性。对那些负面影响尽管可能很大，但发生概率较小的集中，或者预期的效率很大，但实现可行性较小的集中，法院支持执法机构诉求的可能性会大大降低，执法机构无条件批准不失为经济合理的选择。

三是，执法机构确信存在反竞争问题，但由于各种原因导致执法机构败诉风险过大或作出决定的依据不足。例如，能证明反竞争问题的关键证人，包括集中当事方的员工、供应商以及客户等，因担心遭到报复只同意非正式提供情况，不愿意公开身份，更不同意提供书面证据、出庭作证等；再如，执法行为存在瑕疵，包括调查取证方面存在程序瑕疵等。遇此情形，执法机构往往难以向法院提起诉讼要求法院裁决禁止集中，也难以自行作出禁止集中的行政裁决；如果各方无法就救济措施达成一致，执法机构可能会选择无条件批准。

无条件批准具有或可能具有反竞争影响的经营者集中，具有经济学和事实上的合理性，也有其合法性，即对应当予以禁止的经营者集中，如果既找不到适当的救济方案，又不适合禁止，法律允许无条件批准。例如，我国《反垄断法》第 28 条规定，对具有或者可能具有排除、限制竞争效果的经营者集中，执法机构有两种处理选择：一是应当禁止；二是不予禁止。根据

《反垄断法》第29条规定，对不予禁止的经营者集中，国务院反垄断执法机构“可以”决定附加减少集中对竞争产生不利影响的限制性条件，即执法机构有两种选择：一是附加限制性条件批准；二是无条件批准。在以行政裁决为中心的执法实践中，关键是行政首长能否承受相应压力并有足够勇气无条件批准此类集中。对此类经营者集中无条件批准后一段时间内，执法机构应当予以特别关注，防止集中后的经营者滥用其市场地位从事反竞争的违法行为。

（三）附条件批准经营者集中

禁止具有反竞争问题的集中虽然彻底消除了反竞争效果发生的可能性，但也破坏了正常的商业计划，妨害了集中可能带来的效率，并非经营者集中反垄断控制的上策。无条件批准则放任集中可能引发的反竞争效果的发生，是执法机构权衡利弊不得已的选择。理想的结果当然是找到适当的救济方案，在允许主要商业活动继续进行、保留效率的同时，消除绝大部分甚至全部的反竞争影响。

附条件批准的前提是科学准确地评估反竞争问题。科学准确的评估结论是选择适用相应救济措施的基础，特别是针对反竞争行为和效果设计的行为救济对评估结论的要求更高。我国《反垄断法》只规定了评估考虑的因素。[①]商务部2011年发布的《关于评估经营者集中竞争影响的暂行规定》相对系统地规定了评估竞争影响的工具、方法和考虑因素。2020年10月27日，市场监管总局公布的《经营者集中审查暂行规定》将此前有关经营者集中的规章、规范性文件等进行了汇编整合。在竞争评估部分，总体来看基本沿袭了《关于评估经营者集中竞争影响的暂行规定》的内容并在原来的基础上进行了删减，同时将执法机构的有些义务性条款调整为选择性条款，增加了执法机构自由裁量的灵活性。从执法实践来看，执法机构发布的附条件批准案件公告披露的评估过程和内容虽然在逐年增多，然而少见引述执法机构发布的相关规章，且仍难由此窥见具体运用这些工具和方法、考虑这些因素的全貌。执法机构应不断提高竞争评估的透明度，与当事方及时充分沟通信息文件资料、评估方法以及考虑的因素，尽早明确告知当事方执法机构所关注的竞争问题。

---

① 我国《反垄断法》第27条规定了审查经营者集中应当考虑的因素。

据此，可以增进当事方对竞争问题的理解，也有利于当事方有针对性地尽快向执法机构提交救济方案建议。商谈救济措施时，执法机构要引导当事方围绕竞争问题提交解决方案建议，确保救济方案的针对性、有效性和可执行性。

选择适用不同类型的救济措施，既是复杂的经济学理论问题，也是复杂的执法实践问题。执法机构和当事方应当抛弃对结构救济的偏好或是对行为救济的偏见，避免陷入纯而又纯的理论误区，要根据具体案情和相关市场竞争状况确定适合的救济措施。结构条件和行为条件各有针对性，通常情况下，执法机构和当事方会首选结构条件解决横向集中的反竞争问题，如结构条件不适合，再行考虑实施行为救济、禁止或无条件批准。行为条件通常适合解决纵向集中的反竞争问题，也不排除用以解决横向集中的反竞争问题，或适用结构条件解决纵向集中的反竞争问题。

总之，执法机构要具体情况具体分析确定适用的救济类型，不必预设何种类型的救济措施更为优先。事实上，结构救济和行为救济越来越多结合适用。例如，在 2000—2010 年的 10 年，意大利竞争当局附条件批准的 22 件案件有 14 件同时附加了结构条件和行为条件，法国竞争当局附条件批准的案件有 64% 同时包含结构救济和行为救济。① 结合适用主要有两种形式：一是行为条件辅助结构条件适用。即为完善作为主体的结构条件，弥补结构条件的不足不周延甚至漏洞，辅助性地适用行为条件，例如辅助资产剥离的短期供应合同、雇员聘用限制以及关键雇员留任等。② 二是综合适用行为救济和结构救济。包括对存在反竞争问题的同一相关市场同时附加结构条件和行为条件，也包括对同一交易中若干存在反竞争问题的相关市场分别附加结构条件和行为条件。值得注意的是，与很多国家日益重视行为救济的积极作用相反，频繁适用行为救济是我国执法的重要特点之一，对我国而言应当更多地反思是否过度适用行为救济。③

---

① OECD Policy Roundtables 2011, *Remedies in Merger Cases*, DAF/COMP（2011）13, p. 133, 74, OECD, http://www.oecd.org/daf/competition/RemediesinMergerCases2011.pdf.

② 严格来讲，这些行为措施并非独立的行为条件，而是辅助结构条件的保障措施。

③ 韩伟：《经合组织 2011 年合并救济论坛介评》，载《经济法研究》2013 年第 2 期。

二、行为救济的立法完善和执法慎用

（一）立法上完善行为条件

行为救济的缺陷客观存在，对行为救济的批评仍会继续，与此同时，更多执法机构开始更理性地看待不同类型的救济方式，在执法中不断改进做法，结合具体案情精心设计救济方案，以期提供更多附条件批准的可能性，而不是简单限制适用行为救济。特别是以技术创新为特征的新兴市场高速发展，经济全球化和市场区域化并存，预计对行为条件的需求还将不断增大。我们需要不断完善行为救济的制度设计，以满足新经济发展和反垄断执法的客观需要。具体内容包括：

一是，立法上确认不同种类的行为条件。行为条件的具体种类远比结构条件丰富，在执法实践中，还可以根据可能发生的反竞争行为和效果有针对性地创设新条件。为便利当事方提交包含适当行为救济的解决方案建议，规范和约束执法机构正确适用行为条件，应当对中外实践中行之有效的行为条件梳理归类，以规章、规范性文件甚至无法律约束力的指南文件明文规定下来，为执法机构、当事方以及律师提供更加明晰的指导和参考。

二是，完善行为条件的多层次监督制度。难以监督、监督成本高是行为条件遭受诟病的重要症结。建议在制度设计上，针对此症结考虑如下：其一，完善以执法机构自行监督和受托人监督为主的监督机制。执法机构有法定监督权，只要执法资源允许就应自行监督；对专业性强的行为条件，或执法机构资源不足时，可采取受托人监督。其二，完善要求当事人自行提交履行报告为内容的自查制度。自查监督成本较低，特别适合于履行积极义务的案件。其三，完善以竞争者、上下游客户、内部员工及协会等为主体的社会监督和举报投诉处理制度，有效降低监督成本。社会监督成本更低，触角更广更灵敏，特别适合于对消极义务的监督。其四，完善违反行为条件的惩处制度。行为救济与当事人商业利益相悖，不能期待当事人自行完美履行，制度设计上须加大惩处力度，增强威慑力，提高违法成本，打消其规避义务甚至以身试法的念头。①

三是，完善定期不定期复审制度。适应市场竞争状况动态变化是行为救济的重要优势。发挥该优势需要辅之以完善的复审制度，执法机构可依当事人申请或依职权，定期不定期地审查继续履行行为条件的必要性，并及时作出继续履行、终止履行或者变更条件的审查结论。此外，还要根据竞争评估的可预见程度，对行为条件附加合理必要的期限。期间内符合条件的可以复审；期限届满，可以规定行为条件自行终止，也可规定由复审决定是否终止。

四是，建立因履行行为条件引发纠纷的快速解决机制。履行行为条件可能涉及执法机构、监督受托人以及其他利害关系人，并不可避免地会发生纠纷。例如义务人与监督受托人因受托协议发生纠纷；剥离资产的买卖双方因履行技术支持义务发生纠纷；承诺开放基础设施或知识产权许可的义务人与试图使用基础设施或取得知识产权许可进入相关市场的第三人发生纠纷。这些纠纷有的与行为条件的解释履行直接相关，例如 FRAND 原则下的知识产权许可纠纷；有的与行为条件无直接关系，但与确保行为条件履行关系密切，例如监督受托协议纠纷。为确保快速、低成本地解决纠纷，降低监督执行成本，建议分门别类建立解决机制。属民事权益纠纷的应通过调解、诉讼或民商事仲裁解决，执法机构不宜介入，例如监督费用纠纷；涉及行为条件解释和履行适当与否的判断，执法机构应作出裁决或者在相关纠纷解决机制中提供官方立场，例如当事人就知识产权许可是否符合 FRAND 原则的行为条件仲裁或诉讼。

（二）执法中慎用行为条件

美国已经从结构优先转向两者并重，其他各国虽非一刀切，但以结构为主的居多，中国此前十多年多适用行为救济，结构救济适用不足，且目前似仍维持此前趋势。行为救济有其自身特殊规律，在个案适用中要谨慎从事。

一是，增强行为条件的针对性和有效性。设计行为条件务必考虑拟施加救济措施和损害理论之间的关系。任何行为条件的建议方案，都必须针对集中可能引发的反竞争行为和效果提出。这要求经营者集中竞争评估必须明确

---

① 中国商务部曾对违反所附条件的西部数据予以行政处罚，受制于《反垄断法》授权的处罚金额，业界普遍认为处罚威慑力不足，建议将来修法调整处罚限额。

可能引发的反竞争问题。这既是设计行为条件的必要遵循，也是将来评估是否需要变更解除行为条件的依据。为了确保行为条件的有效性，建议完善和实施必要的市场测试制度，引入相关主体参与测试，包括竞争者、上下游客户、相关协会、市场或行业的监管者等。在不同案件中，上述主体发挥作用不同，执法机构应考虑不同主体发表测试意见的动机并相互印证。

二是，充分考虑行为条件的可操作性和监管成本。行为条件最大的软肋是可操作性低和监管成本高。据此设计适用应当注意：其一，力戒宣誓性的行为条件，以提高行为条件可操作性，除非是为其他具体的操作性条件提供指导或解释原则；如当事人提交的行为救济建议过于简单，执法机构应要求其提交详细具体的实施方案。其二，着力降低实施行为条件的监管成本。直接面对客户的行为条件透明度较高，社会力量可以有效监督，通常可不提交履行报告、不委托监督受托人，执法机构只需处理好投诉举报即可。专业性较强的行业，通常需委托监督受托人，执法机构应完善委托程序用好监督受托人，既要防止受托人怠于监督，也要防止过度监督。对违反行为救济的行为，执法机构要依法严处，树立典型和权威，打消义务人的侥幸心理。

三是，根据个案和行业特点有效规避行为条件的固有缺陷。不同行业、不同的竞争因素决定了哪些救济措施更为合适。执法机构可据此规避行为条件的缺陷。通常在传统制造、零售批发等产业，原材料、技术、价格、质量、地点、产品多样性等是竞争的关键因素；而在信息通讯等高新技术产业，创新、人才、知识产权等是竞争的关键因素。高新技术产业市场动态变化速度更快，颠覆性创新比垄断更能改变市场，行为条件比结构条件更适应变化的市场。对此有学者指出，高新技术产业的未来如此不确定，比结构救济更灵活的行为救济可能更适合甚至是唯一可能的救济措施，即使执法机构需要付出更大监督成本。① 事实上，国外对比研究法、德、意、荷、西、英6国批发

① Francois Leveque & Howard Shelanski, *Merger Remedies in American and European Union Competition Law*, Edward Elgar Publishing limited, 2003, p. 169.

零售业[①]和信息通信业[②]集中救济的结果表明，传统行业的批发零售业优先选择结构救济（占比63%），作为高新技术业的信息通信业较少选择结构救济（占比26%），优先选择行为救济的倾向比较明显。[③] 即使在偏好结构救济的美欧，执法机构在高新技术产业也通常使用复杂的行为救济。此外，相关产品的差异也是选择适用行为条件考虑的重要因素。例如对禁止价格歧视、控制价格涨幅等涉及价格的行为条件，因义务人可通过降低品质、调整规格等方式变相提价、规避义务且难以监管，所以使用效果不佳。但相关产品是品质相同或类似的标准品，当事人难以规避，适用价格监控条件的可能性大大增加。此外，在受管制行业采取行为条件可能更容易监督执行，在自然垄断行业以及类似运营基础设施的行业，资产剥离常常不可行或者效率更低，开放基础设施、非歧视、透明度以及终止排他合同都是可以考虑的行为条件。

四是，选择适用不同条件要考虑平行审查。经营者集中反垄断控制突破了国内法确定的属地管辖、属人管辖等原则。拟议集中是否与本国市场有足够联系成为各司法辖区确定管辖的基本原则。经济全球化下的大公司多半跨国经营，这决定了同一经营者集中需要同时取得若干执法机构批准。如果包括中国在内的多个执法机构均认为拟议集中存在反竞争问题，除非有执法机构作出有实际执行力的禁止决定，中国执法机构确定救济措施应考虑其他执法机构采取救济措施的情况。如果有司法辖区拟采取措施能够解决我国执法机构的竞争担忧，则可以搭便车接受当事人提交的相同救济方案而不必另辟蹊径。同时为彰显我国执法主权和独立性，仍应独立作出附加条件的决定。认为不必再亲力亲为地施加救济措施[④]可能导致我国失去控制力，特别是在将来变更终止条件时，一旦我国与其他执法机构立场不同，将导致我国丧失对

---

① Thomas Hoehn, Suzanne Rab & Grant Saggers, *Retail Therapy: A Cross – Country Comparison Of Merger Control Remedies Practice And Experience In The Wholesaling And Retailing Sectors Of France, Germany, Italy, The Netherlands, Spain And The United Kingdom*, European Competition Law Review, Vol. 40: 4, p. 153 – 175 (2009).

② Thomas Hoehn, Suzanne Rab & Grant Saggers, '*Breaking Up Is Hard To Do*': *National Merger Remedies In The Information And Communication Industries*, European Competition Law Review, Vol. 30: 5, p. 255 – 276 (2009).

③ Ibid., p. 260.

④ llene Knable Gotts, *Navigating Multijurisdictional Merger Reviews: Suggestions from a Practitioner*, Competition Law International, Vol. 9: 2, p. 149 (2013).

集中后经营者的制约能力。如果其他执法机构附加的条件不能完全解决我国执法机构担忧，则可在其基础上增加必要措施。如果反竞争行为和效果主要发生在中国市场，应以我国为主要求当事人提供全面解决我国竞争问题的方案建议。

第七章

附条件批准经营者集中的程序步骤

经执法机构审查，一旦确定经营者集中具有或可能具有排除、限制竞争的效果，法律上就应当予以禁止。然而，实践中当事方不会“坐以待毙”，执法机构通常也不会简单地“一禁了之”。各方通常会考虑寻求解决方案，以使集中能够继续实施。我国《反垄断法》规定执法机构可以附条件批准集中，但未规定条件从何而来，如何提出、设计、评估和决定救济措施。从各国和我国执法机构的相关规定和做法看，通常采取商谈、承诺、设计、测试评估和最终确定等程序和步骤来实现。

第一节　附条件商谈

世界范围内，经营者集中反垄断控制大致有以行政为中心和以司法为中心两种模式，前者如我国和欧盟，后者如美国。在处理有竞争问题的经营者集中的做法上，两种模式差异较大，然而，从实际操作看，两种模式都有附条件商谈的做法，即由执法机构和当事方通过协商寻求解决竞争问题的方案，以便附条件允许实施集中。

一、竞争问题是附条件商谈的前提

执法机构明确向当事人提出竞争问题是附条件商谈的前提。执法机构对经营者集中申报进行审查后，如果认为拟议集中涉嫌排除、限制竞争，执法机构有义务向当事人指出竞争问题。在欧盟，证明集中是否严重阻碍竞争是欧委会的责任，欧委会有责任说明拟议集中会产生或加强市场结构，而这种市场结构可能在很大程度上损害共同市场上的有效竞争。[①] 商谈的目的则是寻求竞争问题的解决方案，没有竞争问题就没有附条件商谈。

附条件商谈开始前，执法机构应将其关注的竞争问题明确告知当事人，并给当事人预留必要时间理解消化，以便在此基础上提出解决方案建议。在欧盟，欧委会会向当事人通报其竞争关注，欧委会提出竞争问题的文件称为“反对声明”（Statement of Objections），即反对集中交易继续进行，同时允许当事人提出解决问题的补救建议。中国美国商会曾在该问题上指责中国执法机构的做法，该商会在其发布的《中国竞争法执行中的利益博弈：中国〈反垄断法〉适用及产业政策的作用》中称，执法机构在没有首先告知申报方拟议交易可能存在的竞争问题的情况下，要求申报方提出救济方案，这导致实为监管胁迫的机制，为获得监管批准，公司必须在不利情况下谈判，并在未被告知可能违反《反垄断法》规定的情况下作出让步。上述说法恐不乏夸大成分，然而，执法机构也确应避免这种既不符合法律逻辑，也不明智有效的做法。

事实上，在执法机构告知当事人竞争问题及当事人提交书面意见方面，我国执法机构已有明确规定。商务部2009年发布的《经营者集中审查办法》第10条规定，商务部认为经营者集中具有或者可能具有排除、限制竞争效果的，应当将其反对意见告知参与集中的经营者，并设定一个允许参与集中的经营者提交书面抗辩意见的合理期限；参与集中的经营者的书面抗辩意见应当包括相关的事实和理由，并提供相应的证据。参与集中的经营者逾期未提交书面抗辩意见的，视为对反对意见无异议。商务部2014年发布的《关于经营者集中附加限制性条件的规定（试行）》第5条规定，商务部应及时提出集中具有或可能具有的排除、限制竞争效果并说明理由，申报方可以据此提出限制性条件建议。市场监管总局2020年发布的《经营者集中审查暂行规定》

---

① See *Commission notice on remedies acceptable under Council Regulation (EEC) No. 4064/89 and under Commission, Regulation (EC) No. 447/98*, C68 Official Journal of the European Communities (2001).

取代了上述文件，其第 31 条虽然取消了“反对意见”的措辞，但仍基本沿袭了《经营者集中审查办法》的规定：市场监管总局认为经营者集中具有或者可能具有排除、限制竞争效果的，应当告知申报人，并设定一个允许参与集中的经营者提交书面意见的合理期限；参与集中的经营者的书面意见应当包括相关事实和理由，并提供相应证据。参与集中的经营者逾期未提交书面意见的，视为无异议。需要讨论的是此处的“无异议”是对什么无异议。有观点认为，此处的无异议是对执法机构提出的竞争问题无异议。我们认为此理解似不妥。一方面，既然提交附条件建议是一项权利，放弃行使权利不应当导致除权利之外的不利后果；另一方面，当事人对执法机构基于竞争问题作出的审查决定，依法可复议诉讼，若此处表明当事人对竞争问题无异议，则当事人的行政救济将成为一纸空文。故此处“近期未提交书面意见”反能理解为放弃提交。

从上述现行有效的规定看，一是，关于执法机构告知竞争问题的义务。值得肯定的是，上述文件明确规定，执法机构有义务告知当事人，其认为集中存在的竞争问题。然而，也存在两点遗憾：第一，未规定“告知”的形式。告知竞争问题是否必须书面告知，口头告知是否符合要求，如此重要的内容恐怕应以书面形式为妥。第二，未规定“告知”的实体要求。商务部 2009 年发布的《经营者集中审查办法》没有规定“告知”的实体要求，但商务部 2014 年发布的《关于经营者集中附加限制性条件的规定（试行)》明确要求执法机构的告知要“说明理由”，遗憾的是，取代上述文件的集大成者《经营者集中审查暂行规定》删除了“说明理由”的内容。按照依法行政的一般要求和国外通行做法，执法机构告知当事人集中存在竞争问题，应同时告知相应的事实和理由，以利于当事人“据此提出限制性条件建议”。这恐需将来修法或在实践操作中弥补。二是，关于当事人提交附条件建议的权利。提交附条件建议是当事人的权利，当事人可以提交，也可以不提交。如果当事人决定提交，则应当遵守上述文件规定的要求：第一，实体上，应当包括有关事实和理由，并提供相应证据；第二，程序上，应当在执法机构要求的合理期限内提交，逾期未提交书面意见的视为无异议。

商谈不以当事人认可存在竞争问题为前提，也不以完全认可执法机构提出的竞争问题内容为前提，但须同意商谈以解决执法机构认为存在的竞争问题。对执法机构提出的竞争问题，当事人可以全盘接受，也可以持反对态度并提交相关证据材料支持其反对立场，或在商谈中向执法机构表明其反对立场。当事人可以坚持集中不存在任何竞争问题，也可以认可存在某些竞争问题，或认可存在竞争问题但没有执法机构认为的那么严重。无论当事人对执法机构提出的竞争问题持何立场，均不影响其同意参加附条件商谈；反之，当事方同意商谈，也不意味着其认可执法机构对竞争问题的判断。当事人反对执法机构提出的竞争问题，并不意味着当事人拒绝就解决这些“竞争问题”与执法机构商谈并寻求解决方案。事实上，有些情况下，当事人不认可执法机构提出的竞争问题或不予任何表态，但仍愿意就解决这些问题和执法机构商谈并同意附条件批准集中。当事人采取此种现实做法，既有其内心认可执法机构提出的竞争问题，但不愿意明示承认的原因，也有其根本不认可执法机构的看法，但出于尽快实施交易的商业考虑而采取的策略行为。执法机构与当事人商谈解决方案，通常也不要求当事方必须认可其提出的竞争问题。然而，执法机构与当事方开展附条件商谈必须以当事方没有明确反对竞争问题为前提，至少是默认存在这些问题，否则，商谈就失去了目标和方向，在商谈过程中就会出现不必要的争议和反复。

执法机构提出竞争问题前，当事方可能主动提出救济措施。《关于经营者集中附加限制性条件的规定（试行）》第6条规定，商务部提出集中具有或可能具有排除、限制竞争效果之前，申报方也可以提出附条件建议。然而，国家市场监管总局发布的《经营者集中审查暂行规定》删除了此内容。理论上，对此种情形，如果在以司法为中心的执法模式下，救济措施表现为执法机构与当事方签署和解协议，似可不必细究竞争问题所在，只要采取救济措施后，集中不会引发竞争问题，执法机构与当事方达成一致即可，类似于刑事诉讼上的辩诉交易。如果当事方在申报的同时提出救济措施，执法机构有可能要求采取事先修正。然而，在以行政为中心的执法模式下，附条件批准被视为行政许可，上述做法似与依法行政的原则和精神不符。即便当事方主动提出救济措施，执法机构仍应对其是否存在或可能存在竞争问题进行审查，只有在有证据证明拟议交易存在竞争问题的前提下，才可能进行附条件商谈，并最终决定是否接受当事方提出的救济措施建议。当然，如果拟采取的措施和时间合适，当事方也可以将拟采取的措施内化为拟议集中的一部分，相当于变更集中内容后再予申报。

二、商谈是必要步骤不是法定程序

商谈不仅是寻求解决方案的手段，也是确认解决方案是否具有操作性的过程。因此，实践中，商谈往往是执法机构附条件批准集中的必要步骤。在以司法为中心的执法模式下，商谈并达成和解协议是采取救济措施的必要条件；欧盟虽采取以行政为中心的执法模式，但从实际操作考虑，也规定欧委会只能在当事方承诺的基础上采取救济措施，而不能单方面地决定施加限制性条件。[①] 在我国商谈也是附条件批准的必要步骤，但并非法律规定的必经程序。

执法机构之所以需要与当事人商谈寻求竞争问题的解决方案，而不是由执法机构直接作出行政决定，主要是考虑到行业及相关市场的复杂性及当事人执行条件履行义务的可能性。虽然经营者集中的反垄断审查被定性为行政执法，甚至是行政许可，但与其他具体行政行为仍存在明显不同。其他具体行政行为可能是对已发生行为的法律评判，例如对涉嫌违法行为的行政处罚；还可能是执法机构对相对人拟从事行为的法律态度，例如对相对人申请是否符合法定条件的行政许可。对经营者集中的反垄断审查，则是综合运用各种经济学和法学工具，判断其是否符合相对抽象的目标，即是否具有或可能具有排除限制市场竞争的效果。

对存在或可能存在竞争问题的经营者集中施以救济，需要充分了解所涉相关市场和行业，并且可能需要进行复杂的市场测试。对此，执法机构需要借助当事方及行业内人士的专业力量。此外，解决同一竞争问题，理论上可能存在多种解决方案，然而，实践中这些方案能否顺利实施，或者能否以相对较低的可接受的成本实施，当事方和行业内专业人士最为了解。因此，通常需要当事方参与条件确定的过程，也只有当事方建议或认可的条件才有可能得到有效执行。

从我国法律规定和理论上看，附条件商谈并非反垄断审查的必经程序。

---

① *Commission Notice on remedies acceptable under Council Regulation (EC) No. 139/2004 and under Commission Regulation (EC) No. 802/2004*, C267 Official Journal of the European Communities para. 6 (2008).

尽管当事方参与条件商谈非常重要，但在以行政执法为中心的我国，并未规定当事方参与条件商谈是附条件批准的必经程序。只不过在美国的执法实践中，美国司法部无权直接作出附条件批准决定，而是需要在当事方同意的基础上达成包含救济措施的和解协议。因此，在美国执法体系下，通过商谈取得当事方承诺是采取救济措施的必要条件和必经程序。在以行政执法为中心的执法机制下，例如我国和欧盟，根据反垄断法，执法机构可直接依法作出行政决定，理论上该等行政决定性质上属于单方行为，不需要取得相对人同意。作出包括附条件批准在内的行政决定，既是行政主导型执法机构的职权，也是其法定职责即义务。从这个角度看，为避免当事方不配合商谈，执法机构难以作出决定的情形，执法机构发布的文件通常不会把商谈规定为必须程序。

按照市场监管总局最新发布的《经营者集中审查暂行规定》第 32 条规定，在执法机构认为经营者提交的承诺方案不足以减少集中对竞争的不利影响时，可以与参与集中的经营者就限制性条件进行磋商,[①] 要求其在合理期限内重新提交承诺方案。这个环节的附条件商谈，既不是附条件批准必须的程序，甚至也不是实际操作必须的步骤。然而，实践中确定经营者集中附条件批准的解决方案非常复杂，通常不经过执法机构与经营者的多次商谈是不现实的。是否需要商谈以及商谈的频次和内容均取决于执法机构的需要。

三、商谈的形式和内容

附条件商谈只是执法机构解决问题的具体做法，通常不是法定程序，因此也无法定的形式和内容。然而，这并不妨碍各执法机构开展附条件商谈，也不妨碍我们基于相关规定、法律的原则和精神，以及实际做法探讨附条件商谈的形式和内容。

与各国实践相比，市场监管总局最新发布的《经营者集中审查暂行规定》第 32 条对附条件商谈作了限缩规定，主要表现在：一是商谈的时间相对后

---

① 《经营者集中暂行规定》使用了“磋商”的措辞，磋商是谈判双方对报价和交易条件进行反复协商，或是作出必要的让步，或是得到一定的利益的过程。通常用于政府间谈判和公司间商业谈判。商谈，指与他人相互协商以便对某事得出解决办法。据此，执法机构和当事人面对面沟通，寻求解决竞争问题方案的过程，似用商谈更为合适。

置。该规定要求，参与集中的经营者须先向市场监管总局提出附加限制性条件承诺方案，市场监管总局对承诺方案的有效性、可行性和及时性评估后，认为承诺方案不足以减少集中对竞争的不利影响的，才可能与参与集中的经营者就限制性条件进行磋商。二是商谈的内容相对限缩。根据规定，市场监管总局与参与集中的经营者就限制性条件进行磋商，内容限于要求后者在合理期限内提出其他承诺方案。三是商谈的启动权在执法机构。根据规定，是否需要就限制性条件开展商谈，属于执法机构的自由裁量范围。市场监管总局认为，经营者提交的承诺方案不足以减少集中对竞争的不利影响的，可以与参与集中的经营者就限制性条件进行磋商。在各国的执法实践中，为更好地寻求解决方案，执法机构通常会以各种方式与当事人进行必要的频繁沟通。执法机构告知竞争问题后，理论上即可开始商谈，为提高效率，通常由当事人先提出附条件建议，执法机构在此基础上与当事人反复商谈，以便确定附条件批准的内容和细节。

商谈形式上，执法机构和当事方之间应当平等自愿。形式上的平等性和自愿性源于经营者集中行为及反垄断控制的性质。即便是具有或可能具有排除、限制竞争效果的集中，在申报时，当事人并无违法行为。执法机构虽有权禁止存在竞争问题的集中，但不能据此强制要求当事人为某种行为，特别是强制要求当事人作出与自身利益相悖的承诺。因此，实践中是否商谈通常需要执法机构和当事方协商一致自愿进行。执法机构可邀请当事人商谈，当事人也可申请商谈，是否接受邀请或同意申请，均由执法机构或当事人分别自行决定。商谈过程中，执法机构和当事方需要共同寻求解决竞争问题的方案，执法机构和当事方都不能强制对方为或者不为一定行为。

在我国，商谈的平等自愿不改变执法机构和当事人之间的行政法律关系性质，即商谈虽然是平等自愿的，但执法机构作出的决定是单方面的、强制性的。如果当事人拒绝提交解决方案，或拒绝修改、调整解决方案，或就解决方案达不成一致意见，甚至执法机构认为无须要求当事人提交解决方案，执法机构均可单方面作出附条件批准决定，如果当事人不履行或无法履行附加的条件，这种附条件批准决定实质上成为禁止的决定。① 从最终意义上讲，如果当事人提出的解决方案无法满足执法机构的要求，不能有效解决竞争问题，执法机构应当作出禁止的决定，不受与当事人商谈情况的影响。即便执法机构与当事人达成一致，附条件批准决定系在达成一致的解决方案基础上作出，附条件批准决定仍具有单方面强制性。据此，对当事人而言，执行附条件批准决定是法律义务，而不是履行与执法机构之间达成的协议或向执法机构作出的承诺。

商谈的平等性和自愿性使得商谈的发起方式可以灵活掌握。在实践中，一方面，商谈可以由执法机构发起，例如执法机构可以在告知当事人其关注的竞争问题后，要求后者在一定期限内提交附条件建议。在当事人提交附条件建议后，执法机构再行与当事人商谈。执法机构也可在告知当事人竞争问题的同时，就附加条件事宜进行初步商谈。另一方面，商谈也可以由当事人申请，例如当事人可以在接到竞争问题或提交附条件建议的同时，申请与执法机构进行商谈，特殊情况下，在案件审查过程中，也有可能当事人自认存在竞争问题，并申请附加限制性条件商谈。实践中，按照执法机构要求，商谈申请和商谈通知可以书面，也可以非书面。通常，商谈申请和商谈通知应当载明商谈的时间、商谈的地点、商谈的主要事项、商谈参加人等必要内容。

为提高商谈效率，商谈通常由执法机构办案人员和当事人面对面进行，除此之外，也可以采取书面方式，或者在面对面商谈结束后，随即提交相应的书面文件确认。商谈的次数和频率通常由执法机构和当事人商定，通常并无硬性限制，最终取决于解决竞争问题的可能性、剩余审查期限是否足够、执法机构和当事人是否协商一致等。例如执法机构认为进一步商谈无助于解决竞争问题，可能会在事先划定的最终期限届满后，结束商谈直接作出审查决定；如果审查期限已趋届满，执法机构可能不得不划定最后的商谈机会，逾期仍不能商谈成功则直接作出审查决定；当事人认为其已尽最大可能提出解决方案，仍不能满足执法机构的要求，可能会放弃商谈，甚至放弃交易；如果执法机构和当事人均认为还有商谈成功的希望，只是时间不足，当事方

---

① 事实上，执法机构作出的附条件批准决定常常与当事人承诺并不完全一致，然而两者大相径庭的情形只是理论上的假设，在实际执法中通常不会发生。

通常会同意执法机构延长进一步审查期限，延长期限仍不能满足时间要求的，甚至可能撤回申报，重新申报，以增加商谈成功、获得附条件批准的机会。

商谈的内容主要围绕如何解决竞争问题展开。实践中，当事人可能会首先就执法机构提出的竞争问题进行商谈，例如，如何正确理解执法机构提出的竞争问题；再如，当事人可能不认可执法机构提出的全部或部分竞争问题，并就此向执法机构提交相应证据材料，甚至面对面进行商谈讨论。实践中，这些活动可能和附条件商谈接壤重叠。然而，性质上，这些不属于附条件商谈，更多的是当事人行使陈述权、申辩权的内容。

附条件商谈通常主要包括：当事人向执法机构了解或者执法机构主动提出解决竞争问题倾向的方式；当事人向执法机构确认解决竞争问题的思路，提出解决方案的初步意向；当事人提出附条件建议后，向执法机构解释说明建议的内容，以及建议如何有效解决竞争问题，或执法机构向当事人了解上述情况；执法机构和当事人就附条件建议解决竞争问题的有效性、及时性及可操作性等交换意见；执法机构认为，当事人已提交的附条件建议不足，需要补充、调整、修改，甚至重新提交等。

第二节　附条件建议

附条件建议是当事人为获得执法机构批准，而向执法机构提交的解决竞争问题的建议，内容通常是同意附加某些条件。附条件建议还被称作救济承诺、救济措施等。在我国以行政执法为中心的执法模式下，此为当事人向执法机构提交，目的是解决竞争问题，且是否采纳取决于执法机构是否认可的行为，因此称之为附条件建议、救济措施建议或者解决方案比较合适。

一、附条件建议的提出主体

附条件建议提出的主体应当是参与集中的经营者。如果执法机构认为拟议集中具有或可能具有排除、限制竞争的效果，根据法律规定应当禁止拟议集中。此时，拟议集中的当事方具有最强烈的动机提出适当的救济建议以推动执法机构附条件批准，因此，很多情况下，提出救济措施建议的责任落到了合并方头上。[①] 由于经营者集中发生于两家或两家以上相互独立的竞争者之间，此处所称的当事方的具体范围，需根据具体案件具体分析。总的原则是提出救济措施建议的当事方必须包括将来履行救济措施的义务人。

如果拟采取的救济措施需要在集中实施前完成，则需要根据情况由参与集中的经营者提出建议，例如采取先行修正措施，通常由参与集中的一方或两方作出承诺，先行剥离某些资产。在此情形下的当事方必须包括剥离资产的经营者，也可以同时涵盖参与集中各方经营者。如果拟采取的救济措施需要在集中实施完成后进行，则实施救济措施的义务人是集中后实体。由于救济商谈时，甚至作出附条件批准决定时，拟议集中还未实施，集中后实体还不存在，所以通常由集中实施后实体的前身提出相关建议、作出相关承诺，集中实施后实体承继相关承诺义务。

实际操作中，出于稳妥的考虑，执法机构会要求有关各方共同提出建议或作出承诺，以共同对建议或承诺负责。这固然有利于保障所附条件的后期执行，确保执法机构能够要求各方共同努力履行救济措施，避免救济落空，然而，这种做法可能把那些没有义务履行救济措施的当事人也纳进来，存在法律责任不清晰的风险。更妥当的做法是：一方面，将有关各方纳入承诺的总篮子；另一方面，区分有关各方的法律义务和责任，例如有的当事人承担资产剥离义务，有的当事人承担知识产权许可义务，有的当事人承担配合义务等。

执法机构是否可以提出附条件建议，有不同观点和做法。通常认为，执法机构有义务审查经营者集中，经审查，涉嫌排除、限制竞争的，应当向申报方提出竞争问题。如果竞争问题无法解决，应予禁止集中。执法机构的责任限于审查并提出竞争问题，但不负责解决竞争问题，因此没有义务提出解决竞争问题的建议。美欧执法机构一般不会主动提出救济措施建议，而只是提出竞争问题，解决问题的救济措施建议由当事人提出。执法机构不主动提出救济措施建议源于公权力不过度干预市场的理念，即在执法机构对拟议集中作出法律评价和判断后，应由当事人按照市场原则，自主决定是挑战执法

① ICN Merger Working Group, Analytical Framework Subgroup, *Merger remedies review project: report for the fourth ICN annual conference Bonn*, June 2005.

机构的判断，还是认可执法机构的判断放弃交易，抑或作出某种妥协争取附条件批准。有观点认为，考虑到政府的有限理性以及政府失灵的可能性，执法机构不适合主动依职权对拟议集中设计特定的条件，以避免不当干预和过度干预。①

事实上，执法机构完全可以提出附条件建议，甚至可以直接作出附条件裁决。是否解决执法机构提出的竞争问题，以及如何解决竞争问题是当事人的自由。当事人可以反对执法机构提出的竞争问题，继而与执法机构就此争执；当事人也可以认可或者默认执法机构提出的竞争问题，但不愿意或无法解决竞争问题，知难而退，撤销交易，撤回申报；当事人也可以努力寻求救济方案，力争获得附条件批准。如果执法机构提出附条件建议，当事人可以接受，也可以不接受，还可以提出反建议，这是附条件商谈应有的过程。执法机构主动提出救济措施建议，无损当事方下一步选择的自由。然而，实践中执法机构不愿，通常也不会主动提出救济措施建议，主要原因在于：一是，执法机构不是业内专家，不熟悉行业和当事人情况，缺乏提出适当的、执行性强的救济措施建议的基础；二是，从商谈策略角度看，由当事方率先提出附条件建议，执法机构在此基础上评估，更有主动和回旋的余地。因此，执法机构通常不会“先出牌”，不会主动提出附条件建议。

此外，美欧不同的执法模式对处理这个问题也有不同影响。在美国以司法为中心的执法模式中，无论当事方是否认可执法机构的审查结论，都可以不主动采取措施，因为推进下一步程序的“球”在执法机构一方。例如如果美国司法部坚持其审查结论，认为存在竞争问题，则需要向法院提起诉讼，请求法院禁止拟议集中；司法部也可以在提出竞争问题后，要求当事方提出救济措施建议，或自行提出救济措施建议，并在此基础上开展救济措施商谈。当然，执法机构也可以知难而退，放弃挑战拟议经营者集中。相比而言，执法机构的压力更大，会更为主动地想办法解决问题。如果商业时机对当事人极其重要，则当事人有迅速解决竞争问题，快速推进交易实施的动力。因此，当事人也可能向执法机构积极提出附条件建议。

在欧盟以行政为中心的执法模式下，当事方不认可执法机构提出的反对

---

① 韩伟：《经营者集中附条件法律问题研究》，法律出版社 2013 年版。

意见，则需要主动作为，否则执法机构有权在竞争问题得不到满意解决的情况下，直接作出禁止集中的审查决定。虽然当事人可以在执法机构作出禁止决定后向法院起诉，请求法院确认执法机构的禁止决定违法，但诉讼程序成本很高，当事人一般不指望通过诉讼解决问题。因此，执法机构提出反对意见后，是否以及如何解决竞争问题的“球”就在当事人一方了。这也是欧盟竞争总司的GotzDrauz所称的“设计与提出救济措施建议的最终义务属于当事人而非欧委会，但欧委会对拟解决竞争问题的评估，直接决定了救济措施的范围”。[①] 实践中的大多数情况是，当事人无论认可或不认可执法机构提出的竞争问题，基于迅速推进交易的商业考虑，大多会与执法机构商谈如何解决这些竞争问题。因此，绝大多数情况下，当事方会率先提出附条件建议。我国施行的经营者集中反垄断审查机制与欧盟做法非常类似。“在处理案件过程中，更多的是根据每个案件的具体情况，能够有效地减小或者消除对竞争的危害。在具体处理过程中，我们是把我们的担心、疑虑，我们认为可能会出现的竞争问题告知并购方，由交易方提出解决方案。因此说，现在的解决方案在很大程度上是并购方自己提出的。”[②]

二、附条件建议的提出期限

附条件建议提出期限的始期，理论上应当在执法机构提出竞争问题后。只有执法机构认为拟议集中存在竞争问题并向当事人提出后，当事人才可能围绕竞争问题，有针对性地提出解决方案。历史上，欧盟和我国都曾按照这个逻辑制定相应的法律文件，在进一步审查阶段作出附条件审查决定。然而，实践中，当事方可能在初步审查阶段，甚至的申报同时就提出救济措施建议。之所以出现这种情形，是因为当事方在决定进行拟议集中交易时，就通过自行评估自认可能存在竞争问题。为了尽快通过反垄断审查，提高效率，抓住商机，降低审查期过长带来的不确定性，可能在执法机构提出竞争问题之前，

---

① Gotz Drauz, *Remedies under the Merger Regulation*, 1996 Fordham Corp. L. Inst. 221 (Barry E. Hawk, ed. 1997).

② 商务部“反垄断工作”专题新闻发布会——商务部反垄断局局长尚明就反垄断简易程序及结构性救济和行业性救济的区别答记者问，载商务部网 2014 年 2 月 27 日，http：//www.mofcom.gov.cn/article/ae/ztfbh/201402/20140200502174.shtml。

就主动提交附条件建议。为解决该等现实问题，欧盟通过修改法律，允许当事方在早期提交救济措施建议，并可以在初步审查阶段作出附条件批准决定。

由于执法机构通常在进一步审查阶段才会提出竞争问题，如果允许当事方在初步审查阶段即可提出救济措施建议，这似乎突破了先有竞争问题，后有救济措施建议的逻辑。我们认为，欧盟立法作出这种妥协，主要目的是在程序上适应和便利实践操作，而非否定竞争问题和解决方案在逻辑上的先后顺序。一是，当事方提出的救济措施建议方案并非凭空产生，而是基于其对集中交易内容和市场竞争情况的认知，判断拟议交易存在某种竞争问题。这种自认的竞争问题是其提出救济措施建议的基础。救济措施仍然基于竞争问题产生。二是，尽管执法机构允许当事方在初步审查阶段，在执法机构提出竞争问题前，向其提交救济措施建议，然而，这并不意味着执法机构在其审查并发现竞争问题前就评估救济措施建议。执法机构与当事方商谈救济措施，评估救济措施建议，仍然需要在其提出或认可竞争问题的基础上进行。事实上，在较早阶段提出救济措施建议的情形并不常见，相反，执法机构更希望尽早与当事方就竞争问题及其解决方案进行沟通。为了使当事方能够及时提出有效的救济措施建议，执法机构通常会在可行的最早时点，就其发现的竞争问题的性质和范围进行沟通。① 三是，在初步审查阶段提出救济措施建议并作出附条件批准的案件，通常需要满足一定条件。例如按照欧盟的规定，当事方可以在初步审查阶段提出救济措施建议，前提是其必须足够清楚地解决第 4064/84 号条例第 6 条第 1 款 c 项意义上的“严重怀疑”，即竞争问题要非常直观，救济措施需要非常清楚，且没有必要进行深入调查。②

附条件建议提出期限的终期，取决于法律对执法机构审查经营者集中期限的限制，及执法机构评估救济措施建议需要的时间等。各国法律均要求执法机构须在法定期限内审结经营者集中，例如我国《反垄断法》要求执法机构在收到齐备的申报文件资料之日起 30 日内，作出是否进一步审查的决定，

---

① ICN Merger Working Group, Analytical Framework Subgroup, *Merger remedies review project: report for the fourth ICN annual conference Bonn*, June 2005.

② See *Commission notice on remedies acceptable under Council Regulation* (*EEC*) *No. 4064/89 and under Commission*, *Regulation* (*EC*) *No. 447/98*, C68 Official Journal of the European Communities para. 11 (2001).

需要进一步审查的，应当在90日内作出是否批准的决定，进一步审查符合法定条件的，还可以延长不超过60日。当事人提交附条件建议必须在上述期限之内，且需要给执法机构评估测试作出决定预留合理时间。合理时间多长为宜，《关于经营者集中附加限制性条件的规定（试行）》第6条规定，针对商务部提出的排除、限制竞争效果，申报方提出附条件建议的，应在进一步审查阶段截止日前20日内提交最终方案。遗憾的是，市场监管总局最新发布的《经营者集中审查暂行规定》删除了该条规定，同时在第32条规定，市场监管总局认为承诺方案不足以减少集中对竞争的不利影响的，可以与参与集中的经营者就限制性条件进行磋商，要求其在合理期限内提出其他承诺方案。或许通过该条规定，授权市场监管总局可以根据个案情况，决定最后提交救济措施建议的期限。

实践中，很少有救济措施建议一次提交即被执法机构认可，多数情况下，需要反复商谈、多次调整和评估。在审查期限届满前，执法机构必须完成最终提交的附条件建议评估，否则执法机构只能基于现有文件资料作出决定。例如，在ENI/EDP/GDP案中，当事方曾先后于2004年10月28日、11月17日、11月26日、12月3日提出4次救济措施建议。前3次建议都未获得欧委会认可。该案审查期限截至2004年12月15日，委员会计划12月9日召开最终讨论会。当事人于2004年12月3日最后一次提交附条件建议，距离讨论会议只剩3个工作日。这导致委员会没有充足时间评估建议，同时考虑到新建议与前几次建议无实质差别，委员会未将最后一次建议视为最终决定的基础。最终，因当事方未能在规定期限内提交欧委会满意的救济措施建议，拟议集中交易被禁止。① 实践中，当事人要尽早提交附条件建议，同时与执法机构保持密切沟通，确保不要耽误建议提交的期限。如果在法定审查期限内，当事人提出的附条件建议始终无法让执法机构满意，执法机构需要做好准备，作出禁止集中的审查决定。

极个别案件中，有撤回并重新申报的做法，以解决期限届满不能完成审查评估附条件的问题。例如，在诺贝丽斯公司收购爱励公司股权案中，申报

---

① ENI/EDP/GDP, Case COMP /M. 3440, Commission decision of December 9, 2004, paras. 610 – 913.

人曾先后于2018年8月31日、11月1日，2019年6月12日、12月6日4次申报。执法机构对竞争问题及解决方案想必已有深入调查和商谈，故而在最后一次申报的初步审查阶段的12月20日，即作出了附条件批准的决定。如果此种情形确因当事人原因，且出于当事人自愿，理论上并无不妥。当事人有撤回申报的权利，撤回后可以重新申报，执法机构虽系另行立案，但前后案情完全一致，可以接续前案直接处理，处理后案的速度显然会有提高。然而，如果不是由于此等原因，则应当对当事人撤回申报后的重新申报予以限制，以避免当事人滥用，浪费行政执法资源，同时反复撤回并重新申报，也有损执法的严肃性。欧盟即要求撤回申报的交易，须在满6个月后才能再次申报。

即便由于此等原因允许撤回申请即刻再行申报，此类情形也应属极少数例外。一是，过多发生表明制度设计的程序可能不符合实际情况，在法定时间内无法完成附条件审查批准任务，需要及时调整立法；二是，过多发生还可能表明执法机构的审查效率、当事人的配合程度等方面存在问题，应当尽力避免，维护法律权威和执法机构形象。如果制度设计并无问题，则实践中应严格执行。对迟延提出救济措施建议，或经反复调整仍不能提出解决竞争问题的救济措施建议，执法机构应明确最终提交建议的期限，在此期限之前不能提出令执法机构满意的解决方案，即不再接受新建议，而是直接作出禁止集中的审查决定。这种严格的做法有利于给当事方明确预期，打消其侥幸心理，督促其尽快提交合适的解决方案，在法定期限内尽快审结。同时，也有利于对执法机构施加压力，提高审查效率。此外，在制度设计上，还要进一步细化禁止集中决定的法律效力，例如规定被禁止的经营者集中，在一定期限内，不得以相同或者类似的内容再行申报。

或许为解决执法机构处理撤回申请再次申报的经营者集中提供依据，《经营者集中审查暂行规定》第20条规定了撤回的情形。一是规定，在市场监管总局作出审查决定前，申报人要求撤回经营者集中申报的，应当提交书面申请并说明理由，经市场监管总局同意，申报人可以撤回申报。哪些情形，执法机构同意撤回，哪些情形，不同意撤回，并未明确规定，执法机构对此有极大的自由裁量权。二是规定，集中交易情况或相关市场竞争状况发生重大变化，需要重新申报的，申报人应当申请撤回。在审查期间，如果交易情况发生重大变化，效果上相当于变更为一项新交易，或者市场竞争状况发生重大变化，足以影响竞争评估，都可要求当事人撤回并重新申报，尤其是交易发生重大变化责任在当事人，更有理由要求当事人撤回重报。然而，无论是根据变化的新交易重新评估，还是根据变化的新市场竞争状况重新评估，都可以根据期限中断理论作出规定，而不必均撤回旧申报，再行新申报。三是规定，撤回经营者集中申报的，审查程序终止。市场监管总局同意撤回申报不视为对集中的批准。

三、附条件建议的形式和效力

关于附条件建议形式上的基本要求。附条件建议是严肃的法律文件，应当以书面形式，正式向执法机构提交。在形式上至少应包括以下内容：必要范围的当事人就附条件达成一致，向执法机构正式提交解决竞争问题的建议方案；附条件建议的内容应当清晰、明确，便于界定权利义务和责任的界限，便于执法机构评估，如果涉及相关资产，例如剥离资产，应当附有清单列表以明确资产范围；附条件建议应提供保密和非保密两个版本，以便于执法机构评估测试和征求意见。通常，当事方在提交附条件建议一揽子解决方案时，还会附加说明文件，以说明所提建议如何能够有效解决执法机构提出的竞争问题。当事人也可以选择只提出解决方案，不附加详细说明论证，在商谈时当面向执法机构说明，或在执法机构提出要求时予以说明，或留待执法机构自行评估论证。

关于附条件建议的保密性问题。在商谈阶段，当事人可要求执法机构对其提交的救济措施建议采取保密措施，但须分保密版本和非保密版本，其中非保密版本的内容不应含有保密内容，以便于执法机构在评估测试等场合使用。即便是非保密版，也不意味着可向不特定人随意公开，执法机构应当限于在必要的评估测试场合谨慎使用，并要求知悉的第三人采取合理措施，限制知悉范围。执法机构赖以作出最终审查决定的救济措施建议应当可向社会公开。因为根据《反垄断法》的要求，执法机构作出的附条件审查决定应当对社会公开，其中附加的限制性条件也应当为社会公众知悉，接受社会公众对当事人履行限制性条件的监督。无论是附条件建议，还是附条件审查决定，都可能涉及当事人的商业秘密，如与社会公共利益及社会监督无关，可应当事人申请采取适当保密措施。

关于附条件建议的调整和备份。当事人通常倾向剥离更少的资产，承担更少的义务，尽最大可能确保集中实施后实体的市场竞争力不因附条件而遭到实质削弱。这导致当事人开始提出的解决方案常常不能满足执法机构的要求，甚至是试探性的方案。执法机构可能会通过商谈以口头或书面方式，明确指出救济措施建议的哪些方面需要改进，也可能不会明确指出哪些方面存在不足，而只表示当前提交的救济措施建议不能有效解决其提出的竞争问题，并说明理由。因此，当事方提出附条件建议往往需要在案件审查推进效率和附加条件苛刻程度、承担义务的多少之间进行权衡。实践中，比较可行的做法是准备多个建议方案或者补充条件。多个备选方案可同时提交执法机构，由后者选择适用，例如，在Linde/BOC案[①]中，Linde为解决欧委会提出的氦市场竞争问题，提交了A、B两套资产剥离的建议方案。经过市场测试，欧委会认为A方案风险太大，最终确定适用了B方案。也有的当事方不会向执法机构一次性提交多个选择方案，而是在执法机构不满意业已提交的方案，提出更高要求后，陆续提交补充措施或替代措施。需要注意的是，无论采取哪种方式，都需要提前谋划补充措施或替代方案，避免执法机构否决业已提交的方案后，再另行商讨提交新建议浪费宝贵时间，除非当事方对提交的解决方案有足够信心。

关于附条件建议的约束力。当事人向执法机构提交的一揽子解决方案，在称谓上有“附条件建议”“承诺”“救济承诺”等各种不同说法。美欧一般称为“承诺”（Commitment）或解决方案。从字面上理解，承诺对承诺人有约束力，不能反悔，在实践中，提交承诺的当事方一般也不会轻易反悔。然而，执法机构提出竞争问题并非合同法上的“要约”，当事方按照执法机构提出的竞争问题提交“承诺，”显然也不是合同法上的“承诺”，对当事方不具有严格的法律约束力。无论是在以承诺为基础直接作出审查决定的司法辖区，例如欧盟和我国，还是需要执法机构和当事方签署和解协议的司法辖区，例如美国，当事人都可以随时调整承诺内容，甚至撤回承诺。一方面，不会因为当事人提交承诺，即可为执法机构接受，与执法机构达成协议，也不会因

---

① Linde/BOC, Case IV/M. 4141, Commission decision of June 6, 2006 paras. 255 - 256.

为调整或撤回承诺，而承担额外的法律责任。另一方面，如果当事方轻率提出、调整或撤回承诺，会损害执法机构对其信任，浪费时间，降低审查效率，最终对其交易迅速获批实施不利，在实践中应当尽量避免。事实上，当事方提出的附条件建议或承诺，在性质上，更类似于合同法上的要约，一旦执法机构接受当事人提出的承诺，当事人就不能再予反悔，执法机构将在此基础上作出附条件审查决定或与当事人达成和解协议。

美国之所以将其称为承诺，似乎希望强调这是当事人自愿提出的解决方案，执法机构与其在承诺基础上达成和解协议。在美国的执法模式下，附条件解决竞争问题，司法部和当事方必须达成和解协议，如果当事方没有承诺，和解协议不可能达成，最终采取的救济措施必须与当事方提交的承诺内容一致。相对比的是，在以行政决定为中心的执法机制下，例如欧盟和我国，则不受此限制。在这些司法辖区，特别是在我国，经营者集中审查被定性为行政许可，附条件审查决定是行政许可决定，理论上，执法机构可单方面作出，无论当事方是否提交承诺，无论当事方是否同意审查决定的内容。在此情形下，与其称之为“承诺”，倒不如称之为“建议”，是当事方基于执法机构提出的竞争问题，结合自身履行能力和相关市场情况提出的附条件建议。执法机构可以当事方提交的建议为基础作出附条件批准的决定，也可以在当事方附条件建议的基础上附加更多更严格的条件和义务，当然也可以附加比当事方建议更少更弱的措施，甚至无条件批准集中。实践中，执法机构最终作出的附条件批准决定，通常会以当事方提交的解决方案为基础，甚至有些审查决定直接将当事方提交的承诺文件作为审查决定的附件，然而，这不意味着审查决定必须受当事人提交承诺或建议的限制。

对当事人而言，无论是承诺性质的解决方案，还是建议性质的解决方案，一方面，既要提出足够的实质措施，确保执法机构接受并予附条件批准；另一方面，又要合理评估市场竞争和集中交易的主要商业利益，确保提出的措施在自身承受能力之内，一旦执法机构采纳并作为附加条件，即可适当履行满足条件要求。

四、未被采纳的附条件建议

当事人提交的附条件建议可能被执法机构作不同处理。多数情况下，当事人提交的附条件建议的最终版本就是达成一致的版本，会被附条件批准决定全部吸收纳入。也有些案件，附条件建议的部分内容没有纳入附条件批准决定中，甚至执法机构最终无条件批准集中，根本就没有采纳附条件建议。此种情况下，附条件建议的效力如何理解，可分为以下几种情形分析讨论。

（一）附条件建议分别纳入正文和附件

附条件建议的主要内容被纳入附条件批准决定的正文，其余作为附条件批准决定的附件。这种做法常见于中国执法机构作出的附条件审查决定。开此先河者是嘉能可国际公司收购斯特拉塔公司经营者集中案。在该案中，嘉能可于2013年4月12日向商务部提交了《嘉能可救济承诺方案》。商务部认为《嘉能可救济承诺方案》能够减少此项经营者集中对竞争产生的不利影响。在审查决定正文中，商务部决定基于《嘉能可救济承诺方案》附条件批准了经营者集中，嘉能可和斯特拉塔应执行的条件和履行的义务表述简单，包括：剥离铜精矿资产，维持集中前铜精矿、锌精矿和铅精矿的交易条件，条件的监督执行等内容。《嘉能可救济承诺方案》则作为审查决定书的附件一同发布。鉴于正文中有如下表述："限制性条件的监督执行除按本公告办理外，《嘉能可救济承诺方案》对嘉能可也具有法律约束力"，从执行角度看，《嘉能可救济承诺方案》的效力已经明确，然而该救济承诺方案内容较多，有的属于当事方应当满足的条件，有的属于当事方应当履行的义务，还需根据具体情况确定。此外，作为附件的《嘉能可救济承诺方案》不得与正文冲突，否则应以正文载明的内容为准。

（二）附条件建议的部分内容纳入正文

附条件建议的部分内容纳入附条件审查决定，其余部分则未提及，附条件建议文件未作为附件列入审查决定书。例如，在Enso/Stora案[①]中，当事方承诺在5年之内为部分消费者确定价格保护机制，此外，当事方还承诺不会反对适用非欧洲经济区进口产品的免税配额，欧委会认为，采用此种免税配额将使进口更具竞争性从而促进市场进入。然而，欧委会最终未将后一承诺纳入批准文件。对此，尽管当事方提交了承诺，执法机关注意到并记录在案，但由于最终批准文件未涵盖这些承诺，从法律上看，这些承诺不构成执法机

---

① Case IV/M. 1225, Commission decision of November 25, 1998 (1999 O. J. L254/9), para. 101.

构批准交易的条件，当事人是否遵守不影响附条件批准决定的法律效力，执法机构也不能因当事人提交了这些承诺而要求其全部履行。当然，当事人可自愿履行这些承诺，除非执法机构认为履行这些承诺不适当。对此，有不同看法认为，执法机构附加的条件不足以解决竞争问题，需要与记录在案但没有正式作为条件的承诺共同发挥作用，才能完全解决竞争问题。执法机构基于各种其他因素的考虑，未将这些承诺列为正式条件，但这种承诺仍然对当事方有法律约束力。[①] 鉴于此，在实践中，为避免此种纠纷，当事人最好适时撤回未被执法机构采纳的承诺。

（三）无条件批准有竞争问题的集中交易

尽管执法机构提出了竞争问题或反对意见，当事方据此提交了附条件建议，但执法机构仍可能无条件批准集中交易。此种情形下，如何看待当事方提交的附条件建议，需要区分情形分析。

一是，承诺内容纳入无条件批准文件，对当事方有约束力。例如，在欧委会无条件批准的 Siemens/STET 案[②]中，批准文件载明，STET 曾提交书面文件申明，STET 日后不会干预 TelecomItalia 选择供应商的购买政策，并将维持 TelecomItalia、Tecnitel 和 Italtel 的独立运营与管理。虽然这些内容未作为救济措施出现，但欧委会无条件批准的决定，很大程度上依赖当事方提交的这份书面申明文件，且文件主要内容载入了审查决定。据此，此类案件虽以无条件批准的面目出现，从形式上看，承诺不构成附加的条件，但从实质上看，构成当事方遵行的义务，理论上，可将此内容视为集中交易的组成部分。

二是，执法机构无条件批准有竞争问题的集中，既非基于当事方提交的附条件建议作出，也未将附条件建议内容纳入批准文件。在无条件批准决定文件中没有当事人承诺的内容，也没有证据表明执法机构是基于当事方提交的附条件建议才作出无条件批准决定，且承诺文件的内容也不构成申报事实的一部分。此种情形下，当事方不承担履行任何承诺的义务，执法机构也不能要求当事方履行附条件建议中的任何义务。

---

① 韩伟:《经营者集中附条件法律问题研究》，法律出版社 2013 年版。

② Siemens/STET, Case IV/M. 468, Commission decision of February 17, 1995 (1995 O. J. L161/27), para. 62.

三是，执法机构以承诺作为事实信息无条件批准集中。一种情形是，执法机构并未提出竞争问题，然而，当事人主动提交了某种承诺，执法机构基于申报和承诺无条件批准了经营者集中。另一种情形是，执法机构虽然提出过竞争问题，但在最终的无条件批准决定中没有提出竞争问题，也没有纳入当事人提交的承诺。此类情形下，当事人的承诺应视为执法机构无条件批准的事实基础，当事人仍然应当予以履行。例如，在 2010 年的 Oracle/Sun Microsystems案中，尽管欧委会提出过反对声明，消费者担忧 Oracle 会停止开发并支持 Sun 的开源数据库产品 MySQL，Oracle 据此承诺会继续开发与支持 MySQL，欧委会最终无条件批准了该交易，决定书中也未提及竞争问题。①欧委会在决定中指出，考虑到市场声誉及信任对开源软件持续发展至关重要的市场特性，Oracle 没有能力和动机违背承诺。② 欧委会将此作为当事人负有责任的事实信息，原因在于，如果 Oracle 不遵守承诺，欧委会有权依据《合并控制条例》第 8 条第 6 款 a 项，推翻那些基于当事人负有责任的错误信息而作出的批准决定。

综上，当事人的承诺并非合同法意义上的“承诺”，实际上称为附条件建议更为妥当，因为从字面上看，承诺一旦作出就应当履行，有法律约束力；而建议并不具有此约束力，只有以某种方式被执法机构采纳为条件或义务之后才具有法律约束力。从这个角度来讲，无论是在无条件批准决定中还是在附条件批准决定中，考察当事人提交附条件建议的效力，通常从以下几方面分析：一是是否明确将此类承诺或载有此类承诺的文件，纳入执法机构的审查决定文件，如果纳入了，则当事人负有履行义务，执法机构负有监督执行的责任。二是虽未纳入执法机构的批准文件，但有证据表明，承诺内容已成为申报交易的一部分，则当事人应当履行承诺，实际上是实施批准的集中交易。这类似欧委会在近年一些案件的竞争评估中提出的视为“事实要素”的特定“许诺”（Pledges）。三是如果没有证据表明，当事人提交的承诺文件是执法机构批准交易的前提、基础或考虑因素，不能仅凭当事人提交承诺就要求当事人必须履行承诺。此外，如果当事人提出附条件建议后，执法机构最

① Case COMP/M. 5529, Commission decision of January 21, 2010, paras. 176, 181 - 187 and 654.

② Case COMP/M. 5529, Commission decision of January 21, 2010, para. 182.

终还是作出了禁止集中的决定，这种情况下，当事人此前提出的建议自然是没有法律约束力的。

尽管如此，我们不主张，将当事人提交的附条件建议作为有约束力的非条件处理。如确有必要，执法机构应明确将相关附条件建议作为条件或义务附加到批准决定中；如无必要，执法机构不应要求当事方履行承诺，除非当事方自愿履行且无损竞争。否则，可能导致滥用承诺，制造过多模糊地带，不符合条件内容合法化的要求。为避免不必要的争议，当事人最好将未被执法机构采纳的附条件建议撤回，或者重新提交删除未采纳内容的附条件建议文件。

第三节　附条件设计

从执法机构角度，通常会根据其提出的竞争问题，结合当事方提交的附条件建议，设计需要附加的条件和义务。从当事方角度来讲，设计救济措施就是提出救济措施建议的过程，当事方提出救济措施建议，同样要围绕执法机构提出的竞争问题进行，同时考虑自身履行能力及集中交易的商业目的等因素。无论从哪个角度，都要基于竞争问题设计条件，采取救济措施的目的就是解决竞争问题。

按照参与集中的经营者之间业已存在的竞争关系，理论界和实务部门通常把经营者集中分为横向集中、纵向集中和混合集中三类。通过这种分类判断经营者集中的性质，界定相关市场并进行竞争分析，不同性质的集中引发的竞争问题不同。一般认为，横向集中可能引发单边效应、协调效应，对竞争损害最大；纵向集中可能引发封锁效应，包括客户封锁和原料封锁；混合集中可能引发捆绑销售问题等。

一项拟议集中可能涉及一个或多个相关市场，具有或可能具有一种或多种竞争问题，通常认为横向集中对市场竞争的损害较大。单边效应和协调效应可能同时发生，也可能单独发生，可能引发不同的单边效应和协调效应，例如可能导致价格方面的单边效应和产能方面的协调效应。两种效应还可能发生在不同时间段内，例如短期价格方面的单边效应和长期产能方面的协调效应。下面结合常见类型的竞争问题讨论不同的救济措施设计。

一、单边效应下的条件设计

单边效应（unilateral effect），通常指集中后实体无须考虑竞争对手反应，即可单独为一定行为，例如提高相关商品价格，且有利可图，从而损害消费者权益和市场竞争的效应。在发生单边效应的市场中，如果竞争对手维持价格不变，因集中后实体提价而转向竞争对手的客户比集中前减少，集中后实体可因提价而谋利；如果竞争对手各自单独跟随集中后实体提高价格，则属于集中的间接效果，可归入单边效应内容，称为单边效应的第二层含义。间接效果将加剧对消费者权益和市场竞争的损害。

经营者集中的单边效应，通常表现为集中后实体单方面提高相关产品或服务的价格，除此之外，还包括非价格效应，例如降低品质或供应量、减少多样性以及削减科技研发投资水平等。以产品质量和研发水平为例，集中实施后，集中后实体面临的竞争压力减小，改善产品质量、提高研发水平的压力和动力降低，导致提升质量和提高研发的投入可能下降；同时，集中后实体作为相关市场上标杆企业，其产品质量和研发投入的下降，可能引发市场上跟随企业的投入减少，从而使市场上产品质量总水平和科技创新总投入下降。此外，集中后实体可能进行产品组合的重新调整，甚至会停止或关闭部分产品的生产。这导致集中的单边效应还包括产品多样化方面给消费者和社会带来的损害。

对单边效应，设计救济措施可聚焦于引发单边效应的行为，即针对经营者集中导致的相同或类似业务的叠加，而采取消除或降低叠加规模的措施，在实践中，通常采取资产剥离的救济措施。例如，在 2008 年的 Statoil/Conoco Phillips 案[①]中，欧委会认为，Conoco Phillips 旗下的 JET 品牌强大，相关市场进入壁垒较高，拟议收购将形成具有支配地位的企业，会引发瑞典市场的单边效应。为解决拟议收购可能引发的单边效应，欧委会采取了以资产剥离为

① Statoil/Conoco Phillips, Case COMP/M. 4919, Commission decision of May 17, 2008. 该案中，Statoil/Hydro ASA 拟收购 Conoco Phillips 旗下 JET 在瑞典、丹麦和挪威的加油站。Statoil/Hydro 的业务包括原油开发和精炼，是瑞典最大的汽车燃料零售商；JET 是瑞典第六大汽车燃料零售商。欧委会认定相关产品市场为零售汽油产品，地域市场为瑞典全国；在瑞典，合并前 Statoil/Hydro 市场份额为 30% -40%，JET 为 10% -20%，合并后 Statoil/Hydro 和 JET 合并市场份额为 40% -50%。

核心的救济措施，剥离了118家Hydro自动加油站和40家JET自动加油站。评估测试认为，拟剥离的销售网络规模充分，能够有效解决竞争问题。

对单边效应，设计救济措施也有采取保持经营独立的做法。在联发科技吸收合并开曼晨星案①中，商务部认为，尽管行业特征和发展趋势可以相对弱化集中对竞争的不利影响，但此项集中在短期内对中国大陆液晶电视主控芯片市场仍具有排除、限制竞争的效果，可能表现为提高芯片价格、减少研发投入或延缓新产品的推出速度、降低客户服务水平等。尽管商务部在审查结论中没有明确提及单边效应，但从集中交易及其竞争问题内容的表述看，应属单边效应。该案最终采取了保持独立的救济措施，包括开曼晨星退市，其液晶电视主控芯片及其他业务由其既存子公司晨星台湾拥有和运营，晨星台湾作为独立竞争者的法人地位不变；联发科技行使晨星台湾的股东权受到限制，除取得晨星台湾的分红、上市公司合并财报信息及有条件委任董事外，暂不行使其他股东权利；联发科技和晨星台湾未经商务部批准不得进行业务合作。尽管保持独立作为救济措施，其适当性和效果还有待观察评估，② 但在执法实践中，特别是在中国的执法实践中已较为多见。

从实践来看，尽管解决单边效应有不同的救济措施选择，但从便利性、可操作性及可能的效果看，剥离资产仍然是解决单边效应的首选。单边效应由同一相关市场上的竞争性资产集中引发，理论上，只要将其中一份重叠资产剥离即可完美解决问题。据此，通常认为，只需要剥离其中一方参与集中的经营者的重叠资产即可。然而，在实践中并非完全如此操作，实际上不少案件的剥离资产都超出了上述范围。

如果从需求角度，不同产品之间无替代性，但从供应角度，不同产品之间具有一定的替代性，则需要剥离的资产范围可能需要超出存在竞争问题的相关产品的资产范围，因为同一资产可生产满足不同需求的多种产品。例如

---

① 参见《公告附加限制性条件批准联发科技股份有限公司吸收合并开曼晨星半导体公司经营者集中反垄断审查决定》(商务部公告2013年第61号)，载商务部网2013年8月26日，http://www.mofcom.gov.cn/article/b/g/201311/20131100381717.shtml。该案中，联发科技拟收购开曼晨星100%股权，联发科技与开曼晨星均为芯片设计企业，主要业务是多媒体显示器相关芯片设计和无线通讯相关芯片设计。

② 关于保持独立措施，本书有专门讨论。

在 Cytec/USB Surfacc Spccialtics 案①中，当事人双方在氨基树脂市场上存在重叠，鉴于生产不同类型氨基树脂的制造商可以相对容易地转产，当事人基于供应替代认为相关市场包括所有氨基树脂。欧委会过往案例的分析结论则认为，根据不同用途可细分氨基树脂市场为：(1) 工业液体涂料，(2) 增强橡胶，(3) 木材和层压材料，(4) 油墨和图形，(5) 纸张和纺织品，(6) 电子电路板的氨基树脂。本案中，欧委会认为，细分的工业液体涂料和增强橡胶氨基树脂两个相关市场存在竞争问题。为解决欧委会关注的竞争问题，Cytec提出如下解决方案：剥离 Surface Specialties 业务的 Fechenheim 德国生产工厂，该工厂约占其欧洲氨基树脂生产的 90%—100%。拟剥离的上述业务既包括欧委会关注的两个相关产品，也包括其他氨基树脂业务。因为从生产实践看，只剥离工业液体涂料和增强橡胶氨基树脂业务并不可行。

在 Unilever/BestFoods 案②中，欧委会认为，拟议集中在专门用于零售业的食品生产销售市场和专门用于食品服务业的食品生产销售市场上存在竞争问题。为解决上述竞争问题，决定剥离相关品牌及其生产设备、相关人员和合约构成的资产组合。确定剥离资产范围的原则如下：一是 Unilever 剥离每一存在竞争问题的品牌下销售的全部产品组合；二是 Unilever 剥离所有托权品牌（endorser brands）及其下销售产品的受托品牌；三是如剥离某一食品服务领域的品牌组合，将同样剥离零售领域的相应组合，反之亦然；四是如买方需要，剥离方案还将包括生产设施或相应供应安排，以及与品牌相关的知识产权

① 在本案中，美国公司 Cytec Industries Inc. 通过购买股份和资产的方式获得比利时 UCB S. A 公司全部表面和特殊化学品业务（Surface Specialties 业务，包括 28 家子公司和两家合资企业，以及 UCB 在 Surface Specialties GmbH 的股份和 UCB 拥有的某些资产）的单独控制权。Cytec 生产特殊化学品和材料，包括采矿和水处理化学品、涂料化学品、粘合剂和复合材料以及建筑砌块化学品。Surface Specialties 业务生产涂料化学品、粘合剂和用于图形艺术应用的化学品。See Cytec/USB Surface Specialties, Case COMP/M. 3558, Commission decision of December 17, 2004.

② 本案中，2000 年 6 月 6 日，联合利华（Unilever）和 Bestfoods 签署协议，Unilever 以现金收购 Bestfoods 所有发行股份，Unilever 的子公司 Titan 将与 Bestfoods 合并，前者被吸收，Bestfoods 将作为 Unilever 的间接控股子公司存续。Unilever 主要业务包括食品、家庭护理、专业清洁和个人护理。食品业务主要包括以油和乳制品为主的食品、烘焙产品、冰激凌和饮料、汤、酱汁、食用油和其他调味品以及冷冻食品；主要品牌包括立顿（茶）、Magnum（冰激凌）、Bertolli（橄榄油）和 Becel（涂抹酱）。Bestfoods 主要从事消费食品的生产和供应，包括调味产品、蛋黄酱和其他酱汁、食品服务（配餐）、淀粉、面包酱和甜点，多以家乐（Knorr）品牌销售。See Unilever/BestFoods, Case COMP/M. 1990, Commission decision of September 28, 2000, para. 177.

和销售人员。按照上述原则，没有竞争问题的资产也将纳入剥离范围。

在 Lesaffre/GBIUK 案①中，欧委会认为，在非协调效应方面，集中交易有可能严重阻碍英国液态酵母的有效竞争，但未对压缩酵母和干酵母提出反对意见。尽管欧委会只对液态酵母提出反对意见，但当事人剥离了同时生产3种酵母的 Felixstowe 工厂。因为对拟剥离的工厂而言，一方面，无法仅剥离生产液态酵母的设施；另一方面，该工厂的干酵母产能可以很容易转产压缩酵母或液态酵母。因此，全部剥离既符合实际情况，也有利于吸引市场上潜在的买家，有利于资产剥离后的成活性和竞争力。

在 Bayer 收购 Monsanto 案②中，美国司法部和拜耳达成一致，同意拜耳剥离总价值约 90 亿美元的资产给 BASF SE（巴斯夫，美国司法部评估认为唯一合适的买家）。剥离资产不仅包括拜耳与孟山都激烈竞争的业务，例如拜耳的棉花、菜籽油、大豆和蔬菜种子业务及除草剂业务等，还包括使巴斯夫取代拜耳成为相关市场领先创新者的知识产权和研究能力；确保巴斯夫拥有作为拜耳独立竞争对手应有的同等创新激励、能力和规模，甚至补充剥离了拜耳初创的新兴数字农业业务。此外，还要求拜耳将与剥离资产有关的现有第三方协议和客户信息全部转移到巴斯夫；要求拜耳保证，所剥离的资产足以让巴斯夫维持剥离企业的生存能力和竞争力，尤其重要的是，还为巴斯夫设置了为期一年的窗口期，巴斯夫可在完成剥离一年内，为确保剥离业务的持续竞争力，可要求继续剥离任何合理必要的额外资产，最终范围由美国司法

① 本案中，法国的 Lesaffre 公司以股份收购方式取得英国 GBI 公司和 BFP 公司（合称 GBI UK）的单独控制。Lesaffre 主要经营酵母、酵母提取物和烘焙原料三大业务；GBI UK 由酵母制造业务（GBI）和分销业务（BFP）组成。双方在酵母市场上存在重叠，酵母分为鲜酵母和干酵母，前者包括液态酵母和压缩酵母。欧委会认为，存在液态酵母、压缩酵母和干酵母3个产品市场。从供应角度看，干酵母制造商可转而生产液体和压缩酵母，且不需要增加大量成本；液态酵母可以转而生产压缩酵母和干酵母，但需增加干燥设备的大量投资。从需求角度看，因鲜酵母和干酵母特点、配料和保质期不同，客户认为不可互为替代，液态酵母和压缩酵母功能上可替代。See Lesaffre/GBI UK, Case COMP/M. 5020, Commission decision of July 11, 2008.

② 根据2018年美国司法部、中国商务部等反垄断执法机构发布的公告，Bayer 拟收购 Monsanto 全部股权，交易完成后，孟山都成为拜耳的全资子公司。拜耳和孟山是世界最大的两家农业公司，他们在除草剂、种子、农作物保护产品以及农业技术市场方面相互竞争。See U. S. v. Bayer AG and Monsanto Company, Case 1: 18 - cv - 01241, Competitive Impact Statement and Proposed Final Judgment, The United States Department of Justice (May. 29, 2018), https: //www. justice. gov/opa/pr/justice - department - secures - largest - merger - divestiture - ever - preserve - competition - threatened.

部决定。

二、协调效应下的条件设计

协调效应（coordination effects），也称为多边效应，是指因经营者集中导致市场上竞争者数量减少，商品组合和成本、市场结构和环境改变，更有利于竞争者协调行为，导致市场中的全部或部分竞争者，包括集中后实体和其他竞争者，更有条件、更容易、更倾向、更有效地进行价格串谋，包括显性串谋（explicit collusion）和默契串谋（implicit or tacit collusion），以排除、限制市场竞争的效应。经营者集中引发的协调效应，可导致经营者共同提高商品价格、降低产出或产能、削弱创新等排除、限制市场竞争的效果。

在协调效应下设计救济措施以消除或减少反竞争效果，主要着眼于救济措施是否能够消除或降低竞争者串谋的可能性。通常情况下，市场上的竞争者越少串谋越容易，竞争者的市场份额差别越小串谋越容易，竞争者成本差别越小串谋越容易，竞争者纵向一体化程度越小串谋越容易，相关商品价格波动越小串谋越容易，竞争者互动越频繁串谋越容易，市场进入门槛越高串谋越容易，市场需求增长越快越大串谋越容易，多重市场互动有利于价格串谋。市场上存在“不合群竞争者”不利于串谋，研发重要性高的市场不利于串谋，存在强有力的买家不利于串谋。协调串谋通常表现为：固定价格、分割市场、限定产量或销量、串通投标等等。

消除或减少反竞争的协调效应，需要根据个案情况寻求消除或削弱引发串谋的因素或机制，难以一概而论给出固定的解决模式。首先，与单边效应一样，竞争性业务的集中是引发反竞争效果的直接原因，通过资产剥离，可以消除竞争性业务的重叠，创设一个独立的竞争者，同样可以有效消除或降低协调效应。例如，在 ABF/GBI Business 案①中，欧委会审查发现，拟议集

① 该案中，ABF 拟收购 GBI 在欧洲大陆的酵母业务，取得后者的单独控制。ABF 是一家国际食品食材供应及零售商，包括生产销售酵母。GBI 主业生产和销售各种酵母，包括鲜酵母和干酵母。该案涉及三个相关市场：液态酵母、压缩酵母和干酵母。审查发现压缩酵母市场竞争者情况是：西班牙市场，Lesaffre 40% －50%，ABF 30% －40%，GBI 10% －20%；葡萄牙市场，Lesaffre 20% －30%，ABF 20% －30%，GBI 40% －50%。欧委会认为，拟议集中对葡萄牙和西班牙压缩酵母市场的有效竞争造成重大障碍。See Statoil/Conoco Phillips，Case COMP/M. 4919，Commission decision of May 17，2008.

中将导致市场上活跃的竞争对手从三家变成两家，且市场进入壁垒较高，下游的小型烘焙食品分销商议价能力有限，相关商品的销量、价格和产能信息高度透明。据此，欧委会认为，集中后实体面临的市场竞争约束很低，市场内的竞争者更容易协调，拟议集中将对西班牙和葡萄牙的压缩酵母市场竞争引发实质负面影响，竞争者之间的串谋风险大大增加，引发协调效应。本案最终采取了资产剥离为主的救济措施，包括剥离 GBI 在西班牙和葡萄牙的分销业务网络；剥离 ABF 在葡萄牙塞图巴尔的生产设备。剥离资产买方为小型专业企业 Lallemand。

剥离是针对引发竞争问题的集中行为采取的措施，剥离措施消除的是引发竞争问题的根源行为，理论上对任何竞争问题都有效。然而，针对协调效应的特点，切断与相关经营者的联系也是常用的救济措施，特别是执法机构认为需要保留集中带来的效率提高等情况下，切断联系、阻断信息、削弱影响也是可取的救济选项。例如，在加阳公司与萨斯喀彻温钾肥公司合并案中，其中一项救济措施是：合并后实体将使萨钾在中国 A 公司的股权权益变为一种受限制的投资权益。具体而言，合并后实体将：在商务部批准之后，拟议交易交割之前，解除当前委派至或任职于中国 A 公司高级管理层的全部萨钾员工；不行使向中国 A 公司高级管理层任何职位委派或任命合并后实体员工的权利；不提名或任命中国 A 公司董事会的任何董事，并且不干预其他中国 A 公司股东提名或任命任何董事的决定；不寻求获得有关中国钾肥进口的竞争敏感信息的途径，也不会行使其作为中国 A 公司股东所享有的权利来获得有关中国钾肥进口的竞争敏感信息，此类竞争敏感信息包括钾肥价格、价格谈判或竞争状况等。

此外，某些纵向集中也可能引发协调效应。例如，上游经营者 A 收购下游经营者 B，B 与 A 的竞争者保持密切的业务关系，从而获取相关商业信息。A 基于对 B 的控制，可获取此等信息，并可据此损害相关竞争者的利益，或者通过 B 及其提供的信息与相关竞争者协调，损害市场竞争。

三、封锁效应下的条件设计

封锁效应（Foreclosure Effect）系 Salinger（1988）在《纵向并购与市场封锁》一文中首次提出，封锁的概念阐述了纵向一体化企业对非一体化企业的影响。此后市场封锁相关理论不断完善并且提出相应的模型。在经营者集中领域的封锁效应通常见于纵向集中，分为两种类型：一种是下游竞争封锁，也称原料封锁或投入品封锁；另一种是上游竞争封锁，也称客户封锁。

所谓投入品封锁，是指集中后实体阻碍下游竞争对手取得投入品供应，增加下游竞争对手成本，从而引发下游市场竞争损害。投入品封锁效应通常发生于上游企业市场势力很强的纵向集中。集中后实体阻碍下游竞争对手获取原料供应的可能方式包括：停止或减少向下游竞争者提供投入品供应，或者提高投入品的供应价格、延长交货时间、降低供应品质等。从而导致这些下游竞争者成本增加、最终产品价格提高、品质降低，销售量下降等。针对投入品封锁效应，当事方提交附条件建议或执法机构设计评估救济措施，重在解决集中实施后，如何确保下游竞争对手能够公平获取投入品。例如要求集中后实体以同等条件向所有下游实体提供关键设施或投入品，对集中后实体的投入品供应进行价格、数量、品质等方面的管制。

所谓客户封锁，是指集中后实体阻碍上游竞争对手获取下游销售渠道或客户，减少上游竞争者销售收入，增加上游竞争者销售成本，从而引发上游市场竞争损害。客户封锁通常发生于下游企业市场势力较强的纵向集中。集中后实体阻碍上游竞争对手获取销售渠道的方式，包括全面封锁下游客户渠道，逼迫在位上游竞争者退出上游市场竞争，或阻碍潜在上游竞争者进入上游市场；也包括部分封锁客户渠道，降低上游竞争者销售规模，压低销售价格，延长回款期限等，从而导致上游竞争者销量减少，利润下降，竞争力削弱，最终可能不得不退出竞争。针对客户封锁效应，当事方提交附条件建议或执法机构设计评估救济措施，重在解决集中实施后，如何确保上游竞争对手能够公平接触和进入下游销售网络，例如以同等条件向上游竞争对手提供关键客户销售网络，作出某种方式的购买承诺等。

竞争封锁的方式有多种：价格歧视、拒绝交易、技术搭售、阻碍其他竞争对手进入产业链。由于纵向集中不存在重叠资产，不能通过剥离重叠资产解决竞争问题。当然，剥离纵向集中的上游资产或者下游资产都可以解决竞争问题，但这无异于禁止集中，纵向集中所带来的经济效率将无法实现。更合适的救济措施通常是针对具体的封锁效应内容，设计个性化的行为救济措施。

澳大利亚竞争与消费者委员会办理的 Woolworths/Danks 案[①]就是典型的纵向集中。该案中，澳大利亚 Woolworths 公司和美国 Lowe's 公司通过合资企业 Carboxy 收购澳大利亚 Danks 公司。Woolworths 是一家大型零售商，旗下有 Big W 连锁折扣百货公司、Woolworths 和 Safeway 超市以及电子、酒和汽油连锁店。Woolworths 也经营五金和家装，但业务有限。Lowe's 是一家大型五金器具和家装产品零售商，在美国和加拿大有超过 1600 家“bigbox”家装产品店，在澳大利亚没有业务。Danks 从事五金器具及家用工具批发，90% 以上的营业额来自向其 500 多家会员店的批发，以及营销、促销、零售支持服务和财务服务；还向 900 多家非会员店的独立零售商提供批发服务。

在澳大利亚市场上，Danks 活跃于上游的五金器具及家用工具批发市场，其主要竞争对手是 Mitre10[②] 和 Bunnings[③]。Woolworths 活跃于下游五金器具及家用工具零售市场，其主要竞争对手是 Bunnings。经过审查，澳大利亚竞争和消费者委员会认为，拟议集中可能会增强参与集中的经营者在上游批发市场的市场力量，导致 Woolworths 可能歧视下游零售市场中 Danks 的会员或对其进行供应封锁等竞争问题。

最终该案采取了为期 10 年的行为条件，以确保集中后实体不会排斥竞争对手，具体包括：集中后实体不能以格式合同强制 Danks 会员向其采购；集中后实体不能阻止或妨碍 Danks 现有会员终止会员协议；如果 Woolworths 在 Danks 会员店周边 5 公里范围内开设卖场，则该 Danks 会员店可终止会员协议且无须偿还粉刷、招牌及相关建装费；不得以次等条件向位于 Woolworths 卖场周边 5 公里范围内的任何商店提供货品或服务，供应条件应与其他同类商店一样；确保持续提醒双方注意承诺书及义务，并向 Danks 会员店及 Danks 产品的购买者提供承诺书副本和简明英文摘要。

---

① Woolworths/Danks, Public Competition Assessment, ACCC (Jan. 14, 2010), https://www.accc.gov.au/system/files/public-registers/documents/D10%2B66439.pdf.

② Mitre 10 经营方式与 Danks 类似，除了批发硬件和家装产品外，还提供相关的营销和促销服务、零售支持和财务服务。Mitre 10 为超过 400 家会员店和大约 1100 家非会员的五金零售商提供服务。

③ Bunnings 是澳大利亚最大的五金和家居用品零售商，其进货主要来自上游的 Bunnings 内部供应。Bunnings 属于 Wesfarmers 集团，后者业务涉及包括五金家居在内的多个行业。

四、条件设计的途径

当事方提出解决方案建议是条件设计的主要途径。在多数司法辖区，执法机构倾向于仅提出竞争问题，而不会主动提出解决方案，解决方案首先由当事方向执法机构提出。

当事方设计和提出解决方案，首先要针对执法机构提出的竞争问题，确保救济措施能够解决这些竞争问题，消除执法机构的担忧。为此，当事方设计和提出救济措施之前，应当与执法机构深入沟通，准确了解执法机构的真实想法和核心关注，特别是在某些司法辖区，执法机构不一定出具书面的“反对意见”，当事方不能获得书面准确表述的竞争问题，因此与执法机构深入沟通竞争问题就显得更为重要。

当事方设计和提出解决方案，还要充分考虑拟议的集中交易和商业因素。当事各方对集中交易各有商业预期，救济措施必然会在质量和时间上影响这些预期的实现。当事方要清晰地梳理拟议集中追求的核心利益，充分评估可以接受的救济措施的底线，从而确定解决方案可以容纳的条件和义务的范围。

当事方设计和提出解决方案，在某些案件中还需要考虑行业、竞争者、供应商、客户、商协会以及监管者的考虑。在不同的司法辖区，执法机构可能会在上述范围内征求意见或者评估、测试救济措施建议，因此在设计和提出救济措施建议时对此提前考虑是必要的。此外，某些反竞争效应，例如封锁效应，直接与上下游的经营者相关，从他们的角度考虑非常必要。

执法机构在不同程度上参与条件设计，在以行政执法为中心的某些司法辖区，例如我国，从法律规定来看，执法机构甚至有权自行作出附条件批准决定，而可以不必考虑当事方的建议。然而，从绝大多数司法辖区，包括我国执法机构的实践来看，执法机构不会包揽设计救济措施的全部责任，而是对当事方提交的解决方案提出接受、否决、修改调整的建议。从这个角度看，执法机构也在一定程度上参与了救济措施的设计。

救济措施设计的个性化很强，尽管有一定的规律性，但在实践中都会以一案一策的方式解决。即便是同样采取剥离资产的救济措施，在不同案件中，剥离的资产范围、剥离的方式、采取的保障措施都可能大相径庭。因此试图对所有附条件案件救济措施设计模板化非常困难，也不符合案件办理的实际情况。不过，对过往典型案例采取的救济措施进行归类研究，对后续案件的处理仍有积极的参考价值，对常见救济措施的保障措施适当排列组合进行模板化研究，供后续案件处理照方抓药，有利于附条件案件审查决定的统一和事后执行。例如我们在美欧的资产剥离案件中，通常会看到同时采取了分持、保值、员工雇佣等保障措施。此外，尽管不同案件同时采取的保障措施组合略有不同，但保障措施的基本内容是一致的。

第四节　附条件评估

限制性条件是否适当，需要进行必要的测试评估。评估的具体内容包括条件是否能解决竞争问题，是否会引发新的竞争问题，是否具有可操作性等。测试评估限制性条件非常复杂，特别是根据个案交易和相关市场的不同而有很大差异。因此，首先需要确立评估的基本原则，以便能够为大相径庭的案件提供基本指导；其次在实践基础上需要不断借鉴和积累经验，逐步完善具体的办法和标准，增强评估测试的可操作性。

一、条件的评估原则

反垄断法对经营者集中反垄断审查作出了目的程式的原则性规定，即仅表现出立法者意欲追求的目标，[①] 对限制性条件的建议、评估、确定、执行没有提供具体明确的标准，对附加的限制性条件，甚至只有“减少集中对竞争产生不利影响”这样极为原则的表述。根据法律规定和各国实践，虽然难以对救济措施提出一套量化的标准，但仍可以抽象出一系列评估原则。这些原则贯彻限制性条件的不同阶段，包括提出附条件建议、商谈讨论及确定采取限制性条件的审查和决定阶段，也包括救济措施的执行阶段，在不同阶段发挥作用的程度有所不同。

---

① 苏永钦：《经济法——已开发国家的任务与难题》，转引自赖源河编：《公平交易法新论》，中国政法大学出版社 2002 年版，第 36 页。

（一）有效原则

有效原则是对限制性条件的最基本要求，也是最重要的要求，即要求限制性条件能够有效解决经营者集中存在竞争问题。如果限制性条件不符合有效原则，不能有效解决经营者集中存在的竞争问题，则根本不可能予以附条件批准，而应当予以禁止。

有效原则要求，限制性条件必须能够全面解决经营者集中存在的竞争问题。一项经营者集中的竞争问题可能存在多个，包括在多个相关市场存在竞争问题，也包括在同一相关市场存在多方面的竞争担忧。限制性条件是一揽子解决方案，必须对各个竞争问题都有所涉及，能够全面有效解决这些问题。

有效原则要求，限制性条件必须有足够的力度解决竞争问题。就需要解决的任何一个竞争问题而言，限制性条件都应当有足够的力度予以解决。欧委会《关于可接受的救济措施的通告（2008）》规定，救济承诺必须能完全消除执法机构的竞争关注，欧委会将结合市场结构和特点以及提议的救济措施类型、规模和范围等因素，评估提议的救济措施能否消除竞争关注。理论上，有观点认为，救济措施的救济力度过大或者过小都是不合适的，如果救济力度过于小，可能无法取得预期救济效果，不符合有效原则，通常不为执法机构接受。任何救济措施都存在救济失败的风险，即便风险难以避免，执法机构也通常认为，不应当由执法机构或者集中当事方的客户及供应商承担救济失败或不足的风险，因此执法机构进行有效性评估总是期望救济成功的确定性越高越好。例如，在 Nordic Satellite Distribution 案中，当事人提出的附条件建议是，放弃其在瑞典卫星基地转发点特定权利，欧委会认为，短期内上述附条件建议对解决竞争问题不会起作用，不足以消除其确认的竞争关注，因为当事人仍然控制该基地的另外 10 个转发点。①

有效原则要求，提议的限制性条件建议能够有针对性地解决不同的竞争问题。救济措施必须针对存在的竞争问题，包括针对引发竞争问题的行为及其引发的排除、限制竞争后果。在 Ryanair/Aer Lingus 案中，当事方提出开放相关机位的承诺，欧委会认为，该承诺无法有效修复竞争，因为受集中影响

---

① Nordic Satellite Distribution, Case IV/M. 490, Commission decision of July 19. 1995（1996 O. J. L53/20）, para. 154.

的航线存在市场进入障碍，除机场拥塞外，还涉及合并企业强大的商标影响力、拥有的都柏林机场大基地及 Ryanair 公司的低成本运营模式等，条件设计的机位开放缺乏针对性。Ryanair 还提出了一系列其他行为条件建议，包括将 Aer Lingus 的短途航空票价降低 10%，取消 Aer Lingus 对长途航空的燃油附加费，保留 Aer Lingus 商标并将两企业商标持续独立运营，控制重叠路线航班频率上升等。欧委会评估后拒绝了这些建议，认为这些措施没有直接解决竞争问题，甚至有可能减少竞争而非促进竞争。① 该案最终被欧委会禁止。

有效性不等于必然性。任何竞争问题及解决竞争问题的救济措施都是对未来的预估，不可能完全符合将来的实际情况，也无法确保最终救济效果都完美有效。执法机构不能要求当事方提交的救济措施建议一旦实施就一定能够解决竞争问题，如果实施后不能有效解决竞争问题，执法机构和当事方都不会因此承担额外法律责任。救济措施的有效性仅得以此前和当时的集中交易和市场竞争状况为基础进行评估。

评估救济措施是否符合有效原则，需要从多方面综合评判。参与集中的经营者的经营状况、相关市场的竞争状况和特点、救济措施和竞争问题的契合性、实施救济措施的复杂程度和期限等都可能是需要考虑的因素。在不同个案或相关市场中，这些因素考虑的权重各不相同，发挥的作用存在较大差异，需要根据具体情况具体分析。例如针对救济期限，ICN 认为，救济措施应当在预期期限内有效解决竞争问题，救济期限不确定的情况下，能够迅速解决竞争问题的救济措施，比在较长期限内产生效果的救济措施更受欢迎。② 再如，在 Agfa - Gevaert/DuPont 案中，欧委会没有适用资产剥离措施，主要

---

① See Ryanair/Aer Lingus, Case COMP/M. 4439, Commission decision of June 27, 2007 (2008 O. J. C47/09), paras. 1186 - 1226. Ryanair 是欧洲第一家低成本航空公司，该公司在 24 个国家运营着大约 400 条线路，有 20 个基地，主要是伦敦和都柏林，并且提供点对点的航线服务。Aer Lingus 是爱尔兰国家航空公司，经营着从爱尔兰机场飞出的大约 70 条航线。从 2002 年起，爱尔兰机场进行了重组，并逐渐成为一家中档点对点航空公司。在 Ryanair/Aer Lingus 案中，回归分析表明，同 Ryanair 没有运营的线路相比，在 Ryanair 与 Aer Lingus 同时运营的航线上，Aer Lingus 的收费平均约低 7% - 8%。如果以机场—机场为地域市场的话，价格效应为 5%。如果在目的地存在一家非国家航空公司，也对 Aer Lingus 有所影响，价格影响为 - 2%。当考虑所有航线时，并购所产生的价格效应约为 5% - 6%，若只考虑双方重叠的航线，比例约为 10% - 12%。

② ICN Merger Working Group, Analytical Framework Subgroup, *Merger remedies review project: report for the fourth ICN annual conference Bonn*, June 2005.

是因为欧委会评估认为资产剥离不具有效性。欧委会发现，Agfa 产能非常过剩，DuPont 已制订市场退出计划，剥离 DuPont 的负极板业务，没有竞争对手感兴趣。此外，竞争对手 International Paper 已开始运营平面艺术品业务其中就包括负极印刷板业务。据此，欧委会认为，剥离合并企业的负极板生产设备或生产线给第三人不足以解决竞争问题。最终，欧委会接受了 Agfa – Gevaert 终止打印设备排他性分销协议的承诺。①

（二）比例原则

行政法上的比例原则，要求行使行政权力应当平衡行政目标和附带损害之间的关系，确保两者之间保持适当比例，以最小损害成本追求最大公益，比例原则也被称为相称原则。比例原则是行政法领域的黄金规则，堪比民商法中的诚实信用原则。附条件批准经营者集中是国家公权力干预市场经济和私权的直接方式，其施行以拟议集中存在竞争问题为前提，以客观上减损集中交易的商业诉求为手段，达到削弱或消除反竞争影响的目的。因此附条件批准经营者集中是以减损经营者私利益为代价维持市场竞争之公利益，通常认为也应遵循比例原则。

比例原则要求，采取的救济措施应与拟议集中存在的竞争问题成比例。国内有持此观点的学者谓：比例标准是执法机构评估限制性条件建议的基本标准，即限制性条件应与竞争问题严重程度相一致，限制性条件与交易可能导致的反竞争效果在程度上合乎比例。② 通常认为，比例原则要求两者之间具有相称性，目的是确保用最低程度的干预解决竞争问题。特别是，比例原则要求的核心是救济措施与竞争问题相称，既不能过于追求最低程度的干预，导致竞争问题不能得到妥善解决；也不能过于追求竞争问题的解决，而对经营者集中施加过重的条件。即所谓：执法机构通常采用负担最小并能够完全有效消除集中可能导致的竞争损害的救济方案。③

比例原则是行政执法的原则，不是当事方的利益考量。当事方会从自身

---

① Agfa – Gevaert/DuPont, Case Ⅳ/M. 986, Commission decision of February 11, 1998（1998 O. J. L211/22）, paras. 111 – 116.

② 韩伟：《经营者集中附条件法律问题研究》，法律出版社 2013 年版，第 83 – 84 页。

③ ICN Merger Working Group, Analytical Framework Subgroup, *Merger remedies review project: report for the fourth ICN annual conference Bonn*, June 2005, p. 2, 4.

角度进行利弊考量，即当事方会在因施行救济措施受到的损害或不利益与集中得以实施获得的好处之间进行权衡。如果当事方认为两者相称或前者小于后者，自然会接受救济措施；反之就不会接受救济措施，也就不会有附条件批准。这种利弊考量是当事方对自身得失的权衡，不属于附条件批准经营者集中需要遵循的比例原则的范畴。

欧盟明文规定附条件批准经营者集中应当遵从比例原则。第139/2004号条例的序言第30段规定，救济应当与竞争问题相称，并且能够完全消除竞争问题。比例原则要求，欧委会采取救济措施必须符合法律追求的目标，不能超出必要限度，① 如果存在多项可以选择的救济措施，应选择既能解决竞争问题，又对当事方影响最小的救济措施。从采取救济措施的类型看，剥离重要资产是对当事方影响较大的救济措施，如果有比剥离资产更简便易行的行为条件，往往被视为更小的干预。例如，在BaBylissSA案②中，欧盟普通法院指出，如果商标许可足以阻止当事人产生或加强市场支配地位，那么要求当事方剥离相关商标就不符合比例原则。再如，在Bayer/Aventis Crop Science案③中，欧委会认为，剥离一方重叠资产不符合比例原则，因为Aventis Crop Science的溴氰菊酯和Bayer的Fethion都只适用于一小部分作物。最终，欧委会同意当事方作出的有关溴氰菊酯非排他性许可承诺。

如果拟议集中的业务或涉及的相关商品市场体量巨大，其中只有一小部分存在竞争问题，如果对全部或大部业务或相关商品采取措施，可能被认为不符合比例原则。例如，在Alcatel / Finmeccanica / Alcatel Alenia Space & Telespazio案④中，欧委会认为，商业卫星服务跟踪遥测命令系统（TTC）和命令接受器市场存在竞争问题，拟议集中将导致近乎垄断的市场地位。欧委会发现，TTC系统和命令接受器业务不是独立的业务单位，而是与其他资产混合在一起，重叠产品只是相关资产产出的一小部分且营业额不高、市场很

---

① Germany v. Parliament and Council, Case C－380/03, 2006 E. C. R. Ⅰ－1 1573, para. 144.

② BaByliss SA v. Commission, Case T－114/02, 2003 E. C. R. Ⅱ－1279, para. 173.

③ Bayer/Aventis Crop Science, Case COMP/M. 2547, Commission decision of April 17, 2002 (2004 O. J. L107/1), para. 1071.

④ Alcatel/Finmeccanica/Alcatel Alenia Space & Telespazio, Case COMP/M. 3680, Commission decision of April 28, 2005, paras. 117－118 and 120－129.

小。据此，欧委会认为，资产剥离不符合比例原则，最终采取了非排他许可的行为承诺。[①] 再如，在 Apollo/Bakelite 案[②]中，当事方部分酚醛树脂产品重叠存在竞争问题，然而重叠市场只是当事方酚醛树脂业务的一小部分。当事方承诺将各自技术非排他性地许可给第三方，以解决欧委会对特定酚醛树脂市场的关注。当事方认为非排他性技术许可能够降低客户转换成本，有利于保护集中后实体客户的利益。欧委会认为，鉴于酚醛树脂资产涉及其他最终用途的酚醛树脂业务，剥离整个酚醛树脂资产不符合比例原则。据此，欧委会接受了当事方提交的救济方案，没有要求资产剥离。

然而，经营者集中是否存在竞争问题，救济措施能否解决竞争问题都基于预判评估，本身具有不确定性。这与传统的行政执法不同，例如行政处罚是要求违法行为已经发生的行为人承担法律责任，遵循过罚相当原则。然而，经营者集中是一项复杂的商业交易，涉及不同的行业、不同的相关市场，不同个案具体情形差异很大。在具体执行比例原则时，何种附条件方案与竞争问题最为匹配，最符合比例原则，常常很难作出精确判断。这要求当事方和执法机构都不能过于僵化和机械地看待竞争问题的严重程度和附条件之间的匹配度，而是要根据具体案件和相关市场的具体情况具体分析灵活掌握。在实际执行中，既可能采取低烈度的救济措施，甚至无条件批准，也可能采取超出解决竞争问题必要限度的救济措施。特别是在一些案件中采取的救济措施看上去可能超出了必要限度，似乎不符合比例原则。对这些案件，只要当事人同意且不严重损害经营者集中带来的效率，可认为符合比例原则。

在救济措施看似超出必要限度的案件中，有的是因为需要提高剥离资产的成活性，增强剥离资产的竞争力而扩大剥离范围，从而使其看上去不再符合比例原则。例如，在 Bayer 收购 Monsanto 案中，剥离资产是拜耳与孟山都的重叠业务，包括拜耳的棉花、大豆等种子及除草剂业务等。为确保买家巴斯夫拥有相应创新激励、能力和规模，以与合并后的拜耳展开竞争，美国司法部还要求拜耳剥离了初创的新兴数字农业业务等额外资产。此外，该案甚

---

① 当事方承诺向市场上既存的一个或多个空间设备供应商，提供一项有关 TTC 系统和命令接受器领域的专有技术、制造工艺及知识产权的非排他许可。

② Apollo/Bakelite, Case COMP/M. 3593, Commission decision of April 11, 2004, paras. 159 – 163.

至授权巴斯夫在剥离完成后一年内，为确保剥离业务的持续竞争力，可以继续要求剥离额外合理必要的资产。再如，在 Unilever/Best Foods 案[①]中，欧委会认为，买家只有获得较完整的资产组合，才能获得与客户谈判的足够能力，才能确保买家的竞争力。最终救济方案决定剥离相关品牌及其生产设备、相关人员和合约构成的资产组合。确定剥离资产组合范围的原则要求：剥离存在竞争问题品牌下全部产品组合；剥离托权品牌及其下销售产品的受托品牌；剥离食品服务领域的品牌组合将同样剥离零售领域的组合，反之亦然。据此，没有竞争问题的资产也纳入了剥离范围。

在救济措施看似超出必要限度的案件中，还有的是因为存在竞争问题的相关产品与其他产品共用某些关键资产，或相互之间的产能可以迅速转化，采取救济措施涉及的资产范围，可能因此会包含没有竞争问题的产品。例如，在 Lesaffre/GBIUK 案[②]中，尽管欧委会认为，干酵母市场没有竞争问题，但干酵母产能可转化为压缩型或液态酵母产能，为提高剥离资产的吸引力，增强救济措施的可行性，剥离了生产 3 种类型酵母的工厂。再如，在 Cytec/USB Surface Specialties 案[③]中，欧委会认为，用于工业涂料和增强橡胶的氨基树脂产品存在竞争问题，然而，氨基树脂不仅用于工业涂料和增强橡胶产品，最终剥离了所有氨基树脂资产，剥离资产的范围超出了存在竞争问题的产品范围。欧委会认为，这种超范围救济措施合法有效，因为无法分割出只与存在竞争问题的氨基树脂产品有关的可存活资产。

正因为存在上述复杂的情形，国际竞争网络（ICN）提出，相称性原则通常要求执法机构寻求能够充分有效解决竞争问题且负担最小的救济措施，然而，有些执法机构发现，即使适用最小负担的有效救济措施，仍然与竞争损害程度不相称，则会无条件批准集中，这通常发生在非常小的相关市场上存在竞争问题的情形。有执法机构由此认为，适用比例原则设计救济措施并

---

① Unilever/BestFoods, Case COMP/M. 1990, Commission decision of September 28, 2000, para. 177.

② Lesaffre/GBI UK, Case COMP/M. 5020, Commission decision of July 11, 2008, para. 60.

③ Cytec/USB Surface Specialties, Case COMP/M. 3558, Commission decision of December 17, 2004, para. 42.

不适当。[①] 在我国，附条件批准作为一项行政许可行为，从行政执法角度看，比例原则无疑是应当遵从的基本原则。然而，附条件批准的特殊性导致对比例和相称的具体把握更为复杂。拟采取的救济措施与竞争问题看上去不那么相称的时候，应当考察以下因素：一是是否还有其他更合适的选择方案；二是是否符合效率；三是当事人是否同意。按照上述考虑因素，附条件批准是否符合比例原则，不仅要看形式上是否符合，还要从附条件批准的目标上看实质是否符合。

（三）平衡原则

附条件批准的前提是经营者集中存在竞争问题，此处的竞争问题与垄断协议等违法行为不同，严格来讲，即便是存在竞争问题的经营者集中，参与集中的经营者也没有违反法律法规积极侵害他人权益的主观恶意。反垄断法禁止存在竞争问题的经营者集中，并非基于当事方的主观恶意以及由此带来的社会危害性，而是基于经济分析的结果。根据经济分析，拟议集中将损害社会福利或消费者福利，且此等损害超过经营者集中带来的经济上的好处。既然对此类经营者集中的否定性法律评价系基于经济角度的利益平衡考虑，那么对经营者集中附加条件也就不再是简单的行政执法，不仅涉及法律问题，核心其实是经济问题，需要从经济利益的角度进行平衡考虑。

采取救济措施的目的，是为减少或消除拟实施集中引发的竞争损害，然而，救济措施本身又会给当事方带来不利益。这种不利益可能体现为实施集中获益减少，例如因剥离部分资产而无法获取相关业务结合的效益，也可能体现为当事方额外的付出，例如要求当事方承担某些负担。据此，平衡原则要求，执法机构采取救济措施可能弥补的竞争损害与当事方因采取救济措施受到的不利益之间应当具有平衡性。执法机构附条件批准经营者集中，实为要求当事方作出克制，牺牲其小利益，换取市场竞争之大利益。从整体利弊衡量的角度看，可谓两害相较取其轻。国内有持此观点者，即认为执法机构在采取救济措施时，必须在救济的实际利益与相关当事人付出的相应损害之间进行利益衡量，使相关当事人因此受到的损害或者说受到的特别牺牲比救

---

① ICN Merger Working Group, Analytical Framework Subgroup, *Merger remedies review project: report for the fourth ICN annual conference Bonn*, June 2005, paras. 2, 4.

济获得的利益要小得多，要合算得多，是可以合理忍受的程度。①

平衡原则不仅要求考虑救济措施弥补的竞争损害与引发当事方不利益之间的平衡，还要求考虑实施救济措施的负担和成本，② ICN 的研究报告将此类成本称之为“救济的操作成本”。实施救济措施需要负担直接成本，包括执法机构的监管成本和当事方履行相关义务、实施相关条件的成本，如指定专门人员负责向执法机构报告、聘用专门监督受托人监督履行相关义务。在实施义务复杂、持续时间较长的救济措施时，此类监管成本尤为高企，通常复杂的资产剥离、附带各种保障措施的资产剥离、期限较长且内容复杂的行为救济等实施成本相对较高。实践中，有执法机构甚至因为实施救济措施过于复杂而拒绝了当事方的附条件建议。

平衡原则是行政执法应当遵循的原则，执法机构应当按照平衡原则考量总体的利弊得失。这不同于当事方基于自身利益的考量。当事方采取救济措施会受到不利益，但只要经营者集中得以实施，其获利更大，对当事方而言就是合算的。当事方基于自身利益的衡量不属于平衡原则的范畴，但会对附条件批准有重要影响。如果当事方认为两者相称，或从实施集中得到的好处大于附加条件受到的不利益，自然会接受救济措施，拟议集中得以附条件批准；反之，当事方就不会接受救济措施，执法机构也不会附条件批准集中。这种利弊考量是当事方对自身得失的权衡，不属于附条件批准集中需要遵循的平衡原则的范畴。

此外，反垄断法目标的多元性，也决定了平衡原则在执法实践中的重要地位。尽管在学理上，主流观点认为维护竞争是反垄断法追求的目标，然而从包括我国在内的反垄断法及其实践来看，反垄断法的目标是多元的。例如，我国《反垄断法》第 1 条规定，为了预防和制止垄断行为，保护市场公平竞争，提高经济运行效率，维护消费者利益和社会公共利益，促进社会主义市场经济健康发展，制定本法。该条就规定了多项目标，这些目标总体上是一致的，然而在个案中，这些不同目标及具化为不同方面的当事方、上下游企

---

① 袁日新：《经营者集中救济研究》，辽宁大学 2010 年博士学位论文。

② ICN Merger Working Group, Analytical Framework Subgroup, *Merger remedies review project: report for the fourth ICN annual conference Bonn*, June 2005, paras. 2, 6.

业、竞争对手、最终消费者、相关产业及其主管部门、商协会等，各方面的利益诉求可能存在较大差异。执法机构须平衡不同方面的诉求。

（四）无害原则

无害原则，是指拟采取的救济措施对市场竞争无害，不会损害市场竞争。采取救济措施的目的是解决拟议集中存在的竞争问题，其内容本身往往与竞争有关，救济措施本身存在损害市场竞争的可能性。例如，有的救济措施要求当事方剥离资产给市场内的独立第三方经营者，这会构成一项新的集中交易，有可能引发新的排除、限制竞争的效果；有的救济措施可能直接涉及竞争条件，如当事方作出限制价格的承诺。执法机构评估附条件建议，应当坚持无害原则的底线，即为解决竞争问题而采取的救济措施不能产生新的竞争问题。欧盟普通法院曾指出，欧委会适用《欧盟合并控制条例》不能同意那些违背竞争规则，损害共同体市场有效竞争的承诺。欧委会必须评估承诺与市场的兼容性。①

无害原则要求，执法机构应当评估拟剥离资产与买家之间的集中，以确定资产剥离不会引发新的竞争问题。对拟剥离资产与买家间集中的评估，是否应当按照一项新的经营者集中办理，似有不同做法。此前，中国执法机构曾经要求，因资产剥离引发的新集中应当另行申报并予以审查评估。从各国实践来看，更多的情况是如果拟采取资产剥离措施，在测试买家是否合格时一并评估资产剥离交易是否会引发新的竞争问题。

两种做法的实体评估结果并无实质不同，但第一种做法程序上存在诸多不便：一是，出售剥离资产的集中可能达不到申报标准，要求其另行申报可能缺乏法律依据。二是，即使出售剥离资产的集中达到申报标准或法律直接规定其应当申报，这种另行履行申报程序的做法可能导致整个附条件批准过程迟延。三是，在另行申报的情况下，如申报另案办理，则新的办案人员需重新熟悉情况；如申报是同案人员办理，则可以作为本案的一部分工作进行，没有必要另行履行申报手续。四是，对出售剥离资产引发新集中的评估结果，如果有损市场竞争，通常做法是要求资产剥离义务人更换剥离资产买家，而

① Royal Philips Electronics NV v. Commission, Case T – 119/02, 2003 E. C. R. Ⅱ – 1433, para. 216.

非如一般申报一样予以禁止或附条件批准。

评估因出售剥离资产而引发的集中是否有损市场竞争，应根据情况灵活进行，不一定另行申报。如果在建议资产剥离的时候，同时提交了剥离资产的买受人，可以在附条件建议的评估程序中直接进行。如果评估附条件建议时，尚不能确定剥离资产买受人，通常无法评估资产剥离是否会引发新的竞争问题，但可要求当事方提交出售剥离资产的可行性分析，以避免缺乏潜在剥离资产受让人或市场上为数不多的在位经营者无法购买的情形。

无害原则要求，执法机构应当评估行为条件是否以及在多大程度上扭曲市场竞争。行为条件针对拟议集中可能引发的反竞争行为或反竞争效果设计，目的在于消除或减轻拟议集中可能引发的反竞争效果。然而，由于行为条件直接限制或禁止市场主体的行为或效果，在消除拟议集中的反竞争行为或效果的同时，也可能引发其他的市场竞争扭曲。特别是直接限制市场价格、供应数量的行为条件，这些行为条件可以限制集中后实体滥用市场力量的可能性，但也可能对整个相关市场的价格产生影响，从而影响相关市场的市场进入等因素。例如，ICN 在其研究报告中明确提到：设定价格上限的行为条件，可能引起收回投资和保持获利的怀疑，从而降低市场进入的概率。[①] 执法机构需评估此类行为条件是否会损害市场竞争及其损害程度。英国竞争委员会在 2008 年发布的《合并救济指南》中指出，竞争委员会会评估救济措施导致的负面效果，包括可能导致的竞争性市场结果的扭曲。[②] 根据评估结果，执法机构可能要求放弃此类行为条件，也可能适当调整条件的内容或实施方式，以确保不会引发不可接受的新的竞争问题。

（五）可执行原则

当事方作出的承诺、附加的条件、采取的救济措施，最终必须能够按时、保质、保量地得以履行，落到实处。为此，附条件应当坚持可执行原则。在欧盟，执法和司法机构均强调救济措施的可执行性。欧委会在《关于可接受的救济措施的通告》中规定，如果当事人提交的救济方案过于宽泛复杂，导

---

① ICN Merger Working Group, Analytical Framework Subgroup, *Merger remedies review project: report for the fourth ICN annual conference Bonn*, June 2005, paras. 2, 6.

② Competition Commission of UK, *Merger Remedies: Competition Commission Guidelines*, 2008.

致欧委会不能确定地判断能否全面执行救济措施并维持市场有效竞争，欧委会就不会作出附条件批准决定。[①] 欧委会会拒绝那些可能无法有效监督的救济措施，以及那些缺少有效监督将减损甚至消除效果的救济措施。[②] 欧洲初审法院在 Gencor v. Commission 案中称，采取救济措施的基本目标是确保竞争的市场结构，仅承诺某种不作为不是适当的救济措施，例如承诺不滥用因集中产生或加强的支配地位。[③] 国内学界有观点认为，可执行性强调的是条件实施的便利性与可行性，执法部门应尽量选择简单易行的限制性条件方案。[④] 综上，可执行原则作为附条件的一项基本原则，要求当事方作出的承诺、附加的条件、采取的救济措施，既要简单确定便于执行容易操作，还要能够监督便于监督。

可执行原则要求，救济措施的内容必须简单具体确定，便于执行。救济措施必须有明确的作为或不作为的具体内容，而不能仅仅承诺达到的目标。仅仅承诺不滥用市场支配地位当然不可接受，即便是承诺结构救济也不能简单承诺剥离重叠资产，而必须有明确具体的剥离资产清单，明确具体地指向特定的工厂、设备、库存、原材料、知识产权、管理和技术人员等。作为或不作为的行为救济也需要具体化，例如针对可能发生的信息交换反竞争行为，当事方承诺采取防火墙措施，不能简单承诺会采取防火墙措施，而是需要具体描述采取的相关措施，以杜绝或最大程度上消除信息交换的可能。

欧委会不接受内容过于复杂或执行不确定性过高的救济措施。在 ENI/EDP/GDP 案中，当事方曾先后于 2004 年 10 月 28 日、11 月 17 日、11 月 26 日、12 月 3 日 4 次提出救济措施建议。欧委会评估了前 3 次提交的建议（第 4 次建议因时限问题未予充分评估）认为，当事方提交的救济措施建议可执行性非常不确定，原因是建议内容过于复杂且不适当。最终，因当事方未能在

---

① 参见《关于可接受的救济措施的通告（2001）》第 32 段，《关于可接受的救济措施的通告（2008）》第 14 段。

② ICN Merger Working Group, *Analytical Framework Subgroup Merger Remedies Review Project Report for the Fourth ICN Annual Conference 2005.*

③ Case T－102/96 Gencor v. Commission [1999] ECR II－753, para. 316.

④ 韩伟：《经营者集中附条件法律问题研究》，法律出版社 2013 年版，第 86 页。

规定期限内提出欧委会满意的救济措施建议，拟议集中交易被禁止。① 当事方向法院提起诉讼，法院认为，欧委会有权判定当事方是否证实提议的救济措施能够解决竞争问题，并会考虑无法完全执行救济措施的不确定性。② 在其他案件中，欧委会同样认为，如果当事方提交的救济措施建议过于宽泛复杂，导致委员会不可能足够确定是否能够恢复市场有效竞争，那么欧委会将不会作出批准决定。③

如果因为存在外在因素干扰，导致当事方无法自行决定执行救济措施，也被认为不符合可执行原则。在 Ryanair/Aer Lingus 案中，欧委会拒绝了 Ryanair 剥离 Heathrow 机场特定机位的救济措施建议，拒绝的理由之一是 Aer Lingus 的特定少数股东拥有否决权，有能力阻止机位转让，欧委会据此认为，Ryanair 能否实际执行救济措施并不完全取决于自身，故而存在很大的不确定性。④

商务部早期的附条件公告载明的救济措施非常简单，随着执法经验的积累，后期公布的救济措施内容逐渐丰满，确定性也逐渐增强。从商务部附条件批准嘉能可国际公司收购斯特拉塔公司案开始，一直延续至目前市场监管总局的做法，执法机构已习惯在公告的附条件批准决定书正文简单概括救济措施的主要内容，同时将当事方的承诺文件作为公告附件发布。目前来看，当事方的承诺文件通常更为细致，这一方面提高了救济措施的确定性，又避免公告正文内容过于复杂；另一方面公告同时规定附件对当事方同样具有约束力，附件因此成为救济措施的一部分，这又可能导致救济措施内容过于复杂。对此，执法机构似应平衡好简单和确定的关系，同时认真审查作为附件的承诺文件，避免拿来主义做法的隐性风险。建议在审查决定正文，简洁、全面、确定地规定附加的条件和义务，当事方提交的承诺文件包含这些条件和义务，但不会超出正文规定的范畴，承诺文件可细化这些条件和义务的实施步骤、程序和方法等。

---

① See ENI/EDP/GDP, Case COMP /M. 3440, Commission decision of December 9, 2004, paras. 610 – 913.

② See EDP v. Commission, Case T – 87/05, 2005 E. C. R. Ⅱ – 3745, paras. 62, 65, 72, 102.

③ 2000 年 3 月 15 日委员会决定（COMP/M. 1672 – Volvo/Scania）；2000 年 6 月 28 日委员会决定（COMP/M. 1741 – WorldCom/Sprint）。

④ See Ryanair/Aer Lingus, Case COMP/M. 4439, Commission decision of June 27, 2007 (2008 O. J. C47/09), paras. 1227 – 1233.

可执行原则要求，当事方施行救济措施、履行相关义务应具有可监督性。如果附加的条件和义务是否履行无法被有效监督，当事方将没有适当履行的压力和动力，这种条件和义务可能会形同虚设。因此，判断限制条件的可执行性要考虑有效监督条件执行的可能性。①

可监督性要求救济措施有能为外界感知的外在标识，通过这些外在标识可以确定当事方是否适当履行了救济措施。例如资产剥离的不动产登记和占有改变，动产的交付和实际占有使用等。对当事方主观方面要求的救济措施建议往往欠缺外在感知标识，可感知性和可监督性较差，因为外界难以甚至无从确认当事方的内心状态。这类附条件建议往往因其欠缺可执行性而不被执法机构接受。救济措施是否适当履行也可以通过第三人的反应间接获知。这些行为条件要求当事方基于第三人请求而作为，例如当事方向不特定第三人按照规定标准或模式提供知识产权许可。对这类救济措施，除非有证据表明第三人提出请求，而当事方未按照规定授予知识产权许可，都应认为当事方适当履行了救济措施设定的义务。还有些救济措施要求当事方不作为，当事方往往难以自证自己没有作为规定的行为，对此，只要没有证据表明当事方违反规定作为，即认为其满足了不作为的条件。

可监督性既要求执法机构包括监督受托人能够监督救济措施是否适当履行，也要求公众特别是利害关系人能够监督救济措施是否适当履行。执法机构、监督受托人和社会公众均有监督的权利，救济方案必须确保他们监督的可能性。执法机构拥有法定监督权；监督受托人因当事方委托，执法机构要求而负有监督义务，拥有监督权；有些救济措施涉及特定或不特定第三人利益，社会公众因此拥有监督权，相关救济措施应当向社会公布。我国《反垄断法》第 30 条明确规定，国务院反垄断执法机构应当将禁止经营者集中的决定或者对经营者集中附加限制性条件的决定，及时向社会公布。实际操作中，商务部和市场监管总局都公布了这些附条件批准的公告全文。这一点在各国立法和执法中还是可圈可点的。

可监督性既包括对结构条件的监督，也包括对行为条件的监督。欧盟的立

---

① F. Lévêque & H. Shelanski, *Merger Remedies in American and European Union Competition Law*, Cheltenham, UK and Northampton, MA, USA: Edward Elgar, p. 160 – 171.

法和实践重点强调对行为救济的监督。欧委会偏好不需要持续监督的结构救济，因为结构救济可短时间一次性完成，一旦完成就不需要进一步监督。欧委会曾以监督救济措施履行困难为由拒绝了某些当事方的建议。欧委会通常要求行为救济设置有效的监督机制。《关于可接受的救济措施的通告（2008）》要求，除一旦完成就不需要进一步监督的资产剥离外，其他类型的救济措施都需要有效的监督机制，从而确保承诺效果不会被当事方减损甚至消除。如果当事方向执法机构建议开放承诺之类的限制条件，建议一般需要包含可行的监督机制，[①] 因为监督行为条件执行更为困难。事实上，可监督性对结构条件和行为条件同样重要。欧盟有曾因监督资产剥离困难而禁止集中的案例。在 MCI World Com/Sprint 案[②]中，当事方承诺剥离 Sprint 的互联网业务。欧委会认为，剥离 Sprint 的互联网业务，需要监督网络传输、局域访问及其他操作支持系统协议实施，监督集中后实体不以任何形式阻碍剥离业务的发展和独立。欧委会评估认为，这需要委托具备相关专业技能的监督受托人，赋予其很大的监督职权，耗费大量人力。即便如此，欧委会认为，监督任务的复杂性导致救济措施有效实施的不确定性过高，最终拒绝了当事方的建议。

此外，救济措施的执行期限也与可执行性有关。一般认为，执行期限越长，执行的不确定性越高。欧委会发布的《关于可接受的救济措施的通告（2008）》规定，只有在承诺被履行后，市场竞争条件才能得以维持，因此承诺必须能在较短期限内有效实施。[③]

除上述原则外，有观点认为，救济措施的评估原则还应包括透明原则，要求相关信息公开且容易获得，执法机构在实施集中救济的过程中应当为救济的提出、讨论和采纳提供透明框架，使集中当事人在具体案件中能够感知

---

① See *Commission Notice on remedies acceptable under Council Regulation (EC) No. 139/2004 and under Commission Regulation (EC) No. 802/2004*, C267 Official Journal of the European Communities (2008).

② MCI WorldCom/Sprint, Case COMP/M. 1741, Commission decision of June 28. 2000 (2003 O. J. L300/1), paras. 402, 403.

③ See *Commission Notice on remedies acceptable under Council Regulation (EC) No. 139/2004 and under Commission Regulation (EC) No. 802/2004*, C267 Official Journal of the European Communities (2008).

和接触到决定救济的原则和主要问题，并以合适的方式使竞争者和消费者知悉。[①] 我们认为，透明只是确保附条件可以被公众知悉和监督的具体措施，而并非评估救济措施的原则；此外，附条件批准集中是公权力对市场经济和企业私权的干预，执法机构必须平衡好公开透明和私权保护之间的关系，仅当救济措施与公众利益有关时才予以透明公开，给公众以评议监督的机会和权利。

二、条件的评估方法

当事方提议的附条件建议能否全面有效地解决竞争问题，是否符合比例原则、平衡原则、无害原则和可执行原则，需要用一定的方法评估验证。执法机构通过评估验证以确定是否采纳这些附条件建议。根据案件具体情况，执法机构可采取不同方法评估确认附条件建议，包括：根据已掌握的信息进行内部评估，要求当事方举证以评估，听取相关方特别是反对方的意见，主动征求第三方意见，自行或委托第三方进行市场测试等。

无论用哪种方法评估，其目的都是确认拟采取的救济措施能否达到预期救济目的。在个案中，通常不会用尽全部方法评估测试，而是根据个案需要选择适当的评估测试方法。例如，在可能发生纵向封锁效应的案件中，执法机构可能会侧重征询上下游经营者中可能被封锁的客户或供应商的意见，或征询相对独立但了解行业情况的有关商协会的意见。

实际上，执法机构对附条件建议的评估测试，以及与当事方商谈救济方案，甚至包括当事方提出附条件建议的过程，都在对救济措施进行评估，都可以按照或参照前述评估原则和方法进行，甚至在某些环节还可能重叠进行。例如当事方通过提交文件资料和相关数据信息，向执法机构证明其附条件建议的适当性；执法机构根据自己掌握的事实、数据和信息，评估确认附条件建议的适当性；提出反对意见的第三人，包括同行竞争者、下游客户等，向执法机构提交反对意见及相应证据材料。这些既是案件申报审查的程序内容，也可以看作是广义上的附条件评估测试。

狭义的救济措施评估测试，仅指执法机构初步认可附条件建议后，专门

---

① 袁日新：《经营者集中救济研究》，辽宁大学2010年博士学位论文。

通过某种方法对附条件建议的市场测试。市场测试是美欧执法机构评估附条件建议的重要方法，该方法通过问卷调查等方式，获取特定或不特定第三人对拟采取救济措施的看法。市场测试获取的信息可为执法机构采取进一步行动或作出相关决定提供参考，甚至决定执法机构对附条件建议的最终判断。例如，在 Group4 Falck/Securicor 案①中，市场测试显示，一个可靠的安全服务供应商应该提供整套保安服务。据此，欧委会要求，当事人应当剥离包括电子保安服务在内的整套保安业务。再如，在 Total Fina/Elf Aquitaine 案②中，第三方反对拟议救济措施，欧委会为确保资产剥离的可行性，最终决定完全剥离一方当事人的子公司，该剥离超出了存在竞争问题的重叠资产范围。

市场测试的时间，可以在当事方提交附条件建议后，作出审查决定前的任何阶段进行。具体在哪个环节进行市场测试，由执法机构根据个案情况决定。测试的对象可以是当事方最初提交的附条件建议，也可以是经过商谈或商谈过程中的救济措施，还可以是执法机构初步认定可以采纳的解决方案。测试的对象可以是完整的解决方案，也可以是解决方案的一部分。执法机构可以根据测试对象不同，选择不同的部分进行测试。

市场测试是否必须进行。法律并未要求必须进行市场测试，市场测试只是执法机构的工具选项而非必经法定程序。如果执法机构对相关领域情况非常了解，案情和拟采取的救济措施简单明确，能够确信拟采取的救济措施的适当性，也可以不进行正式市场测试。事实上，在实践中，执法机构不会对所有案件都采取市场测试。执法机构不主动进行市场测试，但不会拒绝相关第三人向执法机构反映问题，执法机构应当接收第三人反映的情况、问题和意见。事实上，恰恰是这些第三人的主动参与，有利于执法机构进一步发现问题。执法机构应当为不特定第三人提交意见提供制度和程序上的便利。在经合组织 2011 年合并救济论坛上，有国家代表就指出，为确保第三方有效参与，规范化的程序设计非常重要。在有些国家，执法部门会在官方公报上发布每一项申报的合并交易消息，并在竞争执法部门的网站公开相关信息。对

---

① Group 4 Falck/Securicor, Case COMP/M. 3396, Commission decision of May 28, 2004, para. 148.

② Total Fina/Elf Aquitaine, Case IV/M. 1628, Commission decision of February 9, 2000 (2001 O. J. L143/1), p. 319, 362.

案件感兴趣的人以及受交易影响的主体可在两周内提出意见。[①] 即便如此，根据这些国家的经验，尽管集中可能引发竞争问题，第三方也很少行使权利参与审查程序。如果涉案行业规模不大，企业间联系比较紧密，一些可能提供有价值信息的主体，因为担心破坏企业间商业关系，往往不会积极提出意见。[②] 如果执法机构不重视或者没有提供足够的便利条件，将更难以获取第三方的意见，不利于案件正确处理。

市场测试的最终目的是确保采纳的救济措施符合实际情况，能够实现救济的预期目标。实践中，开展市场测试有利于执法机构实现下列阶段性目标：一是有利于平衡信息不对称问题。执法机构既不是行业专家，也不是将来救济措施的执行者，实践中通常由当事方提出附条件建议。与当事方相比，执法机构审查救济措施存在先天的信息弱势，市场测试有利于执法机构全面掌握信息。二是反垄断审查解决竞争问题，体现为拟议集中对供应商、客户及消费者等相关方的不利影响，市场测试可以使执法机构直接接触他们的看法，有利于作出全面适当的判断。三是市场测试可以推动救济措施商谈深入进行，为优化救济方案提供思路。在经合组织 2011 年的合并救济论坛上，德国代表强调了执法机构在办理经营者集中案件过程中从第三方获取信息的重要性，第三方信息有利于更好地理解市场，设计更有效的救济措施，在拟采取资产剥离的案件中，第三方往往能更清晰地说明哪些资产对有效运营业务重要，此外，通过披露诸如财产权状态、租赁合同存续期限及业务运营需要的第三方许可等信息，能够发现救济措施中的潜在风险[③]。

在外资并购反垄断审查早期，执法机构基本是闭门办案，随着不断探索，开始逐渐征求有关方面的意见，召开相关座谈会。《反垄断法》颁行后，根据公开信息，商务部一般通过书面征求意见、座谈会、调查问卷、实地调查等

---

① 有些国家执法机构公开所有申报案件信息允许第三方提交意见的做法值得借鉴。目前在中国，执法机构仅公示适用简易程序的案件，该公示只具有程序异议的价值，即只能对该案是否适用简易程序申报审查提出异议；对更为重要的适用非简易程序的案件以及可能采取的救济措施并不公示。反垄断法也仅要求执法机构公布禁止和附条件批准的案件。

② 韩伟：《经合组织 2011 年合并救济论坛介评》，载《经济法研究》2014 年第 1 期。OECD, Remedies in Merger Cases.

③ 韩伟：《经合组织 2011 年合并救济论坛介评》，载《经济法研究》2014 年第 1 期。OECD, Remedies in Merger Cases.

形式，与政府有关部门、相关商协会、竞争者、上下游企业、消费者及反垄断专家、行业专家等进行沟通、听取意见。商务部在2012年的谷歌收购摩托罗拉移动业务案中，就征求了相关政府部门、行业协会和下游企业的意见，还就技术问题咨询了有关专家；在2012年的联合技术收购古德里奇案中，商务部不仅书面征求了有关政府部门、同业竞争者和下游客户的意见，还就相关情况进行了实地调研。截至目前，我国执法机构测试评估救济措施，包括审查过程中查找竞争问题，征求第三方意见，以执法机构主动进行为主。执法机构也对社会公布案件信息，征询社会意见，但公布内容限于简易案件信息，非简易案件信息不予公布；执法机构公布简易案件信息的目的，是征询社会公众对案件适用简易程序的意见，而非对案件是否存在竞争问题的意见，更不是对拟采取救济措施发表意见。理论上，非简易案件更可能引发竞争问题，更应当公开相关信息，听取公众意见；拟采取的救济措施更是直接影响竞争问题的解决，听取公众意见的必要性似乎更大。有专家提出，执法机构可以考虑出台有关合并救济环节第三方介入的正式程序性规则。比如，企业申报的合并交易，哪一阶段以何种方式可以向社会公开，第三方通过何种途径在特定期限内提交意见，如何确保特定的涉密信息安全，这些问题都有赖于正式程序予以规范。

积极开展市场测试有其重要价值，开门办案、广泛征求和听取各方意见，有利于执法机构获取信息、拓展思路、避免误导，同时测试对象本身也决定了执法机构要非常谨慎地对待测试结果。一方面，无论是何种测试都是对将来的预估，这种预估存在很大的主观性；另一方面，任何第三方都有其利益和立场，都很难说是中立的第三方。第三方可能出于自身的特殊目的而提出偏颇甚至误导的意见，或基于其自身认识的局限性，提出不符合实际情况、不合理的意见。这就要求执法机构在使用第三方意见时，要结合第三方的地位和利益关系，从中剥离出那些可能具有夸大性甚至误导性的信息。在经合组织2011年合并救济论坛上，德国代表曾提到执法机构依赖第三方意见需要注意的问题：竞争对手基于自身利益，可能诱导执法机构剥离更有吸引力的业务，使其被竞争对手购得；消费者意见往往更中立，但消费者可能缺乏行业知识，从而影响其意见质量。此外，为确保从第三方有效获得信息，执法部门需要甄别哪些消费者、供应商或竞争对手能够提供相关信息。①

欧委会等执法机构对第三方的意见仅作参考而非必须予以考虑或采纳。在 Lufthansa/Swiss 案②中，第三方要求集中后实体在特定重叠线路上的航班频率减少到集中前 Lufthansa 的运营水平，目的是避免产能过剩并使市场进入更有吸引力。当事方向欧委会提交证据证明，如果航班频率降低到集中前 Lufthansa 的水平，将严重扰乱枢纽功能，欧委会最终拒绝了第三方的意见。欧委会认为，救济措施要确保那些枢纽到枢纽的航线有效竞争，还要确保当事方获得相应的效率，避免最终损害消费者利益，最终欧委会允许当事方维持其建议的低于集中实施前当事方在这些线路的航班总数的航班频率，且当事方承诺 3 年内不增加航班频率。

第五节　附条件决定

确定对经营者集中采取救济措施后，需要以对当事方有约束力的法律文件载明。此类文件通常称为附条件批准决定书。

一、执法模式和附条件决定

由于各司法辖区的反垄断执法机制不同，附条件决定会以不同形式出现。例如，在以司法为中心的美国，司法部有权放过一项经营者集中，却无权禁止一项经营者集中，也无权附条件批准经营者集中。对美国司法部而言，实际上不存在严格意义上的附条件批准，司法部没有类似我国和欧盟的行政批准权。其实际做法是，司法部与当事方协商达成和解，以通过和解同意令（a consent decree）的方式附条件解决。司法部与当事人签署和解协议后，根据《特尼法案》提交给联邦地区法院备案并进行为期 60 天的公示，接受法院有

---

① 韩伟：《经合组织 2011 年合并救济论坛介评》，载《经济法研究》2014 年第 1 期。OECD, Remedies in Merger Cases.

② Lufthansa/Swiss, Case COMP/M. 3770, Commission decision of July 4, 2005, para. 202.

关是否符合公共利益的审查，以有约束力的法院命令的方式出现。① 因此，对美国司法部而言，所谓附条件决定实际上是法院批准的执法机构与当事人达成的和解协议，其效力来自法院命令。

在以行政裁决为中心的欧盟，欧委会主要通过行政裁决方式体现并实施各种不同的救济措施。在行政裁决体制下，欧委会将其认可的救济措施纳入附条件批准决定，以行政裁决的执行力落实救济措施。欧委会有权不经过法院裁判、批准或者备案，就可以自行作出无条件批准、附条件批准或者禁止集中的行政裁决。前述行政裁决不需要像美国司法部一样履行公示程序，也不需要法院认可或向其备案即具有执行效力。因此，只有在欧盟这样的以行政裁决为中心的反垄断执法体制下，才有附条件批准的做法。

我国与欧盟类似，属于以行政裁决为中心的反垄断执法体制。根据《反垄断法》第28、29条，经营者集中具有或者可能具有排除、限制竞争效果的，国务院反垄断执法机构应当作出禁止经营者集中的决定。但是，经营者能够证明该集中对竞争产生的有利影响明显大于不利影响，或者符合社会公共利益的，国务院反垄断执法机构可以作出对经营者集中不予禁止的决定。对不予禁止的经营者集中，国务院反垄断执法机构可以决定附加减少集中对竞争产生不利影响的限制性条件。据此，中国的反垄断执法机构有权自行作出附条件批准的决定，该决定在性质上属于行政决定，是具体行政行为的一种。

二、附条件决定的形式和内容

根据我国《反垄断法》，附条件决定应当以书面形式作出。在实践中，是以商务部公告和市场监管总局公告的方式发布，是正式的政府公文。公告作出后将送达当事人，同时按照《反垄断法》第30条的要求，执法机构应当将对经营者集中附加限制性条件的决定及时向社会公布。此前商务部和市场监管总局都是将决定全文发布于官方网站。应该说，这样的公布方式既符合《反垄断法》要求，也最大程度上保证了公开的力度、广度和持久程度，是行政透明度做得非常好的样板。

---

① ［美］伊莲·K. 格茨主编：《美国并购审查程序暨实务指南》（第3版），李之彦、王涛译，北京大学出版社2011年版，第269－278页。

我国附条件批准决定的内容尚处于逐步完善过程中。根据公开信息，最早发布的附条件批准决定，连同标题、落款不足600字，① 主要内容包括：审查程序、审查决定和附加的限制性条件三部分。执法机构发布的第二件附条件决定将内容调整为：立案和审查过程、审查内容、审查工作、竞争问题、附加限制性条件的商谈、审查决定。② 此后，在较长一段时间内，执法机构发布的附条件决定维持了这种内容模板，其间各部分内容虽逐步丰富，但总体变动不大。从2011年年底发布的希捷收购三星硬盘驱动器业务案开始，公告的结构模板虽无实质变化，但开始大篇幅增加竞争分析的内容，包括集中交易和相关市场、市场状况、采购模式、产能利用、产品创新、买方议价能力和对消费者影响、市场进入、集中对相关商品市场和消费者的影响等等。此外，该案公告更为详细地描述了附加的条件和义务。从2013年的嘉能可国际公司收购斯特拉塔案附条件批准决定开始，将当事方的承诺文件作为附件直接纳入审查决定。③ 从2014年的赛默飞世尔科技公司收购立菲技术公司案开始，执法机构聘请独立第三方咨询机构开展定量分析并将经济分析内容纳入审查决定。④ 此后，附条件批准的审查决定的结构和内容沿袭上述内容并维持相对稳定。

目前，市场监管总局的附条件批准审查决定基本维持了六部分结构，每部分的内容也基本恒定。第一部分，立案和审查程序，主要内容是集中申报、审查的时间节点，开展的主要审查工作，以及最终审查结论。第二部分，案件基本情况，主要是简单介绍经营者集中的当事方，拟议交易的主要内容。第三部分，相关市场，包括界定的相关商品市场和相关地域市场，从逻辑上

① 参见商务部公告2008年第95号，载商务部网2008年11月18日，http://fldj.mofcom.gov.cn/article/ztxx/200811/20081105899216.shtml。

② 参见《关于禁止可口可乐公司收购中国汇源公司审查决定的公告》（商务部公告2009年第22号），载商务部网2009年3月18日，http://fldj.mofcom.gov.cn/article/ztxx/200903/20090306108494.shtml。

③ 参见《关于附加限制性条件批准嘉能可国际公司收购斯特拉塔公司经营者集中反垄断审查决定的公告》（商务部公告2013年第20号），载商务部网2013年4月16日，http://fldj.mofcom.gov.cn/article/ztxx/201304/20130400091222.shtml。

④ 参见《关于附加限制性条件批准赛默飞世尔科技公司收购立菲技术公司案经营者集中反垄断审查决定的公告》（商务部公告2014年第3号），载商务部网2014年1月15日，http://fldj.mofcom.gov.cn/article/ztxx/201401/20140100461603.shtml。

看，该部分应包含于竞争分析，可能因其重要性和篇幅等原因而单列出来成为独立的一部分。第四部分，竞争分析，该部分的帽段均称根据《反垄断法》第27条规定深入分析了经营者集中对市场竞争的影响，然而结合具体案件的情况，实际上不同公告的分析各有侧重。第五部分，附加限制性条件的商谈，主要简述了商谈过程，重点表明执法机构接受申报方提交的附加限制性条件承诺方案。第六部分，审查决定，该部分是最终审查结论，表明执法机构决定附加限制性条件批准集中，同时载明当事方应当履行的条件和义务。通常当事方提交的承诺文件都会作为审查决定的附件，与决定正文具有同等法律约束力。对公告内容的细致研究，可显示执法机构对申报的关注，也可以显示执法机构对不同竞争问题的解决思路和方法。

三、附条件决定的效力

在我国，附条件审查决定作为一项行政决定，一旦作出送达公布即发生法律效力。

对附条件批准决定的复议诉讼，通常不妨碍附条件批准决定生效执行。作为具体行政行为，根据《反垄断法》第53条的规定，当事人如果对附条件批准决定不服的，可以提起行政复议，也可以提起行政诉讼。根据《行政复议法》第21条规定，行政复议期间具体行政行为不停止执行，除非有规定的情形之一。[①] 根据《行政诉讼法》第56条的规定，诉讼期间，不停止行政行为的执行，除非有规定情形之一。[②] 据此，即便当事方提起复议或者诉讼，通常也不会阻止附条件批准决定生效执行。况且，附条件批准决定通常是在执法机构与当事人达成一致的基础上作出的，几乎不存在被复议诉讼的情形。

通常理解，附条件批准决定对参与集中的经营者具有法律约束力，经营者应当履行决定附加的条件和义务。实际上，附条件批准决定的法律约束力

---

① 规定的情形包括：被申请人认为需要停止执行的；行政复议机关认为需要停止执行的；申请人申请停止执行，行政复议机关认为其要求合理，决定停止执行的；法律规定停止执行的。

② 规定的情形包括：被告认为需要停止执行的；原告或者利害关系人申请停止执行，人民法院认为该行政行为的执行会造成难以弥补的损失，并且停止执行不损害国家利益、社会公共利益的；人民法院认为该行政行为的执行会给国家利益、社会公共利益造成重大损害的；法律、法规规定停止执行的。当事人对停止执行或者不停止执行的裁定不服的，可以申请复议一次。

不限于当事人，而是对有关各方均具有相应约束力。

首先，附条件决定对执法机构具有约束力。基于行政行为确定性和行政机关公信力的要求，附条件批准决定对执法机构的约束力主要体现在，除非出现法定情形，执法机构不得撤销、撤回附条件批准决定，也不得再行要求当事人承担额外的条件或者义务，即便此后发现附条件批准决定采取的救济措施不足以消除或削弱排除限制竞争的效果。在这一点上，中国行政法学界和执法机构的立场做法一致，执法机构不能以救济措施不足或无效为理由，改变或推翻此前的附条件批准决定。不过让人大跌眼镜的是，在美欧执法机构看来，其并不受此约束，尽管执法机构在实践中对此非常谨慎。关于该问题的讨论见本书事后救济的内容。

其次，附条件批准决定对当事人的约束力。这里的当事人是非常宽泛的概念，需要根据个案具体情况确定。在实践中，经营者集中交易非常复杂，不同的交易方式会涉及法律地位各不相同的经营者。经营者集中既是反垄断法意义上的市场力量的集中，同时又表现为一项民商事交易。参与集中的经营者范畴和参与交易的经营者并不完全相同。履行附加的条件和义务的经营者可能是参与交易的经营者，也可能是参与集中的经营者，还有可能所有相关经营者共同承担责任。所谓“参与集中的经营者”，是指在集中实施之前没有控制关联关系，因实施集中而相互具有控制关联关系的那些经营者；所谓“参与交易的经营者”，是指为集中之目的而参与交易的买方、卖方以及目标公司等经营者。附条件批准时，在法律上，因经营者集中而产生的新实体尚不存在，要求集中后实体满足的条件、履行的义务，主要是行为条件，通常表述为集中后实体，为求稳妥，执法机构可能要求参与交易的经营者承担连带责任。对常见的资产剥离而言，应当本着谁是剥离资产的所有者和实际控制者，谁负担满足剥离条件的责任。当事人承担的条件与义务内容和关系，在条件与义务部分已有讨论，此处不再赘述。

最后，是对有利害关系的案外人和社会公众的效力。附条件批准决定不能为没有参与该决定的案外人设定义务，但可创设权利。例如，在开放基础设施、知识产权许可的行为条件中，案外不特定的经营者有权要求对其开放基础设施、许可知识产权。社会公众有权监督经营者的条件是否满足、义务是否履行，并有权向执法机构举报、投诉。

第六节 事后救济

事后救济，是指经营者集中实施完成后，执法机构对其竞争问题采取措施的情形。在实行不同控制制度的国家，对此种情形性质的认定不同。在实行自愿申报、事后申报制度的国家，当事方也可以事前申报，如果存在竞争问题，可以事先采取救济措施；如果当事方在集中实施后申报且存在竞争问题，当事方需要自行承担执法机构反对集中的后果。这些后果既包括责令恢复到集中实施前的状态，也包括对已实施的集中采取救济措施。此类事后救济是自愿申报、事后申报制度下的应有之义，严格意义上，不属于附条件批准。即便是在事前申报的国家，如果集中已经实施完成，再对其采取救济措施，严格意义上，也不属于附条件批准，因为集中已经实施完毕，无所谓批准的问题了，然而，广义上仍可在救济措施的范畴内讨论，即讨论在事前申报制度下，可能事后救济的情形。

一、未达申报标准的事后救济

经营者集中没有达到法律规定的申报标准，根据法定和确定性原则，当事方没有义务申报，依法可以直接实施集中。即便是执法机构事先主动对此类交易进行调查，也与达到申报标准需要申报的经营者集中不同。根据国务院《关于经营者集中申报标准的规定》第 4 条的规定，经营者集中未达到本规定第 3 条规定的申报标准，但按照规定程序收集的事实和证据表明该经营者集中具有或者可能具有排除、限制竞争效果的，国务院商务主管部门应当依法进行调查。据此，对未达到申报标准的集中进行调查，我国执法机构秉持了从严把握的立法态度。一是程序上，要求按照规定程序收集了事实和证据；二是实体上，还要能表明该经营者集中具有或者可能具有排除、限制竞争效果。此外，即便执法机构决定调查该类集中，当事方也不必然停止实施集中。当事方可以自行决定继续实施集中还是等待执法机构的调查结果。事实上，执法机构在执行中秉持了更为谨慎的态度，根据公开信息，截至目前，尚未见执法机构动用此条款对未达到申报标准的集中进行调查。

此类未达申报标准的经营者集中，在实施完成之后，执法机构发现其存在竞争问题，而进行调查，甚至要求采取救济措施，即属未达申报标准的事后救济。根据国务院《关于经营者集中申报标准的规定》第 4 条，执法机构可以对未达申报标准的经营者集中依法进行调查。通常认为，该调查类似达到申报标准的经营者集中的申报审查，应当在实施之前进行。然而，单纯从该条字面表述看，并没有排除事后调查的可能性。这意味着，未达申报标准的经营者集中，即使已经实施完成，执法机构也可以进行调查并采取救济措施，只要按照规定程序收集的事实和证据表明该经营者集中具有或者可能具有排除、限制竞争效果。由此可见，对未达标准的经营者集中，进行事后调查并采取救济措施于法有据。

然而，未达申报标准的经营者集中毕竟没有法定申报义务，要求其接受事后调查，甚至接受救济措施，可能损害经营者对法律的预期，导致公权力对经济活动干预过度。为平衡其与严重的市场竞争损害之间的关系，应当严格管控此类个案数量，此类调查不应当是执法常态。具体做法可以创设调查时效的约束，即便未达标的经营者集中严重损害市场竞争，如果执法机构未及时采取措施干预，规定的时间期限届满，调查时效已过，执法机构便不能再行调查并采取救济措施。理由在于：其一，集中实施后较长时间，已经形成新的稳定秩序，再行干预不利于经济发展和消费者利益；其二，集中实施后较长时间，集中后实体具有的市场地位及其反竞争效果，可能叠加了集中实施后自行竞争取得的优势，对此法律不能否定，但难以与集中的反竞争效果剥离区分；其三，执法机构未及时追究，本身也有过错，其后果不能全部由经营者承担。遗憾的是，目前国务院《关于经营者集中申报标准的规定》对执法机构事后调查未达标的集中没有时间限制，理论上，即便是已经实施完毕很久的未达申报标准的集中，也可能遭到调查。这一点恐怕是立法上的疏漏，不过从实践来看，由于执法机构在调查未达标集中上极为保守，这个问题在实践中尚未显现出来。

与中国反垄断执法机构极端保守的做法不同，美国执法实践对未达标且已实施完毕的集中实行调查早有先例。在 TransDigm 收购 SCHROTH 案中，2017 年 2 月，TransDigm 以 9000 万美元收购了原属于 Takata 的 SCHROTH Safety Products GmbH 和 SCHROTH Safety Products LLC（合称 SCHROTH 业务）。根据哈特-斯科特-罗迪诺反垄断改进法案，可不予事先申报。2017年12月21日，美国司法部发布公告，要求TransDigm剥离前期收购的原Takata所有的机场约束系统业务。该案属于典型的对未达标集中的事后救济。

二、未依法申报的事后救济

经营者集中达到申报标准，应当向执法机构申报，执法机构批准之后才能实施。如果经营者没有向执法机构申报，即开始实施集中甚至实施完成，属于违法行为。事后可能会遭到执法机构查处，如果事后查处发现存在竞争问题，则可能需要采取救济措施，甚至被要求恢复原状。

在美国，联邦贸易委员会2003年声明只规定委员会的事前审查和救济，并未提及依法申报的事后审查和救济问题。2012年声明则将已完成的集中也纳入审查范围。该声明第一部分“资产剥离方案”中规定，委员会和执法人员会对大多数集中进行事先审查，但也会调查已完成的集中交易。委员会处理具有反竞争效果的集中案件的救济目标是：在可能的限度内消除集中将导致或已导致的反竞争效应。对自行申报经营者集中的事先审查和对已完成经营者集中调查的法律分析没有显著区别，但对这两类案件采取的救济措施可能引发不同的问题。在已完成的集中交易中，当事方已经取得目标资产完成集中，在这种情况下，为消除反竞争影响而提出有效剥离方案的做法是有问题的，复原摊成蛋饼的鸡蛋非常困难，这也是历史上美国由事后审查改为事先申报审查制度的原因。尽管如此，2012年声明认为仍然有必要消除已完成集中的非法效应。委员会仍可能要求集中后的经营者将公司重组为两个相互分离的独立经营部分并剥离其中一个部分。事实上，委员会也确实在行政法官确定集中引发反竞争的价格上升后，对已完成的集中施加了资产剥离命令。① 值得注意的是，2012年声明要求对已完成集中进行审查并采取救济措施，似乎没有区分未达到申报标准的集中和达到申报标准但未依法申报的集中。这一点似乎也不科学，在实行事前申报的国家，显然后者未依法申报本身违法，存在主观过错，应当承担更大责任；前者的经营者既无主观过错，

---

① *In the matter of Polypore International, Inc.*, FTC Docket No. 9327 (Dec. 13, 2010), FTC (Dec. 18, 2013), http://www.ftc.gov/os/adjpro/d9327/index.shtm.

也无违法行为，即便遭遇事后调查也应仅承担有区分的责任。

目前来看，这个问题在中国似乎并不突出。从执法机构公布的未依法申报案件来看，无一例外都没有反竞争效果，也就不存在事后救济问题。出现这种情形不外乎以下原因：一是，大型集中的申报率较高，少数未申报的集中出现反竞争效果的概率更小；二是，缺乏有效的查找机制，未依法申报且存在竞争问题的集中未被发现。尽管如此，在立法上，还是应当完善事后救济的相关规则，包括未达申报标准和未依法申报的情形，以免一旦出现此类案例处理起来无法可依。

三、附条件或无条件批准的事后救济

在事前申报的反垄断控制制度下，经营者集中达到申报标准，依法向执法机构进行了申报，执法机构批准了集中，包括附条件批准集中，或在等待期内没有挑战经营者集中，经营者集中依法实施完成后，执法机构发现其存在竞争问题，要求其采取救济措施的情形，即属于附条件或无条件批准的事后救济。

按照我国法律，严格意义上，不应该存在这种事后救济，或者说对附条件或无条件批准的经营者集中不应当再行采取救济措施，即便事后发现无条件批准的经营者集中存在反竞争效果，或者附条件批准的经营者集中不能有效解决存在的竞争问题。尽管在美欧可能对此类情形采取措施。然而，现在来看，美欧的做法也并非尽善尽美。一方面，从依法行政和行政行为公信力角度，既然经营者依法进行了申报，执法机构依法进行了审查并作出了有效的审查决定，就不能反悔。另一方面，从反垄断控制看，经营者集中反垄断审查是事前控制，这种事前评估预测本身就具有不确定性，制度上存在“漏网”的可能性。这种漏网不能依靠损害行政决定公信力的做法弥补，实践中可通过禁止滥用市场支配地位等制度解决，同时，也通过此类个案不断改进竞争分析评估，减少此后漏网的可能性。

附　录

中华人民共和国反垄断法

（2007 年 8 月 30 日第十届全国人民代表大会常务委员会第二十九次会议通过　2007 年 8 月 30 日中华人民共和国主席令第 68 号公布　自 2008 年 8 月 1 日起施行）

目　录

第一章　总　　则

第一条　为了预防和制止垄断行为，保护市场公平竞争，提高经济运行效率，维护消费者利益和社会公共利益，促进社会主义市场经济健康发展，制定本法。

第二条　中华人民共和国境内经济活动中的垄断行为，适用本法；中华人民共和国境外的垄断行为，对境内市场竞争产生排除、限制影响的，适用本法。

第三条　本法规定的垄断行为包括：

（一）经营者达成垄断协议；

（二）经营者滥用市场支配地位；

（三）具有或者可能具有排除、限制竞争效果的经营者集中。

第四条　国家制定和实施与社会主义市场经济相适应的竞争规则，完善宏观调控，健全统一、开放、竞争、有序的市场体系。

第五条　经营者可以通过公平竞争、自愿联合，依法实施集中，扩大经营规模，提高市场竞争能力。

第六条　具有市场支配地位的经营者，不得滥用市场支配地位，排除、限制竞争。

第七条　国有经济占控制地位的关系国民经济命脉和国家安全的行业以及依法实行专营专卖的行业，国家对其经营者的合法经营活动予以保护，并对经营者的经营行为及其商品和服务的价格依法实施监管和调控，维护消费者利益，促进技术进步。

前款规定行业的经营者应当依法经营，诚实守信，严格自律，接受社会公众的监督，不得利用其控制地位或者专营专卖地位损害消费者利益。

第八条　行政机关和法律、法规授权的具有管理公共事务职能的组织不得滥用行政权力，排除、限制竞争。

第九条　国务院设立反垄断委员会，负责组织、协调、指导反垄断工作，履行下列职责：

（一）研究拟订有关竞争政策；

（二）组织调查、评估市场总体竞争状况，发布评估报告；

（三）制定、发布反垄断指南；

（四）协调反垄断行政执法工作；

（五）国务院规定的其他职责。

国务院反垄断委员会的组成和工作规则由国务院规定。

第十条　国务院规定的承担反垄断执法职责的机构（以下统称国务院反垄断执法机构）依照本法规定，负责反垄断执法工作。

国务院反垄断执法机构根据工作需要，可以授权省、自治区、直辖市人民政府相应的机构，依照本法规定负责有关反垄断执法工作。

第十一条　行业协会应当加强行业自律，引导本行业的经营者依法竞争，维护市场竞争秩序。

第十二条　本法所称经营者，是指从事商品生产、经营或者提供服务的自然人、法人和其他组织。

本法所称相关市场，是指经营者在一定时期内就特定商品或者服务（以下统称商品）进行竞争的商品范围和地域范围。

第二章 垄断协议

第十三条 禁止具有竞争关系的经营者达成下列垄断协议：

（一）固定或者变更商品价格；

（二）限制商品的生产数量或者销售数量；

（三）分割销售市场或者原材料采购市场；

（四）限制购买新技术、新设备或者限制开发新技术、新产品；

（五）联合抵制交易；

（六）国务院反垄断执法机构认定的其他垄断协议。

本法所称垄断协议，是指排除、限制竞争的协议、决定或者其他协同行为。

第十四条 禁止经营者与交易相对人达成下列垄断协议：

（一）固定向第三人转售商品的价格；

（二）限定向第三人转售商品的最低价格；

（三）国务院反垄断执法机构认定的其他垄断协议。

第十五条 经营者能够证明所达成的协议属于下列情形之一的，不适用本法第十三条、第十四条的规定：

（一）为改进技术、研究开发新产品的；

（二）为提高产品质量、降低成本、增进效率，统一产品规格、标准或者实行专业化分工的；

（三）为提高中小经营者经营效率，增强中小经营者竞争力的；

（四）为实现节约能源、保护环境、救灾救助等社会公共利益的；

（五）因经济不景气，为缓解销售量严重下降或者生产明显过剩的；

（六）为保障对外贸易和对外经济合作中的正当利益的；

（七）法律和国务院规定的其他情形。

属于前款第一项至第五项情形，不适用本法第十三条、第十四条规定的，经营者还应当证明所达成的协议不会严重限制相关市场的竞争，并且能够使消费者分享由此产生的利益。

第十六条　行业协会不得组织本行业的经营者从事本章禁止的垄断行为。

第三章　滥用市场支配地位

第十七条　禁止具有市场支配地位的经营者从事下列滥用市场支配地位的行为：

（一）以不公平的高价销售商品或者以不公平的低价购买商品；

（二）没有正当理由，以低于成本的价格销售商品；

（三）没有正当理由，拒绝与交易相对人进行交易；

（四）没有正当理由，限定交易相对人只能与其进行交易或者只能与其指定的经营者进行交易；

（五）没有正当理由搭售商品，或者在交易时附加其他不合理的交易条件；

（六）没有正当理由，对条件相同的交易相对人在交易价格等交易条件上实行差别待遇；

（七）国务院反垄断执法机构认定的其他滥用市场支配地位的行为。

本法所称市场支配地位，是指经营者在相关市场内具有能够控制商品价格、数量或者其他交易条件，或者能够阻碍、影响其他经营者进入相关市场能力的市场地位。

第十八条　认定经营者具有市场支配地位，应当依据下列因素：

（一）该经营者在相关市场的市场份额，以及相关市场的竞争状况；

（二）该经营者控制销售市场或者原材料采购市场的能力；

（三）该经营者的财力和技术条件；

（四）其他经营者对该经营者在交易上的依赖程度；

（五）其他经营者进入相关市场的难易程度；

（六）与认定该经营者市场支配地位有关的其他因素。

第十九条　有下列情形之一的，可以推定经营者具有市场支配地位：

（一）一个经营者在相关市场的市场份额达到二分之一的；

（二）两个经营者在相关市场的市场份额合计达到三分之二的；

（三）三个经营者在相关市场的市场份额合计达到四分之三的。

有前款第二项、第三项规定的情形，其中有的经营者市场份额不足十分之一的，不应当推定该经营者具有市场支配地位。

被推定具有市场支配地位的经营者，有证据证明不具有市场支配地位的，不应当认定其具有市场支配地位。

第四章　经营者集中

第二十条　经营者集中是指下列情形：

（一）经营者合并；

（二）经营者通过取得股权或者资产的方式取得对其他经营者的控制权；

（三）经营者通过合同等方式取得对其他经营者的控制权或者能够对其他经营者施加决定性影响。

第二十一条　经营者集中达到国务院规定的申报标准的，经营者应当事先向国务院反垄断执法机构申报，未申报的不得实施集中。

第二十二条　经营者集中有下列情形之一的，可以不向国务院反垄断执法机构申报：

（一）参与集中的一个经营者拥有其他每个经营者百分之五十以上有表决权的股份或者资产的；

（二）参与集中的每个经营者百分之五十以上有表决权的股份或者资产被同一个未参与集中的经营者拥有的。

第二十三条　经营者向国务院反垄断执法机构申报集中，应当提交下列文件、资料：

（一）申报书；

（二）集中对相关市场竞争状况影响的说明；

（三）集中协议；

（四）参与集中的经营者经会计师事务所审计的上一会计年度财务会计报告；

（五）国务院反垄断执法机构规定的其他文件、资料。

申报书应当载明参与集中的经营者的名称、住所、经营范围、预定实施集中的日期和国务院反垄断执法机构规定的其他事项。

第二十四条　经营者提交的文件、资料不完备的，应当在国务院反垄断执法机构规定的期限内补交文件、资料。经营者逾期未补交文件、资料的，视为未申报。

第二十五条 国务院反垄断执法机构应当自收到经营者提交的符合本法第二十三条规定的文件、资料之日起三十日内，对申报的经营者集中进行初步审查，作出是否实施进一步审查的决定，并书面通知经营者。国务院反垄断执法机构作出决定前，经营者不得实施集中。

国务院反垄断执法机构作出不实施进一步审查的决定或者逾期未作出决定的，经营者可以实施集中。

第二十六条 国务院反垄断执法机构决定实施进一步审查的，应当自决定之日起九十日内审查完毕，作出是否禁止经营者集中的决定，并书面通知经营者。作出禁止经营者集中的决定，应当说明理由。审查期间，经营者不得实施集中。

有下列情形之一的，国务院反垄断执法机构经书面通知经营者，可以延长前款规定的审查期限，但最长不得超过六十日：

（一）经营者同意延长审查期限的；

（二）经营者提交的文件、资料不准确，需要进一步核实的；

（三）经营者申报后有关情况发生重大变化的。

国务院反垄断执法机构逾期未作出决定的，经营者可以实施集中。

第二十七条 审查经营者集中，应当考虑下列因素：

（一）参与集中的经营者在相关市场的市场份额及其对市场的控制力；

（二）相关市场的市场集中度；

（三）经营者集中对市场进入、技术进步的影响；

（四）经营者集中对消费者和其他有关经营者的影响；

（五）经营者集中对国民经济发展的影响；

（六）国务院反垄断执法机构认为应当考虑的影响市场竞争的其他因素。

第二十八条 经营者集中具有或者可能具有排除、限制竞争效果的，国务院反垄断执法机构应当作出禁止经营者集中的决定。但是，经营者能够证明该集中对竞争产生的有利影响明显大于不利影响，或者符合社会公共利益的，国务院反垄断执法机构可以作出对经营者集中不予禁止的决定。

第二十九条 对不予禁止的经营者集中，国务院反垄断执法机构可以决定附加减少集中对竞争产生不利影响的限制性条件。

第三十条 国务院反垄断执法机构应当将禁止经营者集中的决定或者对经营者集中附加限制性条件的决定，及时向社会公布。

第三十一条 对外资并购境内企业或者以其他方式参与经营者集中，涉及国家安全的，除依照本法规定进行经营者集中审查外，还应当按照国家有关规定进行国家安全审查。

第五章 滥用行政权力排除、限制竞争

第三十二条 行政机关和法律、法规授权的具有管理公共事务职能的组织不得滥用行政权力，限定或者变相限定单位或者个人经营、购买、使用其指定的经营者提供的商品。

第三十三条 行政机关和法律、法规授权的具有管理公共事务职能的组织不得滥用行政权力，实施下列行为，妨碍商品在地区之间的自由流通：

（一）对外地商品设定歧视性收费项目、实行歧视性收费标准，或者规定歧视性价格；

（二）对外地商品规定与本地同类商品不同的技术要求、检验标准，或者对外地商品采取重复检验、重复认证等歧视性技术措施，限制外地商品进入本地市场；

（三）采取专门针对外地商品的行政许可，限制外地商品进入本地市场；

（四）设置关卡或者采取其他手段，阻碍外地商品进入或者本地商品运出；

（五）妨碍商品在地区之间自由流通的其他行为。

第三十四条 行政机关和法律、法规授权的具有管理公共事务职能的组织不得滥用行政权力，以设定歧视性资质要求、评审标准或者不依法发布信息等方式，排斥或者限制外地经营者参加本地的招标投标活动。

第三十五条 行政机关和法律、法规授权的具有管理公共事务职能的组织不得滥用行政权力，采取与本地经营者不平等待遇等方式，排斥或者限制外地经营者在本地投资或者设立分支机构。

第三十六条 行政机关和法律、法规授权的具有管理公共事务职能的组织不得滥用行政权力，强制经营者从事本法规定的垄断行为。

第三十七条 行政机关不得滥用行政权力，制定含有排除、限制竞争内容的规定。

第六章 对涉嫌垄断行为的调查

第三十八条 反垄断执法机构依法对涉嫌垄断行为进行调查。

对涉嫌垄断行为，任何单位和个人有权向反垄断执法机构举报。反垄断执法机构应当为举报人保密。

举报采用书面形式并提供相关事实和证据的，反垄断执法机构应当进行必要的调查。

第三十九条 反垄断执法机构调查涉嫌垄断行为，可以采取下列措施：

（一）进入被调查的经营者的营业场所或者其他有关场所进行检查；

（二）询问被调查的经营者、利害关系人或者其他有关单位或者个人，要求其说明有关情况；

（三）查阅、复制被调查的经营者、利害关系人或者其他有关单位或者个人的有关单证、协议、会计账簿、业务函电、电子数据等文件、资料；

（四）查封、扣押相关证据；

（五）查询经营者的银行账户。

采取前款规定的措施，应当向反垄断执法机构主要负责人书面报告，并经批准。

第四十条 反垄断执法机构调查涉嫌垄断行为，执法人员不得少于二人，并应当出示执法证件。

执法人员进行询问和调查，应当制作笔录，并由被询问人或者被调查人签字。

第四十一条 反垄断执法机构及其工作人员对执法过程中知悉的商业秘密负有保密义务。

第四十二条 被调查的经营者、利害关系人或者其他有关单位或者个人应当配合反垄断执法机构依法履行职责，不得拒绝、阻碍反垄断执法机构的调查。

第四十三条 被调查的经营者、利害关系人有权陈述意见。反垄断执法机构应当对被调查的经营者、利害关系人提出的事实、理由和证据进行核实。

第四十四条 反垄断执法机构对涉嫌垄断行为调查核实后，认为构成垄断行为的，应当依法作出处理决定，并可以向社会公布。

第四十五条 对反垄断执法机构调查的涉嫌垄断行为，被调查的经营者承诺在反垄断执法机构认可的期限内采取具体措施消除该行为后果的，反垄断执法机构可以决定中止调查。中止调查的决定应当载明被调查的经营者承诺的具体内容。

反垄断执法机构决定中止调查的，应当对经营者履行承诺的情况进行监督。经营者履行承诺的，反垄断执法机构可以决定终止调查。

有下列情形之一的，反垄断执法机构应当恢复调查：

（一）经营者未履行承诺的；

（二）作出中止调查决定所依据的事实发生重大变化的；

（三）中止调查的决定是基于经营者提供的不完整或者不真实的信息作出的。

第七章 法律责任

第四十六条 经营者违反本法规定，达成并实施垄断协议的，由反垄断执法机构责令停止违法行为，没收违法所得，并处上一年度销售额百分之一以上百分之十以下的罚款；尚未实施所达成的垄断协议的，可以处五十万元以下的罚款。

经营者主动向反垄断执法机构报告达成垄断协议的有关情况并提供重要证据的，反垄断执法机构可以酌情减轻或者免除对该经营者的处罚。

行业协会违反本法规定，组织本行业的经营者达成垄断协议的，反垄断执法机构可以处五十万元以下的罚款；情节严重的，社会团体登记管理机关可以依法撤销登记。

第四十七条 经营者违反本法规定，滥用市场支配地位的，由反垄断执法机构责令停止违法行为，没收违法所得，并处上一年度销售额百分之一以上百分之十以下的罚款。

第四十八条 经营者违反本法规定实施集中的，由国务院反垄断执法机构责令停止实施集中、限期处分股份或者资产、限期转让营业以及采取其他必要措施恢复到集中前的状态，可以处五十万元以下的罚款。

第四十九条 对本法第四十六条、第四十七条、第四十八条规定的罚款，反垄断执法机构确定具体罚款数额时，应当考虑违法行为的性质、程度和持续的时间等因素。

第五十条 经营者实施垄断行为，给他人造成损失的，依法承担民事责任。

第五十一条 行政机关和法律、法规授权的具有管理公共事务职能的组织滥用行政权力，实施排除、限制竞争行为的，由上级机关责令改正；对直接负责的主管人员和其他直接责任人员依法给予处分。反垄断执法机构可以向有关上级机关提出依法处理的建议。

法律、行政法规对行政机关和法律、法规授权的具有管理公共事务职能的组织滥用行政权力实施排除、限制竞争行为的处理另有规定的，依照其规定。

第五十二条 对反垄断执法机构依法实施的审查和调查，拒绝提供有关材料、信息，或者提供虚假材料、信息，或者隐匿、销毁、转移证据，或者有其他拒绝、阻碍调查行为的，由反垄断执法机构责令改正，对个人可以处二万元以下的罚款，对单位可以处二十万元以下的罚款；情节严重的，对个人处二万元以上十万元以下的罚款，对单位处二十万元以上一百万元以下的罚款；构成犯罪的，依法追究刑事责任。

第五十三条 对反垄断执法机构依据本法第二十八条、第二十九条作出的决定不服的，可以先依法申请行政复议；对行政复议决定不服的，可以依法提起行政诉讼。

对反垄断执法机构作出的前款规定以外的决定不服的，可以依法申请行政复议或者提起行政诉讼。

第五十四条 反垄断执法机构工作人员滥用职权、玩忽职守、徇私舞弊或者泄露执法过程中知悉的商业秘密，构成犯罪的，依法追究刑事责任；尚不构成犯罪的，依法给予处分。

第八章 附 则

第五十五条 经营者依照有关知识产权的法律、行政法规规定行使知识产权的行为，不适用本法；但是，经营者滥用知识产权，排除、限制竞争的行为，适用本法。

第五十六条 农业生产者及农村经济组织在农产品生产、加工、销售、运输、储存等经营活动中实施的联合或者协同行为，不适用本法。

第五十七条 本法自2008年8月1日起施行。

经营者集中审查暂行规定

（2020年10月23日国家市场监督管理总局令第30号公布
自2020年12月1日起施行）

第一章 总 则

第一条 为规范经营者集中反垄断审查工作，根据《中华人民共和国反垄断法》（以下简称反垄断法）和《国务院关于经营者集中申报标准的规定》，制定本规定。

第二条 国家市场监督管理总局（以下简称市场监管总局）负责经营者集中反垄断审查工作，并对违法实施的经营者集中进行调查处理。

市场监管总局根据工作需要，可以委托省、自治区、直辖市市场监管部门实施经营者集中审查。

第三条 本规定所称经营者集中，是指反垄断法第二十条所规定的下列情形：

（一）经营者合并；

（二）经营者通过取得股权或者资产的方式取得对其他经营者的控制权；

（三）经营者通过合同等方式取得对其他经营者的控制权或者能够对其他经营者施加决定性影响。

第四条 判断经营者是否通过交易取得对其他经营者的控制权或者能够对其他经营者施加决定性影响，应当考虑下列因素：

（一）交易的目的和未来的计划；

（二）交易前后其他经营者的股权结构及其变化；

（三）其他经营者股东大会的表决事项及其表决机制，以及其历史出席率和表决情况；

（四）其他经营者董事会或者监事会的组成及其表决机制；

（五）其他经营者高级管理人员的任免等；

（六）其他经营者股东、董事之间的关系，是否存在委托行使投票权、一致行动人等；

（七）该经营者与其他经营者是否存在重大商业关系、合作协议等；

（八）其他应当考虑的因素。

第五条 市场监管总局开展经营者集中反垄断审查工作时，应当平等对待所有经营者。

第二章 经营者集中申报

第六条 经营者集中达到国务院规定的申报标准（以下简称申报标准）的，经营者应当事先向市场监管总局申报，未申报的不得实施集中。

经营者集中未达到申报标准，但按照规定程序收集的事实和证据表明该经营者集中具有或者可能具有排除、限制竞争效果的，市场监管总局应当依法进行调查。

第七条 营业额包括相关经营者上一会计年度内销售产品和提供服务所获得的收入，扣除相关税金及附加。

第八条 参与集中的经营者的营业额，应当为该经营者以及申报时与该经营者存在直接或者间接控制关系的所有经营者的营业额总和，但是不包括上述经营者之间的营业额。

经营者取得其他经营者的组成部分时，出让方不再对该组成部分拥有控制权或者不能施加决定性影响的，目标经营者的营业额仅包括该组成部分的营业额。

参与集中的经营者之间或者参与集中的经营者和未参与集中的经营者之间有共同控制的其他经营者时，参与集中的经营者的营业额应当包括被共同控制的经营者与第三方经营者之间的营业额，且此营业额只计算一次。

金融业经营者营业额的计算，按照金融业经营者集中申报营业额计算相关规定执行。

第九条 相同经营者之间在两年内多次实施的未达到申报标准的经营者集中，应当视为一次集中，集中时间从最后一次交易算起，参与集中的经营者的营业额应当将多次交易合并计算。经营者通过与其有控制关系的其他经营者实施上述行为，依照本规定处理。

前款所称两年内是指从第一次交易完成之日起至最后一次交易签订协议之日止的期间。

第十条 市场监管总局加强对经营者集中申报的指导。在正式申报前，经营者可以以书面方式就集中申报事宜向市场监管总局提出商谈的具体问题。

第十一条 通过合并方式实施的经营者集中，合并各方均为申报义务人；其他情形的经营者集中，取得控制权或者能够施加决定性影响的经营者为申报义务人，其他经营者予以配合。

同一项经营者集中有多个申报义务人的，可以委托一个申报义务人申报。被委托的申报义务人未申报的，其他申报义务人不能免除申报义务。申报义务人未申报的，其他参与集中的经营者可以提出申报。

申报人可以自行申报，也可以依法委托他人代理申报。

第十二条 申报文件、资料应当包括如下内容：

（一）申报书。申报书应当载明参与集中的经营者的名称、住所、经营范围、预定实施集中的日期，并附申报人身份证件或者注册登记文件，境外申报人还须提交当地公证机关的公证文件和相关的认证文件。委托代理人申报的，应当提交授权委托书。

（二）集中对相关市场竞争状况影响的说明。包括集中交易概况；相关市场界定；参与集中的经营者在相关市场的市场份额及其对市场的控制力；主要竞争者及其市场份额；市场集中度；市场进入；行业发展现状；集中对市场竞争结构、行业发展、技术进步、国民经济发展、消费者以及其他经营者的影响；集中对相关市场竞争影响的效果评估及依据。

（三）集中协议。包括各种形式的集中协议文件，如协议书、合同以及相应的补充文件等。

（四）参与集中的经营者经会计师事务所审计的上一会计年度财务会计报告。

（五）市场监管总局要求提交的其他文件、资料。

申报人应当对申报文件、资料的真实性负责。

第十三条　申报人应当对申报文件、资料中的商业秘密、未披露信息或者保密商务信息进行标注，并且同时提交申报文件、资料的公开版本和保密版本。申报文件、资料应当使用中文。

第十四条　市场监管总局应当对申报人提交的文件、资料进行核查，发现申报文件、资料不完备的，可以要求申报人在规定期限内补交。申报人逾期未补交的，视为未申报。

第十五条　市场监管总局经核查认为申报文件、资料符合法定要求的，应当自收到完备的申报文件、资料之日予以立案并书面通知申报人。

第十六条　经营者集中未达到申报标准，参与集中的经营者自愿提出经营者集中申报，市场监管总局收到申报文件、资料后经审查认为有必要立案的，应当按照反垄断法予以立案审查并作出决定。

第十七条　符合下列情形之一的，经营者可以作为简易案件申报，市场监管总局按照简易案件程序进行审查：

（一）在同一相关市场，参与集中的经营者所占的市场份额之和小于百分之十五；在上下游市场，参与集中的经营者所占的市场份额均小于百分之二十五；不在同一相关市场也不存在上下游关系的参与集中的经营者，在与交易有关的每个市场所占的市场份额均小于百分之二十五；

（二）参与集中的经营者在中国境外设立合营企业，合营企业不在中国境内从事经济活动的；

（三）参与集中的经营者收购境外企业股权或者资产，该境外企业不在中国境内从事经济活动的；

（四）由两个以上经营者共同控制的合营企业，通过集中被其中一个或者一个以上经营者控制的。

第十八条　符合本规定第十七条但存在下列情形之一的经营者集中，不视为简易案件：

（一）由两个以上经营者共同控制的合营企业，通过集中被其中的一个经营者控制，该经营者与合营企业属于同一相关市场的竞争者，且市场份额之和大于百分之十五的；

（二）经营者集中涉及的相关市场难以界定的；

（三）经营者集中对市场进入、技术进步可能产生不利影响的；

（四）经营者集中对消费者和其他有关经营者可能产生不利影响的；

（五）经营者集中对国民经济发展可能产生不利影响的；

（六）市场监管总局认为可能对市场竞争产生不利影响的其他情形。

第三章　经营者集中审查

第十九条　市场监管总局应当自立案之日起三十日内，对申报的经营者集中进行初步审查，作出是否实施进一步审查的决定，并书面通知经营者。

市场监管总局决定实施进一步审查的，应当自决定之日起九十日内审查完毕，作出是否禁止经营者集中的决定，并书面通知经营者。符合反垄断法第二十六条第二款规定情形的，市场监管总局可以延长本款规定的审查期限，最长不得超过六十日。

第二十条　在市场监管总局作出审查决定之前，申报人要求撤回经营者集中申报的，应当提交书面申请并说明理由。经市场监管总局同意，申报人可以撤回申报。

集中交易情况或者相关市场竞争状况发生重大变化，需要重新申报的，申报人应当申请撤回。

撤回经营者集中申报的，审查程序终止。市场监管总局同意撤回申报不视为对集中的批准。

第二十一条　在审查过程中，市场监管总局可以根据审查需要，要求申报人在规定时限内补充提供相关文件、资料。

申报人可以主动提供有助于对经营者集中进行审查和作出决定的有关文件、资料。

第二十二条　在审查过程中，参与集中的经营者可以通过信函、传真、电子邮件等方式向市场监管总局就有关申报事项进行书面陈述，市场监管总局应当听取当事人的陈述。

第二十三条　在审查过程中，市场监管总局可以根据审查需要，征求有关政府部门、行业协会、经营者、消费者等单位或者个人的意见。

第二十四条　审查经营者集中，应当考虑下列因素：

（一）参与集中的经营者在相关市场的市场份额及其对市场的控制力；

（二）相关市场的市场集中度；

（三）经营者集中对市场进入、技术进步的影响；

（四）经营者集中对消费者和其他有关经营者的影响；

（五）经营者集中对国民经济发展的影响；

（六）应当考虑的影响市场竞争的其他因素。

第二十五条　评估经营者集中的竞争影响，可以考察相关经营者单独或者共同排除、限制竞争的能力、动机及可能性。

集中涉及上下游市场或者关联市场的，可以考察相关经营者利用在一个或者多个市场的控制力，排除、限制其他市场竞争的能力、动机及可能性。

第二十六条　评估参与集中的经营者对市场的控制力，可以考虑参与集中的经营者在相关市场的市场份额、产品或者服务的替代程度、控制销售市场或者原材料采购市场的能力、财力和技术条件，以及相关市场的市场结构、其他经营者的生产能力、下游客户购买能力和转换供应商的能力、潜在竞争者进入的抵消效果等因素。

评估相关市场的市场集中度，可以考虑相关市场的经营者数量及市场份额等因素。

第二十七条　评估经营者集中对市场进入的影响，可以考虑经营者通过控制生产要素、销售和采购渠道、关键技术、关键设施等方式影响市场进入的情况，并考虑进入的可能性、及时性和充分性。

评估经营者集中对技术进步的影响，可以考虑经营者集中对技术创新动力、技术研发投入和利用、技术资源整合等方面的影响。

第二十八条　评估经营者集中对消费者的影响，可以考虑经营者集中对产品或者服务的数量、价格、质量、多样化等方面的影响。

评估经营者集中对其他有关经营者的影响，可以考虑经营者集中对同一相关市场、上下游市场或者关联市场经营者的市场进入、交易机会等竞争条件的影响。

第二十九条　评估经营者集中对国民经济发展的影响，可以考虑经营者集中对经济效率、经营规模及其对相关行业发展等方面的影响。

第三十条　评估经营者集中的竞争影响，还可以综合考虑集中对公共利益的影响、参与集中的经营者是否为濒临破产的企业等因素。

第三十一条 市场监管总局认为经营者集中具有或者可能具有排除、限制竞争效果的，应当告知申报人，并设定一个允许参与集中的经营者提交书面意见的合理期限。

参与集中的经营者的书面意见应当包括相关事实和理由，并提供相应证据。参与集中的经营者逾期未提交书面意见的，视为无异议。

第三十二条 为减少集中具有或者可能具有的排除、限制竞争的效果，参与集中的经营者可以向市场监管总局提出附加限制性条件承诺方案。

市场监管总局应当对承诺方案的有效性、可行性和及时性进行评估，并及时将评估结果通知申报人。

市场监管总局认为承诺方案不足以减少集中对竞争的不利影响的，可以与参与集中的经营者就限制性条件进行磋商，要求其在合理期限内提出其他承诺方案。

第三十三条 根据经营者集中交易具体情况，限制性条件可以包括如下种类：

（一）剥离有形资产、知识产权等无形资产或者相关权益（以下简称剥离业务）等结构性条件；

（二）开放其网络或者平台等基础设施、许可关键技术（包括专利、专有技术或者其他知识产权）、终止排他性协议等行为性条件；

（三）结构性条件和行为性条件相结合的综合性条件。

剥离业务一般应当具有在相关市场开展有效竞争所需要的所有要素，包括有形资产、无形资产、股权、关键人员以及客户协议或者供应协议等权益。剥离对象可以是参与集中经营者的子公司、分支机构或者业务部门。

第三十四条 承诺方案存在不能实施的风险的，参与集中的经营者可以提出备选方案。备选方案应当在首选方案无法实施后生效，并且比首选方案的条件更为严格。

承诺方案为剥离，但存在下列情形之一的，参与集中的经营者可以在承诺方案中提出特定买方和剥离时间建议：

（一）剥离存在较大困难；

（二）剥离前维持剥离业务的竞争性和可销售性存在较大风险；

（三）买方身份对剥离业务能否恢复市场竞争具有重要影响；

（四）市场监管总局认为有必要的其他情形。

第三十五条　对于具有或者可能具有排除、限制竞争效果的经营者集中，参与集中的经营者提出的附加限制性条件承诺方案能够有效减少集中对竞争产生的不利影响的，市场监管总局可以作出附加限制性条件批准决定。参与集中的经营者未能在规定期限内提出附加限制性条件承诺方案，或者所提出的承诺方案不能有效减少集中对竞争产生的不利影响的，市场监管总局应当作出禁止经营者集中的决定。

第四章　限制性条件的监督和实施

第三十六条　对于附加限制性条件批准的经营者集中，义务人应当严格履行审查决定规定的义务，并按规定向市场监管总局报告限制性条件履行情况。

市场监管总局可以自行或者通过受托人对义务人履行限制性条件的行为进行监督检查。通过受托人监督检查的，市场监管总局应当在审查决定中予以明确。受托人包括监督受托人和剥离受托人。

义务人，是指附加限制性条件批准经营者集中的审查决定中要求履行相关义务的经营者。

监督受托人，是指受义务人委托并经市场监管总局评估确定，负责对义务人实施限制性条件进行监督并向市场监管总局报告的自然人、法人或者其他组织。

剥离受托人，是指受义务人委托并经市场监管总局评估确定，在受托剥离阶段负责出售剥离业务并向市场监管总局报告的自然人、法人或者其他组织。

第三十七条　通过受托人监督检查的，义务人应当在市场监管总局作出审查决定之日起十五日内向市场监管总局提交监督受托人人选。限制性条件为剥离的，义务人应当在进入受托剥离阶段三十日前向市场监管总局提交剥离受托人人选。受托人应当符合下列要求：

（一）独立于义务人和剥离业务的买方；

（二）具有履行受托人职责的专业团队，团队成员应当具有对限制性条件进行监督所需的专业知识、技能及相关经验；

（三）能够提出可行的工作方案；

（四）过去五年未在担任受托人过程中受到处罚；

（五）市场监管总局提出的其他要求。

市场监管总局评估确定受托人后，义务人应当与受托人签订书面协议，明确各自权利和义务，并报市场监管总局同意。受托人应当勤勉、尽职地履行职责。义务人支付受托人报酬，并为受托人提供必要的支持和便利。

第三十八条 附加限制性条件为剥离的，剥离义务人应当在审查决定规定的期限内，自行找到合适的剥离业务买方、签订出售协议，并报经市场监管总局批准后完成剥离。剥离义务人未能在规定期限内完成剥离的，市场监管总局可以要求义务人委托剥离受托人在规定的期限内寻找合适的剥离业务买方。剥离业务买方应当符合下列要求：

（一）独立于参与集中的经营者；

（二）拥有必要的资源、能力并有意愿使用剥离业务参与市场竞争；

（三）取得其他监管机构的批准；

（四）不得向参与集中的经营者融资购买剥离业务；

（五）市场监管总局根据具体案件情况提出的其他要求。

买方已有或者能够从其他途径获得剥离业务中的部分资产或者权益时，可以向市场监管总局申请对剥离业务的范围进行必要调整。

第三十九条 义务人提交市场监管总局审查的监督受托人、剥离受托人、剥离业务买方人选原则上各不少于三家。在特殊情况下，经市场监管总局同意，上述人选可少于三家。

市场监管总局应当对义务人提交的受托人及委托协议、剥离业务买方人选及出售协议进行审查，以确保其符合审查决定要求。

限制性条件为剥离的，市场监管总局上述审查所用时间不计入剥离期限。

第四十条 审查决定未规定自行剥离期限的，剥离义务人应当在审查决定作出之日起六个月内找到适当的买方并签订出售协议。经剥离义务人申请并说明理由，市场监管总局可以酌情延长自行剥离期限，但延期最长不得超过三个月。

审查决定未规定受托剥离期限的，剥离受托人应当在受托剥离开始之日起六个月内找到适当的买方并签订出售协议。

第四十一条　剥离义务人应当在市场监管总局审查批准买方和出售协议后，与买方签订出售协议，并自签订之日起三个月内将剥离业务转移给买方，完成所有权转移等相关法律程序。经剥离义务人申请并说明理由，市场监管总局可以酌情延长业务转移的期限。

第四十二条　经市场监管总局批准的买方购买剥离业务达到申报标准的，取得控制权的经营者应当将其作为一项新的经营者集中向市场监管总局申报。市场监管总局作出审查决定之前，剥离义务人不得将剥离业务出售给买方。

第四十三条　在剥离完成之前，为确保剥离业务的存续性、竞争性和可销售性，剥离义务人应当履行下列义务：

（一）保持剥离业务与其保留的业务之间相互独立，并采取一切必要措施以最符合剥离业务发展的方式进行管理。

（二）不得实施任何可能对剥离业务有不利影响的行为，包括聘用被剥离业务的关键员工，获得剥离业务的商业秘密或者其他保密信息等。

（三）指定专门的管理人，负责管理剥离业务。管理人在监督受托人的监督下履行职责，其任命和更换应当得到监督受托人的同意。

（四）确保潜在买方能够以公平合理的方式获得有关剥离业务的充分信息，评估剥离业务的商业价值和发展潜力。

（五）根据买方的要求向其提供必要的支持和便利，确保剥离业务的顺利交接和稳定经营。

（六）向买方及时移交剥离业务并履行相关法律程序。

第四十四条　监督受托人应当在市场监管总局的监督下履行下列职责：

（一）监督义务人履行本规定、审查决定及相关协议规定的义务；

（二）对剥离义务人推荐的买方人选、拟签订的出售协议进行评估，并向市场监管总局提交评估报告；

（三）监督剥离业务出售协议的执行，并定期向市场监管总局提交监督报告；

（四）协调剥离义务人与潜在买方就剥离事项产生的争议；

（五）按照市场监管总局的要求提交其他与义务人履行限制性条件有关的报告。

未经市场监管总局同意，监督受托人不得披露其在履行职责过程中向市场监管总局提交的各种报告及相关信息。

第四十五条 在受托剥离阶段，剥离受托人负责为剥离业务找到买方并达成出售协议。

剥离受托人有权以无底价方式出售剥离业务。

第四十六条 审查决定应当规定附加限制性条件的期限。

根据审查决定，限制性条件到期自动解除的，经市场监管总局核查，义务人未违反审查决定的，限制性条件自动解除。义务人存在违反审查决定情形的，市场监管总局可以适当延长附加限制性条件的期限，并及时向社会公布。

根据审查决定，限制性条件到期后义务人需要申请解除的，义务人应当提交书面申请并说明理由。市场监管总局评估后决定解除限制性条件的，应当及时向社会公布。

限制性条件为剥离，经市场监管总局核查，义务人履行完成所有义务的，限制性条件自动解除。

第四十七条 审查决定生效期间，市场监管总局可以主动或者应义务人申请对限制性条件进行重新审查，变更或者解除限制性条件。市场监管总局决定变更或者解除限制性条件的，应当及时向社会公布。

市场监管总局变更或者解除限制性条件时，应当考虑下列因素：

（一）集中交易方是否发生重大变化；

（二）相关市场竞争状况是否发生实质性变化；

（三）实施限制性条件是否无必要或者不可能；

（四）应当考虑的其他因素。

第五章 对违法实施经营者集中的调查

第四十八条 经营者集中达到申报标准，经营者未申报实施集中、申报后未经批准实施集中或者违反审查决定的，依照本章规定进行调查。

第四十九条 对涉嫌违法实施经营者集中，任何单位和个人有权向市场监管总局举报。市场监管总局应当为举报人保密。

举报采用书面形式，并提供举报人和被举报人基本情况、涉嫌违法实施经营者集中的相关事实和证据等内容的，市场监管总局应当进行必要的核查。

第五十条　对有初步事实和证据表明存在违法实施经营者集中嫌疑的，市场监管总局应当予以立案，并书面通知被调查的经营者。

第五十一条　被调查的经营者应当在立案通知送达之日起三十日内，向市场监管总局提交是否属于经营者集中、是否达到申报标准、是否申报、是否违法实施等有关的文件、资料。

第五十二条　市场监管总局应当自收到被调查的经营者依照本规定第五十一条提交的文件、资料之日起三十日内，对被调查的交易是否属于违法实施经营者集中完成初步调查。

属于违法实施经营者集中的，市场监管总局应当作出实施进一步调查的决定，并书面通知被调查的经营者。经营者应当停止违法行为。

不属于违法实施经营者集中的，市场监管总局应当作出不实施进一步调查的决定，并书面通知被调查的经营者。

第五十三条　市场监管总局决定实施进一步调查的，被调查的经营者应当自收到市场监管总局书面通知之日起三十日内，依照本规定关于经营者集中申报文件、资料的规定向市场监管总局提交相关文件、资料。

市场监管总局应当自收到被调查的经营者提交的符合前款规定的文件、资料之日起一百二十日内，完成进一步调查。

在进一步调查阶段，市场监管总局应当按照反垄断法及本规定，对被调查的交易是否具有或者可能具有排除、限制竞争效果进行评估。

第五十四条　在调查过程中，被调查的经营者、利害关系人有权陈述意见。市场监管总局应当对被调查的经营者、利害关系人提出的事实、理由和证据进行核实。

第五十五条　市场监管总局在作出行政处罚决定前，应当将作出行政处罚决定的事实、理由和依据告知被调查的经营者。

被调查的经营者应当在市场监管总局规定的期限内提交书面意见。书面意见应当包括相关事实和证据。

第五十六条　市场监管总局对违法实施经营者集中应当依法作出处理决定，并可以向社会公布。

第六章 法律责任

第五十七条 经营者违反反垄断法规定实施集中的，依照反垄断法第四十八条规定予以处罚。

第五十八条 申报人隐瞒有关情况或者提供虚假材料的，市场监管总局对经营者集中申报不予立案或者撤销立案，并可以依照反垄断法第五十二条规定予以处罚。

第五十九条 受托人未按要求履行职责的，由市场监管总局责令改正；情节严重的，可以要求义务人更换受托人，并对受托人处三万元以下的罚款。

第六十条 剥离业务的买方未按规定履行义务，影响限制性条件实施的，由市场监管总局责令改正，并可以处三万元以下的罚款。

第七章 附则

第六十一条 市场监管总局以及其他单位和个人对于知悉的商业秘密、未披露信息或者保密商务信息承担保密义务，但根据法律法规规定应当披露的或者事先取得权利人同意的除外。

第六十二条 对未达到申报标准但是具有或者可能具有排除、限制竞争效果的经营者集中，市场监管总局可以依照本规定收集事实和证据，并进行调查。

第六十三条 在审查或者调查过程中，市场监管总局可以组织听证。听证程序依照《市场监督管理行政许可程序暂行规定》、《市场监督管理行政处罚听证暂行办法》执行。

第六十四条 对于需要送达经营者的书面文件，送达方式参照《市场监督管理行政处罚程序暂行规定》执行。

第六十五条 本规定自 2020 年 12 月 1 日起施行。